新

제3개정판

Public Budgeting and Financial Management

재무행정

배득종
유승원
공저

박영사

제3개정판 머 리 말

나는 "18세기 영문학"을 전공하는 교수가 부럽다. 한 번 책을 쓰면 개정판을 내지 않아도 될 것 같다. 문외한의 생각인가?

20여 년 전에 "신재무행정"의 초판을 저술할 때는 이렇게 제3개정판까지 쓰게 될 줄은 몰랐다. 그렇지만 시간이 지나가면서, 정부가 바뀌고, 바뀌는 정부마다 기존 정부예산제도를 개혁한다든지, 새로운 제도를 도입함에 따라 개정판을 출판하지 않을 수 없었다. 매 5년마다 개정판을 내야 할 수요가 생기는 것은 재무행정뿐 아니라 행정학 관련 저술들이 공통적으로 갖는 숙명이지 않을까 싶다.

이번 개정판은 유승원 교수의 도움을 많이 받았다. 유 교수는 오랫동안 예산 실무를 경험하였기에 저자처럼 학교에서만 공부한 서생(書生)은 알 수 없는 내용들을 독자들에게 알려줄 수 있을 것이다. 그리고 저자가 미처 관심을 기울이지 못한 재정관련 주제들도 유 교수가 새 개정판에 포함시켰다. 저자는 미국에서 공부했지만, 유 교수는 영국에서 수학함으로써 다양한 견해가 이 책의 내용을 더 풍성하게 해 줄 것이다.

본 제3개정판의 특징을 간략히 소개하면 다음과 같다. 재무행정 입문자와 실무자들의 이해를 돕기 위해 재무행정의 기초(제2장)와 한국재정의 과거, 현재, 미래(제3장)에 대해 큰 그림을 그릴 수 있는 별도의 장을 제1부에 마련하였다. 각 장에서 재정의 과정과 재정의 규모 등 재정 총량에 대한 사항과 한국재정의 지나온 길과 현재와 미래의 재정까지 한 눈에 파악할 수 있을 것이다. 또한, 국민들이 최근 예의주시하는 국가채무(제2장)와 이에 대한 정부의 제도개편 사항을 비판적인 관점에서 설명하였다.

우리나라의 최신 재정제도를 충실히 소개하였다(제15장~제20장). 독자가 입체적으로 각 제도를 이해할 수 있도록 각 제도의 핵심 내용은 물론이고, 제도가 추진된 경위와 최근의 제도가 과거 제도와 어떠한 점에서 차이를 보이는지 등을 설명하였다. 뿐만 아니라 각 제도의 문제점과 이를 극복하기 위한 대안을 함께 제시하여 정책개발자에게 도움이 되고자 노력하였다. 예를 들어 프로그램 예산 체계와 재정성과관리체계의 연계방안, 성인지 예산제도의 장기 진화방향, 포괄 보조금 제도의 내실화 및 확대방안, 공기업 임원 선임시 정치적 인사를 배제하는 방안, Top-Down 예산제도와 프로그램 예산제도 및 국가재정운용계획을 내실화 하고 연계하여 시너지를 높이는 방안 등을 각 장에서 찾아볼 수 있다.

재무행정학에서 다루는 재정의 범위에 대해 새롭게 설명(제2장)하고, 재정의 범위가 공공부문으로 확대되는 것을 고려하여 지방재정 및 지방교육재정(제19 장), 공기업 제도(제20장)에 대한 사항을 새롭게 추가하였다. 또한, 독자의 편의 를 위해 재정관련 용어(재정, 예산, 성과, 성공기업 등)를 가급적 쉽게 풀어서 설 명하였다. 법률상 용어와 상식선의 통상적인 용어 정의가 다를 경우 그 차이점이 발생하게 된 사유 등을 제시하며 설명하였다.

이번에도 개정판 출간을 허락하여 주신 도서출판 박영사 여러분들께 거듭 감 사드린다. 교정을 꼼꼼히 봐 준 경찰대의 조준택 연구원에게도 고마움을 표한다.

2014. 4. 15.

배 득 종

유 승 원

차 례

제1부 재무행정의 큰 그림 그리기

제1장 서 론 / 4

내곁의 재무행정 ·· 4

대학에서 재무행정을 배우는 이유 ··· 8

재무행정의 주요 학습 대상 ·· 10

이 책의 구성 ·· 11

제2장 재무행정의 기초: 재정 과정, 재정 범위와 재정 총량 / 14

제1절 재정의 과정과 핵심 용어 ··· 14

  1. 재정의 과정 ·· 14

  2. 재정 관련 핵심 용어 ·· 15

제2절 재정의 범위 ··· 19

  1. 재정의 범위 논의의 필요성 ··· 19

  2. 국제기구가 권고하는 재정의 범위와 한국의 현황 ·········· 21

  3. 재정정책 및 재무행정 주제의 확대 ·································· 23

제3절 재정 총량: 재정규모, 재정수지, 조세 및 국민부담률 ··· 25

  1. 재정규모 ·· 25

  2. 재정수지 ·· 27

  3. 조세부담률과 국민부담률 ··· 29

제4절 국가채무: 개요 및 최근 제도개편의 공과(功過) ········ 32
    1. 국가채무의 개요 및 경제성장과의 관계 ················ 32
    2. 최근 개편된 국가채무 제도 ················ 36
    3. 최근 국가채무 제도개편의 공과(功過) ················ 38

제3장　한국 재정의 과거, 현재, 미래 / 44
제1절 한국 재정의 과거와 현재: 건전재정 속의 국가발전 지원과
    재정개혁 ················ 44
    1. 재정의 양적인 팽창과 정부 확대 ················ 44
    2. 재정의 시대별 역할과 재정운용 평가 ················ 49
    3. 건전재정과 적극적인 재정정책으로 경제위기를 극복 ······ 53
    4. 재정제도 개혁 ················ 54
제2절 재정환경의 변화: 성장 둔화, 복지수요, 사회 갈등과 남북
    통일 대비 ················ 55
    1. 잠재성장률 둔화 ················ 55
    2. 저출산 고령화와 복지수요 급증 ················ 57
    3. 사회 각 부문에서의 갈등 ················ 59
    4. 남북통일 대비 ················ 60
제3절 한국 재정의 미래: 중장기 재정전망과 재정전략 ········ 61
    1. 중장기 재정전망 ················ 61
    2. 미래대비 재정전략 ················ 64

제4장　"좋은 예산"의 기준 / 70
제1절 좋은 예산의 개념 ················ 70
    1. 일반시민들의 인식 ················ 70
    2. 원리주의자들의 생각 ················ 71
    3. 정치학적인 개념 ················ 72
    4. 경제학적인 개념 ················ 72
제2절 경쟁시장의 효율성 조건과 바람직한 자원배분 ········ 73
    1. 생산효율성 조건 ················ 73

2. 교환효율성 조건 ················· 74
3. 전체적 효율성 조건 ················· 75
제3절 파레토 효율성 조건과 "좋은" 정부예산의 기준 ········ 78
제4절 차선책을 만들어 내는 각종 제도와 절차들 ············· 80
1. 대리인 제도와 정부예산 ················· 80
2. 예산제도와 절차 ················· 84

제 2 부 재무행정의 목표와 정부시스템

제 5 장 재무행정 정부시스템 / 96

제1절 집행시스템 ················· 96
1. 부와 청 ················· 97
2. 중앙관서의 장 ················· 97
3. 기획조정실 ················· 98
4. 실무 국과 ················· 99
5. 재무관, 지출관, 지불기관 ················· 99
제2절 지원시스템 ················· 100
1. 지원기관들의 성격 ················· 100
2. 중앙예산기구: 기획재정부 ················· 101
3. 외국의 중앙예산기구 ················· 106
4. 중앙예산기구에 요청되는 새로운 역할들 ········ 108
제3절 통합시스템 ················· 108
1. 대통령과 대통령 비서실 ················· 108
2. 국무회의 ················· 111
제4절 그 밖의 재무행정 관련기관 ················· 111
1. 국세청 ················· 111
2. 관세청 ················· 112
3. 조달청 ················· 112
4. 한국은행 ················· 112

      5. 감사원 ……………………………………………… 112

   제5절 지방자치단체의 경우 ……………………………… 114

      1. 안전행정부 지방재정국 ……………………………… 114

      2. 지방자치단체 ………………………………………… 115

제6장　Goal 1: 성장과 안정 / 118

   제1절 국민소득결정 모형 …………………………………… 120

      1. 균형국민소득의 개념 ………………………………… 120

      2. 정부지출의 승수효과 ………………………………… 122

      3. 조세를 고려한 균형예산 승수효과 ………………… 125

   제2절 단순 모형의 관점에서 본 한국 정부예산의 특징 …… 127

      1. 한국 국민경제의 특징 ………………………………… 127

      2. 투자중심 경제하의 정부예산편성의 정책기조 …………… 131

제7장　Goal 2: 형평성 있는 분배 / 138

   제1절 형평성의 개념 ………………………………………… 138

      1. 수평적 형평성 ………………………………………… 139

      2. 수직적 형평성 ………………………………………… 140

   제2절 정부예산과 수직적 형평성: 소득의 재분배를 중심으로 … 142

      1. 정부예산과 소득재분배: macro분석 ………………… 142

      2. 예산지출로 인한 상대가격의 변동과 소득재분배: micro분석 … 155

   제3절 정부가 시행하고 있는 "사회적 약자" 배려 정책 ……… 158

제8장　Goal 3: 효율적 자원배분 / 162

   제1절 소비자효용 모형에 입각한 효율적인 자원배분 이론 … 163

      1. 가장 간단한 경우: 한 사람, 한 재화 ……………… 163

      2. 가장 전형적인 경우: 한 사람, 두 재화 …………… 164

   제2절 정부예산의 선택 이론 ………………………………… 168

      1. 예산선에 대한 이견이 있는 경우 …………………… 169

2. 집행부처와 기획재정부간 정책 선호도가 다른 경우 ······ 170

3. 사회적 효용의 극대화 방안 ································ 172

4. 제도적 해결 방안 ································· 172

제3절 효율적 배분 이론의 적용가능성 ·························· 175

1. 정부냐, 민간이냐? ································· 175

2. 성장이냐, 분배냐? ································· 177

3. 지금이냐, 나중이냐? ······························ 178

4. 국가냐, 지방이냐? ································· 180

5. 기타 수많은 선택 상황들 ·························· 181

6. 예산배분의 효율성에 대한 반성 ····················· 181

제 3 부 예산제도와 예산성립과정

제9장 예산제도 / 186

제1절 미국의 예산제도: 역사와 현재 ······················· 188

1. 전통적인 예산제도: 품목별 예산제도 ··············· 188

2. 주류 예산제도: 성과주의 예산제도 패밀리 ············ 191

3. 미국의 "비주류" 예산제도 ······················· 201

제2절 한국의 예산제도: 역사와 현재 ······················· 205

1. 한국 예산제도의 형성기 ························· 206

2. 한국 예산제도의 변혁기 ························· 208

제10장 Top-Down 예산제도하에서의 예산성립과정 / 212

제1절 새로운 정부예산안 편성과정 ······················· 212

1. 국가재정운용계획 시안 작성 ····················· 214

2. 국가재정전략회의 ····························· 214

3. 예산안 편성지침 및 기금운용계획안 작성지침과 지출한도 통보 ··· 215

4. 각 부처의 예산요구서 작성 ······················ 217

5. 기획재정부의 예산심의(Review)와 정부예산안 편성 ······ 219

　　　　6. 정부예산서 및 국가재정운용계획 ················· 226

　제2절 국회의 예산 심의 · 확정 ················· 227

　　　　1. 정부 시정연설 ················· 229

　　　　2. 상임위원회 예비심사 ················· 229

　　　　3. 예산결산특별위원회 종합심사 ················· 231

　　　　4. 본회의 의결 ················· 232

　　　　5. 국회 예산심의의 효과 ················· 233

　제3절 예산에 대한 국민들의 평가와 예산의 분류 ················· 234

　　　　1. 예산에 대한 국민들의 평가 ················· 234

　　　　2. 예산의 분류 ················· 239

제 4 부　　예산집행과 산출, 그리고 평가

제11장　예산의 집행과 정책의 집행 / 246

　제1절 법률상의 예산집행 ················· 247

　　　　1. 예산의 배정 ················· 247

　　　　2. 예산의 이체(移替)와 이월(移越) ················· 250

　　　　3. 예산의 이용(移用)과 전용(轉用) ················· 251

　제2절 정책집행과 예산집행 ················· 252

　　　　1. 계약을 통한 집행 ················· 253

　　　　2. 보조금 지급을 통한 집행 ················· 258

　제3절 예산집행과정에서의 자원배분결정 ················· 260

　　　　1. MAU 모형의 의의 ················· 261

　　　　2. 대안, 속성, 속성값 ················· 261

　　　　3. 과학적 선택을 위한 준비 ················· 262

　　　　4. 실제 상황에서의 우선순위결정 ················· 265

제12장 정부의 성과: 산출(output)과 결과(outcome) / 268

제1절 성과관련 개념정의 및 사례 ·················· 268

  1. C-output 대 D-output ·················· 268

  2. 산출(output) 대 결과(outcome) ·················· 269

  3. 예산사업의 산출과 결과에 대한 사례: 치수(治水)사업의 성과 ··· 271

제2절 성과를 본격적으로 도출하려는 제도적 노력 ·················· 275

  1. 뉴질랜드의 성과주의 예산제도 ·················· 276

  2. 미국의 성과주의 예산제도 ·················· 278

  3. 한국의 노력과 성과 관련 개념 비교 ·················· 281

제13장 예산에 대한 평가와 환류 / 286

제1절 환류체계 ·················· 286

제2절 결산과 환류 ·················· 288

  1. 중앙행정기관의 결산 ·················· 288

  2. 지방자치단체의 결산 ·················· 288

  3. 결산의 의의와 실제 ·················· 289

  4. Top-down 예산제도와 결산의 의의 ·················· 289

제3절 자체평가·감사와 환류 ·················· 290

  1. 자체평가제도 ·················· 291

  2. 자체감사 ·················· 291

제4절 외부기관에 의한 감사와 환류 ·················· 292

  1. 외부감사의 체계 ·················· 292

  2. 감사원의 구조와 기능 ·················· 293

  3. 감사과정 ·················· 295

  4. 심사청구제도와 감사청구제도 ·················· 297

  5. 새로운 감사제도: 적발로부터 컨설팅으로 ·················· 299

제5절 입법부에 의한 평가와 환류 ·················· 300

  1. 상임위원회의 예산감시 ·················· 300

  2. 국정감사 ·················· 301

  3. 결산심의 ·················· 302

제6절 시민과 언론을 통한 예산환류 ································ 303

제5부 한국의 재정개혁과 재정제도

제14장 한국의 〈3+1〉 예산제도 개혁 / 310

제1절 개관 ·· 310
    1. 한국의 전통적인 예산제도의 문제점 ················ 310
    2. 새로운 3+1 예산제도 도입 ························· 311

제2절 국가재정운용계획 ·· 314
    1. MTEF Everywhere ································ 314
    2. MTEF의 종류 ···································· 316
    3. MTEF의 기능과 역할 ························· 318
    4. MTEF의 성공을 위한 조건들 ·················· 323

제3절 Top-Down(총액배분자율편성) 예산제도 ················ 326
    1. Top-Down 예산제도의 필요성 ··············· 327
    2. Top-Down 예산제도의 내용과 성격 ··········· 329
    3. Top-Down 예산제도의 도입사례와 효과 ········ 332
    4. Top-Down 예산제도의 성공을 위한 필요 조건 ······ 338

제4절 프로그램 예산제도: 기본 개념과 미국의 발달 과정 ··· 341
    1. 기본 개념 ·· 341
    2. 미국의 프로그램 예산제도 발달 과정 ·········· 343

제5절 한국의 프로그램 예산제도 ·································· 348
    1. 한국 제도의 도입배경 및 특징 ················ 348
    2. 한국의 프로그램 예산제도 도입시 추진된 5가지 사항들 ··· 352
    3. 성공적인 프로그램 예산구조 디자인 ············· 362

제6절 3+1 예산제도의 발전방향 ·································· 364
    1. Enabler로서의 프로그램 예산구조 재설정 ········ 365
    2. 프로그램 중심의 제도 운영: 지출한도 및 기획재정부 예산
      심의 관련 개편 ································ 366

3. 국가재정운용계획의 기속성 강화 ································· 369

제15장 재정성과관리 제도 / 374

제1절 재정성과관리 제도의 개요 ····································· 374

　　1. 재정성과관리 제도의 도입배경 ···························· 374

　　2. 재정성과관리 제도의 연혁 ································· 375

　　3. 재정성과관리 제도의 체계 ································· 377

제2절 성과목표관리 제도 ··· 379

　　1. 제도의 개요 ·· 379

　　2. 성과관리체계 ··· 379

　　3. 성과목표관리 제도의 운영절차 ···························· 382

제3절 재정사업자율평가 제도 ····································· 384

　　1. 제도의 개요 ·· 384

　　2. 평가와 평가결과의 활용 ··································· 385

　　3. 재정사업자율평가 제도의 운영절차 ······················· 389

제4절 재정사업심층평가 제도 ····································· 390

　　1. 제도의 개요 ·· 390

　　2. 재정사업심층평가 제도의 운영절차 ······················· 391

　　3. 재정사업심층평가 결과의 활용 ···························· 391

제5절 재정성과관리 제도의 발전방향 ······························· 392

　　1. 재정성과관리 제도의 형식화 문제: 성과관리목표 제도와
　　　　프로그램 예산제도의 연계 ······························ 393

　　2. 개별 평가제도의 비효율성 문제: 예산환류의 합리화 등 ··· 397

　　3. 여타 평가제도와의 중복 문제: 통합 또는 차별화 ·········· 400

제16장 정부회계 / 404

제1절 발생주의 복식부기 회계제도 ································· 405

　　1. 제도의 개요 ·· 405

　　2. 발생주의 회계제도의 내용과 특징 ························· 406

　　3. 복식부기 회계제도의 내용과 특징 ························· 407

4. 세계 주요국의 발생주의 회계제도 도입 현황 ················· 409

제2절 한국의 발생주의 복식부기 회계제도 ························· 410
1. 도입경위 ··· 410
2. 한국 정부회계의 특징 ······································ 411
3. 정부회계의 법령체계 ······································· 413
4. 결산보고서와 국가 재무제표 ···························· 415

제3절 정부 원가회계 ··· 422
1. 원가의 개념과 정부 원가회계의 목적 ················· 422
2. 프로그램 원가 ·· 423

제4절 정부회계의 발전방향 ·································· 424
1. 성공 사례(Killer Application)의 발굴 ················· 424
2. 정치와 정부회계 ··· 428

제17장 디지털예산회계시스템 / 432
제1절 디지털예산회계시스템의 개요 ························· 433
1. 구축 경위와 운영 현황 ···································· 433
2. 디지털예산회계시스템 구성과 기능 ··················· 435

제2절 디지털예산회계시스템의 발전방향 ··················· 440
1. 포괄범위 측면: 지방과 공기업을 포괄하는 공공부문 시스템
   으로 확대 ·· 441
2. 수요자 측면: 국민·전문가에게 제공하는 재정정보 확대 ··· 441
3. 수요자 측면: 국제적인 Global시스템 구축 ·············· 443
4. 재정정책 측면: 재정분석 및 risk 관리 강화 ·············· 444

제18장 성인지 예산제도 / 448
제1절 성인지 예산제도의 개요 ······························ 448
1. 제도의 의의와 도입 과정 ································· 448
2. 제도의 운영체계와 대상사업 ···························· 449
3. 성인지 예산서와 성인지 결산서 ························· 450

제2절 성인지 예산제도의 발전방향 ················· 455

　　1. 성인지 예산제도 운영상의 발전방향 ················· 456

　　2. 프로그램 예산제도와의 연계 측면에서의 발전방향 ········ 457

　　3. 성인지 예산제도의 장기적 진화방향: 프랑스형 대 호주형

　　　 대 오스트리아형 ··············· 460

제19장　지방재정과 지방교육재정 / 462

제1절 지방재정과 지방교육재정의 의의와 현황 ·············· 462

　　1. 지방과 중앙의 관계 및 지방재정과 중앙재정의 차이점 ··· 462

　　2. 지방재정과 지방교육재정의 현황 ··············· 463

제2절 지방예산과 지방결산 ·············· 467

　　1. 지방예산 및 결산 과정 ·············· 468

　　2. 지방예산 및 결산제도 ·············· 471

제3절 지방재정조정제도 ·············· 472

　　1. 지방교부세 ·············· 473

　　2. 국고보조금 ·············· 474

　　3. 광역·지역발전 특별회계 ·············· 475

　　4. 광역지자체의 기초지자체 재정조정제도 ·············· 477

제4절 지방교육재정조정제도 ·············· 478

제5절 지방재정 및 지방교육재정제도의 발전방향 ··········· 479

　　1. 적극적인 지방 자주재원 발굴 ·············· 480

　　2. 포괄보조금제도의 내실화 및 확대 ·············· 481

　　3. 특별교부세의 나눠먹기식 정치적 교부방식 개선 ········· 483

제20장　공기업 제도 / 490

제1절 공기업의 의의 ·············· 490

제2절 공운법상 공공기관 지정제도와 공공기관 현황 ········· 492

　　1. 공운법상 공공기관 지정제도 ·············· 492

　　2. 공운법상 공공기관의 현황 ·············· 496

제3절 공기업의 대리인 구조와 공기업 임원의 정치적 독립성 ··· 501
　　1. 공기업의 대리인 구조 ································· 501
　　2. 공기업 임원의 정치적 독립성 ························· 503
제4절 공기업 민영화에 대한 찬반 검토 ················· 506
제5절 경영평가 등 공공기관 혁신방안 ················· 508
　　1. 공공기관 경영평가 ································· 508
　　2. 경영자율권 확대 ································· 510
제6절 공기업 제도의 정책방향 ······················· 511
　　1. 공기업을 포함한 공공부문 전체 대상의 재정정책 개발 ··· 511
　　2. 공기업 임원의 정치적 독립성 제고: 능력위주 선임의
　　　제도화 등 ······································· 512
　　3. 최근 제도의 내실있는 운영 ························· 512

부　록
비용-편익분석(Cost-Benefit Analysis) ·················· 516
국가재정법 ··· 530

■ 참고문헌 ／ 543
■ 찾아보기 ／ 555

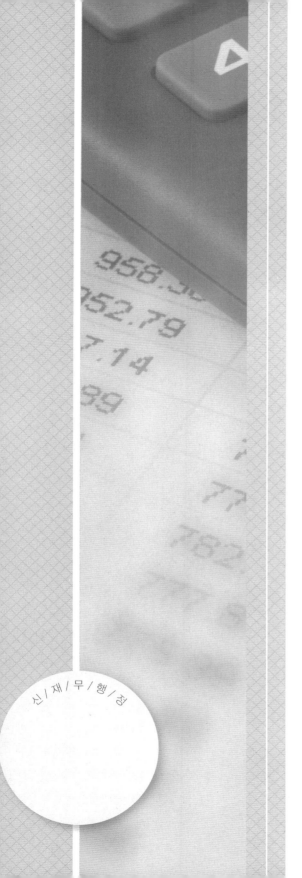

제 1 부

재무행정의 큰 그림 그리기

■ 제1장 서론
■ 제2장 재무행정의 기초: 재정 과정, 재정 범위와 재정 총량
■ 제3장 한국 재정의 과거, 현재, 미래
■ 제4장 "좋은 예산"의 기준

제 1 장 서 론

제1장 서 론

내 곁의 재무행정

263,603,783,953,000

　　인터넷 IP 주소 또는 은행금고의 비밀번호 같은 위의 숫자는 2013년도 중앙행정기관의 세출 순계 규모이다.[1] 263 다음에 "0"이 12개가 붙는 이 수치는 263조 원을 의미한다. 그러나 이 숫자는 중앙정부의 일반회계(1개) 및 특별회계(18개) 세출예산만 포함하고 있고, 정부가 관리하고 있는 기금(64개)들은 포함하지 않은 수치이다. 각종 기금들의 2013년 운용규모의 합계는 약 497조 원인데, 이 중 2013년도 사업비는 89조 원 정도이다. 따라서 국제기준에 따라 기금까지 포함해서 계산하는 통합재정규모는 2012년 기준으로 약 293조 원으로 증가한다. 국민 한 사람한테 1억 원씩 나누어 준다고 했을 때, 모두 293만 명에게 나누어 줄 수 있는 금액이다.

293,000,000,000,000,000

　　그러나 위의 금액만으로는 아직 정부가 다루는 재정규모를 아직 다 파악한 것이 아니다. 정부에는 중앙정부뿐 아니라 지방정부(지방재정, 지방교육재정)가 있기 때문이다. 지방자치단체의 경우 2013년 현재 244개의 지자체가 있는데, 이들이 사용하는 일년 예산은 총계규모로 223조 원이고, 순계규모로는 167조 원이

---

1) 재정규모 산정시 중앙행정기관과 지방자치단체가 통일된 기준을 사용하지 않고 있다. 현재 중앙행정기관은 총지출 개념을 사용하고, 지방자치단체는 예산순계/총계 개념을 주로 사용한다. 여기서는 논의 진행의 평의상 예산순계 개념을 사용한다. 총지출, 예산순계, 예산총계 등 재정규모에 대한 사항은 제2장에서 설명한다.

다.[2] 순계규모란 총 예산규모에서 행정기관간 내부거래 분을 뺀 금액을 말한다. 그런데 지방자치단체들은 필요 재정을 지방세 징수 등을 통해 자체조달할 뿐 아니라 중앙정부로부터 100조 원이상의 재원을 이전 받고 있다.[3] 따라서 이 금액을 차감한 일반정부(중앙정부＋지방정부)의 통합재정규모는 대략 343(2011년 기준)조 원에 이른다. 국민 1인당 1억 원씩 나눠준다고 가정할 때, 343만 명에게 나눠줄 수 있는 금액이다.

$$342,821,000,000,000$$

이 밖에도 정부는 공공기관들을 관리하고 있다. 이들은 흔히 제3섹터 또는 회색지대(grey area)라고도 불리는데, 이들 중앙정부의 공공기관(2014년 2월 현재) 304개의 일년 예산합계는 602.8조 원(2012년 기준)에 달한다.[4] 앞에서 예로 든 국가재정보다 훨씬 더 큰 규모이며(⟨표 1-1⟩ 참조), 이들의 국민경제적 효과는 '회색지대'라고 불리는 이유처럼 잘 파악되고 있지 않은 상태이다. 물론 여기에 지방자치단체가 거느리고 있는 지방공기업들은 포함되어 있지 않다.[5][6]

그런데 위에서 언급한 막대한 금액들은 매년 사용하는 자금을 나타낸 것이고, 정부는 이런 현금 이외에 토지, 건물, 시설 등 더 막대한 규모의 재산(국공유재산)을 가지고 있다. 정부의 경우 고속도로 등 가치를 부여하기 어려운 재산이

표 1-1	정부(중앙)와 공공기관의 예산 및 고용인원 현황	
	정부(중앙)	공공기관
예산(조원) (GDP 비중)	342.8 (26.9)	602.8 (47.4)
고용인원(천명)	989	254

주: 정부(중앙)는 통합재정규모 기준.
자료: 기획재정부디지털예산회계시스템, 알리오시스템, 한국은행 경제통계시스템.

---

2) 안전행정부 재정고(http://lofin.mospa.go.kr).
3) e나라지표(www.index.go.kr).
4) 기획재정부 알리오시스템(www.alio.go.kr).
5) 안타깝지만 현재 중앙정부, 지자체, 공공기관에 대한 재정규모의 산정 기준은 통일되어 있지 않다.
6) 정부가 발표하는 정확한 재정규모에 대해서는 다음 제2장을 참조할 것.

많이 있기는 하지만, 어떻든 중앙정부의 2012년 결산자료에 따르면 우리나라 정부의 순자산 규모는 678조 원으로 집계되고 있다.

　이상에서 살펴본 바와 같이, 우리나라 정부가 보유하고 있거나 사용하고 있는 자산 및 재정자원은 매우 복잡한 형태로 존재하며, 그 규모는 "0"이 12개 가지고도 모자랄 정도로 막대하다. 통계청에 의하면 2012년 기준으로 한국의 상대적 빈곤율은 17.6%로 1,773만 전체가구 중 약 312만 가구가 상대적 빈곤층이라고 한다. 그런데, 완전히 가정(假定)이지만, 현재의 재정규모로는 이들 모두에게 1억 원씩 지급하고도 많이 남을 정도이다.

　그러나 세상에 어떤 정부도 그러한 조치를 취하지 않는데 그 이유는, 정부가 존재하면서 국민들에게 제공하는 가치가 그 비용보다 훨씬 더 크기 때문이다. 예를 들어, 국방을 하는 정부가 없어서 전쟁이 발발하고, 그 결과 국민 일인당 1억 원씩 피해를 봤다면, 국가 전체로는 5,000조 원의 손실을 입게 된다. 경찰이 없어서 국민 1인당 매년 100만 원씩의 손실을 본다면, 국가 전체적으로는 매년 50조 원의 손실이 발생한다. 정부가 존재하지 않는 상태에서는 경제성장이 원활할 리 없다. 사람들이 어떤 물건을 구입할 때는 소비자잉여(consumers' surplus)가 생기는 것처럼, 정부가 존재하도록 비용을 지불한다는 것은 국민잉여(citizens' surplus)가 존재하기 때문이다.[7]

　우리들의 하루 생활은 정부 및 정부의 재정과 매우 밀접하게 연관되어 있다. 우선 아침에 일어나서 학교나 직장으로 이동할 때, 이미 도로라는 정부자산을 이용하고, 교통시스템이라는 정부서비스를 이용한다. 도중에 휘발유를 주유하면 약 200%의 세금을 납부한다. 사람에 따라서는 직장 자체가 공공기관인 경우도 많다. 우리나라의 근로자는 약 1,770만 명인데(2012년 기준으로 상용직 1,128만 명, 임시·일용직 648만 명), 이들 중 공무원 99만 명을 포함한 약 130만 명이 공공부

---

7)

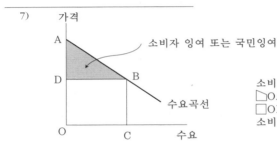

소비자 또는 국민이 지불하고자 하는 금액은 ⃞OABC이지만, 실제 지불한 금액은 ⃞ODBC이므로 △ABD 만큼의 소비자 잉여 또는 국민잉여가 발생하게 된다.

문에 종사하면서 소득을 번다. 정부는 자기 직원들에게만 임금을 지급하는 것이
아니라, 수많은 민간인과 조직에게 각종 보조금을 지급하며, 또 정부조달을 통해
기업에게 일할 기회를 제공하고 있다. 그리고 정부가 하는 일들 중 상당 부분은
경제가 활성화되도록 기반 서비스를 제공하는 것이어서, 우리나라 국내총생산
(GDP, 2012년 1,272조 원)의 상당부분은 직·간접적으로 정부활동과 관계가 있다.
정부는 민간이 자유롭게 활동할 수 있도록 각종 여건들을 만들어 주거나, 개인간
의 충돌을 방지, 중재하는 역할도 한다.

    이처럼 정부는 다양한 활동을 통해 우리에게 국민잉여를 창출해 준다. 따라
서 이런 정부를 유지하기 위해 재정이 필요해진다. 그러나 재정이 국민잉여의 창
출에 기여한다고 해서, 그것으로 문제가 없다는 뜻은 아니다.

    재정은 다른 자원과 마찬가지로 항상 희소하기 때문에, 이것을 어떻게 잘 쓰
는가 하는 문제가 언제나 따라다닌다. 개인의 경우에, 같은 소득 금액을 가지고
도 어떻게 쓰느냐에 따라 삶의 질에 차이가 난다. 마찬가지로 정부의 경우에도
같은 재정자원을 어떻게 사용하느냐에 따라 국민의 삶의 질에 영향을 미칠 수 있
다. 그런데 정부의 경우에는 재원을 쓰는 방법과 결정이 개인의 경우보다 훨씬
더 복잡하다.

    우선, 취향과 가치관이 다른 수많은 이해관계자들이 "잘 썼다"고 인정해 주
어야 정부재정을 잘 사용한 것일 수 있다. 그러나 때로는 다른 사람들의 반대를
무릅쓰고 추진한 공공사업이 결국은 국민에게 더 도움이 될 때도 있다. 정부의
돈은 투명하게 사용해야 하기 때문에, 여러 가지 절차와 규정을 지켜야 하고, 거
기에서 발생할 수도 있는 비효율을 감내해야 하기도 한다. 수익성이 전혀 없는
사업을 해야 할 때도 있고, 그 효과가 장시간의 시간이 경과한 후에야 나타나는
사업도 시행해야 한다. 이런 복잡한 상황하에서 정부재정을 "잘" 쓰기는 결코 쉬
운 일이 아니다.

    재무행정은 정부의 예산, 특히 세출예산을 어떻게 운용하는 것이 효율적인가
하는 것을 탐구하는 학문영역이다. 이 영역에서 "좋은 예산"을 만들어내고, 집행
하는 방법들을 잘 창안해낼 수 있다면, 그 결과는 나와 국민의 삶의 질을 향상시
키는 데 크게 기여할 것이다.

대학에서 재무행정을 배우는 이유

대학에서 재무행정, 즉 정부예산을 효율적으로 사용하는 방법을 배우는 이유는 무엇인가? 규범적인 대답은 매우 간단하다. 정부의 지출 규모가 크고 그것의 사회적 영향력 또한 크기 때문에, 그 돈을 효율적으로 사용하도록 만들면 국민의 삶의 질을 향상시킬 수 있으므로 재무행정을 공부한다고 할 수 있다. 언뜻 들으면, 매우 그럴 듯한 생각이다. 하지만 정규 공무원만 해도 99만 명이나 되는데, 독자들이 공무원이 되어 예산관련 업무를 담당하게 된다 하더라도 비효율적인 정부예산을 갑자기 효율적으로 만들기는 힘들다.

물론 공무원 체계가 효율성을 지향하는 조직체로 변모하고, 개개인의 노력 여하에 따라서 개선시킬 사항은 얼마든지 많다. 하지만 다시 이 책의 독자들에게로 초점을 돌리면, 모두 공무원이 되는 것도 아니다. 오히려 아주 작은 비율만이 공무원이 되어, 정부예산을 개선할 잠재적인 기회를 가지고 있다. 이런 관점에서 본다면, 재무행정을 개선시키기 위하여 재무행정을 공부한다는 것은 아주 합당한 이유는 아닌 것 같다.

현대 사회에서는 공무원만이 정부를 개선시킬 기회를 갖는 것은 아니다. 교수, 언론인 등 전문가가 되어 정부개선 방안을 제시할 수도 있고, 기업이나 이익단체의 일원으로서 정부에 의견을 개진할 수도 있다. 그뿐 아니라 요즈음에는 시민운동단체에 참여함으로써 "바람직한 정부예산"에 대한 요구를 표명할 수도 있으며, 아예 정치인이 되어 선거를 통해 공직에 직접 참여할 수도 있게 되었다. 따라서 "미래에 쓸모가 있을 수 있으므로 재무행정을 배운다"고 할 수 있다.

그런데 이것도 그렇게 탐탁스런 이유는 못된다. 요즈음 같이 모든 것이 빨리 변하는 세상에 먼 훗날에 쓸 일을 지금 배워둔다는 것은 그렇게 능률적이지 못하다. 나중에 정말 쓸모가 생겼을 때 그 때 재무행정을 열심히 학습하는 것이 훨씬 더 합당해 보인다.

이 밖에 현재 재무행정관련 업무에 종사하고 있거나, 아니면 재무행정에 대한 비판이나 논평하는 실무적인 목적 때문에 재무행정을 공부하는 수도 있을 것이다. 그렇지만 이 경우 역시 재무행정을 학습하는 적합한 이유가 되지 못한다. 대부분의 학습서는 기본적인 원리나 원칙 위주로 구성되어 있어서, 실무적인 문제해결에 별 도움이 되지 못하는 경우가 대부분이다. 그 보다는 업무지침서나 관련 규정을 점검해보는 것이 더 도움이 된다.

그렇다면 왜 대학에서 재무행정을 공부하는가? 그것은 재무행정을 배우는 과정에서 문제해결능력을 키울 수 있기 때문이다.

대부분의 공공문제들(public affairs)은 문제의 성격이 복잡할 뿐 아니라 해결하기가 곤란한 경우가 많다. 의약분업정책으로 인한 병원의 파업, 남북경협의 타당성에 관한 문제, 일본과의 어업 마찰, 공무원의 저임금과 부정부패의 문제, 공적자금을 투입한 은행들의 경영정상화 부진, 영종도 신공항의 적자 예상, 철도민영화 여부 등 거의 모든 공공문제들은 복잡하다. 쉽게 풀릴 수 있는 일들이었으면 애시 당초 공공문제로 부각되지도 않았을 것이다. 이런 복잡한 문제를 푸는 (또는 풀 수 있을 것 같아 보이는 방안을 찾는) 연습을 많이 한 사람은 그렇지 않은 사람에 비해 문제해결 능력이 뛰어나다.

사실 민간기업의 이윤추구 활동이나 법률이나 공학 등의 기술습득 활동은 그 자체로서 어려운 일이기는 하지만, 공공문제와 비교할 때는 상대적으로 단순한 활동이다. 공공문제에는 여러 집단의 이해 관계가 얽혀 있고, 추구하는 목표도 다양하게 많으며, 그것의 해결에 필요한 인적, 물적 자원은 부족한 경우가 대부분이다. 어느 경우에는 문제해결책이 전혀 없을 수도 있으며, 때로는 문제해결 방안이 너무 많아서 어느 것을 선택해야 좋은지 알 수 없을 경우도 있다.

그러나 공공문제를 푸는 해결방안들은 거의 대부분 정부의 재정적인 조치를 수반한다. 미군 부대 이전 문제가 그렇고(건축비 및 보상비 지급), 남북경협(기금확충), 한일어업마찰(어업 보상), 공무원 임금(임금인상), 부실은행 지원(공적자금 추가조성) 등의 문제해결도 그렇다.[8] 그러나 필요한 재정자원은 하늘에서 뚝 떨어지는 것이 아니라, 자원이 희소한 가운데 조달해야 하는 어려움이 있다.

이렇듯 복잡한 문제들을 해결하는 방안을 고민하는 가운데 "문제해결능력"이 향상된다. 비용편익 분석 기법을 배우고, 예산을 요구하여 배정받고 하는 연습들을 통해 문제해결능력이 배양되는데, 이것은 자본주의 사회를 살아가는데 매우 유익한 자본(capital), 즉 인적 자본(human capital)이 축적되는 것을 의미한다.

---

8) 돈의 어원은 한국식으로는 "돌고 도는 것"이겠지만, 영어인 money의 어원은 mammon으로서 "사람이 신뢰하는 것"이란 뜻이다. 이런 돈의 위력은 막강한 것이어서, 솔로몬은 "돈은 범사에 응용되느니라"(Money is the answer to everything)라고 말하고 있다(전도서).

인적 자본(human capital)

"자본이란 주로 생산과정에 투입되는 장비와 시설을 의미한다. 그러나 이런 물리적 자본처럼 직접 보고 만질 수는 없지만 여전히 생산과정에 중요한 역할을 하는 자본이 바로 인적 자본이다. 인적 자본은 사람에 대한 투자의 결과로 형성된다. 그리고 사람에 대한 가장 중요한 투자가 바로 교육이다. 교육도 현재의 지출을 통해 미래의 생산성을 높이고자 한다는 점에서 다른 여느 투자와 마찬가지이다. 그러나 교육이 기타 투자와 다른 점은 교육투자는 자본이 인적 자본의 형태로 특정한 사람에게 축적된다는 것이다. 당연하지만, 인적 자본을 많이 축적한 사람의 소득이 그렇지 못한 사람보다 높다.……

부익부, 빈익빈(富益富, 貧益貧) 부자는 더 부자가 되고, 가난한 사람은 더 가난해진다. 이 말이 항상 사실은 아니지만, 최근에는 비교적 사실에 가까워지고 있다. 많은 연구결과에 따르면 지난 20여 년 동안 미국에서는 전문기능을 가진 근로자와 그렇지 않은 근로자 간의 임금격차는 점점 더 벌어진 것으로 나타나고 있다."(Mankiw. 1998: 404-406)

재무행정의 주요 학습 대상

재무행정을 배우면 문제해결능력이 향상될 수 있다고 하였는데, 그렇다면 재무행정에서 주로 다루는 내용들은 무엇인가?

우선 인접학문의 유사 과목과 비교하여 보자. 경제학과에는 재정학이 있다. 여기서는 주로 조세(租稅)와 관련된 내용들을 배운다. 물론 재정학에서도 재정지출(public expenditure)을 다루기는 하지만, 그래도 초점은 조세쪽에 맞추어져 있다. 경영학과에는 재무관리론이 있다. 여기서도 다루는 주제가 다양하지만, 역시 주된 관심사는 민간기업의 채권과 증권에 집중되어 있다. 회계학 역시 민간기업의 회계원리를 가르친다.

이에 비하여 행정학과의 재무행정론은 정부의 지출, 특히 정부예산을 핵심적인 내용으로 다루고 있다. 물론 예산에는 세입(歲入)과 세출(歲出)이 모두 포함되지만, 세출쪽에 더 많은 비중이 두어진다. 그리고 행정부의 재무활동에 중요한 역할을 하는 기금 지출, 지방자치단체의 재정, 의회의 감시 등이 포함된다.

이 책의 구성

이 책은 모두 5부로 되어 있다.

제1부는 〈재무행정의 큰 그림 그리기〉로서 한국 재무행정의 기초적인 사항과 전체 모습을 볼 수 있다. 재무행정을 배우는 이유, 재정의 과정, 재정의 범위와 재정규모 등 재정 총량에 대해 알아본다. 또한 한국 재정의 과거, 현재, 미래의 모습을 살펴보고, 좋은 재무행정을 위한 "좋은 예산"의 기준을 설명한다.

제2부는 〈재무행정의 목표와 정부시스템〉은 재무행정체계의 구성요소와 재무행정의 목표를 설명한다. 즉 재무행정 관련 행정기관들의 구조를 살펴보고, 이 기관들이 재정활동을 통해 수행해야 할 목표는 무엇인지 논의한다. 이것은 정부의 목적과도 일맥상통하며, 여기서는 성장성, 형평성, 효율성 위주로 정부의 목표를 설명한다.

제3부는 〈예산제도와 예산성립과정〉을 설명한다. 앞의 제2부가 재무행정 관련 기관들은 정태적으로 설명하였다면, 제3부에서는 이들이 예산을 만들어내는 동태적인 과정을 설명한다. 예산제도와 예산과정에 대한 이해증진을 목표로 한다.

제4부는 〈예산집행과 산출, 그리고 평가〉를 설명한다. 앞의 제3부에서 예산의 편성과 확정을 집중적으로 설명한데 이어 여기서는 예산과 정책의 집행, 이로 인한 정부의 성과와 이에 대한 평가와 환류에 대해 설명한다.

제5부는 〈한국의 재정개혁과 재정제도〉이다. 현재 한국 재정제도의 근간을 이루고 있는 3+1 예산제도의 개관과 성과관리제도, 프로그램예산제도, 정부회계 등 최근 도입된 재정제도의 핵심사항에 대해 살펴볼 것이다. 재정범위의 확대 이슈에 맞추어 지방재정, 지방교육재정과 공기업 제도도 여기서 새롭게 설명한다. 각 장에서 해당 제도의 핵심사항과 함께 이에 대한 비판과 정책적 대안을 함께 공부할 수 있다.

재무행정의 기초: 재정 과정, 재정 범위와 재정 총량

- 제1절 재정의 과정과 핵심 용어
- 제2절 재정의 범위
- 제3절 재정 총량: 재정규모, 재정수지, 조세 및 국민부담률
- 제4절 국가채무: 개요 및 최근 제도개편의 공과(功過)

제2장 재무행정의 기초: 재정 과정, 재정 범위와 재정 총량

　본 장에서는 재무행정의 기초가 되는 사항을 모아서 설명하고자 한다. 재정이 어떠한 과정으로 운영되는지, 재무행정에서 혼란스러운 용어를 어떻게 해석해야 하는지를 먼저 살펴볼 것이다. 이후 재무행정이 다루어야 할 재정의 범위와 그것이 확대되고 있는 점, 그리고 재정규모와 재정수지 및 조세부담률과 국민부담률 등 재정총량에 대해 살펴본다. 국가채무도 재정총량 중 하나이지만 최근 정부의 국가채무 개편작업과 이에 대한 문제점 등을 체계적으로 살펴보기 위해 별도의 장에서 설명하였다. 본 장에서 설명하는 사항이 앞으로 재무행정을 공부하는데 방향을 잡아주고 불필요한 혼란을 줄이는 등 기초가 되어줄 것이다.

제1절　재정의 과정과 핵심 용어

1. 재정의 과정

　재정의 과정이란 나라살림이 운영되는 일련의 과정 또는 절차로서 크게 정부예산안 편성, 예산안 심의·확정, 예산 집행, 결산으로 구분할 수 있다. 정부 예산안(案) 편성은 정부가 정부사업에 대한 계획을 담은 예산안을 만드는 것을 말하고 예산안(案) 심의·확정은 정부가 마련한 예산안을 국회가 심의, 확정하는 과정이다. 나라살림은 가계살림과 달리 국민 전체를 위한 것이므로 국민의 대리인인 대통령(행정부)과 국회의원(국회)에 의해 만들어지고 통제된다. 예산 집행은 확정된 예산을 정부가 기관별로, 사업별로 배정하여 계획대로 국가재원을 조달하거나 공공경비를 지출하는 활동을 의미하며, 결산은 집행된 예산을 마감하고 나라살림의 수입과 지출을 확정하는 절차를 말한다. 재정의 과정을 행정학이나 경영학에서 접한 PLAN-DO-SEE의 관점에서 살펴보자면, 예산안 편성과 국회 심의·확정은 사전적인 계획을 마련하는 PLAN(계획)에 해당하고, 예산 집행과 결

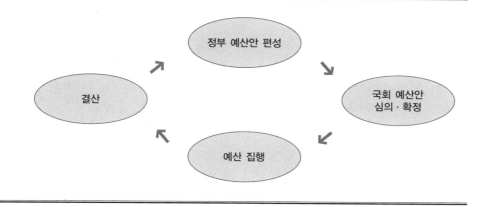

그림 2-1   재정의 과정

산은 대체로 각각 DO(실행)와 SEE(평가)에 해당한다.[1]

　재정의 과정은 정부와 국회가 중심이 되고 감사원이 추가되어 진행되는 절차이다. 예산안을 편성하는 것에서부터 예산을 집행하고 예산을 마감하는 결산서를 마련하는 작업까지 정부가 담당한다. 국회는 정부가 마련한 예산안을 심의·확정하고 결산서를 의결하는 통제자로서의 역할을 한다. 감사원은 정부가 결산서를 마련하여 국회에 제출하기 전에 결산서를 검사한다.[2]

2. 재정 관련 핵심 용어

　재무행정을 처음 접할 때 여러 용어가 비슷해 보이는데 딱히 같은 것 같지도 않다. 그러다보니 정확한 의미를 알기도 어려워서 혼란스럽다. 이것은 사실 재무행정을 처음 공부하는 학생의 문제는 아니다. 실무에서 오랫동안 재정을 다룬 공무원이나 재정전문가가 관련 용어를 다의적으로 사용하거나, 재정 관련 법령이

---

1) 최근에는 예산사업의 성과제고를 위해 예산 집행 과정에서 상시적으로 성과를 관리하거나 평가하는 것을 강조하고 있다. 이럴 경우 DO와 SEE가 혼재될 수 있다.
2) 여기서는 재정과정에서의 감사원 역할만을 기술하였다. 감사원은 해당 업무 외에 정부부처, 지방자치단체, 공기업 등 제반 공공부문 기관에 대한 일상적인 회계검사와 직무감찰 등 중요한 임무를 수행하는 기관이다.

제·개정되는 과정에서 용어 사용시 다소 혼란스러운 점이 없지 않은 측면이 있다. 몇 개의 용어를 묶어서 비교해가며 각각의 의미를 파악해 보기로 하자.

(1) 예산과 재정

사실 재정이나 예산은 모두 동일한 대상을 다루는 용어로 큰 차이가 없다. 모두 정부 세입(수입)과 세출(지출)에 대한 용어인데 간혹 약간 다른 뉘앙스로 사용되는 경우가 있다.

재정의 경우는 정부의 경제활동, 즉 경제적 의미에 초점을 맞추는 경향이 있다. 따라서, 재정적자 또는 균형재정이 경제에 미치는 영향 등을 논할 때는 재정을 사용한다. 또한 재정은 예산과 달리 정부 수입도 중요하게 고려한다. 세율인상 또는 인하가 경제에 어떠한 효과가 있는지 등을 얘기할 때도 정부 예산이 아니라 정부재정이라는 용어를 주로 사용한다. 이에 반해 예산이란, 개념적으로는 세입예산과 세출예산, 또는 정부의 수입과 지출을 모두 망라하고 있지만, 사실상 지출측면이 더 중요시되고 있다.

재정의 과정 측면에서는 예산과 재정은 조금 달리 사용되고 있다. 실무에서는 재정은 나라의 살림살이를 얘기할 때 통상 사용하는 용어로 예산과 결산을 모두 포괄하는 개념이다. 반면 예산은 나라 살림살이의 계획에 해당하는 것에 한정된 용어이다. 즉, 예산은 중앙정부 또는 지방자치단체가 일 년 동안 운용할 수입과 지출에 대한 계획을 의미한다. 이때 예산은 국회 또는 지방의회의 의결을 통해 확정된 것을 말하며, 예산안은 의결을 받기 전 단계의 것으로 정부 또는 지방자치단체의 계획안을 말한다.

(2) 예산과 회계

예산과 회계는 재정의 과정 측면에서 보면 혼란스러운 것은 없다. 예산은 나라살림의 계획에 해당하고, 회계는 보통 예산의 집행에 해당하는 개념으로 사용되기 때문이다. 그러나, 현행 법률상 용어를 고려하면 조금 혼란스러울 수 있다. 정부 예산을 규정하고 있는 국가재정법과 지방예산법에서 예산과 회계가 계정(account)의 개념으로 사용되고 있기 때문이다. 계정은 돈을 담는 주머니를 말한다. 돈의 주인과 사업의 목적이 다르면 돈의 주머니도 다르듯이 정부 사업의 관리자(중앙행정기관)와 목적(농업, 교통 등)이 다르면 국가재정의 주머니도 달라지게 된다.

조세수입 등을 주요 재원으로 제반 일반적인 사업지출에 범용으로 사용되는 주머니를 일반회계라 하고, 특정한 목적을 가진 사업에만 사용되는 주머니를 특별회계라 한다. 우체국예금 특별회계, 농어촌구조개선 특별회계, 교통시설 특별회계 등이 이에 해당한다. 반면 특정한 목적을 가진 사업을 신축적으로 운용하기 위해 사용되는 주머니를 기금이라고 한다. 많은 사람들이 잘 알고 있는 국민연금기금, 사학진흥기금 등이 이에 해당한다. 현재 우리나라 중앙정부에는 1개의 일반회계와 18개의 특별회계, 그리고 44개의 기금이 있다.

이때 예산은 일반회계와 특별회계를 합한 개념으로 중앙정부의 재정을 구성하는 모든 계정 중 기금을 제외한 것을 말한다. 이것은 과거 예산회계법과 기금관리기본법이 별도로 존재하던 시절의 잔재이다. 이 두 법률이 통합되어 2006년 말에 국가재정법이 제정되었는데 동법의 제정 작업시 예산에 대한 이러한 용어는 사용하지 말자는 논의가 있었다. 그러나 과거의 전통을 고려하여 국가재정법에 그 용어가 계속 사용되고 있다. 이런 관점에서는 재정은 예산과 기금을 합한 개념이 된다.

재정관련 정부부서의 명칭이 이를 반영하면 혼란이 없을텐데 꼭 그렇지는 않다. 기획재정부(구 기획예산처) 예산실은 중앙정부의 재정을 총괄하여 관리하는 곳이다. 그런데 예산실이 과거 국가재정법이 제정된 직후 재정운용실로 이름이 바뀌었다. 이는 국가재정법에서 규정한 예산(일반회계·특별회계)과 기금을 모두 운용하는 곳이란 점을 강조하기 위해서다. 그러나 현재는 재정운용실이 다시 예산실로 이름을 바꾸었다. 재정의 계정, 주머니에 대한 개념보다 정부재정의 세출(지출) 측면, 계획적인 재원배분 측면을 고려해서이다. 이렇게 예산실로 명칭을 환원시킨 이후 기획재정부 내에 정부의 세입(수입)을 관리하는 세제실 및 재정성과관리 등 제반 재정관리 업무를 담당하는 재정관리국과 부서명이 잘 대비되었다.

본 서는 달리 말하지 않는 한, 통상의 관념을 좇아 예산은 재정과 유사한 개념으로서 정부가 운용하는 수입·지출의 계획을 의미하는 것으로, 결산과 대비되는 개념으로 사용하고자 한다.

(3) 세입 · 세출과 수입 · 지출

일반회계와 특별회계에서는 세입(歲入) · 세출(歲出)이라고 하고, 기금에서는 수입(收入) · 지출(支出)이라고 한다. 세입과 수입은 조세 및 기금수입 등 재원의 유입을 말하는 점에서 동일하고, 세출과 지출은 국민에게 공공서비스를 제공하기 위한 재원이 나가는 측면을 말하는 점에서 동일하다. 그러나, 세입(歲入)과 세출(歲出)은 한 회계연도의 모든 정부재원의 들어오고 나가는 것을 의미한다는 점에서, 특정목적의 사업 추진을 위해 수입(收入)과 지출(支出)의 연계가 강한 기금의 그것과 구분된다. 이것은 과거 기금이 최초 도입될 때 일반회계, 특별회계를의 구분하기 위한 전통이라고 할 수 있다.[3] 그러나, 2002년 기금관리기본법의 개정으로 이전과 달리 기금을 운용하는 정부기관은 일반회계, 특별회계와 마찬가지로 재정당국의 종합 검토를 거치고 국회의 예산심의를 받게 되었다는 점, 특별회계도 기금처럼 특정한 목적을 위한 주머니라는 점에서 세입(歲入) · 세출(歲出)과 수입(收入) · 지출(支出)을 구분할 실익은 그리 크지 않다.[4]

참고로, 세입(歲入) · 세출(歲出)과 수입(收入) · 지출(支出)은 전통적인 현금주의 단식부기 방식의 재정관리 방식에서 사용하는 용어이다. 돈이 실제로 들어오거나 나가야 입출(入出)로 처리한다. 반면, 수익(收益)과 비용(費用)은 최근에 도입된 발생주의 복식부기 회계에서 사용하는 용어이다. 실제로 돈이 들어오거나 나가지 않더라도 통상 내가 돈을 가질 권리와 돈을 지불할 의무가 확실하면 수익과 비용으로 회계처리한다. 발생주의 복식부기 정부회계는 제16장에서 살펴볼 것이다.

(4) 중앙정부와 국가

정부는 무엇이고, 국가는 무엇인가? 국민 입장에서 정부나 국가나 별 차이가 없을 것이다. 국가는 일정한 영토 내에서 국민으로 구성된 최고의 통치 단체이며

---

3) 예산회계법이 제정된 1961년 이후 약 30년간은 일반회계와 특별회계만이 있을 뿐 기금은 존재하지 않았다. 기금은 1991년 기금관리기본법 제정과 함께 도입되었다.

4) 그러나, 국가재정법에서 기금이 일반회계, 특별회계와 달리 주요항목 지출금액의 20%(금융성 기금은 30%) 범위안에서 국회의 의결없이 집행계획을 변경할 수 있게 규정하는 등 기금을 운용하는 부처의 재량을 넓게 인정하고 있는 점에서는 기금은 일반회계, 특별회계와 다소 차이가 존재한다.

정부는 국가의 통치권을 행사하는 기구이다. 즉 국가는 상대적으로 추상적인 개념이고 정부는 구체적인 개념이다. 두가지를 구별하여 사용할 실익이 그리 크지 않다.

정부나 국가 모두 국민 입장에서는 중앙정부와 지방자치단체를 포괄하는 개념이다. 중앙정부는 통상 기획재정부, 외교부, 국토교통부 등 중앙행정기관(중앙부 · 처 · 청)을 포괄한 개념이며, 2014년 현재 50개 중앙행정기관이 있다. 지방정부는 이에 대응되는 지방자치단체를 말하고, 현재 17개 광역 자치단체(특별시 · 광역시 · 특별자치시 · 도 · 특별자치도)와 227개 기초 자치단체(시 · 군 · 자치구) 등 244개 자치단체로 구성되어 있다. 따라서 중앙정부가 운용하는 재정은 중앙재정, 지방자치단체가 운용하는 재정은 지방재정이라고 통상 생각한다.

그러나, 국가를 다른 관점에서 사용하는 경우가 있다. 지방자치행정 또는 지방재정 분야가 특히 그렇다. 지방관련 제도나 업무를 접하다보면 지방에서 스스로를 지방정부라 하고 중앙정부는 국가라고 한다. 지방자치법과 지방재정법에서 중앙정부를 말할 때 국가 또는 중앙행정기관이라고 규정하고 있기 때문이다.

제2절 재정의 범위

1. 재정의 범위 논의의 필요성

보통의 국민들은 중앙부처나 지방자치단체, 정부 산하의 공공기관[5]에 별 차이를 두지 않는다. 이름만 다르지 모두 국민의 세금이 투입되는 기관이므로 해당 기관에서 사용하는 돈은 모두 재정이라고 생각하는 경향이 있다. 또한, 그곳에서 일하는 사람들은 약간의 차이만 있을 뿐이지 모두 공무원 또는 준공무원이라고 생각한다. 그러나, 중앙부처 공무원들이 정부라는 용어를 사용할 때는 중앙정부만을 말하거나, 대부분 산하 공공기관을 배제하고 말하는 경우가 많다. 지방자치단체도 산하 공공기관을 포함하지 않고 배제한 상태에서 지방이라고 말하는 경

---

5) 과거에는 정부산하기관 또는 정부투자기관이라는 용어를 주로 사용하였다. 그러나, 2007년 1월 「공공기관의 운영에 관한 법률」이 제정되고 「정부투자기관 관리 기본법」과 「정부산하기관 관리 기본법」이 폐지되면서 해당 용어는 더 이상 사용되지 않고 공공기관이라는 용어가 새롭게 사용되기 시작하였다.

우가 많다.

국민들과 공무원들의 생각이 다른 이유는 무엇일까? 정부의 범위 또는 공공부문의 범위를 달리 보기 때문이다. 더불어 이들 기관이 운용하는 재정의 범위를 달리 보기 때문이다. 국민들은 정부재정을 얘기할 때 중앙재정과 지방재정을 함께 생각하고, 여기에 산하 공공기관 재정까지 포함하는데 반해, 공무원들은 중앙재정과 지방재정을 분리하거나, 중앙재정과 지방재정 각각에서 산하 공공기관재정을 배제한다.

이처럼 중앙재정, 지방재정과 공공기관재정을 따로 분리하여 생각할 경우 어떠한 문제가 생길 수 있을까? 최근 재정의 범위와 관련하여 논란이 되었던 몇가지 사항을 살펴보는 것으로 대신하자.

2001년 국회의원 총선 과정에서 일부 정당에서 정부가 발표한 공식 국가채무 통계는 120조 원이지만 산하 공공기관 부채 등을 포함한 국민이 향후 부담해야할 사실상의 국가채무는 모두 1,000조 원이라고 주장하였다.[6][7]

2006년 일부 언론과 정부 간에 큰 정부, 작은 정부 논쟁이 발생했다. 당시 일부 언론은 중앙부처와 지방자치단체뿐만 아니라 산하 공공기관과 공기업까지 포함하여 재정규모를 산정할 경우 우리나라가 외국에 비해 작은정부가 아니라고 주장했다.[8]

최근의 박진·허경선(2013)에 의하면 최근 5년간 대형 12개 공공기관에서 증가한 금융부채 167.3조 원 가운데 78.5%에 해당하는 131.4조 원이 4대강사업, 보금자리주택사업, 해외석유개발사업 등 정부가 주요하게 추진하는 국정과제와 관련된 사업에서 발생하였다. 2012년 전체 중앙 공공기관의 부채 470조 원 중 무려 28%에 달하는 규모다. 중앙부처 입장에서는 재정규모와 정부부채를 늘리지 않을 수 있었지만 그 결과 공공기관 부채가 늘어났다. 힘들여서 아랫돌을 뺐지만 결국 위에 올려놓은 모습이다.[9]

---

6) (구)한나라당 이한구의원. 2001년 3월 15일. 한나라당 정책성명. 「정부 여당은 국가파산의 길로 계속 나아갈 것인가?」.

7) 이후 언론은 물론이고 여러 국회의원들과 학자들이 국가채무에 대해 관심을 갖게 되었다. 여러 전문가들이 주장하는 사실상의 국가채무 통계는 해가 가면서 증가되는 모습으로 2013년 현재 1,800조 원이라는 주장도 있다.

8) 중앙일보. 2006년 4월 5일. [탐사기획], 「대한민국 정부는 큰 정부? 작은 정부?」, 「국제기준 맞춰 산하기관 포함땐 1년에 77조 더 썼다」, 「정부 재정계산 문제점」.

9) 유승원. 2014. KIPF 공공기관 뉴스레터 중에서 「정부의 공공기관 관리방식, 어떻게 해야 하는가?」를 활용함.

2. 국제기구가 권고하는 재정의 범위와 한국의 현황

IMF, OECD 등 국제기구가 권고하는 사항은 우리 국민들의 상식과 거의 유사하다.[10] 국제기구는 중앙정부와 지방정부를 합해서 일반정부[11](general government)라고 부른다. 즉 통상적으로, 정부란 중앙정부와 지방정부를 합한 것이라는 점이다. 이때 유의할 사항은 중앙정부에는 중앙행정기관뿐만 아니라 중앙행정기관 산하의 공공기관(공기업 제외)도 포함되고 지방정부에는 지방자치단체(지방교육 포함[12])뿐만 아니라 지자체 산하의 공공기관(공기업 제외)도 포함된다는 점이다. 산하 공공기관은 중앙부처와 지자체가 설립하고 감독하는 기관 또는 해당 기관이 다시 설립하고 감독하는 기관을 말한다. 국제기구는 이러한 기관도 중앙부처와 지자체가 부여하는 목표를 달성하기 위해 별도로 설립된 기관인만큼 중앙정부 또는 지방정부를 구성하는 요소로 보는 것이다.

또한, 국제기구는 중앙정부 또는 지방정부 및 일반정부와 함께 공공부문에 대해서도 재정범위를 설정할 것을 권고하고 있다. 공공부문 전체가 국민경제에 미치는 영향을 체계적으로 분석하여 정책에 반영하기 위해서다. 이때 공기업은 비금융공기업(한국전력공사, 한국도로공사 등)과 금융공기업(산업은행, 한국자산관리공사[13] 등)으로 구분할 수 있으며 공공부문의 구성요소이지만 일반정부에는 속하지 않는다.

우리나라는 재정의 범위를 국제기준의 권고 및 일반 국민의 상식과 달리 다

---

10) IMF의 정부재정통계 체계에 대한 매뉴얼인 Government Finance Statistics(GFS) 1986 및 2001과 OECD(UN과 공용)의 거시경제분석 체계에 대한 매뉴얼인 System of National Account(SNA).

11) 일반정부에서 '일반'이란 특별하지 않은 통상적이라는 의미의 '일반'이 아닌 여러 가지를 한데 모아놓은 '종합'을 의미한다. 종합병원을 general hospital이라고 하는데 이때의 general과 유사한 의미로 쓰인 것이다. 과거 국제기구의 관련 매뉴얼을 번역하는 과정에서 용어의 뉘앙스를 고려하여 '종합'이 아닌 '일반'을 선택한 것으로 여겨진다.

12) 사실상 지방교육 재원 중 중앙부처와 지자체로부터 이전되는 재원이 대부분을 차지하기 때문에 재정총량적인 측면에서는 지방교육재정을 재정의 범위에 포함시키는 것은 큰 실익이 있지는 않다(자세한 사항은 제19장 참조). 그러나, 지방교육 재정정책을 (일반)정부 재정정책 또는 공공부문 재정정책에서 함께 다루는 것은 큰 의미가 있을 것이다.

13) 한국산업은행과 한국자산관리공사는 국제기준과 국민들의 보통의 상식에 의하면 금융공기업에 해당하지만, 「공공기관의 운영에 관한 법률」에 의하여 정부가 공기업이 아닌 기타공공기관과 준정부기관으로 지정하였다. 이에 대한 사항은 제20장 공기업 제도를 확인하기 바란다.

그림 2-2 국제기구가 권고하는 재정의 범위와 한국의 현황

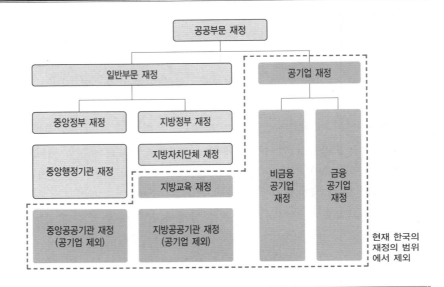

주: IMF와 OECD 매뉴얼을 재구성.

소 협소하게 잡고 있다. 보통 정부재정을 논할 때 중앙정부 재정과 지방정부 재
정을 합하여 일반정부를 논하는 것이 아니라 중앙재정과 지방재정(지방자치단체
재정)을 별도로 다루는 것이 대부분이다.[14] 또한 중앙재정의 주무부처인 기획재정
부가 중앙재정이라고 말할 때는 통상 중앙부처 산하 공공기관[15]이 제외되고, 지

---

14) 정부가 중앙행정기관, 지방자치단체(교육 포함)를 포괄한 통합재정통계를 발표하기는 하나
   해당 통계를 단순 참고만 할뿐 그것을 기준으로 재정정책을 마련하지는 않는다. 또한, 한국
   은행이 OECD의 SNA 기준을 활용하여 중앙, 지방, 산하기관을 포괄한 일반정부 통계를 생
   산하고 있으나, 국제기준이 권고하는 사항과 달리 상당수 특별회계와 기금이 통계에서 제
   외되어 과소계상된 것으로 평가받고 있다(기획재정부. 2008).
15) 정부와 한국은행이 발표하는 통합재정통계에 국제기구의 권고사항과 일부 부합하지 않는
   산정방식이 사용되고 있다. 예를 들어 중앙부처가 운영하는 기업특별회계(양곡관리, 우편사
   업, 우체국예금, 조달, 책임운영기관)와 일부 금융성 기금을 공기업 재정으로 간주하여 일
   반정부 재정에서 제외하고 있다. 그러나, 국제기구 매뉴얼인 GFS와 SNA에 따르면 해당 특
   별회계와 기금은 일반정부 재정규모에 포함되어야 한다. 국회에서 통제되는 자금은 모두
   하나의 제도단위로 통합되고, 해당 특별회계와 기금이 법적으로나 사회적으로 정부로부터
   독립된 실체에 의해 운영되는 것이 아니며, 국가재정법에 의해 해당 특별회계와 기금의 여
   유자금이 다른 회계·기금에 전입·전출되는 등 재원사용에서 독립적인 재량권이 부여된
   것이 아니기 때문이다.

방재정의 주무부처인 안전행정부가 지방재정을 언급할 때는 지방교육재정이 제외되고 지자체 산하 공공기관은 일부만 포함된다. 우리나라는 (일반)정부와 공기업을 포괄한 공공부문 재정에 대한 통계는 작성하지 않고 있다.

과거 정부는 (구)기획예산처, 재정경제부, 행정자치부, 감사원의 재정전문 공무원으로 구성된 디지털예산회계기획단에서 재정분야 교수 등 전문가와 함께 재정범위의 확대를 심도 깊게 논의한 바 있다. 그러나, 정부가 앞에서 언급한 2006년 일부 언론과 큰 정부, 작은 정부 논쟁을 벌이면서 관련 작업의 추진력이 상실되었다.

다행히 당시 정부(디지털예산회계기획단)의 논의는 공공기관의 포괄범위 설정에 대한 고민으로 이어져 해당 사항이 2007년 「공공기관의 운영에 관한 법률」로 법정화되었다. 또한, 정부는 민관합동 재정통계 개편 T/F를 2008년 구성하여 국가채무의 포괄범위 확대를 논의하였고, 그 결과물이 2012년 12월 발표되었다.[16]

그러나 과거 정부(디지털예산회계기획단)가 추진했던 재정범위 확대 작업이 공공기관 운영과 국가채무 등 개별 정책에는 반영 되었지만, 재정정책 전반에까지 확대되지는 못했다. 특히 정부가 2012년 12월 재정통계 개편을 통해 국가채무 포괄범위를 재정범위를 일반정부까지 확대하고 2014년 2월 공공부문(금융공기업 제외)까지 확대하였지만, 해당 정책은 국가채무 정책에만 한정하여 활용되고 있다. 재정규모, 재정수지, 재원배분 등 여타 제반 재정정책은 여전히 과거처럼 좁은 재정범위에 근거하고 있다.

3. 재정정책 및 재무행정 주제의 확대

정부는 많은 시간과 노력을 들여 2012년 12월 국제기구의 권고사항을 바탕으로 일반정부 포괄범위를 설정하였다. 그러나, 정부는 그것을 국가채무 산정에만 활용하고 다른 재정정책에까지 적용하지는 않고 있다. 정부는 재정범위를 공공부문까지 확대하는 것은 고려하지 않는 것으로 보인다. 최고급 스마트폰을 가지고 있고 높은 요금을 내면서도 전화통화만 하는 것과 같다.

---

16) 자세한 사항은 제3절 국가채무 파트를 참고하기 바란다.

확대된 재정범위를 가지고 여러 재정정책에 활용할 수 있다. 〈표 2-1〉에서 보는 것처럼 목적과 대상에 따라 차별화된 재정지표와 재정정책을 단계별로 개발할 수 있게 된다. 일반정부 및 공공부문 전체에 대한 재정규모,[17] 국가채무, 공직자 및 국민부담에 대한 정책 등을 개발할 수 있다. 이처럼 확대된 재정범위를 여러 방면에서 활용하는 추세가 확대되면 재원배분 정책도 확대된 재정범위를 기준으로 할 수 있을 것이다. 관련 정책의 시너지 효과가 제고되고 유사·중복적인 사업 또는 정책이 제어되는 등 효율적이면서 국민에게 더욱 다가가는 재정정책이 마련될 수 있을 것이다.

표 2-1 재정범위 확대에 따른 재정지표 및 재정정책 변화(예시)

	재정규모 관련	국가채무(부채) 관련 [주3]	공직자 관련 [주4]	국민부담 관련
1단계				
중앙정부 재정(A)[주1]	중앙정부 재정규모	중앙정부 채무(부채)	중앙정부 공직자	국민부담률
지방정부 재정(B)[주2]	지방정부 재정규모	지방정부 채무(부채)	지방정부 공직자	
2단계				
(일반)정부 재정 (C=A+B)	일반정부 재정규모	일반정부 채무(부채)	일반정부 공직자	일반정부 징수율[주5]
공기업 재정(D)	공기업 재정규모	공기업 채무(부채)	공기업 종사자	공기업 징수율[주5]
3단계				
공공부문 재정 (E=C+D)	공공부문 재정규모	공공부문 채무(부채)	공공부문 종사자	공공부문 징수율[주5]

주1) 중앙행정기관과 산하 공공기관(공기업 제외)으로 구성.
주2) 지방자치단체, 산하 공공기관(공기업 제외) 및 지방교육자치행정기관으로 구성.
주3) 채무는 현금주의 단식부기 회계 기준시, 부채는 발생주의 복식부기 회계 기준시(회계에 대한 자세한 사항은 제16장 정부회계 참조).
주4) 공직자 수는 중앙행정기관 및 지방자치단체의 공무원과 공공기관 임직원을 합한 것임.
주5) 공공부문 징수율은 국민부담분과 국민이 공공기관에 대가없이 지불하는 제반 비용을 합한 수치가 GDP에서 차지하는 비율을 말함.
주6) 음영은 현재 도입되지 않은 지표를 의미함(공기업 빛 공공부문 부채는 금융 공기업에 대한 사항이 배제되어 있어서 도입되지 않은 것으로 분류하였음).
자료: 기획재정부(2008)를 재구성함.

---

17) 재정규모 통계를 활용하면 재정수지 통계(재정지출 규모-재정수입 규모)를 얻을 수 있다.

재정범위가 확대되면 재무행정에서 논의하는 주제도 더불어 확대되어야 할 것이다. 본 서는 이러한 취지에서 지방재정과 지방교육재정(제19장) 및 공기업 제도(제20장)를 별도로 설명하였다.

제3절 재정 총량: 재정규모, 재정수지, 조세 및 국민부담률

재정규모, 재정수지와 국가채무 등은 재무행정학을 공부할 때 가장 먼저 접하게 되는 재정총량 지표 중 하나이다. 중앙정부, 지방정부, 일반정부, 공공부문에 대한 세가지 지표를 각각 체계적으로 살펴보면 좋겠지만 현재로선 가능하지 않다. 중앙, 지방 및 공공기관을 포괄하여 해당 지표를 산정하는 통일적인 기준이 마련되어 있지 않고,[18] 해당 작업을 수행할 전문기관이 구성되어 있지 않기 때문이다. 따라서 여기서는 통상의 설명방식대로 현재의 중앙정부[19]를 중심으로 재정규모, 재정수지, 국가채무 등 재정총량 지표를 살펴보도록 하자. 이후 조세부담률과 국민부담률을 설명한다.

1. 재정규모

재정규모는 수입(세입)측면과 지출(세출) 측면 모두에서 산정될 수 있다. 그러나, 통상 재정규모라고 할 때는 지출(세출) 측면을 말한다. 현재 중앙부처와 지방자치단체는 예산총계, 예산순계, 총지출의 지표를 사용하여 재정규모를 산정하고 있다. 중앙부처는 총지출을 대표 지표로 사용하고,[20] 지방자치단체는 예산총계와 예산순계를 대표 지표로 사용하고 있다.

---

18) 재정규모를 예로 들면, 중앙행정기관은 총지출 지표를 주로 사용하지만 지방자치단체는 총계 또는 순계 지표를 주로 사용한다.
19) 원칙적으로는 산하 공공기관이 포함되어야 하지만 현재는 제외되어 있으므로 여기서는 산하 공공기관이 제외된 중앙정부를 말한다.
20) 중앙정부는 2005년부터 총지출 개념을 주로 사용하고 있다. 그 전까지는 총계, 순계, 일반회계 재정규모(일반회계+재정융자특별회계 순세입) 등의 다양한 재정규모 지표를 사용하였다.

우선 예산총계는 중앙정부의 일반회계와 특별회계가 지출하는 모든 재원을 합한 규모를 말한다. 예산총계는 일반지출과 내부거래, 보전지출로 크게 나눌 수 있다. 일반지출은 국민경제에 직접 영향을 미치는 경상지출(인건비, 물건비 등), 자본지출(토지매입비, 건설비 등), 융자지출, 이전지출(지방보조금 등)을 가리킨다 (김춘순. 2011). 내부거래는 회계와 회계 간 전입·전출소요를 말한다.[21] 보전지출 은 정부가 민간으로부터 차입한 것을 상환하거나, 여유자금을 금융기관에 예치 하는 것을 말한다.

예산순계는 예산총계에서 내부거래를 제외한 것을 말한다. 내부거래는 회계 간 전입·전출 소요로서 예산총계를 사용할 경우 각 회계에서 중복 계상되는데 이것을 제거한 것이 예산순계이다. 현재 중앙정부와 지자체가 예산총계와 예산 순계를 산정할 때 일반회계와 특별회계만을 대상으로 하고 있다. 그러나, 일반회 계와 특별회계에 기금을 포함하여 예산총계와 예산순계를 산정하는 것도 가능하 다.[22]

총지출은 일반회계, 특별회계 및 기금의 총계에서 회계 간, 기금 간, 회계기

그림 2-3 **재정규모: 총계, 순계 및 총지출**

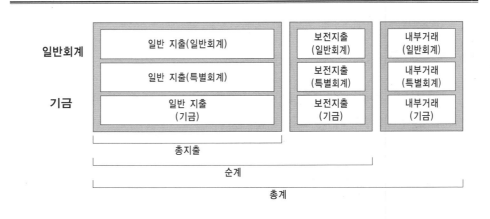

---

21) 내부거래가 회계와 회계 간 거래에 한정된 개념은 아니다. 회계와 기금 간, 기금상호 간 전 입·전출 및 중앙정부와 지자체 간, 정부와 공기업 간 전입·전출도 내부거래에 해당한다.
22) 앞의 제1절에서 논의한 바와 같이 예산이 재정을 의미하는 용어로 쓰일 때는 이처럼 사용 될 수 있다.

금간 내부거래를 제거하고 회계·기금의 제반 보전지출을 차감한 것이다. 총지출은 중앙정부가 국민경제에 미치는 영향을 파악할 때 기준이 되는 지표이다.[23]

2. 재정수지

재정수지는 재정지출과 재정수입의 차를 말한다. 재정수입이 재정지출보다 커서 재정수지가 0을 초과하면 재정수지가 흑자이고, 반대의 경우이면 재정수지가 적자가 된다.

중앙정부는 두 가지 방식으로 재정수지를 산정하고 있다. 먼저 총수입과 총지출을 사용한 재정수지를 살펴보자. 총수입은 수입 측면에서 산정되는 점에서 차이가 있을 뿐, 총지출과 마찬가지 방식으로 구해진다. 총수입은 일반회계 수입, 특별회계 수입, 기금 수입의 합계에서 수입측면에서의 내부거래와 보전거래를 차감한 것이다. 재정수지는 총수입에서 총지출을 차감한 것인 반면, 관리재정수지는 재정수지에서 사회보장성기금(국민연금기금, 사학연금기금, 산재보험기금, 고용보험기금)의 수지를 제외한 것이다. 사회보장성기금은 미래에 연금지급 시기 등이 본격적으로 도래하기 전에는 대부분 지출(연금지급 등)이 수입(보험료수입 등)보다 작기 때문에 흑자를 보인다. 즉, 사회보장성기금은 장래의 지출을 위해 현재 대비하는 기금의 성격으로서 정부의 다른 일반적인 재정지출과 상이한 측면이 있어 재정수지 산출시 이를 조정해 주기 위해 정부가 재정수지와 함께 관리재정수지를 별도로 산정하고 있다.

---

23) 정부는 외국환평형기금과 금융성기금 등 정부의 금융활동은 총지출 산정시 제외한다(정부가 매년 일관된 기준을 가지고 제외하는 것은 아니다). 그러나 정부가 국민경제에 미치는 영향을 파악하는 총지출 지표의 취지를 고려할 때 해당 기금을 통한 정부의 활동도 정부재정 활동의 일부이므로 총지출 지표 산정에 포함하는 것이 합리적이라고 여겨진다. 또한, 앞의 각 주에서 언급하였듯이, 국제기구 매뉴얼인 GFS와 SNA에 따르면 해당 금융성기금은 정부 재정규모에 포함되어야 한다. 해당 기금은 국회의 심의를 받는 국회가 통제하는 자금중 하나이고, 해당 기금이 법적으로나 사회적으로 정부로부터 독립된 실체에 의해 운영되는 것이 아니기 때문이다.

표 2-2 재정수지

〔총수입 · 총지출 기준시〕	〔IMF의 통합재정통계 기준시〕
총수입 －）총지출 재정수지 －）사회보장성기금 수지 관리재정수지	통합재정수입 －）통합재정지출 통합재정수지 －）사회보장성기금 수지 관리재정수지

표 2-3 최근의 재정규모와 재정수지 현황

(단위: 조원, %)

	2005	2006	2007	2008	2009	2010	2011	2012	2013
총수입(A)	222.4	235.3	250.6	274.2	279.8	290.8	314.4	343.5	360.8
총지출(B)	209.6	224.1	237.1	262.8	301.8	292.8	309.1	325.4	349.0
재정수지(C=A-B) (GDP 대비, %)	12.8 (1.5)	11.2 (1.2)	13.5 (1.4)	11.4 (1.1)	△22.0 (△2.1)	△2.0 (△0.2)	5.3 (0.4)	18.1 (1.4)	11.8 (0.9)
사회보장성기금수지(D) (GDP 대비, %)	23.6 (2.3)	26.4 (2.9)	30.2 (3.1)	27.5 (2.7)	25.6 (2.4)	29.7 (2.5)	30.3 (2.4)	32.4 (2.4)	35.2 (2.7)
관리재정수지(E=C-D) (GDP 대비, %)	△10.8 (△1.2)	△15.2 (△1.7)	△16.7 (△1.7)	△16.1 (△1.6)	△47.6 (△4.5)	△31.7 (△2.7)	△25.0 (△2.0)	△14.3 (△1.1)	△23.4 (△1.8)

주: A, B, C는 예산 기준. D, E는 결산 기준(단, 2013년은 예산 기준).
자료: 기획재정부 각년도 예산 및 결산 설명자료를 재구성함.

〈표 2-3〉을 살펴보면 재정수지는 보통 흑자를 시현하고 있지만 사회보장성기금을 제외한 관리재정수지는 매년 적자로서 GDP대비 △1~2%의 모습이다.

중앙정부가 재정수지를 산정하는 또 다른 방식은 IMF가 권고하는 통계처리기준(GFS)[24)]에 의한 통합재정통계를 활용하는 방식이다. 이 방식 또한 통합재정지출에서 통합재정수입을 차감하여 통합재정수지를 산정하며 통합재정수지에서 사회보장성기금 수지를 차감하면 관리재정수지[25)]가 산정된다. 총수입, 총지출 기준 산정방식에서의 관리재정수지와 동일한 용어를 사용해서 혼란의 여지가 있다. 정부는 과거 재정수지 설명시 통합재정수지를 우선적으로 사용하였으나, 총

---

24) 정부는 IMF 기준과 달리 관련 정부 통계에 산하 공공기관과 일부 금융성 기금을 제외하고 있다.
25) 몇 년전까지만 해도 정부는 관리대상수지라는 용어를 사용하였다.

수입·총지출 지표와의 일관성 유지를 위해 최근에는 총수입과 총지출을 기준으로 한 재정수지도 과거에 비해 많이 사용되고 있다.

3. 조세부담률과 국민부담률

　조세부담률은 국민이 정부(중앙정부, 지방정부)에 납부하는 조세가 국내총생산(GDP)에서 차지하는 비중을 말한다. 국민부담률은 국민의 조세부담에 사회보장 관련 부담을 합한 소요가 GDP에서 차지하는 비중을 말한다. 사회보장 관련 부담은 국민이 4대 연금(국민, 공무원, 군인, 사학), 건강보험, 고용보험, 산재보상보험, 노인장기요양보험 등 각종 사회보장을 위한 기여금을 말한다. 한편, 조세부담률과 국민부담률은 국가 전체의 상황을 집계적으로 나타낸 개념이기 때문에 조세부담이 국민들 사이에서 얼마나 공평하게 분배되는지는 알 수 없다는 점이 한계이다(국회예산정책처. 2013a).

$$\text{조세부담률}(\%) = \frac{\text{국세} + \text{지방세}}{\text{경상}GDP}, \quad \text{국민부담률}(\%) = \frac{\text{국세} + \text{지방세} + \text{사회보장기여금}}{\text{경상}GDP}$$

　우리나라의 조세부담률과 국민부담률은 2011년 현재 각각 19.8%, 25.9%로 OECD 평균(조세부담률 25.0%, 국민부담률 34.1%)에 비해 낮은 편이다. 국민이 1년 동안 벌어들인 소득 중 약 2~3개월치는 세금과 사회보장기여금으로 납부하는 꼴이다. 참고로 스웨덴은 6개월 이상의 소득을 세금과 사회보장기여금으로 납부하고 있다.

표 2-4 조세부담률과 국민부담률 현황								
							(단위: %)	
	1990	2000	2007	2008	2009	2010	2011	2012
조세부담률	17.5	18.8	21.0	20.7	19.7	19.4	19.8	20.2
(OECD 평균)	25.5	26.4	26.3	25.6	24.5	24.6	25.0	-
국민부담률	19.5	22.6	26.5	26.5	25.5	25.1	25.9	26.8
(OECD 평균)	33.1	35.3	35.1	34.5	33.7	33.8	34.1	-

자료: 기획재정부의 각년도 조세개요. OECD의 Revenue Statistics(2012).

◆ 〈참고〉 재정수입의 구조 ◆

재정수입은 세입원천에 따라 조세, 세외(稅外)수입, 기금수입으로 구성되어 있다.[26] 기금수입도 세외수입에 포함하여 분류하기도 한다. 조세는 국세와 지방세로 구분되는데 국세는 13개 내국세와 관세를 포함한 14개 세목으로 구성되어 있고, 지방세는 6개의 도세와 5개의 시·군세로 구성되어 있다.

그림 2-4 **재정수입의 구조**

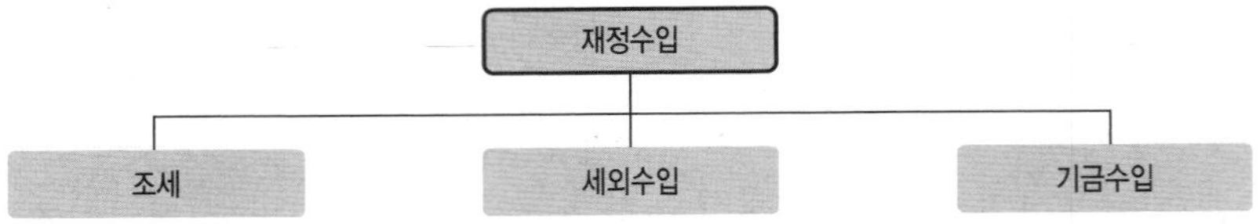

세외(稅外)수입은 조세 이외의 수입으로서 정부재산을 활용하거나 수익자에게 부담을 지우거나, 공공서비스 또는 재화 사용으로부터 얻는 사용료 등을 말한다. 기금수입은 기금운용 과정에서 발생한 수입으로 연금기여금 또는 보험료 등의 사회보장기여금, 기금이 융자해준 자금의 원금 회수, 자산운용 과정에서의 이자수입 등을 말한다.

---

26) 지방자치단체의 재정수입도 마찬가지 방식으로 지방세, 지방세외수입, 지방기금수입으로 구성되어 있다. 다만, 중앙정부로부터 지방자치단체로 이전되는 재원을 구분하기 위해 지방재정수입을 의존재원과 자주재원 식으로 구분하기도 한다.

그림 2-5 한국의 조세체계

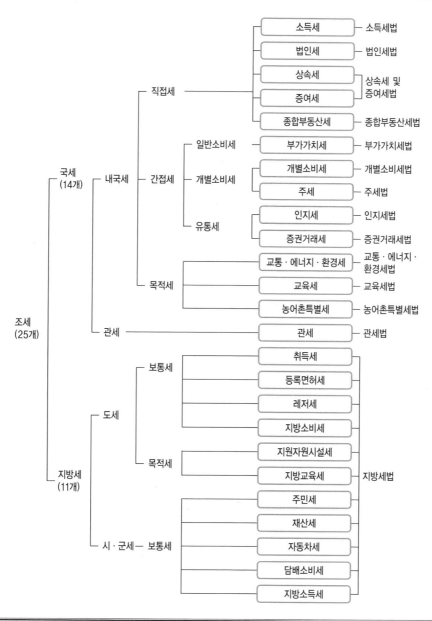

자료: 국회예산정책처(2013b).

제4절 국가채무: 개요 및 최근 제도개편의 공과(功過)

국가채무도 앞 제3절의 재정총량의 구성요소에 해당하지만 최근 국가채무에 대한 높은 관심과 정부의 제도개편 사항을 반영하여 별도의 절로 구성하였다. 대학원 이상의 전공자나 재무행정 실무자는 본 절의 모든 사항을 읽을 것을 추천하지만, 재무행정학을 처음 공부하는 독자는 초반의 국가채무의 개요만 읽고 나머지, 최근 정부 제도개편과 그것의 공과(功過)에 대한 사항은 생략해도 무방하겠다.

1. 국가채무의 개요 및 경제성장과의 관계

(1) 국가채무의 개요: 개념과 현황

통상 국가채무는 국가가 민간부문이나 해외로부터 빌린 돈을 의미한다. 국가의 재정수입이 충분하면 채무를 질 일이 없겠지만 재정수입은 한정되어 있는 상태에서 경제성장이나 국민복지를 위해서는 많은 돈이 필요하기 때문이다. 가계가 은행으로부터 대출을 받듯이 국가도 은행 등 민간부문과 해외로부터 돈을 빌리는 것이다.

국가채무는 국가재정법에서 법적 개념과 유형을 규정하고 있다. 동법에 의하면 국가채무는 국가의 회계 또는 기금이 부담하는 금전채무를 말한다. 그 유형으로는 국가의 회계 또는 기금이 발행한 채권(국채),[27] 차입금,[28] 국고채무부담행위[29] 그리고 국가가 보증한 채무중 대지급(代支給) 이행이 확정된 채무[30] 등 네 가

---

27) 국채는 재정수지상 세입부족액을 보전하고 재정수지의 균형 등을 위해 국가가 발행하는 채권으로, 국가채무의 대부분(2011년말 현재 99%)을 차지하고 있다.

28) 차입금은 정부가 한국은행, 민간금융기관, 국제기구, 외국정부 등으로부터 차입하는 자금이다. 국채와 달리 법정유가증권을 발행하지 않는다는 점에서 구별된다.

29) 국고채무부담행위는 국가가 예산의 확보없이 미리 채무를 부담하는 행위로 외상거래와 비슷하다. 사전에 국회의 의결을 받은 범위 내에서만 가능하다. 그러나, 국회의 사전 의결은 채무를 부담할 권한만을 부여한 것이므로 실제 지출은 해당연도 예산에 반드시 반영이 되어야 한다(대한민국정부. 2012).

30) 대지급(代支給) 이행이 확정되지 않은 국가의 보증채무는 동법에 의한 국가채무는 아니나 동법시행령에 의해 정부결산과 함께 국회에 보고하게 되어 있다. 따라서 국회는 동법에 의한 국가채무관리계획을 국회에 보고할 때 대지급(代支給) 이행이 확정되지 않은 국가의 보증채무에 대한 관리계획도 포함하여 보고하고 있다.

지를 규정하고 있다. 이때 동법 시행령에 의하면 국가의 회계 또는 기금에서 공공기관이 관리하는 기금(공무원연금기금, 신용보증기금 등)은 중앙행정기관이 관리하지 않기 때문에 제외된다. 따라서 해당 기금의 채무는 국가채무의 대상에서 제외된다. 또한, 지방채무는 지방자치단체에 대한 채무로 중앙행정기관에 대한 재정을 규정한 국가재정법의 포괄범위에 해당하지 않아 동법에 의한 국가채무의 대상에서 제외된다.[31)]

〈표 2–5〉는 최근년도 국가채무의 현황을 보여주고 있다. 여기서 국가채무는 국가재정법에 의한 국가채무(중앙정부채무) 뿐만 아니라 지방채무까지 포함한 수치로서 2013년 예산기준으로 480.3조 원이다. 국가채무의 대부분은 중앙정부에 의한 채무이며, 중앙정부채무의 이자비용으로 매년 20조 원 정도를 쓰고 있으며 중앙정부의 보증채무는 36조 원 수준이다.

국가채무가 GDP 중 차지하는 비중은 36.2%로 OECD 회원국 평균에 비해 작은 규모이다. 그러나, 국가채무 통계의 포괄범위가 좁고 OECD 국가채무 통계와 달리 현금주의 단식부기 회계기준으로 산정되어 국가채무 통계가 사실보다 과소

표 2-5 국가채무 현황

(단위: 조원, %)

	2008	2009	2010	2011	2012	2013
국가채무(A+B)	309.0	359.6	392.2	420.5	443.1	480.3
(GDP대비, %)	(30.1)	(33.8)	(33.4)	(34.0)	(34.8)	(36.2)
OECD 평균 (GDP대비, %)	(80.9)	(92.3)	(98.9)	(103.5)	(108.8)	(111.9)
중앙채무(A)	297.9	346.1	373.8	402.8	425.1	461.9
(GDP대비, %)	(29.0)	(32.5)	(31.9)	(32.6)	(33.4)	(34.8)
지방채무(B)	11.1	13.5	18.4	17.6	18.0	18.4
(GDP대비, %)	(1.1)	(1.3)	(1.5)	(1.4)	(1.4)	(1.4)
※중앙채무 이자비용	13.4	14.4	17.1	18.9	19.1	20.3
※중앙정부 보증채무	28.1	29.8	34.8	35.1	32.8	36.3

주: 결산 기준(2013년은 예산 기준).
자료: 각년도 국가채무관리보고서와 국가채무관련 기획재정부 보도자료를 재구성.

---

31) 그러나, 정부는 국회에 제출하는 국가채무에 지방채무를 합산한 지표를 만들어 정책에 활용하고 있다.

표 2-6	국가채무의 국가별 증가 속도(2000~2012년 평균)				
일본	독일	스페인	미국	영국	한국
3.7%	4.5%	7.2%	9.8%	10.8%	12.3%

자료: 국회예산정책처(2013a).

평가되어 있다는 비판이 계속 제기되고 있다.[32] 또한, 외국에 비해 국가채무 규모는 작지만 국가채무의 증가속도는 다른 나라보다 높아 안심할 수 없는 수준이다. 국회예산정책처(2013a)에 따르면 2000년부터 2012년까지의 연평균 국가채무 증가율을 보았을 때, 미국은 9.8%, 일본은 3.7%, 독일은 4.5%, 영국은 10.8%, 스페인은 7.2%인데 반해 한국은 12.3%로서 매우 높다. 최근 재정위기를 겪은 스페인의 증가율보다 높은 모습이다.

◆ 〈참고〉 국가채무, 재정수지, 조세(국민)부담률 간의 관계 ◆

　여기서 잠시 국가채무, 재정수지, 조세(국민)부담률 간의 관계를 살펴보자. 우선, 국가채무는 단순화하자면 재정적자(負의 재정수지)의 누적금액이다. 재정적자가 크게 발생하는 나라는 자동으로 국가채무도 커지게 마련이다. 따라서 국가채무가 커서 이를 관리하기 위해서는 기존의 국가채무를 상환하여 국가채무 규모를 대거 축소시키거나, 긴축재정을 통해 재정수지를 균형 또는 흑자로 전환하면서 점진적으로 축소해야 한다.

　한편, 조세(국민)부담률은 현재 세대가 재정부담을 지고 있는 개념인데 반해, 국가채무는 미래세대에게 그 부담을 넘기는 개념이다. 따라서 조세(국민)부담률과 국가채무는 보통의 경우 負(−)의 상관관계를 보이는 경우가 많다. 미국과 일본은 상대적으로 낮은 조세(국민)부담률을 보이지만 국가채무가 큰 모습이고, 유럽은 상대적으로 높은 조세(국민)부담률을 보이지만 국가채무는 작은 모습이다. 재정지출에 대한 부담을 현재세대가 많이 질지, 미래세대가 많이 질지는 국민들의 선호와 선택에 달려있다. 조세(국민)부담률과 국가채무가 모두 작은 모습이라면 정부가 국민을 위해 재정지출을 충분히

32) 앞 제1절에서 보았듯이 2001년 (구)한나라당의 비판이 대표적이다. 그러나, 옥동석(2010)에 의하면 국가채무 논쟁은 1999년 김대중정부 시절 야당인 한나라당이 공적자금이 사실상 국가채무와 다르지 않다고 비판하며 국가채무 논쟁이 촉발되었다고 한다.

하지 않고 있거나 관련 통계가 정확히 작성되었는지 의심해 보는 것이 좋다. 반면, 조세(국민)부담률과 국가채무가 모두 큰 모습이라면 해당 국가의 재정 상태(재정건전성)가 매우 좋지 않다는 의미가 된다.

(2) 국가채무와 경제성장의 관계

국가채무가 많으면 국가경제에 항상 해가 될까? 보통 사람들은 통상 국가채무가 많으면 경제에 좋지 않은 영향을 끼치기 때문에 국가채무를 줄여야 한다고 생각한다. 국가채무가 증가하면 국가신용등급이 하락하여 채권금리가 상승하고 이로 인해 이자비용이 증가하거나, 국가채무의 원인 중 하나인 재정적자가 누적되면 물가상승의 압박이 가해질 수 있고, 국민들의 경제에 대한 기대심리 또는 신뢰가 저하되기 때문이다.

최근 이러한 관점에서 미국 하버드대학교의 Reinhart와 Rogoff(2010)가 연구논문을 발표하였다. 이들은 44개국에 대한 실증분석 결과, 선진국이든 개발도상국이든, GDP 대비 부채의 비율이 90% 이상인 국가는 그렇지 않은 국가에 비해 성장률이 유의하게 낮다고 주장하며, GDP 대비 90%가 일종의 중대 전환점(tipping point)이라고 하였다. 이들의 논문이 발표되자 미국의 정치인, 언론인은 이들 논문을 인용하며 미국정부의 부채감축을 위해 긴축재정정책을 적극 추진해야 한다고 주장하였다.[33]

그러나 이후 이들의 논문을 반박하는 많은 연구가 발표되었다. Herndon 등(2013)은 위의 Reinhart와 Rogoff(2010)가 연구한 결과물의 중요한 전제인 실증분석에서 데이터오류 등 심각한 오류가 발견되었으며 GDP대비 90%와 같은 중대 전환점은 존재하지 않는다고 반박하였다. 또한, Pollin과 Ash는 2013년 4월 Financial Times[34]에서 성장률이 낮아서 정부부채가 늘어났는지 정부부채가 증가해서 성장률이 저하되었는지, 즉 성장률과 정부부채 간의 인과관계를 검토하는

---

33) Reinhart and Rogoff. 2013년 4월 25일. New York Times 중 "Debt, Growth and the Austerity Debate". 출처: http://www.nytimes.com/2013/04/26/opinion/debt-growth-and-the-austerity-debate.html

34) Robert Pollin and Michael Ash. 2013년 4월17일. Financial Times 중 "Austerity after Reinhart and Rogoff". 출처: http://www.ft.com/cms/s/0/9e5107f8-a75c-11e2-9fbe-00144feabdc0.html#axzz2tdxLFImQ

것이 중요하다고 주장하였다. 더불어 저자는 성장률과 정부부채 간 인과관계는 상황에 따라 다를 수 있으며 최근의 금융위기를 극복하기 위해서는 정부 재정지출이 효과적인 정책 수단이 될 수 있다고 덧붙였다. 또한, Dube는 2013년 4월 미국 루스벨트 연구소에 발표한 연구[35]에서, 저성장 국면에서 사회안전망 확대를 위해 정부가 재정지출을 늘리고 이 과정에서 부채규모(분자)가 늘어난다는 사실을 발견하였다. 즉 성장률이 떨어지면 정부부채가 증가한다고 Dube는 주장하였다.

최근 IMF의 Pescatori 등(2014)이 국가채무와 성장률 간의 관계에 대한 보고서를 발표하였는데 이 보고서는 하버드대학교의 Reinhart와 Rogoff(2010)의 주장과 상반된다. 국가채무 규모 자체는 성장률과 특별한 관계가 없다는 것이다. 예를 들어 국가채무 비율이 유사하더라도 중국같은 나라는 잠재성장률도 높고 정부의 힘이 강하여 높은 성장률을 시현하지만, 최근 재정위기를 겪은 이탈리아와 그리스는 정부 비효율성이 심각한 것 등을 이유로 성장률이 낮다. 또한, IMF는 국가채무 규모 자체뿐만 아니라 국가채무의 증가 속도가 매우 중요한 점검 포인트라고 하였다. 국가채무 규모 자체가 크더라도 증가 속도가 떨어지고 있다면 국가채무가 낮은 국가처럼 높은 성장률을 시현할 수 있다고 하였다.

최근의 연구결과를 종합하면 다음과 같이 정리할 수 있을 것이다. 경제성장의 명암을 가르는 정부부채 비율은 존재하지 않는다. 경제가 침체국면일 때 이를 극복하는 과정에서 부채비율이 증가할 가능성은 높다. 이는 경제위기 극복에 도움이 될 수 있다. 그러나, 지속적인 성장을 위해서는 부채규모와 증가 속도를 적절한 수준에서 관리해야 할 것이다.

2. 최근 개편된 국가채무 제도[36]

그동안 우리나라의 국가채무 통계는 현금주의 단식부기 방식으로 작성되고 포괄범위도 협소하여 국가채무가 과소계상되었다는 비판이 있었다. 정부는 이러

---

35) Arindrajit Dube. 2013년 4월 17일. "Guest Post: Reinhart/Rogoff and Growth in a Time Before Debt". 출처: http://www.nextnewdeal.net/rortybomb/guest-post-reinhartrogoff-and-growth-time-debt

36) 본 사항은 기획재정부의 2012년 12월 24일 보도자료인 「최신 국제기준에 따른 일반정부 부채 산출 결과」와 2014년 2월 11일 보도자료인 「'12년말 공공부문 부채 산출 결과」를 참고하였다.

한 문제를 해결하기 위해 2008년 11월 민관합동 재정 통계 개편 T/F를 구성하여 IMF 등 국제기준의 권고사항을 바탕으로 새로운 국가채무 통계작성 기준을 만들고, 2011년 9월 국무회의를 거쳐 2012년 12월에 일반정부 부채 통계를 발표하였다. 이후 정부는 추가 작업을 통해 2014년 2월 일반정부 부채와 공기업 부채를 포괄한 공공부문 부채 통계를 발표하였다.

국제기구의 권고를 따라 작성된 새로운 일반정부 부채와 공공부문 부채 통계는 다음과 같은 특징을 가지고 있다. 첫째, 포괄범위를 일반정부와 공공부문(금융공기업은 제외)을 대상으로 하였다. 따라서 일반정부 포괄범위에 중앙정부와 지방정부의 산하 공공기관(비영리공공기관)이 포함되어 있고, 공공부문 포괄범위에는 일반정부와 공기업(비금융공기업만 포함되고 금융공기업은 제외)이 포함되어 있다. 둘째, 발생주의 복식부기 회계를 기준으로 하여 미지급금, 예수금 등 발생주의 부채 항목이 포함되었다. 셋째, 일반정부에 포함되는 산하 공공기관과 공기업을 구분하기 위해 시장성[37] 개념을 고려하였다.

이에 따라 새롭게 작성된 일반정부 부채 규모는 2012년 기준으로 504.6조 원으로 기존 방식에 의해 산정된 국가채무(지방채무 포함, 443.1조 원)의 114% 수준이며 GDP 대비 39.7%에 해당한다. 또한, 공기업(금융공기업 제외) 부채는 389.2조 원이고, 공기업과 일반정부 간 내부거래(72.8조 원)를 제외한 공공부문 부채는 821.1조 원으로 국가채무의 약 185% 수준이며 GDP 대비 64.5%에 해당한다.

정부는 부채 유형을 ① 국가채무(D1), ② 일반정부 부채(D2), ③ 공공부문 부채(D3) 등 세가지로 구분하여 각각에 맞게 차별적으로 활용하겠다고 한다.[38] 정부에 따르면, ① 국가채무(D1)는 국가재정법(제91조)에 따라 현금주의 기준으로 중앙 및 지방정부의 회계·기금을 대상으로 산출하며, 중장기(5개년) 국가채무 관리 목표를 설정하는 등 국가재정운용계획 및 국가채무관리계획 수립시 활용한다. ② 일반정부 부채(D2)는 국제지침, 해외사례 등을 고려하여 발생주의 기준으로 중앙 및 지방의 회계·기금뿐만 아니라 공기업을 제외한 공공기관까지 포함하여 산출한다. ③ 공공부문 부채(D3)는 국제지침, 해외사례 등을 고려하여 발생주의 기준으로 일반정부 부채(D2)에 비금융공기업까지 포함하여 산출하며, 공기

---

37) 원가보상률(판매액÷생산원가)이 50% 이하일 경우 일반정부에 포함되고, 50% 초과일 경우 공기업으로 분류되어 일반정부에서 배제된다. 해당 기관의 원가보상률이 50%를 초과하더라도 정부판매비율(정부대상판매액÷판매액)이 80% 이상이면 일반정부로 분류된다.

38) 기획재정부의 2014년 2월 11일 보도자료인 「'12년말 공공부문 부채 산출 결과」를 참고하였다.

업 부채를 포함한 공공부문의 재정위험 및 재정건전성 관리 지표로 활용할 계획
이라고 한다.

3. 최근 국가채무 제도개편의 공과(功過)

　　정부가 최근 발표한 국가채무 제도개편 사항은 재정위험의 선제적 관리와 재
정관리의 투명성 제고 측면에서 발전한 것으로 평가할 수 있다. 국제기구의 권고
대로 일반정부와 공공부문 부채를 산출함으로써 공공기관 부채 등 향후 재정부
담으로 전이될 가능성이 있는 재정위험을 선제적으로 관리할 수 있고, 공공기관
부채까지 포함한 일반정부 부채와 공공부문 부채를 국민에게 투명하게 공개함으
로써 일반정부와 공공부문 정상화에 기여할 수 있기 때문이다. 더불어 최근의 정
부 3.0 추진과 맞추어 공공부문의 투명성 제고에도 도움이 될 것이다.[39]
　　또한, 최근의 새로운 국가채무 지표를 통해 중앙, 지방, 공공기관별 체계적
인 채무관리를 지원하는 기반이 마련되었다. 중앙정부 채무의 경우 정부는 월간
재정동향, 국민용 통합재정정보 공개 시스템[40]을 통해 월간 세입·세출 실적, 국
가채무 등을 국민에게 투명하게 공개하고 주기적으로 관리하여 국가채무를 2017
년까지 GDP 대비 30%대 중반 수준으로 관리하겠다는 계획이다. 지방채무의 경
우 지자체별 부채관리를 총괄 전담하는 부채관리관을 지정 운영하는 등 지금까
지의 개별적인 부채관리에서 자치단체별 통합 관리체계(자치단체+지방공기업+출
자·출연기관)로 향후 전환하겠다고 한다. 지방공사도 사채 발행한도를 2012년
400%에서 2017년 200%로 매년 40%씩 순차적 감축하겠다는 계획을 발표했다.
　　정부의 최근 발표로 기존의 국가채무 포괄범위가 확대되고 국민에게 투명한
정보가 공개되며 국제비교가 가능해지는 등의 개선사항에도 불구하고 아래의 몇
가지 문제점은 개선될 필요가 있다.
　　첫째, 새로운 일반정부 부채 또는 공공부문 부채가 기존의 국가채무를 대체
하는 것이 아니라는 점이다. 기존의 국가재정법상 국가채무는 포괄범위가 협소
하고 국제기준에 부합하지 않으며 지방채무가 배제되어 있는 등 재정지표로서의

---

39) 본 단락과 다음 단락에 대한 사항은 기획재정부의 2014년 2월 11일 보도자료인 「'12년말
　　공공부문 부채 산출 결과」를 참고하였다.
40) 재정정보시스템에 대한 자세한 사항은 제17장을 참고하기 바란다.

표 2-7　기존의 국가채무와 새로운 부채 지표 비교

구 분		국가채무 (D1)	일반정부 부채 (D2)	공공부문 부채 (D3)	재무제표상 부채
규 모(주) (GDP 대비)		443.1조 원 (34.8%)	504.6조 원 (39.7%)	821.1조 원 (64.5%)	902.1조 원 (70.9%)
산출근거		국가재정법 (제91조)	국제기준	국제기준	국가회계법 (제14조)
회계기준		현금주의	발생주의	발생주의	발생주의
활 용		국가재정 운용계획	국제비교 (IMF, OECD)	공공부문 재정건전성 관리	적극적인 재정위험 관리
포 괄 범 위	요 약	중앙·지방의 회계·기금	D1+중앙· 지방의 비영리 공공기관 (공기업제외 공공기관)	D2+비금융 공기업	중앙의 회계·기금
	중앙정부	• 일반회계 • 특별회계 • 기금 (공공기관 관리기금 제외)	• 일반회계 • 특별회계 • 기금 • 비영리 공공기관 (공기업 제외 공공기관)	• 일반회계 • 특별회계 • 기금 • 비영리 공공기관 (공기업 제외 공공기관)	• 일반회계 • 특별회계 • 기금 –
	지방·지방 교육	• 일반회계 • 특별회계 • 기금 • 교육비특별회계 (지방(교육)은 국가 재정법이 규정하지 않지만 정부가 포함)	• 일반회계 • 특별회계 • 기금 • 교육비특별회계 • 비영리 공공기관 (공기업 제외 공공기관)	• 일반회계 • 특별회계 • 기금 • 교육비특별회계 • 비영리 공공기관 (공기업 제외 공공기관)	– – –
	비금융 공기업	제외	제외	포함	제외
	금융 공기업	제외	제외	제외	제외
부 채 항 목	국 채	포함	포함	포함	포함
	차입금	포함	포함	포함	포함
	공 채	제외	포함	포함	포함
	충당부채 (공무원·군인연금 등)	제외	제외 (별도 부기함)	제외 (별도 부기함)	포함
	기타발생주의 부채항목	제외	포함	포함	포함
	연기금이 보유한 국공채	포함	제외	제외	제외

주: 2012년말 기준.
자료: 기획재정부 보도자료(2012. 12. 24. 및 2014. 2. 11.)를 본 서가 재구성함.

합리성이 부족한 측면이 없지 않다. 새로운 일반정부 부채와 공공부문 부채가 기존의 국가채무를 대신하여 그 역할을 해주어야 하는데 정부는 기존의 국가채무 통계를 계속 유지할 계획이다. 기존의 국가채무가 법률(국가재정법)에 근거를 둔 지표이기 때문이다. 법적근거가 있는 지표라는 점에서 이해는 되지만 이것이 한편으로 합리적인 재정관리를 위한 노력에 발목을 잡을 우려가 없지 않다. 정부가 최근 발표한 새로운 일반정부 부채와 공공부문 부채는 법적 근거 없이 정부가 자체 생산하는 지표이기 때문이다. 한마디로 기존의 국가채무는 공식지표이고 최근 신규지표는 비공식지표가 되는 것이다. 별도의 조치가 없는 한 시간이 갈수록 새로운 일반정부 부채와 공공부문 부채에 대한 관심이 떨어질 우려가 없지 않다. 현재 국가재정법에서 규정한 국가채무에 대한 정의를 일반정부 부채 또는 공공부문 부채로 개정하는 것이 바람직하다.

둘째, 새로운 일반정부 부채와 공공부문 부채에는 비영리 공공기관(공기업이 아닌 공공기관)과 비금융 공기업이 각각의 대상에 포함되는 것이 원칙이다. 즉 정부가 비영리 공공기관(공기업을 제외한 공공기관)으로 분류한 기관의 부채는 일반정부 부채에 포함되고, 정부가 비금융 공기업으로 분류한 기관의 부채는 공공부문 부채에 포함되어야 한다. 그러나, 「공공기관의 운영에 관한 법률」에 의해 기타공공기관 또는 준정부기관으로 분류된 기관(비영리 공공기관)이 새로운 부채 통계를 산정할 때는 공기업으로 파악되어 일반정부가 아닌 공공부문 부채에 포함되고 있다. 법률에 의한 공공기관 유형 분류와 새로운 국가채무 통계 산정시의 공공기관 유형 분류가 상이한 일이 벌어지고 있는 것이다.[41] 이것은 일반정부 부채와 동법이 공공기관을 분류하는 기준이 달라서 그렇다.[42] 일반정부 부채는 원가보상률을 중심으로 분류하고, 동법은 자체수입을 기준으로 한다. 두 가지 기준은 일치되는 것이 바람직하다.[43]

---

41) 예를 들어, 국제과학기술협력재단과 부산대학교병원, 전북대학교병원 등 국립대학병원은 동법에 의하면 기타공공기관(비영리 공공기관)이지만 부채 통계를 산정할 때는 비금융 공기업으로 분류되어 일반정부 부채의 대상에서 제외되고 공공부문 부채 대상으로 포함되었다.
42) 「공공기관의 운영에 관한 법률」에 의해 공공기관의 유형이 정해지는 기준과 이에 대한 문제점은 제20장을 참고하기 바란다.
43) 동법은 공공기관 관리를 목적으로 하고 부채 통계는 통계생산을 목적으로 하므로 각 기준에 의한 공공기관 분류 기준이 다를 수도 있다는 얘기도 가능할지 모른다. 그러나, 정부는 공공부문 부채(여기에는 일반정부 부채도 포함되어 있다)를 산출함으로써 공공기관 부채 등 향후 재정부담으로 전이될 가능성이 있는 재정위험을 선제적으로 관리하겠다고 발표하였다. 정부의 부채 관리가 새로운 부채 통계의 산출 목적 중 하나이다.

셋째, 정부는 공공부문 부채를 생산할 때 비금융 공기업만 포함하고 금융 공기업은 제외하고 있다. 정부는 금융 공기업의 예금 등이 부채로 인식되므로 일반적인 부채와 성격이 다르다는 점을 감안하여 산출대상에서 제외하였다고 한다. 그러나, 정부가 참고한 국제기준인 PSDS[44]는 금융 공기업도 비금융 공기업과 마찬가지로 공공부문 통계에 포함하도록 되어 있다. 또한 동 국제기준은 금융 공기업의 부채는 예금이 부채로 인식되어 총부채(gross debt)는 큰 반면 총부채에서 대응되는 (금융)자산을 차감한 순부채(net debt)는 작거나 負(-)인 경우가 많으므로, 금융 공기업에 대한 부채를 여타 공공부문 부채와 합산하지 말고 별도로 표기하는 것이 여타 공공부문 부채와 합산하여 산출하는 것보다 바람직하다고 권고하고 있다(IMF, 2013; 13). 즉, 금융 공기업에 대한 부채 항목도 산출은 하되 여타 항목과 합산하지 말고 별도로 보여주라는 것이다. 이와 더불어 금융 공기업을 여타 공공부문과 합산한 공공부문 전체에 대한 부채를 보여주면서 PSDS가 권고하는 대로 총부채(gross debt)와 순부채(net debt)를 함께 제시하면 국민들이 오해할 우려가 없다. 이 경우 국민들은 보다 풍부한 정보를 가지고 공공부문 부채에 대해 판단할 수 있을 것이다. 외국의 많은 나라들도 금융 공기업에 대한 부채와 금융 공기업을 포함한 공공부문 부채를 각각 제공하고 있다. 2014년 2월 현재 18개 국가[45]가 해당 통계의 정확성은 별론으로 하고, 금융 공기업 부채와 공공부문 부채를 작성하여 OECD와 World Bank 등의 국제기구에 발표하고 있다.[46]

---

44) IMF를 중심으로 OECD, World Bank, UN 등 9개 국제기구가 공공부문 채무(부채) 통계(Public Sector Debt Statistics) 산출을 위해 공동으로 마련한 지침임. 2011년 초판 이후 2013년에 개정판이 나왔음.

45) · OECD 회원국(4개국): 호주, 캐나다, 일본, 멕시코(2014년 2월 기준 출처: http://stats.oecd.org/Index.aspx?DataSetCode=QASA_TABLE7PSD#).
· OECD 비회원국(14개국): 알바니아, 아르메니아, 방글라데시, 코스타리카, 엘살바도르, 조지아, 과테말라, 모리셔스, 몰도바, 니카라과, 파키스탄, 필리핀, 세이셸, 남아프리카 공화국(2014년 2월 기준 출처: http://go.worldbank.org/VRE8SLA9T0).

46) 2014년 정부가 새롭게 발표한 공공부문 부채에 대한 정부의 언급(중앙일보, 2014년 2월 15일, 「정부 "나랏빚 821조 원 … IMF 새 기준 따라 세계 첫 산정"」)에 의하면 (정부의 공공부문 부채에서 금융 공기업이 제외되었다 하더라도) 한국의 공공부문 부채는 새로운 국제기준(PSDS)에 의해 세계 최초로 작성되었다고 한다. 그러나 2014년 2월 현재 18개 국가가 OECD 등의 기준에 따라 해당 통계를 작성하여 국제기구에 제출하고 있다. IMF, OECD, World Bank 등 9개 국제기구가 공동으로 마련한 기준인 PSDS의 개념체계(conceptual framework)는 OECD와 UN이 사용하는 기준인 System of National Account 2008(2008 SNA)로부터 유래되었으며(derived), IMF의 기존 기준인 Government Finance Statistics 2001(2001 GFS)의 향후 새로운 버전도 PSDS를 따를 예정이다(IMF, 2013: 1). 즉, 새로운 기준인 PSDS

넷째, 정부는 최근 개편작업을 통해 여러 가지 부채의 개념을 체계화하였다. 국가채무(D1), 일반정부 부채(D2), 공공부문 부채(D3)가 그것이다. 그러나 여기에 정부 재무제표상 부채 통계가 빠져있다. D1, D2, D3와 재무제표상 부채와의 관계 및 재무제표상 부채의 활용방안에 대한 고민이 필요하다. 정부는 2012년 12월 보도자료에서 재무제표상 부채는 자산대비 부채비율 등을 통해 정확한 재정상태를 파악하고, 연금충당부채 등 잠재부채를 인식하여 보다 적극적인 재정위험 관리지표로 사용하겠다고 발표한 바 있다. 그러나, 2014년 2월 보도자료에서는 D1, D2, D3의 활용방안만 발표할 뿐 재무제표 부채의 활용방안은 찾아볼 수 없다. 여러 지표를 동시에 고려할 때 혼란만 가중될 수 있어 이해를 돕기 위해 생략하였다면 큰 문제는 없을 것이다. 그러나, 재무제표 부채와 여타 부채 간에 부채를 인식하는 기준[47]이 동일하지 않아 그러했다면 D1, D2, D3 부채와 재무제표 부채 간 관계와 활용방안에 대해 체계적으로 연구할 필요가 있다.

와 기존 OECD 및 World Bank 등이 발표하는 공공부문 채무(부채) 통계의 작성기준이 큰 차이를 보이는 것은 아니다.

47) 재무제표 부채는 공무원연금 등의 충당부채를 기업회계기준과 마찬가지로 부채로 인식하는 반면, 공공부문 부채는 국제기준에 따라 해당 충당부채가 현재 정확한 금액으로 확정되지 않았기 때문에 부채 금액에 포함하지 않고 별도로 부기하는데 그친다.

제 3 장

한국 재정의
과거, 현재, 미래

- 제1절 한국 재정의 과거와 현재: 건전재정 속의
  국가발전 지원과 재정개혁
- 제2절 재정환경의 변화: 성장 둔화, 복지 수요,
  사회 갈등과 남북통일 대비
- 제3절 한국 재정의 미래: 중장기 재정전망과
  재정전략

제3장 한국 재정의 과거, 현재, 미래

제1절 한국 재정의 과거와 현재: 건전재정 속의 국가 발전 지원과 재정개혁

1948년 정부수립 이후 65년 이상이 지났다. 개인으로 따지자면 태어나 청소년 시기를 거치고 가정을 꾸려 아이를 기르고 직장생활을 모두 마친 다음 통상 은퇴한 시점에 해당한다. 한 개인도 은퇴 이후 지난 인생을 되돌아보면 여러 가지 기쁜 일과 슬프고 아쉬웠던 일이 떠오를 것이다. 한국재정氏의 65년 이상된 과거를 되돌아보고 현재를 살펴보면 어떠한 모습으로 요약할 수 있을까?

1. 재정의 양적인 팽창과 정부 확대

(1) 재정규모의 급속한 팽창

한국은 지난 수십 년간 급속한 경제성장을 이룩하였다. 경제규모의 팽창과 함께 정부재정규모도 따라서 급성장했는데, 그 추이는 〈그림 3-1〉에 잘 나타나 있다. 이 그림표에 의하면 1948년부터 2012년 기간 동안 한국의 재정규모와 GDP규모가 공히 기하급수적으로 증가해 왔음을 알 수 있다.

〈그림 3-1〉에서 보듯이 1970년대엔 GDP가 눈금단위인 50조 원에도 미치지 못하고 있다. 1970년은 2조 원대 밖에 되지 않았다. 그러나 2012년도엔 1,300조 원에 육박하고 있다. 재정규모도 마찬가지다. 1970년엔 5천억 원(국민계정 기준)을 겨우 넘겼으나, 2012년엔 293조 원에 달한다.

그리고 〈표 3-1〉에서 보듯이 1970년부터 2012년까지 평균 재정규모 증가율이 평균 경제성장률을 상회하고 있다. 이를 두고 재정이 경제성장의 적극적 역할을 한 것으로 해석할 여지도 없지 않다. 최근 들어 재정규모의 확대 속도가 경제

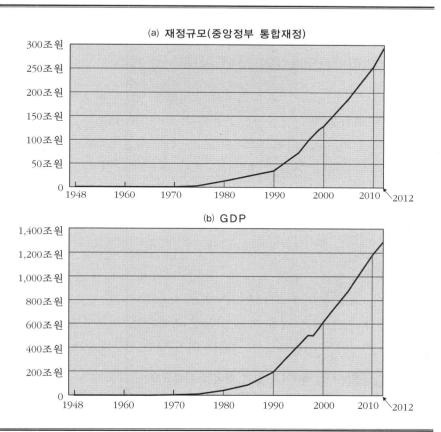

그림 3-1 한국의 재정규모와 경제규모(GDP) 추이

표 3-1 평균 재정규모증가율과 평균 경제성장률

	1970~2012	1970~1979	1980~1989	1990~1999	2000~2012
평균 재정규모증가율 (중앙정부 통합재정)	16.3%	31.5%	15.3%	13.6%	7.2%
평균 경제성장률 (GDP)	15.7%	31.2%	16.8%	12.4%	6.4%

자료: 한국은행 경제통계시스템과 조세재정연구원의 재정통계 자료를 활용하였음. 자료는 모두 명목수치이며 증가율은 기하평균으로 산출된 것임.

의 신장 속도보다 빨라지고 있다. 이것은 ① 사회보장성 지출의 확대와 ② 경제
성장률이 낮아지기 때문이다.

(2) 재정 측면에서의 정부 확대

재정규모가 GDP 규모에서 차지하는 비중을 살펴보면 정부가 국민경제에서
얼마만큼의 역할을 하고 있는지를 가늠해 볼 수 있다. 재정규모는 지출 측면(일반
정부 재정지출)과 수입 측면(조세부담률 및 국민부담률)을 모두 고려할 수 있다.
〈그림 3-2〉를 보면 1950년대 초반에는 지출 측면과 수입 측면 모두에서 GDP대
비 10%에도 미치지 못하였다. 그러나, 2000년대 후반에는 지출 측면의 경우 30%
에 육박하는 수준으로 반세기만에 약 3배 수준으로 확장되었다. 정부규모가 예전
보다 훨씬 커졌다는 것을 의미한다.

재정 측면에서 정부의 크기를 생각해 보면, 재정 규모가 크다는 것은 상대적
으로 정부가 국민과 기업의 복지 및 성장을 위해 많은 일을 하고 있다는 것을 말
한다. 반면, 재정 규모가 작다는 것은 정부가 상대적으로 일을 덜하고 시장(민간)
이 스스로를 위해 많은 일을 하고 있음을 의미한다. 그렇다면 우리나라는 재정
측면에서 큰 정부일까, 작은 정부일까? 이에 대한 연구와 논쟁은 다양하지만 여

그림 3-2 지난 50여 년간의 한국의 재정규모

자료: 한국개발연구원(2010).

기서는 해외 국가와의 비교를 통해 우리나라의 위치를 가늠해 보기로 하자.

먼저, 일반정부 재정지출을 기준으로 한국을 해외 국가와 비교했을 때 어느 수준에 있는가? 2008년, 2009년, 2010년 3개년에 대한 일반정부 재정지출의 평균 수치를 기준으로 보았을 때, 한국은 GDP 대비 31.5%로서 OECD 평균인 43.6%에 미치지 못하고 있다. 한국은 OECD 회원국 중에서 최하위 수준으로 여러 선진국은 한국보다 높은 모습이며, 우리나라보다 낮은 수치를 보이는 국가는 멕시코에 불과하다.[1] 즉, 재정지출 측면에서 정부 규모를 가늠해보자면 우리나라는 OECD 평균에 비해 작은 모습이다.[2]

표 3-2 한국과 OECD 국가의 일반정부 재정지출 규모 비교(GDP 대비율)

(단위: %)

국 가	2008년	2009년	2010년	3년 평균
덴마크	51.9	58.4	58.2	56.2
스웨덴	51.7	55.2	53.1	53.3
영 국	47.4	51.2	51.0	49.9
헝가리	48.8	50.2	48.6	49.2
체 코	42.9	45.9	45.2	44.7
OECD 평균	**41.4**	**44.9**	**44.5**	**43.6**
미 국	39.0	42.2	42.3	41.2
일 본	37.2	42.0	40.7	40.0
터 키	34.2	39.4	37.1	36.9
한 국	**30.4**	**33.1**	**30.9**	**31.5**
멕시코	19.5(2005년)	-	23.3	-

주: OECD 회원국 중 한국과의 비교실익이 있는 국가를 중심으로 표시함.
자료: 윤영진(2012)을 재구성함. OECD Factbook 2011, 2013.

---

1) 2011년 기준으로 한국은 30.1%이며, 멕시코는 23.3%이다(OECD factbook 2013년판).
2) 여기서 말하는 일반정부는 제2장에서 말하는 일반정부(general government)로서 중앙정부와 지방정부를 포함한 개념이다. 여기에 산하 공공기관이 포함되는 것이 원칙이다. 그러나, 앞서 〈그림 3-2〉와 〈표 3-2〉에서 말하는 한국의 일반정부 재정지출 통계에는 상당수 산하 공공기관과 중앙행정기관의 일부 기금이 지출한 소요가 배제되어있는 등 다소 과소평가되어 있다. 제2장의 제2절(재정의 범위)에서 설명한 바와 민관합동 재정통계 개편 T/F의 개편방안을 국가채무뿐만 아니라 재정지출 등 제반 재정정책에 확대 적용해야 하는 이유를 여기서도 확인할 수 있다.

　　이번에는 지출 측면(재정지출)과 수입 측면(국민부담)을 모두 고려하여 살펴보자. 재정지출 규모는 위에서 본 바와 같이 일반정부 재정지출이 경상 GDP 중 차지하는 비중을 말하고, 국민부담은 제2장에서 살펴본 국민부담률, 즉 국세, 지방세와 사회보장기여금이 경상 GDP 중 차지하는 비중을 말한다.

　　〈그림 3-3〉에서 보는 바와 같이 재정지출 규모(횡축)와 국민부담(종축)을 하나의 그림에 같이 놓았다.[3] 보통 재정지출 규모와 국민부담 간에는 비례적 관계

그림 3-3 한국과 OECD 국가의 재정지출 규모와 국민부담 간의 관계

[국민부담]	작은 정부 (30%대)	비교적 작은 정부 (평균 이하 40%대)	OECD 평균 (43.6%)	비교적 큰 정부 (평균 이상 40%대)	큰 정부 (50%대)
초고부담 (40%대)				노르웨이	덴마크 스웨덴 핀란드 프랑스 오스트리아 벨기에 이태리
고부담 (평균 이상 30%대)		룩셈부르크		헝가리 네덜란드 슬로베니아 독일 체코 영국	아이슬란드
OECD 평균 (34.2%) 중부담 (평균 이하 30%대)		에스토니아 뉴질랜드 캐나다		폴란드 이스라엘 스페인 포르투갈	그리스
저부담 (20%대)	스위스 슬로바키아 호주 한국 터키 칠레 멕시코	일본 미국			아일랜드

[재정지출 규모]

주: 가운데 굵은 실선은 OECD 평균을 말함.
자료: 윤영진(2012)을 재구성함.

_____

3) 본 단락은 윤영진(2012)을 활용함.

가 있다(윤영진. 2012). 재정지출 규모가 클수록 국민 부담이 커질 수밖에 없는 것이다. 매우 큰 정부로서 초고부담 국가군에는 덴마크, 스웨덴, 프랑스 등의 국가들이 있다. 큰 정부-고부담 국가군에는 독일, 영국, 헝가리 등이 있다. 작은 정부-중부담 국가군에는 뉴질랜드, 캐나다 등이 포함된다. 그리고 매우 작은 정부-저부담 국가군에는 스위스, 호주 등과 우리나라를 포함한 터키, 멕시코 등이 있다. 즉, 관련 재정수입, 재정지출 통계를 함께 보았을 때 우리나라는 OECD 평균에 비해 작은 정부에 속한다. 한편, 색칠된 비례관계를 보여주는 국가군 오른편에 있는 국가들은 상대적으로 국가부담에 비해 재정지출 규모가 큰 나라들이다. 재정적자로 골치를 썩고 있는 일본, 미국뿐만 아니라 최근 재정위기를 경험한, 아일랜드, 그리스, 스페인, 포르투칼 등이 여기에 해당한다. 조세 등 국민이 부담하는 소요를 넘어서는 규모로 재정지출을 할 때는 재정위험에 빠질 확률이 높음을 알 수 있다.

2. 재정의 시대별 역할과 재정운용 평가

앞에서의 설명이 재정을 양적인 측면에서 고찰한 것이라면 여기서는 질적인 측면에서 검토할 것이다. 65년이 넘는 시간동안 재정이 시대별로 어떠한 역할을 했는지, 재원배분 방향은 역대 정권별로 어떠한 차이를 보이는지, 재정이 양적으로 팽창된 것만큼 질적으로도 효율적이라고 할 수 있는지를 살펴볼 것이다.

(1) 그 동안의 재정의 역할 및 역대 정부별 재원배분 방향

우리나라 재정운용의 65년 이상된 역사를 보면 뚜렷하게 세 가지 특징이 있다(재경회 · 예우회. 2011). 첫째, 한국의 재정은 건국과 산업화 · 민주화를 거치는 과정에서 국가발전에 상당히 기여하였다. 둘째, 1997년 외환위기와 2008년 글로벌 금융위기시를 제외하면 우리나라는 정상적인 세입 범위에서 지출함으로써 재정의 건전성을 지키고자 노력했다. 셋째, 경제성장과 국가발전으로 재정의 양적 규모가 커지면서 예산의 생산성과 질적수준을 높이기 위한 재정제도 개혁 작업을 꾸준히 실시해 왔다.

1940~1950년대의 재정은 원조경제기의 재정이다.[4] 조세가 아닌 차입을 통해 재원을 마련하여 나라살림을 꾸려나갔다.[5] 한국전쟁이 일어나자 상황은 더 심각해져서 1950년의 경우 추가경정예산[6]을 무려 7회나 편성하였고 재원은 모두 차입금이었다.

1960~1970년대의 재정은 경제개발기의 재정이다. 경제개발 5개년 계획을 위해 재정소요 중 대부분의 가용 재원을 경제개발을 위해 사용하였다. 특히, 사회간접자본과 산업 분야에 대한 자본적 지출에 투자하여 국내 총고정자본을 형성하는데 크게 이바지하고 빈곤탈출과 자립경제 기반 구축을 꾀하였다. 이 시기에 경제개발 외에 집중 투자된 분야는 국방이었다.

1980년대의 재정은 안정화시기의 재정이다. 당시 1 · 2차 석유파동과 중동건설 붐 등으로 인플레이션이 문제가 되고 부동산 투기가 기승을 부리면서 정부의 경제정책은 고도성장에서 벗어나 물가안정과 국제수지 개선에 맞춰졌다. 재정도 건전재정의 원칙을 중시하여 재정을 보수적으로 운영하였으며, 1984년에는 예산규모가 동결되기도 하였다.

1990년대 재정은 세계화 및 외환위기 속의 재정이다. 당시 정부는 세계화에 발맞춰 국가 경쟁력을 강화하고자 지난 10여년 동안 주춤했던 경제 분야에 대한 지출을 다시 확대하였다. 반면 국방분야의 비중은 꾸준히 축소해 나갔고 복지분야는 완만하게 늘려 나갔다. 이후 외환위기를 맞고 이를 극복하는 과정에서 복지분야에 대한 지출이 대폭 증가하였다. 국민기초생활보장제도를 도입하고 국민연금 수혜대상을 전 국민으로 확대하는 등 사회안전망을 대폭 확충한 결과이다.

2000년대 이후의 재정은 사회형평성을 추구하고 새로운 변화를 꾀한 재정이라고 할 수 있다. 2000년대 들어 성장잠재력이 둔화되고 저출산과 고령화로 성장가능 인구가 감소하는 환경 속에서 형평성을 추구하면서 재정운용의 큰 틀이 바뀌기 시작하였다. 재원배분의 중심이 경제에서 복지로 전환되었고, 3+1 재정제

---

4) 이하 각 연대별 설명은 재경회 · 예우회(2011)를 활용하였다.
5) 1949년 예산의 경우 전체세입에서 조세는 11%에 불과하고 원조자금이 43%, 차입금이 46%에 달했다(재경회 · 예우회. 2011).
6) 국가의 1년 예산이 회계연도가 시작되기 전에 국회의 심의를 받아 유효하게 성립된 이후에 회계연도 중 발생한 부득이한 사유로 인해 이미 성립된 예산에 변경을 가하는 예산을 말한다. 자세한 사항은 제10장을 참고하기 바란다.

도 개혁[7] 등 재정제도를 획기적으로 개편하였다. 또한, 최근 들어 글로벌 금융위기 속에서 적극적인 재정정책으로 경기회복을 비교적 빠르게 이룩할 수 있었다.

이상의 시대별 재정의 역할을 바탕으로 역대 정부별 재원배분 방향은 어떠한 특징이 있는지 살펴보자. 고영선(2005)에 의하면 중앙정부의 최대 지출분야는 국방 → 경제 → 복지의 순으로 변화를 보였다. 소위 총에서 삽으로, 삽에서 빵으로 나라살림의 무게중심이 옮겨진 것이다(윤영진. 2012).

〈표 3-3〉과 〈표 3-4〉에서 보듯이 나라살림의 최대 지출분야는 3 · 4공화국과 1980년대의 전두환정부와 노태우정부때까지 국방이 차지했다. 남북이 대치된 상황과 민주화 이전의 시대를 반영한 것이다. 이후 1990년대 김영삼정부 들어 경제가 나라살림의 최대 지출분야가 되었고, 2000년대 노무현정부에 들어 복지가 최대 지출분야로 되었다. 한편, 교육은 전두환정부때 공교육 확대를 위해 중점 확대되었고 노태우정부 이후 지속적으로 비슷한 수준을 보이고 있다. 복지의 경우 노태우정부 이후 지속적으로 증가하다가 김대중정부와 노무현정부에 들어 대폭 확대되었고, 노무현정부때 경제분야를 제치고 최대 지출분야가 되어 지금에 이르고 있다.

표 3-3   역대 정부별 분야별 재정지출의 비중과 주요 재원배분 방향

		3 · 4 공화국	전두환 정부	노태우 정부	김영삼 정부	김대중 정부	노무현 정부
분야별 재정지출 비중	국방(%)	28	27	21	16	12	12
	경제(%)	27	20	20	24	24	22
	복지(%)	8	13	18	18	22	24
	교육(%)	15	17	16	17	16	16
주요 재원배분 방향	최대 지출분야	국방	국방	국방	경제	경제	복지
	중점 확대분야	경제	교육	복지	경제	복지	복지
	축소 분야	–	국방 · 경제	국방 · 교육	국방	국방	경제

원자료: 고영선(2005). 재정운영의 현황과 과제.
자료: 윤영진(2012)을 재구성.

---

7) 당시 참여정부는 국가재정운용계획(중기재정계획), 총액배분자율편성 예산제도(Top-down 예산제도), 재정성과관리 제도, 프로그램 예산제도 및 디지털예산회계시스템 구축 등 3+1 재정제도 개혁 작업을 추진하였다. 자세한 사항은 제14장을 참고하기 바란다.

| 표 3-4 | 주요 분야가 일반정부 지출규모에서 차지하는 비중 비교(한국 vs. OECD 평균) |

	국 방	경 제	복 지	교 육
한국(2011년)	8.6%	20.1%	38.3%	15.8%
OECD 평균(2011년)	3.6%	10.5%	50.1%	12.5%

주: 복지에 보건이 포함되어 있음. 일반행정, 공공질서·안전 등 여타 분야는 표에서 생략
   함. 한국(2011년)의 경제비중(20.1%)은 OECD 국가 중 가장 높으며 그 뒤를 아일랜드
   (16.4%)와 헝가리(14.4%)가 따르고 있음.
자료: OECD. Government at a Glance. 2013.

우리나라의 분야별 재원배분 모습이 해외 국가와 비교해서는 어떠한 모습인
지를 살펴보면 우리나라의 객관적 위치를 파악하는데 도움이 될 수 있을 것이다.
2011년 일반정부 지출을 기준으로 보았을 때 우리나라는 전체 재정지출 중 복지
분야가 38.3%, 경제분야가 20.1%, 교육이 15.8%, 국방이 8.6%의 모습을 보이고
있다.[8] 반면, 같은 해 OECD 평균은 복지분야가 50.1%로 OECD 회원국은 정부지
출의 절반을 복지분야로 지출하고 있다. 경제분야는 10.5%로 이에 비할 때 우리
나라의 경제분야 지출 비중이 OECD 평균의 약 두배 수준이다. 교육분야와 국방
분야에서 OECD 평균은 각각 12.5%, 3.6%이다. 윤영진교수는 이를 두고 국방분
야는 남북관계 대치 등의 안보적 상황을 염두에 둔다면 피할 수 없는 현상이지
만, 경제분야 비중이 OECD 평균의 약 두배의 모습으로 OECD 국가 중 최고 수
준이라는 점에서 우리나라의 재정구조가 아직도 물적자본 투자를 중시하는 과거
개발연대 시기의 패턴에서 벗어나지 못한 것이라고 비판하고 있다.

(2) 재정운용의 효율성

보통 우리나라 재정을 평가할 때 그 기준은 보통 어느 분야에 돈을 얼마나
썼는가, 즉 투입 측면을 중심으로 보곤 한다. 또는 외국과 비교해서 어느 분야에
얼마의 돈을 더 썼나, 덜 썼나를 살펴보는 것이었다. 나름대로 의미는 있지만, 재
정의 효율성을 고려하지는 않아 아쉬움이 있는 접근방법이다. 그러나, 최근 이를
뛰어넘는 의미 있는 연구물이 나왔다. 박형수·류덕현(2009)은 우리나라 재정의

---

8) 이상의 분야 외에 일반행정지출, 공공질서·안전, 주거·지역개발, 여가 등의 분야도 있으나
   여기서는 논의하지 않는다.

각 분야(보건, 복지, 교육, R&D, SOC, 공공질서·안전 등)가 얼마나 효율적인지를 심도 깊게 분석하였다. 투입된 비용 대비 효과와 각 제도의 효율성을 OECD 국가와 비교하여 분석한 것이다.

저자들의 분석에 의하면 보건 분야의 효율성은 전반적으로 OECD 평균에 비해 상위권이고, 교육·복지·R&D 분야의 효율성은 중상위권의 모습을 보였다. 반면, 환경 분야는 중하위권을, SOC 분야는 최하위권으로 평가되었다. OECD 평균보다 적은 비중으로 투입되는 복지 분야는 상대적으로 효율성이 높은 반면, OECD 평균보다 더 큰 비중으로 투입되는 SOC는 효율성이 최하위로 분석되었다.

3. 건전재정과 적극적인 재정정책으로 경제위기를 극복[9]

우리나라는 최근 들어 두 번의 경제위기를 경험했다. 하나는 1997년말 외환위기로 정부수립 이후 최악의 경제위기를 경험했다.[10] 또다른 위기는 2009년 글로벌 금융위기로 우리 경제에 적지 않은 영향을 끼쳤다.

이러한 경제위기를 극복하는데 견인차를 했던 것이 재정이었다. 외환위기의 경우 당시 위기극복을 위해 경제정책의 목표를 경제구조조정 지원, 경제활력 회복과 일자리 창출에 두었는데 재정정책은 이를 뒷받침하기 위해 확장기조로 전환되었다. 재정은 금융구조조정과 사회안전망 구축 및 경제구조조정 과정에서 배출된 실업자를 구제하기 위해 막대한 자금을 투입하였다. 2009년 글로벌 금융위기시에도 위기 극복을 위해 신속한 재정조기집행과 적극적인 재정지출 정책을 추진하였다. 위기 극복 이후 적극적인 재정정책이 좋은 평가를 받았는데 한마디로 '재정이 금융을 살렸다'고 요약할 수 있다(재경회·예우회. 2011).

그런데, 경제위기시에 막대한 재정이 투입될 수 있었던 것은 이전 정부에서 재정을 건전하게 운용해왔기 때문이다. 외환위기의 경우 이전 전두환정부때부터

---

9) 본 사항은 재경회·예우회(2011)를 활용하였다.

10) 외환위기 직후인 1998년의 실질경제성장률은 −5.7%로 한국전쟁 이후 지금까지의 통계중 최저수치를 보였으며, 하루 평균 최대 130개의 기업이 부도로 문을 닫았고 실업자가 180만 명에 달했으며 국가신용등급도 투자부적격 수준으로 강등되었다. 당시 국무회의에서 외환위기가 '국란(國亂)'이라고 표현될 정도로 경제위기는 심각하였다.

재정을 알뜰하게 써와서 재정을 경제위기 극복을 위한 구원투수로 사용할 수 있
는 운신의 폭이 있었다. 특히, 1984년 예산안의 경우 전두환정부는 예산을 전년
도 수준으로 동결하였다. 물가상승을 감안했을 때 전년도 수준 동결은 사실상 예
산감축을 의미하는 것이다.[11] 또한, 이명박정부가 글로벌 경제위기를 극복하기
위해 적극적인 재정정책을 펼 수 있었던 것은 이전 정부인 노무현정부가 건전재
정에 상당한 공을 들였기 때문이다.

4. 재정제도 개혁

대부분의 역대 정부가 국가경제발전, 민주화, 복지, 경제위기 등과 관련해서
공과(功過)를 가지고 있지만, 공통적인 사항은 대부분의 역대 정부가 재정제도 개
혁을 위해 많은 노력을 들였다는 점이다. 각 정부가 재정운용의 효율성과 민주성
제고를 위해 많은 제도를 개편하였다.

사실 새로운 재정제도를 만들거나 고치는 작업은 쉬운 일이 아니다. 다른 일
도 마찬가지겠지만 재정제도는 돈이 직접 오가는 일이기 때문에 특히 더하다. 재
정제도 개편을 통해 경제적 혜택을 보는 집단과 경제적 부담을 져야하는 집단이
구분되고, 이들 집단 간에 갈등이 생길 소지도 있기 때문이다. 이러한 상황에서
정치권에도 별 인기가 없는 재정제도 개편 작업은 국민전체를 위한 공익 추구라
는 명분과 사명감을 갖지 않고는 재정당국이 독자적으로 추진하기 힘든 작업이
다. 따라서 통상 재정당국은 대통령의 강력한 리더십이나 적극적인 지지를 바탕
으로 재정제도 개혁 작업을 추진하게 된다.

박정희정부는 경제개발 5개년 계획의 재정소요를 합리적으로 산정하기 위해
성과주의 예산제도와 중기재정계획 제도를 도입한다.[12] 전두환정부는 예산절감
에 대한 확고한 의지를 바탕으로 영점기준 예산제도[13]를 획기적으로 도입하고,

---

11) 이때 국방예산도 예외가 아니었다. 남북대결 구도라는 특수한 환경에서 국방예산은 매우
   경직되어 있어 동결하기가 어려웠다. 특히 1979년 한미 간 합의에 따라 국방예산이 GNP의
   6% 수준을 지켜야 했는데 이러한 일종의 성역도 무너지게 되었다(재경회·예우회, 2011).
12) 우리나라의 예산제도에 대한 사항은 제9장을 참고하기 바란다.
13) 모든 예산사업의 효과와 비용을 영점(제로베이스)에서 검토하여 우선순위를 결정하는 예산
   제도를 말한다. 자세한 사항은 제9장을 참고하기 바란다.

행정부의 예산안 마련시 합리성과 민주성을 제고하기 위해 예산심의회[14] 방식을 도입한다. 또한, 각 정부는 안정적인 정부지출 소요를 마련하기 위해 교육세(1982년), 교통세(1994년), 농어촌특별세(1994년) 등 목적세를 신설한다. 중앙행정기관의 자율적인 재정운용을 권장하면서도 방만한 관리를 통제하기 위해 기금관리기본법(1988년)을 제정하는 등 제반 재정개혁 과제의 지속적인 추진을 위해 예산회계법(1961년), 국가재정법(2006년) 등 관련 법령을 제·개정한다.

　　최근 들어 재정제도를 대폭 개편한 것은 참여정부이다. 국가재정운용계획, 총액배분자율편성(Top-down) 예산제도, 재정성과관리 제도, 프로그램 예산제도를 포함한 디지털예산회계시스템 구축 등 3+1 재정개혁[15]을 추진하였고, 본 제도가 현재까지 이어지고 있다.[16]

제2절　재정환경의 변화: 성장 둔화, 복지수요, 사회 갈등과 남북통일 대비

1. 잠재성장률 둔화

　　한국 재정의 미래는 한국 경제의 미래와 상호 밀접하게 연계되어 있다. 그런데 한국 경제의 미래에 대해서 ① 계속 일본형 성장모형을 따라가게 될 것이란 견해와 ② 아르헨티나처럼 큰 어려움을 겪게 될 것이란 견해, 그리고 ③ 강한 중간규모의 국가(强中國)로 가는 제3의 길을 찾을 것이란 의견이 분분하다. 그러나 미래란 불확실성이 매우 크기 때문에 앞으로의 성장경로가 어떠할 것으로 단정짓는 것은 위험하기도 하고, 바람직하지도 않다.

　　우리나라가 지속적인 성장을 하기 위해서는 잠재성장률이 어느정도 수준으로

---

14) 재정당국이 정부 예산안을 마련할 때 과거에는 예산실 담당사무관-과장-국장의 결재라인을 거쳐 각 중앙행정기관별 예산안을 마련하고 최종 우선순위 결정은 예산실장과 예산총괄국장이 결정하였다. 그러나, 당시 예산심의회 방식으로 바뀌면서 예산실 실무자가 함께 모여 공론의 과정을 거쳐 예산의 우선순위를 함께 결정하게 되었다.

15) 자세한 사항은 제14장을 참고하기 바란다.

16) 일부에서는 한국의 재정개혁은 사실상 국제적으로 유행하는 외국의 재정제도를 도입하여 한국 재정개혁의 정당성을 확보하는 것에 불과하다고 비판한다. 그러나, 최근의 프로그램 예산제도, 재정범위의 확대 문제, 디지털예산회계시스템 등이 도입·구축되거나 제도화되는 과정을 보면 그러한 비판과는 거리가 있어 보인다.

뒷받침이 되어야 한다. 이른바 오쿤(Okun)의 법칙에 의하면, 경제성장률은 잠재성장률과 실업률의 함수이다.[17]

■Okun의 법칙■

경제성장률 = 잠재성장률 − 2 × 실업률의 증가분

위의 공식에서 실업률의 증가분이 일정하다고 가정할 때, 경제성장률을 결정하는 것은 잠재성장률이다. 그런데 이 잠재성장률이 지속적으로 낮아지고 있다는 연구보고가 많다. 국회예산정책처는 현재 3.5% 수준에서 2020년대는 2.7%, 2030년대는 2.1%, 2040년대는 1.7%로 전망하였다. 한국경제연구원도 비슷한 전망치를 내어놓고 있는데 2030년에는 2.5% 수준, 2050년에는 1.5% 수준으로 전망하였다. OECD도 한국경제의 잠재성장률에 대해 2018~2030년 중 2.4%, 2031~2050년 중 1.0%를 보일 것으로 전망하였다.

전망치에 다소 차이가 있지만, 잠재성장률의 하강추세에는 동의하고 있고, 경제환경이 더욱 어려워질 것으로 전망하고 있다. 이에 따라 재정여건, 즉, 세수확보가 그만큼 더 힘들어질 것으로 예상된다. 세금이 안들어오면 정부가 일을 제대로 할 수 없게 된다. 재정지출에 대한 국민들의 요구가 많아도 정부가 그것을 모두 충족시킬 수 없게 되는 것이다.

정부가 예상하고 있는(또는 소망하고 있는) 장기 경제성장 모습을 살펴보면, 노무현정부(2006년)는 2010년대에 선진국에 진입하고, 2020년대에 세계일류국가

표 3-5 한국의 잠재성장률 전망

	국회예산정책처	한국경제연구원	OECD
현재	3.9%	3.6%	3.4%
2020년대	2.7%	2.5%(2030년)	2.4%(2018~2030년)
2030년대	2.1%		1.0%(2031~2050년)
2040년대	1.7%	1.5%(2050년)	

자료: 국회예산정책처(2012a), 한국경제연구원(2012), OECD(2012).

---

17) 잠재성장률이란 "한 경제가 주어진 기술여건하에서 생산요소를 장기적으로 지속가능한 수준으로 활용함으로써 얻어지는 산출물의 수준"으로 정의된다(한진희 외, 한국경제의 잠재성장률 전망: 2003~2012, 2002).

가 되어 2030년에는 1인당 GDP가 49,000달러로 스위스 수준에 도달하는 것으로 전망하였다(정부 · 민간 합동작업단. 2006). 한편 이명박정부(2013년 2월)는 기술을 혁신하고 신흥국을 활용하여 2050년에는 성장률이 1%p 증가된 모습을 전망하였다(대한민국정부. 2013).

2. 저출산 고령화와 복지수요 급증

우리나라의 고령화 속도는 OECD 국가 중 가장 빠르다. 전체인구 중 만 65세 이상의 노인 인구 비중이 7%이면 고령화사회, 14% 이상이면 고령사회, 20% 이상이면 초고령사회라고 한다. 우리나라는 2000년에 고령화사회로 이미 진입했고, 2017년에는 고령사회, 2026년에는 초고령사회로 진입할 것으로 보인다(통계청. 2011). 고령화사회에서 초고령사회로 넘어가는데 불과 26년이 걸리는 것이다. 노인인구가 많은 국가로 알려진 일본도 36년(1970 → 2006년)이 걸렸다. 프랑스(154년), 미국(94년)의 전망에 비해 한국이 급속도로 늙어가고 있는 것이다. 문제

그림 3-4 연령별 인구구성비 장기 전망

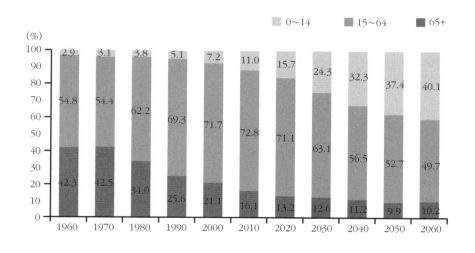

자료: 통계청(2011).

는 인구고령화가 머지않아 노동력 감소 현상을 초래할 것이라는 점이다. 2017년부터는 생산가능인구가 감소하기 시작하고, 2021년부터는 노동력 부족 현상이 현실화될 것이고, 그 결과 2030년에는 노동력 부족 규모가 280만 명에 달하게 된다고 한다. 또한 인구고령화로 인해 2060년의 우리나라는 인구 10명 중 4명이 노인인 늙은 국가가 될 수도 있다. 지금은 생산가능인구 6~7명이 노인 1명을 부양하고 있지만, 2060년에는 생산가능인구 1.2명이 노인 1명과 어린이 0.2명을 부양하게 될 것이다. '1대1 부양 시대'에 진입하고 젊은층의 고령층 부양부담이 갈수록 심화될 것이다(대한민국정부. 2013).

인구가 고령화되면 경제전반과 재정에 큰 영향을 미치게 된다. 우선 노인부양비가 확대되는 경우 민간소비와 설비투자가 소폭 감소하고(국회예산정책처. 2009), 생산가능인구와 취업자 수의 증가율이 크게 둔화되어 잠재성장률이 약화될 것이다(문형표. 2006).

성장률이 하락하고 취업인구가 줄어들면 조세와 사회보장수입도 감소하여 국가재정에 악영향을 미칠 수밖에 없다. 재정의 지출 측면에서도 복지비의 증가와 함께 노동공급 감소에 따른 성장률 하락을 상쇄하고자 경제개발비의 비중이 다시 증가될 수 있다. 이처럼 복지비와 경제개발비가 함께 증가하면 국방비 등 다른 분야의 지출이 억제될 수밖에 없다. 재정수입이 떨어지고 재정지출이 상승하여 재정적자가 만성화될 수 있다(안종범. 2010).

향후 재정환경을 가장 악화시킬 우려가 큰 것이 연금제도이다. 이미 공무원연금과 군인연금은 적자상태이며, 사학연금은 2021년에 수지적자가 발생하기 시작하여 2029년에는 재정이 고갈된다고 한다(김춘순. 2010). 가장 규모가 큰 국민연금의 경우 아직 시행초기이기 때문에 수지흑자 상태이지만, 장기적으로 국가재정에 엄청난 부담을 줄 수 있다. 보건복지부의 예상으로는 국민연금이 2041년에 수지적자를 내기 시작하여, 2054년에는 재원이 고갈될 것이라고 한다.

연금 이외에 사회복지비의 지속적인 증가도 재정여건을 어렵게 하는 요인이다. 현재 가장 빠른 속도로 증가하고 있는 지출항목이 복지비라는데 누구도 이견을 달지 않을 것이다.

이렇듯 지출수요는 많아지는 반면, 한국의 조세부담률은 매우 낮은 수준에 머물고 있다. 향후 정부재정의 건전화를 위해서는 조세부담률 또는 국민부담률의 인상이 불가피하다.

| 표 3-6 | 국민연금 장기재정전망 | |

년 도	수지차	적립기금
2012	+31.8조 원	380.6조 원
2020	+49.3조 원	725.4조 원
2030	+53.0조 원	1,258.1조 원
2040	0.8조 원	1,582.1조 원
2050	−180.6조 원	637.9조 원
2060	−340.1조 원	0조 원
2070	−472.2조 원	0조 원

자료: 국회예산정책처. 2012b.

3. 사회 각 부문에서의 갈등

우리나라 여러 부문에서 정치갈등, 이념갈등, 지역갈등, 경제갈등 등 제반 사회갈등과 대립이 표면화되고 있다. 여타 갈등은 과거부터 지속되어 온 갈등이지만 최근 새롭게 제기되는 갈등이 있다. 일자리를 두고 벌어지는 세대 간 갈등이다. 과거 청년들이 고용되어야 할 자리에 이제는 중장년층이 저임금을 받고 고용되어 청년들의 일자리가 줄어들기 때문이다. 또한, 우리사회는 빈곤층, 장애인 등 소수 취약계층에 대한 배려가 부족하다고 한다. 그들을 포용하고 그들에게 적극적인 기회를 제공하지 못함으로써 취약계층이 사회로부터 고립되고 이것이 사회갈등의 또다른 원인이 되고 있다(대한민국정부. 2013).

이처럼 경쟁에서 뒤처지거나 사회에서 소외된 개인이나 집단이 느끼는 분노와 좌절감이 누적되면 '묻지마 범죄'와 자살로 이어질 수 있다. 우발적 살인과 현실불만을 동기로 한 살인의 경우 2005년 363건에서 2009년 656건으로 무려 81%가 늘어났다. 자살률도 인구 10만 명당 2000년 13.6명에서 2010년 31.2명으로 증가되는 추세이다(대한민국정부. 2013). 또한, 사회갈등은 복합적이고 중첩적으로 발생하는 경향이 있다. 계층, 세대, 지역, 이념, 노사, 다문화 등 다양한 사회갈등을 적절히 관리하지 못하는 경우 어느 순간 한꺼번에 분출될 수 있다.

사회갈등은 사회적 합의를 어렵게 하고 경제·사회 활동에서 거래비용(transaction

cost)을 증가시켜 국가경제에 악영향을 끼칠 수 있다. 사회갈등이 높으면 정부에 대한 불신이 높아지고 재정사업의 효과도 떨어지기 마련이다. 또한, 조세 체계 등 재정수입 구조에 대한 형평성 문제가 제기될 소지도 있다. 삼성경제연구소(2009)의 연구에 의하면 우리나라의 갈등지수는 0.71로 OECD 평균(0.44)를 대폭 상회하는 수준이다. 소득불평등 정도는 OECD 평균 수준이지만 민주주의 성숙도와 정부효과성이 OECD 평균을 하회하여 갈등지수가 높게 나온 것이다. 연구소가 OECD 회원국의 갈등지수를 이용해 회귀분석을 한 결과, 우리나라의 갈등지수가 OECD 평균 수준으로 낮아진다면 1인당 GDP가 약 27% 증가할 것이라고 한다. 이것을 역으로 얘기하면 우리나라의 갈등지수가 OECD 평균에 비해 훨씬 높기 때문에 1인당 GDP가 27% 감소되었다는 말이 된다.

4. 남북통일 대비

최근 통일에 대한 중량감 있는 언론보도[18]를 보면 남북통일이 머지않아 보인다는 얘기를 많이 들을 수 있다. 그런데 남북통일 자체에 대해 반대하는 사람은 거의 없겠지만 통일비용에 대해 얘기하면 머뭇거리는 사람을 곧잘 볼 수 있다. 그렇다면 과연 통일비용이 얼마나 되는 것일까? 통일을 위해 귀중한 국민세금이 들어가면서 우리가 얻는 편익은 얼마나 될까? 최근 대외경제정책연구원과 산업연구원이 공동으로 연구한 남북 경제공동체 추진 구상(2011)에 의하면 통일로 인해 남북한 경제는 두자리의 성장률을 보일 것이며, 국민후생수준도 190~1,250억 달러 가치만큼 상승할 것이라고 한다. 과거 경제개발 5개년 계획때 만큼의 고도성장이 또 한번 가능해 진다는 의미이다. 더불어, 연구는 국제적 위상 확대, 분단비용 해소, 이산가족 상봉 등 남북통일로 인한 무형적 편익도 74조 원에 달할 것으로 예상하였다.

또다른 연구인 한국재정학회 등의 통일재원 마련방안 연구(2011)에 의하면 통일 전의 공동체 형성 비용으로 약 6~91조 원(2011년 불변가격 기준)이 소요되며, 통일 후 10년간 소요될 비용으로 150~850조 원(2011년 불변가격 기준)이 필요

---

18) 이명박대통령의 독일 베를린 동포 간담회(2011. 5. 8.) 관련 언론보도와 박근혜 대통령의 신년 기자회견(2014. 1. 6.) 관련 언론보도를 참고하기 바란다.

하다고 추정하고 있다. 그런데, 이러한 비용은 북한의 SOC 건설비용, 사회보장제도 도입 등에 사용되는데 이 과정에서 우리나라 기업과 민간이 적극적인 역할을 한다면 통일비용은 부정적인 의미의 비용이 아니게 된다. 회계학에서 말하는, 수익을 창출하는데 기여하는 비용에 해당하는 것이다. 남북통일이 민족을 하나로 통일시키며 한국을 국제적으로 존경받는 품격있는 나라로 격상시킴과 동시에, 우리민족에게 최고의 경제적 기회를 선사하는 것이다.

그러나, 문제는 통일 시기와 통일비용을 가늠하기가 매우 어렵다는 것이다. 가까운 몇 년 안에 통일이 찾아올 수도 있고, 통일비용이 어마하게 들어갈 수도 있다. 그러한 경우를 대비하여 미리 통일비용을 적립해 놓아야 할 것이다. 어려운 살림에도 자식들 대학등록금과 결혼비용에 보태려고 매달 몇 만원씩이라도 저축하는 부부가 있는 것처럼 언제 올지 모르는 통일에 대비하기 위해 지금부터라도 그 재원을 정성껏 준비해 두어야 한다.

제3절 한국 재정의 미래: 중장기 재정전망과 재정전략

지금까지 과거와 현재의 우리나라 재정에 대해서, 이를 둘러싼 재정환경에 대해서 알아보았다. 요약하자면 재정환경은 상대하기 쉽지 않은 것들인데, 앞으로 재정지출이 필요한 곳은 많고 곳간에 들어올 돈은 충분하지 않다는 것이다. 이를 바탕으로 아래에서는 우리나라의 중장기 재정전망을 먼저 살펴보고 이에 대해 어떠한 재정전략이 필요한지를 간략하게 설명하기로 한다.

1. 중장기 재정전망

최준욱 등(2005)의 연구에 의하면 우리나라가 현재 외국의 재정지출 추세를 따른다고 가정할 경우 재정지출의 규모가 GDP대비 3~5%p 증가하는 등 재정의 외형이 상당히 커진다고 한다. 저자는 분야별 지출 전망에 대해 복지 분야는 대폭 증가하는 반면, 경제 분야는 대폭 감소할 것이라고 분석하였다. 우리가 제1절과 제2절에서 살펴본 정부지출의 추세변화와 일맥상통한다.

　　그러나, 문제는 나라 살림살이가 이처럼 대규모의 재정지출 및 복지지출을 받쳐줄 수 있을지에 달려있다. 이에 대해 한국조세연구원(2012)이 최근 흥미로운 연구물을 발표하였다. 연구원은 우리나라가 2012년의 복지정책을 그대로 유지할 때 2050년까지의 국민부담률, 국가채무와 공공사회복지지출 규모[19](SOCX)가 어떻게 변하는지 분석해 보았다.

　　분석 결과(그림 3-5 참조) 현재의 복지정책을 확대하지 않고 그대로 유지하더라도 GDP대비 공공사회지출 규모가 2043년 19.2%로 OECD(2007년 기준) 평균 수준이 되고, 2050년에는 21.4%로 OECD(2007년 기준)의 1.1배에 달할 것으로 전

그림 3-5 복지지출 증가에 따른 중장기 재정전망

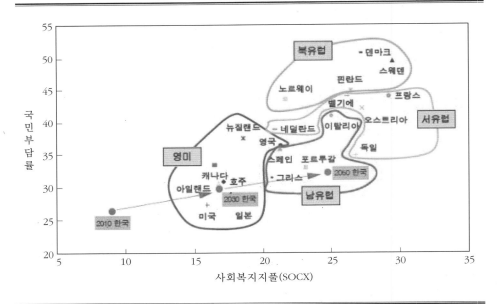

자료: 한국조세연구원(2012).

---

19) OECD의 Social Expenditure Database로서 사회적 위험(노령, 질병, 실업, 재해 등)에 직면한 개인에게 주어지는 공적제도에 의한 사회적 급여(현금, 재화나 서비스)나 재정적 지원에 대한 통계를 말한다. 복지통계 중 대표적인 통계로서 제반 복지지출이 GDP 대비 차지하는 비율을 의미하고, 공공사회복지지출과 법정민간사회복지지출로 구성된다. 2009년 기준으로 한국은 10.52%(공공사회복지지출은 9.59%, 법정민간사회복지지출은 0.93%)로 OECD 평균인 22.7%에 비해 절반에 미치지 못하는 낮은 수준이다.

망하였다. 또한, 2030년에는 공공사회지출 규모가 GDP의 15.0%이고 국민부담률이 28.0%로서 현재의 영미형 국가와 유사하며, 2050년에는 공공사회지출 규모가 21.4%이고 국민부담률이 29.5%로서 현재의 남유럽형 국가와 비슷한 모습이 될 것이라고 전망하였다. 남유럽형 국가들은 현재 복지지출은 높으나 국민부담률이 낮아 최근 재정위기를 겪고있는 나라(PIGS: 포르투칼, 이탈리아, 그리스, 스페인)들이다. 우리나라의 2050년의 국가채무는 GDP대비 128.2%로 2011년 PIGS 국가의 평균인 120.0%보다 다소 높은 수준으로 전망하였다.

　본 연구에서 유의할 사항은 국민부담률을 구성하는 요소 중 조세부담률은 정부의 전망치대로 2013년 이후를 20.1%로 고정시켰다는 것이다. 즉, 2013년 수준의 조세부담이 2050년까지 지속되는 것을 전제로 하였다. 조세부담 이외에 추가로 필요한 비용은 국민부담률을 구성하는 또다른 요소인 사회보장기여금과 국가채무 증가를 통해 조달하는 것으로 가정한 것이다.

　본 연구를 신뢰한다면 우리가 선택해야 하는 것은 다음 셋 중 하나이다. 조세부담은 높이지 않으면서 국가채무를 증가시켜 복지혜택을 볼 것인가? 국가채무 증가가 부담스러워서 복지지출 증가를 포기할 것인가? 아니면 복지지출 증가는 피할 수 없는 대세이니 증가시키고, 재정건전성을 위해 조세부담을 높이고 국가채무를 낮출 것인가? 묘책이 쉽게 나오지 않는다. 복지와 국가채무(재정건전성)를 잡으면 국민부담을 놓치고, 복지와 국민부담을 잡으면 국가채무(재정건전성)를 놓친다. 반면 국민부담과 국가채무를 잡으면 복지를 놓치게 된다. 매일경제신

그림 3-6　복지(재정) 트릴레마

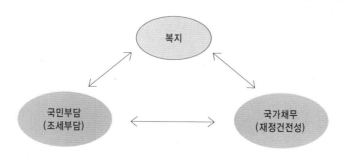

주: 매일경제신문(2011. 1. 26)과 윤영진(2012)을 재구성함.

문(2011. 1. 26.)은 이것을 복지 트릴레마[20]라고 부르며 세가지를 동시에 점검하여
야 지속가능한 재정을 만들 수 있다고 하였다.

2. 미래대비 재정전략

(1) 공공부문 전체를 조망하며 재정건전성과 전략적 재정운
용을 함께 도모

제2장에서 살펴보았듯이 중앙, 지방, 공공기관 전체를 함께 조망하며 재정을
운용하면 불필요하게 쓰이는 재정소요를 걸러내기도 쉽고 돈을 더 효율적으로 사
용할 수 있다. 지금처럼 중앙, 지방, 공공기관을 각각 조망하며 재정을 운용하면
중앙정부 내의 중앙행정기관 간 유사·중복 사업은 걸러낼 수 있지만 중앙과 지
방 간, 지방자치단체 간, 중앙, 지방, 공공기관 간에 유사·중복사업은 걸러낼 수
없다.

또한 한정된 재원을 효율적이면서 형평성있게 사용하기 위해서는 해당 재원
이 가장 잘 쓰일 수 있는 곳에, 가장 필요로 하는 곳에 투자되어야 한다. 가장 높
이 나는 새가 멀리 보듯이, 높은 곳에서 재정을 바라보면 재정이 더 넓게, 더 잘
보일 것이다.

여기서 유의할 사항은 공공부문 전체를 조망하는 과정에서 지방자치단체의
자치성과 공공기관의 자율성이 훼손되어서는 안된다는 것이다. 이들의 자치성과
자율성을 유지·확대하면서 재정 전체를 조망할 수 있는 합리적인 방안이 모색
되어야 할 것이다.

(2) 재정지출 전략: 재정성과 제고, 재정개혁 제도의 연계와
내실화

지출 측면에서 우리가 우선 고려할 수 있는 전략은 예산을 '필요한 곳에만
아껴 쓰기', '효율적으로 쓰기' 등 두가지가 될 것이다. 이중 '필요한 곳에만 아

---

20) 윤영진(2012)은 '복지 트릴레마' 보다 '복지재정 트릴레마'가 더 적합한 용어라고 주장하였다.

껴쓰기'는 예산 일괄 동결 또는 감축 등의 방법이 있다. 전문가에 따라 다르지만 현재 우리나라 예산의 일정 부분은 꼭 필요한 예산은 아니라고 얘기한다. 저자들도 적게는 5%, 많게는 25% 정도가 그럴 것이라고 생각하고 있다. 그렇다 하더라도 이러한 예산을 곧바로 감축시키는 것은 그리 쉽지 않다. 수천 개의 예산사업에 국가 예산이 투입된 데는 그만한 이유가 있고, 관성의 법칙에 의해 예산을 늘리는 것은 쉬워도 예산을 줄이는 것은 어렵기 때문이다. 가정에서도 가장의 수입이 줄어도 지출을 그만큼 줄이기는 어려운 것을 생각하면 이해하기 쉬울 것이다. 따라서 예산의 동결이나 감축은 외환위기시와 같은 특별한 위기 상황이나 과거 전두환정부와 같은 권위주의 정부에서 상대적으로 수월하게 추진될 수 있을 것이다.

따라서 나머지 대안인 '효율적으로 쓰기'가 현실적인 대안이 될 수 있다. 같은 돈을 들이더라도 사업의 목표를 극대화할 수 있는, 재정의 성과를 높이는 전략이 필요하다. 현재 중앙정부와 지방자치단체에서 재정성과 제고를 위한 많은 제도가 도입되어 있다. 제5부에서 설명하고 있는 국가재정운용계획, Top-down 예산제도, 프로그램 예산제도, 발생주의 복식부기 정부회계, 재정성과관리 제도, 디지털예산회계시스템 등이 그것이다. 이러한 새로운 제도들은 전략적 재정운용, 집행기관의 자율성 및 책임성 제고 등을 위해 도입된 제도이다. 그러나 안타깝게도 제도의 취지만큼 현장에서 원활하게 운영되지는 않는 것으로 보인다. 새로운 제도를 도입하는 것도 가능하겠지만, 기존의 혁신적인 제도와의 관계나 연계방안을 충분히 고려하지 않고 성급하게 도입되면 현장 실무자의 피로감만 늘리는 등 추진 과정에서 순응비용이 상승하여 제도가 성공하지 못할 확률이 높다. 이보다는 현재의 여러 제도가 각각 내실화되고 서로 맞물려서 잘 돌아가게끔 연계하는 작업이 필요하다.

재정지출 전략으로서 가장 기초가 되는 것은, 제5부에서 설명하겠지만, 프로그램 예산체계상 프로그램 중심으로 총액배분자율편성(Top-down) 예산제도를 운영하는 것이다. 현재는 프로그램 예산체계(분야−부문−프로그램−단위사업−세부사업)상 세부사업을 중심으로 제도를 운영하고 있는데, 이것을 프로그램 중심으로 레벨(수준)을 올리면, 재정당국은 재정을 전략적으로 조망하고 집행기관은 자율적으로 운용할 수 있으며, 총액배분자율편성(Top-down) 예산제도가 본래 취지대로 제대로 작동할 수 있다. 또한, 프로그램 예산체계와 재정성과관리 체계를 연

계하고, 중기재정계획인 국가재정운용계획의 기속성을 높인다면 재정성과는 대폭 제고될 수 있을 것이다.[21]

(3) 재정수입 전략: 실현가능성을 고려한 점진적인 세제개혁 추진

'증세 없는 복지는 없다'는데 다수 국민들이 동의를 하는 것으로 보인다. 최근 언론이 실시한 여론조사에 따르면 절반 또는 약 2/3의 응답자가 증세 없는 복지는 없다는데 동의하고 있다.[22] 그러나 국민들이 동의한다고 곧바로 세율을 인상해서 세금을 더 많이 거둘 수 있다고 생각해서는 안될 것이다. 국민들이 복지를 하는데 돈이 많이 필요하다는 것을 인정한다는 것이지, 그 돈을 기꺼이 내겠다고 인정한 것은 아니기 때문이다.

문제는 국민들이 증세를 허용할만큼 자신이 낸 세금이 가치있게 사용되는지에 대한 믿음이 있어야 한다는 점이다. 복지국가인 스웨덴[23] 국민이 GDP의 50%에 육박하는 국민부담률을 부담하는 것은 스웨덴 공무원이 실력있는 전문가라고 믿기 때문이다. 그들은 자국 공무원이 전문지식을 가진 열정있는 사람이라는 것을 신뢰하고 있기 때문에 비싼 세금을 기꺼이 내는 것이다.[24] 우리나라는 국가예산은 먼저 줍는 사람이 임자라는 인식이 여전히 팽배하다.

스웨덴과 같은 국민의식이 생기기까지는 짧지 않은 시간이 필요할 것이다. 위에서 말한 것처럼 재정성과를 제고하는 전략을 추진하면서 증세를 논의할 시간을 벌자. 대신 그동안 국민이 지지하고 실현가능한 조세정책을 펼칠 수 있을

---

21) 이에 대한 자세한 사항은 제14장, 제15장을 참고하기 바란다.

22) · 뉴데일리. 2013년 10월 25일. 「100인인터뷰, 시민 54% "증세없는 복지 불가능": 잘 쓰인다면 증세 찬성한다 vs. 17% "박근혜 정부, 공약파기"」.
    · KBS뉴스. 2013년 1월 5일. 「국민 대다수 "증세 없는 복지 불가능 하다"」.
    · SBS뉴스. 2014년 2월 2일. 「서민에 부담 전가? 증세 없는 복지 가능할까?」.

23) 스웨덴은, 노년이 되어도 정부부처 장관 출신이든 목수 출신이든 차별없이 복지서비스를 받고 함께 여가를 즐기는, 다수가 부러워하는 복지국가이다. 공공부문이 투자하는 복지지출(SOCX)이 GDP의 30%에 육박(OECD 평균은 약 20%, 한국은 10% 이하)하며 재정의 소득재분배 기능이 세계 최고수준인 나라다. 그런데 이 나라의 국민부담률이 무려 GDP의 50%에 육박한다(자료: OECD Factbook 2013). 고부담-고복지 국가인 것이다. 우리나라는 제1절에서 보았듯이 정반대인 저부담-저복지 국가이다.

24) KBS 파노라마. 2014년 2월 8일. 「행복한 노년에 대하여, 스웨덴」중 스웨덴 예터보리대학(Goeteborys Univesitet) 정치학과 교수인 부 루스타인의 말을 인용하였다.

것이다. 탈세 추징 등 지하경제 양성화, 비과세·감면 축소, 새로운 세원 발굴이
그것이다.

Schneider and Buehn(2012)에 의하면 지하경제가 GDP 중 차지하는 비중
(1999~2010년 평균)이 한국은 26.3%로 OECD 회원국 평균인 20.3%를 상회하고
있다. 탈세 추징 대상자는 보통 고소득층에서 다수 발견되므로 소득 형평성 측면
에서도 바람직하며 정치적인 지지를 획득하기도 쉽다. 또한 세원 확보 가능성이
다른 세입확대 정책보다 높아 효율적이다.[25] 이처럼 달성가능성이 높고 정치적인
합의를 쉽게 이룰 수 있는 세입확대 정책부터 단계적으로 추진하고, 그 결과 재
정수입이 늘어나고 그 돈이 실력있고 열정있는 우리나라 공무원들에 의해 국민
복지를 위해 잘 쓰이는 것을 국민이 직접 확인한다면, 그때는 국민들이 증세문제
를 지금보다 훨씬 적극적으로 논의할 수 있을 것이다.

(4) 혹시 있을지 모르는 또다른 위기의 대비

이처럼 복잡한 재정여건 속에서 혹시라도 우리의 의지와 달리 글로벌 경제위
기와 같은 위기가 또다시 닥친다면 어떻게 해야 할까? 2009년 글로벌 금융위기
를 해소하는 과정에서 각 국의 재정이 큰 역할을 했다. 그러나 그동안의 과도한
재정적자 등이 문제가 되어 2010년과 2011년에 포르투갈, 그리스와 같은 국가들
이 위기를 맞아 EU와 IMF에 구제금융을 신청하였다. 재정위기가 국가위기가 된
것이다.

야구를 예로 들자면 재정이 또한번 구원투수로 등판하여 불을 꺼야 할지 모
른다. 그러나, 훌륭한 투수가 언제나 승리투수가 되는 것은 아니다. 평소에 체력
을 기르고 기술을 닦고 자신과 상대팀을 잘 알아야 훌륭한 투수가 되는 것이다.
과거 몇 번은 재정이 구원투수 역할을 잘했지만 평소에 재정의 건전성과 효율성
을 높여놓지 않으면 나라살림에 어떠한 위험이 닥칠지 모른다. PIGS 국가와 같은
위험이 우리에게 오지 않도록 재정의 건전성을 지키고 재정성과를 높여야 할 것
이다.

---

25) 최근 국세청은 해외의 조세피난처 국가를 이용해 탈세하는 행위인 역외(域外)탈세를 추적하여
   2012년에 8,258억 원, 2013년에 1조 789억 원(2012년 대비 30.6% 증가)을 추징하였다(파이낸
   셜 뉴스. 2014년 2월 17일. 「국세청, 지난해 역외탈세 추징세액 1조 원 처음으로 돌파」).

제 4 장

"좋은 예산"의 기준

- 제1절 좋은 예산의 개념
- 제2절 경쟁시장의 효율성 조건과 바람직한 자원배분
- 제3절 파레토 효율성 조건과 "좋은" 정부예산의 기준
- 제4절 차선책을 만들어 내는 각종 제도와 절차들

제4장 "좋은 예산"의 기준

제1절 좋은 예산의 개념

한 나라의 예산이 "좋은 예산"이 되기를 바라는 것은 모든 사람들에게 공통된 바람이다. 그러나 과연 어떤 예산이 좋은 예산인가? 이 질문에 대해 ① 일반시민의 의견, ② 원리주의자의 의견, ③ 경제학자의 견해 및 ④ 정치학적인 견해들을 각각 들어 보자.

1. 일반시민들의 인식

예산을 전문으로 하는 사람들의 말을 듣기에 앞서, 일반 시민들이 생각하는 좋은 예산의 조건을 알아보자. 학생들이나 일반 시민들에게 좋은 예산이 되기 위한 조건들을 하나씩 말해 보라고 하면, 다음과 같은 응답들이 가장 많이 발견된다.

- 수입과 지출이 균형되어야 한다.
- 경제성장에 도움이 되어야 한다.
- 응답자 자신에게 직접 도움이 되는 예산. 예를 들면, 학생에겐 교육비와 취업기회 확대 예산, 사업가에겐 경기활성화를 위해 많은 투자가 이루어져야 좋은 예산이다.
- 소외된 계층에 도움을 주어야 한다.
- 세금을 적게 거둬야 한다.
- 합리적으로 결정되는 예산이어야 한다.
- 장기계획에 입각해서 세워지는 예산이 좋다.
- 사회적으로 필요한 부문(사회간접자본, 과학기술, 교육, 복지 등)에 많은

투자가 이루어져야 한다.
- 낭비가 없어야 한다.

이상의 조건들은 누구나 마음 속에 가지고 있는 바람직한 예산의 조건들이다. 그런데 소망스런 조건이란 현실세계에서는 잘 안 지켜지는 조건들일 때가 많다.

2. 원리주의자들의 생각

학자들 간에 "좋은 예산을 위한 규범적 기준"에 대하여 명시적인 합의가 있는 것은 아니다. 그러나 묵시적으로 그런 기준들에 대한 동의가 존재하고 있다고 생각된다. 이것은 보통 예산의 원칙이란 것들인데, 절대적인 요건은 아니고 형식과 절차적인 요건들인 경우가 많다. 이런 형식과 절차적 요건들을 위배할 때 우리는 좋은 예산이 아니라는 인식을 갖고 있다. 따라서 되도록 이런 원칙들을 따르려고 노력한다. 대표적인 것들을 나열하면 다음과 같다.

- 공개의 원칙
- 수지균형의 원칙
- 명료의 원칙
- 사전의결의 원칙
- 명세성의 원칙
- 명확한 경계의 원칙
- 단일의 원칙
- 총계주의 원칙
- 계획의 원칙
- 책임의 원칙
- 보고의 원칙
- 적절성의 원칙
- 다단계 절차의 원칙

- 재량의 원칙
- 조절을 위한 시간 여유 확보의 원칙
- 양방향 커뮤니케이션의 원칙

3. 정치학적인 개념

라스웰(Harold Lasswell)은 정치란 "누가 무엇을 어떻게 얻는가"(Who gets what and how?)라는 한 문장으로 정의를 내리고 있다. 여기서 "무엇"에 해당되는 것을 정치학에서는 주로 권력(power)이라고 보는데,[1] 이것을 예산자원으로 바꾸면 바로 예산정치에 대한 개념정의가 된다. "누가 예산자원을 어떻게 얻어 가는가?"

그렇다면 정치학에서는 누가 예산자원을 얼마만큼 가져가는게 바람직하다고 명확하게 말해 주는가? 유감스럽게도 정치학에서는 그런 규범적인 답을 명확하게 주지 못한다. 오히려 정치학에서는 현실적인 제도와 상황 속에서 어떤 사람 또는 집단이 더 많은 자원을 얻어가는지 관찰해보자 하는 입장을 취할 것이다.

그래서 그런지 V.O.Key, Jr.라는 미국의 저명한 정치학자는 "예산이론의 빈곤"(Lack of Budgetary Theory)이라는 1940년의 논문에서, 바람직한 예산에 관한 문제는 경제학적인 분석을 하는게 더 낫겠다는 취지의 언급을 했었다.[2]

4. 경제학적인 개념

경제학은 "효율성"에 관해 매우 정교한 개념을 발전시켰으며, 앞에서 언급한 "좋은 예산"에 관한 조건에 관해 뭔가 답을 해줄 것 같은 느낌을 준다. 경제적 효율성에 대한 가장 유명한 정의는 파레토(Vilfredo Pareto)에 의해 정립되었다. 파레토는 경쟁시장에서의 효율성을 ① 생산효율성(Production Efficiency), ② 교환효율성(Exchange Efficiency), 그리고 ③ 전체적 효율성(Overall Efficiency)으로 정교하게

---

1) 권력(power)이란 "내가 원하는 것을 남에게 시킬 수 있는 능력"이다.
2) 관련 논문은 Key, V. O. Jr. "The Lack of a Budgetary Theory." American Political Science Review. 1940.

개념화 하였다.

　　그러나 경쟁시장의 효율적 자원배분 조건이 공공부문에도 그대로 적용되기 어려운 경우가 많다. 그런 경우에는 어떻게 자원을 배분해야 하는지 별도의 분석이 필요한데, 우선 경쟁시장의 배분효율성부터 살펴보기로 하자.

제2절 경쟁시장의 효율성 조건과 바람직한 자원배분

1. 생산효율성 조건

　　한 사회가 두 개의 산업, X와 Y로 이루어져 있다고 하자. 그러면 이 사회가 갖고 있는 한정된 자원(노동력, 자본 등)으로 생산가능한 최대량은 〈그림 4-1〉에 수록된 생산가능곡선(production possiblity frontier)과 같다. 한 사회에서 모든 자원을 투입해서 X만 생산하고, Y는 생산하지 않는다면 그것은 a 지점으로 표시된다. 반대로 Y만 생산하고 X는 생산하지 않는다면 그 때는 b 지점이 된다. 그러

그림 4-1 생산가능곡선

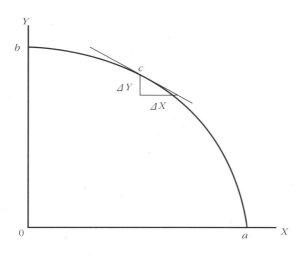

나 보통은 어느 정도의 *X*와 *Y*를 생산하는데, 이것은 생산가능곡선상의 임의의 지점인 *c*로 표시된다.

생산가능곡선상의 *c*점을 지나는 접선의 기울기는 *X*를 한 단위 더 생산하기 위하여 *Y*를 몇 단위 희생해야 하는가를 나타낸다. 이것을 한계변환율(MRT: marginal rate of transformation)이라고 하는데, 공식으로는 다음과 같이 표시된다.

$$MRT = -\Delta Y/\Delta X$$

2. 교환효율성 조건

한 사람이 두 개의 재화를 소비함에 있어서 가장 효율적인 의사결정 조건은 〈그림 4-2〉의 (a)에서와 같이, 그의 예산선과 등효용곡선(무차별곡선)이 만나는 지점에서 소비 포트폴리오를 구성하는 것이다(이 모형에 대한 자세한 설명은 제8장 참조). 그러나 두 사람(*A*와 *B*)이 있어서 두 개의 재화(*X*와 *Y*)에 대한 자원배분을 효율적으로 하려 한다면 좀더 복잡한 모형이 필요하다.

〈그림 4-2〉의 (b)에 있는 상자 모양의 그림은 Edgeworth Box라고 하는 것으로서 다소 복잡해 보이지만 알고 보면 간단한 것이다. 즉, 그림 (a)를 하나 더 그

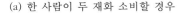

그림 4-2 소비자의 효율적 자원배분 결정 모형

(a) 한 사람이 두 재화 소비할 경우

(b) 두 사람이 두 재화 소비할 경우

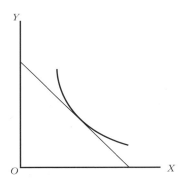

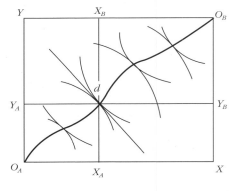

려서 거꾸로 돌려세운 다음 합쳐 놓은 것이나 마찬가지이기 때문이다. O_A에서부터 O_B에 이르는 곡선은 소위 계약곡선(contract curve)이라고 하는 것으로서, 개인 A와 개인 B가 모두 만족하게 자원배분의 합의에 이를 수 있는 효율적 자원배분 가능 곡선이다.

계약곡선 위의 모든 점은, 다른 조건이 주어지지 않는다면, A와 B가 만족하게 합의할 수 있는 가능한 자원배분들의 조합이다. 무수히 많은 점들 중 하나인 d점에서 A와 B가 자원을 나누기로 합의하였다면, A는 O_A-X_A만큼 X 재화를 소비하고, Y 재화는 O_A-Y_A만큼 소비한다. 그런 반면, B는 X재화를 O_B-X_B만큼 소비하고, Y 재화는 O_B-Y_B만큼 소비하기로 합의한 것을 의미한다. 이 합의사항으로 볼 때, A는 가난한 사람이고, B는 상대적으로 부자임을 시사한다.

그런데 d점을 지나는 사선, 즉 접선이 하나 있다. 이 선의 의미는 d 점에서 A가 X를 한 단위 더 소비하기 위해 Y의 소비를 몇 단위 줄여야 하는가 하는 정도를 나타낸다. 이것을 한계대체율(MRS: Marginal rate of substitution)이라고 하며, 공식은 다음과 같다.

$$MRS = -\Delta Y/\Delta X$$

3. 전체적 효율성 조건

앞의 생산가능곡선상의 어느 한 지점에서 X 재화와 Y 재화의 생산량이 먼저 결정되었다고 하자. 이것은 〈그림 4-3〉 (b)의 c점으로 표시된다. 이 그림에서 c가 확정된 것처럼 표현하였지만, 사실 c는 생산가능곡선상의 어떠한 점이라도 될 수 있다. 그러나 설명하기 편하도록 그림표에 c가 마치 결정된 것처럼 그려져 있다.

어떻든 c가 어느 한 지점에 설정이 되었다고 가정하면, 그러면 한 사회가 X를 얼마나 생산하고, Y는 또 얼마나 생산할 것인가 하는 생산총량이 결정된다. 그렇다면 다음 문제는 이 생산량들이 A라는 사람과 B라는 사람 간에 어떻게 배분되어야 할 것인가를 결정하여야 한다. 이것은 앞에서 설명한 교환효율성 조건에 따르면 A와 B가 모두 만족하는 배분상태를 구할 수 있다. 그것은 〈그림 4-3〉

그림 4-3 전체적 효율성 조건의 도해

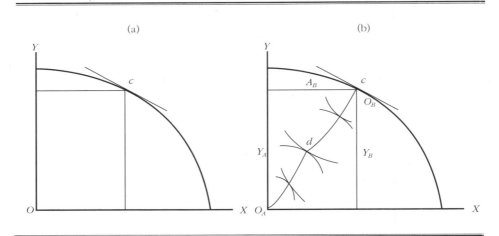

의 (b)에서 d로 표시되는데, 이것 역시 유의할 점이 있다.여기서 d는 Edgeworth
Box 속의 계약곡선상에 있는 어떤 임의의 한 점을 나타내는 것일 뿐이다. 즉, 계
약곡선상의 모든 점이 d가 될 수 있다. A와 B가 합의만 하면 두 사람이 만족하도
록 X와 Y를 배분하는 방법은 무수히 많다.

　　결국 지금까지의 설명을 요약하면, 총량을 결정하는 c도 아직 확정되지 않았
고, 설사 c가 결정된다 하더라도 d가 불확정이다. 따라서 한 사회에서 가장 효율
적인 생산량과 그 배분을 논하기 위해서는 제3의 요건이 추가되어야 한다. 그것
은 바로 가격이다. 아담 스미스가 "보이지 않는 손"이라고 불렀던 바로 그 가격
요인이 추가되어야 한다.

　　〈그림 4-3〉의 (b)로 돌아가서, 생산가능곡선상의 한 지점 c를 보자. 만약 c
지점에서 X의 생산량을 조금 증가시키려면, Y의 생산량을 어느 정도 희생해야
한다. 그 정도를 한계대체율이라고 하였는데, 그림으로 표현하면 c점을 지나는
생산가능곡선의 접선이 된다. 경쟁시장에서 상품 X와 Y를 생산하는 이유는 이
윤을 얻기 위해서이다. 따라서 X와 Y를 각각 얼마만큼씩 생산할 것이냐 하는 문
제는 X와 Y의 상대가격에 따라서 결정된다. c의 접선의 기울기가 X의 가격(P_x)
과 Y의 가격(P_y)의 상대비율이라는 것은 거의 모든 재정학 교과서에서 자세히 설
명하고 있다.

그림 4-4	효율적인 생산과 분배 상태

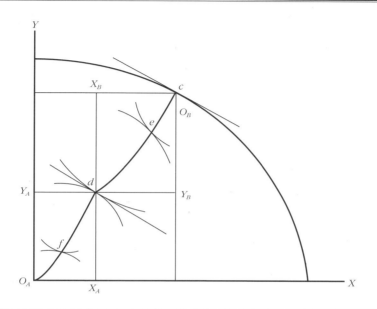

만약 c가 생산가능곡선상의 어떤 한 지점으로 결정되었다면, 이제 A와 B가 서로 만족할 계약 상태를 찾아야 한다. 그런데 개인 A는 경쟁시장에서 가격순응자(price taker)이므로 이 사람이 고려할 수 있는 것은 그 자신의 예산선이다. 즉, 주어진 소득을 가지고 X와 Y를 각각 얼마만큼 살 것인가 하는 문제는 그의 예산선에 따라 결정된다. 이 예산선의 기울기는 바로 X의 가격(Px)과 Y의 가격(Py)의 상대가격이다.

결국 상품 X와 Y를 얼마만큼 생산할 것인가 하는 결정과, 그것을 개인 A와 B가 어떻게 나눠가질 것인가 하는 것이 모두 상대가격(Px/Py)에 의해서 자율적으로 결정되게 된다. 그것을 시각적으로 표현하면, 〈그림 4-4〉와 같다. c점의 접선의 기울기(즉, MRT)와 d점의 접선의 기울기(MRS)는 동일하므로, MRT = MRS가 전체적인 효율성을 결정하는 조건이 된다. 이처럼 효율적인 자원배분 상태에서 A는 상품 O_A-X_A를 소비하고(또는 나눠갖고), B는 X를 O_B-X_B만큼 소비한다. 상품 Y에 대해서 A는 O_A-Y_A만큼 소비하고, B는 O_B-Y_B만큼 소비한다.

그런데 이 사회의 구성원인 A와 B가 d점 보다는 e점을 더 선호한다면 어떤 일이 일어날까? 한 눈에 보아도 e점의 접선의 기울기는 c점의 접선의 기울기보다 가파르다. 즉, A의 입장에서 볼 때, A는 상품 X를 한 단위 더 얻기 위해 상품 Y를 여러 단위 포기하고 싶어 하는 것이다. 그뿐 아니라 B도 X 한 단위를 더 얻기 위해 Y를 여러 단위 포기하고 싶어 한다. 즉, A와 B 모두 X를 더 갖고 싶어 하기 때문에 X의 가격이 더 비싸진다. 따라서 사회 전체적으로 X를 더 많이 생산하게 되어 c점은 오른쪽 약간 아래 방향으로 이동하게 된다. 이에 따라 Edgeworth Box 도 조금 이동하게 되며, 궁극적으로 생산가능곡선의 접선 기울기 $Px/Py(=\mathrm{MRT})$가 계약곡선상의 $\mathrm{MRS}(=Px/Py)$와 같아지는 지점에서 새로운 균형을 이루게 된다.

만약 A와 B가 f 지점을 선호한다면, 이번에는 Y의 가격이 더 비싸지고, c 지점이 왼쪽 약간 위쪽으로 이동하여, Y를 더 많이 생산하는 사회가 될 것이다.

결국, 균형은 MRT＝MRS 조건이 충족될 때에만 이루어지게 되는데, 이를 쉬운 말로 풀어쓰면 다음과 같다. 한 사회의 효율적인 자원배분은 사람들이 원하는 대로 X와 Y에 배분해야 한다는 것이다. 이것은 일반시민들의 상식과도 일치한다. 본 장을 시작할 때 일반 시민에게 물어본 "좋은 예산"의 조건들을 예시하였다. 그 중에 "사회적으로 필요한 부문(사회간접자본, 과학기술, 교육, 복지 등)에 많은 투자가 이루어져야 한다"는 것이 있는데, 이것이 파레토 효율성과 크게 다르지 않은 생각이다.

제3절 파레토 효율성 조건과 "좋은" 정부예산의 기준

파레토의 효율성 조건은 자원배분의 효율 극대화를 추구하는 후생경제학의 중요하고도 기본적인 원리이다. 그렇다면 이 원리를 정부예산에도 적용할 수 있는가? 결론적으로 그렇게 하기 어렵다. 다음과 같은 이유들 때문이다.

첫째, 파레토 효율성 조건은 경쟁시장을 대상으로 한 것이다. 파레토 효율성 조건을 조금 더 확장하면, MRT＝MRS＝Px/Py였다. 따라서 파레토 효율성 조건의 궁극적인 귀착점은 다음과 같다: 경쟁시장에서 가장 효율적인 자원배분은 "가격"에 의해서 자동적으로 결정된다.

그러나 공공부문의 재화는 가격기능이 없는 경우가 많다. 경찰서비스, 국방서비스, 공교육, 각종 규제와 정책 등이 그 예이다. 전체적인 파레토 효율성 조건을 나타내는 〈그림 4-4〉를 보면, 개인 A와 B가 상품 X와 Y를 소비하는 양이 각각 다르다. 그러나 국방서비스와 같은 공공재의 경우, 국민 누구나 동일한 양의 국방혜택을 보고 있다고 보는 것이 타당하다. 교육과 복지의 경우, 개인별 차이가 다소 있을 수 있으나, 대체로 동일한 혜택을 국민 모두가 받고 있다고 보아야 한다. 그렇다면 파레토의 소비자에 대한 교환효율성 조건은 공공부문에 적용되기 어렵다.

둘째, 파레토 효율성 조건은 시장의 가격기능에 의해서 자원배분의 효율성이 저절로 결정되는 것을 바람직하다고 본다. 그러나 정부예산의 경우, 기획예산처와 같은 중앙예산기구가 인위적으로 재정자원의 배분 역할을 한다. 즉, 가격에 의한 자율조절기능인 "보이지 않는 손"이 공공부문에는 애초에 작동하지 않는다. 그와 정반대로 정부가 존재하는 이유는 "보이는 손"으로 뭔가를 해주기 바라는 것이다.

보이는 손으로 자원배분을 하려면, 중앙예산기구가 예산사업들 간의 한계변환율(MRT)을 계산하고, 동시에 전국민의 한계대체율(MRS)을 정확하게 알고 있어야 한다. 그러나 이것은 거의 불가능에 가깝다. 한국의 중앙정부의 경우, 매년 취급하는 예산사업의 가짓수가 8,000~9,000개에 이르는데, 이들 간의 한계변환율(MRT)을 구하기는 어렵다. 게다가 인구수가 5,000만 명에 이르는데, 이들의 예산사업별 한계효용을 계산하여 안다는 것은 불가능하다. 즉, 파레토 효율성 조건이 공공부문에 적용될 수 있다고 가정한다 해도, 그것을 실행하는 것이 불가능하다.

셋째, 공공부문에서 파레토 효율성 조건을 충족시키지 못한다고 해서, 효율적인 자원배분을 도외시할 수는 없다. 오히려 자원배분의 효율성은 시간이 갈수록 더 중요해지는 "좋은 예산"의 필수 요건이다. 따라서 파레토처럼 완벽한 효율성을 추구할 수는 없지만, 그것에 버금가는 차선(second best) 방안들을 개발하여야 한다. 사실 "이론"보다 더 중요한 것은 "현실"이므로, 현실적으로 실현가능한 제도와 절차를 만들어서 최적의 배분은 아니더라도 차선의 효율성을 추구해나가야 한다.

이와 같이 차선으로 좋은 예산을 찾아가기 위해, 사회는 정부라는 기구를 만들고, 예산절차를 만들고, 의회와 같은 감시기구도 만들고, 각종 감사와 평가방법들도 개발해낸다. 이런 수많은 차선추구 장치들이 존재하기 때문에 막대한 규모의 정부재정이 예산계획에 따라 운영될 수 있는 것이다.

제4절 차선책을 만들어 내는 각종 제도와 절차들

1. 대리인 제도와 정부예산

(1) 직접 민주주의와 직접 행정

아테네의 민주주의는 직접 민주주의의 원형으로서, 국민이 자신의 운명을 자신의 손으로 직접 결정한다는 점에서 이상적인 정치의 한 모습으로 간주되고 있다. 그렇다면 행정쪽에서 "직접행정"이란 것이 역사상 존재하였던가?

물론 많이 존재하였다. 가장 대표적인 사례가 파리 코뮌(Paris Commune)이라고 할 수 있다. 그렇지만 1871년에 잠시 존재하였다가 프랑스 정부군에 의해 해체되었던 파리 코뮌(Paris Commune)은 마르크스가 '국가폐기'와 '프롤레타리아 독재'를 언급할 때 참고하였던 실제 모델이었다.

> "코뮌은 시(市)의 다양한 각 구(區)에서 보통선거에 의해 선출되어 시민에게 책임을 지며, 빠른 시일 내에 소환될 수 있는 시의원들로 구성되어 있다. 구성원의 대다수는 당연히 노동자들이거나 또는 노동계급의 공인된 대표들이었다. 코뮌은 의회기구가 아니라 활동하는 행정부인 동시에 입법부였다. …… 시 행정뿐 아니라 지금까지 국가가 취해온 주도권 전부가 코뮌의 수중에 들어가게 되었다. …… 국가의 통일성은 파괴되었던 것이 아니라 오히려 코뮌 헌법에 의해 조직되고, 국가권력이 파괴를 통해 하나의 실체가 되도록 되어 있었다." (이상은 마르크스의 주장. 배득종 외. 2000; 헬드. 1987: pp. 144-145로부터 재인용)

파리 코뮌처럼 국가의 업무를 관료에 맡기지 말고 국민의 손으로 직접 수행하자고 하는 시도가 역사상 많았다. 그러나 이런 시도들은 모두 파리 콤뮌처럼 단기간에 실패하였다. 행정은 정치와 달리 전문성이 있어야 하고, 또 분업을 하는 것이 훨씬 더 효율적이기 때문이다.

(2) 행정부와 대리인체계

국민이 행정을 자기 손으로 직접 수행하는 것이 너무나 비효율적이기 때문에 국민은 대통령에게 자신의 권한을 대행시킨다. 즉, 대통령은 국민의 대리인인 것이다.

그런데 대통령은 행정부와 예산지출의 최종적인 책임자이다. 따라서 대통령이 정부전반의 업무를 수행해야 하지만 이것은 물리적으로 불가능할 뿐 아니라 능률적이지도 않다. 그래서 대통령은 자신의 일을 대행해 줄 대리인을 임명한다. 대통령의 가장 대표적인 대리인으로는 장관을 포함한 중앙행정기관의 장(長)들이다. 이들은 국민의 입장에서 보면, 국민의 복대리인(複代理人)이다. 중앙행정기관 장들은 "분업과 전문화"의 원리에 따라 각자의 소임을 다하며, 주어진 범위 내에서 대통령으로부터 위임받은 권한을 행사한다. 이 권한 중에는 필요한 사업에 대한 예산지출을 할 수 있는 능력까지 포함된다.

그러나 장관이라고 해서 업무를 모두 혼자 처리할 수는 없다. 그래서 그는 자신이 부여받은 권한을 수행할 실장과 국장을 임명하여, 이들에게 업무를 대리하도록 한다. 따라서 실국장들은 대통령의 복대리인(複代理人)이자 국민의 복복대리인(複複代理人)이라고 할 수 있다.

재무행정과 "좋은 예산"이라고 하는 관점에서 보면, 각급 공무원들은 파레토 효율성 조건을 공식 그대로 추구하는 것은 아니지만, 최대한 효율성이 달성되도록 수많은 차선책들을 만들어 내는 존재들이다.

신음어 (呻吟語)

중국 명나라 시절 관리였던 여곤은 "신음어"란 저서를 남겼다. 실정(失政)하면 백성들이 고통과 신음 속에서 살게 되는데, 실정의 근본원인은 "관직이 높아지면 이목이 가려진다"는 것이다. 군주는 재상보다, 재상은 감사보다, 감사는 지방수령보다 지식이 못하다고 하였다. … 세구거이(細口巨耳)가 되어야 한다(중앙일보. 1995.7.7.).

(3) 대리인 제도의 문제점

대리인(공무원)은 주인(국민)의 일을 대신 수행하기 위해 존재한다는 것이 규범적인 이치이다. 그러나 실상은 그렇지 못하다. 현실 세계에서 대리인은 주인이 기대하는 것 만큼 그렇게 신의성실하지 않을 수도 있으며, 또 주인과 다른 목표를 갖고 있을 수도 있다. 경우에 따라서는 우월한 정보를 가지고 주인을 무시하거나 지배하는 수도 있다. 요컨대 대리인을 고용하면 편리한 점도 있지만, 경우에 따라서는 오히려 복잡한 문제가 야기되는 수가 있다. 이것을 "대리인 문제"라고 한다.

대리인 문제는 다음 〈사례읽기〉에서와 같이 민간조직과 정부조직 모두에서 발생한다.

〈사례읽기 1〉 민간주식회사의 대리인 문제

기업의 주인은 돈을 제공한 주주들이다. 경영자나 재무담당자는 주주들의 이익을 대변하는 대리인의 자격으로 주주의 부를 극대화하고 기업가치를 높여야 한다.

그런데 이들 경영진과 주주간에는 피할 수 없는 목표의 괴리가 있다. 주주와 경영자간에 소유권과 관리권이 분리되어 있기 때문에 전문경영인의 목표는 주주의 이윤극대화가 목표가 아니라 중임(重任)하는 것이다. 그래서 그는 회사의 경영성과를 부풀리기 위하여 매출량과 외형적 성장을 극대화하는 경향이 있다. 외국 유명회사와 계약을 할 때 실제 금액보다 더 많이 지불하고 계약을 체결하는 수도 있을 것이다. 그리고 회사를 호화롭게 꾸민다든지, 경비를 절약하지 않는다든지, 또는 최대의 능력을 발휘하지 않는 등의 문제도 발생한다.

따라서 주주들은 대리인들이 주주의 이윤을 극대화하도록 대리인 비용을 지불해야 한다. 그 첫째가 대리인들이 열심히 일하도록 묶어 두는 결박비용(bondage cost)이다. 둘째로는 대리인들을 주주의 이익에 부응하도록 감시하는 감시비용(monitoring cost)을 지불해야 한다(김원기. 1990: 제1장).

〈사례읽기 2〉 정부예산과 대리인 문제

정부 관료의 가장 핵심적인 특징은 관료가 만들어 내는 산출물이 시장에서 사고 파는 물건이 아니란 점이다. 즉, 그의 활동을 매출액 얼마 하는 식으로 평가할 수 없다.

예를 들어, 국방부는 다양한 수준의 공격능력과 방어능력을 생산, 공급하고 있지만, 국방부가 실제로 관리하고 있는 것은 일정한 수의 전투요원과 무기체계의 유지이다. 이것들은 국방을 하기 위한 중간산출물에 해당한다. 그런 반면 국방서비스의 소비자인 국민들은 국방부가 생산하는 최종산출물에 관심이 있다. 그런데도 국방부의 예산은 국방부가 중간재(전투요원과 무기체계 등)를 관리하는 활동에 필요한 금액을 제공한다. 이런 괴리현상이 빚어진 이유는 명백하다. 국방력의 수준을 측정하는 것보다는 군인과 미사일의 숫자를 세는 것이 더 쉽기 때문이다. 이런 계측의 곤란성 때문에 대리인에 대한 감시의 문제(monitoring problem)가 발생한다.

…… Niskanen, Jr는 국민의 대리인인 관료의 목표로서 다음과 같은 것들을 지적한다. 승진, 관행적인 부수입, 명성, 권력, 조직관리의 편리성 등이다. 즉, 정부 관료의 목표는 국민복리가 아니라 자신들의 예산극대화에 있다는 것이 유명한 "니스카넨의 가설"이다(뮬러(배득종 역). 1992: pp.204-207).

이상과 같이 국민은 자신이 직접 행정을 수행할 수 없기 때문에, 정부조직이라는 대리인을 두고 "파레토 효율성"을 추구할 차선책을 만들어 달라고 요구하는데, 정작 대리인들은 다른 목표에 더 관심이 있을 수 있다. 경우에 따라서는 복지부동으로 일을 처리하고(bondage cost), 편파적으로 특혜를 부여하기도 하며, 때로는 낭비와 부정을 저지르기도 한다(monitoring cost). 그뿐 아니라 행정정보를 독점하고, 재량권을 발휘함으로써 국민을 지배하기까지 한다.

이렇듯 주인인 국민이 원하는 바와 다르게 움직일 가능성이 있는 정부 관료들을 감시하고 통제하기 위한 제도와 절차가 필요하다. 정부예산과 관련하여서는, 각종 예산제도와 예산편성 및 집행 절차 등이 거기에 속한다고 볼 수 있다.

2. 예산제도와 절차

(1) 바람직한 예산제도와 그 기능

앞에서 설명한 대리인 문제 때문에 정부지출을 관장하는 예산제도는 "파레토 효율성"을 위한 차선책을 만들어 내야 하는 임무 이외에 대리인(공무원)을 지휘, 감독해야 하는 기능까지 수행해야 바람직한 예산제도가 될 수 있다. 바람직한 예산의 기능으로 가장 유명한 것이 Allen Schick 교수의 예산기능론이다.[3]

① 통제기능

통제는 상사가 결정한 정책이나 계획을 담당공무원이 효과적이고 능률적으로 수행할 수 있도록 만드는 과정이다. 통제는 부처의 예산편성 과정에도 나타나지만, 특히 집행과정에서 두드러진다. 복잡한 여러 가지 보고 절차와 규정들은 모두 다 통제를 위한 것이다.

중앙예산기구는 집행부처들에게 예산을 편성해줌으로써 그 사업을 수행하도록 조장(support)할 수도 있으며, 반대로 예산을 삭감하든지 편성하지 않음으로써 해당 사업을 못하게도 할 수 있다. 그리고 예산을 편성해 주었다 하더라도, 집행과정에서 수시로 보고를 하는 제도를 만들어 둠으로써 모니터링 기능을 수행한다.

② 관리기능

공무원이 부당하게 정부의 재정자원을 남용할 가능성만 차단하는 것으로 예산의 기능이 완수된 것은 아니다. 그것보다는 더욱 적극적으로 "같은 금액의 돈이라도 얼마나 능률적으로 사용하느냐"가 중요한 관건이다. 이것이 바로 관리기능이다.

사회가 복잡해지고 정부의 활동규모가 커지게 되면, 조직의 자원을 효과적으로 배치하는 관리기능이 더욱 더 중요해진다. 이 때 예산이 얼마나 "효과적"이었는가를 알려줄 수 있는 예산제도를 구축하여야 한다.

---

3) 메릴랜드 대학의 Allen Schick 교수는 2004년 World Bank, KDI와 함께 한국의 디지털예산 회계시스템을 구축하는데 컨설팅을 해주었다. 그가 1966년에 발표한 논문 "The Road to PPB: The Stages of Budget Reform"은 재무행정연구자들에게 필독 논문이었으며, 지금도 그러하다.

③ 계획기능

계획기능은 예산의 전략기획(strategic planning)을 중요시한다. 이것은 조직의 목표가 무엇인가, 이 목표를 달성하기 위해서 자원은 어떻게 획득하여 배치하여야 하는가에 주안점을 둔다. 그리고 예산이 중간관리자의 도구가 되기보다는 최고관리자의 직접적 수단이 되기를 원한다.

예산은 그 지출규모의 방대함 때문에 거시경제에 미치는 영향이 크다. 물가억제를 위해서 예산정책을 어떻게 세워야 하는가? X 사업과 Y 사업 중에서 어떤 것에 더 많은 지출을 하여야 국민의 만족감이 향상될 것인가? 지금 당장의 요구뿐 아니라 미래의 수요를 어떻게 준비할 것인가? 이런 질문에 답하는 것이 전략기획이고, 예산은 전략이 가능하도록 지원하여야 한다.

Allen Schick의 예산기능론(통제, 관리, 계획)은 매우 유명하지만, 이것은 이미 40년 전인 1965년에 제시된 것이다. 최근 들어 Schick 교수는 바람직한 예산은 다음과 같은 세 가지 기능을 잘 수행하는 것이라고 수정, 보완하고 있다.[4]

Schick의 신(新) 예산기능론

① 총량규모에 관한 재정규율(Aggregagte Fiscal Discipline)

예산 총량(총계 및 순계)은 국가의 우선순위에 대한 의사결정을 명확히 반영하고 있어야 한다. 단순히 요구되는 돈을 합산해 놓은 것이 되어서는 안 된다. 총량 규모에 대한 의사결정은 개별 사업에 대한 의사결정이 이루어지기 이전에 미리 결정되어 있어야 한다. 그리고 이 결정은 최소한 중기(中期: 약 3~5년)간 계속 지켜져야 한다.

② 배분적 효율성(Allocative Efficiency)

정부의 예산지출 결정은 정부의 정책우선순위에 따라 결정되어야 한다. 우선순위가 높은 정책에 더 많은 예산을 배정하고, 우선순위가 낮은 정책에 대해서는

---

4) Schick, Allen. A Contemporary Approach to Public Expenditure Management. World Bank Institute. 1998. pp. 1-27.

예산금액을 줄임으로써 배분적 효율성을 높여야 한다(지극히 당연한 논리이지만 현실 세계에서는 잘 지켜지지 않는 경우도 많다). 그리고 예산사업들의 효과성 (effectiveness)을 평가하여, 효과성이 낮은 사업으로부터 높은 사업으로 예산을 재배정해야 한다(이것 역시 당연한 규범이지만, 정부에서는 실패한 부문에 더 많은 예산을 배정하는 경우가 있다).

③ 기술적 효율성(Technical Efficiency)

이것은 재정운영의 효율성을 말하는 것으로 정부기관은 재화와 용역을 생산함에 있어서 원가(비용; cost)를 합리적으로 유지해야 한다. 경쟁시장에서 통용되는 원가를 달성할 수 있으면 좋지만, 그렇지 못하는 경우에도 원가를 낮추기 위한 노력을 해야 한다. 예를 들어, 예산관리자에서 재량권과 신축성을 많이 부여하여서 원가절감 방안을 스스로 찾게 해야 한다.

Schick의 "나쁜" 예산론[5]

Schick 교수는 위의 세 가지 신 예산기능론을 가지고 세계 여러 나라의 예산제도를 비교 평가하였다. 그 결과 다음과 같은 예산들은 "나쁜" 예산들이라고 제시한다.

① 비현실적 예산(Unrealistic Budgeting)

정부의 세입 능력을 초과해서 세출 규모를 설정한 예산으로 제3장에서 살펴본 PIGS 국가와 미국 캘리포니아 주정부의 재정위기가 여기에 해당한다.

② 숨겨진 예산(Hidden Budgeting)

진짜 수입과 지출에 관한 예산은 오직 소수의 관계자만 알고 있는 예산으로 국회가 숨겨진 정부예산을 찾아야 한다. 그러나 정부는 숨겨진 예산 중 일부는 국회심의 과정에서 국회가 발견하라고 일부러 만드는 경우도 있다. 정부가 실제로 숨기고 싶은 예산을 국회가 찾지 못하도록 해당 예산이 희생되는 것이다.

---

5) Schick. 1998. p. 36.

③ 선심성 현실회피적 예산(Escapist Budgeting)

사회적 요구에 부응하는 것처럼 보이기 위하여 재원조달 방안이 불명확한데도 불구하고 대규모 공공지출 사업을 발표하는 것으로 어느 나라나 포퓰리즘 예산은 어느정도 존재한다. 정도의 문제이다. 대통령 선거와 국회의원 선거때 유권자의 표를 얻기위해 만들어지는 공약 중 적지않은 비중이 이에 해당할 것이다.

④ 반복적 예산(Repetitive Budgeting)

정치경제적 상황 변화에 따라 추경예산을 수시로 편성하는 것으로 한국전쟁 중인 1951년에는 추가경정예산이 7회나 편성되었다.

⑤ 저금통 예산(Cashbox Budgeting)

예산서에 계획된 대로 정부지출이 이루어지는 것이 아니라 정부수입이 많아지면 많이 지출하고, 그것이 모자라면 지출하지 않는 예산. 가난한 나라의 경우, 이런 경향이 많다.

⑥ 책임을 나중으로 떠넘기는 예산(Deferred Budgeting)

정부의 예산은 수지균형이 맞도록 편성된다. 그러나 그 이면에는 정부가 지출해야 할 것을 하지 않은 경우가 많다. 예를 들어, 공공시설의 보완을 위한 지출을 하지 않은 결과 수치상으로는 일단 수지균형을 이룬 것처럼 보이게 한다. 공사 기간이 예를 들어 5년이면 적당한 것을 각년도 예산규모가 작은 것처럼 보이기 위해 공사 기간을 10년으로 늘려 시행하는 경우가 이에 해당한다.

(2) 현대적 예산제도의 성립

① 고대 및 근대의 예산제도

재무행정의 역사는 인류가 미래에 대한 계획을 세우기 시작하면서부터 함께 발달해 왔다. 그러나 초기의 재무행정 또는 정부예산은 대단히 단순한 형태였다. 특히 국가권력의 비대칭성 때문에 재무행정은 약자로부터 재화와 용역을 탈취해 가는 것이었고, 거두어 간 재물의 효과적인 사용은 근대에 와서나 등장하게 된다.

우리나라의 역사를 보아도 징세의 기록은 오래 되었다. 신라시대의 호적 등은 세금징수의 근거였던 것이다. 조선시대의 경국대전(經國大典)에는 "凡經費 用 橫看及貢案"(모든 경비는 횡간과 공안에 따라 사용된다)이란 규정이 있다고 한다. 횡간은 매년 지출을 미리 계산하여 나열한 것이고, 공안은 받아들일 공물을 미리 예정하여 적어 놓은 것이다(김운태. 1981: pp. 413-414). 일종의 세출예산과 세입 예산인 셈이다.

그러나 조선시대의 법전들을 보면 수입에 관하여서는 많은 규정을 두고 있으면서도, 지출에 관해서는 봉급지출 이외에 별다른 규정을 두고 있지 않다. 이로 미루어 볼 때 당시는 가능한 한 많은 재물을 거두어 들이고 이에 따라 지출을 자의적으로 결정하는 양입제출(量入制出) 방식으로 운영된 것 같다(김운태. 1981: p. 419). 한국 재무행정에서 근대적인 양출제입(量出制入) —지출할 양을 미리 정하고 그것에 맞춰 세금을 걷는— 원칙이 도입된 것은 갑오경장 이후로 추정된다.

중국이나 서양에서도 이런 근대적인 예산원칙이 수립된 것은 비교적 최근의 일이다. 그 동안 각 국의 국왕들은 세금을 되도록 많이 걷어 들이려 하였다.

이런 국왕의 횡포에 맞서 일어난 것이 영국의 대헌장(1215년)이다. 대헌장에서는 "(국민의) 대표 없이 세금 없다"는 유명한 원칙이 세워진다. 역사상 최초로 국왕이 마음대로 세금을 거둘 수 없게 된 것이다.

그러나 이 당시만 해도 국왕이 얼마 이상 거두지 못한다는 제약은 두었지만, 왕이 그 돈을 어디 쓰는가는 제약하지 않았다. 그러던 것이 점차 의회의 권한이 커져감에 따라 18세기 중반에는 "정부의 지출은 미리 예산서를 작성하여 의회의 승인을 얻도록"하는 조처가 취해진다. 왕권과 행정부에 대한 추가적인 제약이 가해진 것이다.

19세기 중반에 이르러서는 정부의 지출은 의회의 결산을 받도록 규정되었다. 1866년의 영국 회계검사원법(Exchequer and Audit Departments Act)에 의해 국왕(행정부)의 지출은 결산과 감사를 받게 되었다. 이 조치로써 근대적 예산제도가 성립된 것이다(유훈. 1993: p. 195). 영국 예산제도의 발전은 현재의 영연방지역에 전파됨은 물론 대륙에도 영향을 미쳐서 프랑스와 독일을 거쳐 일본의 근대 예산제도 확립에 기여했고, 그것이 한국에도 전파되었다.

② 현대적 예산제도의 성립

현대적인 예산제도는 20세기 초 미국의 품목별 예산제도(line-item budget system)가 만들어지면서 비로소 성립된다. 당시 미국이 이런 제도를 고안하게 된 배경을 먼저 살펴보자.

> "1세기 전 미국의 도시는 엄청난 속도로 팽창하였고, 이민자들이 산업혁명의 결과 발전된 공장에서 일하기 위해 연이어 흘러들어 왔다. 뉴욕의 정치 보스였던 트위드 등 당시의 정치인들은 도시를 개인의 장원처럼 운영했다. 이민자들의 표를 얻는 대신에 그들에게 직장과 복지혜택과 비공식적인 서비스를 제공하였다. 한편으로는 시민들을 속이고, 다른 한편으로는 지지자 집단을 끌어다 주는 사람에게 충분한 보상을 해 주었다. 그러는 동안 이들은 사업장 환경개선, 상하수도 및 도로교통 등 산업화된 미국 사회가 필요로 하는 것들을 무시했다.
>
> 루즈벨트, 윌슨, 브랜다이스 같은 젊은 진보주의자들은 이런 정치 패거리(machine)를 더 이상 지켜보고만 있을 수 없었다. 1890년대에 그들은 전쟁에 돌입하여, 그 후 30년 동안 펼쳐진 진보주의 운동은 미국 정부를 바꾸어 놓았다.……
>
> 덕택에 미국 사회는 정치인이나 관료들이 공공의 이익이나 자금을 위태롭게 하는 어떤 일도 하지 못하게 만들기 위해서, 정부내부에서 진행되는 모든 것들을 통제하는 거대한 작업에 착수하게 되었다."(Osborne and Gaebler(삼성경제연구소 역). 1994: pp. 33–34)

이런 분위기 속에서 탄생한 품목별 예산제도는 다음의 세 가지 특징을 갖는다.

ⅰ) 정부의 공금 한푼 한푼마다 그 돈의 관할자를 명시함으로써, 그 관할자에게 돈의 사용에 대한 책임을 분명히 한다. 즉, 이 돈은 어느 부처 관할이다, 저 돈은 어떤 부처 관할이다 하는 식으로 명백한 구분을 해준다.

ⅱ) 돈의 관할자가 분명해졌으면, 그 다음 단계로는 돈의 사용목적별로 꼬리표를 달아주는 일이다. 즉, 이 돈은 A 사업을 위해, 그리고 저 돈은 B 사업을 위해 사용되어야 한다는 식으로 명시하는 일이다. 그리하여 A 사업에 쓰일 돈이 (관료의 자의에 의해) B 사업에 쓰이는 것을 통제한다.

ⅲ) 그런 다음 각 예산사업을 지출하는데 필요한 방법을 명시하여, 정부의

돈의 바로 그 목적, 그 방법에 사용되도록 만들었다. 즉, A에 100억 원이 배정되었지만, 그 돈을 관료가 알아서 자의적으로 지출하는 것이 아니란 인건비로 얼마, 자재구입비로 얼마 하는 식으로 미리 돈의 지급용도라는 꼬리표를 붙여 놓는다.

이상의 예산제도에 의하면, 정부의 공금에는 이 돈의 관할자(책임자)가 누구이며, 그 돈의 품목별 사용처(인력, 자재 등)를 예산에 명기하고, 이에 따라서 지출행위를 하는 제도이다. 만약 이렇게 미리 정해진 예산대로 돈을 사용하지 않았다면, 자금지급 및 결산과정에서 즉각적으로 위반 사실을 알 수 있게 된다. 따라서 국민 또는 국민의 대표인 의원은 정부가 국민의 뜻(승인된 예산)에 따라서 재무행정을 했는지 아닌지 명료하게 판별할 수 있게 된다. 궁극적으로 국민은 대리인인 관료가 국민이 원하는 대로 일을 하도록 예산제도를 통해 원격 조정할 수 있게 된다. 이런 통제지향적인 예산제도를 품목별 예산제도(line-item budget)라고 한다.

품목별 예산제도는 그 논리성이 명료해서, 뉴욕시에서 개발된 후 얼마 안 되어, 연방정부의 예산제도로 채택되었고, 이후 미국의 각급 정부에 급속히 전파되었다. 그뿐 아니라 세계 각국에도 전파되어 오늘날 전 세계적으로 가장 많이 사용되는 예산제도이다. 한국의 예산제도도 기본적으로는 품목별 예산제도에 속한다.

③ 다양한 예산제도들

품목별 예산제도가 가장 널리 보급된 예산제도이기는 하지만 완벽한 것은 아니기 때문에 이를 개선 또는 대체하기 위한 예산제도들이 수없이 많이 고안되었다.

미국 연방정부만 보아도 1950년대에는 실적주의 예산제도(performance budget)를 시행하였고, 1960년대에는 계획예산제도(PPBS), 1970년대 초에는 목표관리예산(MBO), 1970년대 말에는 영기준 예산제도(ZBB)를 채택하였다. 1980년대부터는 특별한 이름을 갖는 예산제도를 갖기보다는, 예산이 실질적으로 국가의 재정상황에 따라 감축관리가 되고 나아가 성과관리가 되는 방향으로 진화해 오고 있다.

미국의 이웃인 캐나다는 1970년대부터 미국의 PPBS를 변형시킨 부문별 예산제도(Envelope Budget)를 시행하다가 최근에는 영국식 재정관리제도(FMI: Financial Management Initiative)와 유사한 예산제도를 사용하고 있다. 뉴질랜드에서는 정부를 민간기업처럼 운영하기 위해 예산제도를 개혁하였고, 1990년대 이후 전세계가 예산제도 개혁에 나서고 있다.

그림 4-5　미국 지방정부들이 채택하고 있는 각종 예산제도

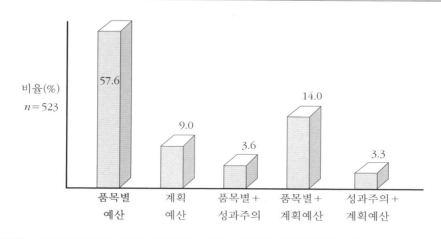

자료: O'toole and Marshall. "Budgeting Practices in Local Government:The State of Art." Government Finance Review (Oct. 1987).

이러한 현대적 예산제도들은 뒤에 제 9 장에서 자세히 설명한다. 그런데 이런 예산제도 및 예산개혁의 목적을 간략히 표현하자면, Schick의 예산기능론을 수행하면서 "파레토 효율성"을 달성하기 위한 차선책들을 만들어 내는 것이라 할 수 있다.

(3) 다단계의 예산절차

위와 같은 예산제도들을 만들어 놓았다 해도, 그것이 국민들의 효용을 증대시킬 수 있도록 작동하려면 적절하고도 능률적인 절차를 거쳐야 한다. 일반적으로는 다단계의 절차를 만들어 놓음으로써, "잘못된 결정이 내려질 가능성"을 줄이는데 기여하도록 한다.

보통 예산절차는 제2장에서 소개한대로 ① 예산안 편성, ② 국회 심의·확정, ③ 집행 그리고 ④ 결산으로 크게 나뉘어지는데, 이를 예산순기(豫算循期)라고도 한다. 각 예산절차에 대한 설명은 이 책의 제3부 이하에 자세히 기술되어 있다.

제 2 부

재무행정의
목표와
정부시스템

■ 제5장 재무행정 정부시스템
■ 제6장 Goal 1: 성장과 안정
■ 제7장 Goal 2: 형평성 있는 분배
■ 제8장 Goal 3: 효율적 자원배분

재무행정 정부시스템

• 제1절 집행시스템
• 제2절 지원시스템
• 제3절 통합시스템
• 제4절 그 밖의 재무행정 관련기관
• 제5절 지방자치단체의 경우

제5장 재무행정 정부시스템

　　이미 앞에서 누차 언급하였듯이, 좋은 예산의 규범적 기준은 파레토 효율성과 같은 전반적 효율성의 달성이다. 그러나 공공부문에서는 파레토 효율성 조건이 적용되기 어려우므로, 차선책을 강구하여야 한다고 하였다. 이 차선책을 만들어내는 것이 바로 행정기관이고, 예산제도이며, 예산절차이다.

　　이러한 현실적 제도들은 매우 복잡하므로 대체로 "장님 코끼리 만지기" 식으로 설명되기가 쉽다. 각 부분을 설명하다 보면 "숲"이 보이지 않고, 전체를 설명하다 보면 "나무"가 도외시 된다.

　　본 장부터는 시스템의 각 부분을 나누어서 살펴본다. 각 장의 설명은 장님이 코끼리 만지듯 재무행정의 일부분만 설명해 준다. 그러나 각 부분을 나중에 합하면 전체의 모습을 파악할 수 있고, 시스템 각 부분에 대한 이해를 마친 후 다시 재무행정의 "숲"인 제1부의 큰 그림 그리기로 돌아오면 한국 재무행정 전체의 모습을 보다 뚜렷하게 파악할 수 있을 것이다. 재무행정 각 부문에 대한 설명은 궁극적으로 전체 모습에 대한 설명의 일환임을 유의하기 바란다.

　　부문별 설명에 있어서 가장 먼저 언급할 것은 재무행정의 주체가 되는 재정 관련 정부행정체계에 대한 설명이다.

제1절 집행시스템

　　국민의 입장에서 볼 때, 재무행정에 있어서 가장 중요한 역할을 하는 것은 집행부처이다. 국민의 세금으로 조달한 정부의 재정자원이란 "어떤 공공의 일을 하기 위한 것"이기 때문에, 바로 그 일을 수행하는 집행부처의 지출활동이 중요하다.

　　시스템 모형에서 집행부처는 지원체계로부터 예산자원을 받아서, 직접 행정업무를 수행하여, 행정서비스란 산출물을 만들어 낸다. 국민의 입장에서 볼 때, 행정서비스가 제대로 공급되고 있는 한, 행정체계 내에서 무슨 일이 일어나고 있는지는 그렇게 직접적인 관심사항이 아니다. 즉, 예산의 구체적인 내용이 어떠한가를 아는 것보다는 필요한 행정서비스를 제때에 공급받는 것이 훨씬 더 중요하다. 그러므로 집행부처(집행체계)의 정책과 정책집행에 대한 고려가 없는 정부예산론은 무의미하기까지 하다.

그러나 재무행정론에서 가장 소홀히 취급되는 것이 바로 집행기관의 재무활동이다. 아이러니가 아닐 수 없다.

1. 부와 청

2013년 현재 중앙행정기관은 50개 기관(2원, 5실, 17부, 3처, 18청, 5위원회)이다.

이들 기관들 중 부(部)는 법률 등 정책을 주로 만들어 내고, 청(廳)은 국민과 직접 관련이 있는 일상적인 서비스를 제공해 준다는 차이점이 있기는 하다. 그러나 정도의 차이는 있지만 이들은 모두 예산지출을 통하여 행정서비스를 생산해 낸다.[1]

예산자원을 가지고 행정서비스를 생산해내는 집행부처의 재무행정행위를 ① 부처의 장(長), ② 기획조정실, ③ 실무 국과(局課)로 나누어 살펴보자.

2. 중앙관서의 장

우리나라 국가재정법에는 "중앙관서의 장(中央官署의 長)"이란 말이 무려 79회 등장한다. 이는 "헌법 또는 정부조직법 기타 법률에 의해 설치된 중앙행정기관의 장"을 말한다. 쉽게 말해 장관(長官)과 청장(廳長)으로 이해하면 된다.

중앙관서의 장은 대통령의 대리인(국민의 복대리인)으로서 대통령이 원하는 정책집행 수단을 강구하고, 이에 수반되는 재정행위를 수행한다. 즉, 수입을 국고에 납부하여야 하고, 중장기계획을 수립하며, 사업계획서 및 예산요구서를 작성하고, 배정받은 예산을 집행하고, 결산한다. 이 과정에서 지출과 계약행위를

---

1) 부(部)와 청(廳)의 차이점에 관한 자세한 설명은 김진호 외(2001) 참고.

하며, 필요시에는 추가경정예산요구서를 작성하기도 한다.

뿐만 아니라 기금(基金)의 관리책임도 진다. 예전에는 기금은 예산 외로 운영되는 예산(off-budget budget)이어서, 예산에 포함되지 않고, 의회의 심의도 받을 필요가 없는 자원이었다. 그러나 2001년 기금관리기본법이 개정되고 2007년 국가재정법이 시행(예산회계법과 기금관리기본법은 폐지)되면서 이제는 기금도 예산과 별다른 차이점 없이 관리, 통제받고 있다.

이처럼 기금관리가 예산과 별 차이가 없어졌다 해도 장관의 입장에서는 기금의 관리와 활용은 여전히 중요한 집행수단이 된다.[2]

장관에게는 정책수단이 집중되기도 하지만, 동시에 이해관계의 상충 및 갈등까지 집중된다. 따라서 장관의 예산행위는 그의 리더십, 판단능력 및 추진력에 따라서 복합적으로 결정된다. "장관은 정책업무만 잘해 가지고는 성과를 얻을 수 없다. 예산을 많이 따내고, 자리를 늘릴 수 있는 역량이 있어야 한다."[3]

3. 기획조정실

기획조정실의 실장(기획조정실장)은 1급 공무원으로서 사실상 해당 부처의 최고참 자리 중 하나이다. 기획조정실장은 해당 부처의 정책을 관리하는 한편, 이것의 집행에 필요한 재정자원도 관리한다.

기획조정실장은 매년 초 정책 및 예산관련 자료를 확보하고 있다가, 기획재정부로부터 예산편성지침이 시달되면, 각 실, 국 및 산하기관에 예산소요자료를 제출할 것을 요구한다. 그는 기획예산과장이란 대리인을 두고, 이 작업을 수행한다.

부처 기획예산과장은 대내적인 임무와 대외적인 임무가 있다. 대내적으로는, 기획재정부 예산실의 동향과 정보를 파악하여 각 국과에 전달해 준다. 대외적으

---

2) 2001년 이후 예산과 기금의 차이점: 2001년에 기금관리기본법이 제정되면서, 예산과 기금의 차이가 별로 없어졌다. 부처가 기금에 신규사업을 추진할 때도 재정당국과 협의해서 기금운용계획을 수정한 다음에야 신규사업을 추진할 수 있다. 그리고 예전과 달리 기금도 2002년부터 국회의 심의대상이 되었다. 예산과 기금의 유일한 차이점은, 주요 사업지출단위의 자율적인 지출용범위를 지출의 20%로 정해 놓은 점이다(금융성기금은 30%). 참고로 여기서의 예산은 재정의 과정 측면에서의 예산이 아니라 일반회계와 특별회계를 합한계정(accounts) 측면에서의 개념을 말한다. 이에 대한 사항은 제2장을 참고하기 바란다.

3) 농수산부 P과장의 말. 한국경제신문(편). 1994. p. 64.

로는, 부처의 사정을 기획재정부 예산실에 설명하는 창구 역할을 한다.

2004년부터 Top-Down(총액배정자율편성)제도가 시행됨에 따라 부처 기획관리실의 중요성과 책임성이 더 커졌다.

4. 실무 국과

실무 국과는 예산요구에 필요한 자료를 제공하고, 나중에 예산을 배정받으면 지출행위를 함으로써 행정서비스를 생산해내는 중요한 역할을 수행한다.

행정서비스의 생산은 ① 공무원이 직접 생산하거나, ② 계약을 맺어서 민간이 그것을 생산토록 하거나, 아니면 ③ 민간에게 보조금을 지급하여 행정서비스가 생산, 공급되도록 한다. 이 세 가지 중 어떠한 경우라도 예산자원이 지출되어야 하는데, 실무 국과에서 하는 계약 등의 행위를 "정책"의 관점에서는 정책집행이라고 할 수 있으며, "재무행정"의 관점에서는 지출원인행위(支出原因行爲)라고 부른다.

5. 재무관, 지출관, 지불기관

지출은 사업을 집행하기 위해 이루어지는 것이므로, 각 부처 내에서 실질적으로 업무를 담당하는 부서가 예산지출을 신청하여 그 금액을 지불하여야 능률적이다. 그러나 만일 이들이 정부의 돈을 자의적으로 사용해 버린다면 어떻게 통제할 수 있겠는가? 현행 제도는 지출원인행위를 하는 사업집행 부서와 별도로 지출사무기관을 두어 서로 견제하도록 하고 있다.

지출사무를 세분화하면 ① 지출을 승인하는 행위, ② 수표를 발행하는 행위, 그리고 ③ 현금을 지불하는 행위로 나누어진다. 이 각각의 행위에 대하여, 지출을 승인하는 업무는 재무관이 담당하고, 수표를 발행하는 행위는 지출관이 담당하며, 현금을 지불하는 행위는 지불기관이 담당한다(강신택. 2000: p. 322).

그렇다면 누가 재무관이고, 지출관이며, 지불기관인가? 원칙적으로 각 중앙관서의 장이 재무관을 맡게 되어 있으나, 실제에 있어서는 소속 공무원을 대리재무관, 분임재무관, 대리분임재무관으로 임명하여 업무를 수행토록 한다. 지출관도 대리지출관, 분임지출관, 대리분임지출관으로 위임된다. 그런데 재무관, 지출관, 지불기관(출납공무원)은 서로 겸할 수 없다(강신택. 2000: pp. 322-323).

제2절 지원시스템

1. 지원기관들의 성격

집행부처(집행체계)가 활동을 하기 위해서는 여러 가지 투입물(input)이 필요하다. 우선 행정행위의 근거가 되는 각종 법규정이 있어야 하고, 그 업무를 전담할 기구와 사람이 필요하며, 건물이나 사무기자재 등도 필요하고, 물론 예산자원도 제공되어야 한다. 요즈음은 정보통신 시대라서 행정전산망 및 고속통신과 행정정보체계도 필요하다.

집행부처가 활동하도록 법제처는 연간 7,000여 건의 법규정의 개폐 작업을 수행하며, 안전행정부는 인력과 조직을 공급해 주고, 행정정보화를 통해 업무수행의 전산기반을 제공해 준다. 기획재정부는 부처가 사업수행을 위해 필요로 하는 자금을 공급해 준다.

이러한 다양한 지원기관들은 통합체계(대통령)가 집행체계(행정관서)를 통제하고, 지원하는 "중간 다리 역할"을 수행함으로써, 정부관료제라는 거대한 대리인 체계가 제대로 작동하도록 해주는 중요한 임무를 맡고 있다.

지원체계의 산출물(예, 예산편성과 배정)은 집행체계의 입장에서 보면 투입물이 된다. 그리고 지원체계의 고객은 대통령과 집행부서라는 특징이 있다. 국민은 지원체계의 궁극적인 고객은 될지언정 직접적인 고객이 아니다.

다음 〈표 5-1〉은 "정부의 여러 국, 실 중에 가장 영향력 있는 부서는 어디인가?"라는 질문에 대한 설문조사 결과이다. 이것은 학계, 정계, 언론계, 관계 및 사회단체의 전문가들을 망라하여 조사한 것으로, 우리나라의 중앙예산기구인 "예산실장"이 단연 1위로 영향력이 큰 실무 부서로 손꼽혔다. 이 조사가 1993년에 실시된 것이기 때문에, 현재 상황과는 조금 차이가 날 수도 있다. 하지만 대체적인 경향에는 큰 차이가 없을 것으로 생각된다.

순 위	국 실	전체 응답자	행정관료 응답자
표 5-1	**행정부에서 가장 영향력 있는 실무부서는?**		
1	경제기획원 예산실 (현, 기획재정부 예산실)	39.8%	64.1%
2	재무부 이재국(현, 기획재정부 국제금융국과 금융감독위원회)	22.2%	32.6%
3	재무부 세제국 (현, 기획재정부 세제실)	7.1%	13.0%
4	내무부 지방행정국 (현, 안전행정부 지방재정국)	5.3%	8.0%

자료: 시사저널. 1993. 10. 21.

그런데 이 조사결과에서 흥미로운 사실은, 응답자 전체로 보면 "예산실장"이 가장 영향력 있다는 생각이 39.8%를 점유하고 있지만, 행정관료 응답자만 별도로 살펴보면 "예산실장"이 가장 힘이 있다는 생각이 64.1%에 달한다는 점이다 (예산실장이 힘 있다는 응답의 비율이 학계는 28.9%, 정계는 28%, 사회단체는 26%로 비슷하지만 경제계는 의외로 13.9% 밖에 안 되었다).

이 사실로부터 알 수 있는 것은, "예산실장"은 행정부 외부보다는 내부에서 가장 강력한 영향력을 행사하고 있음을 알 수 있다. 왜냐하면 정부예산의 제 1 차적인 고객은 국민이 아니라 행정부처들이기 때문이다. 또 예산자원이라는 것이 언제나 부족하기 마련이므로, 지원체계는 바꿔 생각하면 통제체계이기도 하다. 즉, 예산지원체계가 아니라 예산통제체계이고, 인력지원체계가 아니라 인력통제체계이다. 법규는 지원수단이기도 하지만 통제수단이기도 하다.

2. 중앙예산기구: 기획재정부

(1) 중앙예산기구의 의의

현재 정부예산에 관한 지원체계를 담당하는 중앙행정기관은 기획재정부이다. 기획재정부는 우리나라의 중앙예산기구(central budget office)로서 정부 전체

의 입장에서 각 부처의 예산요구와 재정계획을 검토하고, 사정(review)하여 국가
의 예산안을 편성하여 의회에 제출하고, 의회에서 심의, 의결된 예산을 각 부처
에 배정하고, 감독하는 행정기관이다.

세계 어느 나라나 모두 중앙예산기구를 가지고 있다. 다만 국가에 따라서 중
앙예산기구가 존립하는 형태가 다르다. 대통령 직속의 독립된 별도 기관으로 존
재할 수도 있고(예, 미국의 OMB), 영국, 프랑스, 일본처럼 재무성 내의 실국 형태
로 존재할 수도 있다. 이처럼 나라에 따라서 중앙예산기구의 조직적 위상은 다를
수 있지만, 이들이 하는 일에는 공통점이 많다.

전통적으로 중앙예산기구들은 중앙통제지휘본부(central command and control
post)의 역할을 수행해 왔다. 즉, 예산지출항목을 준수케 하고, 각종 지시와 지침
에 잘 따르는지 감독하였다. 이런 구도는 다음과 같은 장점을 발휘하는데 유리하
다.

① 개별 부서의 이해관계가 아니라 정부 전체의 관점에서 재원배분을 한다.
② 개별 부서보다 더 객관적이고, 종합적으로 정부의 우선순위를 매긴다.
③ 중앙예산기구는 주관적인 판단이 아니라 사업의 효과성에 근거하여 자원
   을 배분한다.
④ 중앙예산기구는 재정규율(건전재정)을 저해하는 요인을 막을 규칙과 절차
   를 더 잘 만들어낸다.
⑤ 중앙예산기구가 없다면, 개별 부서는 새로운 사업을 하기보다는 기존사업
   들을 계속하고자 할지도 모른다.
⑥ 개별 부서들은 사업초기에는 비용이 적게 들지만, 나중에는 큰 비용이 드
   는 사업을 착수하고 싶어 하는 동기를 기본적으로 갖고 있다. 중앙예산기
   구가 이것을 막아준다.[4]

(2) 기획재정부의 조직

한국의 경우, 기획재정부가 중앙예산기구의 역할을 수행한다. 그 중에서도
예산실은 정부예산안편성 업무를 담당한다. 예산실은 1961년부터 1994년까지 35

---

4) OECD. The Changing Role of the Central Budget Office. 1997. p. 15.

년간 경제기획원 소속이었다. 이 당시 예산실은 ① 예산을 편성하고 그 집행을 관리한다는 제1기능 외에, ② 예산정책과 기획, ③ 정책협의와 대안탐색, ④ 국민과 국회의 의사반영이란 다각적인 기능을 수행했다.[5]

그러나 1990년대에 들어 와서 개방화, 자율화, 작은 정부를 통한 효율화가 강조되면서 당시 경제기획원의 위상은 흔들리기 시작했다. 급기야 1993년 경에는 경제기획원 무용론과 해체론이 대두되었다. 당시 공무원을 대상으로 한 설문조사에서 "가장 불필요한 경제부처 1위"로 지목받게 되었다.[6]

1994년에 정부기구개편을 하면서 경제기획원은 재무부와 통합되어 재정경제원으로 바뀌었다. 이에 따라 예산실도 재정경제원 소속이 되었다.

그러나 1997년의 외환위기 때에는 경제기획원이 재정경제원으로 통합되었기 때문에 견제기능을 상실했다는 의견이 많아서 다시 조직개편을 하였다. 그 결과 예산편성기능이 한 때 기획위원회, 예산청, 재정경제부로 분할되었다가, 1999년에 기획위원회와 예산청이 통합됨에 따라 국무총리실 산하에 기획예산처가 설치되었다. 이후 2008년 MB정부 들어 기획예산처와 재정경제부를 통합하여 기획재정부로 개편하였다. 기획재정부 내 예산실, 세제실, 재정정책국, 공공정책국, 경제정책국, 정책조정국 등이 재정과 경제 전반을 총괄하여 조율한다. 2013년 2월 새정부가 들어서면서 기획재정부 장관이 부총리를 겸직하여 경제정책의 콘트롤타워 임무를 맡도록 승격되었다.

기획재정부는 2014년 현재 3실-10국 등으로 조직되어 있다.

〈예산실〉은 정부예산을 편성하는 곳이다. 각 부처가 운용하는 일반회계, 특별회계, 기금을 총괄적으로 살펴본다. 단년도 예산을 편성하고 중기재정계획인 국가재정운용계획을 작성한다. 예산실은 예산총괄심의관과 사회예산심의관, 경제예산심의관, 행정예산심의관으로 구성되어 있다. 과거에는 경제예산심의관이 사회예산심의관보다 선임이었지만 참여정부 이후 사회복지지출이 강조되면서 사회예산심의관이 경제예산심의관과 행정예산심의관보다 선임심의관이 되었다.

예산실이 정부예산을 단독으로 편성하는 것이 아니다. 기획재정부 내 재정관리국, 세제실, 국고국, 공공정책국, 경제정책국, 정책조정국 등이 오케스트라의

5) 신무섭. 재무행정학. 서울: 대영문화사. 1993. pp. 95~96.
6) 럭키금성연구소. 정부기구개편에 관한 설문조사. 1994. 11.
7) 물론 다른 실국은 예산 이외의 독자적인 역할도 한다.

그림 5-1 기획재정부 조직도

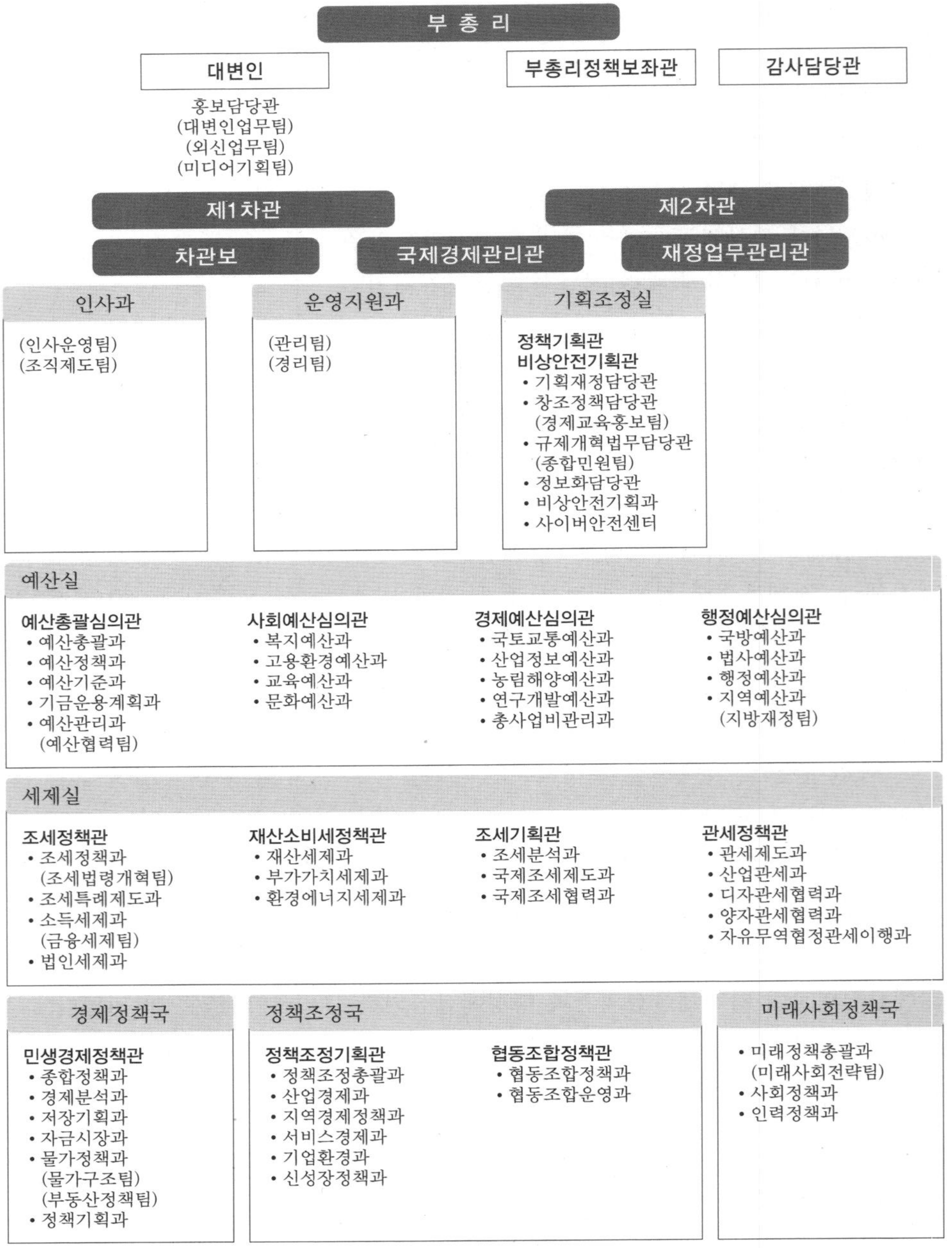

```
                              부 총 리
         ┌──────────┐        ┌──────────────┐    ┌──────────┐
         │  대변인   │        │ 부총리정책보좌관 │    │ 감사담당관 │
         └──────────┘        └──────────────┘    └──────────┘
           홍보담당관
         (대변인업무팀)
          (외신업무팀)
         (미디어기획팀)

        제1차관                              제2차관
   차관보        국제경제관리관          재정업무관리관
```

인사과	운영지원과	기획조정실
(인사운영팀) (조직제도팀)	(관리팀) (경리팀)	정책기획관 비상안전기획관 • 기획재정담당관 • 창조정책담당관 　(경제교육홍보팀) • 규제개혁법무담당관 　(종합민원팀) • 정보화담당관 • 비상안전기획과 • 사이버안전센터

예산실

예산총괄심의관	사회예산심의관	경제예산심의관	행정예산심의관
• 예산총괄과 • 예산정책과 • 예산기준과 • 기금운용계획과 • 예산관리과 　(예산협력팀)	• 복지예산과 • 고용환경예산과 • 교육예산과 • 문화예산과	• 국토교통예산과 • 산업정보예산과 • 농림해양예산과 • 연구개발예산과 • 총사업비관리과	• 국방예산과 • 법사예산과 • 행정예산과 • 지역예산과 　(지방재정팀)

세제실

조세정책관	재산소비세정책관	조세기획관	관세정책관
• 조세정책과 　(조세법령개혁팀) • 조세특례제도과 • 소득세제과 　(금융세제팀) • 법인세제과	• 재산세제과 • 부가가치세제과 • 환경에너지세제과	• 조세분석과 • 국제조세제도과 • 국제조세협력과	• 관세제도과 • 산업관세과 • 디자관세협력과 • 양자관세협력과 • 자유무역협정관세이행과

경제정책국 / 정책조정국 / 미래사회정책국

경제정책국	정책조정국		미래사회정책국
민생경제정책관 • 종합정책과 • 경제분석과 • 저장기획과 • 자금시장과 • 물가정책과 　(물가구조팀) 　(부동산정책팀) • 정책기획과	정책조정기획관 • 정책조정총괄과 • 산업경제과 • 지역경제정책과 • 서비스경제과 • 기업환경과 • 신성장정책과	협동조합정책관 • 협동조합정책과 • 협동조합운영과	• 미래정책총괄과 　(미래사회전략팀) • 사회정책과 • 인력정책과

국제금융정책국	국제금융협력국	대외경제국	국고국

국제금융심의관
• 국제금융과
• 외화자금과
• 외환제도과
• 지역금융과
• 국제기구과
	• 협력총괄과
	• 거시협력과
	• 국제통화협력과
	• 녹색기후기획과
		대외경제협력관
		• 대외경제총괄과
		• 국제경제과
		• 통상조정과
		• 통상정책과
		• 개발협력과
		  (EDCF팀)
		• 남북경제과
		  (남북경협팀)
		  (국제개발정책팀)
			국유재산심의관
			• 국고과
			• 국채과
			• 국유재산정책과
			• 국유재산조정과
			• 투자관리과
			• 계약제도과

재정관리국	공공정책국	복권위원회사무처

성과관리심의관
• 재정관리총괄과
  (재정실행관리팀)
• 재정제도과
• 성과관리과
• 타당성심사과
• 민간투자정책과
• 회계결산과
  (재무회계팀)
• 재정정보과
	공공혁신기획관
	• 정책총괄과
	• 제도기획과
	• 재무경영과
	• 평가분석과
	• 인재경영과
	• 경영혁신과
		• 복권총괄과
		• 복권관리과
		• 기금사업과

자료: 기획재정부 홈페이지. 2014년 1월 현재.

각자 역할을 다 하면서 앙상블이 되어 정부예산이 만들어지는 것이다.[7] 〈재정관리국〉은 재정운영에 대한 종합적인 관리를 한다. 재정운영의 분석, 평가를 통해 성과를 제고하고 환류한다. 이러한 것들이 단년도 예산과 중기재정계획에 반영된다. 〈세제실〉은 정부예산의 절반인 세입예산을 담당하고 있다. 세금이 앞으로 얼마나 걷힐지를 분석하는 세수추계 작업을 하고 소득세, 법인세 등 각 세목별 조세정책을 책임지고 있다. 〈국고국〉은 각 중앙행정기관의 수입행위와 지출행위를 관리한다. 세제실과 예산실이 예측, 계획한대로 돈이 실제로 정부에 들어오는지, 예산실이 예산을 배정한대로 실제 자금을 지출하는지를 관리하는 것이다. 예를 들어 경제가 어려워서 세금이 계획대로 들어오지 않으면 국고국은 중앙행정기관에 자금배정을 하지 않거나 미루고 예산지출을 통제한다.

〈공공정책국〉은 공기업 등 공공기관을 관리하는 곳이다. 정부예산을 편성할 때 중앙행정기관이 해당 예산사업을 수행할지 공기업 등 공공기관이 하는 것이 나을지를 예산실과 함께 협의한다. 중앙행정기관 예산에 직접적으로 관련이 되지는 않지만 공공부문 재정의 한 축을 담당하고 있다. 〈경제정책국〉과 〈정책조정국〉은 국가경제 전체의 큰 틀을 고민하고 정부에게 주어진 경제적 역할을 조정하

는 곳이다. 거시 경제와 산업별 경제정책을 총괄적으로 바라보면서 정부예산이
어느 곳에 쓰여야 경제성장과 분배 등에 도움이 되는지를 예산실과 협의한다.

　　기획재정부가 예산편성권을 갖고 있다고 해서, 그 권력을 마구 휘두를 수 있
는 자리는 아니다. 오히려 각 부처 간의 다툼이 집중되는 자리인 동시에, 예산배
분을 통해 그 갈등을 최소화해야 하는 직책이기 때문에, 고도의 지혜가 필요한
자리이다. 다음은 과거 어느 예산실장이 언론과 인터뷰한 내용이다.

　　"예산실장이란 어떤 자리입니까? 예산의 90% 이상을 결정하는 실력자 아닙니
까?"
　　"실장의 예산철학이 예산처 장관, 대통령, 국회와 얼마나 조율이 잘 되느냐에
따라 영향력이 달라집니다. 분명한 것은 고독한 자리라는 겁니다. 예산은 선택
의 예술인데, 요구액을 잘라야 하고, 하기 싫어 하는 일도 하게 해야 합니다.
최종책임은 혼자서 집니다."(시사저널. 1993. 10. 14.)

(3) 기획재정부의 조직문화

　　기획재정부의 조직문화는 다른 정부조직의 그것과 다르다고 하므로 이를 언
급할 필요가 있다. 기획재정부는 과거 기획예산처의 전통을 이어받아 다른 어느
부처보다도 토론을 많이 하는 것으로 알려져 있다. 그리고 기획재정부 공무원들
간에는 ① 국가발전을 위해 기꺼이 "악역"을 맡겠다는 의욕이 충만하며, ② 정부
개혁을 위해 솔선수범 해야 하겠다는 의무감도 많이 갖고 있는 편이다.[8]

3. 외국의 중앙예산기구

(1) 미국의 OMB : 행정수반 직속형

　　미국의 관리예산처(Office of Management and Budget)는 다른 나라 중앙예산
기구와 다른 독특한 특성을 가지고 있다. 우선 소속이 대통령실로 되어 있다는

---

8) 이런 점에서 (구)기획예산처 공무원을 honorable, (구)재경부 공무원을 powerful, (구)산자부
　공무원을 colorful 하다고 표현하기도 한다.

점이다. 그리고 미국의 OMB는 예산만 관리하는 것이 아니라 조직관리기능까지 가지고 있다는 점이다.

미국도 원래는 예산처(Bureau of Budget)라는 행정기관을 가지고 있었는데, 1971년에 닉슨 대통령이 이를 백악관 소속 기구로 변경하였다. 그 이유는 백악관의 정책기능을 예산과 밀접하게 연계시키는 한편, 예산을 조직관리의 도구로 사용하자는 생각이었고, 관리예산처 처장에 정무직을 임명함으로써 공무원을 적절하게 통제하자는 취지였다.

OMB의 처장이 정무직이라고 해서 정실에 따라 아무나 임명하는 자리는 아니다. 누구나 인정할 만한 교육과 경험과 경륜을 갖춘 사람이 이 직책에 임명된다. 그는 전문 공무원과 정치인을 연결시키는 역할을 해야 하고, 백악관과 집행부처를 연결시켜야 하는 막중한 임무를 수행해야 한다. 이런 취지는 이후의 대통령들에 의해서도 계속 유지되고 있다.[9]

(2) 일본의 주계국: 재무성(Treasury) 소속형

내각책임제 국가들은 대부분 중앙예산기구를 재무성(Ministry of Treasury) 안에 가지고 있다. 즉, 세입과 세출 등 국가재정 관련 기능을 한 부서에서 관장한다. 내각제 국가인 일본에서도 중앙예산기구는 재무성 소속의 주계국이다. 재무성은 과거에 대장성(大藏省), 즉 "나라의 큰 곳간"을 뜻하는데, 최근의 정부조직 개편으로 이름이 바뀌었다.

재무성의 주계국은 차장-과 주재관으로 이루어져 있는데, 이것은 우리나라 예산실에도 어느정도 영향을 미쳐서 예산실 조직이 심의관-과-예산담당관 체계로 되어 있다.

일본의 예산편성방식은 전통적인 품목별 예산제도를 채택하고 있다. 그리고 예산절차도 각 부처가 계산서란 예산요구서를 제출하면, 주계국이 각 부처와의 예산협의와 자체사정(한국의 경우 예산심의회)을 거쳐 예산안을 편성한다.

주계국의 독보적인 파워는 다른 부처들과의 예산협의과정에서 잘 드러난다. 다른 부처에서는 예산협의 석상에 주계국 관리보다 두 계급이나 높은 관리를 내

---

9) Axelrod, D. Budgeting for Modern Government. 1988. p. 73.

보내는 게 관례다. 타 부처는 단지 예산의 용도를 바꾸는 데도 재무성의 허락을 받아야 한다. 재무성의 장관은 내각제인 일본에서 차기 수상 후보로 지목될 정도이다.[10]

　　과거에는 한국의 재정관련 행정기관들이 일본의 기관을 모방하는 경향이 매우 강하였으나, 최근에는 그 정도가 약화되고 있는 추세이다.

4. 중앙예산기구에 요청되는 새로운 역할들

　　중앙예산기구의 전통적인 역할은 중앙통제지휘본부의 기능이었음은 이미 언급하였다. 그러나 1990년대에 전 세계를 풍미한 예산제도개혁의 운동으로 이제는 중앙예산기구의 역할도 바뀌어야 한다는 요청이 많아졌다.

　　신공공관리운동(New Public Management Movement)의 핵심은 집행부서에게 예산의 자율권과 신축성을 부여하여서 결과중심으로 예산을 운영하라는 것이다. 이 요구에 따라 예산편성권 및 감독권을 집행부서에 이양하게 되면, 중앙예산기구의 종합적 조정기능은 그만큼 약화될 수밖에 없다.

　　하지만 새롭게 등장하는 시대적인 요청을 무시할 수는 없다. 그래서 앞으로 각국의 중앙예산기구들이 직면하는 과제는 자율화와 집권화를 어떻게 조화시킬 것인가 하는 문제이다.

제3절 통합시스템

1. 대통령과 대통령 비서실

　　한국 정부의 최고 재정담당자는 누구인가? 기획재정부 예산실장인가? 아니면 기획재정부 장관겸 경제부총리인가?

　　한국 정부의 최고 재정담당자는 대통령이다. 물론 정부의 예산편성이나 집행

---

10) Campbell, J. C. Contemporary Japanese Budget Policies. 1977.

에 관한 세세한 문제를 대통령이 직접 다루지는 않고, 장관 등을 임명하여 그들이 대행토록 한다. 그렇지만 대통령은 행정부의 수반으로서 정부의 재정자원을 어떻게 사용할 것인가 하는 전체적인 방향을 결정하는데 필수적인 역할을 한다. 그리고 국민도 대통령에게 바로 그런 일을 하라고, 그를 대리인으로 선출해 준 것이다.

그런데 국민은 대통령에게 권한만 위임한 것이 아니라 책임도 부여하였다. 재무행정에 관한 한, 대통령은 각 부처에서 들어오는 요청과 부처 간의 갈등을 예산자원의 배분을 통해 통합, 조정해 주어야 한다. 그리고 각 부처들이 스스로 지속적인 혁신을 하도록 권장하기도 해야 한다. 이를 위해 필요한 예산자원을 조달해 주어야 한다.

대통령의 임무는 ① 국민이 현재와 미래에 대하여 원하는 바를 파악하여, ② 국내외적 제약요건을 고려한 후, ③ 행정 각 부처로 하여금 필요한 정책을 수립하도록 하고, ④ 그러한 정책이 의도한 대로 잘 이루어지고 있는가를 평가하고, 대책을 세우는 일이다.

대통령이 국정을 원활히 수행하려면 공식적, 비공식적 권한을 적절히 행사하여야 하고, 여기에 필요한 다양한 인적·물적 자원을 충분히 동원할 수 있어야 한다. 대통령은 ① 여론, ② 인사권, ③ 예산권, ④ 정보, 그리고 ⑤ 개인적 지지를 활용하여 권력(power)을 행사한다(하태권 외. 1998: p. 84). 권력(權力)이란 용어 역시 정의하기가 까다로운 것이지만, 간단히 표현하자면, "타인(他人)이 내가 원하는 대로 행동하도록 만드는 힘"이라고 할 수 있다. 따라서 대통령은 이상의 다섯 가지 권력원을 활용하여 타인(공무원, 즉 대리인)으로 하여금 자신이 원하는 대로 행정행위를 하도록 만든다.

이처럼 대통령의 예산권은 가장 중요한 권력원 중의 하나이며, 국가의 주요 정책에 대한 대통령의 결정과 함께 움직인다. 즉, 정책을 추진하기 위해서는 실탄(돈)이 필요하다. 물론 어떤 정책은 돈이 덜 들고, 또 어떤 정책은 돈을 많이 필요로 한다. 하지만 대통령이 특정 정책을 선택하였다면, 그것을 집행하기 위한 자원으로 예산이 반드시 수반되어야 한다. 그렇지 않으면 그 정책은 구두선(口頭禪)이 되기 쉽다.

예산은 정책과 함께 따라 다니기 때문에, 정부사업과 정책을 통할, 지휘해야 하는 대통령이 바로 국가재정의 최고 담당자가 된다. 실제로 그는 정부의 예산안

을 작성할 때 가장 큰 영향력을 발휘한다.[11] 특히 2004년부터는 Top-Down 예산
제도를 도입하였는데, 대통령은 국가재정운용계획의 수립과 부처의 지출한도를
설정하는데 결정적인 역할을 해야 한다.

　　대통령은 정책수립과 예산배정의 결정에 있어서 비서진의 도움을 받는다. 대
통령 비서실은 대통령의 결정을 해당 행정관서에 전달하고, 해당 관서는 필요한
조치를 강구한다. 이때 예산자원이 필요하면, 해당 관서는 기획예산처에다 예산
요구서를 제출하는 한편, 이 예산자원의 확보를 위해 대통령 및 대통령 비서실의
도움을 받기도 한다.

　　예를 들어, 대통령이 "교육개혁"을 하고자 하면, 대통령 비서실이 자체적으

그림 5-2　**청와대 조직도**

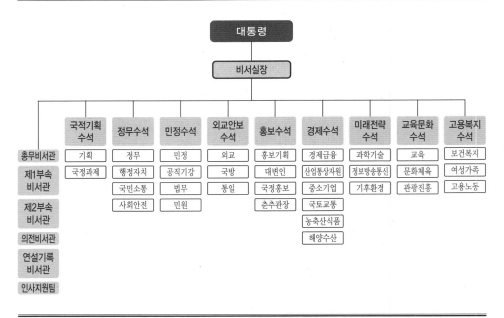

자료: 청와대 홈페이지. 2014년 1월 현재.

---

11) 우리나라의 예산권은 공식적으로는 국회에 귀속되어 있다고 한다. 정부가 제출한 예산안을
　　심의하여 최종 예산으로 확정짓는 것은 국회의 고유권한이다. 그러나 현실적으로 예산을 통
　　제하는 것은 국회가 아니라 정부이고, 국회의 정부예산안 심의과정에서 생기는 변동은 3%
　　정도로 미미한 편이다(하태권 외. 1998. p. 89).

로, 혹은 교육개혁위원회를 통해 보다 구체적인 방향을 설정하고, 교육부가 집행
방법을 마련한다. 이때 예산이 필요하면 교육부 장관은 기획예산처에 예산을 요
구하는 한편, 청와대의 정책실장과 수시로 교육개혁정책조정을 실시하고, 필요
시 예산이 배정되도록 도움을 청한다.

　　정책실장의 보좌를 받는 대통령은 다른 정책과의 조화와 균형을 도모하면서
정부 각 부처의 정책과 예산을 통합, 조정한다. 즉, 대통령은 국가 전체의 재무행
정체계에서 통합기능을 담당하는 대단히 중요한 하위체계(sub-system)인 것이다.

2. 국무회의

　　국무회의는 대통령의 정책결정에 신중성을 부여하기 위하여 행정 각부 장관
들의 정책을 심의하고 의결하는 최고 정책심의기관이다. 의장은 대통령이며, 국
무총리가 부의장이다.

　　예산은 정책을 실현하기 위한 수단이다. 따라서 최고 정책심의기관에서 결정
되는 사항들은 예산편성 및 운영에 중요한 영향을 미친다. 중앙예산기구인 기획
재정부 장관이 국무위원인 것은 두말 할 나위 없다.

　　국무회의에서는 이슈가 되고 있는 사안에 대하여 관련 부처 장관들뿐 아니라
다른 모든 국무위원들이 토론에 참여하여 종합적으로 국정과제를 조정해 나간
다.

제4절 그 밖의 재무행정 관련기관

1. 국 세 청

　　국세청은 정부의 국고수립을 확보하기 위해 국세를 부과하고 징수, 사찰하는
자원추출기관이다. 그리고 국세청은 국가정보원, 검찰청과 함께 국가의 3대 권력
유지기관에 속한다. 대통령은 통치를 위해서는 이 세 기관을 반드시 장악하고 있
어야 한다.

2. 관 세 청

관세청은 관세의 부과, 감면, 징수 등을 담당하는 기관이다. 최근에는 기존의 관세 관련 업무 비중은 주춤하고, 무역 통관 비중이 커지고 있다.

3. 조 달 청

조달청은 정부의 각 부처에서 필요로 하는 조달 물자의 구매, 보관, 조작 및 공급에 관한 사무와 정부의 주요 시설 공사 계약에 관한 사무를 관장한다. 1년에 조달청이 수행하는 물품·용역과 공사계약 규모가 35조 원에 달한다.

4. 한국은행

한국은행은 우리나라의 중앙은행(central bank)으로서 국고금의 출납을 대행하고 있다. 한국은행은 엄격한 의미에서는 정부기관은 아니지만 은행들의 은행으로 역할하는 대단히 중요한 공공기관이다. 한국은행은 매일 수납한 정부의 수입을 정부예금계정에 집어넣고, 예산지출 또한 이 계정으로부터 인출되게 함으로써 국가의 현금흐름을 집중 관리한다.

미국의 경우 Federal Reserve(연방준비기금)가 중앙은행이다. 은행(central bank)이란 명칭을 쓰지 않고 있는데, 이는 미국독립 당시 유럽풍의 이름을 기피한다는 차원에서 그렇게 명명된 것일 뿐 실질적인 기능은 중앙은행과 동일하다.

5. 감 사 원

한국 재무행정제도의 가장 큰 특징은 ① 중앙집권적 하향식이라는 점과 ② 통제중심이란 점이다. 이런 특징은 나름대로의 장단점이 있다. 다양한 욕구를 수용하지 못하고 경직적이라는 단점이 있는 반면에, 재정자원이 낭비되지 않고, 집중적인 사업추진이 가능하다는 장점이 있다.

이러한 예산제도의 공과에 대하여 찬반양론이 있지만, 대체적으로 보아 한국의 예산제도는 그런 대로 쓸만하다는 중평이다. 최소한 통제는 잘 하고 있지 않느냐는 것이다. 세계에는 약 200여 개의 국가가 있는데, 이 들 중에는 차기 예산의 통제도 제대로 하지 못하는 나라가 많다. 게다가 재정자원을 집중 투자할 의사결정능력과 추진력까지 갖춘 나라는 더더구나 많지 않다.

이처럼 한국의 예산제도가 통제면에서는 성공하고 있는 이면에는 비교적 잘 발달된 감사제도가 있었다. 공무원들이 과연 대통령이 의도한 대로 행정을 잘 하고 있느냐를 알아내고, 또 그렇게 되도록 유도해 왔다. 감사는 각 부처마다 감사관이 있어서 자체적으로 시행하는 감사가 있고, 국가적으로는 감사원이 있어서

그림 5-3 **재무행정 관련 행정기관들: 중앙행정기관의 경우**

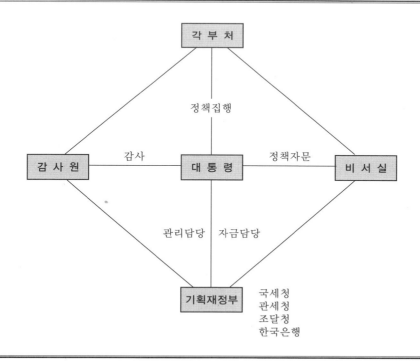

이 기능을 수행해 오고 있다.

이상 정부의 재무행정 관련기관들을 체계모형에 입각하여 ① 통합시스템(대통령과 비서실), ② 집행시스템(개별 부서) 및 ③ 지원시스템(중앙예산기구)으로 구분하여 살펴보았다. 그리고 기타 관련기관으로 국세청, 관세청, 조달청, 한국은행 및 감사원을 간단히 살펴보았다.

이들 간의 관계를 다시 펜타곤 그림표로 요약하면 〈그림 5-3〉과 같다.

제5절 지방자치단체의 경우

1. 안전행정부 지방재정국

지방자치제가 잘 이루어지고 있는 외국의 경우 연방정부와 지방정부별로 예산권이 독립되어 있다. 그래서 미국의 경우 연방정부의 중앙예산기구는 대통령실의 관리예산처(Office of Management and Budget)이지만, 주정부와 지방정부들은 독자적인 지방의 중앙예산기구들을 가지고 있다.

우리나라의 경우 지방자치단체는 지방정부가 아니기 때문에, 이들의 예산은 기획재정부 및 안전행정부와 밀접하게 관련되어 있다. 특히 안전행정부의 〈지방재정국〉은 지방자치단체의 재정운영, 예산편성지침의 수립 및 결산에 관한 운영지도, 국고보조금 관리, 지방채무 관리 등을 수행하고 있다. 따라서 지방자치단체의 예산에 관한 한 안전행정부 지방재정국이 "어느 정도" 중앙예산기구의 기능을 대행하고 있다고 볼 수 있다. 앞의 〈표 5-1〉에서 "영향력 있는 실무 부서" 중 내무부 지방행정국이 4위로 기록되어 있는데, 이 기관은 안전행정부의 지방재정국의 전신이다.

2. 지방자치단체

(1) 자치단체장

지역 주민에 의해 선출되는 광역시장, 도지사, 시장 및 군수는 ① 통할대표권, ② 사무의 관리집행권, ③ 하급행정청 자치단체에 대한 감독권, ④ 소속 직원에 대한 임면권, 그리고 ⑤ 규칙제정권이 있다. 이 중 사무의 관리집행권과 관련하여 자치단체장은 예산을 편성하고, 집행한다. 그러나 이러한 재무행정활동은 자치단체장이 수행하는 통합기능의 일환으로서 수행된다.

서울시청의 경우, 시장이 2명의 행정부시장과 정무부시장 및 각 실·국 등으로부터 시정의 도움을 받고 있다.

(2) 기획실과 재무과

자치단체의 기획실은 집행 실, 국, 과가 필요로 하는 예산을 편성하며, 재무과는 세입을 담당한다. 그러나 우리나라 지방자치단체들의 평균 재정자립도는 약 51%에 불과하기 때문에 부족액은 행정자치부의 교부금, 중앙행정기관들의 국고보조금, 그리고 지역균형특별회계로부터의 지원금으로 충당하여야 한다.

서울시의 경우 기획실을 2014년 현재 "기획조정실"로 명명하고 있으며, 재무국은 행정 1 부시장 산하에 편제되어 있다.

(3) 집행 실, 국, 과

우리나라 지방자치단체의 집행부서들은 ① 고유사무와, ② 기관위임사무, ③ 단체위임사무를 수행한다. 이들이 행정업무를 추진하면서 지출원인행위를 함으로써 예산을 집행한다.

지방자치단체의 재무행정을 그림으로 그려보면 〈그림 5-4〉와 같다.

그림 5-4 재무행정 관련 행정기관들: 지방자치단체의 경우

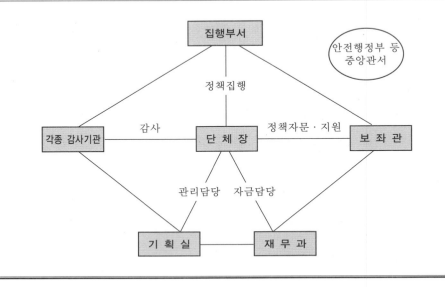

제 6 장

Goal 1: 성장과 안정

• 제1절 국민소득결정 모형
• 제2절 단순 모형의 관점에서 본 한국 정부예산의 특징

제6장 Goal 1: 성장과 안정

　　앞 장에서 살펴본 바와 같이, 정부 및 재무행정 시스템 속에 포함되는 정부기관들은 매우 많다. 50개의 중앙행정기관, 244개의 지방자치단체, 그리고 약 9,000개의 특별지방행정기관 등이 여기에 속한다. 이런 조직들이 존재하는 이유는 나름대로 목적 및 목표(goals)가 있기 때문이다.

　　정부기관의 존재 목표를 아주 추상적으로 표현하면, 國泰民安, 富國強兵, 福利增進 등이 될 것이다. 그러나 이런 목표들은 너무 광범위해서 논의의 초점을 맞추기 어렵다. 정부가 매년 추진하는 사업은, 중앙행정기관만 해도 연간 8~9천 개가 넘는다. 이들 각 사업마다 고유한 목적이 있으므로, 사업당 2~3개의 목표가 있다고 봐도, 다뤄야 할 목표가 너무 많아서 책 한 권으로는 감당하기 어렵다.

　　따라서 재무행정관련 시스템의 목적을 중범위로 줄여야 하는데, 여기서는 Musgrave의 재정의 3대 기능론을 중심으로, 제6장에서부터 제8장에 걸쳐 논의하고자 한다.

◆ 〈참고〉 musgrave의 재정기능(목표)론 ◆

① 효율적인 자원배분(efficient allocation)

　　재정자원은 언제나 한정되어 있어서 마치 '짧은 담요'와 같다고 하였다. 추운 겨울날 작은 담요를 가지고 어깨를 덮으면, 발이 시리다. 발을 덮으면 어깨가 춥다. 자원에 제약되어 있으므로 어쩔 수 없는 일이다.

　　하나의 사업에 대하여 지출을 늘리면 다른 어디에선가 '포기되는 것'이 있기 마련이다. 이 사업을 지원할 것이냐, 아니면 저 사업이냐? 지금 추진할 것인가, 나중에 할 것인가? 소규모로 할 것인가, 대규모로 일을 벌일 것인가?

이러한 결정에서 목표가 되는 것은 사회적 효율성, 즉 주어진 재원으로 사회적 효용을 극대화하는 일이다. 편성된 예산이 사회적 효용을 극대화하는 최선의 결정이라는 보장은 전혀 없다. 그러나 예산은 주어진 기간 동안 사회적 효율성을 달성시켜 주도록 '기대되는' 결정이다.

② 형평성 있는 분배(equitable redistribution)

못 가진 자, 힘 없는 자에 대한 배려는 개인적인 차원에서도 이루어질 수 있다. 그러나 거기에는 한계가 있다. 따라서 이런 배려는 제도적으로 이루어져야 하고, 그 임무는 정부에게로 위탁된다.

형평성은 사회적 만족감을 구성하는 대단히 독특한 요소이다. 정부는 예산지출을 통하여 수평적 형평성과 수직적 형평성의 달성을 모두 추구하여야 한다.

수평적 형평성(horizontal equity)은 같은 상황에 처해 있는 사람을 동등하게 대우하자는 것이다. 즉, 같은 정도의 수입을 올리는 사람들에게는 같은 정도로 세금을 부과해야 한다는 것이다. 또 같은 직급, 같은 호봉에 있는 공무원에 대해서는 동일한 보수를 지급해야 한다.

수직적 형평성(vertical equity)은 우리가 흔히 재분배(redistribution)라고 부르는 것이다. 즉, 더 약한 위치에 있는 사람에게 더 많은 배려를 해주어야 수직적 형평성이 도모된다. 중국의 속담에 이런 것이 있다. 굽어진 대나무를 똑바로 펴려면 대나무를 반대로 휘어 놓아야 한다.

③ 성장과 안정의 균형(growth and stabilization)

정부의 지출 또는 조세징수는 성장, 고용, 물가 등에 중요한 영향을 미친다. 군이 케인즈(John M. Keynes)의 이름을 거론하지 않더라도, 오늘날 정부의 역할 중에 빼놓을 수 없는 것이 완전고용, 물가안정 그리고 경제성장이다. 더욱이 자원이 부족한 개발도상국의 경우 이런 거시경제적 목표를 달성하는 데 정부의 역할이 결정적이다. 정부의 예산결정은 단순히 부처의 예

산요구를 사정하여 사업의 타당성을 인정해 주는 것뿐 아니라 예산과 거시
경제적 계획 간의 절묘한 연계를 추구해야 된다.
　　본 장은 이들 세 가지 기능(목적)들 중 정부예산시스템이 추구해야 할
거시경제적 성장과 안정의 목표부터 설명한다.[1]

제1절 국민소득결정 모형

1. 균형국민소득의 개념

　　현대의 거시경제모형은 보통 사람이 이해하기 힘들 정도로 복잡, 다양하지만
여기서는 가장 기본이 되는 케인즈(J.M. Keynes)의 단순국민소득결정 모형을 간
단히 살펴보도록 하자.

　　케인즈 이론의 핵심에는 승수효과(multiplier effect, 즉, 곱하기 효과)가 있다.
승수효과란 기업투자 또는 정부지출을 조금만 증가시켜도 균형국민소득이 투자
액의 몇 곱절만큼 증가한다는 "마술 같은 효과"이다. 어떻게 이것이 가능한지 알
아보도록 하자.

　　우선, 보통 사람 한 명의 소비 행태를 그래프로 나타내보자. 그는 소득이 0인
상태에서도 지출행위를 한다. 그래야 생명유지를 할 수 있기 때문이다. 그가 일
을 많이 하여 소득을 올리게 되면, 자기 소득의 전부를 소비하지는 않을 것이다.
즉, 일부는 저축하고, 나머지는 소비하는 행태를 보일 것이다(물론 사람에 따라서
는 소득보다 더 많은 지출을 하는 사람도 있으나, 보통의 경우는 소득의 일부를 저축한
다고 가정할 수 있다).

　　이 사람의 소득을 x축에, 그리고 소비를 y축에 표시하면, 그의 소득에 따른
소비 행태는 〈그림 6-1〉에 나와 있는 것처럼 기울기가 완만한 직선이 될 것이다.

---

1) 설명의 편의상, 여기서는 전통적 케인즈 모형(Old Keynesian Model)에 입각하여 정부예산의
　거시경제적 목표를 논의한다. 그러나 케인즈 모형에 대한 반론(反論)과 신론(新論)도 매우 다
　양하게 존재함에 유의하기 바란다.

그림 6-1 단순 국민소득결정 모형

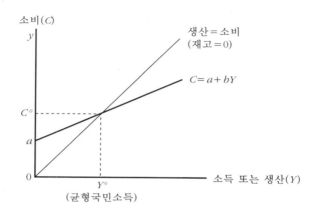

소득과 소비 간의 관계를 나타내는 위의 직선을 1차함수로 표시하면 다음과 같다.

$$C = a + bY$$

(소비)　　(소득)

여기서 절편(a)은 소득이 0일 때도 어느 정도는 소비해야 하는 상태를 뜻하며, b는 소비율을 의미한다. 좀더 엄격하게 말하면, b는 Y(소득)가 1원 증가할 때, 소비(C)가 몇 원 증가하는가를 알려 주는 한계소비성향(marginal propensity to consume)이다.

지금까지는 한 사람의 소비 행태를 가정하였는데, 이를 이용하여 국민 전체의 소비 행태도 가정할 수 있다. 즉, 국민 모두가 이 사람처럼 행동한다면, 이 사람의 소비 곱하기 인구수를 하면, 국민 전체의 소비를 도출할 수 있게 되는 것이다.

그런데 〈그림 6-1〉을 보면, 원점으로부터 45도 기울기의 직선이 하나 더 있다. 이 직선의 의미는 사람들이 소득을 올릴 때마다, 한 푼도 저축하지 않고 모두 지출하는 가상적인 경우를 나타내고 있다. 또 사람들이 소득을 많이 번다는 것은, 바꿔 말해, 그만큼 생산이 많아진다는 것이기도 하다. 따라서 45도 직선은 생산이 되는 대로 모두 소비가 되고, 재고가 하나도 없는 상태를 표시하기도 한다.

    사람들의 소비 직선과 재고가 0인 직선이 만나는 데서, 균형국민소득(=균형국민생산)이 결정된다.(Y^0) 사람들은 일을 해서 Y^0 만큼의 소득을 올려서 소비를 하는데 이 때의 소비량은 앞의 소비함수에 따라서 $(a+b \times Y^0)$이다. 그리고 이것은 달리 말해 C^0이기도 하며, 45도 직선함수에 의해 $C^0 = Y^0$가 된다. 즉, 재고가 없는 상태를 말한다.

    재고가 없는 상황은 이상적이기는 하지만, 비현실적이다. 현실 세계에서 재고가 없는 상태는 거의 없다. 언제나 재고가 많아서 걱정이든지, 아니면 물건이 모자라서 연장 근무를 해야 하는 상황이 오히려 일반적이다. 따라서 현실 세계에서 현실적인 국민경제 상태는 균형국민소득 보다 많던지(즉, 생산부족상태), 아니면 국민소득보다 적은 규모이다(소비부족상태).

    균형국민소득 개념은 비현실적이지만, 그래도 중요하다. 현실 경제는 우연이 아니고서는 균형국민소득과 일치되기 어려울 만큼 이상적인 상태와 동떨어져 있다. 그러나 현실 경제는 균형국민소득으로부터 얼토당토 않을 만큼 멀리 떨어져 움직이지 않고, 균형점을 찾아서 복원하려는 움직임을 보이는 것이 일반적이다. 즉, 균형점을 향해서 끊임없이 움직이는 것이 바로 "살아 있는 경제"이다. 그래서 균형국민소득이란 개념이 중요한 것이다.

2. 정부지출의 승수효과

    경제는 생산과 소비의 다이나믹스다. 그런데 소비를 하는 주체는 개인만이 아니다. 법인(회사)도 소비를 하고, 정부도 소비를 한다. 법인의 소비행위를 우리는 투자(I: investment)라고 한다. 그리고 정부의 소비행위를 정부지출(GI: government expenditure)이라고 한다.

    앞의 〈그림 6-1〉의 상태에서, 정부가 갑자기 지출을 하기 시작했다고 하자. 예를 들어, 외환위기가 한창이던 1998년의 경우, 정부는 IMF로부터 외환을 빌려서 긴급자금을 지출하기 시작했다. 그런데 정부가 100조원을 지출하면, 국민 경제 전체는 몇 조원 증가할 것인가? 100조 원? 200조 원? 아니면 50조 원? 〈그림 6-2〉를 보면서 생각해보자.

    정부가 신규로 100조 원을 지출했을 때, 그 때의 균형국민소득은 Y^0로부터

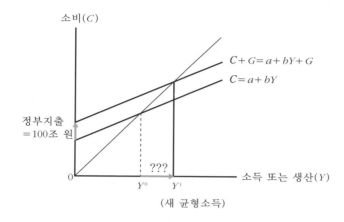

그림 6-2 정부지출의 승수효과

Y^1으로 커진다. 그런데 〈그림 6-2〉에서 볼 수 있듯이, 균형국민소득의 증가액은 물음표(???)로 표시되어 있는데 한 눈에 보아도 100조 원보다 훨씬 큰 것을 알 수 있다. 정부가 100조 원을 지출했는데, 국민경제규모는 100조 원보다 더 커졌다니, 마술이 아닐 수 없다. 어떻게 이런 마술과 같은 효과가 나타나는지 ① 수식으로 한 번 살펴보고, ② 상식적으로 다시 해석해 보도록 하자.

　균형국민소득이란 총생산량(Y)이 총소비량과 같을 때를 말한다. 그런데 소비하는 주체가 개인만 있다고 할 때, 개인의 소비는 $C = a + bY$이다. 가상적으로 a를 200조 원이라고 하고, b(한계소비성향)를 0.8이라고 하자. 이 때의 균형국민소득은 다음과 같다.

$$C = 200 + 0.8Y$$
$$C = Y$$

다음 식을 위의 식에 대입하면

$$Y = 200 + 0.8Y$$
$$0.2Y = 200$$
$$Y = 1000$$

이 경우 재고가 하나도 없는 균형국민소득의 규모는 1,000조 원이 된다.

그러나 정부도 지출을 하는 주체이다. 따라서 정부가 100조 원을 지출한다면, 균형점이 다음과 같이 바뀐다

$$C = 200 + 0.8Y$$
$$G = 100$$
$$C + G = Y$$

그러므로

$$200 + 0.8Y + 100 = Y$$
$$0.2Y = 300$$
$$Y = 1,500$$

정부가 신규로 100조 원을 지출함에 따라 균형국민소득은 1,000조 원으로부터 1,500조 원으로 500조 원이나 증가함을 수식으로 계산할 수 있다. 이처럼 정부지출이 증가함에 따라 국민경제 전체가 그 금액의 몇 곱절 증가하는 것을 "정부지출의 승수효과"라고 한다. 이 경우는 승수효과가 5이다.

100조 원으로 간단하게 500조 원을 만들 수 있다니 이것은 실로 마술이 아닐 수 없다. 어떻게 이것이 가능한가? 다음의 우화를 통해, 상식적으로 생각해보자.

승수효과에 대한 우화적 설명

평온하게 잘 사는 마을이 있다고 하자. 어느 날 갑자기 한 사람이 밭에서 현금이 가득 든 상자를 발견하였다. 그리고 그는 이 돈으로 새 집을 지었다. 집이 완공된 후 새 집으로 이사하고, 헌 집을 팔았다. 헌 집을 산 사람은 다시 자기가 살던 집을 팔았고 이사를 했다. 그 다음 사람도 이사하고, 이사하고, 이사했다. (서울의 경우 1명이 이사하면, 연달아 유발된 이사 횟수가 약 5.2라고 한다.)

이 과정에서 집 짓는 사람들, 이삿짐 센터, 인테리어 장사 음식점 등이 새로운 소득을 얻게 되었다. 이들은 다시 음식점에 가서 지출을 하고, 아이들 학원비를 더 많이 지출했다. 음식점 및 학원 운영자들은 새 소득을 가지고, 자동차도 사고, 놀이공원에도 갔다.

결국 밭에서 발견한 돈 때문에, 온 마을 사람들이 새로운 소득을 얻게 되는 파급효과가 생긴다. 이것이 바로 승수효과이다.

3. 조세를 고려한 균형예산 승수효과

앞에서는 정부가 지출할 돈이 하늘에서 갑자기 떨어지는 경우(IMF차관, 보물 찾기)를 상정하였다. 그러나 이런 경우는 아주 예외적이다. 현실적으로 정부는 국민들로부터 세금을 거두어서, 그 돈을 지출한다. 만약 정부가 국민들로부터 100조 원을 세금으로 걷은 후, 100조 원을 그대로 다시 지출하였다고 하자. 즉, 정부는 수지균형의 원칙에 따라서 균형예산을 편성하였다고 하자. 이런 경우 국민경제의 규모는 어떻게 될까? 원래대로 돌아갈 것인가, 아니면 어떤 변화가 있을 것인가?

수식으로 설명하자. 세금은 소득세 하나 밖에 없다고 하고, 세율(t)은 10%라고 하자. 정부의 소득은 세금 징수액($T = tY$)이며, 이것이 곧 지출금액이 된다. 그리고 개인들은 소득에서 세금을 납부하고 난 가처분소득($Y - tY$)의 일부를 지출하고, 일부는 저축한다. 이 때의 균형국민소득은 다음과 같다.

$$C = 200 + 0.8(Y - 0.1Y)$$
$$G = 0.1Y$$
$$C + G = Y$$

위의 수식을 대입하여 정리하면

$$200 + 0.8(0.9Y) + 0.1Y = Y$$
$$0.18Y = 200$$
$$Y = 1,111$$

균형예산, 즉 세입과 세출이 동일한 상황에서 균형국민소득은 1,111조 원이다. 이것은 정부가 하늘에서 뚝 떨어진 100조 원을 지출했을 때의 균형국민소득이 1,500조 원이었던 것에 비하면 훨씬 더 작은 규모의 균형국민소득이다. 그렇지만 이것은 정부가 아무런 세금도 안 걷고, 지출도 안할 때의 균형국민소득이 1,000조 원이었던 것에 비하면 111조 원이나 증가한 금액이다. 정부가 세금을 걷었다가 그대로 지출해주기만 해도 균형국민소득이 증가한다. 이것이 바로 "균형예산의 승수효과"(balanced budget multiplier effect)이다.

이런 마술과 같은 효과는 다음과 같은 두 가지 질문을 불러일으킨다. 첫째, 어떻게 상식을 초월한 효과가 발생하는 것일까? 둘째, 정말로 이런 효과가 존재한다면, 국가가 국민경제를 활성화시키는 것은 대단히 쉬운 일인데, 세계 여러 나라들 중 경제성장 속도가 빠른 나라는 몇 나라 안된다. 왜 그럴까?

첫 번째 질문은 한계소비성향이 보통 1 보다 작다는 사실로부터 해답을 찾을 수 있다. 세금 때문에 개인의 가처분 소득은 줄어든다. 그러나 개인의 한계소비 성향은 1 보다 작기 때문에 그의 소비는 가처분 소득이 감소한 금액보다 작은 규모로 감소한다(위의 식을 보면, 개인의 가처분 소득은 1,000으로부터 900으로 줄어들지만, 개인의 소비는 1,000으로부터 920으로 줄어든다). 그런 반면 정부가 세금으로 걷어가서 예산으로 지출한 100은 동일한 승수효과를 나타낼 것이기 때문에 전체적인 국민경제규모는 증가하게 된다.

두 번째 질문에 대한 답은 여러 가지다. ① 이런 승수효과가 나타나기 위해서는 여기서 살펴보지 않은 여러 가지 비현실적인 전제조건들이 충족되어야 한다. 따라서 승수효과는 어느 정도 가공의 효과이다. ② 실물경제의 뒷받침이 없는 국민경제의 성장은 곧 물가의 상승으로 이어진다. 국민경제규모가 커진다 해도 물가가 그것 이상으로 상승한다면 규모의 성장은 의미가 없다. ③ 지금까지는 단순 국민소득의 밝은 면만 살펴보았다. 그러나 세상에는 공짜가 없다. 우리 정부가 외환위기를 벗어나기 위해 IMF로부터 많은 차관을 얻어 왔고, 그것을 지출함으로써 경제회복을 도모했다. 그런데 어느 날 갑자기 IMF가 빌려준 돈을 갚으라고 한다면, 국민경제규모는 다시 줄어든다. 승수배만큼 큰 규모로 줄어든다. 또 정부가 예산지출을 잘못하여 돈을 낭비하였다면, 그 부정적인 효과는 다시 승수배만큼 크게 나타난다. 몇 가지 실제 사례를 참고하도록 하자.

승수효과의 어두운 면

1. 노태우 정부 때 한국이 소련(현 러시아)과 수교할 때, 1조 2천억 원을 경협자금으로 빌려주었다. 그러나 러시아는 이 금액의 상당부분을 갚지 않고 있다.

이러한 손실을 앞의 단순 국민소득결정 모형에 도입하여 산출하면, 한계소비성향을 0.6이라고 할 때, 균형국민소득의 감소는 단순히 1조 2천억 원이 아니라 3조 원이 된다.

2. 2000년에 중앙고속도로가 완공되었다. 그리고 2001년에는 서해안고속도로가 개통되었으며, 2004년에는 KTX(고속철도)가 달리기 시작했다. 이런 가운데 지방공항들은 위기를 맞고 있다.

수천억 원을 들여 공사한 청주국제공항은 인천국제공항의 개항으로 쓸모가 줄어들었고, 400억 원을 들여 2002년에 완공한 경북예천공항은 2년도 안돼 문을 닫았다. 3,500억 원을 들여 만든 양양국제공항에는 현재 양양-부산 노선 1개만 운행한다. 이런 상황에서도 여러 다른 지역에서 수천억 원의 예산을 들여 지방공항을 건설하였고 앞으로도 그럴 계획이다. 지방공항의 건설에 투입된 예산이 모두 낭비되었다고 가정할 때, 그것이 국민경제에 미치는 부정적인 효과는 투입된 금액의 승수배만큼 나쁘게 나타날 것이다.

3. 정부가 내리는 중요한 결정들은 그것에 수반되는 예산금액만큼이 아니라 그것의 승수배만큼 국민경제에 영향을 준다. 따라서 정부의 신중한 결정과 시민들의 적절한 감시가 언제나 요망된다.

제2절 단순 모형의 관점에서 본 한국 정부예산의 특징

이상에서는 이론의 논리만 살펴보았다. 이제는 한국의 실제 자료를 이용하여 한국의 국민경제와 정부예산 간의 관계를 설명할 때다.

1. 한국 국민경제의 특징

실제 국민소득계정(National Account)은 다음과 같은 구조를 갖는다.

$$Y - 재고 = C + I + G + (X - M)$$

그런데 재고는 주로 기업 부문에서 발생하기 때문에 이를 우변으로 옮기고, 기업의 투자(I)와 합해지도록 한다. 그리고 정부는 예산을 사용함에 있어서, 소비성 지출을 할 뿐 아니라 고정자산의 취득 등 투자활동도 한다. 그래서 국민계정에서는 정부예산 중 투자분을 기업의 투자와 함께 묶어 I로 계상한다. 정부의 예

표 6-1   2011년도의 GNP

Y =1,238조 원 (GNP)		
C = 658조 원 (민간의 최종소비지출, 대부분 가계지출)		
I = 341조 원 (총고정자본형성, 재고 미포함)		
G = 189조 원 (정부의 최종소비지출만)		
X = 694조 원 (수출)		
M = 669조 원 (수입)		

자료: 한국은행경제통계시스템(ecos.bokoor.kr)으로부터 재구성.
　　　단, 약간의 통계상의 불일치 있음.

산 중 최종소비지출은 G로 표시된다. 이런 기술적인 조치를 염두에 두고, 2011년
도 GNP를 보면 〈표 6-1〉과 같다.

한국은 급속한 경제성장의 대표적인 사례이다. 이 말은 Y(GNP)의 규모가 빨
리 커진다는 것이다. 그렇다면 Y를 구성하는 우변의 내용들 중 어떤 것 때문에 Y
의 규모가 커진 것일까?

우선 개인의 소비지출을 보자. 한국인은 소비를 많이 하는 편일까? 그렇지
않을까?

과소비에 대해 우려할 시절에는 정부가 절약을 강조했다. 저축의 날까지 만
들어져 있다. 해외 관광이다, 조기 유학이다 하여 해외에서의 지출도 많다. 그러
다가 최근 경제위기 등을 겪으면서 소비가 많이 위축되었다. 그러나 대체적으로
다른 나라들과 비교하면 한국의 저축률은 대단히 높다. 국제비교에서는 한국인
의 소비 규모가 적게 나타난다. 한국은행이 발표한 국민총저축률은 1980년대에
급속히 상승하여 1988년 41.5%로 정점을 찍은 후, 2000년대에 30%대를 꾸준히
견지하며 2012년 30.4%에 이르고 있다(〈그림 6-3〉 참조). 물론 이것은 계층별로
나누어 보면, 큰 차이가 있겠으나, 전체적으로는 세계 상위권에 속하는 저축률이
다(1995년에는 세계 1위였었다). 이를 통해 볼 때, 개인의 소비는 한국의 빠른 경제
성장을 설명하는 직접적인 요인은 아니다.

한국은 수출지향적 경제정책을 펴온 나라이다. 그렇다면 수출이 한국의 GNP
를 설명할 수 있는 주 원인일까? 이것도 아니다. 위의 사례에서는 수출이 수입보
다 많은 것으로 되어 있지만 이런 경우는 1998년 이후부터 본격화되었지 그 전에
는 수출이 수입을 넘어서는 때는 손에 꼽을 정도다. 수출지향정책을 펼쳐온지 50

그림 6-3   저축률

(a) 국제비교

■ **1인당 국민소득 2만 달러 당시 총 저축률**

(단위 : %)

일본	32.0
한국	30.7~30.8
독일	23.3
영국	16.1~16.2
프랑스	20.3~20.9
이탈리아	19.5~22.6
미국	16.8
호주	19.2~21.0

(b) 한국의 저축률 추이

총저축률 추이

자료: OECD. 서울신문 2009년 8월 6일자에서 재인용

자료: 한국은행. 연합뉴스 2012년 12월 12일자에서 재인용.

년이 가깝지만 이 기간동안 수출이 수입을 초과한 해는 절반에 미치지 못한다. 즉, 우리나라는 오랜 기간을 통틀어 보았을 때 대부분 무역적자국이어서, 순수출($X-M$)만 가지고 Y의 성장을 설명할 수 없다.

그렇다면 정부의 지출이 경제성장을 가속화시켰는가? 이것 역시 부정적이다. 다음 OECD 국가별 정부부문의 크기를 보면 제3장에서 살펴보았듯이 한국은 정부부문이 작은 나라에 속한다.

그렇다면 한국의 고속성장의 비밀은 투자(I)에서 찾을 수밖에 없다. 한국은 경제규모에 비하여 투자(또는 자본형성)부문에 대단히 큰 자원을 투입하고 있다. 수출을 강조하는 것도 바로 이 투자의 규모를 크게 하기 위한 것이다. 정부의 예산 중에서 최종소비지출에 쓰이는 것이 40조 원이라면, 그 예산으로 투자부문에 지출하는 것은 60조 원에 달한다. 즉, 한국 사회는 기업의 투자에 정부가 돕고, 개인이 희생하고 해서, 전체 경제의 규모를 키워 왔던 것이다.

이렇듯 국가의 자원을 투자에 집중을 하게 되면서, 재벌이라는 대기업이 형성되게 되었고, 국가의 경제적 운명은 그 투자를 어떻게 관리하느냐에 달리게 되었다. 그래서 정부는 기업과 정부의 투자로 최대의 승수효과를 얻어 내기 위해

늘 과감한 산업정책을 만들어 냈다. 대부분의 투자금액은 빚으로 조달되었기에, 빚을 갚을 때는 경제가 승수배만큼 위축될 것인 만큼 그 때를 대비해서 초고속으로 성장해 두어야 했다.

소비(C)를 통한 경기부양은 당장은 좋지만 장기적으로는 성장여력을 잠식한다. 정부의 소비지출(G)을 통한 경기부양은 승수효과가 작다. 그래서 승수효과가 큰 투자(I)에 집착하게 되는데, 문제는 국내 시장이 협소하여 대규모 투자가 어렵다. 따라서 돌파구는 수출(X)에서 찾아야 했다. 수입(M)이 늘어나고, 국제수지가 적자여도 좋다. 국제교역의 증대로 소비시장이 확장되면, 자연히 투자가 증가하게 되고, 그에 따라 국민경제규모(Y)가 커지기 때문이다.

원자재 수입이 늘어 무역적자가 초래되더라도 투자유발효과 때문에 경제는 승수배로 증가한다. 외채(外債)의 경우도 마찬가지다. 생산공급능력의 확장에 필요한 투자금액을 조달하기 위해서는 막대한 자금이 필요했다. 이 자금을 상환하기 위해서는 경제규모가 더 커져야 하고, 그래서 새로운 자금을 다시 빌릴 수 있어야 했다.

이런 성장 모형에 관해 비판도 많다. 다음은 외환 위기가 일어나기 2년 반 전, 시사지 *The Economist*의 경고이다.

> "한국 경제는 프랑켄슈타인 경제다. 국내시장을 규제하며 수출에만 주력할 경우, 경제성장이 이루어지는 것은 당연하다. 그러나 이런 모형은 개발 초기에나 통하지 성숙단계로 갈수록 성장의 잠재력과 효율이 떨어진다. 한국은 일본이 직면한 문제들을 그대로 떠안을 것이다." (1995. 6. 3)

한국은 외환위기와 국제금융 위기를 겪으면서 성장세가 주춤했다. 다행히 해외 국가들에 비해 재정건전성이 좋아 재정이 위기 극복 과정에서 소방수 역할을 잘 해주었다. 그러나 앞날을 예측하기는 힘들다. 경제여건은 어려워지고 사회갈등은 여전하며 정부가 돈을 쓸 곳은 점점 늘어나고 있다.

```
나라 이름 알아 맞추기
```

　　이 나라는 오랜 역사와 전통에도 불구하고 매우 가난한 상태로 살아 왔다. 농촌인구의 급증과 이에 따른 자영 농민의 분해는 농촌의 빈곤화를 촉진하였다. 한때는 외국으로 이민 가는 것만이 굶주림을 피할 수 있는 최선의 방법이었던 적도 있다.

　　그러나 일단 산업화가 시작되자, 이 나라의 경제는 초고속으로 발전하였다. 산업화가 시작된 지 30 – 40년만에 당당히 후발 산업국이 되었다.

　　이 나라의 산업화는 농업구조의 변화에 뒤이은 제조업에 대한 집중투자로서 시발되었다. 특히, 해외시장의 요구에 의하여 제조업이 발달하였다. 내수시장을 목표로 하는 산업보다 해외시장을 목표로 하는 산업이 급격하게 팽창하였다.

　　대규모의 자본투자가 요구되는 철도, 통신, 우편 등의 사회간접자본에 대한 투자는 국가가 외국차관을 얻어 전담하여 기업의 운송비를 절감할 수 있었고, 오래 전부터 실시된 의무교육제도를 통하여 경제활동에 필요한 기본적인 고급 노동력을 손쉽게 구할 수 있었다. 이처럼 기업들의 생산활동 여건이 구비되어 있었으므로 사기업들의 관심은 생산투자를 통한 이윤의 극대화에 집중될 수 있었다.

　　국가의 사회간접자본 투자로 인하여 순수한 생산설비 투자에만 몰두할 수 있었던 이 나라의 자본가들은 빠르게 기업의 규모를 확대하여 갔다. 이런 이유로 해서 초기 산업화 과정에서 설립된 기업의 규모가 대단히 컸다.

　　정치적으로는 정치정당이 체계적으로 발달하지 않았기 때문에 의회 내의 정치적 활동은 대단히 미미한 상태였다. 그 대신 의회 밖의 집단적인 대중운동이 정치적으로 발전하였다. 본격적으로 시작된 산업화, 농민의 프롤레타리아트화와 빈곤화, 도시 노동자들의 실업과 빈곤, 그리고 심각한 주택부족 문제, 노동운동으로 대변되는 대중운동의 활성화, 정당정치를 중심으로 하는 정치적 민주화 등의 복합적인 과정을 겪었다.

　　이 밖에 지리적으로 멀리 떨어진 외국에서 벌어진 전쟁도 이 나라의 경제성장을 지속시키는데 도움이 되었다(정답은 스웨덴).

2. 투자중심 경제하의 정부예산편성의 정책기조

　　투자 위주의 경제상황에서 정부의 예산규모는 가능하면 축소된다. 한국 정부는 기업이 투자를 많이 하도록 권장하기 위해 되도록 세금을 적게 거뒀다. 일단 거둬들인 세금도 정부의 소비지출보다는 고정자산 확보를 위한 투자로 사용한다. 그래서 정부의 일반부문에서는 만성적으로 예산압박(fiscal stress) 속에 놓이게 된다. 공무원 채용이 부진하여서 일반시민들에 대한 서비스 수준이 낮아진다. 부족한 재원을 투자와 관련되는 특정 분야에 집중 투입하다보니 정부의 서비스도 편중되게 공급된다. 교육·복지·문화·환경 등의 서비스는 자연 뒷전에 놓이게 되고, 성장과 관련된 부문의 예산규모만 엄청나게 커진다. 여기에서 정부의 비효율성이 초래되고, 공무원들의 생계형 부패가 확산된다.

(1) 작은 예산, 강한 정부

정부가 어떤 정책을 추진하는 방법에는 ① 직접 자금을 투입하고, 직접 사업을 시행하는 방법, ② 정부는 자금만 지원해 주고 시행은 민간이 하는 방법, ③ 자금제공 없이 민간이 정부의 시책에 따라오도록 규제하는 방법 등이 있다. 우리 정부는 이 모든 방법을 혼합하여 경제성장 정책을 주도하였지만, 그 중에서도 ③ → ② → ①의 순서대로 비중을 두어 왔다.

즉, 정부가 조세수입을 거둬서 예산으로 지출하는 것은 최소화하고, 그 대신 기업의 활동에 직·간접적인 각종 개입을 하였던 것이다. 그도 그럴 것이, 이 節에서 지금까지 설명했던 것처럼 우리 정부는 개인의 소비(C), 정부의 지출(G), 그리고 국제수지($X-M$)를 모두 희생하고, 기업의 투자(I)에 최대의 자원을 투입하였었다. 특히 대기업에 집중투자가 이루어져서, 현재 국내 30대 재벌기업이 생산 산업의 약 3/4을 점유하고 있다.

그러니 자연 기업, 특히 대기업의 방만한 운영을 눈감아 줄 수 없고, 기업이 정부의 시책에 적극 호응하도록 만들지 않으면 안 된다. 게다가 우리나라 기업들은 또 얼마나 취약한가? 그런 한편, 대기업들이 정부에 그렇게 호락호락한 것만도 아니었다.

그래서 정부는 때로는 기업의 편을 들어주고, 때로는 기업을 규제하면서 정부의 의지를 실현하려고 한다. 권력을 "남을 자기의 뜻대로 움직일 수 있는 힘"으로 정의한다면, 한국 정부는 기업에 대하여 막강한 권력을 갖고 있었던 것이 과거의 역사이고, 현재도 여기서 크게 벗어나지 않는다.

이런 측면에서 한국 정부는 '강한 정부'이다. 예산규모는 상대적으로 작은 편이다. 그러나 영향력에 있어서는 대단히 '큰 정부'가 아닐 수 없다.[2]

(2) 예산지출의 편중과 왜곡

한국의 정부예산은 그 규모면에서 가능한 한 축소지향적이었다. 게다가 그렇게 확보된 예산재원도 정부의 직접투자나 기업의 투자지원에 우선적으로 사용되었고, 정부의 의한 최종소비는 억제되어 왔다(〈그림 6-4〉 참조).

그러자니 정부는 경제성장을 위하여 급하다고 생각되지 않는 부문에는 미처 자원을 할당할 여력도 의지도 없어지게 된다. 투자가 소외된 부문에 대하여서는

그림 6-4 정부예산 중 투자의 비중(%): OECD 국가 비교

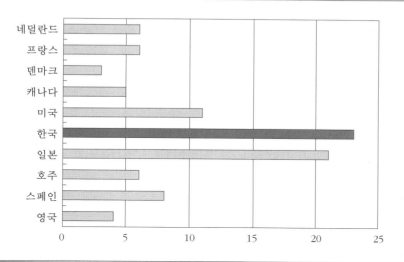

자료: Atkinson, Paul and van den Noord, Paul. Managing Public Expenditures. OECD. ECO/WKP(2001). p. 35.

---

2) 정부부문이 작다고 해서 그것이 나쁘다는 뜻은 결코 아니다. 정부의 규모는 그 나라 국민들이 가장 좋다고 생각하는 대로 선택되는 것일 뿐이다. 어느 나라는 세금을 많이 내고, 정부로부터 많은 혜택을 받기를 바라는 반면, 한국 같은 나라는 세금은 적게 내고(평균적인 의미로), 그 대신 정부로부터 얻는 것은 적은 상태를 선호한다. 그러나 제2장에서 살펴본 바와 같이 중앙정부나 지자체뿐만 아니라 산하 공공기관을 포함한 공공부문 전체를 놓고 볼 때는 그 규모가 작지 않을 것이다.

국민들이 알아서 꾸려가라고 방기하게 된다. 그 결과 선진국에서는 공공부문으로 포함되는 중요한 영역들이 우리나라에서는 사적 부문에 남아 있게 된다. 교육, 복지, 문화가 가장 대표적이다.

교육의 경우, 공교육이 무너지다시피 해서, 사교육 비용이 연간 10조 원을 넘는다. 파악된 것만 그 정도 규모이니 실제로는 더 엄청날 것이다.

스포츠와 미술, 음악 등은 우리나라의 국위를 선양하는 중요한 역할을 했다. 그러나 세계적으로 유명한 음악가나 미술상 수상자들이 정부의 지원을 받아 고마웠다고 말하는 것을 본적이 있는가? 이들 모두 私費로 세계정상에 올랐다. 스포츠의 경우에도 엘리트 체육에는 많은 공공투자가 이루어졌지만, 국민체육은 빈약하기 이를 데 없다. 사회복지도 대동소이하다. 우리나라 복지정책의 기본은 아직도 "가족끼리 알아서 해결하라"는 수준이다. 보건과 환경부문에 있어서도 각자 조심하지 않으면 손해 보는 수밖에 없다.

경제성장을 위해 각광을 받는 부문에는 집중투자가 이루어지고, 그렇지 않은 부문에는 지난 40년간 찬바람이 불었다. 그런데 소외된 부문들을 자세히 들여다보면 대부분 價値財(Merit Wants)에 해당하는 것들이다. 경제성장을 위주로 한 가치관의 왜곡이 정부예산에도 그대로 반영이 되고 있다. 예산은 숫자로 만들어진 사회의 거울(mirror)인 셈이다.

(3) 산업정책과 연결된 정부예산의 우선순위

투자(I)는 국민소득을 크게 향상시키는 원동력이기는 하지만, 돈을 빌려서 투자를 한 뒤 수익을 올리지 못하면 次期에는 국민소득을 감소시키고 만다. 바다에 던져진 깡통을 연상해 보라. 투자라는 파도가 몰려올 때는 깡통이 높은 위치로 올려진다. 그러나 다음 순간 파도가 물러갈 때(원리금 상환), 깡통은 낮은 곳으로 내려간다. 투자와 상환이 계속 반복되면, 깡통은 장기적으로는 제자리에서 그저 오르락내리락 할 뿐이다. 마치 경제가 호황, 불황 주기에 따라 변동하지만, 장기적으로 평균성장률은 정체되어 있는 것과 마찬가지가 된다.

이런 문제점이 있는데도 우리나라는 투자촉진을 통해 고도의 경제성장을 40년이나 지속해 왔다. 그 이유는 무엇일까? 바로 정부주도의 산업정책이 주효해 왔기 때문이다.

〈그림 6-5〉를 참조하기 바란다. 투자라는 파도가 한 차례 몰려온 뒤 그 자리에 가만히 있으면 깡통은 낮은 수위로 내려앉을 수밖에 없다. 그러나 만약 깡통에 추진장치(engine; 성장동력)가 달려 있다면, 파도가 내려갈 때 깡통은 엔진을 발동시켜 다음 번 파도의 고점으로 옮겨갈 수 있다. 이런 과정을 계속하면 깡통은 언제나 높은 수위에 머무를 수 있다. 이것이 바로 한국경제가 고성장을 유지해 온 비결이며, 추진장치에 해당하는 것이 바로 산업정책이다.

한국 정부는 1960년대에는 신발, 가발산업 등을 적극 지원했고, 1970년대에는 중화학공업, 그리고 1980년대에는 자동차와 반도체산업에 대한 투자를 집중 지원했다. 1990년에 들어서는 정보통신산업에 주력하였으며, 2000년대부터는 자원산업을 지원하기 시작하였다. 이렇듯 '다음 번 파도'를 타기 위해 정부예산의 투자 우선순위가 시기별로 달라져 왔다.

2014년 현재, 첨단기술산업지원, 연구개발지원 분야의 예산은 거의 삭감되지 않고 예산을 배정받는 반면, 구(舊)경제(bricks and mortar)에 해당하는 부문(예, 사회간접자본의 건설)의 투자는 최대한 억제되고 있다.

그림 6-5 산업정책과 경제성장의 관계

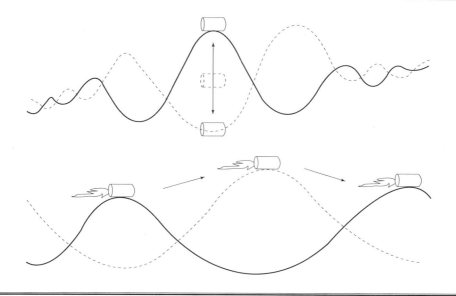

제 7 장

Goal 2: 형평성 있는 분배

• 제1절 형평성의 개념
• 제2절 정부예산과 수직적 형평성: 소득의 재분배
         를 중심으로
• 제3절 정부가 시행하고 있는 "사회적 약자" 배려
         정책

제7장 Goal 2: 형평성 있는 분배

　　정부가 수행해야 할 가장 중요한 역할 중의 하나가 형평성(equity) 문제이다. 민간기업의 경우, 형평성을 고려하지 않기 때문에 수익을 극대화하는데 도움이 된다. 시장분할(market segmentation) 이론이 좋은 예이다. 은행의 예를 들면, 거액 예치자에게는 우대 금리를 적용하여 더욱 많은 예금 수신고를 올리는 것 등이 여기에 속한다. 같은 기업에서도 고급 브랜드와 저급 브랜드를 섞어서 생산, 판매한다.

　　그러나 정부는 모든 국민을 평등하게 대해야 할 뿐 아니라, 가능한 한 불평등을 해소하는 시책을 펼쳐야 한다. 이것은 정부가 아니면 수행하기가 어려운 사업이다.

　　이러한 형평성의 문제는 정부기관들 중 통합체계(대통령 등), 지원체계(기획재정부 등), 그리고 집행체계를 막론하고 모두 관심을 갖고 추진해야 할 사항이다. 그뿐 아니라 예산안편성지침 작성단계, 예산요구서 작성단계, 예산심의 및 예산안편성단계, 국회심의단계, 예산집행단계 등 전 과정에서 중요시되어야 한다.

　　형평성 개념에는 수평적 형평성(horizontal equity)과 수직적 형평성(vertical equity)이 있고, 대상 범위로 구분할 때는 거시적 형평성 정책과 미시적 형평성 정책이 있다.

제1절 형평성의 개념

　　"배추 7,700만 포기, 산지수매 후 폐기"　　이것은 1993년 늦가을 과잉생산으로 값이 폭락한 김장용 배추 23만톤을 정부가 수매한 후 밭에서 폐기처분한 조치이다. 정부는 이를 위해 농수산물가격안정기금 114억 원을 확보해 각 시도에 배정했다.

　　이러한 정부의 조치를 접하면서 대부분의 시민들은 배추를 밭에서 폐기처분

한다는 사실에 언짢은 느낌이 들면서도 농민들에게 영농비와 인건비 등 배추생산비용을 보전해 준다는 점에 대해서는 별다른 이의를 느끼지 않을 것이다. 정부의 돈이 자기에게 쓰여진다면 더 좋을텐데, 이렇게 다른 사람을 위해서 쓰여져도 사람들은 별다른 항의를 하지 않는다. 그것은 사회적으로 약자를 돕는 것은 정부가 마땅히 해야 할 일이라고 생각하기 때문이다.

정부가 당연히 해야 할 일 중에 '형평성의 회복'이란 것이 있다. 형평성은 대단히 모호한 개념이지만, 대체로 두 가지가 있다. 하나는 수평적 형평성(horizontal equity)이고, 다른 하나는 수직적 형평성(vertical equity)이다.

1. 수평적 형평성

수평적 형평성은 "같은 입장에 있는 사람을 동등하게 취급해야 한다"는 규범이다. 만인은 법 앞에 평등하다든지, 같은 수입을 올리는 사람은 동일한 금액으로 세금을 내야 한다 등이 이 개념을 내포하고 있다. 또 동일한 노동을 한 사람은 동일한 임금을 받아야 옳지 않겠느냐, 일을 더 많이 한 사람은 그만큼 보상을 받아야 하는 것 아니냐 하는 주장들도 모두 다 수평적 형평성을 요구하는 것이다.

재무행정에 있어서 수평적 형평성은 같은 직급에 있는 공무원은 같은 봉급을 받는다, 같은 관서는 비슷한 수준의 관서당 경비를 지급받는다, 인구가 비슷한 지역은 비슷한 수준의 보조금을 받아야 한다는 식으로 수평적 형평성이 강조된다. 하나의 일화를 예로 들어 보자.

예산에 있어서 수평적 형평성

"예산을 편성할 때 반드시 염두에 두지 않으면 안 되는 것은 균형을 맞추는 일이다. 박정희 대통령시절에 이런 일이 있었다.

예산국에서 예산편성을 끝내면 대통령에게 보고를 하고, 다음에는 당정협의를 한다. 예산편성을 마무리짓는 당정협의를 하는 자리에서 당측의 관계자와 각 부장관이 다 나와 있는 데서 예산국장인 내가 브리핑을 하였다.

회의가 거의 끝나려 하는 순간이었다. 그 당시의 법무부장관이 갑자기 "각하, 교도관들이 굉장히 고생을 하는데, 이 사람들에게 수당을 좀 인정해 주십시

오"라고 건의를 하였다.

　　그래서 나는 김학렬 당시 부총리에게 의견을 말씀드리려고 걸어갔다. 다 가지도 못하고 중간쯤 가고 있는데, 박대통령께서 "강국장, 가지 말고 거기서 바로 얘기해"라고 말씀을 하셨다. 말하자면 부총리를 통해서 얘기하지 말고 바로 예산국장의 의견을 말해 보라는 것이었다. 얼떨떨한 채 그 자리에 서서 하는 수 없이 "그렇게 해서는 안 됩니다"라고 했더니 방안에서는 그만 폭소가 터졌다.

　　그래서 나는 "그것을 해주게 되면, 예를 들어 파출소 순경들에게도 해줘야 하고, 등대지기도 해줘야 되고…" 하면서 안 되는 이유를 쭉 얘기했다. 교도관의 수당을 늘려 주려면 다른 나머지 비슷한 직종에 대해서도 수당을 주어야 하고, 그러려면 결국 몇 백억 원의 예산이 새로 소요되므로 반대한다고 말씀드렸던 것이다.

　　대통령께서는 아무 말씀도 하지 않으셨다. … 결국은 교도관에게 수당을 조금 지급하게 되었다."(강경식. 전게서. pp. 34-40)

　　위의 사례에서는 '균형'이란 말로 수평적 형평성을 나타내고 있다. 균형, 이것은 모든 예산이 준수하여야 할 덕목 중의 하나이다. 수평적 형평성을 유지 못하면 불만이 고조되고, 예산의 정당성도 침해된다. 그렇게 되면 예산이 효용의 극대화는 고사하고 불만의 최소한이라는 목표마저 달성하기 어려워진다.

　　그러나 수평적 형평성을 너무 지나치게 강조하면, 그것으로 인한 문제점도 발생한다. 이런 문제는 특히 정부의 생산성을 측정할 수 없기 때문에 유발되는 경향이 있다. 예를 들어 수평적 형평성에 의하면, 입사 동기인 직원은 봉급이 비슷한 조직에서는 열심히 일한 사람이 더 높은 급여를 받기가 어렵다. 정부가 성과연봉제를 실시하고 있지만 의도한 만큼 효과가 나지 않는 이유가 여기에 있다.

2. 수직적 형평성

　　앞의 '배추수매 후 즉시폐기'와 같은 이상한 정책이 비난을 받기는 커녕 오히려 지지받는 이유는 그것이 수직적 형평성과 연결되어 있기 때문이다. 수직적 형평성은 다음과 같이 정의된다. 약자에게는 그가 받아야 마땅한 몫보다 훨씬 더 많은 혜택을 주고, 강자에게는 그가 부담해야 할 몫보다 더 많이 부담시킴으로써 일종의 사회적 균형을 찾자는 것이다. 즉 "다른 입장에 있는 사람은 다르게 대해야 한다"는 규범이다.

　소득세가 가장 대표적인 예이다. 소득세제도에는 누진세율이 적용되어 소득이 많은 사람에게 많은 세금이 부과되는 한편, 기초공제를 통해 일정금액 미만의 소득을 올리는 사람들은 면세된다. 예산지출의 경우에는 사회복지지출이 가장 대표적인 사례이다. 그러나 수직적 형평성은 비단 사회복지뿐 아니라 전체지출 항목에 걸쳐 두루 적용되어야 하는 규범이다. 어떤 예산지출의 혜택이 특정지역이나 특정그룹(예, 재벌기업)에게 편중되게 귀착된다면, 예산의 수직적 형평성에 위배된 것이다. 수직적 형평성을 크게 위반하는 예산은 정당성을 잃기 쉽고, 비난의 표적이 되기도 한다.

　요즈음과 같은 경쟁사회에서 수직적 형평성은 정부만이 유일하게 추진할 수 있는 정책목표이다. 경쟁(competition)이란 "죽기 살기로 싸운다"는 말을 멋있게 표현한 말이다. 경쟁에서의 패배는 단순히 돈을 얼마 손해 보았다는 정도가 아니라 간신히 목숨만 부지할 정도로 처절한 패배가 된다. 때로는 그 목숨마저 잃기도 한다.

　그런데 우리 사회에서 경쟁은 엄청나게 치열하고, 승자보다는 패자가 압도적으로 많다. 이처럼 사회적으로 약한 위치에 있는 사람들을 배려할 수 있는 것은 정부와 소수의 착한 사마리아인 밖에 없다.

　정부가 사회의 수직적 형평성을 유지하기 위하여 취하는 방법은 여러 가지 정책의 수립과 집행으로 나타난다. 이런 정부활동을 가능하게 하는 여러 요건들 중 하나가 예산자원이다. 따라서 정부예산의 지출로 인하여 수직적 형평성을 얼마만큼 확보할 수 있느냐, 예산편성단계에서 이런 형평성이 얼마나 고려되었느냐 하는 것은 대단히 중요한 규범이 아닐 수 없다.

　하지만 이처럼 중요한 규범이 정부에 의해서 실제로 잘 준수되고 있느냐 하는 의문이 생긴다. 더욱이 우리 정부는 의도적으로 불균형성장을 부추겨 왔으므로, 예산도 부익부 빈익빈의 방식으로 지출되었을 가능성이 많다. 예산의 혜택을 누가 보는가? 예산게임에서의 승자와 패자는 누구인가? 예산을 평가할 때 잊지 말아야 할 기준이다.

제2절 정부예산과 수직적 형평성: 소득의 재분배를 중심으로

　　정부는 여러 가지 형태로 수직적 형평성을 도모한다. 투자촉진을 통해 고용이 늘어나고, 저소득층이 더 많은 소득을 올리게 해준다. 근로기준법·여성고용촉진법 등을 제정하여 약한 자가 보호받을 수 있게 한다. 직접 사회복지비를 지출하여 어려운 사람을 도울 수도 있다. 그리고 언뜻 보기에는 수직적 형평성과는 관련 없는 정책들도 자세히 들여다보면 모두 연결되어 있다. 정보통신진흥정책의 경우 수직적 형평과 전혀 관계가 없을 것 같으나 중산층이 정보통신서비스를 가장 많이 사용한다는 사실을 고려한다면, 이 정책의 효과로 저소득층보다는 중간층이 더 많은 혜택을 보고 있음을 알 수 있다.

　　정부가 취하는 여러 조치들 중 예산자원을 많이 필요로 하는 사업이 있는가 하면, 법률제정과 같이 예산이 별로 들지 않는 사업도 있어서 다양성이 존재한다. 그러나 재무행정에서의 관심은 제한적이다. 돈이 많이 드는 사업이 주로 관심의 대상이 되며, 이 돈이 지출되었을 때 그 지출효과가 어느 지역, 누구에게 귀착되는가, 그래서 소득분배가 어떻게 변하는가 등이 문제시된다.

　　이런 문제에 대한 탐구는 두 가지 차원에서 이루어지는 것이 보통이다. 첫째는 예산지출이 나라 전체적으로 소득분배를 어떻게 변화시키는가 하는 매크로(macro) 차원의 분석이다. 둘째는 구체적인 개별정책을 채택할 때, 그 효과로서 저소득층이 다른 어떤 계층보다도 많은 혜택을 받을 수 있는가를 정교하게 분석하는 마이크로(micro) 차원이다. 이들을 차례대로 살펴보자.

1. 정부예산과 소득재분배: macro분석

(1) 소득불평등

　　한 나라에 소득이 불평등하게 분포되는 것은 어쩔 수 없는 일이다. 그렇지만 어느 정도까지만 불평등하면 그런대로 묵인될 수 있을까? 이미 2000년 전에「국가론」을 쓴 플라톤은 가장 부유한 사람과 가장 가난한 사람(노예가 아닌 자유민) 간의 소득격차가 4 : 1일 때 가장 바람직하다고 하였다.

그 비율이 왜 4 : 1인가는 저자가 과문하여 잘 알지 못한다. 그러나 학생들에게 소득격차가 최대 얼마까지 나는 게 좋으냐고 물으면, 대체로 10 : 1, 5 : 1, 3 : 1 등의 답이 나온다. 현실세계를 잘 모르는 학생들이 역시 순진하다는 생각이 든다.

다음은 한 사회의 소득격차를 실감나게 설명하기 위해 네덜란드의 경제학자 Jan Pen이 고안해 낸 예화이다. 비유의 대상이 되는 나라는 영국이다.

난쟁이와 꺽다리

한 나라의 모든 사람이 참가하는 가장행렬을 생각해 보자. 평균소득을 가진 사람의 키는 1.7m로 하고, 이 사람보다 소득이 절반인 사람의 키는 85cm라고 하자. 만약 어떤 사람이 평균소득보다 3배를 더 번다면, 그의 키는 5m 10cm 가 된다. 이 사람들이 60분에 걸쳐서 행진하는데, 키가 작은 사람부터 지평선에 모습을 드러내는 장면을 상상해 보자.

맨 먼저 나타나는 사람은 물구나무 서서 나타난다. 이 사람은 파업한 사업가여서 소득이 마이너스이다. 그 다음에는 파트 타임으로 몇 시간 일한 주부·신문배달소년 등 소인국사람들이 출현한다. 이런 사람들이 한 5분 정도 계속해서 지나간다.

한참 뒤에 등장하는 사람들은 키가 1m가 채 안 되는 난쟁이들인데, 이들은 연금생활을 하는 노인, 실업자, 장사가 안 되는 가게의 주인, 사람들이 재주를 알아 주지 않는 천재화가 등이다. 그 다음에는 1m가 조금 넘는 청소부·지하철집 표원 등 저임금노동자들이 출현하는데, 여기서 Lady First의 원칙이 적용된다.

시간이 흐름에 따라 아주 완만하게 키가 커진다. 기술을 가진 생산직도 나오고 사무직노동자들도 지나간다. 평균소득을 가진 사람은 언제 나올까? 30분? 그렇지 않다. 45분이 지나도 평균신장을 가진 사람이 나오지 않는다. 그는 행렬이 끝나기 겨우 12분 남았을 때 비로소 나타난다.

평균소득이 지나가고 나면 키의 변화는 급속하다. 마지막 6분을 남겨 두고, 소득순위로 최고 10%에 해당하는 2m 키의 사람들이 등장한다. 교장·대졸사원 등이다. 그 후 키는 빠르게 상승하는데, 그리 성공하지 못한 변호사, 대령, 국영기업의 기술자 등 키가 5m에 이르는 거인들이 등장한다. 마지막 1분을 남기고 8m의 대학교수, 9m의 대기업중역, 12m의 고등법원판사도 나타난다. 그 다음 수입이 좋은 회계사·의사·변호사들이 출현하기 시작하는데, 이들의 키는 20m에 이른다.

마지막 몇 십초 동안에는 정말 거인들이 나타난다. 왕족인 필립공의 키는 60m, 쉘(Shell)사의 전무는 110m, 그리고 유명가수 톰 존스는 무려 1,600m의 키를 자랑하며 나타난다. 드디어 석유왕 폴 게티가 나오는데, 그의 키는 구름을 뚫고 올라가 있어 아무도 키를 짐작할 수 없다.[1]

(2) 소득불평등의 측정

위의 예화에서처럼 소득불평등은 어쩔 수 없는 현상이다. 그렇지만 어떤 사회는 더 많이 불평등하고, 다른 사회는 그 정도가 덜하다. 불평등정도를 객관적으로 측정하기 위해 여러 가지 지표들이 개발되고 있다. 이 지표들을 이용하면 정부예산지출이 이루어지기 이전의 지수와 그 이후의 지수를 비교함으로써 예산이 소득불평등을 얼마나 줄여 줄 수 있는지 판정할 수 있게 된다. 그 정도만큼 정부가 수직적 형평성을 달성하기 위해 노력한 셈이 된다.

소득불평등을 측정하는 데에는 ① 직접 소득분포도를 그려 보는 법, ② 10분위(또는 5분위) 소득의 분포, ③ 로렌츠곡선, ④ 지니계수 등이 기본적으로 사용되고, 근자에는 훨씬 더 발달된 기법들이 적용된다. 그러나 최신기법들도 대개는 지니계수를 변형시킨 것들이므로, 이 책에서는 기본적인 측정방법들을 위주로 살펴보겠다.

① 소득분포도

세계각국은 저마다 소득분포와 불평등이 다르다. 그러나 세계 여러 나라의 소득분포도는 놀랄 만큼 유사한 모습을 하고 있다. 즉 가로축에 개인의 소득금액을 표시하고, 세로축에 해당 금액의 소득을 올리는 사람숫자를 표시하게 되면 〈그림 7-1〉과 같다. 이것은 미국의 1990년도 소득분포도로서 왼쪽으로 치우쳐 있는 종 모양을 하고 있다(앞의 Pen의 난쟁이행렬도 이 그림을 다소 우스꽝스럽게 표현한 것이다). 우리 나라의 소득분포도를 그려도 일반적인 모습은 이와 유사할 것이다.

---

1) 이정우. 소득분배론(서울 : 비봉출판사. 1991). pp. 23-24에서 인용.

그림 7-1 미국의 소득분포도

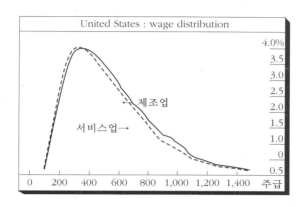

United States : wage distribution

제조업

서비스업→

자료: *The Economist*(1994. 11. 19).

② 10분위 분배율, 5분위 분배율

위의 그림은 소득불평등에 관한 모든 것을 다 포함하고 있다. 그러나 이런 그림을 일일이 그리기가 대단히 어렵다. 그래서 훨씬 더 간편한 방법을 사용한다.

사람들을 소득순서에 따라 서열을 부여한 다음, 전체인구를 소득이 낮은 사람부터 차례로 10%씩 끊으면 소득최하위 10%에서부터 최상위 10%까지 10개의 계층을 만들 수 있다. 그 다음에는 각 계층이 보유한 소득금액의 합계가 전체소득금액의 몇 %인가를 찾는다. 이것을 10분위 분배율이라고 한다.

만약 전체인구를 소득이 낮은 사람부터 20%씩 끊어 나간 후 해당 계층이 소유한 소득의 비중을 %로 나타내면 5분위 분배율이 된다.

〈표 7-1〉은 2005년 한국의 소득분포를 10분위 분배율로 나타낸 것이다. 이 표에 의하면 최하위소득 1분위 계층이 전체소득의 2.6%를 점유한다. 반면 최상위소득계층인 10분위에서는 전체소득의 23.8%를 점유한다. 따라서 최상위 대 최하위의 소득격차는 약 9.2 : 1이 된다.

표 7-1   한국의 10분위 분배율(2005년기준)

소득계층	소득비중
1분위	2.6
2분위	4.6
3분위	5.9
4분위	7.0
5분위	8.2
6분위	9.4
7분위	10.8
8분위	12.5
9분위	15.2
10분위	23.8

자료: 통계청 가계조사.

③ 로렌츠곡선

위의 분위별 분배율을 그림으로 표현한 것이 로렌츠곡선이다. 이것은 사람들을 소득크기대로 순서를 매기고, 가로축에는 사람수를 누적해 가고, 세로축에는 이들의 소득비중을 누적해 간다. 일종의 누적소득분포도라고 할 수 있다.

〈표 7-1〉에 있는 수치들을 로렌츠곡선으로 표시하면 〈그림 7-2〉와 같다.

그림 7-2   로렌츠곡선

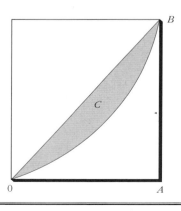

④ 지니계수

백문이 불여일견이라고 그림은 우리들의 직관에 호소하는 바가 크다. 우리 인간은 5감을 통해서 외부로부터 정보를 입수한다. 그런데 5감 중에서도 시각을 통해 입수되는 정보가 전체정보의 70~80%를 차지한다고 한다. 그래서 그림은 메시지전달을 위한 강력한 도구가 된다. 그러나 그래픽정보처리는 언제나 불편하고, 많은 용량을 필요로 한다. 그래서 훨씬 더 간편한 방법을 찾게 된다. 이 방법은 인간의 수리적 추상력을 이용한다.

앞의 로렌츠곡선으로 다시 돌아가자. 만약 완전히 소득분포가 평등한 사회라면, 그 사회의 로렌츠곡선은 원점에서 시작하여 $45°$ 기울기를 갖는 직선 OB가 될 것이다. 이것을 완전평등선이라고 하는데, 이 선에서 멀어져 갈수록 소득이 불평등하게 분포된 사회이다. 소득이 완전히 불평등하게 분포된 사회, 즉 한 사람만이 전체소득을 점유하고 나머지 사람은 소득이 전혀 없는 가상적인 사회의 로렌츠곡선은 삼각형 OAB로 표시된다.

즉 한 사회의 불평등도는 완전평등선 밑의 달(月)모양의 면적 C로 표시된다. 이 면적을 삼각형의 면적 OAB로 나누면 Gini 계수가 계산된다.

$$지니계수 = \frac{C의\ 면적}{OAB의\ 면적}$$

만약 C가 영이라면, 즉 로렌츠곡선이 완전평등선과 일치한다면 지니계수는 0이 된다. 불평등한 사회일수록 C의 면적은 커지고, 그에 따라 지니계수의 값이 올라간다. 극단적으로 불평등한 사회에서는 지니계수의 값이 1이 된다.

소득불평등을 측정하는 지표들은 수없이 많이 개발되어 있으며, 지금 이 순간에도 지구상 어디에선가 새 지표를 만들려고 노력하는 사람이 있을 것이다. 그러나 지니계수 이상의 지표들은 ① 수학적인 지식을 많이 필요로 하고, ② 개인별 소득에 대한 정보자료에 접근할 수 있어야 한다. 그래서 대학에 있는 사람들은 거의 개발하기 힘들고, 최소한 국책연구소와 밀접한 관계가 있는 연구자들이나 이용가능하다. 또 이렇게 정교한 지표들이 새로 만들어진다 해서 그것이 지니계수보다 훨씬 더 우월하냐 하면 꼭 그렇지는 않다.

이런 이유로 이 책에서는 지니계수를 매개체로 삼아 소득의 수직적 형평성문제를 논의하기로 하자.

⑤ 지니계수로 본 한국의 소득불평등

우리나라의 지니계수는 과거 30년 동안 0.3전반대를 중심으로 하여 오르내리고 있다. 농촌인구를 제외한 도시근로자만의 지니계수는 이보다 조금 더 작은 수준에서 움직인다. 이 정도의 지니계수는 대만과 일본보다는 다소 뒤지나, 비교적 소득격차가 심각하지는 않은 편에 속함을 의미한다. 그래서 대만과 함께 경제성장과 소득분배를 성공적으로 이끈 나라로 손꼽히고 있다.

〈그림 7-3〉은 우리나라 지니계수를 다른 나라의 지니계수와 비교하여 나타내주고 있다. OECD국가의 평균 수준임을 알 수 있다.

그림 7-3   지니계수의 국제비교

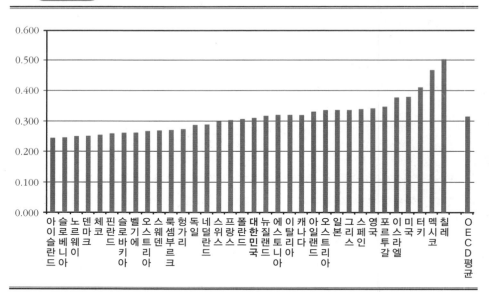

자료: OECD. 2011.

모두가 중산층?

우리나라 국민들의 의식구조에 관한 여론조사를 보면 한 가지 재미 있는 사실을 발견할 수 있다. 몇몇 여론조사에서 "당신이 중산층이라고 생각하는가"라는 질문에 응답자의 70% 이상이 중산층(middle class)이라고 답하고 있다.

실제로 국민의 70% 이상이 중산층이라면 세계 어느 나라와도 비교가 되지 않을 정도로 균등한 소득분배를 달성하고 있는 셈이다. 그런데 "빈부격차가 점차 개선되고 있느냐"는 질문에 대해서는 오히려 악화되고 있다는 응답이 많다. 이것은 국민대다수가 중산층이라고 생각하는 것과 모순이 되는 결과이다.[2]

저자도 모순이라고 생각한다. 그러나 과연 이런 경향이 우리 나라 사람들에게만 해당되는 일일까? 자못 궁금한 일이 아닐 수 없다.

미국의 경우에도 사람들에게 "당신의 소득계층은 어디에 속한다고 생각하느냐"는 설문조사가 자주 실행되고 있다. 최근의 한 조사에 의하면 소득계층을 묻는 질문에 대하여 응답자의 58%가 중간층(middle class)이라고 답하였다고 한다. 그리고 22%가 중하층(lower middle), 13%가 중상층(upper middle)이라고 응답한다. 하층이나 상층이라고 답한 이는 전체의 6%에 지나지 않는다.

⑥ 부(富)의 불평등분포

지금까지는 소득의 불평등분포에 대해서만 살펴보았다. 그러나 소득이란 한 해 동안 벌어서 거의 대부분 써버리는 유량(flow)의 개념이다. 쓰고 남은 돈이 축적된 것을 부(wealth)라고 하는데, 이것은 저량(stock)이다.

참고로 우리나라 민유지의 총자산가치는 1993년 공시지가기준으로 974조 원이고, 1995년에는 1,067조 원으로 증가하였다. 이것은 미국 전체의 땅값 2,420조 원(1988년 기준)의 약 40~44%에 달한다.

그리고 국민의 상위 1%가 전국토지면적의 13%를 차지하고 있으며, 금액으로는 23.7%를 점유하고 있어서 부유한 사람일수록 비싼 땅을 보유하고 있다. 그런 반면 전체가구의 32%는 한 뼘의 땅도 보유하고 있지 못하여 토지소유의 불평등이 심한 상태이다.[3]

---

2) 손정식·임덕호. 경제학개론. 서울: 법문사. 1999.
3) 현진권. "토지소유편중실태와 종합토지세의 소득재분배효과." 한국조세학회 학술발표대회 발표논문(1995. 3).

표 7-2 한국의 부의 분배(지니계수)

	소 득	자산 전체	금융자산	실물자산
전체가구	0.40	0.58	0.77	0.60
도 시	0.37	0.58	0.74	0.60
농 촌	0.45	0.55	0.84	0.56

자료: 이정우. 소득분배론. 서울: 비봉출판사. 1991. p. 221.

부의 불평등도는 일반적으로 소득의 불평등도보다 훨씬 더 심하다. 소득에 여유가 있는 사람들만이 부를 축적할 수 있기 때문이다. 그러나 부의 분포는 소득의 분포보다 포착하기가 어려워 객관적인 지표로 표시하기가 어려운 것이 보통이다. 다행히 1980년대 초의 자료이기는 하지만, 우리나라 부의 불평등도를 지니계수로 표시한 자료가 있기에 소개한다.

〈표 7-2〉를 보면 역시 소득보다는 자산의 지니계수가 높아서 불평등도가 더 심함을 보여 준다. 여기서 실물자산이란 곧 토지를 의미하는데, 토지의 불평등도는 지니계수가 0.60으로 높다. 그런데 이것보다 더 심각하게 편중되어 있는 부는 금융자산으로 나타난다. 전국 지니계수가 0.77이다. 이들 모두 금융실명제 및 부동산실명제가 실시되기 이전의 자료임을 감안한다면, 실제 불평등도는 훨씬 더 심할 것이다.

여기서 도시지역보다는 농촌지역에서의 불평등도가 더 높게 나타난다. 토지를 제외하고, 소득·금융자산 등이 농촌지역 내에서 훨씬 더 편중되게 분포되어 있음을 알 수 있어서 정부의 재분배정책이 어디에 비중을 더 두어야 할지 자명하게 알려 준다.

(3) 정부예산의 소득재분배효과

정부의 여러 가지 예산지출이 불평등한 소득분포를 완화시킬 수 있는가?

이 질문에 대하여서는 주관적 판단을 내릴 수도 있고, 또 객관적인 자료를 가지고 논의할 수도 있다. 주관적인 판단에 대해서는 별도의 책을 가지고도 부족하다. 따라서 여기서는 객관적인 자료를 보면서 정부예산이 소득과 관련하여 수직적 형평성을 어느 정도 달성하고 있는지 그 효과를 살펴보도록 하자.

그런데 정부의 지출효과를 측정하는 데 있어서 몇 가지 난제가 있다. 그 첫째가 자료에 대한 접근이 어렵다는 점이다. 소득분포에 관한 대부분의 연구들이 KDI 등의 국책연구소에서 발표된다. 일반인은 개인소득의 원자료(raw data)에 접근할 수 없기 때문이다. 두 번째 문제는 흔히 지출귀착(expenditure incidence)이라고 하는 현상으로서 여간 까다롭지 않다.

예산이 지출되면 그 효과가 지출금을 받은 사람에게서 끝나는 것이 아니라 여러 파급경로를 타고 흐르다가 최종적으로 혜택을 받는 사람에게 돌아간다. 알기 쉽게 재산세를 예로 들어 보자. 정부가 집주인에게 세금을 부과하면, 집주인은 이 세금부담의 일부를 세입자에게 전가시킨다. 전가시키는 정도는 집주인과 세입자가 처해 있는 상대적인 입장에 따라 결정된다. 누가 얼마만큼의 조세부담을 실질적으로 떠맡는가를 조세귀착(tax incidence)이라고 한다.

이와 마찬가지로 정부가 특정인에게 예산지출을 해주었는데, 그것의 실질적인 혜택은 다른 사람이 보는 수가 있다. 예를 들어 정부가 국민 모두를 위하여 국방비지출을 하였는데, 실질적인 수혜는 특정납품업자에게 돌아가는 경우 등을 생각할 수 있다. 또 정부가 영세민을 위하여 주택재개발사업을 승인해 주었는데, 이 사업의 실질적인 혜택은 중산층 이상이 받는 수가 많다. 서울의 경우 재개발지역의 원주민입주율이 평균 10%를 밑돌며, 특히 세입자의 경우 입주율이 1.0%로 극히 저조하다고 한다.[4] 이처럼 예산지출의 실질적인 혜택을 누가 얼마만큼 보는가 하는 문제를 지출귀착(expenditure incidence)이라고 한다.

이런 실질혜택관계를 규명하기가 보통 어려운 일이 아니다. 그래서 지출귀착에 관한 문제는 우리나라뿐 아니라 선진국에서도 쉽사리 다루어지고 있지 않다. 그런데 마침 이런 시도를 한 KDI의 보고서가 있기에 참조를 하자.

심상달(1988)은 정부의 지출은 일정한 경로를 타고 최종수혜자에게 전달되는데, 이 수혜경로를 유추하는 도구로서 산업연관표(input-output table)를 이용하였다. 산업연관표란 한 분야에 유입된 투입량의 증가가 다른 분야에 얼마만한 영향을 미치는가 보여 주는 지표로서 매년 한국은행 등에서 발표하고 있다. 그 다음 그는 각 산업에 종사하여 소득을 올리는 도시가계조사자료를 결합시켰다. 이로써 정부가 한 산업분야에다 지출을 증가시키면, 이것이 각 산업으로 퍼져서 각 산업에 종사하는 근로자들에게 얼마만한 소득의 증가로 귀착되는지를 추정한다.

---

4) 대한주택공사. "불량주택지역 재개발사업개선방안 세미나"(1994. 5).

그림 7-4   예산의 소득재분배효과

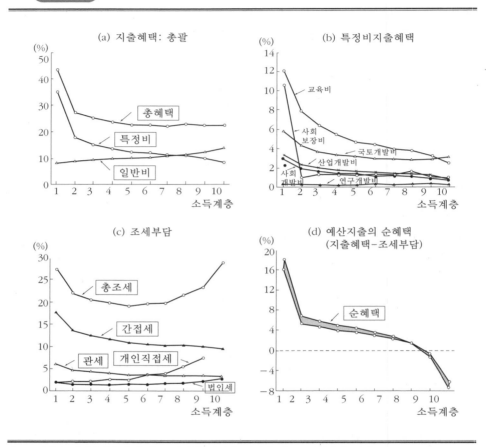

자료: 심상달. "정부지출의 수혜분포분석." 곽태원·이계식 편. 국가예산과 정책목표-1988년도. 1988.
pp. 52-60을 재구성함.

그가 채택한 연구방법은 다소 복잡하지만, 연구결과는 〈그림 7-4〉에 있는 4
개의 그림으로 간단히 요약된다. 이 그림들은 가로축에 소득 10분위를 표시한다.
즉 최하위소득계층인 1분위 소득자에서부터 최상위소득계층인 10분위 소득자순
으로 나열되어 있다. 세로축은 정부의 지출혜택 또는 조세부담이 자신의 소득의
몇 %인가를 표시한다.

〈그림 7-4〉의 (a)는 정부지출의 혜택이 총괄적으로 어떻게 분포되는가를 보
여 준다. 수혜의 분포는 일반비(국방 · 사법 · 외교 등 순수공공재에 대한 지출)의 경

우 소득이 많은 사람일수록 혜택을 받는 비율이 상승하는데, 그 상승폭은 대단히 작은 편이다. 그런 반면 특정비(일반비를 제외한 모든 지출)의 수혜는 영어의 L자 모양을 하고 있다. 즉 최저소득층에게는 그들의 소득에 비해 예산지출의 혜택이 아주 크지만, 그 이외의 계층에서는 수혜비율이 거의 일정하다. 그러나 예산에서 일반비보다 특정비의 규모가 훨씬 더 크므로 총괄적으로는 L자 모양의 수혜구조를 갖는다.

특정비 중에서는 교육비와 사회보장비가 저소득층에게 상대적으로 많은 혜택을 제공하며, 국토개발비 · 산업개발비 · 사회개발비 등은 저소득층에게 다소 유리한 혜택을 제공한다. 그런 반면 연구개발비는 전소득계층에게 동일한 비율의 혜택만 제공하는 것으로 나타난다(〈그림 7-4〉의 (b) 참조). 그런데 국토개발비의 경우 저소득층에게 높은 비율의 혜택을 주는 것은 사실이지만, 최상위소득계층에 있어서 수혜비율이 다소 상승하는 모습을 보여 주고 있어 이채롭다.

앞의 그림 (a)와 (b)로부터 정부의 예산지출은 최저소득계층에게는 확실히 재분배효과가 있으나 다른 계층에게는 혜택이 거의 비례적으로 주어지고 있어 재분배효과는 미미하다. 그러나 재분배 여부를 제대로 파악하려면 예산자원의 계층별 분담정도를 함께 고려해야 한다. 즉 저소득층이 정부혜택을 많이 받아도 세금을 많이 낸다면, 이것은 재분배효과가 적다고 보아야 된다. 반대로 고소득층에게 정부지출이 적게 돌아간다 해도 이들이 세금도 적게 낸다면 재분배효과는 역시 없다. 이 점을 고려에 넣기 위해서는 조세부담을 살펴보아야 한다.

소득계층별 조세부담은 〈그림 7-4〉의 (c)와 같다. 최저소득층은 간접세부담 때문에 자기소득에 비하여 상대적으로 높은 조세부담(약 28%)을 진다. 고소득층으로 갈수록 개인직접세(소득세 · 증여세 · 상속세 등)의 증가 때문에 조세부담률이 상대적으로 높은 편이다. 이런 경향은 제 8 분위 · 제 9 분위 · 제10분위 소득계층으로 갈수록 강해져서 최고소득층의 경우 조세부담률이 30%에 이른다.

그러나 제 2 분위 소득계층에서부터 제 7 분위 소득계층까지는 상대적으로 작은 비율의 조세를 부담하고 있다(약 20% 정도). 결국 우리나라의 실질조세부담률은 〈그림 7-4〉의 (c)에서 보듯이 우묵하고 완만한 U자 모양을 하고 있다.

최종적으로 정부예산지출의 순혜택은 '예산지출의 혜택 − 조세부담'인 셈인데, 이것은 앞의 〈그림 7-4〉 (d)와 같은 성향을 띤다. 즉 저소득층인 제 1 분위 계층은 자기소득의 18% 가량의 순혜택을 정부로부터 받는다. 이 비율은 제 2 분위 계층의 경우 7%대로 급격히 낮아진다. 그런 다음 순혜택비율은 제 8 분위 소득계층의 2%대로 완만하게 낮아진다. 그렇더라도 제 8 분위 계층까지는 세금으로 납부한 것보다 정부로부터 돌려 받는 혜택이 크다. 그러나 제 9 분위 소득계층부터는 정부예산지출의 혜택을 받는 금액보다 조세로 납부하는 금액이 더 커서 수혜율이 마이너스값을 갖는다. 이런 경향은 제10분위 계층에 가서는 더욱 강화되어서 이들은 자기소득의 6% 정도를 정부에 순납입하는 것으로 추정된다.

이 연구의 결론은 현재 정부예산의 지출은 비교적 수직적 형평성을 도모하는 방향으로 추진되고 있다는 것이다. 정부예산지출 전의 지니계수는 0.345이지만, 조세부담과 예산지출이 이루어진 후에는 그 값이 0.321로 낮아진다. 물론 이러한 결과에 대하여 주관적인 판단에 따라 현상태가 만족스럽게 보일 수도 있고, 수직적 형평성을 획기적으로 추진할 필요가 있다고 평가할 수도 있다. 그러나 심상달의 연구는 몇 가지 분석상의 문제에도 불구하고 보기 드문 좋은 시도라고 생각된다.

문형표(1990)는 심상달과 조금 다른 불평등측정지표를 적용시켜 보았지만 결과는 유사하였다. 즉 재정지출은 저소득층에 대해서 소득재분배효과가 큰 반면, 고소득층에서는 별 효과를 갖지 못한다는 것이다.[5]

이상의 분석결과들에 기초하여 볼 때, 다음과 같은 추정이 가능하겠다.

① 우리나라 정부의 예산지출은 일반적으로 최저소득층에게는 소득을 재분배해 주는 효과가 있다.

② 최고소득층인 제 9 분위·제10분위 계층은 대체로 조세부담은 많이 하고, 정부예산의 지출혜택은 상대적으로 작은 비율로 보고 있다.

③ 그래서 일단 예산지출의 소득재분배기능은 확인된다.

④ 다만, 혜택의 정도에 있어 아직 문제가 있다. 최저소득층인 제 1 분위 계층은 소득에 비하여 높은 비율로 정부예산의 혜택을 받는다. 그러나 수혜금액에 있어서는 아직도 미흡하다.

⑤ 여전히 저소득층이라고 할 수 있는 제 2 분위·제 3 분위 소득계층에게는 별다른 혜택이 돌아가고 있지 않다. 앞의 〈그림 7-4〉에서도 보았듯이 이들의 수혜비율은 상대적으로 형편이 좋은 제 6 분위·제 7 분위 소득자에

---

5) 문형표. "재정지출과 소득분배." 송대희·권순원 편. 국가예산과 정책목표-1990년도. 1990. pp. 65-94.

비하여 그렇게 높지 않다. 즉 우리 사회에서 저소득근로자(working poor)에 대한 배려가 아직 부족하다.

⑥ 고소득층이 혜택보다 조세부담을 많이 하고 있다고는 하지만, 고급행정서비스에 대해서는 오히려 더 많은 혜택을 받고 있다. 예를 들면 국토개발 · 대학교육 등에 대해서는 고소득층이 정부로부터 공공연하게 많은 혜택을 받고 있다.

⑦ 이런 추정에 근거할 때, 우리 정부의 예산지출에 있어서 수직적 형평성(소득재분배)에 대한 고려가 더욱 많이 이루어져야 할 당위성은 상존한다.

⑧ 마지막으로 우리나라에서 소득의 문제보다 부의 문제가 더욱 심각하다. 부의 편중은 더욱 심화되고 있어 사회적 위화감까지 조성할 정도이다.

2. 예산지출로 인한 상대가격의 변동과 소득재분배: micro분석

이상의 논의에서는 지니계수 또는 그 유사한 불평등측정지표를 이용하여 정부의 지출이 얼마만큼 불평등도를 줄이는가 살펴보았다. 그러나 예산지출은 여러 재화의 (상대적) 가격을 변화시키기도 한다. 이런 가격의 변화에 따라 누가 예산지출의 혜택을 가장 많이 받는가를 추정해 볼 수도 있다.

이처럼 가격을 중심으로 해서 수직적 형평성문제를 따져 보는 노력을 미시적(micro) 분석이라고 한다. 미시경제학이 가격을 중심으로 하여 수요 · 공급이 어떻게 변하는가를 분석했었던 것처럼 말이다.

예산지출의 재분배효과에 대하여 로젠(Harvey S. Rosen)은 명쾌한 예를 제시하고 있다.

"만약 정부가 저소득층을 돕기 위해 영세민전세 지원금을 제공하기로 했다고 하자. 이 조치의 결과로 소득분배는 어떻게 변하게 될까? 정부의 지원금은 그것을 받는 자가 승자이고, 세부담을 지는 자가 패자이다. 만약 지원금을 받는 사람이 저소득층이고 납세부담을 지는 자가 고소득자라면, 이 조치로 인해 소득이 더 평등해지도록 재분배가 된 것처럼 보인다.

그러나 이런 생각은 단순하기 그지없다. 즉 이 조치의 결과 저소득자들이 전세수요를 늘리게 된다면, 주택가격이 상승한다. 그 결과 저소득자들은 의도

했던 것보다 혜택을 덜 누리게 된다. 집주인들이 정부지원금의 일부를 가져 가
는 셈이다.

　　또한 전세지원금정책의 결과 주택건설업자들의 소득이 높아진다. 주택건
설노동자의 임금도 올라가고, 자재값도 인상된다. 만약 건축자재업자들이 중
간 이상의 소득을 올리는 계층이라면, 영세민전세지원금정책의 결과로 소득분
배는 더욱더 불평등하게 된다.

　　정부의 예산지출은 그 결과로 재화의 가격들을 변동시킨다. 따라서 비싸
진 재화를 더 많이 소비하는 사람이 패자가 되고, 더 비싸진 투입물을 파는 사
람들이 승자가 된다."[6]

위와 같은 로젠의 사례는 가상적이지만, 모든 (수직적) 형평성회복정책들이
실상은 알려져 있는 것보다 효과가 복잡함을 잘 알려 주고 있다. 소득재분배를
위한 개별정책들의 효과를 면밀하게 살펴보는 것이 미시적 분석인데, 아래와 같
은 '생각하기'를 통해 미시적 분석의 유용성을 감지하기 바란다.

　　이처럼 어떤 정책을 직접적·단기적 효과만 분석하느냐, 아니면 간접적·장
기적 효과까지 포함하여 분석하느냐에 따라 정책효과가 달라진다. 바람직한 것
은 위의 사례들과 같이 미시적인 분석까지 포함하여 개별정책에 대한 수직적 형
평성달성 여부를 판단해야 한다. 그러나 사실 간접적인 효과의 분석은 대단히 까
다로워서 전문가들도 다루기가 만만치 않다.

　　하지만 모든 일에 전문가들의 치밀한 수치계산이 필요한 것은 아니다. 그런
계산이 없더라도 상식적으로 예상할 수 있는 결과들을 한 단계만 더 깊이 생각하
면 된다. 정책수립과 그것을 지원하는 예산의 편성에 있어서 이처럼 한번 더 생
각하게 하는 신중함! 이것이 바로 우리가 결여하고 있는 것 아닌가?

　　지금까지는 정책의 재분배효과하면 매크로분석이 주류를 이루었다. 그러나
앞으로는 마이크로분석도 함께 추가되기를 바란다.

---

6) H. S. Rosen. *Public Finance*(Homewood, Ill.: Irwin, Inc., 1985). p. 82.

```
생각하기
```

가상적인 사례이다. 서울특별시에서는 저소득층이 밀집되어 있는 지역에다 전철역을 설치하기로 최종결정하였다. 이로써 영세민들의 출퇴근길·고생길이라는 교통난이 대폭 해소될 전망이다.

이 조치는 수직적 형평성이라는 기준에서 볼 때 얼마나 정당한 조치인가? 효율성(만족감) 측면에서는 얼마나 정당한가? 지역경제의 성장을 위해서는 또 어떠한 효과를 거둘 것인가? 그리고 무엇보다도 이 조치의 결과 최종적인 승자와 패자는 누구인가? 아래 그림을 보고 생각해 보시오.

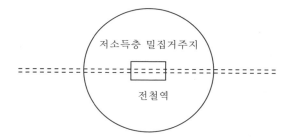

이 조치의 결과 저소득층밀집거주지의 상권이 개발되고, 사람들의 호응도 좋아서 만약 어떤 사람이 이 역을 유치하는 데 공을 세웠다면 아마 선거에서 당선될 것이다. 그러나 전철역인근지역의 개발로 타지역에 살던 좀더 여유 있는 사람들이 교통편의를 위해 이 지역으로 유입될 것이고, 이 지역의 부동산시세가 올라간다. 따라서 상대적으로 경제형편이 좋은 집주인·땅주인들은 직접적인 혜택을 보지만, 저소득층은 이 지역에서 밀려나 더욱 먼 곳으로 이주해 가지 않으면 안 된다. 아래 그림과 같이.

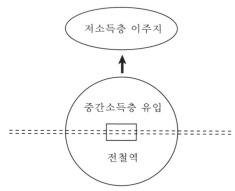

제3절 정부가 시행하고 있는 "사회적 약자" 배려 정책

정부의 사회적 약자에 대한 배려는 우선적으로 보건복지부가 담당을 한다. 그러나 정부의 사업을 좀더 자세히 들여다보면, 복지기능을 수행하고 있는 사업들은 거의 모든 부처에 걸쳐 이루어지고 있음을 발견하게 된다. 다음은 정부 각 부처가 수행하고 있는 "사회적 약자에 대한 배려" 정책들을 수집하여, 예시로 정리한 것이다. 사회적 형평성 고취를 위한 사업들의 대상과 범위와 종류가 매우 다양함을 알 수 있다. 이런 모든 사업에 예산지원이 필수 불가결하고, 예산집행의 결과가 통해 사회적 배려의 수준을 실질적으로 향상시키는 것으로 연결되어야 한다(대상 정책 중 일부만 아래에 기술하였다).

국무조정실 – 장애인복지발전 5개년 계획 추진
　　　　　 – 장애인 올림픽 입상자 선수연금 차별 해소
　　　　　 – 결식아동 지원 확대
　　　　　 – 고속철도 경로할인 적용관련 정책 조정
　　　　　 – 차상위 의료취약계층 의료보호 확대
　　　　　 – 건보료, 단전, 단수 등 공과금 체납가구 대책
　　　　　 – 공공부문 비정규직 대책
　　　　　 – 독립유공자 예우 강화
　　　　　 – 복권기금을 활용한 사회적 약자 보호 강화
조달청　　 – 중소기업지원, 지방기업지원, 여성기업지원
　　　　　 – 중소, 벤처 우수제품 지원
병무청　　 – 생계곤란자 병역감면처분 확대, 강화
　　　　　 – 격오지 거주자를 위한 이동병무상담 운영
기상청　　 – 소규모 전문연구 비영리법인의 연구개발사업 진입제한 폐지
통계청　　 – 음성 및 시각자료 제공으로 장애인 및 노약자에게 통계정보제공
　　　　　 – 저속통신망 이용자 위한 텍스트 홈페이지 개발
중소기업청 – 재래시장에 대한 정책지원 강화
　　　　　 – 소상공인 지원자금 확대

철도청	－ 노인, 장애인 운임 할인
	－ 노인, 장애인 편의시설 설치, 도우미 활동
특허청	－ 특허기술 시작품 제작지원
	－ 무료 변리 비용 지급
소방방재청	－ 수해복구비 압류금지 조항 신설 중
문화재청	－ 장애인, 여성, 중소기업 물품 구매
외교부	－ 소수집단 우선 임용제도 개선(장애인 공무원 채용)
경찰청	－ 피해자 보호 전담기구 설치
	－ 지체장애인 등 교통면허제도 개선
	－ 성매매 피해여성 대책
대검찰청	－ 여성, 청소년, 장애인을 위한 수사 시스템 구축
안전행정부	－ 정보화마을 시범사업
법무부	－ 여성, 장애인 등을 위한 법무시설 조성
해양수산부	－ 낙도 보조항로 선원 수당 인상
	－ 소외 받아 온 선원에게 고용보험 적용
국가보훈처	－ 저소득층 국가유공자 생활향상을 위한 보상금, 수당 인상
방송통신위원회	－ 도서, 벽지 우체국(우편취급소) 설치
	－ 경로자에 대한 전자금융 이용수수료 면제
산업통상자원부	－ 장애인 극빈층 전력사용 보장
농림축산식품부	－ 농촌 정보격차 해소 사업
	－ 여성농업인 지원, 농가도우미 제도 실시
교육부	－ 장애유아 무상교육비 지원, 특수교육 보조원 채용
	－ 학교 급식비 긴급지원센터 설치, 운영
	－ 가계곤란자 정부장학금 및 저리 융자 예산 확보, 지급
국세청	－ 영세, 생산적 중소기업 지원
	－ 납세자 보호 담당관 기능 강화
기획재정부	－ 생계형저축 가입한도 및 가입대상자 확대
문화체육관광부	－ 소외계층(노인, 외국인 노동자, 탈북자, 여성) 위한 문화타운
식품의약품안전처	－ 희귀질환자를 위한 희귀의약품 센터 설치 운영
통일부	－ 취약계층 북한이탈주민 지원 강화

                    - 북한 용천재해 이재민 구호
                    - 식량, 비료 등 정부차원의 대북지원
                    - 납북자 가족 위로금 지급
국토교통부 - 저상버스 도입
                    - 기존 주택 매입, 사회적 약자에게 저가 임대
                    - 무주택 소년소녀 가정에 주거비 지원
                    - 전세자금 지원 확대
미래창조과학부 - 여성과학기술인력 채용목표제
                    - 신진연구자 연구비 지원
                    - 중소기업이 석박사 연구인력을 고용할 때 인건비 지원
고용노동부 - 비정규직 대책 입법 추진
                    - 근로감독관 증원
                    - 무료법률구조 지원
                    - 남녀 고용평등 프로그램 입법화 추진
                    - 최저임금제 개선
법제처   - 장애인, 지방거주자를 위한 전화구술 심리제도 도입
                    - 국민이 이해하기 쉬운 법령 만들기 사업 추진
여성가족부 - 성매매 방지 및 피해자 종합대책
                    - 복권기금으로 가정폭력 대책 사업
국방부   - 현역병 건강보험 적용
                    - 장병 복무여건 개선 추진
보건복지부 - 사회복지사무소 시범사업
                    - 위기가정 SOS 긴급전화
                    - 지역사회복지협의체 시범구성
                    - 사회복지전담공무원 확충계획
해양경찰청 - 조난선박 예인시스템 개선, 영세어민 위주 무제한 예인
                    - 경비함정과 낙도분교 자매결연

제 8 장

Goal 3: 효율적 자원배분

- 제1절 소비자효용 모형에 입각한 효율적인 자원배분 이론
- 제2절 정부예산의 선택 이론
- 제3절 효율적 배분 이론의 적용가능성

제8장 Goal 3: 효율적 자원배분

　　정부의 예산안 편성 작업은 ① 기획재정부와 각 부처 간의 예산협의, ② 기획재정부 내부의 예산심의회에서의 조율, 그리고 ③ 정치논리 반영 과정을 거쳐 이루어진다. 이 중 예산협의 과정에서는 각 부처가 제출한 예산요구의 타당성 및 비용편익을 재검토한다. 그러나 예산심의회 이상의 절차에서는 상당 부분 자원배분의 효율적 선택을 위한 다양한 정치과정이 펼쳐진다. 그래서 예산안 편성작업을 "선택의 예술"(arts of choice making)이라고 한다.[1]

　　그런데 이런 선택의 예술은 어떤 목적을 가지고 이루어지고 있는가? 정부 부처가 요구하는 각 사업들은 저마다 훌륭한 사업목표들을 가지고 있다. 그러나 문제는 모든 사업이 다 좋은 목적을 가지고 있지만, 예산자원은 한정되어 있기 때문에, 좋은 목적을 가진 사업들간에 우선순위를 부여하지 않을 수 없다는 점이다.

　　정부예산결정의 가장 중요한 측면은 최대의 만족감을 달성하도록 상이한 목적간에 예산자원을 배분하는 것이다.[2] 그렇다면 이 목적을 어떻게 달성할 것인가? 또는 최대의 만족감을 추구해 가는 과정은 어떻게 이루어져야 하는 것일까? 이 질문에 가장 잘 답변해 줄 수 있는 것이 소비자 효용모형에 입각한 자원배분론이라고 생각된다.

---

1) 영어로 arts는 예술이라고도 번역되지만, 기술 또는 기법이라고도 번역된다.
2) V.O. Key, Jr.는 "예산이론이 없다"(The Lack of a Budgetary Theory)는 유명한 논문에서 다음과 같이 비판한다.
　　"예산편성자는 모든 지출기관의 요구에 부응할 수 있는 충분한 수입을 갖고 있지 않다. 따라서 예산편성자는 한정된 수단을 대체적 용도에 어떻게 배분할 것인가를 결정하지 않으면 안 된다.…… 이런 과제에 대해 예산편성자는 평가기준을 거의 개발하지 못하고 있는 실정이다. 오히려 감에 의한 판단(impressionistic judgement)에 입각하여 작업을 하고 있다"(강인재 외. 1985; pp. 10-12로부터 재인용).

제1절 소비자효용 모형에 입각한 효율적인 자원배분 이론

합리적인 사람, 甲이 있다고 가정하자. 이 사람은 주어진 돈을 가지고 다음과 같은 여러 상황에서 적절하게 재화를 소비함으로써 자신의 효용을 극대화하려고 한다. 우선 가장 간단한 상황에서부터 탐구여행을 출발하자.

1. 가장 간단한 경우: 한 사람, 한 재화

甲이 목말라서 먹는 샘물(生水)을 한 잔 사서 마셨다고 하자. 그러면 이 소비자의 효용(만족감)은 급증한다. 그러나 생수를 한 잔 더 마시면 이번엔 만족감이 처음만큼 그렇게 많이 증가하지 않는다(한계효용체감의 법칙).

여기다 추가로 물을 한 잔 더 마셔야 한다면, 그는 포만감을 느끼기 시작한다. 이런 포만감에도 불구하고 물을 계속 마셔야만 하는 상황이라면, 그것은 물고문이다. 효용(만족감)을 얻기는 커녕 오히려 불쾌감(마이너스 효용)이 급증할 것이다.

이런 관계를 그림으로 표시하면, 효용수준은 〈그림 8-1〉과 같이 포물선 형

그림 8-1 한 소비자의 효용

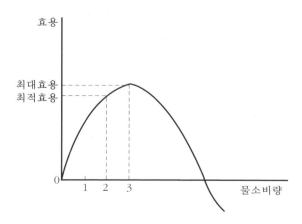

태를 띨 것이다. 이 그림에서 甲의 효용은 물 3잔을 마실 때 최대가 된다 (maximize). 그러나 주머니에 생수 2잔 살 돈 밖에 없다면, 그의 효용은 2잔에서 최적화(optimize) 된다.

2. 가장 전형적인 경우: 한 사람, 두 재화

앞의 경우는 변수가 2개(물 소비량과 효용수준) 밖에 없기 때문에 변수들간의 관계가 아무 어려움 없이 2차원 평면에 그려진다. 그러나 만약 이 소비자가 사과와 오렌지라는 2개의 재화를 혼합하여 소비함으로써 만족감을 극대화시키고자 한다면, 관련된 변수가 3개(甲의 효용수준, 사과 소비량, 오렌지 소비량)로 늘어난다.

이것은 3차원 문제이므로 평면에 표시하기가 다소 곤란하다. 그러나 다음과

그림 8-2 3차원 물체를 평면에 표시하기

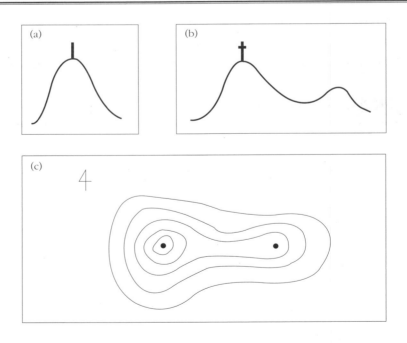

같이 몇 가지 조치를 취하여 주면, 3차원 사상을 2차원 평면에 그릴 수 있게 된다.

실존하는 3차원 물체인 南山을 보자. 서울의 남산을 신촌 쪽에서 바라보면 〈그림 8-2〉의 (a)와 같은 모습이다. 그런데 같은 남산을 강남에서 쳐다보면 (b)와 같이 누에고치 모습이다. 이런 남산의 모습을 2차원 평면에 표시하면서도 3차원적인 특징을 그대로 지니게 하는 방법이 있다. 바로 等高線 지도를 이용하는 것(c)이다.

두 재화에 지출하여 얻게 되는 甲의 효용수준도 남산의 지도 같이 표시할 수 있다. 甲은 사과만 소비함으로써 만족감을 얻을 수 있고(〈그림 8-3〉의 (a)), 오렌지만 소비함으로써 효용을 누릴 수 있다(〈그림 8-3〉의 (b)). 그런데 보통 사람은 사과와 오렌지를 적당량 혼합해 소비한다. 이 때 그의 사과 소비량, 오렌지 소비량, 그리고 만족감간의 관계는 南山같은 모양을 띠게 되는데, 이를 등고선 지도

그림 8-3 두 재화의 소비에 따른 효용수준

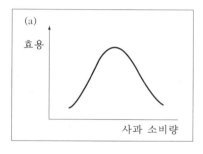
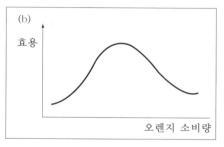
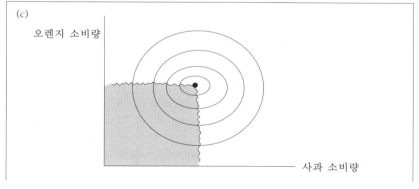

처럼 그린다면 효용관계를 2차원 평면에 나타낼 수 있다.

등고선이란 해발 높이가 같은 지점들을 죽 연결한 선이다. 효용의 등고선도 이와 똑같은 방법으로 그릴 수 있다. 즉, 甲이 사과 소비량과 오렌지 소비량을 여러 가지로 바꾸어 가면서 만족감을 측정한 후, 같은 정도의 만족감을 주는 혼합량을 찾아내어 선으로 연결하면, 아마 〈그림 8-3〉의 (c) 또는 그와 유사한 형태의 등고선을 그릴 수 있다.

가령 甲이 한 달 기준으로 사과 10개와 오렌지 5개를 먹었을 때의 효용이 사과 8개와 오렌지 6개를 먹었을 때의 만족수준과 같았다면, 이 두 경우는 같은 등고선 상에 놓이게 될 것이다. 효용의 등고선 위의 모든 점은 똑같은 정도의 효용수준을 표시한다. 즉, 이 선 위의 점들 간에는 효용수준에 있어서 차이가 없다(무차별)는 말이다. 그래서 이 효용의 등고선에 대한 공식적인 이름은 무차별곡선 (indifference curve)이라고 불린다. 등효용곡선(iso-utility curve)이라고 부르는 것도 가능하다.

이런 무차별곡선은 〈그림 8-3〉의 (c)에서처럼 둥근 원들로 표시되는데, 가운데 꼭지점은 가장 높은 효용을 가져다 주는 사과 소비량과 오렌지 소비량의 조합을 나타낸다. 이 꼭지점에서 멀리 떨어진 원일수록 효용수준이 낮은 무차별곡선 (등효용곡선)이다. 그리고 원과 원 사이의 공간에다 무수히 많은 무차별곡선들을 효용수준별로 그려 넣을 수 있다. 그러나 단순화를 위해 원을 몇 개만 그려 넣었다. 실물 지도가 100m, 200m 등의 간격으로 등고선을 그린 것과 같은 이치다.

그런데 이왕 단순화를 원한다면 더 간단하게 표시하자. 무차별곡선의 일부분 (대충 전체 원의 1/4 정도)만 그려 줘도, 나머지 부분은 유추를 할 수가 있다. 이것이 보통 교과서에 나오는 무차별곡선의 모습이다(〈그림 8-3〉(c)의 좌하면 회색부분).

만약 예산제약이 없다면 甲의 효용은 가운데 정점을 나타내는 수량만큼의 사과와 오렌지를 소비함으로써 만족감을 최대화(maximize)할 것이다. 그러나 甲의 주머니는 얇다. 그는 만족감을 최대화시키지는 못하고 최적화(optimize)시킬 수 있을 뿐이다.

그가 한 달 동안 과일 구입에 쓸 수 있는 예산이 2만 원뿐이라고 하자. 그런데 사과의 값은 1개에 500원, 그리고 오렌지 값은 1개에 1,000원이다. 만약 甲이 사과를 40개(2만 원 어치) 사면, 오렌지는 1개도 못 산다. 사과를 20개만 사면, 오렌지는 10개까지 살 수 있다. 또 사과 구입을 10개로 줄이면, 그 대신 오렌지 구

그림 8-4   예산제약선

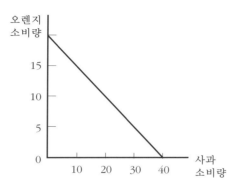

입을 15개로 늘릴 수 있다. 이런 관계를 그림으로 표시하면, 〈그림 8-4〉의 직선과 같아지는데, 이를 예산선(budget line)이라고 한다.

이 예산선의 기울기는 두 재화의 상대가격에 따라 달라진다. 이 직선의 바깥쪽은 甲의 구매능력범위를 넘는 것이다. 따라서 모든 현실적인 구매는 예산선과 그 선의 안쪽에서만 이루어져야 한다.

이제 甲이 극대화하고자 하는 목표가 되는 효용곡선과 甲의 예산제약선이 모두 그려졌다. 甲은 예산선 범위 이내에서 효용수준이 가장 높은 무차별곡선을 찾아내고, 이에 해당하는 양만큼의 사과와 오렌지를 구입함으로써 효용을 극대화할 수 있다. 그렇다면 어느 무차별곡선이 가장 上位에 위치하게 되는가? 그것은 바로 〈그림 8-5〉의 (a)에서 예산선과 접점을 이루는 무차별곡선이다. 따라서 이 접점에 해당하는 양만큼의 사과와 오렌지를 구매하도록 예산을 지출할 때, 비로소 甲의 효용은 극대화된다. 이 극대화 조건은 유일무이한 최적배분이어서, 甲이 이것 이외의 어떠한 방법으로 소비를 하여도 그의 효용은 더 증가하지 않는다.

과연 그런가 검증해 보자. 〈그림 8-5〉의 (b)를 보자. 甲은 A지점에서 소비를 할 때 가장 높은 수준의 효용을 누린다. 만약 甲이 B 지점으로 옮겨가서 소비하려고 하면, 효용수준은 높아지는데, 예산선을 벗어나서 불가능영역으로 들어가 버린다. 이번에는 甲이 예산선상의 다른 점 C에서 소비한다고 가정하자. 그러면 C점을 통과하는 그의 효용곡선은 A점을 통과하는 효용곡선보다 낮은 위치에 있다. 즉, 甲이 C에서 소비한다면 스스로 낮은 효용을 택하는 셈이 되어 합리적인

그림 8-5   효용극대, 최적배분 방식

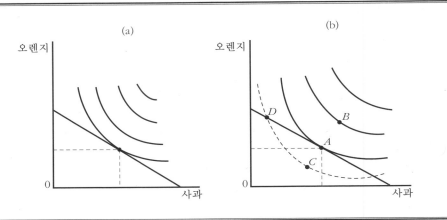

사람으로서의 소임을 다하지 못한 것이다.

제2절   정부예산의 선택 이론

지금까지는 개별적인 소비자 한 사람이 두 재화에다 예산을 배분할 때의 효율화 조건을 살펴보았다. 그러나 정부예산은 사회적인 결정이다. 사회는 최소한 두 사람 이상으로 구성되어 있으므로, 앞에서 살펴본 것과 같은 간단한 의사결정은 없고, 훨씬 더 복잡한 상황에서의 의사결정이 요청된다. 여기서는 정부예산과 관련된 의사결정을 위하여 가장 전형적인 경우 세 가지를 살펴보고자 한다.

① 예산을 요구하는 집행부처와 그것을 사정하는 기획재정부 간에 정책에 대한 선호도는 같지만, 가용자원(예산선)에 대해서는 서로 다른 견해를 갖는 경우
② 집행부처와 기획재정부 간에 정책에 대한 선호도는 다르지만, 이들이 협의과정을 통해 합의에 도달하는 경우
③ 집행부처와 기획재정부 간에 정책 선호도도 다르고, 합의도 안 돼서 갈등이 심한 경우

1. 예산선에 대한 이견이 있는 경우

예산 사정과 관련하여 가장 전형적인 케이스이다. 즉, 집행부처와 기획재정부 간에 특정 정책(예, 연구개발사업, 저소득층지원사업)을 추진해야 한다는 방향에는 원칙적으로 동의를 한다. 그러나 더 많은 투자를 원하는 집행부처와 예산자원이 제약되어 있음을 강조하는 기획재정부 간에는 근본적으로 가용자원에 대하여 이견이 있다.

이런 상황은 〈그림 8-6〉으로 표현된다. 집행부처는 더 많은 가용예산을 예상하고 A 지점에서 예산이 배분되기를 원한다. 그러나 기획재정부의 가용 예산은 그것 보다 훨씬 더 작다(굵은 선으로 표시된 예산선). 따라서 기획재정부가 정책의도에 대한 견해는 집행부처와 동일하더라도, 기획재정부의 선택은 A가 아니라 B이다. 결국 집행부처가 원하는 예산금액과 기획재정부가 제시하는 예산금액간에는 차이가 생기게 된다.

하지만 기획재정부의 예산선이라는 것도 예산사정 단계에서는 확정된 것이 아니다. 정 필요한 경우, 정부는 세입과 세출이 같은 균형예산을 포기하고, 세입보다 세출이 더 많은 적자예산(또는 팽창예산)을 편성할 수도 있다. 이럴 경우 기

그림 8-6 가용예산에 대한 이견이 있는 경우

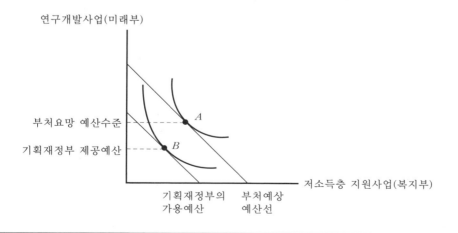

획재정부의 예산선은 위쪽으로 확장될 수 있다. 그러기에 집행부처에서는 가능한 한 많은 예산을 요구하기를 멈추지 않는다.

2. 집행부처와 기획재정부간 정책 선호도가 다른 경우

앞에서는 두 사람의 선호도는 같되 가용예산에 대한 생각만 다르다고 하였다. 그러나 사람이 두 명이 있다는 것은 바꿔 말해 선호도가 서로 다른 사람 두 명이 있다는 의미다. 따라서 선호도가 다를 경우의 예산자원배분에 관하여 살펴볼 필요가 있다.

기획재정부와 집행부처간 정책선호도에 대한 설명을 본격적으로 하기에 앞서 오렌지와 사과의 경우를 먼저 얘기해 보자.

가상적으로 한 사람은 오렌지를 좋아하는 사람이고, 또 다른 사람은 사과를 좋아하는 사람이라고 하자. 이 때 이 두 사람의 만족감을 극대화시키는 선택은 무엇일까?

우선 오렌지 애호가(甲)의 효용곡선을 보자. 그의 효용의 무차별곡선은 다음 〈그림 8-7〉의 (a)에 표시되어 있는 것처럼 X축(사과소비량)을 향해 평평한 모습을 띠고 있다. 이 모양의 의미는 오렌지 애호가는 "오렌지 한 단위를 더 얻기 위하여 사과를 여러 단위 포기할 의향이 있다"는 것이다. 이 사람보고 "사회의 예산"을 모두 지출해서 만족감을 극대화하라고 하면, 아마 A지점을 선택할 것이다. 즉, 사과보다 오렌지를 훨씬 더 많이 구입하는 선택을 좋아할 것이다. 그리고 A지점 이외의 다른 지점으로 옮겨가는 것은 甲이 좋아하지 않을 것이다. 왜냐하면 A점을 지나는 무차별곡선이 그에게는 가장 높은 위치에 있는 효용곡선이기 때문이다.

또 다른 사람 乙은 사과 애호가라고 하자. 그러면 그의 효용의 무차별곡선은 X축(사과소비량)에 대해서 가파른 모양을 띠게 될 것이다(〈그림 8-7〉의 (b)). 그 의미는 乙은 사과를 한 단위 더 얻기 위해 오렌지를 여러 단위 포기할 의향이 있다는 것이다. 만약 "사회의 예산"을 乙 혼자서 다 쓰라고 하면, 그는 B점을 선택할 것이다. 즉, 사과는 많이 사고, 오렌지는 조금 사는 선택을 하게 될 것이다. B지점 이외에 어떤 선택도 그의 무차별곡선을 낮은 쪽으로 옮기게 될 것이기 때문

그림 8-7 두 사람의 효용극대화 원리

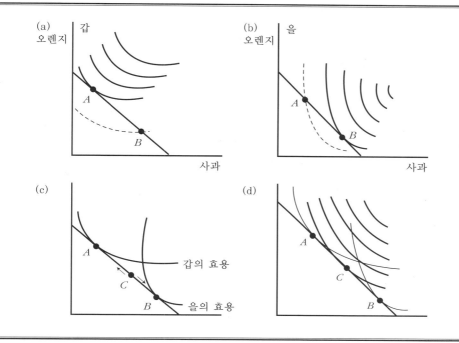

이다.

　그런데 만약 오렌지 애호가인 甲은 예산을 요구하는 집행부처라고 하고, 사과 애호가인 乙을 기획재정부라고 하자. 그러면 정부의 예산은 어떻게 결정이 되겠는가? *A*일까, *B*일까? 복잡한 문제가 아닐 수 없다. *A*로 하자니 乙이 불만이고, *B*로 하자니 甲이 불만이다. 이런 딜레마 상황을 타개하는 방법은 제3의 방안을 강구하는 것이다.

　제3의 방안으로는 두 가지를 생각할 수 있다. 첫째는 갑과 을이 스스로 합의를 하는 경우이고, 두 번째 경우는 제3자가 개입하여 중재하는 경우이다. 첫 번째 경우를 사회적 효용의 극대화 방안이라고 하고, 두 번째 경우를 제도적 해결방안이라고 한다.

3. 사회적 효용의 극대화 방안

오렌지 애호가인 甲(집행부처)과 사과 애호가인 乙(기획재정부)의 의견(효용곡선의 모양)이 서로 다를 경우, 이들이 〈예산협의과정〉을 통해 정책과 주변 여건에 대한 토론을 여러 차례 주고받아야 한다. 그 결과 양자가 합의에 이른다면, 즉 양자간의 합의에 의해 그들의 효용곡선의 모양이 동일한 모습으로 바뀌게 된다면, 이것을 사회적 효용함수(social welfare function)라고 한다. 마치 두 사람이 한 사람이 된 것처럼 동일한 선호도를 갖게 되는 경우이다.

이런 경우를 그림으로 나타내면 〈그림 8-7〉의 (d)에 해당한다. 이 때의 자원배분 선택은 C점에서 이루어진다. 즉, 여기서 甲과 乙이 동의하는 사회적 효율성이 극대화된다. 예산사정과 예산협의의 목적이 이상적으로 달성되는 점이다. 결과적으로 볼 때 甲은 A 지점을 포기하고 C에서의 선택을 받아들인 것이며, 乙 또한 B를 포기하고 C에서의 선택을 받아들인 것이다.

4. 제도적 해결 방안

모든 사람들이 서로 서로 양보하고, 합의한다면 사회적 효용을 극대화하는 자원배분 결정을 할 수 있다. 하지만 양보라는 것이 쉽지 않을 때가 많다. 과거에 예산편성을 책임 맡았던 이는 다음과 같이 회고한다.

"예산은 효용을 극대화하는 것이라고 한다. 그러나 실제로 예산을 짤 때는 「불만의 공평분배」가 더 중요한 목표가 되곤 한다."(강경식. 1985: p.19)

이처럼 갈등이 있을 경우의 예산배분은 어떻게 할 것인가? 가장 전형적인 해답은 제 3 자, 그것도 상급자의 중재와 판단이다. 예를 들어, 교육부는 교육예산을 많이 배정해서 공교육을 강화하자고 하고, 기획재정부는 재정여건상 사교육에 어느정도 의존할 수밖에 없다는 견해를 갖고 있다고 가정하자. 이를 그림으로 설명하면 다음 〈그림 8-8〉과 같다.

즉, 교육부 장관은 B에서의 재원배분을 원하고, 기획재정부는 A에서 예산을

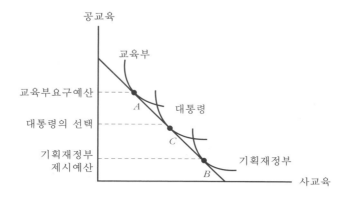

그림 8-8 예산배분의 조정

편성하겠다고 한다. 이런 갈등이 자율적으로 조절이 안되면, 결국 대통령이 나서서 중재를 한다. 예를 들어, 대통령이 C 지점에서의 자원배분을 선택한다면, 정부의 선택의 문제는 일단락 된다. 실제 사례를 하나 보도록 하자.

쌀 수 매 가 결 정 사 례

철저한 물가관리로 유명한 제5공화국도 첫 해인 1981년도에는 쌀 수매가격을 14%나 인상하였다. 2차 석유파동으로 1980년도의 물가가 크게 상승했을 뿐 아니라 정통성 문제로 고통을 당하던 제5공화국 초년도였으므로 정치적 고려가 크게 작용한 것이다. 그러나 1983년에는 강력한 물가안정정책의 추진으로 가격을 전혀 인상하지 않았으며, 이후 1986년까지 이런 상태가 계속되었다.

제5공화국의 쌀 수매가 결정은 농수산부의 제안에서 출발한다. 농수산부는 농민들의 이익을 고려하여 높은 인상을 주장하고, 경제기획원은 물가와 양곡관리특별회계에 미치는 영향을 고려하여 낮은 인상률을 제시한다. 이리하여 양 부처 간의 '밀고 당기기'가 시작되어 결국 조정안이 만들어진다. 조정안이 기획원안에 가까워지느냐, 아니면 농수산부 안에 가까워지느냐는 양 부처의 힘과 대통령 비서실의 태도, 경우에 따라서는 여당의 태도에도 의존한다. 한편, 여당은 농민들의 표를 의식하여 농수산부보다 더 높은 인상률을 주장하게 되는 것이 일반적이

(단위 : %)

	농수산부안	기획원안	조정안	행정부 최종안	도매물가승승률
1984	5	2	2.5	3	0.7
1985	5~5.5	3	3	5	0.9
1986	5~7	2~3		6	−1.5
1987	18	7~8		14	0.5

다. 경우에 따라서는 부처 조정안이 만들어진 후에 여당이 안을 제시하고 대통령의 최종결재 때에 이를 반영할 것을 요구한다.

대통령이 최종결재를 한 것이 행정부 최종안이 되는데 표에서 보듯이 부처 조정안보다 높다.

농수산부와 경제기획원이 합의를 하지 못하는 경우(1986)에는 언제나 기획원안보다 대통령 안이 높다. 조정이 되는 경우이든 아니든, 대통령 안은 언제나 농수산부 안에 가깝다. 이것은 농수산부가 농민들을 위해서 한번 크게 주장하고, 경제기획원이 이것을 전체 경제의 입장에서 냉혹하게 삭감한 후에 대통령이 다시 이를 올려주는 메커니즘을 채택하고 있기 때문이다. 기획원이 '악역'을 맡아서 농민들의 비난을 받은 후에 대통령이 농민 편을 들고 있다는 정치적 제스처를 쓰는 것이다. 이것을 흔히 대통령의 '몫' 또는 '프리미엄'이라고 부른다(정정길. 1992. pp.280-282).

우리는 앞에서 살펴본 바와 같이 모든 사람이 합의하는 단 하나의 사회적 효용 함수를 찾아낼 수가 없다. 이 말의 의미는, 사회적으로 효율을 극대화시키는 유일무이한 선택을 할 수 없다는 말이다.

하지만 바로 그 유일무이한 효율적 선택은 알지 못하더라도, 그와 유사한 차선적인 선택들(second best choices)은 할 수 있을 것이다.[3] 이런 차선적인 선택들을 찾아달라고 우리는 대통령이라고 하는 대리인 제도를 도입하며, 또 그것을 감시하기 위해 의회라는 제도도 만들었다. 그뿐 아니라 언론, 시민단체, 이익집단들도 생겨나서 이런 차선적 효율배분을 찾도록 돕는다. 게다가 예산과정도 여러 절차를 거치게 만들어 놓아서, 혹시라도 사회적 선택이 "우리가 알지는 못하지만 효율극대화 배분으로부터 멀리 벗어나지 못하도록 한다."

---

3) 사회적 효율을 극대화시켜 주는 유일무이한 자원배분방법이 존재하는 것이 언제나 바람직스러운 것은 아니다. 그런 사회가 있다면, 사는 재미가 있겠는가?

제3절 효율적 배분 이론의 적용가능성

이상 효율적 자원배분 이론을 살펴보았다. 이론에 의하면, 정부예산의 편성 과정은 "주어진 제약하에서 사회구성원의 효용(만족감)을 극대화시키는 배분방법을 찾는 과정"이다. 가장 바람직한 것은 합의를 통해 사회적 효용을 극대화하는 것이겠으나, 현실적으로는 그것이 어려우므로, 차선책을 찾기 위한 제도적 장치를 만들고, 그 속에서 "불만의 공평분배"를 이루어가는 것이 예산편성과정이다.

Schick는 그의 유명한 논문 "PPB로 가는 길"에서 다음과 같이 말하고 있다. "경제학은 예산을 편성하는 데 직접적인 공헌을 하지 못했다. 배분 공식으로 정치적 갈등이나 복잡성을 풀어줄 수 없었기 때문이다"(Schick. 1966). 이 말은 사실이다. 현실은 경제학 이론으로 풀기에는 변수가 너무 많다. 하지만 불완전하나마, 다음과 같은 문제들을 탐구하고, 발전시켜 나가는데는 도움이 되리라고 보여진다.

1. 정부냐, 민간이냐?

사회간접자본시설의 건설, 국민연금의 실시 등과 같이 예산이 수반되는 정책과제에 있어 정부가 돈을 들여 사업을 할 것이냐, 아니면 민간의 자본을 이용하여 사업을 할 것이냐를 결정하여야 한다. 즉, 정부가 국고에서 직접 예산을 투입하여 도로, 항만시설을 건설할 것이냐, 아니면 민자유치로 건설할 것이냐를 결정해야 한다. 또 유럽처럼 엄청난 예산을 투입해서 제도적으로 광범위한 사회복지를 실시할 것이냐, 아니면 우리나라에서 여태까지 해 온 대로 정부예산을 최소한으로 줄이면서 개인에게 부담을 떠맡기는 식의 복지제도를 운영할 것이냐를 결정해야 한다. 공교육을 확대할 것인가, 사교육비의 지출에 맡기느냐도 선택하여야 한다. 예를 들어 〈그림 8-9〉에서 보듯이 한국은 교육비 중 민간이 담당하는 비율이 다른 나라에 비해 월등하게 높다. 현재까지는 교육에 대해서는 다른나라에 비해 상대적으로 민간부문(사교육비)에 의존을 많이 해왔음을 알 수 있다. 민간부문이 효율적이어서 더 많은 선택을 받아 온 것일까, 아니면 공교육비에 대한

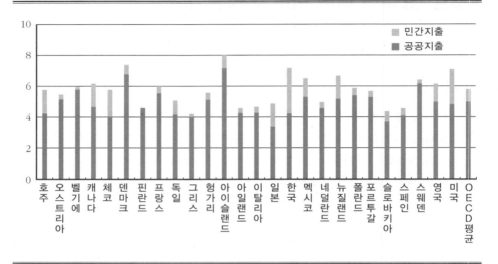

그림 8-9 GDP 대비 교육비 지출 국제비교(2005년)

자료: OECD. 2009.

정부투자가 부족한 상황에서 높은 교육 열기 만큼의 교육수요를 사교육 시장이 점령한 것인가?

큰 정부 대 작은 정부

큰 정부론 대 작은 정부론의 공박을 다른 방식으로 표현하면, 놀이동산에서 자유이용권을 살 것이냐 개별이용권을 살 것이냐 하는 문제로 비유될 수 있다. 무슨 말이냐 하면, 다소 비싸더라도 자유이용권을 사서 여러 가지 놀이기구들을 마음껏 탈 것이냐, 아니면 개별이용권을 사서 놀이기구를 탈 때마다 추가로 비용을 낼 것이냐 하는 문제이다. 즉, 세금을 많이 내고 나서(자유이용권 구입) 공교육 서비스를 많이 받을 것이냐, 아니면 반대로 세금을 적게 내고(개별이용권 구입), 그것으로부터 오는 불편을 감수하든지 아니면 사교육비를 지출할 것이냐 하는 선택의 문제이다.

그런데 사람들이 자유이용권과 개별이용권을 사는 선택을 함에 있어서 결정적으로 영향을 미치는 요인은 "신뢰"다. 그 놀이동산이 재미 있다고 신뢰를 하면 사람들은 자유이용권을 사고, 믿음이 안 가는 놀이동산에서는 개별이용권을 사는 것이 합리적인 행동이다. 그렇다면 한국 정부에 대해서 국민들은 신뢰를 하고 있는가? 한국의 보통 사람들은 세금을 더 많이 내면, 그에 상응하는 서비스를 받는다고 생각하는가요, 아니면 세금을 더 내봤자 서비스는 똑 같다고 생각하는가요? 아마 후자에 가깝다고 생각된다.

큰 정부/작은 정부론에 대한 판단은 결국 국민들의 정부에 대한 신뢰 정도에 따라 결정된다. 국민들이 정부를 "부실한 놀이동산"으로 인식하고 있을 때, 신뢰구축을 위한 노력은 정부측에서 먼저 해야 한다. 즉, 국민에게 "서비스향상"에 대한 신뢰감을 줄 수 있는 개혁조치가 선행되어야 한다. 공무원들에게 주어진 특혜들을 과감히 포기하고, 공무원 조직을 성과중심으로 운영하고, 또 공무원들이 서비스를 잘 한다는 확실한 시그널을 국민들에게 전해 주어야 한다(배득종. 자유기업원 Opinion Leader's Digest. 2004.10.21.).

2. 성장이냐 분배냐?

한국의 정부예산에서 성장과 분배에 관한 한 여태까지 성장이 단연 중요한 우선순위를 가지고 있었다. 하지만 앞으로는 성장보다 분배를 위한 예산지출이 더 중요해질 것이다. 〈그림 8-10〉은 앞으로 정부예산의 지출구성 비율이 어떻게 변화할 것인지를 이전 정부가 추정한 것이다. 정부예산이 향후 어떠한 곳에 분배될지에 대한 감을 잡는 정도(예시)로 활용하기 바란다. 이 자료에 따르면 소득 3만 불을 전망할 2020년에는 복지비가 경제사업투자비의 약 3배에 이르게 될 전망이다.

> **그림 8-10** 장기적인 예산자원의 배분 전망(예시)

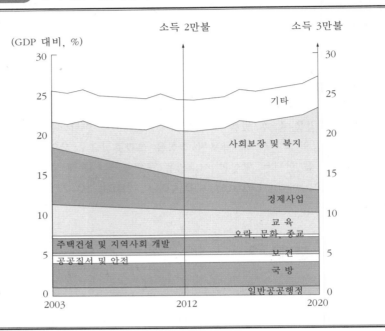

자료: 국가자원배분개선기획단. 2004. 2. p. 16.

3. 지금이냐, 나중이냐?

자원의 배분에 있어 빼놓지 않고 고려해야 할 사항이 시간의 배분문제이다. 어떤 사업을 지금 할 것이냐, 그래서 내년도 예산에 반영할 것이냐? 아니면 내년이나 내후년으로 미룰 것이냐?

이런 선택에 있어서 우리 정부는, 그리고 우리 국민들도 대체로는 생산투자, 경제활성화, 국방치안 등은 당장 해야 하는 일로 여겨왔다. 그런 반면, 복지, 교육, 문화 등은 차차 여력이 생기면 그 때 가서 정부예산을 배정하자는 입장을 취해 왔다.

또 한 가지 유명한 일화는 발전소의 건설이다. 제 5 공화국 당시 집권자는 물가안정을 최우선정책으로 삼고 예산지출을 최대한 감축하는 정책을 썼다. 이 와 중에서 발전소의 건설은 시급하지 않은 것으로 판단되어서, 이는 차후의 과제로 미루어졌다. 그 결과 1990년대에 들어와서 전력난이 생기고, 여름철 성수기의 전력예비율이 5% 이하로 내려갔다. 절전을 위해 무더운 여름철에도 지하철의 냉방이 제한 공급되고 있는 등 문제점이 나타나고 있다. 1980년대에 효율적이라고 생각했던 자원배분이 1990년대에 들어와 보니 비효율적이었던 것으로 판명된다.

   이처럼 예산배분에 있어서 시간의 고려가 매우 중요한데, 이런 Timing 작업 역시 국민이 정부에 위임한 것이므로 정부가 정책우선순위, 투자우선순위 등을 결정할 때 최선을 다할 것이 촉구된다.

   예산투입의 Timing과 밀접히 관련된 예산분야는 바로 연구개발(R&D) 분야 이다. 기술혁신과 제품개발의 싸이클이 점점 더 빨라지고 있기 때문에, 적기에 연구개발을 하지 않을 경우 지속적인 발전이 저해될 수 있다. 따라서 정부는 최

표 8-1   정부 R&D 투자 현황

2005년~2012년 중 R&D 예산증가율	13.1%(같은 기간 동안의 정부예산 증가율은 6.9%)
정부 R&D 규모(2010년)	44조 원(세계 7위)
GDP 대비 정부 R&D 비중(2010년)	3.4%(세계 3위)

자료: 한국경제연구원(2011).

그림 8-11   주요국의 연구개발비 구성 비교

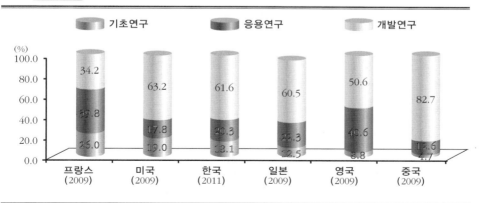

자료: 국가과학기술위원회(2012).

근 R&D분야에 대한 집중투자로 투자규모는 선진국 수준에 도달하였다(〈표 8-1〉
참조).

 그런데 한국의 경우 장기적인 지속 발전을 위해 R&D 투자를 늘리고 있기는
하지만, 선진 외국처럼 큰 돈을 오랜 시간에 걸쳐 지속적으로 투자하는 것은 쉽
지 않다. 그래서 한국은 기초연구에 대한 투자보다는 그나마 가시적인 성과가 빨
리 나타나는 개발연구에 더 많은 비중을 두고 있다(〈그림 8-11〉 참조).

4. 국가냐, 지방이냐?

 최근 국제화, 지방화가 추진되면서 중요한 선택상황 중의 하나로 어떤 사업
을 국가가 직접 할 것이냐 아니면 지방자치단체에다 위임할 것이냐 하는 문제가
있다. 그러나 근년에 들어 지방재정 규모가 증가하는 것을 보면, 정부가 지방화
에다 가중치를 많이 부여하고 있음을 확인할 수 있다. 최근 들어 특히 복지수요

그림 8-12 지방재정 규모의 확대 경향

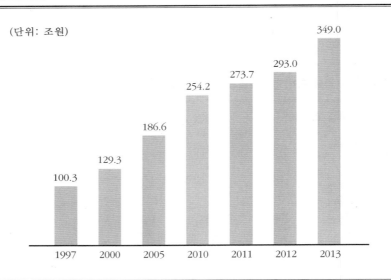

(단위: 조원)

1997	2000	2005	2010	2011	2012	2013
100.3	129.3	186.6	254.2	273.7	293.0	349.0

주: 지방재정 세출 순계 기준.
자료: 나라지표(www.index.go.kr).

가 급증하면서 중앙정부가 관련 사업을 지방에 이양하는 등 지자체의 재원 부담이 커지고 있다. 지자체의 재정부담 능력을 제고시키면서 지방이 균형발전 될 수 있는 방안을 모색해야 할 것이다.

5. 기타 수많은 선택 상황들

이상 대표적인 선택상황 세 가지만 살펴보았다. 그러나 효율적인 배분문제는 훨씬 더 많은 선택상황에 부딪히게 되고, 경우에 따라서는 몇 가지가 한꺼번에 겹치기도 한다. 이들 모두를 다 살펴볼 수는 없다. 그러나 문제가 복잡할수록 우리는 "사과와 오렌지"의 경우를 떠올리고, 기본부터 다시 점검함으로써 문제해결 방안을 찾아나가야 한다.

- 성장이냐, 안정이냐?
- 명분이냐, 실리냐?
- 직접세냐, 간접세냐?
- 국공채발행이냐, 민자유치냐?
- X 기관이냐, Y 기관이냐?
- 신속이냐, 신중이냐?
- +0.1이냐, +0.11 이냐?
- 기타 등등

6. 예산배분의 효율성에 대한 반성

이상 소비자효용모형에 입각하여, 정부예산이 사람들의 효용(만족감)을 높여주도록 배분되어야 함을 설명하였다. 그렇다면 현재의 정부예산자원은 이론이 설명한 바와 같이 효용극대화 또는 불만최소화의 목적을 잘 수행하고 있는가? 이 질문에 대해서는 누구도 정답을 찾아낼 수 없다. 하지만 〈표 8-2〉에 나와 있듯이, 정부의 예산자원 배분구성은 사회개발(복지)분야의 증가를 제외하고는 지난

20년 동안 유사하다. 옛 말에 10년이면 강산도 변한다고 하였는데, 20년 동안 엄청난 경제사회적 변혁을 거치는 동안에도 정부예산의 지출구성비율이 크게 변하지 않았다는 점은 문제가 있음을 암시하고 있다. 변화되는 속도를 예산이 따라가지 못했기 때문일 것이다. 그런데 이것은 예산이 성립되는 과정에서 정치적 타협이 효율성보다 우선되었기 때문으로 해석할 수 있다.

　　다음의 제3부에서는 예산이 성립되는 과정과 이에 대한 예산제도에 대해 살펴본다.

표 8-2　중앙정부 예산배분 변화추이(통합재정 기준)

	1995	2000	2005	2010	2011
교육	18.0%	15.3%	15.0%	15.0%	15.3%
사회개발	10.3%	16.8%	20.3%	24.8%	26.3%
경제개발	24.9%	25.2%	18.6%	19.0%	19.3%
지역개발	8.0%	5.3%	7.5%	4.9%	5.1%
국방	15.7%	11.4%	11.0%	11.1%	12.0%
공공질서·안전	5.5%	4.6%	5.0%	4.9%	5.4%
일반행정	4.3%	5.2%	4.6%	5.4%	5.7%
기타	13.4%	16.2%	18.0%	15.0%	17.7%
(합계)	100.0%	100.0%	100.0%	100.0%	100.0%

자료: 조세재정연구원. 재정통계자료를 활용.

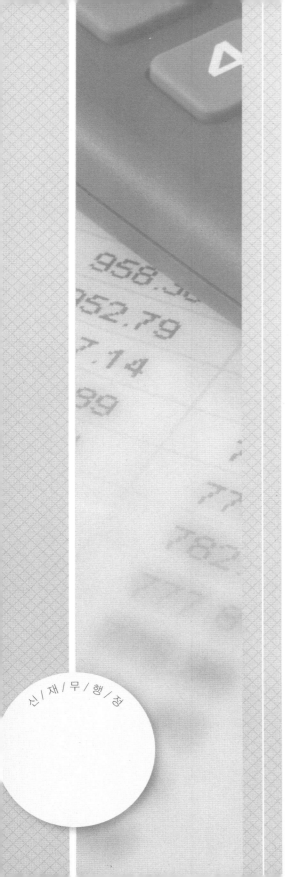

제 3 부

예산제도와
예산성립과정

■ 제9장 예산제도

■ 제10장 Top-Down 예산제도하에서의

　　　　　 예산성립과정

신 / 재 / 무 / 행 / 정

제9장

예산제도

- 제1절 미국의 예산제도: 역사와 현재
- 제2절 한국의 예산제도: 역사와 현재

제9장 예산제도

　독일 사람들은 예산의 중요성을 약간의 과장을 섞어서 "국가의 운명서"라고도 한다. 이렇듯 중요한 예산서를 만들기 위해서는 중앙예산기구를 비롯한 수많은 정부기관과 사람들이 관여한다. 한두 사람도 아니고 매년 몇 천 명이나 개입하여 예산서를 만드는데, 이들 간에 미리 정해져 있는 커뮤니케이션 방식이 없어서는 엄청난 혼란이 야기될 것이다.

　다음 〈그림 9-1〉은 현재 한국의 정부예산이 편성되어서, 집행되고, 평가되기까지의 과정을 요약해서 나타내 주고 있다. 이 그림은 중앙행정기관에 대한 예산과정을 보여주는 것으로서 지방자치단체와 산하기관은 포함되어 있지 않다. 그런데도 예산과정이 매우 복잡함을 볼 수 있고, 이에 따라 커뮤니케이션의 양과 질도 매우 복잡할 것임을 미루어 짐작할 수 있다.

　복잡한 커뮤니케이션 과정을 관리가능하게 만들려면, 행위자들이 미리 커뮤니케이션의 대상과 방법을 결정해 놓아야 한다. 정부의 예산과 관련하여 행위자들 간에 커뮤니케이션 대상과 방법을 미리 정해 놓은 것을 "예산제도"라고 한다.

　역사상 최초의 현대적 예산제도는 1920년대에 미국에서 성립된 품목별 예산제도(Line-item Budget)이다. 그 이후 미국은 정부예산을 "합리적"으로 사용하려는 노력을 계속 진행해서 여러 가지 유형의 예산제도를 고안하고, 실행하고, 또 문제점들에 직면하기도 했다. 실적주의 예산제도, 계획예산제도(PPBS), 영기준예산제도(ZBB) 그리고 최근의 성과주의 예산제도가 그 대표적인 사례들이다.

　세계에서 가장 영향력 있는 국가에서 새로운 예산제도가 생겨날 때마다 다른 나라에 주는 영향도 컸었는데, 특히 한국의 경우에는 미국의 제도를 받아들이고자 하는 노력을 끊임없이 해왔다. 그러나 대부분의 시도가 성공적인 집행으로 이어지지 못하고 "도입 고려" 수준에 머물렀다. 외국의 제도를 그대로 모방하기는 쉽지가 않다. 사회경제적 배경이 너무 다르기 때문이다. 그래서 한국의 외국제도 모방 시도는 번번이 시늉만 내는 선에서 끝나고 말았다.

　2004년 들어 한국은 드디어 50년 만에 대폭적인 재정 및 예산개혁에 착수하

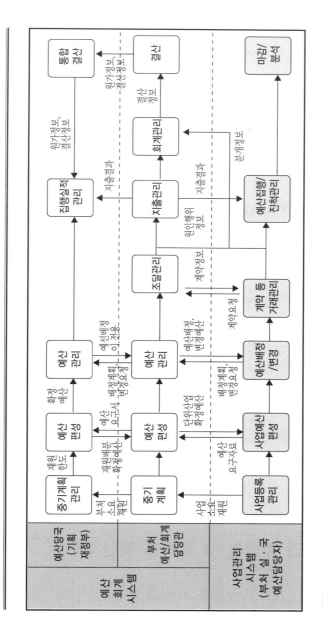

그림 9-1   한국의 예산과정 요약도

자료 : 디지털예산회계기획단. 2004. 11.

였다. 이때도 역시 벤치마킹의 대상들 중 하나는 미국 연방정부의 예산제도였다. 그것은 미국이라고 하는 나라의 영향력 때문이 아니라, 미국제도가 갖고 있는 합리성이 이성적인 호소력을 지니고 있기 때문이다.

본 장에서는 한국의 예산제도를 설명하는 것을 제 1 차적인 목표로 하고 있는데, 한국의 현재 예산제도가 외국의 영향을 받지 않았다고 할 수 없기 때문에 미국을 비롯한 외국의 예산제도들도 함께 설명한다. 그렇게 함으로써 한국 예산제도의 특징을 더욱 분명하게 이해할 수 있기 때문이다.

제1절 미국의 예산제도: 역사와 현재

미국, 특히 미국 연방정부 예산제도의 변화는 한국뿐 아니라 모든 나라들의 관심의 대상이었다. 미국 예산제도는 변화는 크게 세 갈래로 나누어 볼 수 있는데, ① 전통적인 예산제도, ② 주류(主流) 예산제도, 그리고 ③ 비주류(非主流) 예산제도가 그것이다. 여기서 주류, 비주류란 분류는 많이 사용되는 방법이 아니고, 설명의 편의상 도입한 구분이다. 주류 예산제도의 패밀리에 포함된 성과주의 예산제도는 이 계열의 예산제도가 가장 많고, 현재의 예산제도도 이 맥락에서 발달해 온 것이기 때문에 임의로 "주류"라는 표현을 사용하였다. 비주류 예산제도로 분류한 목표관리 예산제도(MBO)나 영기준 예산제도(ZBB)도 "비주류"란 명칭 때문에 그 중요성이 평가절하되어서는 안 된다. 여기서 비주류란 명시적인 후속 제도가 없었다는 뜻이고, 묵시적으로는 이들도 현재의 예산제도에 다 긍정적인 영향을 주었다.

1. 전통적인 예산제도: 품목별 예산제도

품목별 예산제도(Line-item Budget)를 전통적인 예산제도라고 명하였는데, 그렇다고 해서 이 제도가 현대적인 예산제도가 아니라는 뜻은 아니다. 품목별 예산제도는 분명 현대적 예산제도이다. 다만 최초의 현대적 예산제도인 동시에 가장 많은 정부에서 두루 사용되는 예산제도라는 점에서 전통적인 클래식(classic)이란 호칭을 받을 만하다. 한국도 건국 이래 수십년 동안 이 제도를 사용해왔다. 2004년에 재정개혁으로 새로운 예산제도가 시작되었지만, 아직도 품목별 예산제도의 뿌리는 굳건하다.

품목별 예산제도란 정부의 공금에는 이 돈의 관할자(책임자)가 누구이며, 그 관할자가 무슨 품목(인건비, 운영비, 여비 등)에다 이 돈을 써야 하며, 또 그 돈의 사용처(인력, 자재 등)까지 예산에 명기하고, 이에 따라서 지출행위를 하는 제도이다. 만약 이렇게 미리 정해진 예산대로 돈을 사용하지 않았다면, 자금 지급 및 결산과정에서 즉각적으로 위반 사실을 알 수 있게 된다. 이런 통제지향적인 예산제도를 품목별 예산제도(Line-item Budget)라고 한다.

품목별 예산제도는 그 논리성이 명료해서, 1918년에 뉴욕시에서 처음 개발된 후 얼마 안 되어 연방정부의 예산제도로 채택되었고(1921년), 이후 미국의 각급 정부에 급속히 전파되었다. 이 예산제도를 쉽게 풀어서 설명하면 다음과 같다.

품목별 예산제도에 대한 우화(寓話)적 설명

이품목 씨는 자녀가 세 명 있는 가장으로서 아주 바쁜 회사생활을 하고 있다. 그는 부인을 통해 자녀들에게 용돈을 주지만, 누가 얼마를 받아서 어디에 쓰는지 자세히 알지 못했다. 그래서 하루는 용돈주는 방법을 바꾸기로 하였다.

우선 세 아이들에게 줄 돈의 금액을 각각 정하였다(전에는 부인이 알아서 아이들의 필요에 따라서 대충 지출하였다). 부인은 큰 아이에게 줄 돈은 빨간색 봉투, 둘째에게 줄 돈은 노란색 봉투, 그리고 막내에게 줄 돈은 파란색 봉투에 담아서 건네 주었다. 각각의 봉투 속에는 메모와 함께 작은 봉투들이 여러 개 들어 있다. "큰 아이야, A라고 씌여진 작은 봉투는 책 살 돈이다. 오른쪽 바지 주머니에 넣어 두어라. B라고 씌여진 작은 봉투는 왼쪽 바지 주머니에 넣어라. 그것은 학용품 살 돈이다. C 봉투는 뒷주머니에 넣어라. 그것은 과자 사먹을 돈이다." 둘째와 셋째에게도 비슷한 내용이 전해졌다. ……

밤 늦게 아이들이 다 잠든 뒤에야 퇴근한 이품목 씨는 아이들의 바지 주머니를 들춰본다. "큰 아이가 아직 책을 못 샀구나. 그렇지만 과자는 많이 사 먹었구나. …… 내일 아침에는 왜 책을 못 샀는지 물어 봐야겠다." "둘째는?" "셋째는?" 이품목 씨는 아이들과 직접 대화는 못했지만, 아이들이 하루 동안 어떻게 지냈는지를 용돈 쓰임새를 통해 짐작할 수 있을 것 같았다. 그래서 그는 흐뭇한 마음으로 잠자리에 들었다.

| 표 9-1 | 품목별 예산제도에 대한 평가 |

Schick의 기준	품목별 예산제도에 대한 평가
총재정규율(aggregate fiscal discipline)	△
배분적 효율성(allocative efficiency)	×
기술적 효율성(technical efficiency)	×

이 우화적 설명에서 알 수 있듯이, 품목별 예산제도의 핵심은 품목(品目) 또는 목(目) 간 전용을 금지하는 것이다. 이를 통해 국민은 정부가 국민의 뜻(승인된 예산)에 따라서 재무행정을 하는지 아닌지 명료하게 판별할 수 있게 된다. 궁극적으로 국민(또는 대통령)은 품목별 예산제도를 통해서 관료로 하여금 국민이 원하는 대로 일을 하도록 원격 조정할 수 있게 된다.

그러나 이 제도는 단점도 가지고 있다. 이 제도는 합규성(合規性)을 확보하는 데에는 유리하지만, 국가의 재원을 어떻게 배분하는 것이 좋은지 이 제도 자체만으로는 알 수가 없다. 그리고 국가의 재원을 어떻게 사용하는 것이 더 비용을 낮출 수 있는 것인지도 알려주지 않는다.

Schick의 신(新)예산기능론에 맞추어 품목별 예산제도를 평가하면 〈표 9-1〉과 같다.

앞의 제3장에서 이미 설명하였듯이, Schick의 신예산기능론 중 총재정규율은 균형예산의 유지, 배분적 효율성은 국가계획과 재원배분의 연계, 그리고 기술적 효율성은 행정원가의 인하를 각각 의미한다. 품목별 예산제도는 국가의 재원배분계획과 예산을 일치 또는 연계시키는데 어렵고, 또 정부원가를 파악하는 것은 더욱 어렵게 되어 있다.

다음은 미국 연방정부의 초대 예산국장이었던 Dawes의 품목별 예산제도에 대한 비판이다.

"뉴욕시 예산제도는 행정부 및 의회의 결정에 필요한 지적인 정보는 거의 제공해 주지 않는다. 행정가들을 세부적인 것에 집착하게 하고, 문서주의에 빠지게 하고 있다. … 정부의 활동이 확대되고, 이에 따라 경비가 팽창되었기 때문에 이 제도를 사용하면서 중앙관서의 관료들이 좀 더 많은 (새로운) 부문에 경비를 지출하는데 어려움을 겪는다. 이처럼 팽창이 계속되자 세분화된 품목은 그 의의를 점점 상실해 갔으며, 반면에 수행된 활동의 통합은 더욱더 중요하게 되었다."(강인재 외 편역(1985)로부터 재인용. p. 54 및 p. 293.)

2. 주류 예산제도: 성과주의 예산제도 패밀리

(1) 실적주의 예산제도("Old" Performance Budgeting)

품목별 예산제도가 미국 제1의 도시인 뉴욕시에서 시발되어 연방정부로 확산되었는데, 아이러니컬하게도 품목별 예산을 대치하게 될 실적주의 예산제도의 시발은 역시 같은 뉴욕시 산하의 리치몬드구에서 탄생하였다. 리치몬드 구청은 구의 예산을 먼저 업무기능별로 분류하고, 여기에다 업무의 원가개념을 도입하였다. 즉, 도로청소 업무에 대하여 1마일을 청소하는 데 드는 비용을 단위원가(unit cost)로 환산하여 이를 기초로 한 예산을 편성하였던 것이다.[1]

이런 새로운 아이디어는 원래 뉴욕시의 품목별 예산제도를 고안해 내던 당사자들도 생각하고 있었던 것이었다. 품목별 예산제도를 만들어 내던 집단 속에는 회계학자들도 여러 명 있었는데, 이들은 예산구조를 사업별로 편성하고, 사업원가를 측정할 수 있도록 해야 한다고 주장하였다. 그러나 당시 여건이 그런 주장을 수용할 만하지 않았기 때문에 이런 아이디어를 장기 과제로 남겨 놓았었다.

1929년에 세계 대공황이 일어나고, 케인즈 거시경제학파의 품목별 예산제도에 대한 비판이 거세어졌다. 1937년에 설립된 "미국의 행정관리에 관한 대통령위원회"에서는 정부예산은 "통제위주로 운용될 것이 아니라, 대통령의 리더십하에 여러 부처들의 활동을 국가적인 차원에서 조정하는데 사용되어야 한다"고 촉구하였다. 정부의 성과에 대한 관심은 계속 증가하였고, 1950년도에 미국 연방정부의 예산회계절차법이 개정되면서 전 연방기관에 실적주의 예산제도가 도입되었다(이 당시의 실적주의 예산제도는 영어로 Performance Budgeting인데, 한국의 행정학계에서 이를 "실적주의 예산제도"로 번역하여 사용하기 시작하여 오늘날까지 이 명칭을 사용한다. 그러나 최근의 미국의 예산제도 역시 Performance Budgeting이라고 하는데, 이때는 성과주의 예산제도라고 번역한다. 혼란을 줄이기 위하여 이 책에서는

---

1) 박영희. 재무행정론(제3판). 서울: 다산출판사. 1995. pp. 347-348.

표 9-2 동일한 예산을 서로 다른 방식으로 편성하기

(a) 품목별 예산편성

예산항목	금 액	전년대비 변화율
인 건 비	$ 250,600	+22.4%
물 건 비	40,300	+12.5%
자본지출	25,100	+10%
계	$ 316,000	

(b) 실적주의 예산편성

사업명	사업목적	측정단위	실 적	금 액	단가	변화율
긴급출동	비상시 6분 내 현장까지 출동	출동횟수	1,904건	$ 192,400	$ 100	+10.0%
일반순찰	24시간 계속 순찰	순찰시간	2,232시간	55,800	25	+17.8%
범죄예방	강력범죄발생률을 10% 감소시키기 위한 정보활동	투입시간	2,327시간	69,800	30	+26.7%
계				$ 316,000		

자료: C. K. Coe. Public Financial Management(Englewood Cliffs, N.J: Prentice-Hall. 1989). p. 64.

1950년대의 그것을 "old performance budgeting"(실적주의 예산제도)이라고 하고, 요즈음의 그것을 "new performance budgeting"(성과주의 예산제도)라고 한다).

백문이 불여일견이라고, 〈표 9-2〉를 보면 품목별 예산제도와 실적주의 예산제도의 차이점을 확연히 알 수 있다. 실적주의 예산제도의 가장 큰 특징은 예산을 사업별(project별)로 편성하고 있다는 점이다. 원가도 프로젝트별로 산출되도록 하는 구조를 가지고 있다.

실적주의 예산제도를 다시 Schick의 신예산기능론에 맞추어 평가하면 〈표 9-3〉과 같다. 실적주의 예산제도는 사업(프로젝트)별로 원가를 평가하도록 하고 있기 때문에 기술적 효율성 면에서는 품목별 예산제도보다 훨씬 월등하다. 그리고 예산이 사업별로 구조화되어 있다는 것은 국가의 재원배분 전략과 예산을 연계시키기 쉽다는 장점을 내포하고 있다(allocative efficiency). 다만 실적주의 예산제도가 도입되던 1950년대 당시는 미국이 상대적으로 세계에서 가장 부유했던 시대라서 재정적자에 대한 관심은 크지 않았다.

실적주의 예산제도는 21세기가 된 지금 돌이켜 보아도 훌륭한 아이디어들을

표 9-3	실적주의 예산제도에 대한 평가	
Schick의 기준	실적주의 예산제도에 대한 평가	
총재정규율(aggregate fiscal discipline)	△	
배분적 효율성(allocative efficiency)	△	
기술적 효율성(technical efficiency)	○	

많이 가지고 있다. 그럼에도 이 제도는 실패한 예산제도로 평가되고 있는데, 그 이유는 다음과 같다.[2]

① 정부의 총원가를 파악하게 해주는 회계제도가 갖추어지지 않았다.
② 성과측정방법이 충분히 개발되어 있지 않았다.
③ 정책의사결정자들이 성과정보를 활용하려고 하는 의지가 없었다.
④ 원가산출에 행정비용이 많이 들었고, 예산준비 시간이 많이 들었다.
⑤ 의회 예산위원회의 관심이 적었다.
⑥ 예산실무자들도 정확한 예산정보가 밖으로 드러나는 것을 싫어했다.

(2) 계획예산제도(Planning-Programming-Budgeting System: PPBS)

1960년대에 미국에 등장한 이 제도는 "인류가 수레바퀴를 발명한 이래 (정부부문에서 이루어진) 최대의 발명품"이란 찬사를 받으면서 탄생했다.[3] 빈 말이라도 이런 찬사를 받기는 쉽지 않다. 도대체 PPBS가 무엇이길래 그렇게 많은 관심을 끌고, 또 예산제도를 논의할 때마다 한 번도 빠지지 않고 언급되는 것일까?

PPBS를 직역하면 "기획-사업(프로그램)-예산제도"이다. 즉, 한 나라를 운영하는 기획을 세우고, 그 기획을 실천할 수 있는 구체적인 사업(프로그램)을 마련하는 동시에, 그 사업(프로그램)에 필요한 예산자원까지 함께 설계한다는 것이다. 국가기획을 예산제도와 연결시킨다는 것이 당연한 일이겠지만, 현실적으로는 그

2) Diamond, Jack. From Program to Performance Budgeting: The Challenge for Emerging Market Economies. IMF Working Paper. WP/03/169. p. 6.
3) 박영희. 전게서. p. 352.

렇게 쉽지 않은데 PPBS는 바로 그 "당연하지만 어려운 과제"에 도전을 한 것이다.

1965년에 미국 연방정부 전체 기관에 도입되었던 PPBS는 매우 복잡한 시스템이라 언뜻 이해하기 어려운데, 핵심이 되는 세 가지만 파악하고 있어도 충분하다. 이 세 가지는 PPBS가 1971년에 폐기된 이후에도 그 아이디어가 계속 발전하여 오늘날의 성과주의 예산제도("New" Performance Budgetinging)에 영향을 미치고 있다.

① 프로그램 단위로 편성된 예산(program structure)

PPBS는 국가의 목표를 몇 가지로 설정하고, 각 부처별로 그 목표를 달성하기 위한 프로그램들을 5~10개씩 만든다. 여기서 프로그램이란 관련 있는 단위사업(activities) 몇 개를 하나로 묶은 "관련사업집합체"이다. 예를 들어, "도로 프로그램"에는 A 도로 건설사업, B 도로 건설, C 도로 건설 등의 단위사업들(activities)이 한데 묶이게 되고, 각 단위사업(activity)은 a노선, b노선, c노선 등의 세부사업(projects)으로 구성된다.

즉, 나무 뿌리가 갈래를 치면서 뻗어 나가듯이 국가목표로부터 세부사업내역까지 예산구조를 Top-Down으로 만드는 것이다.

국가의 기획(planning)은 이 프로그램들에 어떤 목표를 부여할 것인가 하는 문제와 재원을 프로그램별로 얼마나 배분할 것인가 하는데 초점을 맞추게 된다.[4]

앞의 실적주의 예산제도가 하위 예산단위인 프로젝트 또는 단위사업 수준을 중심으로 하고 있다면, PPBS는 상위 예산단위인 프로그램을 중심으로 하는 제도이다. 한 나라를 운영하는 기획과 예산사업을 연계하기 위해서는 상위사업 단위인 프로그램이 필요하기 때문이다.

② 프로그램 설명서(program memorenda)

프로그램은 몇 개의 관련 사업들을 묶은 "관련사업집합체"라고 하였다. 그러므로 외부의 사람(예, 의회)에게 이것을 잘 설명할 필요가 있다. 그래서 첨부하는 것이 프로그램 설명서이다. 이 설명서에는 해당 프로그램의 목적을 달성하기 위해 다른 대안들도 고려하였었는데, 각각에 대해 비용-편익분석을 해보니까 현재

---

4) PPBS의 프로그램 예산구조는 한국의 예산구조 〈분야-부문-프로그램-단위사업-세부사업〉으로 구성되어 있는 것과 유추해서 이해하면 편리하다. 그러나 이 두 개가 동일한 것은 아니다. 그리고 PPBS의 기획(planning) 역시 한국의 경제개발 5개년 계획을 연상하면 편리하다. 역시 이 두 개가 동일한 것은 아님은 유의하여야 한다.

의 방안이 가장 적합하더라 하는 식의 설명이 포함된다. 예전에는 사업의 타당성을 관료가 의회 등에 출석하여 말로 설명하든지 아니면 애매모호한 미사여구(美辭麗句)로 표현하였지만, PPBS에서는 그것을 비용-편익 결과분석으로 객관화하여 첨부하게 하였다.

③ 프로그램 재정계획서(program and financial plan)

이 계획서 역시 예산에 대한 부수적인 정보를 제공하기 위해 첨부되는 문서이다. 이 첨부문서의 중요성은 해당 프로그램에 대한 내년도 지출내역뿐 아니라 앞으로 이 프로그램에 소요될 장기적인 재정계획까지 포함하고 있다는 점이다. 즉, 이 서류에는 전년도 예산, 금년도 예산, 그리고 내년 예산 및 향후 4년간의 자금계획 및 산출(성과)내역 등을 포함하고 있는 5년짜리 연동예산(rolling budget)이란 점이다. 즉, 과거 2년의 지출자료 및 앞으로 5년간의 지출계획을 포함하고 있는 계획표가 처음으로 예산서에 첨부되기 시작한 것이다. 그것도 프로그램별로 말이다.

다른 예산제도와 마찬가지로 PPBS를 Schick의 신예산기능론에 맞추어 평가하면 〈표 9-4〉와 같다. PPBS는 국가 기획에 따라 예산을 배분하는 배분적 효율성에 있어서는 (최소한 이론적으로나마) 매우 탁월하였다. 비용-편익분석을 사용하는 점에서 기술적 효율성도 뛰어났다. 하지만 비용-편익분석이란 것이 과학(science)이라기보다 기술(arts)이기 때문에, 실상 정부행정의 비용을 낮추지는 못하였다. PPBS도 활용하기에 따라 재정건전성을 확보하는데 중요한 도구가 될 수 있지만, 1960년대의 미국은 정부기능이 팽창되던 때이고, 여전히 부유한 때여서 재정규율은 많이 강조되지 않았다.

PPBS는 외국으로도 전파되어서 캐나다는 1976년에 PPBS를 더 발전시킨 Envelope(부문별 자원배분) 예산제도를 사용하게 되었고, 아일랜드, 스페인 등 유

표 9-4 PPBS에 대한 평가

Schick의 기준	PPBS에 대한 평가
총재정규율(aggregate fiscal discipline)	△
배분적 효율성(allocative efficiency)	○
기술적 효율성(technical efficiency)	△

럽국가들이 PPBS를 도입하였다. 한국도 국방예산 등이 일부 도입한 적이 있다.

Diamond(2003)는 PPBS가 미국 연방정부에서 실패하게 된 이유를 다음과 같이 열거하고 있다.

① 행정조직체계와 프로그램 예산체계가 일치하지 않았다.
② 법률에 의한 비재량적 지출이 매우 많았다.
③ 준비가 부족한 가운데 행정부서 전체에 일시에 적용되었다.
④ 기관장이 새 제도를 중요하게 여기지 않았다.
⑤ 개혁을 주도하는 중앙의 리더십이 없었다.
⑥ 의회에서 새 제도를 수용하지 않았다.[5]
⑦ 새 제도의 적용 대상이 안 되는 것들이 많았다(기금 등).
⑧ 비판자들을 설득시킬 수 없었다.
⑨ 기획과 예산 간의 괴리가 실제로 컸다.
⑩ 예산당국 자체가 새 예산제도를 반겨하지 않았다.

(3) Reagan 시대의 Top-Down 감축관리제도

"미국 연방관리예산처(OMB)에서 PPBS를 종결한 것은 1971년이다. 이 제도가 도입된 지 6년만의 일이다. 그러나 PPBS가 발전시키려고 한 프로그램 분석은 중단되지 않았다. 프로그램 분석은 PPBS가 종결된 이후에 더욱 늘어나고 있다. …… PPBS의 공식적인 구조는 이제 찾아볼 수 없으나, 분석적인 개념은 아직도 상존하고 있다. 사실상 분석적 개념은 공식적인 구조보다 더 중요하다."[6]

위의 글은 PPBS가 공식적으로는 사망하였지만, 그것의 정신은 살아남아 있다는 것이다. 사실 1980년대 이후 미국이 예산개혁은, 개혁이란 이름보다 개선이

---

5) 미국 행정부가 비용-편익분석을 통해 가장 적합한 대안을 제시하자, 미국 의회는 이를 싫어하였다. 정치적 판단의 여지가 줄어들었기 때문이다. 그래서 의회는 행정부에게 PPBS 방식과 종래의 방식으로 만들어진 두 가지의 예산서를 제출하라고 요구했다. 박영희. 전게서. p. 359.

6) Havens, H. S. "MBO and Program Evaluation, or Whatever Happened to PPBS?" Public Administration Review (Jan/Feb, 1976). p. 43.

란 표현이 더 어울릴 정도로 조용하게, 그러나 착착 진행되어 왔다.

1980년대의 레이건 대통령 시절에는 예전에 없던 현상들이 많이 나타났다. 그 첫째가 Reaganomics란 말이 유행했다. Raffer라는 경제학자가 세율을 낮추면 세원이 증가하기 때문에 정부재정수입이 증가한다고 주장하였는데, 대통령은 그 주장을 받아들여 감세정책을 썼다. 이것이 Reaganomics인데 결과적으로는 예상했던 세수증가가 없어서 재정적자를 가속화시켰다. 둘째로 연방주의(New Federalism)라는 것이었다. 즉, 중앙정부의 역할을 줄이고, 주정부와 지방정부의 역할을 증가시킨다는 것이었다. 이것 역시 증가하는 재정적자를 연방정부가 감당하기 어려워서 생긴 정책이다. 그리고 마지막으로 적극적인 국방확산정책(Star Wars Program)을 썼다. 미국의 국방지출은 엄청나게 늘어났고, 그것을 못 좇아온 소련은 결과적으로 붕괴되었다. 이런 가운데 정부의 재정적자는 더욱더 증가하였다.

정부의 재정적자가 최대의 화두가 되던 시절에 정부예산제도도 재정적자를 줄이는 방향으로 진화하였는데 특히 두 가지가 중요한 변화였다.

첫째, Top-Down 예산제도가 도입되었다. 전통적인 예산절차는 각 기관이 그들의 예산요구를 OMB 처장과 대통령에게 위로 보내면서 그 과정에서 토론과 심리가 진행되는 상향식(Bottom-Up) 방식이었다. 그러나 재정적자 시대에는 전통적인 점증적 예산에서 탈피해서 경제적 예측에 능동적으로 대처하는 예산이 필요했다. 그리하여 경기변동에 따라 신축성 있게 거시경제적으로 예산을 운영할 필요가 생겼고, 예산총액을 집중적으로 관리하게 되었다. 그래서 고안된 것이 예산총액을 먼저 정하고, 이 총액을 각 부처에게 할당하는 식의 하향식(Top-Down) 예산제도가 도입되었다.[7] 경기변동에 따른 거시적 총량조정과정에서 단년도 예산제도보다는 다년도 예산을 편성하는 것이 더 효율적임을 인식하게 되었다.

둘째, 이 시기에는 OMB의 권한이 강화되었고, OMB는 의회를 적극적으로 설득하는 역할을 담당하였다. 현대사회 이전의 미국의 전통은 각 부처가 필요한 예산을 대통령에게 요구하는 것이 아니라 의회에다 직접 요구하여 받는 것이었다. 이러한 전통이 그 후에도 오래 남아 있었는데, Reagan 대통령 시대에 와서는

---

7) 이를 거시적 예산제도(Macro-budget)이라고도 하는데, 그 원조는 캐나다의 Envelope Budget (부문별 예산총액결정방식)이라고 보여진다.

OMB가 모든 행정부의 예산은 OMB에게 요구하도록 하였다. 그리고 OMB는 "조리 있는 예산서"를 작성하여 의회에 제공함으로써 의회가 정책변화를 잘 이해하도록 예산을 편성하였다. 의회는 아직도 전통적인 예산에 더 익숙해져 있어서, 행정부와 의회 간에 같은 예산을 놓고도 다른 인식을 하는 경우가 많았기 때문이다. OMB는 전통적으로 사용해 온 회계정보가 가득 찬 예산보고서 대신 의회가 알기 쉽도록 통계적 분석이 포함되어 있는 예산보고서를 작성했다. 나중에는 이런 통계적 분석이 정부성과의 분석으로 진화하게 된다.

(4) 새로운 성과주의 예산제도("New" Performance Budgeting)

1990년대에 구 소련이 붕괴하자 새로운 변화가 도래했다. 예전에 자유진영, 공산진영, 그리고 제 3 세계로 나뉘어져서 해당 블록 내에서만 움직이던 국가들이 블록이 갑자기 없어지자 모두 무한경쟁의 시대로 접어든 것이다. 무한경쟁시대에는 다른 무엇보다도 "고객"을 감동시켜야 했다. 이것은 정부쪽에서도 마찬가지였고, 정부성과(performance)를 공무원의 성과가 아닌 고객의 만족감 차원에서 생각하게 되었다.

이런 상황에서 대통령으로 당선된 Clinton은 Gore 부통령에게 정부혁신을 담당시켰다. Al Gore 부통령은 1993년 "국가성과를 평가하는 작업"(National Performance Review)을 마친 후 다음과 같은 연설을 하였다.

"사람을 우선시 하는 정부는 자신의 고용인들(공무원들)을 우선시 합니다. 정부는 자신의 고용인들에게 일할 수 있도록 능력을 부여하고, 그들을 각종 규제와 규칙의 사슬에서 풀어 주며, 권한과 책임을 완화하고, 그들이 분명한 사명감을 갖도록 해줍니다. 우리는 실제로 업무를 수행하는 사람에게로 권한을 이양해 주어야 합니다. 우리는 그들을 유능하게 만들어 주어야 합니다. 단순히 권위를 줌으로써가 아니라 그들에게 융통성도 주고, 일하다가 실패할 자유도 주고, 좋은 의사결정을 할 수 있도록 정보도 주고, 고객을 위해 봉사할 수 있다는 자신감도 주어서 그들을 유능하게 만들어야 합니다."[8]

국가성과평가서(NPR) 가운데 예산제도와 관계된 것들을 추려서 요약하면 다

---

8) Vice President Al Gore. NPR Orientation. April 15, 1993.

음과 같다.

① 결과에 대한 책임을 강조 또 강조

NPR이 추천하는 개혁방안들 중 많은 것들이 성과목표(Performance Goals)와 정책틀(Policy Framework)에 연관되어 있다. 즉, 성과목표와 정책에 따라 사업이 기획되고, 예산이 편성되며, 유관사업들이 통합된다. 그리고 실제로 성취된 결과를 시민들에게 보고해야 한다. "성과백서"의 발간을 포함해 다양한 방법으로 성과달성도를 보고하되, 시민들이 이해하기 쉽고, 정확하고, 의미 있는(감동을 줄 수 있는) 방식으로 전달해야 한다.

② 재무행정 기반구조의 강화

미국 연방정부에 예산 및 재무관련 행정인이 12만 명이고, 관련 공무원이 수백만 명인데, 이들은 연방재원이 어떻게 사용되어야 좋은가에 대한 정보를 전혀 생산해 내고 있지 못하다. 이런 원인들 중 가장 큰 요인은 현금주의에 집착하고 있는 예산회계제도이다. 따라서 연방회계제도는 1949년에 후버위원회에서 개선하라고 한 것인데, 지난 50년 동안 개선된게 없다. 회계기준을 새로 정하고, 정보고속통신망을 통해 각 부처의 재정정보를 통합하고, 프로그램 관리자(보통 사업부서의 국장을 말함)에게 유용하고, 객관적이며, 시의적절하고, 정확한 정보가 제공될 수 있도록 기반구조를 강화해야 한다.

③ 관리자(국, 과장)들이 결과를 생산해 낼 수 있도록 권한을 부여

- 관리자들에게 일하도록 밀어 주어라. 예산품목이 지나치게 세분화 되어 있는 것을 대폭 폐지·통합하고, 예산과 사업을 긴밀하게 연결하도록 도와주어야 한다(예산구조개편).

- 주어진 예산범위 내에서 사업을 추진하는 한 인원에 대한 상한선과 하한선을 폐지해야 한다. 사업관리자가 가장 경제적이고 효과적이라고 판단하는 방법대로 행정을 하도록 해줘야 한다(총액경상비예산제도 및 총액인건비예산제도).

- 관리자가 결과를 잘 산출해 내도록 융통성을 주어야 한다. 현행 예산제도하에서는 관리자들은 예산을 절약할 필요가 없다. 그러나 예산을 다년도로 편성하는 한편, 관리자들에게 소관예산의 50%까지 자율적으로 지출결정을 할 권한을 준다. 그러면 관리자들이 알아서 절약할 것은 절약하고, 지출할 것은 지출한다(다년도 예산제도 및 예산이월제도).

④ 민간기업의 성공관행을 활용

– 행정업무를 민간에게 이양하라. 특히 봉급관리, 전산시스템 관리 등은 민간에 이양하는 것이 더 경쟁적이고 능률적이다.

– 혁신기금(innovation funds) 창설을 인정하라. 이런 기금을 인정해 주어야 관리들이 운영예산을 절약해서 공공투자사업을 벌일 수 있다.

– 재무관련 규제를 대폭 줄여라. 아무리 사소한 규제라도 비용을 절감할 수 있는 것이면 다 철폐하라.

– 장기 내구시설에 관한 투자계획 및 사용계획을 세워라. 그래야 관료가 장기 투자에 대한 합리적인 의사결정을 내리게 된다.

⑤ 예산절차의 개선

앞으로의 예산은 정부의 사명, 경제상황, 대통령의 우선순위에 입각하여 다년도 예산으로 편성되어야 한다. 그리고 정보를 집중적으로 사용하는 예산편성(information—intensive budgeting)이 되어서 새로운 컴퓨터 장치들이 사용되고, 재정정보의 양과 질이 향상된 환경 속에서 예산이 편성되어야 한다. 특히 연방예산은 2년에 한 번 편성하며, 의회의 예산심의도 2년에 한 번 이루어지도록 한다.

이상의 제안에 대해 비판이 없는 것은 아니다. 미국의 "예산과 사업분석학회" 회장인 Kliman은 "예산개혁에 대한 NPR의 제안들은 개혁을 추진해야 하겠다는 순박한 열정만 가득했지, 예산제도에 대해서는 무지한 생각"이라고 혹평을 했다.[9]

이와 유사한 비판들이 많았음에도 불구하고, 예산이 성과를 더 올리도록 편성되고, 사용되어야 한다는 열망은 계속되었다.

1990년대 초에 정부성과 및 결과법(Government Performance and Result Act: GPRA)과 예산집행법(Budget Enforcement Act: BEA)이 속속 법제화 되면서 새로운 성과주의 예산제도(New Performance Budgeting)는 착실히 진행되었다. 한국의 경우, 외환위기 직후 미국의 신성과주의 예산제도를 도입하기 시작하여, 현재까지 제도의 취지와 기법이 예산제도에 녹아있다.

다른 예산제도와 마찬가지로 최근의 성과주의 예산제도를 Schick의 신예산

---

9) Curro, M. J. Federal Financial Management and Budgeting: NPR Recommendation and GAO View." Public Budgeting and Finance (Spring 1995). p. 24.

표 9-5 성과주의 예산제도(New performance Budgeting)에 대한 평가

Schick의 기준	성과주의 예산제도에 대한 평가
총재정규율(aggregate fiscal discipline)	○
배분적 효율성(allocative efficiency)	○
기술적 효율성(technical efficiency)	◎

기능론에 따라 평가해보면, 〈표 9-5〉와 같다. 새로운 성과주의 예산제도는
Top-Down 예산제도와 다년도 예산제도를 사용하고 있기 때문에 총재정규율을
준수하는 데에도 유리하다. 그리고 프로그램 예산제도를 사용하고 있기 때문에
자원의 전략적 배분도 가능하고, 특히 복식부기 발생주의 회계제도를 사용하며
성과(결과)관리를 하기 때문에 기술적 효율성도 높일 수 있다. 그 중에서도 기술
적 효율성 측면은 다른 어떤 예산제도들에 비하여 탁월하다.

3. 미국의 "비주류" 예산제도

전술하였다시피, 다음에 설명하는 MBO나 ZBB는 그 예산제도를 직접적으로
계승한 예산제도가 없기 때문에 편의상 비주류 예산제도로 분류하였다. 그러나
비주류라고 해서 그 의의가 평가절하 되어서는 안 되며, 이 예산제도들도 나름대
로 훌륭한 아이디어들을 지니고 있고, 이들은 오늘날의 예산제도에 암묵적으로
영향을 미치는 바가 크다.

(1) 목표관리 예산제도(Management By Object)

PPBS가 1960년대의 예산제도였다면, MBO는 1970년대 초반에 유행하였던
예산제도이다. 60년대에 케네디-존슨정부에 참여했던 경제학자들은 PPBS를 통
해 어떤 사업을 선택하여 얼마를 투입하는게 좋은가 하는 기법들을 워싱턴에 전
파하였다. 대부분의 경제학자가 그러하듯이, 이들은 "결정된 것은 그대로 실행된
다"는 가정을 굳게 믿고 있었다. 하지만 이 세상에 어느 것도 계획한대로 실행되

표 9-6   MBO에 대한 평가

Schick의 기준	MBO에 대한 평가
총재정규율(aggregate fiscal discipline)	△
배분적 효율성(allocative efficiency)	△
기술적 효율성(technical efficiency)	○

는 것이 없다. 따라서 PPBS 경제학자들이 수행한 사업들에 대한 사후평가는 신랄하였다(예, 월남전). 많은 사업들이 심각한 관리상의 결함을 지니고 있었던 것이다.

존슨 대통령의 뒤를 이어 대통령으로 당선된 닉슨은 워터게이트 사건을 제외하고는 "행정능력 면에서 가장 탁월한 대통령"으로 평가되고 있다. 그는 행정부에 경제학자가 아니라 관리전문가들을 중용하여 기존 프로그램과 새 프로그램의 집행을 통해 행정서비스가 실제로 국민에게 제공되기를 원하였다.[10] 이제는 기획이 아니라 집행이 최대 관심사가 된 것이다.

집행에 있어서 가장 중요한 것은 예산자원을 필요로 하는 사업들이 원래 무슨 목적을 위해서 실시되고 있는가를 분명히 하는 것이다. 목표를 명확히 인식하고 일하는 것하고 그냥 시켜서 일하는 것 사이에는 성과달성도에 있어서 큰 차이가 있다. 따라서 목표에 대한 끊임없는 재확인이 필요하다.

MBO는 예산편성을 특별한 방식으로 하는 것이 아니다. 그냥 평범한 프로그램 예산을 짜더라도 그것을 가지고 수시로 프로그램 목표를 재확인하고, 그 목표에 부합되도록 현행의 사업들을 재조정해 가는 일종의 관리상의 기법이다. 그런 만큼 일반 행정조직에서 쉽게 수용할 수 있었다.

닉슨 대통령에 의해 OMB 처장으로 임명된 Roy Ash는 이렇게 말하였다.

"MBO의 접근법은 특별히 새롭거나 심오한 것은 아니다. 솔직히 말해 나는 이러한 접근법을 상식에 의한 관리라고 부르고 싶다."(Rose. 1977. p. 67)[11]

상식에 의한 관리는 장점도 있지만, 단점도 있다. MBO를 실시한 지 몇 개월

---

10) Rose, R. "Implementaion and Evaporation: The Record of MBO." Public Admnistration Review (Jan/Feb, 1977). p. 65.
11) Rose. 1997. p. 67.

지나지 않아 MBO에 대한 관심과 열의가 식기 시작했다. MBO가 제대로 작동하려면 목표와 수단을 끊임없이 점검하기 위해 회의가 자주 열려야 한다. 그런데 어느 틈엔가 OMB 처장과 기관장들 간의 회의가 자주 취소되기 시작했고, 기관장과 하급기관 간의 회합도 자주 취소되었다. 자연 MBO는 식어가는 열기와 함께 실패하기 시작했다.

(2) 영기준 예산제도(Zero-Based Budgeting)

비주류 예산제도들 중에서도 ZBB는 매우 독특하다. 1970년대 후반에 당선된 카터 대통령은 자신이 조지아 주지사 시절에 채택했던 새로운 예산제도를 가지고 백악관에 입성했다. 사람들은 ZBB라는 이색적인 명칭이 주는 뉘앙스에 매료되었다.

"전년도 예산의 답습이 아니라 백지 상태로 돌아가서 현행 사업을 재검토 해 보고 불필요한 것은 과감히 정리하자"란 생각은 실제 ZBB의 일면적 진실에 불과하며, 정치적으로 과장된 주장이다. 그러나 이런 과장된 구호가 카터 대통령이 주지사 시절에 사용해 보았더니 실제로 예산절감 효과가 있었다더라 하는 경험론과 결합하여 다른 나라 정부들까지 관심을 기울였다. 물론 한국도 전두환 정부에서 ZBB를 잠시 도입한 적이 있었다.

이와 같은 대중적인 인기와 달리 예산분석가들은 ZBB에 관하여 두 가지 평가를 한다.

첫째로 ZBB는 보통 생각하는 것처럼 영(0)의 상태에서 모든 사업의 타당성을 재검토하는 것이 아니라는 점이다. Lauth는 ZBB를 도입하였던 조지아주의 예산국 직원들을 면접 조사한 결과 "예산편성이 영에서 출발한다는 생각, 그리고 사업을 매년 새로이 시작한다는 생각은 피면접자 전원으로부터 부정되었다"고 밝히고 있다.[12] 그는 또 ZBB를 통한 예산감축 효과도 기대하는 만큼 그렇게 많이, 그리고 그렇게 신속하게 나타나는 것이 아니라는 사실도 강조한다.

그런 반면, 둘째로, 이들은 ZBB가 예산의사결정에 필요한 정보를 생산, 제공하는데 대단히 효과적이라는 사실에 주목한다. "ZBB 자체는 새로운 존재가 아

---

12) Lauth, T. P. "Zero-Base Budgeting in Georgia State Government: Myth and Reality." 강인재 외 편역. 전게서. p. 364.

니며, 능률의 개선을 도모할 수 있는 기법도 아니다. 그러나 ZBB의 특징은 정보를 구성하는 방법에 있다."[13]

　　ZBB가 예산정보를 구성하는 독특한 방법이란, 바로 예산관련 의사결정과정을 "주관식 문제로부터 선택형 문제로" 바꾼데 있다. 무슨 말이냐 하면, 전통적인 예산제도에서는 하급기관이 상급기관에 제출하는 예산안에는 한 가지 대안밖에 적혀 있지 않다. 무슨무슨 사업에 얼마가 필요하다는 식의 청구서이다.

　　만약 이런 청구에 대하여 이의가 있다면 예산요구서 작성자를 불러다가 사정의 자초지종을 들어 보고, 다른 대안이 없는가 추궁도 하고, 질책도 하면서 수정작업을 한다. 즉, 비공식적인 내부정보의 흐름에 따라 예산이 결정되는 것이다. 그러나 이나마도 해당 사업이 예산사정자 또는 심의자의 관심을 끌 때나 일어날 수 있는 일이고, 보통은 전년도에 실시했던 사업이라면 별다른 질의 없이 넘어가기 십상이다.

　　그러나 ZBB는 이와 다르다. 예를 들어 집행기관은 같은 사업에 대한 수행방법에 있어 A, B, C 3개의 대안을 예산서에 명시한다. 그리고 만약 규모가 가장 큰 A안이 선택되면 사업 효과는 어느 정도가 될 것이고, 중간 규모인 B가 선택되면 그 때의 사업 효과는 어떠할 것인지 명시한다. 그리고 가장 규모가 작은 C안(영기준 안, 보통 전년도 대비 85% 정도 수준임)이 채택되면 그 때 사업 효과가 얼마나 축소되며 부작용은 무엇인지 명기한다.

　　그러면 의사결정자가 3개 대안의 장단점을 비교평가한 후 그 중 하나를 선택한다. 예전의 예산제도에서는 그 선택을 실무자가 미리 해버리고 예산을 요구하는 형식이었다. 하지만 ZBB에서는 그런 결정을 상급자, 기관장, 또는 의회가 하도록 필요한 정보를 제공하는 것이다. 의사결정자가 명시된 사업효과를 보고 결

표 9-7 ZBB에 대한 평가

Schick의 기준	ZBB에 대한 평가
총재정규율(aggregate fiscal discipline)	△
배분적 효율성(allocative efficiency)	○
기술적 효율성(technical efficiency)	×

---

13) 강인재 외. p. 361.

정을 내린 만큼 실무자는 그 범위 안에서 성과에 대한 책임을 지면 된다.

다른 예산제도에서도 이와 유사한 선택이 이루어질 수는 있다. 하지만 그런 선택은 암묵적으로 이루어지는 것이지, ZBB에서와 같이 공식적이고, 명료화하게 제도화 되어 있지 않다. ZBB는 이런 암묵적 과정을 표면화 시켜서 적극적으로 예산과 산출을 연결시키고, 또 집행수단에 대한 상급자의 선택을 분명하게 밝히도록 하는 것이다.

미국의 연방정부는 더 이상 ZBB를 사용하고 있지 않지만, 이 제도는 조지아 주정부에서 2000년대까지 사용하고 있으며, 이를 사용하고 있는 민간기업들도 다수 있다.

제2절 한국의 예산제도: 역사와 현재

제1절의 미국의 예산제도에 이어 본 절에서는 우리나라에 도입된 각 예산제도에 대해 알아볼 것이다. 새로운 예산제도가 역대 정부에 도입된 시대적 배경과 추진과정에서의 대통령의 리더십, 그리고 해당 예산제도의 명암(明暗) 등을 살펴본다.

역대 정부가 도입한 예산제도 중 일부는 가시적인 성과를 보이기도 했지만, 다른 제도는 미국의 예산제도를 성급하게 도입하여 제대로 추진하지도 못한 채 사라지거나 형식화된 경우가 없지 않다. 박정희정부, 전두환정부, 노태우정부에서의 예산제도가 여기에 해당한다. 이 기간 동안의 예산제도를 본 서는 '한국 예산제도의 형성기'로 부르고자 한다.

이후 김영삼정부, 김대중정부와 노무현정부에서는 기존에 도입된 예산제도의 실효성을 높이기 위한 조치가 마련되었다. 특히 노무현정부는 과거 정부에서의 조치와 달리 예산제도 간 연계와 시너지 효과를 고려한 제도개편이 이루어졌다. 2004년부터 마련된 국가재정운용계획, 성과관리제도, Top-Down 예산제도, 프로그램 예산제도 및 디지털예산회계시스템 구축 등 3+1 예산제도는 기존 예산제도를 뛰어넘는 혁신적인 조치였다. 따라서 이 기간 동안의 예산제도를 '한국 예산제도의 변혁기'로 부르고자 한다.

2004년 3+1 재정개혁으로 많은 조치가 이뤄졌지만 현재 정부 예산담당자나 재정전문가의 의견을 청취해보면 그 성과가 제한적이라는 평가가 많다. 새로운 예산제도가 아직 제대로 정착되거나 성숙되지 않았기 때문이다. 가까운 시간 안에 '한국 예산제도의 성숙기'가 도래하기를 간절히 희망한다.

1. 한국 예산제도의 형성기

해방 이후 우리나라에 도입된 최초의 예산제도는 품목별 예산제도이다. 당시 재정법에 따라 세출예산이 목(目) 등으로 분류되고 1959년 예산부터 예산을 기능별 분류와 경제성질별 분류를 혼용하여 분류했는데(신무섭. 2009), 목(目)과 경제성질별 분류가 품목별 예산제도의 바탕이 되는 것이다.

박정희정부 들어와 성과주의 예산제도가 도입되고 중기재정계획과 계획예산제도(PPBS)의 도입이 추진되었다. '성과주의 예산제도'는 박정희정부가 개발연대 초창기에 경제개발정책을 효율적으로 뒷받침하기 위해(재경회·예우회. 2011) 1962년도에 개발되었다(유훈 등. 2012). 여기서 말하는 '성과주의 예산제도'는 앞절에서 살펴본 실적주의 예산제도, 즉 최근의 성과주의 예산제도와의 구분을 위한 Old Performance Budgeting을 의미한다. 그러나 박정희정부에서 도입된 성과주의 예산제도는 1962년과 1963년에 농림부, 보건사회부, 건설부 등 3개 부처의 15개 사업에 선별적으로 적용되다가 성과주의 예산제도의 난점과 예산당국의 리더십의 부재로 1964년에 폐기된다(유훈 등. 2012). 이것은 예산과목구조가 일정한 기준과 원칙이 없는(재경회·예우회. 2011) 상태에서 당시 예산실이 여전히 예산사업이 아닌 경제성질별 분류기준인 품목별 예산제도를 중심으로 예산을 운영했기 때문에 예산사업 중심의 의미있는 성과관리가 가능하지 않았기 때문으로 여겨진다. 또한 의미있는 예산사업 분석을 위해서는 정보시스템이 갖추어져 있어야 하는데 당시 예산시스템은 존재하지 않았고, 1970년대에 가서야 과학기술원(KIST)의 협조를 받아 [초보적인 수준의 예산시스템이] 개발(재경회·예우회. 2011)되었기 때문이다.

한편 박정희정부는 계획예산제도(PPBS)를 국방부에 도입하려고 시도하였다. 1971년 PPBS 연구가 시작되어 1974년 국방부가 PPBS 도입을 위한 5개년 준비계획을 마련하는 등 본격적인 준비에 들어갔다. 그러나, 1971년 미국의 연방관리예

산처(OMB)가 PPBS를 공식적인 제도로서는 종결시킴으로써 PPBS의 열기가 냉각
되었는데 이러한 분위기에서 우리나라의 PPBS는 준비단계에서 종말을 고하게 되
었다(유훈 등. 2012).

중기재정계획의 도입은 박정희정부 말기에 결정되었다. 1979년 경제기획원
의 예산국이 예산실로 승격되면서 예산실에 부여된 주요 기능 중 하나가 새롭게
도입된 중기재정계획을 입안하는 것이었다(재경회 · 예우회. 2011). 당시 박정희
대통령에 의해 강력하게 추진되었던 경제개발 5개년 계획과 단년도 예산의 연계
성을 강화하고자 도입된 것이었다. 그러나 중기재정계획은 1979년 10. 26 사건과
1980년 신군부의 쿠데타 이후 전두환정부 들어 1981년에 공식적으로 최초 도입
(한국개발연구원. 1991)되었다.

그러나 이후에는 중기재정계획이 재정 현장에서 계속적으로 탄력을 받지 못
하고 예산당국의 내부자료로만 활용되었을 뿐 대외적으로 발표되지는 않았다.
이는 우리나라의 경제 및 사회여건이 급변하기 때문에 향후 3~4년에 대한 계획
을 담은 중기재정계획 자체가 가지는 불확실성이 크기 때문이다. 그러나, 경제 ·
사회에 대한 불확실성과 함께 정부가 중장기 정책방향을 제시할 필요성도 비례
적으로 커져 정부는 1999년 다시 중기재정계획(1999~2000년)을 대외적으로 발표
하였다(고영선. 1999).

전두환정부는 1982년 재정건전성 확보를 위해 영기준예산제도(ZBB)를 도입
하였다. 이때 특이한 사항으로 전두환정부는 영기준예산제도를 1982년 1월에 도
입하면서 1983년 예산안이 아니라 국회를 막 통과한 1982년 예산부터 적용하였
다. 즉, 국회를 막 통과한 예산을 행정부가 원점에서 다시 검토한 것이다. 대통령
의 강력한 의지를 바탕으로 예산을 절감하는데 ZBB가 적절한 도구로 사용된 것
이다. 당시, 국외여비, 용역비 등 15개 예산비목에서 총 2천억 원 이상[14]의 예산
을 삭감하여 ZBB 도입이 성공적인 것으로 평가받았다(재경회 · 예우회. 2011).

노태우정부는 당시 분출하는 민주화 욕구를 잠재우기 위해 포퓰리즘적 재정지
출을 남발하였다. 특별법을 만들어 농어촌 부채를 탕감하고 비용대비 효과가 크지
않은 새만금사업과 같은 대형 국책사업을 추진했다(재경회 · 예우회. 2011). 이 과정
에서 재정건전성 또는 재정효율화를 위한 예산제도의 도입은 후순위로 밀려났다.

---

14) 당시 9조 6천억 원이었던 일반회계 예산(재경회 · 예우회. 2011)의 약 2%에 해당하는 규모로
   이는 상당한 규모에 해당한다.

2. 한국 예산제도의 변혁기

김영삼정부, 김대중정부와 노무현정부에 들어와서는 지금까지 설명하였던 박정희정부, 전두환정부, 노태우정부에서 다소 형식화된 측면이 있는 우리나라 예산제도를 내실화하고 기존 예산제도 간의 연계성을 고려하는 조치들이 이어졌다. 특히 2004년에는 전략적인 재정운용과 집행부처의 자율성 등을 강화하기 위한 종합적인 예산제도(3+1)가 도입되었다. 종합적인 재정제도(3+1)의 도입이 추진되었다.

김영삼정부는 중기재정계획을 실질적으로 운영할 수 있는 기반을 조성하기 위해 기금 팽창을 막고 특별회계제도도 대폭 개편했다(재정회 · 예우회. 2011). 각 부처가 그 동안 기금과 특별회계 등을 남설(濫設)하여 중기재정계획의 실효성이 저하되고 재정건전성에도 악영향을 끼치는 것으로 판단했기 때문이다.

1999년 외환위기를 겪은 후 김대중정부는 재정지출의 효율성을 제고하고자 과거 박정희정부에서 도입된 적이 있었던 성과주의 예산제도를 다시 한 번 도입하기로 하였다. 대신 정부업무에 대한 객관적 평가할 수 있는 평가지표의 작성이 어려운 것을 고려하여 단계적으로 도입하기로 하였다(재경회 · 예우회. 2011). 2000년 예산부터 예산편성지침에 성과주의 예산제도 시범에 대한 사항을 명시하고(재경회 · 예우회. 2011), 2000년도에 16개 기관은 시범기관으로 선정하고, 2001년도와 2002년도에 각각 12개, 11개 기관을 시범기관으로 추가하였다(유훈 등, 2012).

김대중정부에서 시범기관을 대상으로 한 성과주의 예산제도는 노무현정부에 들어와서 성과계획서와 성과보고서(2004년)제도, 재정사업 자율평가제도(2005년), 재정사업 심층평가제도(2006년) 등으로 체계화되고 2006년 국가재정법에서 재정성과관리제도에 대한 법적 근거를 마련하게 된다.[15]

과거 정부에서는 중기재정계획과 단년도 예산이 별도로 만들어져 상호간 연계성이 약하였다. 그러나 노무현정부에서는 5년간의 중기재정계획을 작성 후 이것을 근거로 단년도 예산을 편성하고, 이를 위해 예산편성과정을 개편하는[16] 등 중기재정계획과 단년도 예산의 연계를 강화하였다. 노무현정부는 이러한 제도개편 사항을 국가재정법에 반영하고 해당 제도(국가재정운용계획)가 현재까지 이어

---

15) 이에 대한 자세한 사항은 제15장을 참고하기 바란다.
16) 이에 대한 자세한 사항은 제10장을 참고하기 바란다.

지고 있다.

노무현정부의 예산제도가 과거 정부와 가장 크게 차이가 나는 점 중 하나는 Top-Down 예산제도와 프로그램 예산제도를 도입한 것이다. 이전의 예산제도는 Bottom-Up 예산제도로, 자잘한 예산사업별 지출소요가 먼저 결정되어야 이것이 모여 각 부처의 예산 총액과 중앙정부 예산 총액이 결정되는 방식이었다. 각 부처는 많은 예산을 확보하기 위해 불필요한 예산사업을 남발하고 예산당국에 과다하게 요구하였으며 예산당국은 삭감위주의 예산심사를 진행하였다. 국가 전체 차원에서의 전략적인 재원배분은 불가능한 구조였다. 이러한 방식을 분야별·부처별 지출한도를 먼저 설정하고 이후 개별사업별 지출소요를 산정하는 Top-Down 방식으로 바꾼 것이다.

또한 노무현정부에서 프로그램 예산제도가 도입되어 정부예산구조를 예산사업을 중심으로, 프로그램[17]–단위사업–세부사업 방식으로, 체계화 하였다. 과거의 예산구조는 예산을 운용하는 조직, 사업, 비목이 원칙없이 혼재되어 그것으로부터 의미있는 정보를 얻을 수 없었다. 특히, 이전 정부가 추진하였던 계획예산제도(PPBS), 성과주의 예산제도, Top-Down 예산제도, 중기재정계획 등 제반 예산제도가 제대로 돌아가기 위해서는 예산구조가 예산사업별로 체계화 되어 있어야 한다. 사업(프로그램)별 예산구조는 제반예산제도의 필요전제조건인데 이것이 마련되어 있지 않은 상태에서 각 예산제도가 도입되어 성공하지 못한 것이다. 당시 노무현정부도 프로그램 예산제도에 의한 예산사업별 예산구조가 도입되기 전에 중기재정계획(국가재정운용계획)과 Top-Down 예산제도를 도입하는 유사한 오류를 범하였다. 다행히 프로그램 예산제도(2004년 추진 개시)가 2005년과 2006년 2년간의 시범운영을 거쳐 2007년 예산부터 공식적으로 사용되어 국가재정운용계획, Top-Down 예산제도 및 재정성과관리제도 등 현재 우리나라가 운영하는 예산제도가 제대로 추진될 수 있게끔 하는 기반이 마련되었다.[18][19]

---

17) 동일한 정책목표를 달성하기 위한 단위사업의 묶음으로서(최상대·유승원. 2004) 예산사업 단위 중 가장 큰 단위를 말한다.

18) 국가재정운용계획, Top-Down 예산제도, 프로그램 예산제도에 대한 자세한 사항은 제14장을 참고하고, 재정성과관리제도에 대한 자세한 사항은 제15장을 참고하기 바란다.

19) 이처럼 새로운 예산제도를 효율적으로 운영하는데 있어 정보시스템의 도움은 필수적이다. 노무현정부에서는 과거 예산정보시스템(Fimsys)과 회계정보시스템(Nafis)을 대폭 업그레이드하여 통합하고, 예산사업별 관리시스템인 사업관리시스템과 재정통계를 관리할 수 있는 통계시스템을 새롭게 구축하고, 재정업무를 추진하는데 필요한 제반시스템과 연계한 디지털예산회계시스템(dBrain이라고 약칭, 자세한 사항은 제17장 참조)을 2007년 구축·개통하였다.

Top-Down 예산제도하에서의 예산성립과정

• 제1절 새로운 정부예산안 편성과정
• 제2절 국회의 예산 심의·확정
• 제3절 예산에 대한 국민들의 평가와 예산의 분류

제10장 Top-Down 예산제도하에서의 예산성립과정

중앙행정기관의 예산은 기획재정부의 국가예산편성과 국회의 심사의결을 통해 정식예산으로 성립된다. Top-Down 예산제도가 도입됨에 따라 예산편성 및 의회심의가 다소 변화되었으므로 이를 중심으로 국가예산의 성립과정을 살펴보자.

제1절 새로운 정부예산안 편성과정

그 동안 사용해 온 전통적인 Bottom-Up 예산제도하에서의 예산편성절차는 (구)예산회계법을 근거로 다음과 같이 시행되었다.

과거의 예산편성절차

① 기획예산처가 3월 31일까지 사업부처에 예산안편성지침의 하달
② 사업부처가 5월 31일까지 기획예산처에 예산요구서 제출
③ 9월말까지 기획예산처의 예산사정 및 편성과정

그러나 2004년부터 Top-Down 예산제도가 도입되고 2007년 국가재정법이 시행되면서, 예전과 다른 절차들이 예산편성과정에 추가되었다.

Top-Down 제도하에서의 예산편성절차

① 기획재정부, 국가재정운용계획 수립지침 각 부처에 송부(전년도 12월말)
② 각 부처, 중기사업계획서를 기획재정부에 제출(1월말)
③ 기획재정부, 국가재정운용계획 시안 작성(2~4월)
④ 국가재정전략회의 및 대통령 승인(4월말)

⑤ 기획재정부, 예산안편성지침 및 기금운용계획안 작성지침과 지출한도 각
부처에 통보(4월말)

⑥ 각 부처, 예산요구서 및 성과계획서 작성(5~6월)

⑦ 각 부처, 예산요구서 기획재정부에 제출(6월말)

⑧ 재정정책자문회의 및 당정협의(9월)

⑨ 정부예산안 마련(7~9월)

⑩ 정부예산안 및 국가재정운용계획 국회 제출(10월 2일)

　새 제도의 도입에 따라 예전과 달리 국가재정운용계획이 중요해졌고, 지출한
도가 설정되었으며, 그 대신 부처의 자율편성과 국무위원들의 토론 및 협의라는
과정이 새롭게 추가된 것을 알 수 있다. 국가재정법은 기존의 예산회계법과 기금
관리기본법을 합해 놓은 것이고, 국가재정운용계획의 수립과 Top-Down 예산제
도 및 성과관리 예산제도를 실행하기 위해 필요한 조치들을 포함하고 있다. 국가
재정법이 국회에서 통과되어 예산편성절차는 다음 〈표 10-1〉과 같이 바뀌었다.
종전에 비해 부처의 사업계획서 제출기간이 1개월 더 빨라지고, 예산안 요구서
제출기한은 1개월 더 늦어진다. 그만큼 사업부처가 예산을 자율적으로 편성할 시
간을 많이 준다는 취지이다. 또한, 중기사업계획서를 먼저 작성하고 이것의 바탕
하에 지출한도를 설정하고 단년도 예산안을 만든다. 단년도 예산을 중기재정계
획과 연계하기 위함이다. 각 부처가 예산요구서를 작성할 때 성과계획서를 함께

표 10-1 Top-Down 예산의 편성절차

	(구)예산회계법	국가재정법
사업계획서 제출 (각 부처 → 기획재정부)	2월말 (신규·주요계속사업 계획서)	1월말 (중기사업계획서)
예산안 편성지침 통보 (기획재정부 → 각 부처)	3월말	4월말 (지출한도 포함)
예산요구서 제출 (각 부처 → 기획재정부)	5월말	6월말
예산안 국회제출	회계연도 개시 90일 전 (10월 2일)	좌동

만들면서 성과중심의 재정운용을 하도록 도모하였다.

1. 국가재정운용계획 시안 작성

국가재정운용계획은 국가재정법(제7조)을 근거로 당해연도를 포함한 5년간에 대한 중기재정계획을 말한다. 2013년에 정부가 수립한 국가재정운용계획은 2013년을 바탕으로 2014년부터 2017년까지에 대한 중기재정계획이 되는 것이다. 국가재정운용계획은 2004년부터 정부가 작성하여 국회에 참고서류로 제출하였고, 2007년부터는 법정화되어 국회에 의무적으로 제출하고 있다.

기획재정부는 전년도 12월말까지 국가재정운용계획 수립지침을 각 부처에 통보한다. 여기에는 재정여건, 향후 재정정책 방향 및 주요 재정투자부문, 작성방법 등이 제시된다. 각 부처는 주요 계속사업과 신규재정사업계획 등을 담은 중기사업계획서를 1월말까지 기획재정부에 제출한다. 기획재정부는 2월부터 국가재정운용계획 작업반을 구성하여 시안을 작성한다. 작업반에는 공무원, 연구소 및 학계 전문가들이 참여하며, 시안은 중기 재정정책 방향과 분야·부문별 재정투자 방향, 재정제도 개선방안 등에 대한 심도깊은 논의와 공개토론회를 거쳐 마련된다.

2. 국가재정전략회의

국가재정전략회의는 대통령, 각 부처 장관들, 대통령 비서실의 수석비서관들이 재정운용 방향, 분야별 재정이슈 및 재원배분 방향 등에 대해 논의하는 자리이다. 국가재정전략회의는 2004년에 Top-Down 예산제도가 도입되면서 함께 마련되었다. 보통 각 부처 장관들은 자기 부처의 이익을 위해 발언하고 활동하지만 여기서는 부처 장관들이 아니라 국무위원의 입장에서 국가발전을 위한 재정전략과 재원배분 우선순위를 논의하는 자리이다. 과거에는 국무위원 재원배분회의라고 하였으나, 성장률, 조세수입 및 국가채무 전망 등 국가재정과 관련된 제반 사항에 대한 토론의 자리로 확대되면서 2008년부터 국무위원 재정전략회의로 변경되고, 2012년 지금의 명칭인 국가재정전략회의에 이르게 되었다.

2013년 국가재정전략회의[1]의 경우 통상적인 재원배분회의뿐만 아니라 국정 과제 이행을 위한 재정지원실천계획(공약가계부)과 세입기반확충계획 및 세출구 조조정 추진계획[2]을 함께 실시하였다.

3. 예산안 편성지침 및 기금운용계획안 작성지침과 지출한도 통보

기획재정부는 국가재정전략회의에서 도출된 재원배분 방향과 합의한 지출한 도를 대통령 승인을 거쳐 각 부처에 통보한다. 이때 지출한도는 분야별, 부처별 로 한도가 설정된다. 지출한도가 예산안 편성지침 및 기금운용계획안 작성지침[3] 과 같은 시점에 부처에 통보되는 경우도 있고 약간의 시차를 두고 각각 통보되는 경우도 있다.

기획재정부는 지출한도를 통보하고 부처 간 형평성 유지 및 전략적 재원배분 원칙의 공유를 위해 예산안 편성지침 및 기금운용계획안 작성지침을 마련하여 부처에 제공한다(기획재정부. 2010).

예산안 편성지침에는 해당연도 예산안 편성방향, 해당연도 예산안 편성지침 (세입예산안 및 사업유형별 세출예산안 작성지침 등 일반지침과 성과관리지침 및 세출 구조조정지침 등 세부지침으로 구성), 해당연도 예산안 요구양식 등으로 구성된다. 또한 본 지침에 국가재정전략회의 등을 통해 도출된 각 분야별 중점투자 사항과 지출효율화(지출삭감) 사항이 예산안 편성지침에 담기게 된다.[4] 〈표 10-2〉에서 2014년도 예산안 편성지침 및 기금운용계획안 작성지침이 어떠한 내용으로 구성

---

1) 기획재정부 보도자료(2013. 5. 16. 2013 국가재정전략회의 개최결과)를 참고하였다.
2) 농산물 유통 재정지원체계 효율화 방안, 중소기업 지원사업군 지출효율화 방안, 문화 보조사 업 정비를 통한 지출효율화 방안, 창조경제 구현을 위한 기업지원 R&D 개선 방안, 지방자 치단체 세출구조조정 방안, 고용률 70% 달성을 위한 일자리 사업 협업 방안, 부처 간 협업 을 통한 재정지출 효율화 방안(기획재정부 보도자료. 2013. 5. 16.).
3) 예산실무자들은 예산안 편성지침이라고 부르는 경우가 많다.
4) 예를 들어 산업·중소기업 및 에너지 분야의 경우, 중점투자 사항은 ① 주력산업에 IT, SW 와의 접목을 지원하고 융합기술 개발을 통한 신산업 창출 및 창업활성화에 중점, ② 중소기 업과 대기업이 상생하는 산업구조로의 체질 개선-중소기업의 기술혁신 역량 강화, 맞춤형 수출지원 등으로 중견기업으로의 성장사다리를 구축, ③ 소상공인 및 전통시장의 안정적 경

되어 있는지 확인하기 바란다.

표 10-2 2014년도 예산안 편성지침 및 기금운용계획안 작성지침 구성

제1편 2014년도 예산안 편성방향

Ⅰ. 향후 재정운용 방향
  1. 그 간의 재정운용
  2. 재정운용 과제
  3. 재정운용 기본방향
Ⅱ. 2014년도 예산안 편성방향
  1. 재정운용 여건
  2. 2014년도 예산안 편성방향

제2편 2014년도 예산안 편성지침

Ⅰ. 일반지침
  ※ 세입예산안 작성지침, 세출예산안 작성지침(세출사업 유형별), 재
     정규율 준수지침,요구방식 및 기한 등
Ⅱ. 세부지침
  1. 성과관리지침
  2. 예비타당성조사 지침
  3. 총사업비 관리지침
  4. 성인지 예산서 작성지침
  5. 세출구조조정 지침

제3편 2014년도 예산안 요구양식 등

영환경 조성−소상공인 간 협업(공동브랜드 창출 등)활성화, 전통시장 특성별 맞춤형 지원 및
온누리 상품권 유통 확대 등의 지원이다. 지출효율화 사항은 ① 해외자원 개발은 사업타당성
분석 및 성과평가를 강화하고, 투자재원 다양화 등을 통해 내실화 추진, ② 에너지원별로 별
도 운용 중인 신재생에너지 보급, 에너지 관련 홍보 등 유사사업 간 연계 강화 및 지출효율
화, ③ '중소기업 지원이력 관리시스템' 구축 등 중소기업 지원체계 개편이다. 위의 사항과
관련된 예산사업이 대체로 향후 증액/감액되는 것이다.

4. 각 부처의 예산요구서 작성

각 부처는 기획재정부의 예산안 편성지침에 따라 예산요구서를 작성한다. 여기서는 각 부처 내에서 예산요구서가 작성되는 과정에서 실무 부서(실 · 국 · 과), 기획조정실, 장 · 차관별로 어떠한 역할을 담당하는지를 중심으로 알아보자.

(1) 장   관

과거에는 (구)예산회계법에 의해 중앙행정관서의 장의 판단과 책임에 의해 예산요구서를 작성할 책임이 있다. 좀 더 정확하게 말하자면 장관은 필요한 정책을 개발하거나 집행할 책임이 있으며, 이 정책이 예산지출을 수반할 때 그 금액을 예산부처 장관에게 요구하였다.

그러나 Top-Down 예산제도에 의하면, 장관은 예산을 요구함에 있어서 이미 대통령과 합의한 국가재정운용계획을 준수할 것을 요청받으며, 특히 차년도 예산에서의 지출한도(expenditure ceiling)를 준수할 것을 요청받는다.

장관은 이런 의무를 준수해야 되는 대신 한도 내에서 어느 정도의 자율성을 가지고 자신의 정책을 수행하는데 필요한 예산을 편성하게 된다. 다만 장관은 법률이 명하는 의무적인 지출을 준수해야 하며, 국정과제 사업도 준수해야 한다. 이 사업들에 대해서는 자율권이 없지만, 그 밖의 사업들에 대한 우선순위와 재원배분에 대해서는 어느 정도 자율적이다. 장관은 자신의 의지를 실천해 줄 예산요구서 작성과업을 실, 국, 과에 요구한다.

(2) 실무 부서(실 · 국 · 과)

각 부처에서는 실 · 국, 과장회의, 차관주재회의, 장관주재회의 등을 통해 예산편성 방향과 세부계획 등을 설정한다. 실 · 국장은 예산편성업무를 선임과의 과장에게 부여한다. 각 과에서는 예산요구에 필요한 자료를 수집 · 작성한다.

국에서 작성된 예산요구자료는 각 과장의 합의하에 실 · 국장의 결재를 받은 다음 기획조정실에 제출된다. 그런데 각 실 · 국은 가능한 한 많은 예산을 확보하

기를 원하기 때문에 처음부터 증액된 예산을 요구하는 경향이 있다. 이러한 경향
은 Top-Down 예산제도에서도 계속될 것으로 예상된다.

그리고 Top-Down 예산제도하에서는 이미 가용재원 총량이 제한되어 있기
때문에 실무 실·국 간에 더 많은 예산을 확보하기 위한 경쟁이 치열해질 수 있
다. 이에 따라 여태까지는 다른 실·국, 과의 예산사업에 대해 비판적 평가를 하
지 않았던 실무 실·국들이 앞으로는 타 실·국, 과의 예산사업에 대해 비판을
할 수 있다. 그 결과 예산사업의 타당성에 대한 검증이 저절로 이루어질 수 있는
데, 이것은 Top-Down 예산제도가 의도하는 긍정적인 효과 중의 하나이다.

(3) 기획조정실의 조정

부처의 기획조정실 예산담당관은 실무 실·국이 예산요구서를 제출하면 이
를 검토하고, 미진한 점에 대해서는 실·국의 예산담당자와 협의한다. 그리고 장
관 주재하에 차관, 기획조정실장, 실·국장 및 기관장 등이 참석하는 회의에서
이것을 브리핑한다.

그런데 예전에는 실무 실·국에서 요구하는 것을 박하게 삭감하지 않는 경향
이 있었다. 일단 요구액을 받아들여 선심을 쓰고, 이 금액이 기획재정부에서 삭
감되면, 그것은 자신의 잘못이 아니라 기획재정부의 탓이기 때문이다.

그러나 Top-Down 예산제도가 시행되자, 지출한도 내에서 제로섬 예산경쟁
이 일어나기 때문에 기획실 예산담당관의 역할과 책임이 커졌다. 자기 선에서 예
산요구를 삭감해야 하는 악역을 맡아야 하기 때문이다.

(4) 장·차관의 조정

부처의 정책과 그에 수반되는 예산요구서를 작성하는데 있어서 주도권을 쥐
고 있는 사람은 장관이다. 장관의 입장에서 보면 다른 사람들은 자기의 대리인일
뿐이다. 따라서 장관의 사업 간 우선순위결정권은 대단히 중요한데, 이것이
Top-Down 예산제도로 더욱 강화되었다. 차관은 장관을 보좌하여 부처 내 의견
조정에 노력한다.

부처 내에서 재원배분의 우선순위와 예산요구안이 결정되면, 각 중앙부처는

예산편성지침에 준하여 디지털예산회계시스템을 이용하여 전자문서로 작성한다. 이렇게 작성된 예산요구서는 디지털예산회계시스템을 통해 기획재정부에 6월말까지 제출된다.

5. 기획재정부의 예산심의(Review)와 정부예산안 편성

매년 6월 30일이 되면 각 부처의 예산요구서가 기획재정부에 접수된다. 이때부터 사업부처의 예산요구서에 대한 심의(Review: 재검토) 작업이 진행된다. 기획재정부의 심의 절차는 ① 기획재정부와 부처 간 예산협의, ② 기획재정부 내 예산심의회, ③ 고위정책결정으로 이루어져 있다.

(1) 기획재정부와 부처 간 예산협의

기획재정부와 부처 간 예산협의는 중앙예산기구인 기획재정부 예산실의 담당자와 각 사업부처 기획조정실 사이에 이루어지는 커뮤니케이션 과정을 말한다. Top-Down 예산제도의 도입으로 예산협의의 대상과 내용이 달라질 수 있겠지만, 지금도 과거의 전통적인 예산협의의 모습이 상당부분 유지되고 있으므로 예전의 모습을 우선 살펴보자.

1) 전통적인 예산협의

예산사정관은 사업부처가 요청한 요구내용의 타당성을 검토한다. 각 부처에서 제출된 예산요구는 어찌 보면 나름대로 타당성이 다 있다. 하지만 예산자원이 한정되어 있기 때문에 일반적으로 다음과 같은 방법으로 지원금액을 조정한다.

① 사업내용의 타당성

경제성(예비타당성 검토 포함), 환경영향평가 결과 등을 참조한다.

② 사업추진 추진의 시급성

사업 착수 지연시 경제사회적 여파 등을 파악하여 결정한다.

③ 사업추진 주체의 적합성

민간이나 지방자치단체가 수행해도 괜찮은 사업을 국가예산사업으로 신청한 것은 아닌가, 정책사업의 파급 효과는 어떤가, 공익성 확보 여부 등을 검토한다.

④ 사업운영 방식의 효율성

국고지원 이외의 민자유치가능성, 민간위탁 또는 책임운영기관으로의 전환가능성 등을 종합적으로 검토한다.

⑤ 재원조달 및 지원방식의 적절성

재원확보가능성, 연차별 재원배분의 적정성, 재원분담의 합리성, 예산지원방식(직접 시행이냐, 융자 또는 보조를 할 것이냐)의 적절성을 검토한다.

⑥ 사업집행 및 평가체제의 적절성

관련사업 간 연계체계, 관련기관, 민간자원봉사단체 등과의 파트너십, 사업자 간 경쟁구조, 인센티브 시스템, 집행사업의 평가 및 환류시스템, 사업집행 및 서비스 전달체계 등을 파악한다.

⑦ 기타 검토사항

예산증감요인, 예산지원조건 및 방식의 변경, 사업추진상 애로사항, 그리고 각종 규정에의 적합성 여부를 검토한다.

2) 예산확보전략

이상의 예산사정 절차는 매우 까다롭게 진행되기 때문에 사업부처는 간혹 "예산확보전략"이라는 방법을 동원하기도 한다. 일반적으로 많이 알려져 있는 예산확보전략은 다음과 같은 것들이다.

① 사업부처는 예산을 요구할 때 일부러 군더더기를 붙여 놓아서 예산사정기관이 그것을 삭감함으로써 명분을 갖게 한다.

② 논란이 많은 사업에 대해서는 그것이 대통령 공약과 연결되어 있다거나, 이전에 승인을 받은 사업과 관계가 있음을 강조한다.

③ 낡은 술이라도 새 부대에 담는다. 즉, 같은 사업에다 새로운 이름을 붙인다거나 인기 있는 목표를 추구하고 있다는 매력을 주도록 한다.

④ 사업비용 중 상당부분이 다른 차원의 재원조달처로부터 조달되기 때문에

실제 비용이 작음을 강조한다.

⑤ 예산실 관료의 자긍심(pride)에 호소한다. 즉, 비슷한 여건에 있는 다른 나라에 비하여 현재의 사업수준이 형편없다든지, 우리보다 못한 나라에서도 해당 사업을 이미 실시하고 있다든지 하는 점을 강조한다.

⑥ 예산삭감의 원칙에는 동조하지만, 이번 한 번만 봐달라고 조른다.

⑦ 이상의 방법들이 통하지 않으면, 이번에는 "전문가의 논리"를 내세운다. 정책집행부처가 국민들의 요망을 가장 잘 알고, 해결책도 갖고 있음을 강변한다 (Axelrod, 1988).

이상의 예산확보전략들은 과연 효과가 있는가? 이 질문에 대해 LeLoup은 실제로는 별 효과가 없음을 실증적으로 연구하여 보고하였다.[5]

한국의 경우에는 "인간관계"를 이용하는 방법이 효과를 볼 때가 많다는 연구가 있었다(윤용범. 1989: p. 73). 유훈 교수는 중앙예산기구와 각 부처 간의 관계는 약 80%가 퍼스낼리티에 좌우된다고 하였다(1993: p. 185).

3) Top-Down 예산제도에서의 예산협의회: Mezzo-Budgeting

총액배정자율편성 예산제도를 말 그대로 이해하면, 중앙예산기구 각 부처가 편성한 예산안에 대해서 전혀 간섭하지 않는 예산제도, 즉 거시예산제도(Macro-Budgeting)인 것 같다. 그러나 실제로는 지출상한선을 준수했다 하더라도 중앙예산기구가 각 부처의 예산요구에 대해서 강도 높은 사정을 한다. 다만 그럴 필요가 적은 사업들(예, 이미 승인 받은 계속사업 등)에 대해서는 그런 과정을 면제해 주는 것이 Top-Down 예산제도의 본 모습이다. 이런 점에서 Top-Down 예산제도는 거시예산이라기보다 중범위예산제도(Mezzo-Budgeting)라고 이해하는 것이 더 적합하겠다. 참고로, 환경부의 경우 2005년도 예산안 사정과정에서 사업의 약 80%가 예산사정관과 대면하지도 않고 결정되었다고 한다. 그 대신 나머지 20%의 사업에 대해서는 기획예산처의 사정 강도가 예전보다 훨씬 강해졌다고 평가하였다.

---

5) LeLoup, L. T. "Agencies Strategies and Executive Review: The Hidden Politics of Budgeting." Public Administration Review (May/June, 1978).

(2) 기획재정부의 예산심의회

기획재정부 예산실내 각 부처 담당자들이 담당예산의 윤곽을 대충 잡게 되면, 전체적인 조율을 할 필요가 있다. 기획예산처 예산실의 관련 직원들만 모여서 하는 조율회의를 예산심의회라고 하는데, 예산실장, 예산총괄심의관, 사회예산심의관, 경제예산심의관, 행정예산심의관, 예산총괄과장, 예산정책과장, 예산기준과장과 예산실내 예산심의 대상 부처의 예산을 담당하는 담당과장과 담당자가 참석한다. 이 심의회는 흡사 검사(예산실장, 예산심의관, 예산총괄국 내 과장)가 피의자(심의대상 부처의 예산담당과장과 담당자)를 심문하는 것과 같은 분위기가 연출된다. 예산실내 심의대상 소관의 예산담당자가 예산실장 이하 예산총괄라인 간부들의 날카로운 비판과 상당수의 질문에 잘 대응하며 소관 예산사업 자체와 예산증액의 필요성을 잘 피력하면 그 소관의 예산은 증액되고 그렇지 못하면 삭감된다. 이 심의회는 각 소관별로도 열리고, 세부 예산편성 기준의 소관별 적용여부와 있을 수 있는 소관별 불균형을 바로잡고자 지출유형별(인건비, 보조사업비 등)로도 열린다. 심의회를 통해 국가예산의 종(부처별)과 횡(지출유형별)이 종합적으로 검토되는 것이다. 기획재정부 심의회는 예산실의 각 담당자당 약 3~10회 가량 열리며, 예산실 전체적으로는 약 30~100회 정도 열린다.

여기서는 단순히 예산요구액을 삭감하고 조정하는 일만 하는게 아니라, 예산정책에 대한 재검토와 사회경제적 상황변화에 대한 대응도 논의된다. 성장과 안정이라는 거시경제적 목표도 검토되고, 형평성 문제도 심도 있게 다뤄진다.

다음은 다소 오래된 기록이지만, 예산심의과정을 묘사해 주고 있으므로 인용해 보기로 하자.

"(1960~70년대에는) 각 부처에서 요구하는 예산규모는 감당할 수 있는 재원규모의 약 10배에 이르는 경우가 많았다. 그러므로 담당사무관은 해당 부처에서의 요구는 얼마인데, 자기가 판단할 때에는 얼마면 족하다는 식으로 사정을 해나간다.

이렇게 각 담당사무관이 정한 것을 과장이 다시 검토해서 집계해 보는데, 이 단계에서도 예산규모는 재원에 비해 3배 정도나 되므로 이것을 어떻게 해서라도 깎아 내지 않으면 안 된다.

이리하여 예산국장(지금은 예산실장) 주재하에 회의를 하게 되는데, 이 자리에는 예산총괄과장 등 다른 국, 과장들과 담당사무관들이 모두 참석한다. 여기서는 담당사무관과 과장이 흡사 피고와 같다. 이들이 자기가 맡은 부처의 예산에 대해 설명을 하면, 다른 사람들이 모두 질문 공세를 퍼붓는 식으로 진행한다. 이것이 왜 필요하냐, 달리 대처하면 그 예산은 필요 없지 않느냐는 등 논쟁이 벌어지고, 그러는 가운데 조정이 된다.

······ 이런 식으로 예산을 줄이고 나면 예산이 재원규모보다 상당히 작아진다. 그러면 각 부처에서는 담당자들이 사색이 되어 뛰어 오고, 꼭 살려야 될 예산을 부활시키려고 새로이 설명도 하고 떼도 쓴다. 이런 과정을 겪으면서 어느 정도 긴박한 사정인가 파악하고, 어느 선에서 조정할 것인가를 예산국장(실장)과 각 담당관이 협의하여 삭감된 예산을 어느 정도 되살려 주게 된다."(강경식. 1985: pp. 29-30)

이상의 심의회 토론 모습은 오늘날에도 그대로 이어져 오고 있다. 이들이 토론하는 모습을 보면, 같은 기관의 동료들인데 불구하고 마치 서로 모르는 사람인 것처럼 "공식적으로" 토론을 한다. 그런 가운데 합리적이라고 생각되는 해결책들을 찾아 간다.

Top-Down 예산제도가 도입되어 정착한다 하더라도 예산심의회의 모습은 쉽게 변할 것 같지 않고, 변하는 것이 있다면 논의의 중심이 예전에는 금액위주였다면 앞으로는 정책위주가 될 전망이다.

한편 예산심의서는 기획재정부가 각 부처에게 배포한 예산요구서 양식을 바탕으로 변형한 것이다. 각 년도마다 심의서 양식이 조금씩 바뀌지만 대체로 〈표 10-3〉에서 볼 수 있는 사항이 심의서에 포함되게 된다.

표 10-3 **각 부처의 예산요구서 및 기획재정부의 예산심의서 양식**

1-1-1. △△△사업(의무/재량, 신규/계속, 국정과제, R&D, 정보화 여부)

〈 ○○회계 – △△계정 〉   (단위: 백만원)

구 분	2012 결산	2013 예산 (A)	2014 예산(안)		증감 (B-A)	
			요구	검토안(B)		%
사업명						

1. 사업개요
   사업내용, 사업기간, 총사업비, 사업규모, 지원조건, 사업시행주체 등을 기재

2. '14년 요구내용
   □ 요구내용 및 산출근거

구 분	'13예산	'14요구
□ 사업명		
■ ○○내역사업	(ex) 지원대상은 5개 시도	(ex) 지원대상을 8개 시도까지 확대
■ ○○내역사업	(ex) 건물신축비 반영	(ex) 건물관리운영비 신규요구

   □ 지원필요성

3. 검토의견

4. 중기재정 소요전망 ('13~'17)
   □ 사업운영 기본방향
   □ 중기재정 소요 및 산출근거

5. 고려사항
   (1) 지원근거 및 추진경위
   (2) 최근 3년간 이전용, 이월, 불용실적
   (3) 국회반영 내역 및 집행현황
   (4) 외부기관 지적사항 및 평가결과
   (5) 외국 및 민간의 사례
   (6) 사업추진 절차
   (7) 예비타당성조사 및 타당성재조사
   (8) 총사업비관리
   (9) 연차별 투자계획
   (10) R&D 사업의 분야별 투자비중(해당사항이 있는 경우)

6. 참고자료

자료: 기획재정부(2013f).

(3) 고위급 협의와 지방 · 전문가 의견수렴

2004년 재정개혁으로 국가재정운용계획이 수립되고 Top-Down 예산제도가 도입되었다고 해서, 예산편성과정이 기계적인 공식에 의해 결정되지는 않는다. 예전이나 다름없이, 예산요구에 대한 사정이 어느 정도 진행되면 실무자들의 선을 넘어서는 커뮤니케이션이 생긴다. 즉, 예산실장은 대통령, 여당 및 국회와 조율을 해가면서 정부예산안을 편성한다. 그리고 장관들 간의 이해관계가 얽힌 갈등도 예산조정으로 인해 해결되기도 한다.

대통령과 청와대는 예산편성 전 과정을 통해 정치적인 요망과 판단을 내린다. 그리고 여당은 예산안 편성지침서를 작성할 때와 정부예산안이 골격을 잡아갈 때 당정협의회를 갖는다. 당정협의회가 잘 운영되면, 행정부가 미처 생각지 못했던 국민의 요망사항들이 당의 노력으로 예산에 반영될 수 있다. 기획재정부 직원들은 데스크 워크(desk work)를 원칙으로 한다. 예산관료들에게는 예산편성을 앞두고 "사업 현장에 가보지 않는다"는 불문율이 있을 정도다. 현장을 보고 나면 마음이 약해져서 강하게 예산조정을 하기 어렵기 때문이다. 이에 비해 당쪽에서는 언제나 지역구의 요망을 의식해야 하고, 수많은 민원을 접하므로 행정수요의 변화를 민감하게 감지한다. 만약 당과 예산실이 "발과 머리"처럼 협조적으로 움직여 준다면 정부예산안은 "피가 도는" 예산안이 될 것이다.

그러나 당의 요구가 국민의 여망과는 상관없이 지역이기주의나 이익단체를 위한 로비에만 치우친다면 큰 문제가 아닐 수 없다. 예산실이 엄정하게 판단해 놓은 합리성을 정치논리로 저해할 수 있기 때문이다. 집권여당은 언제나 체면을 살리면서 생색을 낼 수 있는 공약성 예산정책의 개발을 독려한다. 또 야당을 무시할 수도 없다. 그래서 예산실장은 본인과 예산총괄과장만 알고 있는 "야당 몫" 예산을 별도로 준비해 두어야 한다. 국회에서 여야가 예산심의를 놓고 다툴 때 정부에서 마련한 비장의 카드를 내놓아야 하기 때문이다(매일경제신문. 1995. 9. 27).

한편 사회가 민주화 되어 감에 따라 정부가 예산안을 편성할 때 전문가와 시민들의 요구를 반영해야 한다는 요청이 많아지고 있다. 그래서 시민들이 참여하는 시민의견청취, 예산설명회, 그리고 전문가와의 간담회, 지방자치단체장들과의 예산협의가 실시된다. 시민운동단체의 예산감시활동도 활발해졌다.

기획재정부 예산관료가 현장을 찾아보거나 각 부처 또는 지자체를 방문하여 그들의 의견을 청취하는 경우도 있다. 2011년부터는 기획재정부 예산차관(2차관), 예산실장, 예산실 각 과장과 담당사무관이 팀을 만들어 지방 현장을 방문하고 시·도 지방재정 협의회를 개최하고 있다. 현장의 목소리를 듣고 그들의 애로사항을 제대로 들을 수 있기 때문에 현장감을 살리면서 수요자가 원하는 예산편성에 도움이 된다. 찾아가는 예산관료의 이미지 제고에도 도움이 된다. 한편 과거에는 재정여건이 어려워 각 부처와 지자체의 요구사항을 들어주기 힘들다고 판단될 때에 예산당국이 직접 현장을 찾아가는 경우도 있었다.

6. 정부예산서 및 국가재정운용계획

이처럼 다양한 요구를 수용해 가면서 만드는 것이 정부예산안이다. 정부예산안은 보통 9월 중순 경까지 확정되며, 회계연도 90일 전(10월 2일)까지 국회에 제출된다. 국가재정법에 따라 국회에 제출되는 서류는 다음의 13종이다.

1. 세입세출예산 총계표 및 순계표
2. 세입세출예산 사업별 설명서
3. 계속비에 관한 전년도말까지의 지출액 또는 지출추정액, 당해연도 이후의 지출예정액과 사업 전체의 계획 및 그 진행상황에 관한 명세서
4. 총사업비 관리대상사업의 사업별 개요, 전년도 대비 총사업비 증감내역과 증감사유, 해당연도까지의 연부액 및 해당연도 이후의 지출예정액
5. 국고채무부담행위 설명서, 국고채무부담행위로서 다음연도 이후에 걸치는 것에 있어서는 전년도말까지의 지출액 또는 지출추정액과 당해연도 이후의 지출예정액에 관한 명세서 및 완성에 2년 이상이 소요되는 사업으로서 대통령령으로 정하는 대규모 사업의 국고채무부담행위 총규모
6. 예산정원표와 예산안 편성기준 단가
7. 국유재산의 전전년도말에 있어서의 현재액과 전년도말과 당해연도말에 있어서의 현재액 추정에 관한 명세서
8. 성과계획서

9. 성인지 예산서

10. 조세지출예산서

11. 독립기관의 세출예산요구액을 감액하거나 감사원의 세출예산요구액을 감액한 때에는 그 규모 및 이유와 감액에 대한 당해 기관의 장의 의견

12. 회계와 기금 간 또는 회계 상호 간 여유재원의 전입·전출명세서 그 밖에 재정의 상황과 예산안의 내용을 명백히 할 수 있는 서류

13. 국유재산특례지출예산서

국가재정운용계획은 정부예산안과 함께 국회에 제출되는데, 여기에 실리는 내용은 보통 중기 경제·재정여건, 5년간의 재정운용 방향, 분야별 재정투자 방향, 재정제도 개편 등이 포함된다. 중기 경제·재정여건은 향후 대내외 경제여건과 향후 재정수입 및 재정지출에 큰 영향을 미칠 수 있는 여건변화(고령화, 경기진작을 위한 정부지출 등)를 전망한다. 5년간의 재정운용 방향은 5년간의 재정운용 전략 및 조세부담률, 국가채무, 재정지출규모 등 재정 총량을 전망한다. 분야별 재정투자 방향은 복지, 환경, R&D, SOC 등 각 분야별 재원배분 방향과 계획(총량)에 대한 정보를 담고, 재정제도 개편은 재정건정성 등을 위한 세부 재정제도 개편사항을 담게 된다. 2012년과 2013년에 국회에 제출된 국가재정운용계획에 담긴 사항은 다음 〈표 10-4〉와 같다.

제2절 국회의 예산 심의·확정

매년 9월 초 정기국회가 열리면 국회는 일단 국정감사에 들어가게 되고, 10월 2일에 정부로부터 정부예산안이 접수되면 예산안 심의 절차에 들어간다. 심의란 심사와 의결을 포함하는 말이다. 국회의 예산안 심의는 크게 ① 정부 시정연설, ② 상임위원회의 예비심사, ③ 예산결산특별위원회(이하 예결위)의 종합심사, ④ 본 회의 의결로 이루어진다.

표 10-4 국가재정운용계획의 주요 내용

2012~2016 국가재정운용계획	2013~2017 국가재정운용계획
제1부 국가재정운용계획의 의의 　1. 국가재정운용계획의 개념과 실효성 　2. 2012~2016년 국가재정운용계획 수 　　립절차	제1부 국가재정운용계획의 의의 　1. 국가재정운용계획의 개념과 실효성 　2. 2013~2017년 국가재정운용계획 수 　　립절차
제2부 재정운용의 성과와 과제 　1. 재정운용 성과 　2. 향후 과제	제2부 2013~2017년 경제 · 재정운용 여건 　1. 대내외 경제여건 　2. 재정운용 여건
제3부 2012~2016년 경제 · 재정운용 여건 　1. 대내외 경제여건 　2. 재정운용 여건	제3부 2013~2017년 재정운용 방향 　1. 재정운용 기본방향 및 목표 　2. 중기 재정전망 　3. 재정건전성 관리방안 　4. 분야별 재원배분 방향
제4부 2012~2016년 재정운용 방향 　1. 재정운용 기본방향 　2. 중기 재정전망 및 재정운용 목표	
제5부 분야별 재원배분 방향 　1. 창의와 상생을 바탕으로 성장잠재력 　　확충 　2. 서민 · 중산층의 삶의 질 향상 　3. 안전하고 품격있는 사회 구현	
제6부 분야별 정책방향 및 재정투자계획 　1. 보건 · 복지 · 고용 분야 　2. 교육 분야 　3. 문화 · 체육 · 관광 분야 　4. 환경 분야 　5. R&D 분야 　6. 산업 · 중소기업 · 에너지 분야 　7. SOC 분야 　8. 농림 · 수산 · 식품 분야 　9. 국방 분야 　10. 외교 · 통일 분야 　11. 공공질서 · 안전 분야 　12. 일반공공행정 분야	제4부 12대 분야별 투자방향 　1. 보건 · 복지 · 노동 분야 　2. 교육 분야 　3. 문화 · 체육 · 관광 분야 　4. 환경 분야 　5. R&D 분야 　6. 산업 · 중소기업 · 에너지 분야 　7. SOC 분야 　8. 농림 · 수산 · 식품 분야 　9. 국방 분야 　10. 외교 · 통일 분야 　11. 공공질서 · 안전 분야 　12. 일반 · 지방행정 분야
제7부 재정건전성 제고를 위한 추진전략 　1. 세입기반 확충 　2. 지출효율성 제고 　3. 재정관리체계 개선	제5부 재정건전성 제고를 위한 추진전략 　1. 세입기반 확충 　2. 지출효율성 제고 　3. 재정관리체계 개선

1. 정부 시정연설

정부가 국회에 예산안을 제출하면 국회법(제84조)에 의해 정부는 본 회의에서 시정연설을 하게 되어 있다. 그런데 국회법에서 시정연설을 정부의 누가 하는지에 대해서는 규정하지 않고 있다. 역대 정부는 대부분 국무총리가 대통령을 대신하여 국회에서 시정연설을 대독하였다. 대통령이 국회 본 회의에 직접 출석하여 시정연설을 행한 경우는 1988년(노태우 대통령), 2003년(노무현 대통령), 2008년(이명박 대통령), 2013년(박근혜 대통령) 등 4차례밖에 없다. 대통령의 시정연설은 국가의 장기적 발전방향과 국가운영계획을 주어진 재정의 한도 내에서 어떻게 실현할 것인가를 입법부에 설명하는 장일뿐만 아니라 국민을 설득하고 이해를 구하는 과정이다. 이러한 의미에도 불구하고 대통령이 국회 본 회의에서 시정연설을 하지 않는 관행에 대해서는 비판적인 의견이 많다(김춘순, 2011).

2. 상임위원회 예비심사

예결위는 본격적인 심의에 앞서 각 상임위원회에다 담당부처 예산안에 대한 예비심사를 의뢰한다. 2014년 현재 국회에는 16개의 상임위원회가 있는데, 이들 16개 상임위별로 각각 담당하고 있는 부처의 예산안을 예비심사 한다.

상임위는 예비심사에서 ① 소관부처의 사업계획을 승인하고, ② 예산금액을 결정하며, ③ 행정관리를 감독한다. 그런데 상임위의 예비심사에서 예산지출을 더 늘리라고 요구하는 경향이 많다. 그래서 "선심위원회"라는 비판을 받고 있기도 하다.

예비심사에서 예산증액을 요구하는 것은 여야를 불문하고 공통된 현상인데, 그 이유는 지역구 사업을 확보하기 위한 것이다. 〈표 10-5〉는 2001년도 정부예산안에 대한 상임위원회의 예비심사결과 증액이 요구된 규모를 보여주고 있다.[6]

---

6) 외국의 일부 국가에서는 의회의 예산심의시 삭감은 할 수 있으되 증액은 할 수 없도록 하고 있다. 한국의 경우는 원칙적으로 삭감만 할 수 있으되, 여야 동의가 있으면 증액도 할 수 있도록 하고 있어서 사실상 증액을 허용하고 있다. 삼권분립을 강화한다는 차원에서 국회의 예산증액 허용 규정을 폐지하는 것도 생각해볼 만한 대안이다.

그림 10-1 국회의 상임위원회 현황(2014년 기준)

국 회 운 영 위 원 회	안 전 행 정 위 원 회
법 제 사 법 위 원 회	농림축산식품해양수산위원회
정 무 위 원 회	산 업 통 상 자 원 위 원 회
기 획 재 정 위 원 회	보 건 복 지 위 원 회
미래창조과학방송통신위원회	환 경 노 동 위 원 회
교육문화체육관광위원회	국 토 교 통 위 원 회
외 교 통 일 위 원 회	정 보 위 원 회
국 방 위 원 회	여 성 가 족 위 원 회

표 10-5 예비심사 결과 상임위별 예산증액요청 내역

건교위	2조 2,673억 원
복지위	7,748억 원
교육위	4,393억 원
산자위	3,876억 원
문광위	1,628억 원
농해수산위	1,601억 원
환노위	351억 원
과기정위	37억 원
법사위	33억 원

자료: 2001년도 예산안 심의 현황.

3. 예산결산특별위원회 종합심사

예산결산특별위원회(예결위)는 그 이름이 뜻하듯 특별위원회이다. 특별위원회는 상임위원회와 다른 점이 몇 가지 있다. 국회의원들은 저마다 상임위원회에 배정되는데, 1인당 하나의 상임위원회에만 배정되어서 상임위원회가 소관하고 있는 중앙행정기관의 업무에 대해 의정활동을 벌인다. 그런데 정부예산안은 기획재정부 한 부처의 업무에만 국한된 것이 아니고, 중앙행정기관 전체의 예산을 다루고 있다. 따라서 각 상임위원회로부터 소속 의원들을 2~3명씩 파견받아 별도의 특별위원회를 만든다. 국회의원들은 상임위원회는 하나 밖에 소속될 수 없지만, 특별위원회에는 여러 개 참여해도 된다.

예결위는 특별위원회이기는 하지만 다른 특별위원회와 달리 상설화(常設化)되어 있다. 2000년 2월에 개정된 국회법에 따라 연중 계속 열릴 수 있도록 상설화 되었다. 하지만 일부에서는 국회의원의 예산심의에 대한 전문성을 높이기 위해 아예 상임위원회로 바꾸자는 주장도 있다.

상임위원회의 예비심사 결과는 법적인 권한이 없다. 다만, 예결위에서 존중되기를 바라는 사항일 뿐이다. 그러나 예결위는 각 상임위의 의결을 그렇게 많이 존중하는 것 같지 않다.

상임위가 삭감을 요구할 때에는 그것이 예결위에서 존중되는 확률이 50% 이상이지만, 상임위가 증액을 요구할 때에는 얼마간의 증액이 이루어질 확률이 10~20% 정도 밖에 안 된다. 예결위는 상임위와 달리 세입규모와 세출규모를 맞춰야 하기 때문이다.

예결위의 종합심사는 통상 14일 정도에 걸쳐 진행되는데, 다음과 같은 절차를 거친다.

① 정부측 제안설명
② 전문위원 검토
③ 질의
④ 분과위원회의 분야별 심사
⑤ 부별 심사

⑥ 예산안조정소위원회

⑦ 예결위 전체회의에서 예산안 의결

위의 절차 중에서 예산안조정소위원회(과거에는 계수조정소위원회로 불리었다)의 과정이 제일 중요하다. 부별심사를 마친 후 세출예산액과 세입예산액을 일치시키는 작업을 해야 한다. 예결위원 모두 이 작업에 참여했다가는 합의에 도달하기 어렵기 때문에 여야별로 소수의 대표를 선발하여 예산안조정소위원회를 구성한다. 통상 15명 내외가 선임되어 짧은 기간동안 압축적으로 활동을 한다. 그렇지만 "이제까지의 예산심의 활동은 변죽을 울린 것에 불과하고 본격적이고 실질적인 예산심의와 수치조정은 예산안조정소위원회에서 결정된다."(곽해곤. 1993: p. 88)

예전에는 이 소위원회의 활동은 비공개로 이루어지고 기록도 남지 않으므로, 여야 간 막후교섭은 여기서 이루어졌다. 그런데 이 소위원회를 제한적으로 공개하기도 하지만, 예산안 내용을 최종 결정하는 "종합조정"과정은 여전히 공개하지 않는다.

4. 본회의 의결

예산안조정소위원회(구, 계수조정위원회)의 조정작업을 거쳐 예결위에서 예산안이 확정되고 나면, 최종적으로 국회 본 회의에 부의된다. 절차상 예결위원장의 심사보고가 있고, 이에 대한 정책질의를 한 후, 찬반 토론을 거쳐 예산안이 의결된다. 그런데 대부분의 국가에서 본 회의는 예결위안에 대하여 무수정 통과시키는 것이 관례라고 한다(박영희. 1995: p. 222).

그러나 국회에서 부득이한 이유로 회계연도 개시 전까지 예산안이 의결되지 못한 때에는 행정부는 헌법이 정한 바에 따라 준예산을 집행해야 하고, 이렇게 집행된 예산은 당해연도의 예산이 성립되면 그 성립된 예산에 의하여 집행된 것으로 본다. 따라서 국회에서 예산안의 심사의결이 늦어진다고 해서 큰 문제가 되는 것은 아니다. 다만 회계연도 개시 전까지 예산이 성립이 안 되는 경우는 매우 드문 일이기 때문에 국민들에게 불필요한 불안감을 줄 뿐이다.

5. 국회 예산심의의 효과

일반적으로 한국 국회의 예산심의 효과는 크지 않은 것으로 평가되고 있다. 〈표 10-6〉은 전두환정부부터 이명박정부까지에 대한 약 30년간의 국회 예산수정률을 나타낸 것이다. 정창수·김태영(2011)의 연구에 의하면 역대 정부 예산안에 대한 국회 수정률에서 삭감률은 1.10%, 증액률은 0.81%, 총수정률은 -0.28%에 지나지 않았다. 미국 연방의회에서의 예산수정률이 평균 5%인 것에 비하면, 한국 국회의 예산심의는 다소 "빈 수레가 요란한 격"이 아닌가 싶다.

이처럼 국회 예산심의의 효과가 제한적인 이유는 국회에 예산심의를 충실하게 하기 위한 제도적인 시스템이 부족하고 국회의 전문성이 부족하기 때문이라는 것이 정치권의 평가다.[7] 정부가 10월 2일 예산안을 국회에 제출해서 국회가 예산을 심의하고 확정하는 기간은 헌법에서 규정한 기한인 12월 2일까지 2개월이 소요된다. 그러나 국정감사(10월), 대정부질문과 입법심사(11월)가 진행되면 정밀한 예산심사를 하기 위한 시간이 부족하다. 따라서 헌법이 규정한 국회의 예산심사 기한(12월 2일)은 매번 지켜지지 않고 연말이 되어서야 예산안이 국회를 통과하고 있다(〈표 10-7〉 참조). 반면 미국은 회계연도가 10월에 시작되는데 정부가 연방의회에 1월 중 예산안을 제출하고,[8] 연방의회는 그때부터 연중 예산심

표 10-6 역대 정부예산안에 대한 국회의 수정률 현황

	합계	전두환정부	노태우정부	김영삼정부	김대중정부	노무현정부	이명박정부
삭감률(%)	1.10	0.69	1.69	0.44	1.51	1.26	1.08
증액률(%)	0.81	0.46	0.82	0.30	1.02	1.48	0.84
합계 수정률(%)	-0.28	-0.23	-0.87	-0.14	-0.48	0.22	-0.15

주: 이명박정부는 2008~2010년 국회만을 대상으로 함. 단수 차이가 일부 존재함.
자료: 정창수·김태영(2011)을 재구성함.

---

7) 본 단락은 동아일보, 2009년 2월 23일, 「"284조 예산심의에 고작 24일" … 예결위 상설화 요구」를 활용하였다.
8) 한국은 회계연도 개시 3개월 전에 예산안을 제출하는 반면 미국은 8~9개월 전에 예산안을 제출한다.

234 제 3 부   예산제도와 예산성립과정

사를 한다. 이러한 이유로 우리나라 국회에서 예결위를 미국처럼 상임위화할 것
을 요구하는 목소리가 높다. 그러나 예결위가 상임위화되어 예산을 '연중심사'
하는 경우 국정이 예산에 발목을 잡힐 수 있다는 비판도 존재한다. 이러한 이유
로 당초 야당이었던 정당이 정권이 바뀌어 여당이 되면서 입장을 바꾸는 경우도
있었다. 또한, 예결위 소속 의원의 전문성도 비판을 받고 있다. 예결위는 통상의
상임위(2년)와 달리 1년마다 구성원의 80% 이상이 바뀐다고 한다. 국회의원이 예
결위원이 되면 지역구 예산을 챙기기 쉽기 때문에 순환 배치하는 것을 원칙으로
하기 때문이다(동아일보. 2009. 2. 23.).

    2004년 예산개혁으로 국가재정운용계획, 프로그램 예산제도와 Top-Down 예
산제도가 행정부에 도입되었다. 그러나 이러한 제도변화가 국회의 예산심의에 어
떠한 변화를 가져 왔는지는 아직 밝혀지지 않았다.[9] 한편, 국회의 예산심의도 재정
개혁에 발맞춰서 Top-down 방식으로 전환되는 등 업그레이드 될 필요가 있다. 예
전처럼 각 목 명세서를 뒤져서 자잘한 문제점이나 찾아내는 것보다는 국가 전체의
정책방향과 재원배분이라는 훨씬 더 중요한 문제에 심의의 초점을 맞춰야 한다.[10]

제3절   예산에 대한 국민들의 평가와 예산의 분류

1. 예산에 대한 국민들의 평가

    정부예산이 국민에게 미치는 영향이 매우 큼에도 불구하고, 정부예산에 대한
국민들의 의견이나 평가에 대한 실증적 조사는 그리 많지 않다. 일반적으로 국민
들은 정부예산의 편성과정이나 편성결과에 대해 그렇게 만족하지 않는 것으로
알려져 있다.

---

9) 정창수·김태영(2011)은 Top-Down 예산제도 도입이 국회의 예산수정액 규모에 어떠한 변
   화를 가져왔는지에 대해 연구하였다. 연구결과 Top-Down 예산제도는 국회의 예산수정액에
   유의한 변화를 미치지 못한 것으로 나타났다.
10) 사실 행정부도 국가재정운용계획, 프로그램 예산제도, Top-Dwon 예산제도를 형식적으로
   운영하고 있다는 비판이 존재한다. 이에 대해서는 제14장에서 논의할 것이다.

표 10-7 역대 정부의 예산안에 대한 국회의 의결 현황

구분	연도	의결일	비고	구분	연도	의결일	비고
박정희 정부	1973	12.2	여대야소	김영삼 정부	1993	12.7	여대야소
	1974	12.1			1994	12.2	
	1975	12.2			1995	12.2	
	1976	12.2			1996	12.13	
	1977	12.2			1997	11.18(대선)	
	1978	11.14		김대중 정부	1998	12.9	여소야대
	1979	12.1			1999	12.18	
	1980	–	국회해산		2000	12.27	
전두환 정부	1981	12.2	여대야소		2001	12.27	
	1982	12.2			2002	11.18(대선)	
	1983	12.2		노무현 정부	2003	12.30	여대야소
	1984	12.1			2004	12.31	
	1985	12.2			2005	12.30	여소야대
	1986	12.2			2006	12.27	
	1987	10.30(대선)			2007	12.28(대선)	
노태우 정부	1988	12.2	여소야대	이명박 정부	2008	12.13	여대야소
	1989	12.19			2009	12.31	
	1990	12.18			2010	12.8	
	1991	12.3	여대야소		2011	12.31	
	1992	11.20(대선)			2012	'13.1.1(대선)	
				박근혜 정부	2013	2014.1.1	

주: 음영처리한 연도는 법정기한을 지키지 못한 경우임.
자료: 기획재정부.

1992년에 서울, 수원, 인천의 시민 367명을 대상으로 실시된 한 조사에 의하면, 우리나라 사람들의 예산에 대한 관심은 매우 높은 편이다. 특히 정치에 대한 무관심이 팽배해 있는 것에 비하면 관심도는 매우 높다. 그런 반면, 국민들 자신이 예산결정에 영향을 미칠 수 있다는 능력감은 매우 낮은 수준이다. 그리고 정

표 10-8 한국의 예산에 대한 국민의 신뢰도: 1992년

	전혀 그렇지 않다	그렇지 않다	그저 그렇다	그렇다	매우 그렇다
귀하는 예산이 대다수 국민의 이익을 위하여 결정된다고 생각하십니까?	13.1%	42.8%	13.1%	18.9%	1.9%
예산결정을 담당하는 공무원(고위공직자 포함)이 자기가 맡은 일에 대해 충분한 능력을 갖고 있다고 생각하십니까?	16.3%	36.5%	28.9%	17.7%	16.3%
정부의 예산이 옳고 바르게 결정된다고 생각하십니까?	12.3%	46.6%	25.9%	13.6%	1.5%

자료: 이승우. 1992. pp. 47-54에서 재구성.

부의 예산결정과 편성에 대한 신뢰감 또한 상당히 낮다(〈표 10-8〉 참조).[11]

1999년에 실시된 또 다른 시민조사에서도 비슷한 경향이 발견되고 있다(〈그림 10-2〉 참조). 김재훈 교수가 인터넷에 게시한 한 조사의 결과에 의하면, 한국 사람들의 정부예산에 대한 관심은 매우 높으며, 특히 남자, 50대 응답자의 경우 가장 관심도가 높았다고 한다. 그리고 정부의 예산운용 낭비액이 (예산규모의) 30% 이상이라는 응답이 37.4%로 최빈치(mode)를 이루고 있다. 조사 당시가 IMF 외환위기 중이었다는 사정이 있지만, 정부예산에 대한 국민들의 반감은 아직도 상존한다. 그런데 이 조사는 뜻밖의 사실도 전해 주고 있다. 예산통제관인 국회, 지방의회, 감사원 중에서 국민들은 감사원이 가장 역할을 잘 하고 있다고 응답했다. 이것은 충분히 예상이 가능한 응답이다. 그러나 국민들은 국회보다는 지방의회가 예산통제 역할을 훨씬 잘 하고 있다고 답하고 있다(〈그림 10-2〉의 b 참조). 국회에 대한 반감이 그만큼 높다는 반증이다.

정부예산에 대한 국민들의 팽배한 반감에 대하여 이영조 교수는 정부예산의 공개와 적극적인 활용이 시민들의 저항을 줄인다는 외국 사례를 소개하고 있다.

11) 이승우. "한국의 예산결정에 대한 국민의 신뢰성 연구." 한국외국어대학교 석사학위논문. 1992. pp. 47-54.

그림 10-2　정부예산에 대한 국민들의 평가: 1999년

(a) 정부예산에 대한 국민들의 관심도

[정부의 예산운용에 대한 관심수준]

- 전혀 관심이 없다. 6.4%
- 매우 관심있게 보는 편이다 5.0%
- 관심이 없는 편이다 30.0%
- 관심있게 보는 편이다 23.6%
- 보통이다 35.0%

[세분집단별 정부의 예산운용에 대한 관심수준]

	성별		연령			
	남자 (496)	여자 (504)	20대 (324)	30대 (318)	40대 (200)	50대 (150)
매우 관심있게 보는 편이다	6.0	4.0	2.8	4.1	9.1	6.0
관심있게 보는 편이다	26.4	20.8	15.4	28.6	25.5	38.7
보통이다	34.1	35.9	35.2	37.4	34.1	30.7
관심이 없는 편이다	28.8	31.2	36.7	30.2	26.0	20.7
전혀 관심이 없다.	4.6	3.1	9.9	4.7	5.3	4.0

(b) 예산통제기관에 대한 국민들의 평가

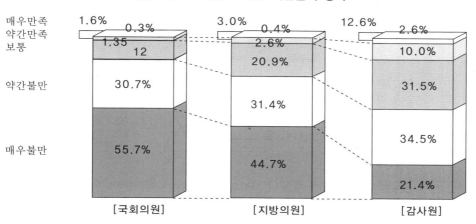

매우만족	1.6%	3.0%	12.6%
약간만족	0.3%	0.4%	2.6%
보통	1.35 12	2.6% 20.9%	10.0%
약간불만	30.7%	31.4%	31.5%
매우불만	55.7%	44.7%	34.5% 21.4%

[국회의원]　　[지방의원]　　[감사원]

자료: http://bulam.snut.ac.kr/~jhkim/class/pbf/prob6-1.ppt.
　　(조사시행시기: 1999. 응답자 규모: 1,000명)

즉, 정부가 갈등을 두려워하여 예산정보를 공개하지 않으면 납세자들은 소외되고, 정부가 비효율적이고 낭비적이라는 믿음을 갖게 된다는 것이다. 따라서 예산과정에 시민의 참여를 활성화하고, 예산정보를 최대한 공개해야 한다고 제안한다.[12]

그런 한편, 윤영진 교수는 한국과 외국의 대표적인 예산감시 및 재정개혁 관련 시민운동단체들을 다음과 같이 열거하고 있다.[13]

〈한국의 대표적인 NGO〉

- 경제정의실천시민연합(Citizens' Coalition for Economic Justice)
- 참여민주사회 시민연대(People's Solidarity for Participatory Democracy)
- 조세정의를 위한 한국납세자연합회(The Korean Taxpayers Union)
- 함께하는 시민행동(Citizens Action Network)

〈외국의 대표적인 NGO〉

- 미국의 전국 납세자 연합(National Taxpayers Union: NTU)
- 독일의 납세자 연맹(Bund der Steuerzahler: BdSt)
- 캐나다 납세자 연맹(Canadian Taxpayers Federation: CTF)
- 예산낭비를 감시하기 위한 시민모임(Citizens Against Waste: CAGW)
- 공익을 위한 납세자 모임(Taxpayers for Common Sense: TCS)
- 정부감시에 관한 프로젝트(The Project On Government Oversight: POGO)
- 조세정의를 위한 시민모임(Citizens for Tax Justice: CTJ)
- 조세개혁을 위한 미국인 모임(Americans for Tax Reform: ATR)
- 대안적 조세제도를 위한 시민모임(Citizens For An Alternative

---

12) 이영조. 예산형성과정에서의 갈등발생원인과 관리전략. http://blog.naver.com/uuuau/ 40008304525.
13) 여기에 소개된 NGO들의 구체적인 활동내역에 대해서는 윤영진. "예산감시 시민단체의 역할과 과제." 정치사회와 정책과제. 2000. 3. 참조.

Tax System: CATS)
- 공정과세를 위한 미국인 모임(Americans for Fair Taxation: AFT)

2. 예산의 분류

예산은 예산이 국회에 제출되고 확정되는 성립 시점에 따라 본(本)예산, 추가경정(追加更正)예산, 수정(修正)예산으로 구분할 수 있다. 또한, 예산이 국회에서 확정되지 않을 경우를 대비하여 만들어진 예산으로 준(準)예산, 가(假)예산, 잠정(暫定)예산이 있다.

(1) 예산의 성립시기에 따른 분류: 본(本)예산, 추가경정(追加更正)예산, 수정(修正)예산

본(本)예산은 정부가 예산안을 편성하여 국회에 제출하고, 국회가 심의·의결하여 확정한 예산으로서 통상적으로 말하는 예산을 의미한다. 지금까지 본 서가 설명한 예산도 이에 해당한다.

추가경정(追加更正)예산이란 국회가 확정한 본예산을 정부가 집행하고 있는 와중에 부득이한 사유가 발생하여 기존의 본예산을 추가하거나 고치는 경우의 예산을 말한다. 보통 추경예산이라고 하는데 추경예산도 본예산과 마찬가지로 정부가 예산안을 편성하여 국회에 제출하면 국회가 이를 심의·확정한다. 추가경정예산은 국가경제에 큰 영향을 미치는 등 부득이한 사유가 발생한 경우 이에 탄력적으로 대응하기 위한 예산이다. 그러나, 불필요한 재정지출 확대 또는 본예산에서 인정받지 못한 예산사업의 재추진 등을 위해 추가경정예산이 사용되는 경우 문제가 될 수 있다. 따라서 국가재정법은 추가경정예산을 편성할 수 있는 사유를 ① 전쟁이나 대규모 자연재해가 발생한 경우, ② 경기침체, 대량실업, 남북관계의 변화, 경제협력과 같은 대내·외 여건에 중대한 변화가 발생하였거나 발생할 우려가 있는 경우, ③ 법령에 따라 국가가 지급하여야 하는 지출이 발생하거나 증가하는 경우 등 세 가지에 한정하고 있다.

　　수정(修正)예산은 정부가 예산안을 편성하여 국회에 제출한 이후 국회가 심의·확정하기 전에 정부가 이미 국회에 제출한 기존의 예산안을 수정하여 다시 국회에 제출한 예산안을 말한다. 따라서 수정예산안이 정확한 용어이지만 통상 수정예산이라고 한다. 국가재정법에서 정부가 예산안을 국회에 제출한 이후 부득이한 사유로 인해 내용의 일부를 수정해야 하는 경우 수정예산안을 제출하도록 규정하고 있다. 우리나라는 1969년(1970년 예산안), 1980년(1981년 예산안), 최

표 10-9   연도별 추가경정예산 편성 현황

연도		추경규모(억원)	추경사유	연도		추경규모(억원)	추경사유
1998	1차 (3월)	△13,632	외환위기 세수 부족 반영 등	2004	1차 (7월)	24,512 *세출증 18,283 세입감 △6,229	서민생활지원
	2차 (9월)	138,944 *세출증 66,825 세입감 △72,119	경기대책	2005	1차 (11월)	48,555 *세출증 6,146 세입감 △42,409	세수보전
1999	1차 (4월)	8,093	실업대책	2006	1차 (8월)	21,549	재해대책
	2차 (8월)	27,381	재해대책	2007		추경예산 없음	
2000	1차 (10월)	22,623	서민생활지원	2008	1차 (9월)	45,685	민생안정
2001	1차 (3월)	50,555	재해대책	2009	1차 (4월)	178,879 *세출증 66,701 세입감 △112,178	경기대책
	2차 (11월)	16,440	경기대책	2010		추경예산 없음	
2002	1차 (9월)	41,431	재해대책	2011		추경예산 없음	
2003	1차 (7월)	44,775	경기대책	2012		추경예산 없음	
	2차 (10월)	30,000	재해대책	2013	1차 (5월)	162,246 *세출증 43,962 세입감 △118,284	경기대책

주: 추경규모는 세출증액 규모와 세입감액 규모를 합한 금액임(단, 1998년 제외).
자료: 각년도 추가경정예산서 및 관련 보도자료.

근의 2008년(2009년 예산안)[14]에 수정예산안을 편성하였다(김춘순. 2011).

추가경정예산은 본예산이 국회에서 확정된 이후에 부득이한 사유로 예산을 변경하는 것을 말하는 반면, 수정예산은 본예산이 국회에서 확정되기 전에 부득이한 사유로 정부가 변경된 예산을 국회에 제출한다는 점에서 차이가 있다.

(2) 예산 불성립에 따른 분류: 준(準)예산, 가(假)예산, 잠정 (暫定)예산

예산이 회계연도 말까지 국회에서 확정되지 않으면 정부는 예산을 집행할 권한이 없게 된다. 기초생활보장비 등 저소득층 지원비, 공무원 봉급, 국가채무 이자비용 등 국가가 반드시 지출하여야 할 긴요한 사업 또는 의무지출이 더 이상 집행되지 못하는 것이다. 한마디로 정부가 문을 닫아야 한다. 이러한 사태를 방지하기 위한 제도가 준(準)예산, 가(假)예산, 잠정(暫定)예산이다.

준(準)예산은 국회에서 부득이한 사유로 회계연도 개시 전까지 예산안이 확정되지 못한 경우 사전에 정해진 경비에 대하여 전년도 예산에 준(準)하여 예산을 집행하는 제도를 말한다. 우리나라가 1960년 이후 도입하고 있는 제도로 현재까지 집행된 사례는 없다. 현재 헌법과 국가재정법에서 준예산에 대해 규정하고 있다. 준예산은 ① 헌법이나 법률에 의하여 설치된 기관 또는 시설의 유지·운영, ② 법률상 지출의무의 이행, ③ 이미 예산으로 승인된 사업의 계속에 한정하여 사용될 수 있다. 국가재정법에 의해 준예산으로 집행된 금액은 후에 본예산이 확정되면 본예산에 흡수되어 본예산이 집행된 것으로 간주된다.

가(假)예산은 국회에서 부득이한 사유로 회계연도 개시 전까지 예산이 확정되지 못한 경우 처음 1개월간의 예산에 대해서만 국회가 의결하는 제도를 말한다. 가예산으로 집행된 예산은 추후 본예산이 확정되면 본예산에 흡수된다. 우리나라는 준예산이 1960년 도입되기 전까지 가예산제도를 사용하였으며 총 6회에 걸쳐 가예산을 운영한 바 있다(정해방. 2011).

잠정(暫定)예산도 준예산, 가예산과 마찬가지로 본예산이 회계연도 개시 전까지 확정되지 못한 경우 사용하는 예산제도이다. 다만 준예산제도는 본예산이

---

14) 당시 글로벌 금융위기에 따른 세입감액, 위기극복을 위한 세출증액을 위해 수정예산안이 편성되었다.

표 10-10 국가별 예산불성립시 사용하는 예산제도

	미국	영국	일본	독일	한국
제 도	잠정예산	잠정예산	잠정예산	준예산	준예산 (1960년 이후)
예산지출 범위	법정경비 한정	의회인정경비 한정	법정경비 한정	법정시설 운영 및 의무지출경비	법정경비 한정
운영기간	예산성립시 까지(주단위)	통상 4개월	통상 2~3개월	예산성립시 까지	예산성립시 까지
집행절차	의회 의결	의회 의결	의회 의결	의회의결 불필요	의회의결 불필요
운영실태	통상적	통상적	통상적	3회 (69,70,71년)	없음

자료: 강태혁(2013)을 본 서가 재구성.

회계연도 개시일까지 성립되지 않으면 별도의 절차없이 전년도의 예산에 준하여 집행이 가능한 반면, 잠정예산제도는 일정한 기간 운용될 예산안에 대해 의회의 의결을 거쳐야 한다는 점에서 구별된다(강태혁. 2013). 미국, 영국, 일본 등이 잠정예산제도를 사용하고 있는데 운영기간과 예산지출 범위에서 차이를 보이고 있다. 잠정예산은 본예산이 회계연도 개시일까지 성립되지 못하여 의회의 의결절차를 거쳐 일정기간 동안 집행가능한 예산이라는 점에서 잠정예산은 과거 우리나라가 운영했던 가예산과 유사하다(강태혁. 2013).

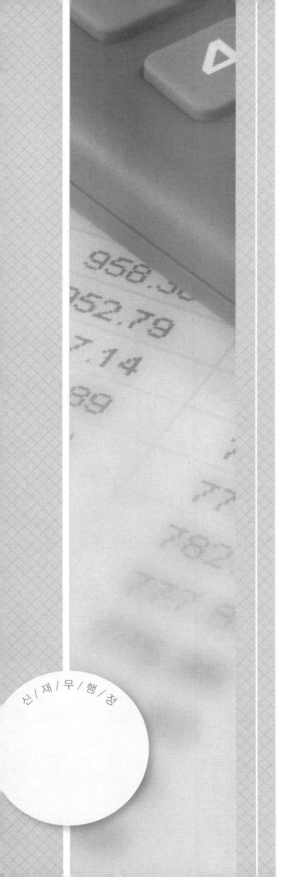

제 4 부

예산집행과 산출, 그리고 평가

■ 제11장 예산의 집행과 정책의 집행

■ 제12장 정부의 성과: 산출(output)과
　　　　　결과(outcome)

■ 제13장 예산에 대한 평가와 환류

신/재/무/행/정

예산의 집행과 정책의 집행

• 제1절 법률상의 예산집행

• 제2절 정책집행과 예산집행

• 제3절 예산집행과정에서의 자원배분결정

제11장 예산의 집행과 정책의 집행

　　행정부 예산안에 대한 의회의 심의결과 예산이 성립되었다 함은 국민의 돈을 가지고 공공의 사업을 하라는 허락이 떨어진 것이나 마찬가지이다. 따라서 예산 성립 후 ① 사업부처들은 같은 돈으로 계획된 사업을 충실히 수행할 뿐 아니라 가능한 한 최대의 성과를 올리도록 노력해야 한다. 그리고 ② 중앙예산기구는 사업부처들이 필요한 재원을 적기에 공급할 뿐 아니라, 예산이 성립된 이후에라도 경제상황의 변동 등을 감안해 조정이 필요한 경우에는 필요한 조치를 취하여야 한다.

　　한국의 국가재정법에 규정한 예산의 집행은 ① 예산배정, ② 목적외 사용금지와 이체(移替), ③ 전용(轉用), ④ 이월(移越), ⑤ 예비비와 ⑥ 수입대체경비에 관한 것들이다.

　　예산의 집행을 국가재정법이나 지방재정법에 규정되어 있는 범위 내에서만 논의한다면, 그것은 중앙예산기구와 일선행정기관 간의 자금거래과정 밖에 설명할 게 없다. 그러나 국민의 입장에서는 내부에서 자금흐름이 어떻게 이루어지는가는 관심의 대상이 아니고, 예산집행의 결과가 국민복리에 기여하느냐 아니냐가 더 큰 관심사이다. 정부부처들 내에서는 예산의 집행과 정책의 집행이 별개의 문제이지만, 국민은 예산의 집행을 정책의 집행 또는 정책의 성과와 분리해서 생각하지 않는다.

　　이런 괴리를 감안해서, 본 장에서는 ① 국가재정법 및 지방재정법상의 예산집행을 살펴보고, 이와 별개로 ② 정책집행과 연계된 예산의 집행을 따로 설명하고자 한다.

제1절 법률상의 예산집행

이미 언급하였듯이 국가재정법과 지방재정법상의 예산집행은 중앙행정기관과 사업부처의 자금흐름과 통제에 관한 내용들이다. 이런 흐름 절차를 잘 준수한다고 해서 행정성과가 더 좋아지는 것은 결코 아니다. 그렇지만 정해진 절차를 따르지 않고는 행정 및 정책집행 자체가 시작되지 않는다. 그런 점에서 법률상의 예산집행 절차를 이해해 두는 것이 도움이 된다.

1. 예산의 배정

예산의 집행은 예산의 배정으로부터 시작된다. 아무리 예산이 국회를 통과하여 성립되었다 하더라도 당해예산이 배정되지 않으면 지출원인행위를 할 수 없다.

각 부처의 장관은 기획재정부에 예산배정요구를 하면, 기획재정부가 배정을 승인하는 방식으로 예산배정이 이루어진다. 중앙행정관서가 예산을 배정받으면, 산하기관들은 필요한 예산을 중앙행정관서에 배정 요청하는데, 이 요청에 따라 중앙행정기관이 산하기관에 예산을 배정하는 것을 재배정이라고 한다.

우리나라의 현행 예산배정제도에는 ① 정기배정, ② 긴급배정, ③ 조기배정, ④ 당겨배정, ⑤ 수시배정, ⑥ 배정유보, ⑦ 감액배정이 있다.

① 정기배정

예산이 국회에서 의결된 후 기획재정부 장관은 전체 예산을 4분기로 구분하여 연간 배정계획을 세운다. 국내 경기가 좋지 않을 때에는 1/4분기와 2/4분기에 더 많은 예산을 배정하는 방식으로 연간계획을 세운다. 이 계획은 국무회의 의결을 거쳐 대통령의 승인을 얻은 후 각 중앙행정관서에 시달된다.

중앙행정관서의 장은 연간계획에 의거하여 분기별 정기배정을 기획재정부 장관에게 요구하고, 이를 기획재정부 장관이 승인한 후 예산을 배정한다. 분기별 배정은 보통 분기 개시 15~20일 전에 이루어진다.

표 11-1   정기배정요구시 고려하는 사항들(예시)

- 이 요구가 재정운용방침과 일치하는가? 즉 조기집행을 위한 예산 배정인가? 또는 경제안정계획을 위한 집행조정인가?

- 사업비의 경우 기본설계, 실시설계 등 사업시행을 위한 준비작업이 완료되어 있는가?

- 다른 계획이나 다른 사업에 어떠한 영향을 미치는가? 다른 사업의 추진을 지연시키지는 않는가? 또는 얼마만큼 촉진하는가?

- 사업추진이나 공정순서 등에 맞게 배분되어 있는가?

- 공공요금 등은 분기별로 균형 배분되어 있는가?

- 자산취득비, 시설유지비 등이 1/4분기 또는 2/4분기에 앞당겨 집중되어 있지 않은가?

그런데 이런 '요구-배정' 절차가 존재하는 이유는 예산에 관해 중앙예산기구의 까다로운 검토를 한 번 더 하겠다는데 있다. 기획재정부는 정기배정에 있어서 다음과 같은 점들을 보통 검토하는데, 만약 문제가 발생하면 배정유보 또는 감액배정을 할 수도 있다. 예산배정제도는 사업비 집행의 조정과 각종 비용의 절감을 위해 실시되고 있는 기획재정부의 또 다른 통제장치이다. 정기배정에서 고려할 사항은 〈표 11-1〉에서 확인할 수 있다.

② 긴급배정

이것은 회계연도 개시 전에 ① 외국에 지급하는 경비, ② 선박의 운영, 수리에 소요되는 경비, ③ 교통통신이 불편한 지방에 지급하는 경비 등을 지출할 수 있도록 예산을 배정하는 것이다.

③ 조기배정

경제정책상의 필요에 의하여 사업을 조기에 집행하고자 할 때 연간정기배정을 1/4분기 또는 2/4분기에 더 많이 집중 배정하는 것을 말한다. 그런데 사업집행부처의 입장에서 보면, 조기배정이 좋을 수도 있지만 나쁠 수도 있다. SOC 사업의 경우 무리한 조기집행으로 부실공사가 초래될 수도 있으며, 선금지급을 무리하게 서두르는 경우 사업시행자가 반발할 수도 있다.

④ 당겨배정

일단 정기배정을 한 후 사업의 실제 집행과정에서 계획의 변동이나 여건 변화에 따라서 당초의 정기배정계획보다 지출원인행위를 앞당겨 할 필요가 있을 경우에 당겨배정을 한다. 이는 해당 사업에 대한 예산배정을 분기배정에 관계없이 앞당겨 배정하는 제도로서, 중앙관서의 장의 요구에 의해 기획재정부 장관이 행한다. 실제 예산배정사무의 처리과정에서는 당겨배정사무를 가장 많이 접하게 된다고 한다.

⑤ 수시배정

예산편성 단계에 사업계획이 확정되어 있지 않은 사업에 대해서는 정기배정을 할 수가 없다. 따라서 이런 사업들은 정기배정의 대상에서 제외하여, 사업시행의 전제조건들이 충족되면 그 때 가서 비로소 예산배정을 한다. 이러한 배정을 수시배정이라고 하는데 대체로 대규모 사업의 경우에 수시배정 대상이 되는 경향이 크다. 어떤 예산사업이 수시배정 대상이 되면, 집행부처는 기획재정부에다 사업수행계획 등을 또다시 보고하고 협의해야 하기 때문에 기획재정부의 통제 수위가 더 높아진다.

그런데 수시배정제도에 대하여 ① 법적인 근거가 없고, ② 중앙예산기구가 각 부처를 통제하는 수단으로 악용하고 있다는 비판이 있다. 그리고 ③ 기획재정부의 예산사정에서는 탈락했다가 국회에서 반영된 사업들은 무조건 수시배정 대상으로 삼아 통제를 하는 것은 합리적이지 않다는 사업부처의 불만도 있고, ④ 수시배정 신청 후 처리에 장기간의 시간이 소요된다는 비판도 있다.

⑥ 배정유보

정기배정계획에 의하여 어떤 사업에 대한 분기배정이 확정되어 있다 해도 경제정책의 필요에 의하여 그 사업에 대한 예산배정을 보류하는 경우가 있다.

⑦ 감액배정

일단 배정된 예산에 대하여 사업계획의 변동, 차질 또는 운용상의 필요에 의하여 배정을 감액하는 경우도 생긴다. 이때 이미 지출된 예산에 대해서는 감액이 어려우므로 잔액에 대해서만 감액이 이루어진다.

2. 예산의 이체(移替)와 이월(移越)

국가재정법에서는 중앙관서의 장이 세출예산을 정해진 울타리를 넘어 목적 외로 사용할 수 없도록 규정하고 있다. 즉, 예산이 분야, 부문, 프로그램 간에 상호 이용될 수 없도록 한다. 이 점은 지방재정법에서도 마찬가지여서, 지방자치단체장이 세출예산을 분야, 부문, 정책사업[1] 간에 상호 이용할 수 없도록 해 놓고 있다.

그러나 회계연도 중간에 정부조직의 변경(예를 들어, 어떤 부처청의 신설 및 통합, 폐지)이 발생하는 경우가 있다. 이때 기존의 정부부처는 이미 배정받은 예산 금액을 가지고 새 조직으로 옮겨 간다. 이처럼 예산의 규모와 내용은 변하지 않고, 관할기관만 변동하는 경우 등에는 국회 또는 지방의회의 의결을 거쳐 자금을 옮겨 사용할 수 있는데, 이것이 바로 이체(移替)이다.

한 회계연도에 다 지출하지 못한 예산은 다음 회계연도로 넘겨서(이월하여) 사용하게 된다. 그러나 이월금은 다음 해의 세출예산이 되는 것이 아니라 세입으로 편입되어서 새롭게 예산을 편성받아야 한다.

그런데 이월을 시키려면 왜 그런 정도의 금액이 당해연도에 사용되지 않고 남았는지 보고를 해야 하고, 나중에 감사를 받는 경우도 있다. 따라서 각 부처는 이월을 하지 않기 위하여 연말에 무리하게 예산을 집행하는 경향이 있다. 영국과 뉴질랜드 등에서는 이런 폐단을 막기 위하여 행정능률향상과 절약으로 인하여 발생한 이월금에 대해서는 이를 다양한 보상금 형태로 활용하는 방안을 개발하여 시행하고 있다.

이월은 명시(明示)이월과 사고(事故)이월로 분류된다. 명시이월은 국가재정법상 세출예산 중 경비의 성질상 연도 내에 지출을 끝내지 못할 것이 예측되는 때, 그 취지를 예산에 명시하여 미리 국회의 승인을 얻은 후 다음 연도에 이월하는 것을 말한다. 즉, 계약 등 지출의 원인이 되는 행위가 명시적으로 다음 연도에 할 수밖에 없어 이월되는 것을 말한다. 반면 사고이월은 명시이월과 달리 연도 내에 계약 등 지출원인행위를 하였으나 불가피한 공사기간 부족, 재해 등의 사유로 다음 연도로 이월하는 것을 말한다. 국가재정법에서 이에 대한 구체적인 사항을 규정하고 있다.

---

1) 지방자치단체는 프로그램을 정책사업으로 부르고 있다.

3. 예산의 이용(移用)과 전용(轉用)

한국의 예산구조는 〈분야〉, 〈부문〉, 〈프로그램〉, 〈단위사업〉, 〈세부사업〉, 〈목〉으로 이루어져 있다. 〈표 11-2〉는 "경찰청 예산"이 어떻게 분류되고 있는지 그 구조를 알 수 있도록 해준다.

여기서 〈분야〉, 〈부문〉, 〈프로그램〉까지는 국회가 중요하다고 정해 놓은 울타리로서 입법과목(立法科目)이라고 한다. 이런 중요한 울타리를 뛰어 넘어서 돈을 사용할 때는 국회의 승인을 받아야 한다. 즉, 〈분야〉, 〈부문〉, 〈프로그램〉 사이에 예산금액을 주고 받는 것을 이용(移用)이라고 한다.

이용은 국회의 승인을 받아야 하기 때문에 웬만하면 이용을 하려고 하지 않지만, 그래도 간혹 이용이 발생하기도 한다. 이용이 발생하는 이유는 직제 개정, 천재지변에 의한 피해복구 등인데, 전체 예산의 아주 일부분에 대하여 발생한다.

전용이란 실시하기로 한 사업에 대하여 미리 정하여진 예산을 배정받았지만, 사업과 관련된 정황이 예산을 벗어나 발생하였으므로 약간의 조정을 가하는 조치를 말한다. 흔히들 전용하면 "불법전용"을 먼저 연상하여 나쁜 것으로 생각하기 쉽다. 그러나 전용은 엄연히 법률로 보장된 합법적인 예산집행행위이다.

〈그림 11-1〉에 예시된 경찰청의 '범죄수사활동' 프로그램을 예로 살펴보자. 이 프로그램의 수행을 위해 1,400억 원, 세부적으로 '첨단과학수사' 단위사업에 180억 원, '일반범죄수사' 단위사업에 1,130억 원, '사이버범죄수사' 단위사업에 90억 원이 배정되었다. 만약 올해의 범죄가 예년과 달리 지능화되어 이를 수사할 '첨단과학수사' 단위사업과 '사이버범죄수사' 단위사업의 예산이 당초 계획과 달리 부족하다면 '일반범죄수사' 단위사업의 예산을 끌어다 사용할 수 있다. 또는 '첨단과학수사' 단위사업 중 '범죄감식 및 관리' 세부사업의 증액을 위해 '과학수사시스템 구축' 세부사업의 예산을 줄여 사용할 수 있다. 이처럼 예산집행에서의 융통성을 발휘하는 것을 전용이라고 한다.

예산분류상 〈분야〉, 〈부문〉, 〈프로그램〉은 큰 울타리로서 중요하기 때문에 입법과목이라고 하였으나, 〈단위사업〉, 〈세부사업〉, 〈목〉 등은 작은 울타리로서 상대적으로 중요성이 덜하기 때문에 이들을 행정과목(行政科目)이라고 부른다. 〈단위사업〉 이하의 행정과목 내에서의 자금 이동은 장관의 책임하에 이루어질 수 있

그림 11-1   예산분류체계의 예시(경찰청)

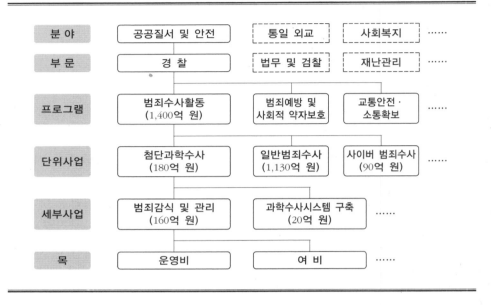

는 것으로서, 국회의 사전동의를 필요로 하지 않는다. 다만 사후에라도 보고할 필요는 있다.

전용 역시 자주 발생하는 것은 아니나 그렇다고 해서 도외시할 정도로 없는 것도 아니다. 사업부처들은 자체 전용권을 대폭 확대하여 사업예산을 부처의 책임하에 집행할 수 있도록 해달라고 요청하고 있다. 부처에 따라서는 현재 지나치게 세분화되어 있는 예산과목구조를 단순하게 개편하여 아예 전용의 필요성조차 없도록 해달라고 요구하고 있다.

제2절 정책집행과 예산집행

국가정책을 수행하는 인적인 주체는 공무원이다. 경찰, 교도, 감사, 선거관리, 국·공립학교 교육, 정책수립 등 공무원이 중요한 업무를 직접 수행한다. 그러나 공공분야의 영역이 매우 넓어서 모든 공공업무를 공무원이 직접 수행할 수는 없다. 도로, 항만 등이 중요한 사회간접자본시설이라고 해서 공무원들이 직접

공사를 할 수도 없으며, 과학기술의 진흥이 국가의 미래를 좌우한다고 해서 공무
원들이 직접 연구개발에 나설 수도 없다.

정부가 사업을 집행하는 방법을 개략적으로 구분하면 ① 공무원이 자체적으
로 직접 수행하는 경우와 ② 계약을 통해 민간으로부터 재화와 용역을 구입하는
경우, 그리고 ③ 보조금(지자체보조금 및 민간보조금)을 지급하여 지자체나 민간으
로 하여금 국가가 원하는 행위를 수행하도록 하는 방법 등이 있다. 그런데 이 세
가지 방법들 중 자체 집행하는 경우는 너무 자명하므로, 여기서는 계약행위와 보
조금 지급행위만 설명하도록 한다.

1. 계약을 통한 집행

(1) 정부의 계약 규모

정부의 전체 예산 중에서 어느 정도가 정부 대 민간 간의 계약에 의해 지출
되고 있는지 명확하지 않다. 현재 정부에는 중앙조달기관인 조달청이 있어서, 예
산 규모의 약 20~30%를 계약하고 있다. 그러나 중앙조달을 이용해야 하는 기준
은 〈표 11-2〉와 같이 설정되어 있기 때문에, 이 기준 이하의 경우에는 기관별로
자율적으로 계약을 하고 있다. 따라서 전체적인 정부계약 규모는 잘 파악되고 있

표 11-2 중앙조달 이용 기준

기관구분	이용범위	이용형태
국가기관	물품 : 5,000만원 이상	의무적 이용기관
	시설 – 30억원 이상 일반공사 – 3억원 이상 전기공사 등	
지방자치단체	물품 : 5,000만원 이상	
	시설 : PQ대상공사, 대안입찰, 설계시공 일괄(trun-key)입찰	
기타 기관 (정부투자기관 등)	기관별로 자율 선택	임의기관

자료: 조달청. 2002년.

지 않다. 예산 규모에 있어서 비중이 큰 국방부의 경우에도 별도의 조달시스템을 갖고 있어서 전체적인 정부계약의 규모를 파악하는 데 어려움을 주고 있다.

(2) 경쟁입찰제

계약의 종류와 형태는 천차만별이어서 특별히 정해진 법칙이 있지는 않다. 다만, 계약 쌍방이 자유로운 의사에 따라 합의한 내용을 신의성실의 원칙에 따라 이행한다는 것이 일반적인 통념이다. 그러나 정부가 체결하는 계약은 공공계약이니 만큼 정부 각 부처는 "국가를당사자로하는계약에관한법률"(흔히 줄여서 "국당법"이라고 한다)을 비롯한 각종 법규의 개정을 통해 공공계약제도를 지속적으로 개선해 오고 있다.

중앙관서의 장 또는 그 위임을 받은 공무원(재무관)은 매매, 임차, 도급 등의 지출원인행위를 할 때 공고를 하여 일반경쟁을 붙인다. 그러나 필요한 경우에는 참가자의 자격을 제한하는 제한경쟁입찰, 지명경쟁입찰 또는 수의계약을 할 수 있다.

그런데 경쟁입찰이라고 해서 최저가로 응찰한 자가 언제나 낙찰을 받는 것은 아니다. 대규모 계약을 빈번하게 체결하는 국토교통부와 조달청은 최저가낙찰제, 제한적 평균가낙찰제, 제한적 최저가낙찰제, 적격심사제 등을 활용하고 있다.

① 최저가낙찰제

응찰자 중 최저가 입찰자를 검토 없이 그대로 낙찰자로 선정하는 제도로서 자유경쟁원칙에 가장 적합하고, 국가경쟁력 강화에도 도움이 된다. 그러나 과당경쟁, 부실공사, 중소기업의 기회제한 등이 문제가 된다. 이러한 문제점에도 불구하고, 이 제도는 외환위기 이후 더욱 많이 채택되고 있다.

② 제한적 평균가낙찰제

예정가격의 일정 비율 이상(예, 85%)으로 투찰한 금액들의 평균값에 가장 가까운 입찰자를 낙찰자로 선정하는 방식이다. 덤핑을 방지하고, 성실시공을 유도하기 용이한 방법이지만, 요행수로 낙찰자가 결정되는 단점이 있다. 예정가격은 보통 재정경제부 회계예규 "원가계산에 의한 예정가격 작성준칙"에 따라 산출된다.

③ 제한적 최저가낙찰제

예정가격의 일정 비율(예, 80% 또는 85%) 이상으로 입찰한 자 중 최저가 투찰자를 낙찰자로 선정하는 제도이다. 덤핑방지와 예산절감을 동시에 추구할 수 있지만, 예정가격 탐지를 위한 업체 간의 경쟁 또는 담합 등으로 물의가 일어날 가능성이 있다.

④ 적격심사제

이 방법은 최저가낙찰자로 일단 낙찰시키되, 낙찰가격이 예정가격의 85% 미만인 경우에는 계약심의위원회나 예산집행심의회의 적격판정이 있어야 최종낙찰이 이루어진다. 이것은 최저가낙찰제의 경쟁성과 평균가낙찰제의 장점을 고루 갖춘 가장 발전된 제도로 평가받고 있으며, 우리나라뿐 아니라 선진국에서도 가장 많이 쓰인다. 그러나 심사제도의 공정성에 이의가 제기될 가능성이 상존한다.

한국에서는 1993년부터 사전심사제(PQ제: prequalification)라는 적격심사제를 채택하고 있다. 사전심사제는 입찰하려고 하는 업체의 공사실적, 경영상태를 평가하여 60점 이상을 획득한 업체만 입찰에 참여하게 허용하는 방식이다. 대형공사에 가장 많이 적용되고 있는 이 제도에 의한 평균낙찰가격은 예정가격의 약 80%대로 알려져 있다.

⑤ 일괄(turn-key)입찰제도

신기술과 신공법이 요구되는 공사의 경우에 한 업체에게 설계와 시공을 일괄적으로 맡겨서 공사를 완공케 하는 입찰제도이다. 평균적인 낙찰가격은 예정가격의 약 90% 초반인데, 이 제도는 대기업에게 일방적으로 유리하다는 비판이 있다.

⑥ 다수공급자계약제도(MAS: Multiple Award Schedule)

이 제도는 품질, 성능, 효율성이 유사한 물품들을 생산하는 다수의 공급자와 정부가 복수계약을 체결한 뒤, 수요기관이 공급할 업체를 직접 선택할 수 있는 방식이다. 예를 들어, 예전에는 수요기관이 일일이 경쟁입찰을 하여 계약자를 선정하였지만, 이 제도에 의하면 수요기관은 미리 선정된 복수의 업체들 중 하나와 공급계약만 체결하면 되므로 시간과 노력이 절약되는 장점이 있다.

표 11-3 입찰공고의 사례

긴급입찰공고

1. 입찰에 부치는 사항
   가. 건명: 전산장비(PC · 프린터 · LAN · Sever 등) 유지보수용역
   나. 사업설명일시: 20△△년 △월 △일 10 : 00시
   다. 입찰등록 마감일시: 20△△년 △월 △일 16 : 00시
   라. 입찰방법: 총액입찰
   마. 설계가격(부가세 포함): 68,560,000원

2. 입찰참가자격
   가. 국가를당사자로하는계약에관한법률 시행령 제12조에 의한 유자격자
   나. 운용 중인 장비회사(삼성 · 삼보) 중 1개 이상 회사와 A/S 지정점으
      로 계약되어 있는 업체
   다. 전국 주요도시(서울 · 부산 · 대구 · 대전 · 광주 · 원주)에 지사를 갖
      춘 업체

3. 입찰보증금 및 국고귀속
   국가를당사자로하는계약에관한법률 시행령 제37조 제1항 및 제38조에
   의함

4. 입찰무효: 국가를당사자로하는계약에관한법률 시행령 제39조에 의함

5. 낙찰자결정방법: 적격심사에 의한 최저가낙찰제

6. 제출서류: 입찰참가신청서 · 사업자등록증 · 인감증명서 · A/S 지정점협
   약서 · 정비협력증명서 · 법인등기부등본 · 재직증명서

7. 유의사항
   가. 본 입찰은 국가계약법 시행령 제42조 제1항 및 제2항, 국방부계획
      41301-2138('00. 3. 30)물품 및 용역적격심사 기준에 의하여 적격심
      사를 실시하며, 종합평점 85점 이상인 자 중에서 예가 이하로서
      최저가격으로 입찰한 자를 낙찰자로 결정합니다.

   기타 자세한 내용은 우리 부대 경리과, 사업에 관계된 사항은 전산실
로 문의바랍니다.

   위와 같이 공고합니다.

20△△년 △월

국군○○사령부 재무관

(3) 계약행위와 지출행위

이상과 같은 경쟁입찰 절차를 거친 후 각 기관의 재무관은 낙찰된 자와 각종의 계약을 체결한다. 계약서에는 계약의 목적, 계약금액, 이행기간, 계약보증금, 위험부담 및 기타 필요한 사항을 명백히 기재한다. 그런데 계약이란 미래에 일어날 위험을 내포하고 있으며, 계약자 당사자 간의 정보의 양과 질에 따라서 계약내용이 달라질 수 있다. 바꿔 말해 정부에 우수한 계약관리자가 있다면, 그가 예산을 절감하든지 아니면 같은 금액을 가지고도 훨씬 우수한 성과를 가져오도록 계약을 할 가능성이 크다. 그러나 안타깝게도 현재 정부에서는 계약담당공무원을 체계적으로 양성하는 시스템이 갖춰져 있지 않고, 계약업무를 수행하는 재무관도 순환보직제에 의해 일반공무원이 임명되고 있다.

계약된 내용에 따라 정부의 지급사유가 발생하면, 이제는 재무관이 아닌 지출관이 지출을 한다. 이러한 이원화는 예산지출과 관련된 내부통제를 강화하기 위한 장치이다.

(4) 전자조달제도

한국에서 전 세계에 자랑할 만한 것 중의 하나는 조달청이 개발한 전자조달시스템(나라장터, www.g2b.go.kr)일 것이다. '나라장터'는 UN으로부터 2003년도에 "공공서비스상"을 수상하였고, OECD로부터는 "최상의 전자정부서비스이며 더 이상의 개선이 필요 없는 수준"이라는 찬사를 받았다(2004. 5). World Bank, UN, APEC, ADB 등이 벤치마크하려는 '나라장터'는 연간 30~40조 원을 거래하는 세계 최대의 전자거래시장이다.

'나라장터'의 특징은 모든 공공입찰 정보를 통합적으로 제공하고, 1회 등록으로 전 기관이 입찰에 참가할 수 있게 한 점이다. 그 결과 전국의 3만 여 공공기관과 11만 기업이 이용하고 있으며, 매일 8만 건의 접속이 이루어지고 있고 6만 건의 서류가 전자적으로 교환되고 있다. 입찰, 계약, 납품검사, 대금지급 등 전 과정이 자동화되고 공개되고 있어서 유리알 같은 투명성을 확보하게 되었다. 그리고 IT 모범사례로서 조달행정의 효율성 향상을 이룩하였다. 그 결과 연간 시간비용 및 교통비용 절약 금액이 3조 2천억 원에 달한다고 한다.

2. 보조금 지급을 통한 집행

(1) 보조금의 정의와 종류

우리나라 정부가 정책을 추진함에 있어서 가장 효과적으로 사용하였던 정책
수단이 바로 보조금 지급정책이었다. 그 중에서도 1980년대 초까지는 수출보조
금, 1980년대 후반 이후에는 기술개발투자를 유도하기 위한 국내보조금이 가장
돋보이는 정책수단이었다.[2]

보조금(subsid/grant)이란 정부가 특정한 정책목표를 달성하기 위해 기업이나
개인, 그리고 지방자치단체에게 제공하는 각종의 지원을 일컫는다. 보조금의 종
류는 성격에 따라 수출보조금, 국내보조금, 생산보조금 등으로 분류할 수 있다.
그런데 WTO 협정은 정부의 보조금을 더욱 세분화하여 정의하고 있다. 즉, 정부
나 공공기관이 ① 무상지원, 지분참여 등의 형태로 직접 자금을 이전하는 경우,
② 조세감면과 같이 정부가 세입을 포기하는 경우, ③ 정부가 일반 사회간접자본
시설 이외의 재화나 용역을 공급하거나 구매하는 행위, ④ 정부가 직접 위의 세
가지 활동을 하지는 않더라도 그 행위를 자금공여기관 및 민간에게 위임하여 실
질적으로 위의 세 가지 활동을 하는 경우 등으로 규정하고 있다. 우리나라 정부
예산의 보조금 내역은 ① 민간에 대한 경상보조, ② 민간에 대한 자본보조, ③ 자
치단체 경상보조, ④ 자치단체 자본보조, ⑤ 해외보조로 구성되고 있다.

(2) 보조금 지급과 계약의 차이

보조금 지급과 계약의 공통점은 공무원이 직접 일을 수행하지 않고, 민간이
나 지방자치단체를 이용하여 공공의 일을 대신 수행토록 한다는데 있다. 그러나
차이점은 계약의 결과물에 대한 소유권은 정부가 갖는데 반하여, 보조금 지급의
결과에 대한 소유권은 보조금을 받은 민간이나 지자체에 있다는 점이다.

예를 들어, 국도를 건설하기 위하여 A기업과 계약을 맺었을 경우, 공사가 완

---

2) 선우석호. 우리나라 보조금의 운용효율분석. 서울: 산업연구원. 1989. pp. 8-9.

공되면 국도의 소유권을 국가에 귀속된다. 그러나 학술적인 연구를 진작시키기 위해 B교수에게 연구비를 보조금으로 지급하였다면, 이 연구의 결과물에 대한 저작권은 B교수가 갖게 된다.

지급 절차에 있어서도 계약과 보조금은 차이가 난다. 계약의 경우 공개입찰이라는 과정이 있긴 하지만, 기본적으로는 쌍방 간의 계약체결에 의해 재원이 지출된다. 그러나 보조금 지급에 있어서는 보조금 지급대상이 지급신청을 하면, 정부기관이 이를 심사하여 일방적으로 지급결정을 한다. 이것이 계약에 의한 지출행위와 차이가 나는 또 다른 점이다.

(3) 연간 보조금의 규모

정부의 예산 중에서 계약의 규모가 정확히 얼마인지 찾아내기 어려운 것처럼 정부의 예산 중에서 보조금의 규모 또한 명확하게 찾기 어렵다. 우선 2013년도 일반회계 예산 중 보조금을 보면 약 97조 원이 국고보조금(중앙에서 지방자치단체로 지원하는 보조금)이고 5조 원이 민간보조금(경상 및 자본)이다.

그런데 WTO 협정에 의하면, 융자에 의한 지원도 보조금으로 분류된다. 따라서 각종 정부기금의 융자분까지 보조금 범주에 포함시킨다면, 한국 정부의 보조금 지급 규모는 대폭 늘어날 것이다. 이 밖에 지방자치단체가 하급기관 또는 민간에게 보조하는 경우도 있으므로, 이 금액까지 합산한다면 연간 매우 큰 금액이 보조금으로 사용되고 있다고 할 수 있다.

보조금과 정부계약금의 정확한 규모는 추계되고 있지 않으나, 조달청에 의한 중앙조달금액과 중앙정부의 회계기금의 보조금 목에 기록되어 있는 금액만 합산하여도, 1년 예산의 약 50% 내외가 보조금과 계약금으로 지출되고 있음을 알 수 있다. 파악되지 않은 금액까지 감안한다면 예산에서 보조금과 계약금이 차지하는 비중이 막대하다는 것을 짐작할 수 있다. 그런 만큼 한국 정부는 정부의 일을 함에 있어서 공무원만으로 공공의 업무를 수행하는 것이 아니라 기업과 민간의 도움을 많이 받아가면서 업무를 수행하고 있음을 시사한다.

(4) 보조금의 문제점

정부의 보조금 지급행정에는 크게 두 가지 문제가 있다.

첫째, 배분방식의 결정에 있어서 관료의 자의성이 개입하는 것을 피할 수 없다는 점이다. 정부의 보조금 지급대상의 선정은 ① 법률 등의 규정에 의해 그 내용이 구체적으로 정해져 있는 경우와 ② 정부기관이 지급방식을 "배분공식"에 의해 선정하는 경우가 있다. 특히 배분공식에 의해 보조금을 지급하게 하는 경우, 관료의 자의성이 개입되기 쉬운데, 자의성이 여간해서는 겉으로 드러나지 않는다. 따라서 이러한 불투명성이 때때로 공정성의 문제를 야기한다.

둘째로, 보조금 지급행위가 일방향적 의사결정이기 때문에 지출행위가 일어난 후의 사후관리가 계약의 경우에 비해 취약하다. 보조금 담당 공무원의 과중한 업무부담 때문에 사후관리(성과관리)가 제대로 이루어지지 못하는 점도 있다. 그래서 정부의 보조금에 대하여 "눈 먼 돈", "먼저 보는 사람이 임자"라는 불명예스러운 별명이 부쳐지곤 한다.

제3절 예산집행과정에서의 자원배분결정

예산의 집행은 단순히 예산을 배정받아 지출하기만 하면 되는 기계적인 과정이 아니다. 이미 앞에서 거듭 말하였듯이 배정받은 돈을 누구에게(사업자선정), 어느 지역에(위치선정), 또 어떤 사업방식에다(기술선정) 지출할 것인가를 결정하는 대단히 중요한 의사결정을 수반한다. 이런 의사결정의 품질 수준에 따라 같은 금액의 예산을 가지고도 국민에게 제공하는 행정산출물(outputs)과 결과(outcomes)의 차이는 크게 난다.

따라서 예산집행과정 중에 다양한 결정들이 이루어지는데, 이러한 결정들은 ① 관료적 의사결정 관행에 따라 이루어질 수도 있고, ② 과학적이고 기술적인 분석에 기초하여 이루어질 수도 있으며, ③ 정치적인 고려에 의해 행해질 수도 있다. 이들 중 어떤 방식이 가장 우수한 방법인가는 상황에 따라서 다를 수밖에 없는데, 행정기관이 가장 이상적으로 생각하는 상태는 아마 "객관적이고 능률적인 결정"이었다고 평가받는 것이다.

이러한 의사결정과정에서 학술적인 분석이 기여할 수 있는 영역은 과학적 의사결정 모형을 활용하는 것이다. 과학적 의사결정 모형에도 여러 가지가 있겠지만, 여기서는 가장 대표적으로 사용되는 MAU 모형(Multi-attributive Utility Model: 다속성 효용 모형)을 설명한다.

1. MAU 모형의 의의

여기서는 가장 일반적으로 사용되는 의사결정 모형인 다속성 효용 모형 (Multi-attributive Utility Model: MAU Model)을 설명하고자 한다. 다속성 효용 모형은 아주 간단하면서도 이론적으로도 빈틈이 없으며, 이것의 다양한 변종들이 실생활의 공공선택에서도 많이 사용되고 있다.

이론적으로도 빈틈이 없다는 점은 이 모형이 Herbert A. Simon 이후 발전해온 합리적 인간행태의 결정체이기 때문일 것이다. Simon은 어떠한 행정학 개론책에도 반드시 등장하는 중요 학자일 뿐 아니라, 1980년대에는 노벨경제학상을 받기도 하였다.

Simon의 유명한 '제약된 합리성'(bounded rationality) 이론에 의하면, 인간은 모든 대안들의 모든 속성을 다 고려하여 어떤 선택에 이르는 것이 아니다. 단지 몇 가지의 대안들에 대해 몇몇 가지의 특정한 속성들만 비교하여 의사결정에 도달한다고 한다. 그러나 이렇게 제약된 선택에도 과학적인 법칙이 깃들어 있다. 그 과학적 법칙을 모형화한 것이 MAU Model이다.

독자들의 편의를 위해 알기 쉬운 예를 먼저 하나 들겠다. 이것은 한 사람이 여러 개의 주택매물 중에서 하나를 선택하여 구입하는 사례이다.

2. 대안, 속성, 속성값

한 사람은 주택을 구매할 때 가장 효용이 큰 주택(즉, 가장 만족감수준이 높은 주택)을 사기로 결정할 것이다. 그런데 주택으로부터 얻는 만족감(효용)은 몇 가지 독립된 속성들로부터 얻는 만족감을 합한 것이다. 즉, 주택의 크기, 지하철역

표 11-4 세 주택의 속성과 속성값

대 안 속 성	주택 A	주택 B	주택 C
주택의 크기	60m²	90m²	120m²
지하철역으로부터의 거리	1km	2km	4km
이웃사람들	보통	좋음	나쁨
주택의 노후 정도	5년	12년	2년
주택주변의 공간넓이	넓음	보통	좁음
최신설비 여부	없다	없다	있다
주택의 관리상태	보통	나쁨	좋음
주택자금지원 정도	없다	있다	없다

주: 독자들에게 친숙한 예를 구성하기 위하여 노화준, 정책학원론(서울: 박영사, 1995), 152
면에 수록된 사례를 응용하였다.

으로부터의 거리, 이웃사람들, 주택의 노후 정도, 주택주변의 공간넓이, 최신설
비 여부, 주택의 관리상태, 그리고 주택자금지원 정도 등이 고려된다.

　다음의 예에서는 논의를 간단히 하기 위해 매매가격이 동일한 3개의 주택만
고려하기로 하자. 이들 주택 A·B·C 의 속성 및 속성값은 다음과 같다고 하자.
속성은 앞에서 언급한 여덟 가지 속성을 고려하였으며, 속성값은 각 대안이 갖고
있는 특성치를 나타낸다(예: 주택의 크기란 속성에 대하여 속성값은 32평·34평·36
평 등으로 표시된다).

　〈표 11-4〉를 보고 독자 여러분이라면 어떤 주택이 가장 큰 효용(만족감)을
주며, 두 번째는 무엇이고, 세 번째는 어떤 주택인지 결정할 수 있겠는가? 만약
결정할 수 있다면, 그 근거는 무엇인가? 이런 선택에 사용한 비교방법이 과연 과
학적이라고 할 만한가?

3. 과학적 선택을 위한 준비

　Simon이라면 다음과 같이 말할 것이다.

　"우선 속성들 간의 상대적인 가중치를 밝혀라. 그 다음 속성값들을 서로 비
교할 수 있도록 정리하라. 그런 다음 각 대안이 갖고 있는 특징을 계량화해서 나

온 수치들을 서로 비교하라. 가장 큰 수치를 갖는 대안이 가장 큰 효용을 가져다 주는 대안이다.”

(1) 속성들 간의 상대적 가중치

여덟 가지 속성들 중 주택구입에 가장 중요한 속성이 있으면 그것을 찾아 10점을 부여한다. 가장 덜 중요하다고 생각되는 속성에다가는 1점을 부여한다. 그리고 나머지 속성들은 각자의 중요도에 따라 1~10점 구간에서 적절한 점수를 부여한다. 그렇게 하면 상대적 중요도(가중치)가 자연스럽게 부여된다.

(2) 속성값들을 비교가능하게 만들기

주택의 크기, 지하철역으로부터의 거리 등과 같은 속성에 해당하는 속성값들은 수치로 표현되므로 약간의 조정만 하면 서로 비교가능하다. 그러나 ‘이웃사람들’과 같은 속성의 값은 좋다–나쁘다–보통 등으로 질적인 비교 밖에 못한다. 이런 경우 이웃사람과 같은 속성값들을 주택의 크기와 비교할 수 있을까? 다음의 방법을 활용하자.

우선 ‘주택의 크기’에 있어서 가장 바람직한 크기를 갖고 있는 대안에다 10점을 부여하자. 그리고 가장 바람직하지 않은 크기의 주택에다 1점을 부여하자. 그런 다음 중간 정도의 주택에 대하여서는 의사결정자의 주관적인 판단에 의해 1~10점 구간 중에서 적당한 점수를 부여한다.

‘이웃사람들’이란 속성에 대해서도 ‘가장 좋음’에 10점, ‘가장 나쁨’에 1점을 준다. 그 다음 ‘보통’에 대해서는 예를 들어 7점을 부여하자.

이처럼 절대적인 속성값을 상대적인 속성값으로 변환시키면, 이제 서로서로 비교가 가능해진다.

(3) 상대점수화한 대안비교표

다음 〈표 11-5〉는 저자의 주관적 판단에 따라 앞의 단계를 밟은 결과를 나타내고 있다. 속성별로 저자가 생각하는 상대적 가중치를 부여하였으며, 각 대안에

표 11-5 상대점수로 전환한 의사결정표: 주관적 판단

속 성 ＼ 대 안	가중치	주택 A	주택 B	주택 C
주택의 크기	3	1(3)	7(21)	10(30)
지하철역으로부터의 거리	10	10(100)	6(60)	1(10)
이웃사람들	6	7(42)	10(60)	1(6)
주택의 노후 정도	6	8(48)	1(6)	10(60)
주택주변의 공간넓이	3	10(30)	4(12)	1(3)
최신설비 여부	1	1(1)	1(1)	10(10)
주택의 관리상태	9	7(63)	1(9)	10(90)
주택자금지원 정도	8	1(8)	10(80)	1(8)
총화점수의 합계		(295)	(249)	(217)
우선순위		1	2	3

해당하는 속성값들은 1점과 10점 사이에서 상대적으로 정한다. 그 다음 속성값과
가중치를 곱하여 괄호 안에 총화점수로 나타낸다.

대안별로 총화점수들을 합산하면 그것이 한 의사결정자의 효용수준을 상대
적인 값으로 요약한 결과가 된다. 다음 예에서 저자는 주택 A를 1순위로 선호하
고, 그 다음 주택 B와 주택 C순으로 선호한다.

(4) 민감도분석

위의 예에서 주택 A가 저자에 의해서 최우선으로 선호되는 주된 이유는 지하
철역으로부터의 거리가 가깝기 때문이다. 그러나 저자와 다른 생각(가중치)을 갖
고 있는 의사결정자도 많다. 이들은 상대적 가중치의 값을 자신의 경우에 맞게
고쳐서 총화점수를 새로이 구성하면, 저자와 다른 우선순위를 갖게 될 것이다.

이렇듯 앞의 〈표 11-5〉에 실려 있는 수치들을 조금 바꿈에 따라 의사결정(우
선순위부여)이 쉽게 바뀌느냐, 아니냐를 판별하는 것이 민감도분석(sensitivity
analysis)이다. 의사결정분석에서 민감도분석은 어떠한 경우에도 생략될 수 없는
대단히 중요한 과정이다. 다만, 계산을 반복해서 되풀이해야 하기 때문에 다소
지루한 과정이 될지 모르겠다. 그러나 요즈음에는 컴퓨터 소프트웨어가 발달되

어 있어서 위와 같은 표를 Excel과 같은 범용 소프트웨어를 이용하여 구성해 놓는다면, 민감도분석은 그야말로 식은 죽 먹기가 된다.

4. 실제 상황에서의 우선순위결정

MAU 모형은 국방부의 차세대 전투기 사업의 기종선택, 경부고속전철의 기종선택, 1992년의 제2이동통신사업자 결정, 2000년의 IMT-2000 사업자 선정 등 중요한 의사결정에 실제로 사용되었다(실제사례는 〈표 11-6〉 참조). 그리고 대규모 사업뿐 아니라 서울시의 도로건설 우선순위결정 등 눈에 안 띄는 분야에서도 그 활용도가 점점 증가하고 있다.

표 11-6 IMT-2000 사업자평가: 사업자별 평점

구 분	IMT-2000 사업자			
	LG글로벌	한국통신 IMT	SK IMT	한국 IMT-2000
통신서비스 제공계획의 타당성과 전기통신설비 규모의 적정성(35점)	26.482 (75.6)	26.103 (74.5)	26.566 (75.9)	19.336 (55.2)
재정능력과 주주구성의 적정성(30점)	23.754 (79.1)	23.807 (79.3)	24.719 (82.3)	17.814 (59.3)
기술개발실적, 계획과 기술적 능력(35점)	28.644 (81.8)	29.950 (85.5)	30.733 (87.8)	17.262 (49.3)
일시출연금에 의한 가점(2점)	2	2	2	2
총 102점	80.880	81.860	84.018	56.412

주: 괄호 안은 100점 만점 기준 환산치.

제 12 장

정부의 성과 : 산출(Output)과 결과(Outcome)

- 제1절 성과관련 개념정의 및 사례
- 제2절 성과를 본격적으로 도출하려는 제도적 노력

제12장 정부의 성과 : 산출(Output)과 결과(Outcome)

제1절 성과관련 개념정의 및 사례

1. C-output 대 D-output

예산집행의 효과성은 지출행위를 통해 주어진 목표를 얼마만큼 실현하였느냐 여부로 판단할 수 있다. 이것은 행정성과(performance)라고 할 수도 있으며, 경우에 따라서는 구체적이고 객관적으로 평가할 수 있도록 성과지표(performance index)라는 잣대로 측정되기도 한다.

그러나 행정성과란 여간 측정하기 어려운 것이 아니다. 객관적인 측정공식을 만들기 어렵다는 기술적인 문제 이외에 공공정책의 본질과 가치, 그리고 주관이라는 요소가 혼합되기 때문이다. 이런 어려움은 다음과 같은 C-output과 D-output 논의에서 잘 나타난다.

C-산출물이란 쉽게 말해 가시적으로 포착되는 산출물을 뜻하고, D-산출물은 정부가 궁극적으로 추구하는 산출물을 말한다. 예를 들어, 시민들은 경찰예산의 집행을 통해 "안전"(security)이라는 행정서비스가 산출되기를 기대한다. 이것이 D-산출물이다. 그런데 현실적으로 치안유지능력의 향상은 순찰차 보유대수의 증가, 경찰인원의 증가, 순찰횟수 등으로 평가된다. 이들은 C-산출물이며, D-산출물을 만들어 내기 위한 중간산출물로서의 역할을 한다. 즉, 경찰예산의 집행실적은 안전한 시민생활이라는 궁극적인 서비스가 아니라 단지 그것을 위해 소요되는 중간재 성격의 서비스인 C-산출물에 의해서 평가되는 경우가 허다하다.

C-산출물과 D-산출물의 관계는 〈그림 12-1〉과 같이 요약된다.

그림 12-1 C-산출물과 D-산출물

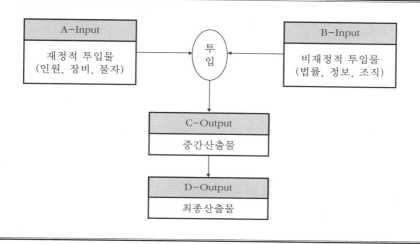

2. 산출(Output) 대 결과(Outcome)

(1) 정부부문의 고객지향주의

C-산출물과 D-산출물이란 개념은 이미 1960년대에 제기되었으나, 그다지 큰 관심을 끌지 못해 왔다. 그러던 것이 1990년대가 되자 사정이 달라졌다. 사회가 예전에 비하여 훨씬 더 고객지향적이 되었다. 이런 경향은 민간부문에서 먼저 시작이 되어, 1990년대가 되자 정부도 민간기업처럼 고객중심적으로 변해야 한다는 요구가 급격하게 증가하였다.

그 이전까지 정부부문에 있어서 고객은 국민이 아닌 경우가 많았다. 예를 들어, 교통부의 주요 고객은 승객이 아니라 도로건설업자 및 교통사업자들인 경우가 많았다. 주택개발기관의 경우에도 고객은 가난한 도시거주자가 아니라 부동산개발업자인 경우가 허다하였다.[1]

정부가 고객지향적이 되어야 한다는 각성은 유럽에서부터 먼저 시작되었다.

---

1) Osborne and Gaebler. Reinventing Government. Reading, Mass: Addison-Wesley. 1992.

정부재정의 압박을 심각하게 받던 유럽에서는 이미 1980년대부터 기업형-고객중심형-관리중심형 예산제도로의 변화가 시작되었다. 이런 변화 조류를 한데 묶어 결과지향적 예산제도(budget-for-results)라고 불렀으며, 영국에서는 더 적나라하게 예산이 과연 시민의 돈 값을 하고 있는가(value-for-money)하는 반성을 시작하였다.

이러한 변화가 미국에도 전파되어서, 1993년에 미국 연방정부의 고어 부통령이 주축이 되어 실시한 "국가성과평가서"(National Performance Review)는 다음과 같은 자기 반성을 하고 있다.

① 국제환경이 급격하게 변하고 있다. 현재의 조직체계와 운영관리방식으로는 날로 심해지는 국제경쟁에서 이길 수 없다.

② 민간기업부문에서의 고객우선주의가 너무 좋은 성과를 보이고 있다. 그래서 이것이 정부서비스도 품질과 정확성, 그리고 적시제공성이 향상되어야겠다는 압력으로 작용하고 있다.

③ 조직이 생존해 나가기 위해서는 일선에서 행정산출을 만들어 내는 공무원들이 권한을 가진 팀으로 재편되어야 한다.

④ 정치적인 환경도 변하였다. 각종 여론조사들은 시민들이 "정부를 더 능률적으로 만들어야 한다"는 생각을 가장 중요시하고 있음을 보여 준다. 이런 대세를 거스리면 어떤 정치가도 생존하기 어렵다.

⑤ 그리고 정보통신 기술환경이 급속하게 발달하고 있다.[2]

(2) 산출(output) 대 결과(outcome)의 개념 차이

이상과 같은 정부에 대한 고객지향주의는 중간산출물인 C-output 보다는 최종산출물인 D-output에 대한 관심을 더욱 향상시켰다. 용어도 전자를 Output(산출)이라고 부르고 후자를 Outcome(결과)라고 대체하여 부르기 시작하였다.[3]

예산당국은 Output과 Outcome의 차이를 다음과 같이 예시하고 있다.

[2] National Performance Review: From Red Tape to Results: Creating a Government That Works Better and costs Less. 1993.
[3] Output과 Outcome을 번역하기가 쉽지 않은데, 보통 다음과 같이 번역하고 있다.

　　"거리청소사업의 경우 과거에는 "청소부 인건비, 청소차량 구입비 및 유지비가 예산대로 집행되었는가"에 관심을 가지나(output 관점), 성과관리제도하에서는 거리청소사업의 성과목표인 "거리환경이 얼마나 깨끗해졌는가"에 관심을 갖도록 하는 것이다(outcome 관점)."[4]

　　정부부문에 대한 고객지향주의의 결과로 산출물보다는 결과에 더 많은 관심을 부여한다는 것이 논리적으로는 타당하지만 이것을 시행하는 것은 매우 어렵다. 거리가 깨끗한 정도와 같이 결과가 가시적인 경우라면 문제가 적지만, 결과가 만약 삶의 질의 향상이나 자유의 증진과 같이 추상적인 경우라면 달성도 여부를 파악하기가 매우 어렵다.

　　그리고 정부의 정책이 결과를 내기 위해서 재정적인 투입뿐만 아니라 법률, 제도, 태도 변화 등 비재정적인 투입물과 복합적으로 작용하는 경우에 재정성과를 별도로 측정하기가 어렵다. 예를 들어, 교육부가 추진하고 있는 "공교육정상화"와 같은 사업의 결과는 예산투입만으로는 해결할 수 없는 복잡한 요인을 갖고 있다. 또한 기획재정부의 "경제활성화" 같은 사업목표 또한 정부만 잘 한다고 해서 달성되는 것이 아니라 민간부문이 협조를 잘해야 하고, 경제활성화에는 무엇보다 외국의 환경이 중요한 역할을 한다.

3. 예산사업의 산출과 결과에 대한 사례: 치수(治水)사업의 성과

(1) 치수사업의 목적과 내용

한국은 기상학적으로 여름철에 강수량이 집중되고 있다. 그 결과 매년 호우

Output의 번역	Outcome의 번역
산출	성과
성과	궁극적 효과
산출	결과
공급 측면	수요 측면
산출물	결과물

4) (구)기획예산처. 성과관리제도. 2004.

그림 12-2   치수사업의 내용

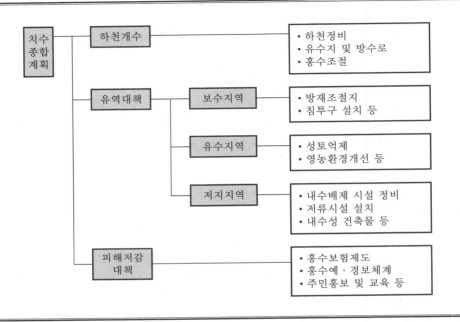

자료: (구)기획예산처. 2003. 8.

로 인한 인명과 재산 피해가 발생하고 있다. 치수사업이란 치수시설들을 정비하여 홍수를 조절하고, 장래의 피해를 최소화하는 공공투자사업을 말한다. 치수사업의 내용은 〈그림 12-2〉와 같은데, 정부는 이 사업을 위해 국고와 지방비를 포함하여 매년 수조원의 재정자원을 투입하고 있다.

(2) 치수사업의 산출(output)

여러 가지 치수사업들 중 하천개수사업이 전체 사업예산 규모의 92%를 차지한다. 따라서 1993년부터 2002년까지 10년간 치수사업에 투입된 자금 및 하천개수율을 그림으로 나타내면 〈그림 12-3〉과 같다. 지난 10년간 전국의 하천개수율은 59.6%로부터 74.3%로 증가하여 왔는데, 특히 1999년에 치수사업 예산이 갑자기 2배 이상 증가한 것이 큰 요인이 되었다. 이러한 하천개수율의 증가가 바로

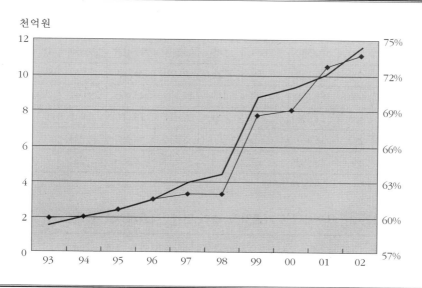

그림 12-3	치수사업 예산 규모와 하천개수율

주: 굵은 선은 하천개수율, 가는 선은 예산 규모임.
자료: (구)기획예산처(2003. 8)로부터 재구성.

예산지출의 산출(output)이라고 할 수 있다.

(3) 치수사업의 결과(outcome)

1999년에 치수사업에 갑자기 많은 예산을 배정하게 된 이유는 1996년부터 1998년까지 임진강 유역에 홍수 피해가 막대했던 것에 연유한다. 정부는 1999년부터 2001년까지 임진강 유역의 치수에만 4,300억 원을 투입하였는데, 그 결과 2002년에 발생한 호우 때에는 이 지역의 피해가 현저하게 줄어들었다. 2002년에도 1998년과 비슷한 정도로 호우가 쏟아졌지만, 재산 피해는 예전의 5% 밖에 일어나지 않았다. 사망자수도 1998년에는 86명에 달했지만, 비슷한 정도의 비가 내린 2002년에는 사망자 수가 한 명도 없었다. 이러한 지표가 바로 치수사업의 결과(outcome)라고 할 수 있다.

치수사업의 결과는 임진강 유역뿐 아니라 전국적으로도 확인할 수 있다. 〈표

표 12-1   치수사업의 결과: 임진강 유역

기간	강우량* (mm)	재산피해(백만원)						인명피해	
		총피해액	건 물	선 박	농경지	공공시설	사유시설	사 망	이재민
'96.7	599	310,538	13,864	45	49,571	217,168	29,890	18	14,776
'98.8	499	210,135	16,209	8,210	10,918	134,929	39,869	86	7,499
'99.7	660	388,178	21,727	139	14,178	323,093	29,041	12	9,153
'00.8	385	24,396	256	21	411	18,689	5,019	0	106
'01.7	292	15,467	0	0	336	14,397	735	1	0
'02.8	434	10,333	27	7	133	9,944	222	0	37

자료: 기획예산처(2003. 8). p. 13.

표 12-2   치수사업 투자금액의 결과 평가: 다중회귀분석 방법

피해액/GDP = − 0.00243 − 0.0000000354 × 치수투자누계액
　　　　　　　(−1.43)　　　(−1.53)
　　　　　　− 0.0000000422 × 전기복구비 + 0.0000195 × 1일 최대강수량
　　　　　　(−0.36)　　　　　　　　　(−4.01)
　　※ $R^2 = 0.5224$,　$F = 6.56$

자료: (구)기획예산처(2003. 8). p. 14.

12-2〉는 전국의 수해피해금액과 치수시설투자금 간의 관계를 설명해 주는 다중회귀분석의 결과표이다. 이 분석에 의하면, 치수투자금액(누계액)이 증가하면 할 수록 GDP 대비 수해피해액이 더욱더 감소하는 상관관계가 있음을 보여주고 있다.

이 사례는 두 가지 점에서 의의를 찾을 수 있다. 첫째는, 하천개수율의 증가가 홍수 피해를 막는데 중요한 역할을 하였지만, 국민들의 관점에서는 하천개수율이라는 산출물(output)보다는 인적, 재산적 피해의 감소라는 결과(outcome)를 더 중요시 한다는 점이다. 둘째는, 위 사례는 여러 가지 종류의 성과지표들을 대부분 보여주고 있다는 점이다. 성과지표는 프로세스에 따라 투입지표, 과정지표, 산출지표, 결과지표 등 네 가지 유형으로 분류되고 있는데, 치수사업의 사례는 이들 중 과정지표만 빼고 나머지 세가지 지표를 모두 보여주고 있다.

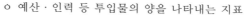

그림 12-4　치수사업의 사례로 본 성과지표의 4가지 유형

투입지표 (Input)	○ 예산·인력 등 투입물의 양을 나타내는 지표 　• 예산집행과 사업진행과정상의 문제점을 발견하는 데 　　도움 　• (예시) 예산투입금액, 예산집행률
과정지표 (Activity/Process)	○ 사업진행과정에서 나타나는 산출물의 양을 나타내는 　지표, 사업달성 정도를 표시 　• 사업진도 등 사업추진 정도를 중간점검하는데 도움 　• (예시) 하천개수 건설공정률(%)
산출지표 (Output)	○ 사업완료 후 나타나는 1차적 결과 또는 산출물을 나타 　내는 지표 　• 투입에 비례하여 목표한 산출을 달성하였는가를 평가 　　하는데 도움 　• (예시) 하천개수율 등
결과지표 (Outcome)	○ 1차적 결과물을 통해 나타나는 궁극적인 사업의 효과 　를 나타내는 지표 　• 사업이 의도한 최종결과의 달성 정도를 측정하는데 　　도움 　• (예시) 인명피해 감소, 재산피해 감소

주: (구)기획예산처. 2004 성과관리제도 시행지침. p. 16을 활용함.

제2절　성과를 본격적으로 도출하려는 제도적 노력

　　앞의 치수사업은 예산사업의 산출과 결과를 모두 보여주는 모범적인 사례이다. 따라서 정부가 시행하는 모든 예산사업들이 치수사업처럼 산출 및 결과로 명확하게 측정될 수 있다면 매우 바람직할 것이다. 그러나 치수사업에 대한 상기와 같은 평가는 사실 임진강 유역의 홍수로 인해 엄청난 인명 손실과 재산 손실을 입은 뒤에 사후약방문(死後藥方文)식으로 이루어진 역점 관심사업에 대한 특별한 평가였다. 한국 중앙정부가 연간 수행하고 있는 예산사업(세부사업)은 2014년 현재 모두 8,500여 개에 달하는데, 이 모든 사업을 치수사업처럼 평가하기는 어렵다.

그런데 선진 외국에서는 이처럼 어려운 일을, 그러나 매우 바람직한 일을 제도적으로 추진하려고 하는 노력을 기울이고 있다. 그것이 바로 성과주의 예산제도이다. 정책사업을 구상하는 단계에서부터, 그리고 예산을 편성하는 단계에서부터 치수사업의 경우와 같이 미리 산출과 결과를 염두에 두면서 행정을 한다면 그 결과는 무심코 수행하는 사업의 성과와 많이 달라질 것이다.

정부의 전 기관에 대하여, 그리고 모든 사업에 대하여 처음부터 산출과 결과를 높이기 위한 명확한 목적을 가지고 예산을 편성하며, 집행 또한 산출과 결과를 직접적으로 겨냥하여 이루어지도록 한다. 또 집행이 다 이루어진 다음에는 산출 및 결과를 평가하여 다음 번 예산편성 때 반영한다. 이것은 바람직한 예산제도의 이상적인 상태이다.

많은 현실적인 제약에도 불구하고 이런 이상적인 제도를 포기하지 않고 어느 정도 성과를 보여주고 있는 나라들이 있다. 대표적인 사례로 뉴질랜드와 미국이 그것이다.

1. 뉴질랜드의 성과주의 예산제도

정부가 산출(output)을 넘어 결과(outcome)를 달성하기 위해서는 단순한 기계적인 방법으로는 잘 안 되기 때문에 예산사업과 결과를 연결시키는 "그 무엇"이 추가되어야만 한다. 여기서 "그 무엇"이라고 표현한 이유는, 그것을 찾기가 매우 어렵다는 뜻이다. 이런 어려움 때문에 뉴질랜드에서는 결과의 달성이 중요하기는 하지만 그것보다는 차라리 달성가능 여부의 확인이 쉬운 산출(output) 위주로 예산을 편성하고 그 결과를 평가하자는 방식을 취하였다. 그것이 바로 뉴질랜드식 산출예산제도이다. 〈표 12-3〉은 뉴질랜드 국세청의 산출물 평가 사례를 예시한 것이다. 이후 뉴질랜드는 2001년부터 산출(output)뿐 아니라 결과(outcome)를 감안하여 성과를 평가하는 새로운 성과주의 예산제도로 개편하였다.

표 12-3   산출물평가의 사례: 뉴질랜드 국세청

(목별 산출: 고객문의서비스)   (단위: 건 · 천NZ$)

	내 역	예산치	실제치	차 이	달성 여부
수량	• 서신문의	940,000	842,237	− 10.4%	미달성
	• 카운터문의	910,000	764,094	− 16.0%	미달성
	• 전화문의	1,870,000	1,951,356	+ 4.4%	달 성
	• 문제해결	10,000	1,391	− 86.1%	미달성
	• 총고객접촉	3,730,000	3,559,078	− 4.6%	

	내 역	달성 여부
품질	• 고객에게 올바른 응답이 95%의 범위 내에서 이해가능한 형식으로 주어지도록 서비스를 제공한다.	달 성
	• 관할세무서는 최소한 1년에 한 번 고객에게 제공된 서비스에 대해 조사한다. 본 청은 고객의 필요를 확인하기 위해서 전국적 survey를 실시하여 고객의 만족도를 측정한다.	달 성

	내 역	예산치	실제치	차이	달성 여부
시한	• 모든 서신의 85%에 대해 접수 21일 이내로 실제적인 응답을 해준다. 나머지에 대해서는 접수 후 42일 이내로 실제적인 응답을 해준다.	85%	83.3%	− 20%	달 성
	• 기간별로 고객상담을 다음 시간 안에 100% 실시한다. −4월에서 7월까지는 25분 −8월에서 3월까지는 10분	100%	94.6%	− 5.4%	미달성
	• 관청접촉 후 1일 이내로 카운터 및 전화문의의 95%를 해결한다. 나머지 5%는 접촉 후 21일 이내로 해결한다.	95%	98.3%	+ 3.5%	달 성
	• 공식정보요청의 경우 관청에 접수된 날로부터 20일 이내에 100%를 완결한다.	100%	98.0%	− 2.0%	달 성
	• 문제해결 사례의 90%를 관청과 접촉 후 5일 이내에 해결한다. 나머지 10%는 접촉 후 10일 이내에 해결한다.	90%	91.0%	+ 1.1%	달 성
비용		57,417	58,094	+ 1.2%	

자료: 이계식. "뉴질랜드: 새로운 국가." 이계식 · 문형표 편. 전게서. p. 80.

2. 미국의 성과주의 예산제도

　　미국은 1993년에 Government Performance and Results Act(GPRA법)를 제정
하여 성과주의 예산제도를 추진하기 시작하였다. 이를 근거로 연방기관들이 성
과계획서를 작성하고, 예산집행 후에는 성과보고서를 제출하게 되었다. 미국의
GPRA법은 모든 연방기관에 대하여 획일적인 방식으로 성과주의 예산제도를 도
입하려고 하지 않고, 기관별로 스스로 적합한 방법을 찾아 이 제도를 도입, 운영
하라고 하고 있다. 그래서 이 제도가 정착하기까지는 상당한 시간이 소요되었지
만 그렇다 하더라도 각 기관의 공무원들이 자발적으로 협조를 하면서 개혁을 추
진하였기에 제도의 수용성(adaptability)은 더 높다고 할 수 있다.

　　미국은 정부가 추구하여야 할 성과를 ① 총괄목표(general goal), ② 전략목표
(strategic objective), ③ 성과목표(performance goal)로 구분하였다. 여기서 총괄목

> **그림 12-5** 미국 EPA의 성과계획과 예산의 연계 사례

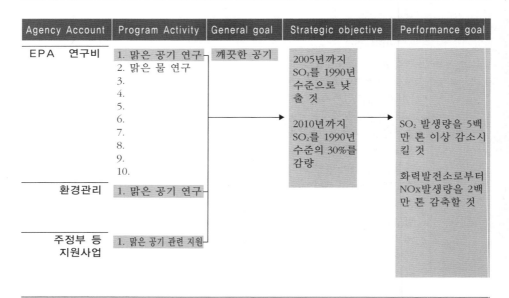

자료: GAO. Managing for Results. 2002. (GAO-02-236) p. 21.

표는 결과(outcome)에 해당하고 성과목표는 대체로 산출물(output)에 해당한다. 그리고 그 중간영역인 전략목표는 사업의 성격에 따라 outcome과 output의 중간 또는 어느 한 쪽을 택하도록 하고 있다. 〈그림 12-5〉는 미국의 환경보호청 (Environment Protection Agency)의 예산과 성과계획을 연계시킨 모습을 보여주고 있다.

GPRA법은 빌 클린턴 대통령 당시 추진되었었다. 그런데 지도자가 바뀌면, 새 지도자는 전임자와 다른 정책을 내놓게 되어 있다. 2000년 선거에서 George W. Bush 대통령이 당선되자, 8개 중점정책을 포함하는 대통령 행정과제(Presidential Management Agenda)를 발표하였다. 그 중의 하나가 프로그램 평가제도(Program Assessment Rating Tool of 2001: PART)이다.

PART는 약 30개 정도의 질문에 대해 Yes-No로 답하게 하는 것인데, PART 는 적용 첫 해에 전체 사업의 약 20%를 평가하고, 그 다음 해부터 20%씩 추가하여 몇 년 후에는 전체 사업을 평가대상으로 삼도록 하고 있다. PART는 평가자의 일방적인 평가가 아니라 평가자(OMB)와 사업부처의 프로그램 매니저 간의 상호 협조적인 방식을 채택하고 있다. 즉, 프로그램별로 OMB의 평가자가 1명 파견되면, 사업부처의 프로그램 매니저와 관련 공무원이 함께 상의를 해가면서 작업을 한다. 예를 들어, 앞의 30개의 질문 가운데 "긍정적인 답변"이 이루어진 경우, 이를 뒷받침할 자료들을 제시하게 한다. 만일 "부정적인 답변"이 이루어진 경우, 문제를 해결할 방안을 함께 숙의한다. 그 결과 권고안을 작성하는데, 미래에 성과를 더 향상시킬 수 있는 방안과 그것을 위한 재원조달 방법을 함께 제시하게 된다. "대안제시" 평가가 이루어지는 것이 PART이다.[5]

PART의 평가요소 및 가중치는 다음과 같다.

- 프로그램의 목적과 디자인: 20%
- 전략적 기획: 10%
- 프로그램 관리: 20%
- 프로그램 결과와 책임성: 50%

---

5) OECD. Budget Reform in OECD Member Countries: Common Trends. PUMA/SBO(2002)9. p. 29.

이 평가시스템에 따른 평가결과는 다섯 등급으로 판정된다. 즉, 효과적, 조금 효과적, 적정, 비효과적, 그리고 "결과가 제시되지 않았음"으로 판정된다. 결과가 제시되지 않은 경우에는 문제가 심각한 것으로 추정된다.

2004년부터 PART가 본격 적용되기 시작하였는데, 한국도 이를 참고하여 활용하고 있다(제15장 참조). 그래서 예시적으로, 미국에서 PART를 적용한 사례를 다음과 같이 인용하였다.

PART의 사례(미국): 요약

- Program 명: 안전하고 마약 없는 학교를 만들기 위해 주정부에 주는 보조금
- 주모기관명: 교육부
- 담당 국명: 초중등교육국
- 프로그램 유형: 포괄보조금
- 평가결과: 비효과적(ineffective)

- 평점(100점 만점)
  - 프로그램의 목적: 60점
  - 전략적 기획: 57점
  - 관리: 38점
  - 결과 및 책임성: 0점

- 주요성과측정
  - 장기지표: 지표개발 중
  - 단기지표: 지표개발 중

- 프로그램 요약: 이 사업은 청소년의 범죄와 약물남용을 감소시키기 위해 주정부와 교육부에 지급하는 보조금 사업

- PART에서 발견한 것
  1. 이 사업은 효과성을 보여주는데 실패하였음. 프로그램 지표가 주별, 지역별로 구체화되어 있지 않음
  2. 이 사업은 보조금을 너무 많은 지역에 너무 조금씩 나눠주고 있어서 품질

좋은 정부개입을 하기 어렵게 구성되어 있음

3. 이 사업의 재무관리는 양호한 편이나, 성과정보를 더 잘 얻으려고 노력하여야 함

4. 이 사업과 관련된 교육부의 지침을 잘 준수하지 못하였음

• **결론**: 이 사업은 비효과적임. 사업지출금액을 약간 삭감(modest reduction)할 것을 권고함

(OECD. Budgeting in the United States. GOV/PUMA/SBO (2003)16. pp. 32-33에서 발췌 요약)

3. 한국의 노력과 성과 관련 개념 비교

제9장에서 살펴보았듯이 한국의 성과주의 예산제도는 1961년 박정희정부에서 시작되었다. 그러나, 당시 새로운 제도를 시행할 수 있는 여건이 준비되지 않았고 예산당국의 리더십도 부족하여 몇 년후 이 제도는 폐지되었고, 이후 김대중정부에 와서 성과관리 예산제도가 다시 부활되어 일부 부처에 시범 적용되었다. 그러다가 노무현정부에서 미국의 PART의 영향을 받아 재정사업 자율평가제도를 도입하면서 성과주의 예산제도가 재정성과관리제도로 전환되었다. 여기서는 성과주의 예산제도, 성과관리제도, 재정성과관리제도, 성과모니터링 등 성과관리와 관련된 제반 개념의 차이와 성과관리제도가 도입되기 전의 예산사업 성과관리에 대해 살펴본다. 참고로 최근의 재정성과관리제도에 대한 구체적인 사항은 제15장에서 설명할 것이다.

(1) 성과관리제도 이전의 정책 및 예산사업 성과관리

성과관리제도가 형성되기 이전까지는 예산자원이 투입된 정부의 정책사업들이 어떠한 성과를 올리고 있는지 측정할 생각도 못했다. 단지 "예산집행률"이란 막연한 개념(rule of thumb)이 있어서, 예산집행률이 높으면 재정성과가 높다고 추정하는 정도였다. 예산집행률이란 배정된 예산이 정해진 기일에 제대로 지출되고 있는가를 알려주는 지표이다. 이것은 앞의 〈그림 12-4〉에서 투입지표(input indicator)의 하나로 예시한 바가 있는데, 돈이 투입되는 것을 통제하면 자연히 성과는 따라온다는 생각을 내포하고 있다.

즉, 각 부처가 꼭 필요한 사업에 예산을 요구하여 배정받았다면, 지출집행 또한 순조롭게 될 것이므로 예산집행률이 높을 것이었다. 그러나 사업이 제대로 진행되지 않는 경우에는, 정부의 돈을 함부로 지출할 수는 없는 것이므로, 예산 집행률이 낮아질 것이다. 따라서 예산집행률이 낮은 사업은 문제가 있는 사업으로 일단 추정하게 된다.

예산집행률이란 개념은 조악한 측면이 있지만, 나름대로 정책사업의 추진정도와 재정성과를 단순하면서도 효과적으로 파악할 수 있게 해주는 지표이기도 하다. 그러나 정부가 고객지향적으로 바뀌어야 한다는 시대적 흐름에는 잘 부응하기 어렵고 고객지향성에 적합한 정보를 충분히 제공하지 못하고 있다.

(2) 성과주의 예산제도 대 성과관리제도

외환위기 이후 "국민의 정부" 때에는 미국식 성과주의 예산제도를 한국에 도입하는 것이 주된 관심사였다. 당시 정부에서 시행하고 있는 대부분의 사업에 대하여 성과목표와 성과지표를 설정하여(다만, 모든 부처가 동시에 시행하지 않고 시차를 두고 순차적으로 시행), 성과평가 결과를 예산편성과정에 반영하겠다는 것이 성과주의 예산제도의 주요 내용이다.

그러나 모든 사업에 대하여 성과주의를 전면적으로 도입하는 것이 매우 어렵고, 또 비용도 많이 드는 사업이라는 점이 부각되었다. 그래서 노무현정부에서는 전체 사업의 약 1/3 정도에 대해 순차적으로 성과주의를 적용하게 되었다. 또한 성과와 예산 간 연계의 정도가 강하지 않은데 성과주의 예산제도라고 부르는 것은 무리라고 판단하여 제도의 명칭을 "성과관리제도"로 바꾸게 되었다.

(3) 성과관리 대 재정성과관리

일반적으로 성과관리제도의 체계는 〈성과계획서〉와 〈성과보고서〉로 구성된다. 그리고 〈성과계획서〉는 전략목표, 성과목표, 성과지표를 포함하고 있는데, 이런 성과계획서와 성과보고서를 참조하면서 예산을 편성한다는 것이 성과주의 예산제도이다.

그런데 〈성과계획서〉에 빠져 있는 것이 있다. 바로 목표달성을 위한 "수행방법"이 그것이다. 그 이유는 수행방법은 사업부처의 자율에 맡긴다는 원칙 때문이다. 목표달성을 위한 수행방법에는 예산지출을 수반하는 행위도 포함되지만 비재정행위도 포함된다. 즉, "깨끗한 공기"를 목표로 하는 경우, 이 목표는 재정사업에 의해서도 추진되지만, 법령의 제정이라는 비재정사업에 의해 성취되기도한다. 그리고 "공교육의 정상화"도 재정사업이 수반되기는 하지만 그것보다는 비재정적인 제도개혁에 의해서 달성되는 정도가 더 크다.

따라서 "성과관리"하면, 그것은 재정, 비재정사업을 모두 포함하는 것이고, 성과관리 예산제도는 그 중에서도 재정사업에만 직접적으로 관련이 있는 부분집합이다. 앞의 PART의 경우에도, 성과평가에 있어서 재정요인뿐 아니라 비재정요인을 상당히 많이 감안하고 있는 것을 알 수 있다. 한국의 경우에도 성과관리 예산제도는 재정사업에 국한된 "재정성과관리제도"임을 잊지 않아야 한다. 참고로 "성과관리"는 정부업무평가기본법에 근거하여 국무조정실이 관리하고 있고, "재정성과관리"는 국가재정법에 근거하여 기획재정부가 관리하고 있다.

(4) 성과평가 대 성과모니터링

흔히 성과주의 예산제도하면 성과측정과 평가를 중요시하게 된다. 그런데 성과평가 못지않게 중요한 요소가 있는데 그것은 성과모니터링이다. 성과평가 (evaluation)는 어떤 활동이 완료된 이후에 그 결과가 의도한 목적과 얼마나 일치하는가, 일치하지 않는다면 그 이유는 무엇인가 등을 파악하여 교훈을 얻고, 다음 번 행정을 위한 권고를 한다. 이에 반해 성과모니터링(monitoring)은 활동을 하는 중간중간 또는 실시간으로 활동의 진행상황을 측정하고, 필요시에는 관리자에게 "경보"를 발해준다.

성과평가와 성과모니터링은 상호 보완적인 관계이다. 그러나 한국에서 성과관리제도의 도입과 관련한 논의는 많이 있지만, 성과모니터링에 관한 논의는 상대적으로 적기에, 이의 중요성을 다음 사례를 통해 강조하고자 한다.

뉴욕시 범죄율 감소를 가져온 성과모니터링

1990년대만 해도 뉴욕시는 높은 범죄율로 치안이 안심되지 않는 도시였다. 그러나 CompStat이라는 범죄발생 모니터링 시스템을 이용하면서 상황이 바뀌기 시작했다. CompStat은 일선 경찰관들이 범죄가 발생할 때마다 그 범죄의 유형, 발생시간, 발생지역 등을 세밀하게 입력하면, 이 자료들을 실시간으로 처리하여 일선관리자(field manager)에게 필요한 정보를 제공한다. 그 결과 일선관리자는 의사결정을 할 때 이 정보의 도움을 많이 받는다.

2001년 당시 줄리아니 시장은 "우리는 77개의 지구대를 가지고 있으며, 이들은 매일 밤 범죄발생 및 다른 정황들을 입력한다. 시민들의 불만이 얼마나 접수되었으며, 체포자 수는 얼마이고, 어떠한 범죄가 얼마나 발생하는지 일일이 입력한다. 이렇게 입력된 자료에 기초하여, 도시 전체의 범죄발생 상황이 아니라 특정 지역들마다 구체화된 정보를 제공한다. 경찰관들은 특정 지역에서 범죄가 평소보다 많이 발생하는 징후를 실시간으로 파악할 수 있다. CompStat이 없었다면 우리는 이 정보를 1년이나 1년 반 후에 FBI로부터 통보받아야 했을 것이다. 그러나 우리는 이제 이런 정보를 오늘 바로 받아 보고, 즉각적인 대응책을 내 놓을 수 있게 되었다."

지난 5년 사이에 뉴욕시의 절도발생률은 53% 감소했고, 강도는 54%, 고살인은 67%가 감소하였다. 이러한 실시간 결과 중심 모니터링 시스템 덕분에 뉴욕시는 가장 안전한 대도시로 거듭 나고 있다(Kusek and Rist. 2004. p. 141로부터 발췌).

참고로 한국 경찰은 뉴욕의 범죄발생 모니터링 시스템을 업그레이드한 지리적 프로파일링 시스템(GeoPros)을 개발하였다. 본 모니터링 시스템을 활용하여 범죄율이 급감하는(예, 인천 연수 40%, 광주 30%) 등 범죄 억제에 크게 기여하고 있다.

예산에 대한 평가와 환류

• 제1절 환류체계
• 제2절 결산과 환류
• 제3절 자체평가 · 감사와 환류
• 제4절 외부기관에 의한 감사와 환류
• 제5절 입법부에 의한 평가와 환류
• 제6절 시민과 언론을 통한 예산환류

제13장 예산에 대한 평가와 환류

제1절 환류체계

한 기관이 예산을 요구하여 배정받고, 그것을 집행하면 반드시 어떤 성과가 나타난다. 가시적이든 아니든, 좋든 나쁘든 성과는 나오기 마련이고, 이에 따른 평가도 뒤따른다. 같은 수준의 성과에 대해서도 어떤 이는 좋게 평하고, 다른 이는 불만을 토로한다.

현재 예산집행과 연관된 행정행위에 대한 평가는 여러 차원에서 이루어지고 있다.

첫째로 집행부서 내부에서 행해지는 자체평가와 내부감사가 있다.

둘째로 외부평가라고 할 수 있는 국무조정실의 특정평가, 감사원의 회계감사와 직무감찰이 있다. 기획재정부에서는 재정성과에 대한 평가를 별도로 진행하고 있다.

셋째로 입법부에 의해 행해지는 평가이다. 여기에는 상임위원회와 예산집행감시, 정기국회시의 국정감사, 그리고 매년 정기적으로 행해지는 결산승인이 있다.

넷째로 시민에 의한 평가와 감시가 있다. 여기에는 시민 자신이 제기하는 민원, 언론과 각종 단체를 통한 이익대변, 그리고 각종 위원회와 전문가를 통한 평가 등이 있다.

그런데 이런 평가들은 그것이 다음 번 행정행위를 할 때 좋은 방향으로 반영이 되어야 비로소 의의가 있다. 평가가 예산집행의 효과성을 높이는 방향으로 활용되면, 그 때 우리는 행정의 대응성(responsiveness)이 높아졌다고 한다. 그렇지 않을 경우 우리는 경직된 행정이라고 한다.

이렇듯 각종 평가가 다음 번 행정에 영향을 미치는 것을 환류(feedback)라고 한다. 이러한 환류과정을 몇 번 반복하게 되면, 행정을 수행하는 공무원들은 거기에 익숙하게 되며, 환류상황을 미리 예상하여 행동하는 사전환류(feedforward)까지 하게 된다. 이것을 행태변화(behavioral change)라고 하는데, 행태변화는 정부개혁 작업이 실질적으로 성공했는가 아니면 실패했는가를 판단할 수 있도록 해주는 중요한 요인이다.

환류(feedback)의 개념에 따라 예산과 성과, 그리고 성과와 평가 간의 관계를 그림으로 개념화하면 〈그림 13-1〉과 같다. 즉, 예산을 배정받아 실시한 행정행위가 과연 의도한 성과를 달성하였는지, 다양한 채널을 통하여 평가해 볼 필요가 있다. 이런 평가결과가 다음 번 행정행위의 의사결정에 영향을 미치고, 그 결과가 다음 번 예산을 편성할 때 반영되는 것이 정상적인 환류 절차이다.

그러나 만사가 그림처럼 순조롭게 일어날 수 있다면 좋지만, 현실은 그렇지 못하다. 그래서 이들에 대한 좀 더 자세한 설명이 필요해진다. 각각의 성과평가 채널과 환류관계를 하나씩 나누어 살펴보도록 하자.

그림 13-1 예산, 행정행위, 성과와 평가 간의 환류관계

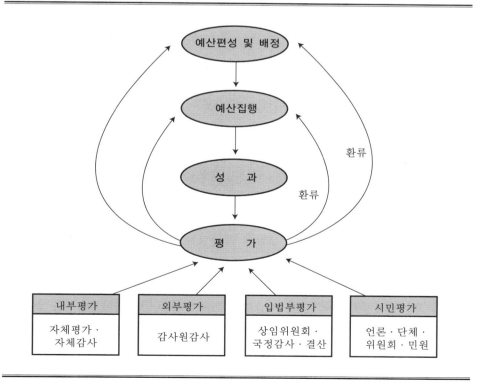

제2절 결산과 환류

1. 중앙행정기관의 결산

예산집행은 각년도 1월 1일에 시작해서 12월 31일에 종료된다. 그러면 바로 그 날짜에 결산을 하는 것이 아니라, 약간의 출납정리기간을 준다.

중앙행정기관의 장은 다음연도 2월 말까지 세입세출 결산서, 재무제표, 성과 보고서 등을 기획재정부 장관에게 제출한다. 기획재정부 장관은 이 중 세입세출 결산과 재무제표에 대한 사항을 첨부하여 4월 10일까지 감사원에 제출하여야 한다. 그러면 감사원은 이를 검사하여 다시 5월 20일까지 기획재정부에 송부한다. 감사원의 검사를 거친 결산서는 국무회의의 심의를 거쳐 대통령 승인을 받은 후 5월 말까지 국회에 제출한다. 정부회계에 대한 자세한 사항은 제16장을 참고하기 바란다.

국회에서는 예산결산특별위원회에서 실질적인 결산심의를 받은 후, 최종적 으로(사실은 형식적으로) 본 회의에서 승인을 받게 된다. 이렇게 되면 3년간에 걸 친 예산의 순환주기(1년간 편성, 1년간 집행, 1년간 결산)가 종료된다.

2. 지방자치단체의 결산

지방자치단체의 경우, 자치단체장은 출납폐쇄 후 80일 이내에 결산서 및 증 빙서류를 작성하고, 지방의회가 선임한 검사위원의 검사의견서를 첨부하여 다음 연도 지방의회의 승인을 얻어야 한다(지방자치법 134조).

검사위원은 광역시도의 경우 5명에서 10명 사이, 기초 시군구의 경우에는 3 명에서 5명이 임명되는데, 당해 지방의회 의원이나 공인회계사, 세무사 등 재무 관리에 관한 지식과 경험을 가진 자 중에서 선임한다. 이 경우 지방의회 의원 검 사위원 수의 3분의 1을 초과할 수 없다(시행령 83조).

검사위원은 ① 세입세출의 결산, ② 계속비·명시이월비 및 사고이월비의 결산, ③ 채권 및 채무의 결산, ④ 재산 및 기금의 결산, ⑤ 금고의 결산을 검사한다. 검사위원은 검사종료 후 10일 이내에 이를 지방의회에 제출하여야 한다(시행령 84조). 지방자치법 시행령에 의하면, 지방의회의 승인은 다음연도 제 1 차 정례회의 회기 내에 이를 처리하여야 한다고 구체적으로 규정하고 있다(시행령 82조). 지방재정에 대한 자세한 사항은 제19장을 참고하기 바란다.

3. 결산의 의의와 실제

일반적으로 알려진 결산의 의의는 다음과 같다.

① 입법부의 의도대로 정부가 예산을 집행하였는가를 규명한다.
② 결산상의 흑자, 적자 여부를 확인한다.
③ 나아가 결산의 결과를 차기 예산에 반영한다.[1]

이러한 세 가지 의의 중 가장 중요한 것이 세 번째 사항, 즉 결산결과를 차기 예산편성 및 심의에 반영한다는 것인데 이것이 실제로는 잘 작동되지 않는다. 한국 사회는 그 동안 급속한 경제성장을 이루었고, 사회변동 또한 빨랐기 때문에, 결산을 "이미 지나가 버린 일"로 여기는 경향이 있다. 즉, 이미 지나가 버린 일을 새삼스럽게 따지고 있는 것보다 새로운 변화에 신경을 쓰는 것이 더 중요한 과제로 여겨져 왔다. 그래서 결산이 다음 번 예산의 편성 및 심의에 환류되는 피드백 역할은 그리 크지 않은 것이 사실이다.

4. Top-Down 예산제도와 결산의 의의

중앙정부는 2004년도부터 총액배분자율편성(Top-Down) 예산제도를 전면 도입하여 실시하고 있다. 이 제도는 국가재정운용계획을 참고하여 각 부처의 지출상한선을 부여하고 나면, 각 부처는 이 상한선 내에서 어느 정도의 자율성을

---

1) 박영희. 전게서. p. 292.

가지고 소관부처 예산을 편성한다는 제도이다. 이 제도의 취지는, 즉 부처의 예산에 대한 예산당국의 사전적 통제를 어느 정도 완화한다는 것이다. 바꿔 말해 부처의 자율권을 높여주자는 것인데, 자율에는 책임이 수반되어야 한다.

예산의 책임성(accountability)을 확보하기 위해서는 결산의 중요성이 더 부각되어야 한다. 강인재 교수는 앞으로의 바람직한 예산제도로서 "편성에는 자율권을 부여하고, 결산은 철저하게" 할 것을 피력한다.[2]

과거 결산결과가 다음번 예산편성에 피드백되지 않는 또 다른 요인은 결산일정이 오래 걸린다는 것이었다. 국가재정법이 제정된 후 결산일정이 정부결산서의 검사를 감사원에 제출하는 시기가 법이 제정되기 전에는 6월 10일이었는데 법 제정으로 4월 10일로 당겨졌다. 또한 감사원이 검사한 정부결산서를 기획재정부로 다시 송부하는 시기가 법 제정 전에는 8월 20일이었는데 법 제정으로 5월 20일로 당겨졌다. 과거에 비해 2~3개월이 당겨져서 결산정보가 조기 제공되어 다음연도 예산편성이나 행정부 내 예산심의에 그것이 반영될 가능성이 더 커진 것이다. 물론 이렇게 될 수 있었던 이유 중 하나는 디지털예산시스템이 구축되어 정부결산이 신속하고 정확하게 이루어질 수 있었기 때문이다.

제3절 자체평가 · 감사와 환류

예산집행에 대한 성과의 평가는 다른 누구보다도 해당 부처에서 가장 잘 알고 있으며, 또 정기적으로 평가를 실시하여 다음 번 행정에 반영하고자 한다. 부처의 성과평가방식은 다양하지만, 그 중에서도 대표적인 제도는 ① 주요사업에 대한 자체평가, ② 자체감사가 있다.

---

2) 이 주장은 중앙정부에도 해당되지만 지방자치단체에 더 잘 적용될 것 같다. 중앙관서의 경우에는 장관이 자주 바뀌지만(김영삼 · 김대중정부 때의 평균 재임기간 11.5개월), 지방자치단체장의 임기는 4년이기 때문이다. 장관은 자기가 수행하지 않은 사업에 대한 결산의 결과에 대해 상대적으로 더 무관심할 수 있지만, 자치단체장의 경우에는 자기가 직접 수행한 사업에 대한 결산결과이기 때문에 환류의 영향을 더 직접적으로 받을 수 있다.

1. 자체평가제도[3]

자체평가는「정부업무평가 기본법」에 근거하여 각 부처가 자기 부처의 제반 업무에 대해, 기관 및 업무특성을 잘 반영할 수 있도록 평가지표와 지표별 배점 및 측정방법 등을 100% 자율로 선정하여 평가하는 제도이다. 평가항목은 성과지표의 목표달성도, 성과지표의 적절성, 계획수립의 적절성, 시행과정의 적절성, 정책효과성 등을 들 수 있다. 각 부처는 정량평가와 정성평가를 병행하여 평가를 하고 있으며, 평가결과가 성과급 등에 활용될 수 있도록 상대평가 등급기준을 적용하고 있다.

각 부처는 국무총리실이 마련한 정부업무평가시행계획에 따라 자체평가위원회를 구성하여 평가대상, 평가방법, 세부평가일정 등이 포함된 자체평가계획을 수립한다. 자체평가위원회는 자체평가계획의 심의, 반기별 추진실적 점검, 자체평가, 평가보고서 작성 등의 업무를 수행한다.

각 부처가 제출한 자체평가 결과는 부문별 자체평가 총괄관련기관(예, 재정관련 자체평가는 재정사업 자율평가를 말하는 것으로 이의 총괄기관은 기획재정부임)에서 자체평가 실태점검 등을 실시하고, 정부업무평가위원회는 자체평가 시행에 대한 객관성 및 공정성 여부 등의 자체평가 실태점검 등의 사항을 최종심의 · 의결한다. 자체평가 실태점검 결과, 자체평가의 객관성 및 신뢰성에 문제가 있어 다시 평가할 필요가 있다고 판단되는 때에는 정부업무평가위원회 심의 · 의결을 거쳐 재평가를 실시한다.

2. 자체감사

자체평가제도는 업무개선을 목표로 하는 소프트한 환류라고 한다면 내부감사는 좀 더 엄중하고 통제지향적인 환류과정이다. 감사는 보통 회계검사와 직무감찰을 합해서 부르는 용어이다. 자체감사는 내부통제 감사이고 감사원에 의한 감사는 외부통제 감사이다.

---

3) 본 사항은 정부업무평가위원회(www.psec.go.kr)의 자체평가 관련 사항을 활용하였다.

자체감사활동은 감사대상기관의 모든 업무와 활동 등을 조사 · 점검 · 확인 · 분석 · 검증하여 내부통제를 내실 있게 수행하고 기관 운영의 적정성, 공정성 및 국민에 대한 책임성 확보를 목적으로 도입되었다. 또한, 자체감사활동은 감사대상기관의 문제점을 미리 예방하고 발견된 문제점을 효과적으로 해결하는 데에 중점을 둔다(중앙행정기관 및 지방자치단체 자체감사기준 제4조).

중앙행정기관, 지방자치단체 및 공공기관에는 단독제 자체감사기구 또는 합의제 자체감사기구(이하 자체감사기구)를 두어야 한다. 자체감사기구는 「공공감사에 관한 법률」에 의해 자체감사활동에서 독립성이 최대한 보장되어야 한다. 또한 자체감사기구의 전문성 확보를 위해 동법에서 예산 · 회계 · 금융 · 법률 등에서 일정기간 이상의 근무 또는 일정직위 이상의 직책을 가질 것을 규정하고 있다.

자체감사기구는 자체감사 대상기관의 회계와 사무 및 그 소속 공무원이나 직원의 직무를 독립적으로 감사하고, 자체감사 대상기관 소속 공무원이나 직원의 부정 · 비리행위를 예방하기 위한 제반 업무를 처리한다.

제4절 외부기관에 의한 감사와 환류

1. 외부감사의 체계

행정기관의 자체감사는 본원적인 제약이 있다. 따라서 더욱 객관적인 회계검사와 직무감찰을 위해서는 감사원 등의 외부감사가 필요하다.

외부감사를 실시하는 기관으로 가장 대표적인 것은 역시 감사원이다. 그러나 감사원 이외에도 안전행정부가 인사, 조직에 대한 외부감사를 실시하고 있다. 기획재정부도 국고 및 채무관리를 위해 전국가기관에 대하여 외부감사를 한다. 조달청은 전국가기관에 대하여 물자감사를 한다. 이 밖에 지방자치단체들한테 막대한 자금을 배정해 주고 있는 안전행정부와 교육부가 역시 해당 지자체의 관련 업무에 대하여 외부적으로 행정감사를 실시하고 있다(〈표 13-1〉 참조).

표 13-1 외부감사체계와 기능

구 분	기관명	감사대상	
국가최고 감사기구	감사원	• 국가기관 • 지방자치단체 • 정부투자기관 • 공적 단체	• 모든 업무에 대한 회계검사와 직무감찰
행정감사 기구	안전행정부	• 국가기관 • 지방자치단체	• 행정감사조정 • 인사 · 조직감사 • 관련업무에 대한 행정감독
	교육부	• 지방교육청	• 관련업무에 대한 행정감독
	기획재정부	• 국가기관	• 국유재산 · 국가채무 · 채무감사
	조달청	• 국가기관	• 물자감사

2. 감사원의 구조와 기능

어느 국가도 중앙예산기구를 갖고 있듯이 중앙감사기구도 반드시 가지고 있다. 한국의 경우에는 감사원이 가장 대표적인 외부감사기구이자 국가최고감사기구이다.

그런데 세계적으로 볼 때 중앙감사기구를 설치하는 형태는 제각각이다. 나라에 따라서는 그것을 의회산하기구로 두는 경우도 있고, 행정부 소속의 전문기관으로 두는 경우도 있으며, 행정부나 의회 어디에도 속하지 않는 제4부의 형식으로 두는 경우 등 다양하다.

영국의 NAO(National Audit Office)는 입법부 소속이지만, 프랑스, 독일, 일본 등의 국가에서는 중앙감사기구를 입법부, 사법부, 행정부 어디에도 속하지 않는 독립기관 형태로 둔다. 미국의 GAO(General Accounting Office)의 경우 입법부 소속으로 알려진 경우도 있지만, 실제로는 입법부와 별도로 설립된 제4부의 기관이다.

우리나라의 경우에는 감사원의 지위가 매우 독특하다. 감사원법에 의하면 "대통령에 소속하되 직무에 관하여는 독립의 지위를 갖는다"는 이런 애매한 규정 때문에 감사원은 대통령 직속의 중앙행정기관이라는 설도 있고, 행정부와 입법부의 어디에도 속하지 않는 독립기관이라는 설도 있다. 그러나 일반적으로는

행정기관의 하나로 보고 있고, 사실상 그런 차원에서 기능하고 있기도 하다.[4]

　　한국의 감사원은 1963년에 기존의 심계원과 감찰위원회를 통폐합하여 발족되었다. 1960년대에는 당시 국정의 최우선목표였던 경제개발을 적극 지원하는 방향으로 감사활동을 펼쳤다. 즉, 경제개발사업의 목표달성에 주안을 두되, 관계 법령에 따라 예산을 정당하게 집행하였는가를 위주로 감사하였다. 1970년대에는 서정쇄신 조치에 발맞춘 감사가 이루어졌으며, 비리척결을 위한 합법성 감사와 물자의 낭비를 막기 위한 경제성 감사가 주류를 이루었다.

　　1980년대에 와서는 기존의 합법성 감사에 더하여 능률성과 효과성을 중요시하는 감사체계로 변화를 모색하였으며, 이런 추세가 1990년대에도 계속 이어졌다.

　　전통적인 회계감사와 현대적 정책감사 간의 차이점은 〈표 13-2〉에 수록되어 있다. 여태까지의 감사관행은 "법률규정을 가능한 한 좁게 해석하는 감사"였고, 여기에 경제성 감사가 가미되었다. 그러나 앞으로는 정책 지향적이고, 지원적인 감사가 이루어져야 한다. 즉, 사후통제와 처벌 위주였던 전통적 감사로부터 미래지향적인 예방지도와 현대적 "정책감사"가 강조되어야 할 것이다.

표 13-2 "교량건설사업"에 대한 전통적 감사와 정책감사의 차이점

〈전통적 감사〉

- 사업비 지출이 예산의 범위 내에서 이루어졌는가?
- 교량건설은 계획된 기간 내에 이루어졌는가?
- 공사는 계획된 절차에 따라 이루어졌는가?
- 공사비 절감 노력은 적절했는가?
- 교량구조물은 관계 법규에 어긋난 점이 없는가?

〈정책감사〉

- 교량이 의도했던 목적은 무엇이며, 그것을 달성했는가?
- 교량의 이용률은 기대했던 수준인가?
- 교량에 대한 일반국민과 이용자들의 반응은 호의적인가?
- 투입된 비용에 상응하는 편익을 가져왔는가?

자료: 김명수 · 박준. 전게서. pp. 21~22.

4) 김현구. 효율적인 국가감사체계의 확립방안. 한국행정학보 제24권 3호. 1990. 12. p. 118.

3. 감사과정

감사원 감사는 회계검사와 직무감찰로 대별되는데, 사실상 회계감사가 주를 이루었다. 감사의 과정과 방법은 대체로 다음과 같다.

① 감사준비

감사원은 피감사기관에 대한 감사계획을 수립하여 최소한 15일 이전에 통보하여야 한다. 감사반은 감사실시 세부계획을 세운다.

② 서면조사

감사대상기관에서 주기적으로 감사원에 제출하는 각종 서류를 검토하여 회계처리의 적정성 여부를 감사한다. 주기적으로 제출되는 서류 중 가장 대표적인 것이 계산증명이다. 접수된 서류에서 불부합 사항이 발견되면, 서면조회, 처분요구, 실지감사 등을 실시한다.

③ 실지감사

실지감사는 해당 기관에 출장하여, 감사대상업무의 내용을 구체적으로 검토하는데, 통상 2주일 가량 소요된다. 예비조사 후 본 검사를 하는데, 이때 가장 먼저 하는 작업은 "금궤검사"이다. 금궤검사란 감사착수시점에서 피감사기관이 보유하고 있는 현금, 유가증권, 예금의 시가액을 감사자가 확인하는 절차이다.[5] 그런 다음 본격적인 감사에 들어가서, 합법성, 경제성, 능률성 및 효과성 기준에 입각하여 업무처리의 타당성을 검토하고 문제점을 도출한다.

④ 감사결과의 보고와 처리

감사자는 실지감사를 마친 후 5일 내에 감사결과를 결재권자에게 보고하여 처리지침을 받는다. 불합리한 사항에 대해서는 소속 장관에게 처분요구를 하는데, 여기에는 변상판정, 징계 또는 문책요구, 시정 또는 주의요구, 개선요구, 고발 등이 있다.

〈표 13-3〉은 2004년에 감사원에서 SOC 민자유치 실태감사를 한 결과와 조치내용을 예시한 것이다. "SOC 민자유치"란 항만, 도로 등 국가인프라를 민간자

5) 김명수 · 박준. 전게서. p. 136.

표 13-3　SOC 민자유치의 최소운영수입보장제도에 대한 감사결과

□ 지적내용

  ○ 민자사업은 민간사업자가 사업성을 판단하여 자본을 투자한 후 운영을
    통해 투자비를 회수해 가는 구조이다.

     - 최소운영수입을 정부가 보장할 경우 민간사업자가 수요를 과다추정하
      고 도덕적 해이에 빠져 창의와 효율을 도모하는 민자사업 본래의 취
      지가 퇴색될 우려가 있다.

     - 그런데도 기획예산처에서는 외국에는 없는 최소운영수입보장제도를
      운용하고 있다.

     ※ 실제운영수입이 실시협약에서 정한 추정운영수입보다 현저히 미달할 경
      우 민간제안사업은 추정운영수입의 80%(5년 단위로 10%씩 축소), 정부
      고시사업은 90%(5년 단위로 10%씩 축소)까지 정부가 보장하는 내용

     - 그 결과 서울-춘천 간 및 서수원-오산-평택 간 민자고속도로의 사례
      와 같이 민간사업자가 교통량을 과다하게 예측하여 사업 제안을 하고
      있고, 완공된 인천국제공항고속도로 등 3개 민자도로에서만 정부가
      2003년도에 1,612억 원을 최소운영수입보장금으로 지원하였다.

     - 또한, 현재 추진 중인 17개 민자도로 · 터널사업만 분석하더라도 위 3
      개 민자도로처럼 예측 대비 실제교통량이 50% 수준에 머물 경우 정부
      가 최소운영수입보장을 위해 매년 많은 재정부담을 해야 할 것으로
      예상되었다.

□ 조치내용(개선방안)

  ○ 최소운영수입보장제도의 합리적 개선방안을 마련하도록 요구

     - (구)기획예산처 장관에게 정부가 수요추정의 책임을 져야 하는 민간투
      자사업에 한하여 개별사업별로 최소운영수입을 보장하는 등 최소운영
      수입 보장을 최소화하는 방안을 마련하도록 통보하였다.

자료: 감사원. SOC 민간투자제도 운영실태. 2004. 10.

본으로 건설하여 민간의 창의력과 활력(活力)의 혜택을 공공부문에까지 전파하자
는 의도로 시작된 사업이다. 그러나 사업 규모가 대규모인 반면 위험도가 크기
때문에 국가가 일정부분 수입보장을 해주는 방식으로 추진되었다. 이러한 "최소
운영수입보장제도"에 대한 감사원의 감사결과는 다음과 같다.[6]

---

6) 민자유치에 관한 보다 자세한 내용은, 배득종 · 김성수 · 유평준. 민자유치론. 서울: 박영사.
  1994. 참조.

4. 심사청구제도와 감사청구제도

앞에서 감사원은 감사실시계획을 세워서 해당 기관을 감사한다고 하였다. 그렇다면 국민이 행정기관으로부터 "억울한 일"을 당했을 때, 그 기관이 감사실시계획 대상에 들어 있지 않다면 어떻게 해야 하는가? 이런 경우에 대하여 감사원은 국민이 특정 행정기관에 대한 감사를 요청할 수 있도록 하는 제도를 운영하고 있다. 여기에는 심사청구제도와 감사청구제도가 있다.

심사청구제도란 행정기관으로부터 피해를 입은 직접적인 이해당사자인 국민이 심사를 요청하는 제도이고, 감사청구제도는 행정기관이 공익을 저해하였거나 그럴 우려가 있을 경우 국민들이 감사를 요청하는 제도이다. 이들은 국민편의감사의 일종이라고 할 수 있다.

(1) 심사청구제도

모든 국민은 행정기관 등의 위법 또는 부당한 행위에 의하여 권리나 이익을 침해 받았을 때에 감사원에 "심사청구"를 제기할 수 있다. 이 제도는 감사원 감사대상이 되는 행정기관 등의 잘못된 행위로 인해 상대방이 직접적인 불이익을 받은 경우에 적용된다.

(2) 감사청구제도

감사청구제도는 국민이 행정기관으로부터 직접적인 불이익을 받은 경우는 아니라 하더라도, 공공기관의 사무처리가 법령위반 또는 부패행위로 인하여 공익을 현저히 해하는 경우에 공익보호 차원에서 감사원이 감사하는 제도를 말한다. 여기에는 또다시 두 가지 제도가 있는데, 해당 기관이 국가기관인 경우에는 "국민감사청구"라고 하고, 그것이 지방자치단체인 경우에는 "감사원감사청구"라고 한다.

〈표 13-4〉는 국민감사청구와 감사원감사청구의 차이점을 대비시켜 보여주고 있다.

표 13-4 국민감사청구 대 감사원감사청구의 비교

구 분	국민감사청구	감사원감사청구
근 거	• 부패방지법 제72조	• 감사청구제시행방안
청구인	• 만 19세 이상 국민 일정수 이상(시도 500명, 인구 50만 명 이상 대도시는 300명)	• 지방의회·감사원 감사대상 기관의 장 • 건전시민단체 • 선거권을 가진 주민 300인 이상
청구 대상	• 공공기관의 사무처리가 법령 위반 또는 부패행위로 인하여 공익을 현저히 해하는 경우	• 다수국민의 안전과 삶의 질 개선을 위한 민생분야 감사 -부실공사·환경오염·국민 불편 사항 -시책 등의 개선·향상이 필요한 사항
제외 대상	• 국가기밀 및 안전보장에 관한 사항 • 수사재판 및 형집행에 관한 사항 • 불복구제 절차 및 이해조정 절차가 진행 중인 사항 • 판결·화해·조정 등에 의하여 확정된 사항 • 사적인 권리관계, 개인 사생활 사항 • 기감사 또는 감사 중인 사항	• 사인 간의 분쟁 등 민사사항 • 판결사항, 소송 또는 수사 중인 사항 • 불복 절차가 진행 중인 사항 • 감사원 또는 감사대상기관 업무범위에 속하지 아니하는 사항 등
청구 기관	• 감사원 • 국회·법원·선거관리위원회·헌법재판소 사무는 각 해당 기관 • 지방자치단체 또는 그 장의 권한에 속하는 사무는 시·도지사 또는 주무부장관	• 감사원

자료: 감사원(www.bai.go.kr). 2004을 재구성.

5. 새로운 감사제도: 적발로부터 컨설팅으로

한국 정부부문의 부정부패 관행은 역사도 깊고, 폭도 넓다. 그러나 우리나라의 부패정도는 전 세계적으로 볼 때 중간정도이지 최악에 속하지는 않는다. 물론 중간정도의 부패라고 해서 안심하고 만족할 상황은 아니다.

그러나 한국 사회의 중간정도의 부패에 있어서도 예산과 관련된 부패는 그 정도가 약한 편이다. 정부의 예산은 상대적으로 엄격한 통제를 받고, 감사도 수시로 이루어지기 때문에, 부정을 하려면 예산 외로 하지, 예산자원을 손대는 일은 그렇게 많지 않다. 그 대신 예산과 관련하여서는 "낭비"가 더 큰 문제이다.

예산에 대한 엄격한 통제와 감사는 부정부패를 줄일 수는 있지만, 나름대로 부작용도 있다. 공무원들은 승진을 가장 바라는데, 감사결과 징계를 받으면 승진에 큰 문제가 생긴다. 그래서 감사를 염두에 두면서 행정을 하다 보면 보신주의와 복지부동이 되지 않을 수 없다. 한 설문조사에 의하면 공무원의 약 76%가 행정행위를 할 때 "감사나 결산을 의식한다"고 답하고 있다.

그 동안의 감사는 "적발위주"의 감사였다. 공무원을 흔히 "철밥통"이라고 하는데, 이것은 공무원 세계의 일부분만 표현한 것이다. 공무원들은 "찌그러지지 않은 온전한 철밥통"을 원한다. 그래서 감사에 신경을 많이 쓴다. 그런데 그 동안의 감사는 지적을 많이 해서 철밥통을 찌그러뜨리는 역할을 해왔다. 그러니 자연 공무원들이 위축되고, 행정을 소극적으로 수행하게 되는 부작용을 낳았다.

이에 대하여 윤성식 교수는 "대안이 있는 지적을 하라"고 주장한다. 합리적인 대안이 있을 때 비로소 지적을 하게 하면, 지적 건수가 1/20로 줄어든다는 것이다. 이에 더하여 윤 교수는 감사원이 적발하는 기관이 아니라, 행정이 잘 되어 나갈 수 있도록 함께 방안을 찾아가는 "컨설팅기관"으로 변모하여야 한다고 주장한다. 미국의 GAO와 같은 선진국의 감사기관들은 이미 컨설팅 역할을 주로 하고 있다는 것이다.[7]

한국의 감사원이 공공컨설팅기관으로 변모하는 데에는 다소 시간이 걸릴 전망이다. 2004년도에 감사원은 앞으로의 감사 방향을 두 가지로 설정한 바 있다. 주요 정책에 대한 상시 점검으로 문제점을 개선, 발굴하는 "정책감사"와 비능률

---

7) 연세대학교 정경대학원 강의 내용 중. 2004. 11.

의 원인이 되는 행정운영체계와 제도를 "평가"하여 근원적인 개선책을 제시하는 "시스템감사"가 그것이다. 그러나, 2014년 현재 "정책감사"와 "시스템감사"가 잘 진행되고 있는지는 알려져 있지 않다. 감사원은 누가 감사를 할까? 정답은 "아무도 감사하지 않는다"이다. 그래서 감사원의 독립성이 그만큼 중요한 것이다.

제5절 입법부에 의한 평가와 환류

이상은 정부예산에 대한 환류 중 행정부 자체 내에서 일어나는 것들을 살펴보았다. 그러나 예산에 대한 평가와 환류는 입법부에 의해서도 일어난다. 특히 국회의 상임위원회, 국정감사, 예산심의 및 결산승인 등에서 중요한 피드백이 기대된다. 이 중 예산심의과정은 이미 제10장에서 상세히 설명하였으므로 나머지 피드백 장치들에 대해 살펴본다.

1. 상임위원회의 예산감시

국회법은 상임위원회가 한 달에 두 번 열리도록 규정하고 있다. 현실적으로는 이 규정이 반드시 지켜지는 것은 아니다. 그렇지만 상임위원회는 국회가 개원되지 않고 있을 평시에도 월 2회 모여서 소관부처의 업무상황을 보고받고, 토의한다.

상임위원회에서는 대정부질의를 통해 행정이 집행되고 있는 상황, 즉 예산이 집행되고 있는 상황을 파악한다. 그리고 사업집행의 효과성에 대한 의견을 개진한다. 국회의원들은 자신의 식견이나 경험, 그리고 행정부 내외에서 수집되는 정보에 기초하여 질의하는데, 이들은 해당 관서 내부의 판단이나 정보와 차이가 날 수 있다.

대정부질의에 대해 중앙관서의 장과 예하 관료들은 적절한 대응을 할 것이 기대된다. 만일 이런 기대가 충족되지 않을 때에는 당장 언론에 발표되기 십상이므로, 평소부터 행정집행(예산사용)의 적절성을 유지할 필요가 있다. 이러한 필요성은 예산의 효과성과 성과를 향상시킬 수 있다.

그런데 2004년부터 실시된 국가재정운용계획과 Top-Down 예산제도의 실시로 인하여 제도적 측면에서만 보았을 때 개별부처의 자율성이 커지게 된다. 개별부처의 예산편성 및 집행에 대한 자율성이 커지면 커질수록, 자원배분에 대한 소관 상임위원회의 역할은 중요해진다.

2. 국정감사

우리 헌법은 건국 초부터 국정감사제도를 규정하여 국회에 강력한 행정통제 기능을 부여하였다. 그러나 1972년 유신헌법에서 비리, 비능률 등의 폐단을 이유로 폐지하였다가, 16년 후 민주화 과정 속에서 부활되었다.

국회의 국정감사는 국민대표성에 근거를 둔 정치적 통제라는 점에서 전문성을 배경으로 하는 감사원 감사와 근본 취지에서부터 다르다. 감사방법에 있어서도 감사원은 관련자에게 출석, 답변과 자료, 물품 등의 제출을 요구하지만, 국정감사는 서류제출과 함께 증인, 감정인, 참고인의 출석을 요구하고 검증을 할 수 있다. 여기에 더하여 증거의 채택 또는 조사를 위한 청문회를 개최할 수도 있고, 증인이 정당한 이유 없이 출석하지 않은 때에는 상임위원회의 의결로 해당 증인에게 지정한 장소까지 동행할 것을 명령할 수 있는 동행명령제까지 갖추고 있다.[8]

국정감사는 상임위원회별로 실시된다. 국정감사는 대개 정기국회개회 직후 실시되는데, 한 해 동안 상임위원회와 소관부처 간의 질의응답과정에서 미진했던 것을 되짚어 보는 과정이기도 하다.

그러나 정부예산과 관련된 국정감사의 가장 큰 의의는 예산집행의 효과성을 높이고, 이 과정에서 지적된 사항을 차기 예산심의에 반영하자는 것이다. 그러나 국정감사의 결과가 차기 예산의 심의에 얼마만큼 반영되는가는 의문의 여지가 많다.[9]

---

8) 김현구. 전게논문. pp. 1184-1190.
9) 유훈. 재무행정론. 제4정판. 서울: 법문사. 1993. p. 243.

3. 결산심의

　　전년도 예산집행 결과인 결산서는 의회(국회 또는 지방의회)의 예산결산특별위원회에서 심의를 받고 본 회의에서 통과되어야 한다. 그러나 앞에서 이미 설명하였듯이, 결산심의과정은 예산심의과정보다 주목을 받지 못하고 형식적인 절차의 하나로 인식되고 있다.

　　의회의 결산심의가 형식화된 또 다른 이유로는 결산서가 제공하는 정보의 형태에 문제가 있기 때문이다. 최근까지 결산이 현금주의, 단식부기로만 되어 있기 때문에, 내용이 복잡하기만 할 뿐 정부의 관리에 관한 유용한 정보를 제공하지 못하였기 때문이다.

　　민간 주식회사의 경우, 이 회사의 재정건전성 여부를 파악하려면, 가장 먼저 훑어보는 것(rule of thumb)이 대차대조표에 나와 있는 부채와 현금의 비율 등이다. 그 회사의 주식이 고평가 되어 있는지 아닌지를 한 눈에 알아보려면 PER(주기수익비율) 등의 지표를 보면 되고, 그 회사의 장래성이 있는가를 파악하기 위해서는 ROI(투자자본수익률) 같은 지표를 보면 된다.

　　그런데 정부부문에는 이렇듯 재정상황의 호불호를 판단할 수 있는 지침이 되는 척도들이 존재하지 않았다. 그리고 이런 지표를 창출해낼 만한 정보 인프라도 없었다. 그래서 결산이 중요하다고는 하지만, 외부평가자들은 정부결산서에 수록되어 있는 수많은 숫자의 나열 앞에 표류할 수밖에 없었다.

　　다행히 정부가 발생주의 복식부기 회계제도(제16장 참조)를 도입하고 디지털예산회계시스템(제17장 참조)을 구축하여 정부 관리에 유용한 기반이 마련되었다. 그러나, 유의할 사항은 해당 기반이 구축되었다고 의미있는 재정지표가 자동으로 산출되는 것이 아니라는 점이다.

　　회계정보는 정보인프라이기 때문에, 그것이 의미 있는 관리도구가 되기 위해서는 행정학자와 회계학자들이 협조하여 유의미한 관리회계 기법들을 개발해야 한다.[10] 이런 것들이 갖춰져야 비로소 결산심의의 본래 취지가 살아날 수 있다.

---

10) 이런 취지로 2002년에 설립된 것이 사단법인 한국정부회계학회이다.

제6절 시민과 언론을 통한 예산환류

예산제도의 특징 중 하나는 국정의 실제 주인이 되어야 할 시민이 예산과정에 참여할 기회가 대단히 제약되어 있다는 점이다. 우선 시민과 행정부 간의 관계에 있어서 주인-대리인 모형(principal-agent model)에서처럼 대리인인 행정부가 예산과정을 주도하고 있다. 이를 견제할 의회는 대의기관이긴 하지만, 그렇게 주인을 잘 대변해 주고 있지 못하다.

시민은 때때로 자기가 낸 세금의 가치에 상응하는 예산혜택(value for money)을 못 받고 있다고 생각한다. 단지 더 나쁜 상태를 피하기 위해 현재 상태에 순응하고 있을 때가 많다. 개인의 힘으로는 예산 씀씀이에 왈가왈부할 능력이 없다. 개인차원의 민원제기 혹은 집단적인 민원제기 정도나 할 수 있을 뿐이다.

그러나 한 가지 위안이 있다면, 제한적이고 산발적이긴 하지만 그나마 언론과 시민단체, 그리고 각계 전문가들이 "좋은 예산"을 위해서 도움을 주기도 한다. 환경단체, 소비자보호단체, 문화단체, 교통안전운전단체 등 자발적 시민결사체(self-help)가 증가하고 있어서, 이들의 활동결과가 예산의 편성, 심의 및 집행과정에 있어 중요한 피드백 역할을 해준다. 머지않아 이들이 "정부예산과 시민단체"라는 연구주제를 형성할 정도로 점점 더 중요한 역할을 수행하게 될 것이다.

시민단체에 비하여 언론의 역할은 막강하다. 시민의 대리인이 되어야 할 공무원들이 실질적으로 걱정하는 대상은 세 가지 정도이다. 상급자, 의원, 그리고 언론이다. 단적으로 표현하자면, 아무리 잘못된 예산도 언론에 발표가 되지 않으면 별 문제가 안 된다. 그러나 사소한 예산오류도 언론에 발표되면 즉시 대단한 문제로 부각된다. 언론은 상급자와 의원들에게 영향을 미치기 때문이다. 그러나 언론의 경우 문제제기에 있어서 선별적이고, 언론 자체가 가지고 있는 편견도 개입될 뿐 아니라 언제나 시민의 편에 서지는 않는다는 점에 유의해야 한다.

예산에 영향을 미치는 전문가들의 역할도 양면성이 있다. 전문가들의 일부는 정부예산이 시민생활의 향상에 기여하도록 조언을 해주는 경우도 있지만, 그 반대의 역할을 하는 전문가들도 얼마든지 많다.

이 밖에도 예산 피드백의 원천은 무수히 많다. 대통령의 역할이 그것이다.

국제사회의 변동도 그 중의 하나이다. 또 문화적인 변동도 영향을 미친다. 그러나 이런 사례와 변화들이 예산에 미치는 피드백 효과는 너무 복잡하고 다양해서 다루기가 쉽지 않다.

다음 두 가지 사례는 정부예산과 관련된 시민운동단체들의 활동을 기술한 기사(記事)들이다. 이러한 노력들이 축적되어 시민의 여망이 예산에 반영되는 피드백 과정이 강화될 것으로 전망된다.

읽어보기 1: 경실련 예산감시위원회

경제정의실천연합의 예산감시위원회는 2001년도 예산안 중 삭감 또는 전면재검토가 필요한 낭비성, 선심성 예산을 선정해 발표했다. 2001년도 예산안에서 문제성 예산으로 지적한 액수는 4조 2,574억 원에 달한다.

경상비가 지난해에 비하여 10.4%가 늘어났고, 정보화 예산이 부처마다 중복 편성됐으며, 각종 행사사업비와 민간경상보조가 많아 인기위주의 나눠먹기식 예산편성이라는 비판이다. 그리고 논란이 되고 있는 대형국책사업에 대한 예산편성, 명확하지 않은 연구개발비, 불요불급한 해외출장비 등이 많다는 지적이다.

경실련이 삭감 또는 재검토 대상으로 꼽은 예산금액 4조 2,574억 원 가운데 산업자원부 예산이 1조 6,007억 원으로 가장 많았고, 통일부 5,000억 원, 철도청이 4,431억 원으로 그 뒤를 따랐다(동아일보. 2000.12.5).

읽어보기 2: 낭비된 예산, 납세자 소송으로 되찾자

참여연대와 "함께하는 시민행동"은 공동으로 "납세자 소송제도 도입을 위한 시민공청회"(2000.11.14)를 가졌다. 이날 공청회는 "함께하는 시민행동" 예산감시위원장인 윤영진 교수(계명대, 행정학)의 사회로 진행되었다.

"한국의 납세자 소송제도의 도입방안"에 대한 발제를 맡은 하승수 씨(참여연대)는 "한국에서도 이러한 납세자 소송제도의 도입을 납세자의 참여를 보장하고 예산낭비를 근절해 나가야 한다"고 주장했다. "납세자 소송제도를 도입하여 시민참여형 예산감시제도의 도입이 필요하며, 예산낭비를 중지시키고 낭비된 예산을 환수할 수 있도록 납세자에게 소송제기권을 주어야 한다"고 주장했다.

일본의 타니아이 슈조 변호사는 "지방자치법에서 납세자 소송제도(주민소송제도)

가 도입되어 있는 일본에서는 시민들이 활발하게 이 제도를 이용해 예산감시운동을 벌이고 있다"고 말했다. 그리고 "한국에서도 납세자 소송제도가 도입되면 상당한 예산절감효과를 거둘 수 있을 것"이라고 주장했다.

2004년 현재 지방자치단체에 대한 주민소송제는 법제화가 추진되고 있다. 주민소송제의 추이를 보아가면서 그 대상을 중앙행정관서로 하는 국민소송제도 장차 만들어질 예정이다.

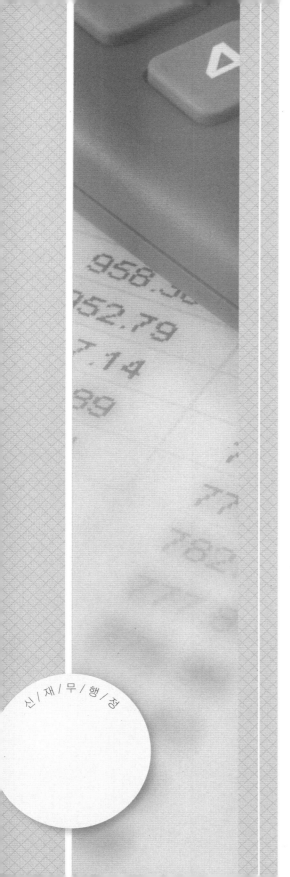

제 5 부

한국의
재정개혁과
재정제도

■ 제14장 한국의 〈3+1〉 예산제도 개혁
■ 제15장 재정성과관리 제도
■ 제16장 정부회계
■ 제17장 디지털예산회계시스템
■ 제18장 성인지 예산제도
■ 제19장 지방재정과 지방교육재정
■ 제20장 공기업 제도

신/재/무/행/정

제 14 장

한국의 〈3+1〉 예산제도 개혁

- 제1절 개관
- 제2절 국가재정운용계획
- 제3절 Top-Down(총액배분자율편성) 예산제도
- 제4절 프로그램 예산제도: 기본 개념과 미국의 발달과정
- 제5절 한국의 프로그램 예산제도
- 제6절 3+1 예산제도의 발전방향

제14장 한국의 〈3+1〉 예산제도 개혁

제1절 개   관

1. 한국의 전통적인 예산제도의 문제점

한국의 전통적인 예산제도는 품목별 예산제도이고, 단년도 편성을 하며, Bottom-Up 방식으로 만들어졌다. 이 제도는 그동안 한국의 경제성장을 뒷받침해왔다는 점을 높이 살 만 하지만, 최근에 와서는 시대적인 변화에 뒤쳐진다는 문제점이 있다. 특히 ① 분야 간 재원배분 구성이 먼 과거나 지금이나 대동소이하며, ② 교육, 주거 등에 있어서 소득재분배 기능이 취약하고, 그리고 ③ "매년 거둔 만큼 다 쓰는" 단년도 세입 내 세출 기조를 유지하기 때문에 경기조절 기능이 약하다. 즉, 한국의 정부예산은 재정규율 면에서 잠재적으로 취약하며, 변동하는 국가 우선순위와 외부환경에 유연하게 대처하지 못한다는 문제점이 있다. 이런 현상은 누가 특별히 잘못해서 그런 것이 아니고, 한국의 전통적 예산제도가 갖고 있는 근본적 한계점 때문에 그러한 것이다.[1] 다만 이런 문제점이 외환위기 이전에는 심각하게 여겨지지 않았을 뿐이다.

① Bottom-Up 편성과정의 문제점

전통적 예산제도는 사업 → 분야 → 총액 순서로 결정되는 Bottom-Up 과정에 따라 편성되었다. 이 예산제도하에서 사업부처는 사업기획을 방만하게 세우고, 많이 요구할수록 많이 받는다는 생각에 예산을 과다하게 요구했다. 중앙예산기구는 정책과 국가 우선순위를 염두에 두면서 예산협의에 임하지만, 실제로는 예산실과 사업부처 실무자 간의 소요점검과정이 예산결정에 중요한 역할을 했다. 국회 또한 국가 전체적 균형보다는 지역현안 중심의 개별사업의 심의에 치중하였다(Micro-budget).

---

1) 다음에 기술하는 특징들은 국가재원배분개선기획단(2004) 참조.

② 지출한도가 미리 정해져 있지 않은 예산제도

부처별 지출한도가 미리 정해져 있지 않기 때문에, 부처는 정보를 왜곡해 가면서까지 과다한 예산을 요구하고, 예산실은 부처를 불신하면서 삭감위주로 예산을 편성한다. 이 과정에서 예산실의 일방적인 조정이 이루어지고, 집행부처의 참여는 제한되며, 책임감도 덜 갖게 되었다.

③ 단년도 예산 편성으로 장기적인 전략이 부재

매년도의 사정에 따라서 예산을 편성하게 되므로 장기간에 걸쳐 추진되어야 할 주요 정책과 국책사업을 일관되게 추진하기가 곤란하다. 핵심 국정과제에 대해서도 매년 삭감 공방이 일어나고, 계속사업도 매년 새롭게 편성해야 한다.

④ 복잡한 재정체계

특별회계, 기금, 의원입법 등 칸막이 재원이 계속 증가하여, 국가재원의 구조가 날로 복잡해져 간다. 그 결과 통합재정규모를 잘 파악할 수 없으며, 한쪽은 남고 한쪽은 모자라는 칸막이 현상이 심해진다.

2. 새로운 3+1 예산제도 도입

앞의 제9장 〈예산제도〉에서 언급하였듯이, 2003년부터 정부는 대대적인 예산제도 개혁 작업에 착수하였다. 그 동안 예산제도 개혁을 안 한 것은 아니었지만, 그것은 부분적인 수리(修理) 정도였고, 이번 개혁은 이른바 "50년 만의 큰 변화"라고 할 만한 개혁이다. 개혁의 큰 방향은, 선진국들이 이미 도입하여 사용하고 있는 통칭 지출관리예산제도(PEMS: Public Expenditure Management System)를 우리도 이제 받아들이자는 것이다.

선진국형 지출관리제도의 특징은 ① 기획기능은 집권화 하고, ② 집행기능은 분권화 하며, ③ 고객(국민)지향적인 예산제도를 갖추기 위해 성과주의를 도입하자는 것이다. 기획기능을 집권화 하기 위하여 선진국들은 중기재정계획(MTEF: Mid-Term Expenditure Framework)과 Top-Down 예산편성제도를 사용하고 있으며, 집행기능을 분권화하기 위하여서는 일선 사업부처에게 권한을 위임하고(영국의 Next Steps 사업소), 뉴질랜드처럼 중앙정부와 행정기관 간에 성과계약제를 도입하는 등의 개혁조치를 취하였다. Top-Down(총액배정자율편성) 예산제도는 명칭 그대로, 각 부처의 지출상한선을 정한다는 점에서는 집권적이지만, 지출상한선 내에서는 부처의 자율권을 어느 정도 인정하는 역할을 한다. 한국은 2004년도부터 국가재정운용계획과 Top-Down 예산제도를 도입하였다.

한편, 선진국의 예산개혁이 고객지향으로 바뀌었다고 했는데, 이는 성과주의 예산제도의 도입으로 이어졌다. 이미 설명하였듯이, 성과주의란 결과(outputs and outcomes)를 미리 염두에 두면서 예산행위를 하는 Feed Forward 효과를 거두자는 것인데, 성과를 평가하기 위한 수단 중 하나가 총원가(full cost)의 산정이다. 그런데 총원가의 산정을 위해서는 복식부기, 발생주의 회계제도라는 기반구조가 깔려 있어야 하고, 원가중심점(cost center)을 명확히 하여야 한다. 선진국을 비롯한 많은 나라들이 이미 1970년대부터 예산제도를 개별사업(activities)이 아니라 관련된 개별사업들을 몇 개씩 묶어서 운영하는 사업군(群; program) 예산제도로 전환하였다. 따라서 이들 국가에서는 원가중심점이 단위사업이 아니라 프로그램이다. 한국도 성과관리 예산제도와 프로그램 예산제도를 순차적으로 도입하였다.

한국이 이처럼 선진국형 예산제도로 탈바꿈하려는 데는 내적인 요인과 외적인 요인이 있다. 내적 요인으로, 국가 경제의 규모가 세계 10위 권으로 커졌고, 민주화 이후 사회가 매우 다양해져서 전통적인 예산제도로는 효율적으로 통제하기가 어려워졌다는 점이 큰 요인이다. 외적 요인으로는 1997년의 외환위기가 있었다. 외환위기 이후 더 이상 개혁을 늦추었다가는 당면한 위기를 극복하기 어려울 뿐더러, 간신히 하나의 위기를 넘겼다 하더라도 또 다른 위기가 오는 것을 막을 수 없다는 반성의 계기가 있었다는 점이다.

이러한 위기극복의 노력이 2004년의 〈3+1〉 재정 및 예산개혁으로 나타나게 되었다. 새(鳥)는 두 개의 날개로 난다. 그러나 동물은 네 발로 뛴다. 마찬가지로 〈3+1〉 예산개혁은 〈그림 14-1〉과 같이 네 개의 새로운 제도가 서로 상호작용을 잘 할 때 비로소 국가를 위해 잘 뛸 수 있게 된다.

이러한 예산제도 개혁이 〈3+1〉이라고 표현되는 이유는, (구)기획예산처는 2003년 당초에 국가재정운용계획, Top-Down 예산제도, 그리고 재정성과관리제도만 개혁작업에 포함시키려고 하였다. 그러나 당시 정부혁신지방분권위원회에서 근본적인 예산(재정) 개혁을 하려면 프로그램 예산제도, 발생주의 복식부기 정부회계, 디지털예산회계시스템(통합재정정보시스템)의 구축이 꼭 필요하다고 보

그림 14-1 2004 예산제도 개혁의 구도

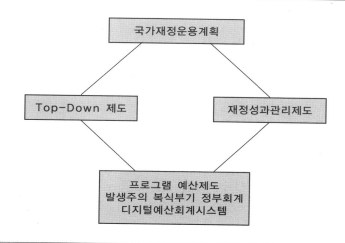

고, 나중에 이것을 추가하였기 때문이다. 당시 편의상 프로그램 예산제도, 발생주의 복식부기 정부회계, 디지털예산회계시스템(통합재정정보시스템)을 합해서 디지털예산회계시스템이라고 부르기도 하였다. 이러한 이유로 3+3이 아니라 3+1 예산(재정)개혁 또는 4대 예산(재정)개혁이 되었다.

2004년의 개혁 조치가 많은 성과를 가져왔지만 지금 시점에서 평가해보면 아쉬운 것도 없지 않다. 아직 각 제도가 유기적으로 연계되지 않는 등 각 제도가 본래의 취지를 잘 살리며 정착단계에 이르렀다고 말하기는 어려워 보인다.

다음에서는 국가재정운용계획, Top-Down 예산제도, 프로그램 예산제도를 차례로 살펴보고, 해당 제도가 성공적으로 정착하기 위한 개선방안을 검토할 것이다. 재정성과관리제도, 발생주의 복식부기 회계제도와 디지털예산회계시스템도 각각 3+1 개혁방안 중의 하나지만 이들은 별도의 장(제15장, 제16장, 제17장)에서 다룬다.

제2절 국가재정운용계획

1. MTEF Everywhere

다음은 전통적인 방법으로 예산을 편성하는 과정을 묘사한 것이다.

"처음에 각 부처에서 요구하는 예산규모는 감당할 수 있는 재원규모의 약
10배에 이르는 경우가 많았다. …… '그것은 너무 많다' '그 사업은 타당하지
않다' 하는 식으로 회의를 주재하여 조정해 나간다. 총괄과에서 개별 사업예산
들을 모아 계수를 정리하고, 세입과 세출이 맞아 떨어지도록 전체적으로 맞춘
다. …… 이런 예산사정 작업을 다 마치고 나면, 전체적인 배분균형이 맞지 않
아서 '이게 아닌데' 하는 느낌을 갖게 된다."[2]

이것은 70년대 예산편성의 전형적인 모습을 기술한 것인데, 수십년이 지난
오늘날에도 이 방법(micro-budgeting)을 사용하고 있다. 그 결과 예산편성담당자
들이 편성작업을 다 마친 다음에 "이게 아닌데" 하는 생각을 떨쳐버릴 수 없었
다. 그 이유는 자신들이 편성한 예산금액이 국가의 정책우선순위와 합치되는지
여부를 판단하는 근거가 명확치 않았기 때문이다.

국가예산이란 정부의 정책우선순위를 반영해야 하는 것이 당연한 이치이다.
그런데 현실적으로는 정부의 정책우선순위라는 것이 매우 불분명하다. 현재 시
점에서 한국정부의 우선순위를 알고 있는 사람이 있다면, 3명만 지명해보기 바란
다. 아마 이 세 명 가운데서도 정책 우선순위가 엇갈릴 것이다.

정책우선순위와 정부예산을 명확하게 연계시켜야 한다는 인식은 오래 전부
터 있어 왔지만, 이것을 현실적인 제도로 발전시킨 최초의 국가는 호주(Australia)
이다.[3]

1980년대에 호주는 향후 몇 년간의 총량 및 지출부문별 수입지출에 관한 사
전예측치(Forward Estimates)를 발표하였는데, 이것이 단순히 옛날 방식의 예산제

---

2) 강경식. 경제발전과 함께 한 나날들. 부산: 부산발전시스템연구소. 1985. pp. 29-30.
3) Schick, Allen. Does Budgeting Have a Future? OECD 22nd Annual Meeting of Senior Budget
Officials. Paris, May 2001. (PUMA/SBO(2001)4. p. 5.

도에 덧붙여진 정도가 아니라 완전히 새로운 예산관행을 만들어 내었다. 지출부처들이 예산을 요구하는 기준치로 사전예측치를 사용하였으며, 예산당국도 이것을 예산편성의 기준자료로 사용하기 시작하였다. 호주에서는 이미 승인된 정책들을 수행하는 데 필요한 수입과 지출에 대한 중기(mid-term) 사전예측치를 발표했는데, 이 예측치는 매년 자동연장되는 연동방식(rolling)으로 작성되었고, 이 때 물가, 정책, 수입, 지출상의 변동이 고려되었다.

이 제도는 중기재정지출구상(Mid-Term Expenditure Framework: MTEF)이란 이름으로 보통명사화되어 선진국들 사이에 급속히 인기를 끌었다. 2003년에 OECD가 조사를 해보니까, OECD 국가들 전체가 MTEF을 사용하고 있는 것으로 밝혀졌다.[4]

한국도 과거에는 경제(사회)개발 5개년 계획이 있어서 이것이 예산자원을 어떻게 배분하는가에 참고자료가 되었다. 그러나 이것은 참고자료로만 활용되었고 더군다나 1990년대 중반에 경제사회개발 5개년 계획은 7차 계획을 끝으로 더 이상 수립되지 않았다. 이후에는 예산당국이 "중기재정운용계획"이라는 것을 사용해 왔다. 이것 역시 호주의 그것처럼 향후 몇 년간의 부문별 수입지출 계획을 포함하고 있으며, 작성방법도 호주의 사전예측치(Forward Estimates)와 유사하였다. 그러나 한국의 중기재정운용계획은 예산편성 실무자들의 책상 속에 들어 있는 참고자료에 불과하였다. 이런 문제점에 대해 신무섭 교수는 "예산과 정책이 연계되지 않고 있다"고 지적하면서, "각 부처가 중기재정운용계획의 예산한도를 지킨 경우에는 예산조정을 하지 않고, 그대로 부처의 의견을 받아들이도록 하자"는 주장을 하였다.[5]

Schick 교수는 일반재정예측(projection)과 MTEF의 차이점을 ① 명확한 문서

표 14-1 OECD 국가들의 MTEF 적용기간

2년	3년	4년	5년
이탈리아	캐나다, 체코, 프랑스 독일, 스웨덴, 영국	네덜란드, 뉴질랜드 멕시코	미국

자료: OECD. Reallocation: The Role of Budget Institutions. GOV/PUMA/SBO (2003)15. p. 18.

---

4) OECD. Reallocation: The Role of Budget Institutions. GOV/PUMA/SBO(2003)15. p. 2.
5) 신무섭. 예산편성 및 집행체제의 개선. 한국행정연구. 2권2호(1993 여름). p. 120.

로 공개발표 되었는가, ② 정치적인 리더가 직접 관여하였는가(direct involvement), ③ 예산자원의 배분에 실제로 활용되고 있는가 등으로 구분할 수 있다고 하였다.[6] 이 구별기준에 의하면 90년대의 중기재정운용계획은 공개적으로 발표되지도 않았고, 정치 리더의 적극적인 후원도 못 받았으며, 예산자원의 배정에 제대로 활용되지도 못하였다.

　한국은 2004년에 공식적으로 한국식 MTEF인 "국가재정운용계획"을 도입하였다. 국가재정운용계획은 ① 공식적으로 발표되었고, 국가재정법(안)에 의해 국회에 정식으로 보고 되며, ② 대통령이 주도적으로 작성하였고, ③ 2005년도 예산안 편성에서부터 재원배분에 반영되기 시작하였다. 이제 한국도 다른 OECD 국가들과 마찬가지로 MTEF를 가지게 되었다. 이제 한국의 예산편성담당자들은 예산작업을 끝내놓고 "뭔지는 몰라도 이게 아닌데"하는 느낌을 갖지 않아도 된다. 그들은 자신이 편성한 예산이 국가재정운용계획과 얼마나 일치하는지, 불일치 하는지 명확하게 알 수 있게 된 것이다.

　한국의 국가재정운용계획에는 다음과 같은 내용들이 포함되어 있다.[7]

- 거시경제전망:　　GDP 성장률, 물가상승률 등
- 재정여건전망:　　재정수입, 지출, 국가채무 등
- 중기재정운영방향: 재정지출총량, 통합재정수지,
　　　　　　　　　　재정개혁과제 및 추진일정
- 분야별 투자방향:　분야별 정책방향 및 투자우선순위

2. MTEF의 종류[8]

(1) 개방형 여부에 따른 구분

　MTEF의 종류는 MTEF 종료기간을 개방적으로 운영하느냐, 아니면 폐쇄적으로 운영하느냐에 따라 회전방식과 기간확정방식으로 나눌 수 있다.

---

6) Schick. *op. cit.*
7) 박봉흠. 참여정부의 재정운영방향. 2003. mpb20030630.pdf. "2004-2008 국가재정운용계획"
　의 전문은 기획예산처 홈페이지에서 다운로드 받을 수 있다.
8) 이하 OECD 전게논문 pp. 17-19로부터 발췌하여 인용.

① 연동방식(rolling MTEF)

5년짜리 MTEF을 예로 들자. MTEF 첫 해의 예산이 집행되고 두 번째 연도가 되면, 6년차 계획을 이 MTEF로 편입하여, MTEF에는 언제나 5년간의 계획이 남아 있도록 하는 방식이다. 대부분의 OECD 국가들이 이 방식을 취하고 있다.

② 기간확정방식(periodic MTEF)

이 방식은, 예를 들어, 5년 동안만 MTEF의 대상기간으로 한다. 그래서 첫 해가 지나고 나면 MTEF에는 향후 4년치 전망만 남아 있게 된다. 스웨덴, 네덜란드, 미국(2002년 이전)이 이 방식을 취한다. 일반적으로 대통령의 임기와 MTEF 기간을 일치시킨다. 브라질의 MTEF도 대통령 임기와 일치시킨 기간확정방식으로 만들어져 있다.

그러나 연동방식 MTEF와 기간확정방식 MTEF 모두 운용 중간에 수정할 수 있다. 한국의 "국가재정운용계획"에 대하여 그것이 연동방식인지 기간확정방식인지 명확한 언급은 없지만, 대체로 연동방식으로 인식하고 있다.

(2) 운영의 유연성에 따른 구분

재정지출의 한도(cap)를 MTEF 전기간에 걸쳐 설정하느냐, 아니면 매년 연도별 한도를 설정하느냐에 따라 신축적 MTEF와 고정식 MTEF으로 나눌 수 있다.

① 고정식(fixed MTEF)

5년짜리 MTEF의 예를 들면, 고정식 MTEF는 각 연도별, 부문별 지출상한을 미리 정해 놓고 그것을 지키는 것을 말한다. 이럴 경우 예산운영의 예측가능성과 안정성이 매우 높아진다. 스웨덴, 네덜란드, 영국, 그리고 미국(2002년 이전)이 이 제도를 사용한다.

② 신축식(flexible MTEF)

이 방식은 연도별 지출한도를 설정하지 않고, 부문별 지출한도가 예를 들어 5년 동안의 부문별 총계만 지키도록 한다. 총액 범위 내에서 탄력성을 확보하려는 방식인데, 캐나다, 뉴질랜드, 프랑스, 독일, 이탈리아 등이 채택하고 있다. 한국의 경우, 균형예산의 달성 등은 신축적인 목표를 가지고 있다. 예를 들어 새정부 초기 몇년 간은 적자예산이지만, 마지막 연도에 균형예산으로 회복한다는 식이다.

(3) 주요 목표(target)에 따른 구분

국가마다 MTEF을 도입하여 사용하는 주요 목표가 제각기 다르다. 이런 주요 목표에 따라 ① 정부부채관리 위주, ② 공급 측면 위주, ③ 수요 측면 위주 MTEF로 구분할 수 있다.

① 부채관리를 주목적으로 하는 MTEF

정부의 재정적자를 줄이고, 부채를 적절히 관리하는 것을 최우선의 목표로 하는 MTEF이다. 따라서 목표기간 내에 균형예산을 편성하는 것을 주요 목표로 삼는다. 캐나다, 뉴질랜드, 영국이 이 유형에 속한다. 한국의 MTEF도 어느 정도 이 목표를 가지고 있다.

② 공급 측면을 주목적으로 하는 MTEF

MTEF를 운영하는 주된 목적이 감세에 있다. 즉, 재정흑자를 달성한 후 세금부담을 줄일 것을 의도하는 MTEF이다.

③ 수요 측면을 주목적으로 하는 MTEF

국가재정의 운용을 통해 고용수준을 향상시키는 것을 주요 목표로 하는 MTEF이다. 다분히 케인즈 주의적 발상에 입각하여, 정부지출을 늘려서 고용수준을 높인다는 계획이다. 대부분의 OECD 국가들은 이 방식을 폐기하였지만, 1990년대 이후 장기불황을 겪고 있는 일본은 여전히 이 목적으로 MTEF을 운영하고 있다.[9]

3. MTEF의 기능과 역할

MTEF의 기능은 많이 있지만, 이들 중에서 가장 대표적인 역할은 ① 거시경

---

9) 일본의 중기재정계획은 진정한 의미의 MTEF이 아니라는 견해도 있다.

제적 조절기능, ② 전략적 자원배분 기능, ③ 재정의 안정적 공급 기능 등이 있다.

(1) 거시경제적 조절(stabilization) 기능

Musgrave는 ① 거시적 성장과 안정, ② 형평성 있는 분배, ③ 효율적 자원배분을 재정의 3대 기능으로 개념화하였다. 이들은 본 책의 제6장, 7장, 8장에 각각 설명되어 있다. MTEF는 이들 중 거시적 성장과 안정을 위한 다년도 계획을 체계적으로 추진하게 도와주는 역할을 한다.

전통적인 예산편성 방식은 연도별로 지출할 금액이 미리 정해져 있지 않은 가운데 재원을 배분하게 된다. 그런데 그 해의 경제상황이 좋아서 세금이 많이 걷히면, 가용자원이 많아지기 때문에 예산규모를 더 크게 잡게 된다. 이것은 경기가 호황일 때 이를 조절하여야 할 정부가 반대로 지출을 더 많이 한다는 뜻이다.

경제사정이 좋지 않은 시기에는 세금 등 세입이 위축되기 때문에 예산규모도 따라서 위축된다. 이것은 경제가 불황일 때 정부가 지출을 늘려서 경기를 조절해야 한다는 기본적인 방향과 반대가 된다. 즉, 전통적인 미시적 예산제도(micro-budgeting)하에서는 예산의 경기조절 기능이 제대로 작동하지 않게 된다.

한국의 경우도 지금까지 "매년 거둔 만큼 다 쓰는" 단년도 세입 내 세출기조를 유지해 왔다. 그 결과 호황에 많이 쓰고 불황에 적게 쓰게 되었다. 그 결과는 경기진폭을 안정화시키는 것이 아니라 오히려 증폭시키는 것이었다.

MTEF은 다년간 경기의 호·불황을 따져 예산규모를 여러 해에 걸쳐 적절히 배분함으로써 예산의 경기조절 능력을 향상시키는 시스템이다. 이러한 경기조절 능력을 단년도 세입내 세출 제도와 비교하여, 가시적으로 표시하면 〈그림 14-2〉와 같다.

(2) 전략적 자원배분 기능

MTEF의 또 다른 기능은 국가의 정책우선순위를 명확히 하고, 우선순위에 따라 재원을 배분한다는 것이다. 정부예산은 정책을 숫자(금액)으로 표시한 것이라고 하였다. 그렇다면 MTEF는 우선순위를 숫자(금액)로 표시한 것이다.

그림 14-2   MTEF의 경기조절기능

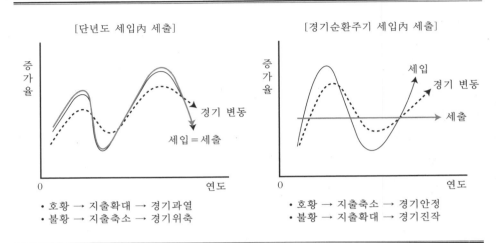

자료: (구)기획예산처. 2004. 2.

　　새로운 정부가 출범할 때마다 정부혁신 또는 정부개혁을 외친다. 이에 대해 어떤 사람들은 새 정부가 항상 새정책을 내밀어 혁신에 대한 "피로감"을 호소하며 평가절하 하는 경우도 있다. 그런 반면, 새 정부의 혁신 노력이 왜 이리 더디냐, 좀더 참신한 아이디어를 만들어 내라 하는 개혁 요구도 그에 못지않게 크다. 이처럼 갈등이 엎치락 뒤치락 하는 가운데 새 정부의 정책우선순위는 무엇일까?

　　정치인들은 수많은 사람들로부터 수많은 요구를 동시에 받는다. 그리고 모든 요구에 대해 사실이야 어쨌건 긍정적으로 대답하는 경향이 있다. 그래서 이 사업도 해야 하고, 저 사업도 해야 하며, 동시에 건전재정도 유지해야 한다는 불가능한 말을 서슴없이 한다.

　　이처럼 서로 모순 되는 두 개의 논리를 동시에 옳다고 생각하는 것을 조지 오웰은 이중사고(DoubleThink)라고 하였다(소설 "1984"). 현실 세계에서 DoubleThink를 하는 사람들이 많다. 그리고 DoubleThink를 잘 해야 유능한 사람으로 인정받기도 한다. 그러나 재정에 있어서 이중계산(Double Count)은 일시적으로는 가능할지 모르나 궁극적으로는 불가능한 일이다. 그래서 정치인들이 말과 생각으로는 DoubleThink를 할 수 있지만, 정부예산자원의 배분에 있어서는 그것이 통하지 않는다.

2013년 새롭게 들어선 박근혜정부의 정책 우선순위에 대하여 여러 견해가 있겠지만, 어떠한 미사여구에도 불구하고, 새 정부의 우선순위는 "2013~2017 국가재정운용계획"에 명시되어 있다. 이 계획은 새 정부의 임기와 같이 가는 중기재정계획이며 박근혜정부의 국정철학과 국정기조를 충실히 반영한 새 정부 임기에 대한 나라살림의 청사진(기획재정부. 2013a)이기 때문이다. 〈표 14-2〉에서 박근혜정부의 나라살림을 조망해 볼 수 있다. 먼저 조세부담률, 국민부담률과 국가채무는 2013년 현재 수준에서 최대한 억제하려는 노력이 엿보인다. 그러나 여기서 말하는 국가채무는 제2장에서 언급한 D1에 해당하는 가장 좁은 개념의 국가채무이다. D2(일반정부 부채), D3(공공부문 부채)의 국가채무에 대해서는 언급이 없다. 반면, 관리재정수지(통합재정수지에서 사회보장성기금수지를 제외한 수치)는 계속해서 적자를 전망하고 있다. 통상 새정부가 중기재정계획을 세울 때 전반년도에는 적자이지만 후반년도, 적어도 임기 마지막 연도에는 균형재정을 목표로 하는 것과 달리 박근혜정부는 임기 5년동안 모두 적자재정을 보일 것을 계획하고 있다. 분야별 재원배분 계획을 살펴보면, 박근혜정부가 가장 역점을 두는 분야는 문화·체육·관광, 보건·복지·고용이다. 2013~2017년 동안의 연평균 증가율이 각각 11.7%, 7.0%이다. 반면 상대적으로 증가율이 낮은 분야는 외교통일(1.2%), 농어촌·수산·식품(0.3%), 환경(0.1%)이다. 5년간의 평균 증가율이 마이너스인 분야는 SOC(△5.7), 산업·중소기업·에너지(△3.9) 등 경제분야이다.[10]

(3) 재정의 안정적 공급

MTEF는 특정 부문에 대한 정부의 지출재원을 안정적으로 공급하는 기능을 하기도 한다. 즉, 전통적인 단년도 예산제도에 의하면 어떤 해에는 A 사업에 대하여 많은 예산을 많이 배정하고, 또 다른 해에는 그 금액을 감액하는 경우가 있을 수 있다. 이에 비하여 MTEF은 해당사업에 대한 기준지출금액(Baseline Expenditures)을 미리 정하였고 이에 따라 실제 지출을 하기 때문에 특정 사업에 대한 예산의 확보가 안정적이 된다(tranquility). 그렇게 되면 일선부처에서도 그

---

10) 물론 연평균예산증가율 계획만 가지고 정책우선순위를 다 파악했다고 하기는 어려운 면이 있다. 예산규모는 그것이 우선순위가 높아서 증가하기도 하지만, 사회경제적 변화 때문에(예, 노령화) 어쩔 수 없이 증가하는 면도 있기 때문이다. 따라서 좀 더 정확한 파악이 되려면, 정부의 재량적 지출 영역에서 예산증가율이 높은 사업을 살펴보아야 할 것이다.

표 14-2 박근혜정부 5년간의 재정정책과 정책우선순위 (2013~2017 국가재정운용계획)

구 분	'13	'14	'15	'16	'17	연평균 증가율
□ 조세부담률(%)	19.9	19.7	19.9	20.1	20.1	
(국민부담률, %)	(26.7)	(26.8)	(27.0)	(27.3)	(27.5)	
□ 국가채무	480.3	515.2	550.4	583.1	610.0	
(GDP대비, %)	(36.2)	(36.5)	(36.5)	(36.3)	(35.6)	
□ 관리재정수지	△23.4	△25.9	△17.0	△14.1	△7.4	
(GDP대비, %)	(△1.8)	(△1.8)	(△1.1)	(△0.9)	(△0.4)	
□ 총지출	349.0	357.7	368.4	384.2	400.7	3.5
1. 보건·복지·고용	97.4	105.9	113.5	120.3	127.5	7.0
2. 교육	49.8	50.8	53.2	58.1	62.1	5.7
3. 문화·체육·관광	5.0	5.3	5.7	6.5	7.8	11.7
4. 환경	6.3	6.4	6.3	6.3	6.3	0.1
5. R&D	16.9	17.5	18.3	19.1	19.9	4.3
6. 산업·중소기업·에너지	15.5	15.3	14.6	13.8	13.2	△3.9
7. SOC	24.3	23.3	22.0	20.5	19.2	△5.7
8. 농림·수산·식품	18.4	18.6	18.6	18.6	18.6	0.3
9. 국방(일반회계)	34.3	35.8	36.9	38.5	40.1	3.9
10. 외교·통일	4.1	4.2	4.2	4.3	4.3	1.2
11. 공공질서·안전	15.0	15.7	16.3	16.9	17.5	3.9
12. 일반·지방행정	55.8	58.7	60.5	64.6	68.1	5.1

자료: 기획재정부(2013a)를 본서가 재구성.

사업을 계획적으로 추진할 수 있게 된다.

물론 변화가 심한 세상에서 몇 년간의 지출계획을 미리 정한다는 것이 비탄력적일 수 있다. 하지만 MTEF에서 정하는 것은 지출금액이 아니라 지출의 베이스라인이다. 따라서 매년 베이스라인에 일정금액을 가감하여 지출금액을 정하게 된다. 그리고 베이스라인 자체도 전혀 변경이 불가능한 것이 아니며, 이것은 정책책임자들의 합의에 따라 변할 수 있는 것이다.

4. MTEF의 성공을 위한 조건들

한국은 2004년에 MTEF을 도입하였다. 도입초기에는 언제나 그렇듯 약간의 혼란도 있고, 뜻밖의 저항(change monster)도 있다. 그러나 이 제도가 갖고 있는 합리성 때문에 OECD 국가들이 모두 다 이 제도를 채택하고 있다. 따라서 한국도 이 제도를 한국의 실정에 맞게 정착시켜 나가야 한다. 그러기 위해서는 다음과 같은 점들이 유의되어야 한다.

(1) 사업부처의 참여와 리더십의 필요성

MTEF은 대통령 혹은 기획재정부가 집권적으로 정하여 발표하여도 성립은 된다. 하지만 그럴 경우 사업부처들은 형식적으로 동의하기만 할 뿐, 실제로는 MTEF을 준수하지 않을 각종의 이유들을 만들어 낼 것이다.

MTEF은 예산부문 간(부처 간) 자원배분을 중요내용으로 삼고 있기 때문에, 한 부문(또는 한 프로그램)이 증액되기 위해서는 다른 부문의 예산이 감축되어야 하는 제로섬의 성격을 갖고 있다. 이런 상황에서 중앙이 일선부처들의 의견을 도외시한 채 중앙집권적으로 MTEF을 만들고 나면, 다음과 같은 부작용이 나타나기 쉽다.

일선부처들은 다른 부처들과 협상을 하기 위해 필요한 비용-효과(cost-effective) 정보를 제공하지 않을 것이다. 그리고 자신의 부처의 재원을 확보하기 위해 다른 부처와 연합하거나(logrolling), 또 다른 부처에 대한 정책비판을 서슴치 않게 될 것이다. 각 부처는 이익집단을 자극하는 방식으로 중앙집권적 MTEF에 저항할 수도 있다.[11]

이상은 Schick 교수의 우려 사항인데, 한국의 경우에도 충분히 일어날 수 있는 개연성이 있다. 대부분의 국가에서는 MTEF를 만들 때 일선부처의 의견을 최대한 수렴하는 과정을 갖는다. 즉, 국가수반(대통령, 의원내각제인 경우 총리)이 중앙예산기관장과 함께 MTEF 초안을 만든 후, 각 부처장관들을 소집하여, 2~3일간 조용한 곳에서 합숙회의를 하여 각종 의견이 자율조정되도록 한다. 그러나 이해관계가 걸린 일에 부처 간 협조가 잘 이뤄지기 어려우므로 결국은 "우월적

---

11) Schick. *op. cit.* p. 17.

목소리"(prominent voice)를 가진 자가 협상을 주도하여야 한다. 대통령제의 경우에는 대통령의 회의주재 능력이 매우 필요하다.

과거에는 대통령이 예산편성의 주요 역할자임에도 불구하고, 일선에 나서지 않았지만, MTEF에서는 대통령이 주역을 맡아야 한다. 그런 만큼 책임도 대통령이 직접져야 한다. 이러한 리더십이 발휘될 때 비로소 각 부처의 자발적인 협조가 이루어지고, MTEF는 착실하게 정착될 것이다. 대통령 본인부터 MTEF 작성에 소극적인 역할을 하고, 작성된 뒤에는 이것을 철저히 지키려는 노력을 하지 않는다면, 한국의 MTEF는 예전의 다른 제도들과 마찬가지로 "한 번 해본 시도"로 그치고 말게 된다.

(2) 의회의 협조

한 때 지상최대의 발명품이라고까지 칭송받던 PPBS가 실패한 원인 중의 하나는 의회의 비협조 때문이었다. 1960년대의 미국 연방정부는 PPBS에 의거하여 정부예산안을 의회에 제출했지만, 당시 미국 연방의회는 PPBS 예산서와 별도로 전통적 예산서를 제출하게 하였다. 그리고 예산심의는 전통적 예산서를 더 많이 참조하면서 진행되었다. 그러자 PPBS는 몇 년 버티지 못하고 포기되기에 이른다.

한국의 MTEF이 성공하기 위해서는 의회의 협조가 필수적이다. 의회가 예산을 심의할 때 A 사업에 예산이 너무 많다, B 사업에 너무 적다 하는 전통적인 방식을 고집한다면 MTEF의 의의는 감소된다. 반대로 의회가 예산을 심의할 때, A 사업과 MTEF과는 어떤 관계에 있느냐, MTEF을 충실히 준수하면 과연 정부가 예상하고 있는 성과가 잘 달성될 것이냐, MTEF 자체가 잘 만들어진 것이냐 하는 등에 역점을 두고 예산심의가 이루어진다면 그것이 가장 바람직한 상태일 것이다. 행정부 예산안은 대통령 책임하에 MTEF에 따라 작성되었는데, 그것이 의회에 가서는 전혀 존중되지 않는다면 문제가 아닐 수 없다.

그런데 의회는 행정부와 다른 특성이 있다. 지역구의 숙원사업을 예산에 반영해야 할 필요성이 상존한다. 그래서 예산심의과정에서, 특히 상임위원회의 예비심사과정에서는 예산규모가 커진다. 이런 특성을 제어하고, MTEF 본연의 재원배분 기능을 강화하기 위해서 스웨덴이 채택한 제도적 장치를 참고할 필요가 있다.

스웨덴은 MTEF을 도입하면서 의회의 예산심의를 2단계로 구분하였다. 첫 번째 심의와 두 번째 심의는 몇 개월간의 시차를 갖는데, 첫 번째 심의에서는 "총액규모들(spending totals)"만 의회가 승인하도록 하고 있다. 그리고 두 번째 심의에서는 이미 통과된 지출총액을 준수하는 한도 내에서 프로그램 간 예산배분을 하도록 하는 것이다.[12] Schick 교수는 이것을 2단계 예산과정(Two-stage Budget Processes)이라고 부르는데, 한국에서 MTEF이 의회에서 잘 수용되지 않을 경우, 이 제도를 도입하는 것도 한 가지 대안이 되겠다.

(3) 선진국의 경험으로부터 얻은 교훈의 활용

한국보다 앞서서 MTEF를 도입한 영국은 초기에 여러 가지 문제점들을 겪었다. 한국도 이런 애로를 겪을 가능성이 있으므로 예시한다.[13]

① MTEF을 작성할 때 거시경제적 지표를 과대평가하는 경향이 있었다. 그 결과 세입을 과대평가하였고, 그것은 재정적자로 이어졌다. 이 문제를 해결하기 위하여 영국정부는 경제성장전망을 할 때 보수적인 입장을 취한다. 구체적으로 말하면, 예상되는 GDP 성장률에서 0.25% 포인트를 뺀 지표를 사용한다.[14] 한국의 경우, 국가재정운용계획을 작성할 때 계획기간 중 GDP 성장률을 실제보다 낙관적으로 전망하는 경향이 있다.

② 각 사업부처들은 MTEF에 명시되어 있는 기준지출금액(Baseline Expenditures)을 당연히 자기 소유권이 있는 것으로 여기는 경향이 있다. 따라서 실제 예산배정 금액을 기준지출금액 이하로 편성할 때 저항이 거세었다.

③ MTEF 도입초기에는 MTEF에 기재되어 있는 기준지출금액이 명목가치(nominal)인지 실질가치(real)인지 명시하지 않았다. 그래서 인플레이션이 높아질 때 MTEF 금액을 실질가치로 해석하고, MTEF에다 물가상승률을 감안한 금액을 배정해 달라는 요구가 대두되었다. 한국의 경우도 이런 문제가 등장할 수 있다. 그러나 현재는 OECD 국가 모두가 명목가치로 MTEF를 작성하고 있는데, 이 점을 유의하여야 한다.

---

12) Schick. *op. cit.* p. 7.
13) OECD. Budget Reform in OECD Member Countries: Common Trends. PUMA/SBO(2002)9. p. 5.
14) OECD. GOV/PUMA/SBO(2003)15. p. 20.

(4) 과다지출에 대한 보충(compensation)원리 정립

MTEF 계획기간 중에 여러 가지 사정으로 예상보다 과다지출(overspending)을 하는 경우가 생긴다. 이럴 때에는 계획기간 중 다른 시기에 지출을 억제함으로써 전체적으로 MTEF 기준을 준수하도록 하여야 한다. 그래야 MTEF을 최대한 지키려는 관료문화가 형성된다.

영국에서는 정부지출을 ① 부처지출한도(Departmental Expenditure Limits: DEL)와 ② 연간관리대상지출(Annually Managed Expenditure: AME)로 구분하여 관리를 차별화하였다. DEL은 초과지출했을 때 반드시 다음 해 등의 기간에 지출감소 조치를 취해서 보충을 해야 한다. AME는 사회복지비의 지출과 비재량적 지출을 포함하고 있다. 이런 지출들은 관리자의 의도와 상관없이 법률에 의해 지출이 발생할 수 있기 때문에 과다지출에 따른 보충성의 원칙을 지키지 않아도 되는 예외가 된다. 하지만 AME는 매 2 년마다 그것이 재정안정성을 위협하는 것인지 아닌지 별도의 검토를 받아야 한다.[15]

한국의 경우에도 국가재정운용계획 실시 첫 해인 2005년 예산안에서부터 예상 못한 과다지출이 발생했다. 일례로, 현재 초중등 교사의 봉급은 지방자치단체에서 일부 분담하기로 되어 있는데 이 조치의 법정시한이 끝나 교육인적자원부가 별도의 예산을 확보해야만 했는데, 이것이 MTEF에는 반영되어 있지 않았던 것이다.

앞으로 MTEF이 예상치 못했던 상황으로 인한 지출 증가를 다룰 새로운 시스템이 필요한데, 이 시스템에 적용되어야 할 규범은 보충의 원리가 되어야 할 것이다.

제3절 Top-Down(총액배분자율편성) 예산제도

앞에서 설명한 MTEF이 다년간에 걸친 지출계획이라면 Top-Down 예산제도는 그것의 1년 예산을 편성하는 방법이다. 즉, MTEF에 의해 미리 정해진 기준지출금액을 기준으로 하되 여러 가지 변수를 감안하여 각 부처의 1년 예산 상한선

15) *op.cit.* p. 21.

을 설정하고, 이 지출상한선(expenditure limit) 안에서 각 부처가 자율적으로 자신의 예산을 편성하도록 하는 제도이다. 따라서 MTEF이 없으면 Top-Down 예산제도를 할 수가 없고, Top-Down을 하기 위해서는 MTEF이 있어야 한다. 결국두 제도는 뿌리가 서로 연결되어 있는 하나의 제도나 마찬가지다.

1. Top-Down 예산제도의 필요성

Schick 교수(1966)는 예전에는 예산의 3대 기능으로 ① 통제기능, ② 관리기능, ③ 계획기능을 손꼽았는데, 요즈음(1998)에는 예산의 3대 기능으로 다음의 세가지를 강조한다: ① 건전재정을 유지하려는 재정규율(aggregate fiscal discipline), ② 국가의 우선순위를 결정하고, 이에 따라 재원을 배분할 수 있는 능력을 나타내는 배분적 효율성(allocative efficiency), ③ 서비스 공급 비용을 낮출 수 있는 기술적 효율성(technical efficiency).[16]

Schick 교수의 신(新)예산기능론을 이해하려면, 역설적으로 그가 "나쁜" 예산으로 지목하고 있는 것들을 보면 된다.

그런데 〈표 14-3〉에 나와 있는 예산제도의 여러 가지 문제점들은 대부분 전통적인 예산제도와 관계가 있다. 전통적 예산제도란 단년도 예산을 Bottom-Up방식으로 편성하는 것을 말한다. 전통적 예산제도하에서 모든 지출부처들은 중앙예산기구에 예산요구서를 제출한다. 요구금액은 자신들이 받을 수 있을 것이라고 생각하는 금액보다 훨씬 더 큰 금액으로 요청된다.

그 다음 단계는 지출부처와 중앙예산기구 간에 합의할 수 있는 어떤 수준이도출될 때까지 협상이 계속된다. 이러한 미시적인 Bottom-Up 편성방식은 몇 가지 문제점이 있다.

첫 번째, 매우 시간이 많이 소모되는 게임(time consuming game)이 전개된다는 점이다. 예산을 요구하는 측이나 요청받는 측이나 최초의 요구금액이 비현실적인 금액이란 것을 서로 알면서 치열한 게임을 펼치게 된다.

두 번째 문제점은, 이 전통적 예산제도에 의하면 예산이 계속 증가하는 경향

---

16) Schick, Allen. A Contemporary Approach to Public Expenditure Management. World Bank Institute. 1998.

표 14-3 나쁜 예산의 목록

	명칭	내용
재정 규율 위반	Unrealistic Budgeting	세입능력 초과하는 세출규모 편성
	Hidden Budgeting	진짜 세입, 세출 내역은 소수만 알고 있는 예산
	Escapist Budgeting	무리인 줄 알면서도 선심성 예산 편성
	Repetitive Budgeting	수시로 추가경정예산 편성
	Cashbox Budgeting	세입 늘면, 세출도 증가. 천수답형 단년도 예산편성
	Deferred Budgeting	외형상 건전재정이나, 해야 할 일을 하지 않은 예산
배분적 효율성 위배	Short-term Budgeting	중기계획 없이 단년도 예산편성
	Escapist Budgeting	재원조달 방안 없이 정치적 약속 남발하는 예산
	Distorted Priorities	인적자원개발 도외시하며 전시성 사업 위주의 예산
	Enclave Budgeting	특정목적 위한 기금 등 칸막이를 많이 만드는 예산
기술적 효율성 위배	Compensatory Spending	실업 줄이기 위해 공무원수 증가시키는 예산
	Declining Productivity	교육훈련 외면, 근무환경 열악, 생산성 저하
	Disappearing Budgets	예산이 제 때 공급될지 알 수 없는 상황
	Detailed, Rigid Budget	상세한 지출 규정 등이 있으나 잘 지켜지지 않음
	Informal Management	공식적인 규칙 이외에 관행이 존재
	Corruption	부정부패

자료: Schick (1998). pp. 36-41.

이 있다는 것이다. 즉, 신규 요청이 이루어지면 어떻게 해서든 예산금액이 증가하는 방법을 찾아내게 된다는 것이다. 미리 정해진 지출상한선도 없고, 투자우선순위도 불분명하므로 부처 간, 부문 간, 사업 간 재원의 재분배는 거의 이루어지기 어렵다.

세 번째로, Bottom-Up 방식에 의하면 정치적 우선순위가 예산과 직접적으로 연계될 고리가 없다.

이상의 문제점들 때문에 미시적인 Bottom-Up 예산제도는 점차 거시적인 Top-Down 방식으로 대체되어 가고 있다. 한국에서도 이미 1990년대 초부터 Top-Down 방식으로의 전환이 거론되었으나, 실행에 이르지는 못하였다. OECD 의 분석보고서는 90년대에 한국에서 예산개혁이 실시되지 못한 이유로 중앙예산 기구의 공무원들이 그 동안 세계 최고의 재정건전성을 유지하면서 경제발전을 이끌어 왔다는 자부심 때문이었다고 본다.[17] 그러나 이러한 자부심은 1997년의 외환위기로 상처를 받았고, 그 후 내외적 환경이 재정개혁을 촉구하게 되었다. 그 결과의 하나로 2004년부터 국가재정운용계획을 수립하고 예산편성방식도 총 액배분자율편성(Top-Down) 방식으로 바뀌게 되었다.

2. Top-Down 예산제도의 내용과 성격

(1) Macro-Budget: 국가의 전략적 재원배분기능 강화

Top-Down 예산제도는 종래의 부처별 예산요구를 받아 조정을 하는 Bottom-Up 예산제도와 달리, 지출총액을 먼저 결정하고 나서 분야별, 부처별 지출한도 를 설정한 다음 사업별 계수에 착수하는 방식을 취한다. 이 과정에서 3~5개년간 의 재원배분 계획이 결정되는 Top-Down 예산제도는 거시예산(macro-budget) 이라고 할 수 있다.

이런 의사결정 과정은 후생경제학에서 파레토 효율성을 개념화하는 과정과 흡사하다. 물론 파레토 효율성 조건은 경쟁시장을 대상으로 한 것이기 때문에 공 공부문에 직접 적용할 수는 없다. 그러나 총량 결정과 소비자들 간에 배분이 조 화롭게 결정되는 것처럼 Top-Down 예산제도에 따른 부처별 총액설정 및 부처 내 사업별 예산배분 과정도 그것에 견주어 생각해 볼 만하다.

---

17) OECD.(2000) Reallocation: Aligning Political Priorities and Budgetary Funding. PUMA/ SBO(2000)5. p. 8.

(2) 유사소유권 개념이 부여된 예산: 부처의 자율과 책임을 동시에 강조

정부의 예산자원은 그 특징이 공유재(the public commons)의 그것과 유사하다. 정부 각 부처가 모두 예산을 요구할 수 있으며(비배제성), 한 부처가 예산을 많이 배정받으면, 그것이 다른 부처의 예산배정에 영향을 주기 때문에 경합성이 있다. 그리고 공유재의 전형적인 사례인 목초지(牧草地)처럼 정부예산 또한 고갈될 수 있는 자원이다. 매년 새로운 세수가 들어오기는 하지만, 지출초과 상태가 심각해지면, 결국 정부부도 사태에 이를 수도 있다.

정부예산이 공유재이므로, 각 부처는 되도록 많은 예산을 요구 또는 확보하려고 하는 것이 당연하다. 그러나 국가 전체적으로는 과다한 조정업무를 발생시킨다. Schlager and Ostrom(1992: p. 252)은 공유재 문제를 치유하는 방법으로 공유재에다 ① 소유권, ② 관리권, ③ 사용권(proprietor), ④ 요구권(claimnant), 또는 ⑤ 사용허가(authorization of use; 관리권은 없음)의 부여 등 다양한 유사소유권제도(QPR: quasi-property right)를 개발해야 할 것을 제안한다.

Top-Down 예산제도는 부처에게 예산총액 한도 내에서 일종의 "주인의식"을 부여하는 유사소유권 제공 방법이다. 즉, 각 부처는 이제 자기 예산의 주인으로서, 자원을 효율적으로 사용할 방법을 찾아야 할 인센티브와 책임을 동시에 갖게 된다.

(3) 비교우위의 개념에 부합되는 역할 분담

총액배분자율편성 예산제도의 또 다른 특성은 분업이다. 중앙예산기구는 국가 전체의 재원배분 전략을 수립 및 집행하고, 개별 사업부처는 세부적인 집행업무를 담당한다는 것이다. 이러한 "분업의 원리"는 지극히 당연한 이치인데도 불구하고 그 동안 분업이 이루어지지 않았던 이유는 중앙예산기구와 사업 부처 간의 불신이다.

증명할 수는 없으나, 기획재정부의 공무원들을 엘리트라고들 한다. 절대우위(absolute advantage)의 개념에서 볼 때 엘리트의 수월성은 타 부처 공무원의 그것을 뛰어 넘는다. 그러므로 엘리트가 매일 야근을 하면서 일을 하면, 보통 사람들보다 뛰어난 업적을 이룬다. 그러나 경제학적으로 증명된 것은, 절대우위를 가진 사람(집단)이 모든 일을 다 떠맡는 경우보다 비교우위(comparative advantage)가 있는 사람(집단)이 분업을 하고, 서로 교환을 할 때 전체적인 성과가 훨씬 더 좋다.

　　비교우위론에 입각해 볼 때, 중앙예산기구와 사업부처 간의 역할 분담 및 전문화를 추구하는 Top-Down 예산제도는 국가발전에 더욱 효율적일 것이다.

(4) 참여를 통한 효용 제고

　　Top-Down 예산제도를 전략적으로 활용하기 위해 국가재정운용계획을 만들었는데, 국가재정운용계획은 기본적으로 집권적인 계획서이다. 그러나 이 계획을 만드는 과정은 관계부처, 지방자치단체, 민간전문가의 광범위한 참여와 토론을 거치며, 최종적으로 국무위원 토론회에서 결정되는 분권적 절차를 거친다.

　　국가재정운용계획이 있지만 이것이 부처별 예산총액한도(ceiling)를 기계적으로 결정하는 것은 아니고, 국가재원 배분을 위한 국무위원 토론회(국가재정 전략회의)를 개최하여 국무위원들의 합의에 기초하여 부처별 한도액을 결정한다. 이때 총액 내에서 다자 간 제로섬 게임이 벌어진다. 과거에는 실무자(예산담당관) 차원에서 재원배분이 시작되었다면, Top-Down 방식에 의해서는 국무위원(장관) 차원에서 재원배분이 시작된다.

　　중앙행정기관의 장이 총액을 배정받으면, 부처는 총액 범위 내에서 자율적으로 예산을 편성한다. 물론 자율성을 준다고 해서 중앙예산기구가 전혀 개입을 안 하는 것은 아니고, 기획예산처는 부처가 정부의 국가정책방향과 가이드라인을 잘 준수하고 있는지 더욱 세심하게 관찰을 한다.

　　결과적으로 국무위원(장관)이 집권화와 분권화의 접점에 서서 양자를 조화시켜야 한다. 과거에는 예산에 관해서는 편성권을 갖고 있는 중앙예산기구가 일방적으로 조정에 나섰으나, Top-Down 제도의 도입으로 각 부처에 예산편성에 대한 참여도가 증가하였다. 참여도의 증가는 일반적으로 참여자의 효용(utility: 만족감)을 향상시킨다.

3. Top-Down 예산제도의 도입사례와 효과

(1) 외국의 Top-Down 예산제도의 도입 사례

1980년대부터 시작하여 지난 90년대에는 선진 외국들이 활발한 재정개혁에 나섰다. 국가에 따라 차이점은 있으나, 90년대 재정개혁에는 몇 가지 공통점이 있다. 즉, ① 국가의 목표관리는 더욱 더 집권화하고, 통제력을 강화시킨다. ② 집행방법에 대해서는 적극적으로 분권화하여 사용자의 재량권과 자율성을 확대한다. ③ 성과관리 등을 통해 결과에 대한 책임을 지도록 한다.[18] 대표적인 재정개혁 사례를 보면 다음과 같다.

① 뉴질랜드

국가재정법(Public Finance Act, 1989) 이후 예산을 장관과 사무차관 간의 계약관계로 운영하기 시작하였다. 그러나 지나치게 분권화가 진행되자, 정부의 전략적 우선순위 설정 및 이에 따라 자원배분 능력이 미흡하게 되었다.

따라서 뉴질랜드의 최근의 재정개혁은 정부전체 차원의 재원배분 전략을 강조하게 되었고, 그 결과 3년간의 중기예산추정치(Forward Estimates)를 설정하고, 이를 참조하여 부처의 지출한도를 설정하는 Top-Down 예산제도를 도입하여 현재 운영 중이다.

② 영국

예산제도에 있어서 가장 많은 변화를 가져온 나라 중 하나가 영국이다. 영국은 3년 기획예산제도를 도입하여 운영하고 있다. 즉, 각 집행부처는 향후 3년간의 해당 부처 지출한도(Expenditure Limit)를 통보 받고, 이 범위 내에서 부처 우선순위를 설정하여 예산을 편성한다.

집행에는 자율성을 주되, 공무원협정(Public Service Agreement)을 통해 달성해야할 결과를 명시하며, 이를 향후 예산지출과 연계함으로써 성과관리를 한다.

③ 미국

미국의 경우, Reagan 대통령 시대 이후 재정적자의 목표액을 설정한 뒤 사회

---

18) 하연섭, mimeo. 2004.

경제적 변수를 고려하여 각 부처별 예산이 배분되는 Top-Down 예산제도를 실시하고 있다. 오랜 시간에 걸쳐 프로그램 예산제도를 발전시켜 왔고, 성과주의 예산을 확대시키고 있다.

(2) 한국의 Top-Down 예산제도의 효과

한국이 Top-Down 예산제도를 도입하면서, 다음과 같은 효과들을 기대하고 있으며, 도입 초기에는 긍정적 효과가 다소 가시적으로 나타났으나 시간이 갈수록 긍정적 효과가 감소되는 아쉬운 점이 있다. 우선 긍정적인 효과를 가져다 주는 Top-Down 예산제도의 내용을 살펴보자.

긍정적인 효과들

① 재정규율의 강화

Top-Down 예산제도의 가장 크고 뚜렷한 장점은 예산규모에 대한 재정규율의 강화이다. 미국에서 Top-Down 예산제도가 도입된 시점은 Reagan 정부 때 였는데, 도입 이유 중 하나는 Reagan 정부 때부터 재정적자가 급속하게 늘어났다는 사실이다.[19] 한국의 경우에도 Top-Down 예산제도는 재정건전성을 유지하는데 기여하게 될 것이다.

재정규율에 대한 이러한 기대는 시행 첫 해 사업부처들의 예산요구액의 변화로 확인할 수 있었다. 다음 〈표 14-4〉를 보면, Top-Down 예산제도가 처음으로 전면 실시된 2005년도 예산의 경우 예산요구증가율이 현저하게 낮아진 것을 알 수 있다. 2004년도 일반회계 요구증가율은 30.8%였었는데, 2005년도 예산에서는 요구증가율이 11.7%로 대폭 감소하였다.

② 다년도 계획의 가능

Top-Down 예산제도가 전면 적용된 2005년 정부예산안은 약간의 적자예산이다. 이것은 경기상황이 안 좋아서 세수 결손이 있는 한편 경기진작 요구를 도

---

19) Reagan 정부는 재정적자 감축에 성공적이지 못하였다. 그러나 지출통제 제도마저 없었다면 재정적자는 더 커졌을 것이다.

표 14-4   주요 분야별 예산요구증가율

(단위: 전년대비 %)

주요 분야	2004년도 예산요구 증가율	2005년도 예산요구 증가율
사회간접자본시설	40.1	-1.0
국 방	28.3	12.9
사회복지	50.4	10.4
농어촌지원	33.0	8.1
산업, 중소기업지원	112.9	6.1
교 육	15.7	6.3

자료: (구)기획예산처. 2004.

외시할 수 없기 때문이기도 하다. 그러나 더 근본적인 이유는 2008년에 균형예산을 회복하겠다는 장기계획의 일환이기도 하다.[20]

Top-Down 예산제도의 도입 초기라서 다년도 계획의 효과성을 아직 검증할 수는 없다. 그러나 이 제도가 국가재정운용계획을 통해 다년도 계획의 개념을 내포하고 있기 때문에 향후 이 기능이 강화될 수 있을 것이다.

③ 불필요한 예산협의 과정의 생략과 핵심역량 강화

Top-Down 예산제도를 처음 적용해 본 A부(部)의 예산 실무담당자는 " 2005년도 예산사업의 약 80%는 (구)기획예산처 예산담당관을 만나보지도 않고 편성, 인정되었다"고 말한다. 물론 계속 사업 위주이긴 하였지만, 한도 내 예산편성의 편리함이 앞으로 계속 확산될 것으로 전망된다. 불필요한 과정이 생략되는 만큼 더 중요한 일에 집중할 수 있는 여력이 생긴다.

다음 〈표 14-5〉는 각 부처가 자율적으로 예산사업을 구조조정한 결과이다. 2005년도 예산에서는 2004년도에 비하여 자율적으로 삭감한 예산규모가 2배 가까이 된다. 그런 한편 삭감된 금액을 신규사업의 예산으로 돌린 규모가 2배로 증가하였다. 이 과정에서 가치가 낮은 예산사업으로부터 가치가 높은 예산사업으로 재원이 재분배되었을 것으로 추정된다.

---

20) 기획예산처. 2004-2008 국가재정운용계획개요. 2004. p. 19.

표 14-5 각 부처의 자율적인 사업 구조조정

		2004년 예산	2005년 예산
계속사업 구조조정	사업수	312개	409개
	금액	−1.6조 원	−2.7조 원
신규사업 반영	사업수	345개	468개
	금액	+1.5조 원	+3.0조 원

자료: (구)기획예산처. 2004. 11.

④ 예산의 주된 관심을 금액으로부터 정책으로 전환

Top-Down 예산제도 실시 이전에, 집행부처의 과장들은 옆의 과가 추진하고 있는 정책에 문제가 있어도 이의를 제기하지 않았다. 그러나 Top-Down 제도가 시행되자 자신이 담당한 정책의 예산을 확보하기 위하여 타 과, 타 국의 정책에 대한 효과성 비판을 시작했다. 서로 상대방의 정책과 예산을 객관적으로 보기 시작한 것이다.

이 예산제도의 가장 큰 장점이자 효과는 돈을 위주로 펼쳐졌던 예산게임이 앞으로 정책 합리성 위주로 펼쳐질 것이란 점이다. 예전과 달리 부처의 예산담당관은 모든 갈등이 집중되는 힘든 직책이 되었다. 예전에는 기획예산처 공무원들이 "악역"을 떠맡았었는데, 이제는 부처의 예산담당관이 악역 노릇을 나누어 가지게 되었다. 예산과 관련된 부처내의 갈등을 극복하기 위한 최선의 방법은 역시 정책합리성을 추구하는 것이 될 것이다.

⑤ 각종 칸막이 장치들의 무용화

특별회계와 기금 등 특정 사업을 위한 칸막이들이 많다. 예전에는 이 칸막이 장치를 많이 갖고 있으면 있을수록 유리한 점이 많았다. 그러나 장관에게 주어진 지출한도는 일반회계, 특별회계, 기금을 망라한 것이므로, 장관의 입장에서는 이들이 더 이상 유리한 장치가 아니게 되었다.

과거 특별회계와 기금을 정비하는 작업은 역사가 오래 되었다. 그러나 부처의 저항 때문에 그 효과는 제한적이었다. 그러나 Top-Down 제도가 각 부처에 뿌리를 내리고 정착되면 기금정비에 대한 부처의 저항이 상당히 완화될 것이다. Top-Down 제도에서는 일반회계, 특별회계, 기금의 구별없이 부처내의 자원을 통합적으로 운영해야 할 수밖에 없기 때문이다.

스웨덴의 경우, Top-Down 예산제도의 도입을 위해 사전에 모든 기금을 폐지하는 조치를 취하기도 했다.[21]

그러나 Top-Down 예산제도가 만병통치약은 될 수 없다. 따라서 이 제도와 관련하여 문제점이 없을 수 없다.

부정적인 요인들

① 부처의 지출한도(expenditure ceiling)에 대한 공감대 부족

집행부처 실무자들의 경우, 해당 부처의 지출한도에 대해 불만이 많다. 여기에는 금액 자체에 대한 불만도 있고, 한도 설정 과정 및 논리에 대한 불만도 많다. 금액에 대한 불만은 불가피하지만, 지출한도 설정 과정 및 논리에 대한 이해를 구하는 것은 매우 중요하다. 우선 Top-Down 제도를 실시하고 있는 외국의 지출한도 설정 방식을 살펴보자.

ⅰ) 캐나다: 의원내각제인 캐나다에서는 지출한도 설정에 있어서 두 개의 원칙을 따른다. 동료일체의 원칙(collegiality)과 예산비밀주의(budget secrecy)가 그것이다. 즉, 같은 동료 의원들인 내각의 장관들이 토론을 통해 지출 우선순위를 결정하고, 토론과정은 일절 비밀로 유지한다. 이것은 캐나다 정부의 오랜 전통이다. 책임은 장관들이 진다.[22]

ⅱ) 스웨덴: 전반적인 지출총량과 부문 간 예산배분, 그리고 우선순위 결정은 3차례에 걸친 내각회의에서 결정한다. 재원배분을 둘러싼 긴장을 완화하기 위하여 합숙, 만찬 등 친교적 분위기를 조성한다. 총리는 재무부 장관과 협의한 후 회의를 주재하는데, 이 회의는 의사결정이 아니라 합의를 유도하는 과정이다. 각 부 장관과 재무부 장관과도 협의를 하는데, 협상 여지는 작다.[23]

ⅲ) 미국: 대통령과 협의하여 OMB가 결정한다. 이의 제기시 대통령, OMB, 각 부처 간 삼자가 협의하여 다시 결정한다. 이후 OMB와 의회지도자들(예산위원이 아님) 사이에 예산의 총액과 분야별 배분에 대해 대체적으로 합의한다.

이상 외국의 사례를 보아도, 분야별 지출한도 및 부처별 지출한도의 결정은

---

21) 하연섭. 전게 mimeo. p. 5.
22) 자세한 것은 배득종, 캐나다의 예산개혁. 1989. 참조.
23) 국가재원배분개선기획단. 2004. 2.

고위정책결정자들 간의 "책임 있는 판단"에 의해 결정됨을 알 수 있다. 한국의 경우, 이런 결정을 "밀실행정"이라고 부를 수도 있겠으나, 장기적으로 "책임 있는 판단"을 믿고 받아들이는 문화가 형성되어야 한다.[24]

② 선심성 예산편성(Escapist Budgeting) 가능

Schick는 "나쁜" 예산의 하나로 선심성 예산편성을 손꼽았다. 그런데 이런 문제점이 발생할 것을 Top-Down 예산제도가 막을 수 없다. 예를 들어, B부(部)의 경우 예산안에서 하나의 사업에 부처 총예산의 10%를 할당하였다. 그 대신 다른 모든 사업의 예산금액을 몇 %씩 삭감하여 총액을 맞추었다.

이런 경우, 역점 사업이 객관적인 타당성을 지녔다면 아무 문제가 없겠으나, 특정 장관의 취향이나 부내 권력관계에 의해서 결정되었다면 문제가 아닐 수 없다. 특히 장관의 평균 재임기간이 1년이 못되는 상황에서, 한 장관의 의욕이 지나치게 많이 반영되는 것을 Top-Down 예산제도는 막지 못한다. 이런 선심성 예산편성을 제도적으로 방지하기 위해서는 성과관리 예산제도가 하루 속히 정상화되어야 한다.

③ 책임을 뒤로 미루는 예산(Deferred Budgeting) 가능

C부(部)의 예산관계자는 Top-Down으로 편성하는 예산안에 "부처 입장에서 큰 실익이 없거나 민원이 많은 골치 아픈 사업의 예산을 없애거나 줄였다"고 한다.[25] Schick의 "나쁜" 예산의 하나로 지목하고 있는 "뒤로 미루는 예산편성(Deferred Budgeting)"이 Top-Down 제도 때문에 더 촉진될 수 있다.

앞에서 예로 든 A부의 예산담당자도 "각 국, 과 간에 예산확보 경쟁이 치열해지자, 신규사업은 모두 포기하고 기존 사업에 대해서만 재원을 배분하게 되었다"라고 한다. 꼭 필요한 사업을 집행부처가 예산요구조차 하지 않는 경우가 우려된다.

---

24) 2005년도 R&D 분야 Top-Down 예산의 경우, 합리적인 지출한도 설정을 위해 "직선보간법"이라는 배분 공식을 만들어 적용하려 하였다. 직선보간법이란 과거의 R&D 성과평가가 가장 좋은 부처의 전년대비 R&D 예산증가율을 결정한 다음, 반대로 성과평가가 가장 나쁜 부처의 예산증가율을 설정한다. 그런 다음 각 부처의 성과평가 결과에 따라 예산증가율 허용치를 결정하자는 방안이다. 그러나 이 방안을 적용해보니 현실적인 문제가 많아서 적극 활용되지는 못하였다.

25) 서울신문. 2004. 9. 15.

④ 편법성 예산증액 방법 상존

Wildavsky의 유명한 예산확보전략들이 Top-Down 예산제도하에서도 근절되지 않고 있다. 예를 들어, 대규모 신규사업을 추진하기 위해 우선 소액의 타당성 조사용역비를 끼워 넣는다든지, 꼭 필요한 사업을 빼놓고 예산을 편성한 후 국회 심의 과정에서 부활을 시킨다든지 하는 편법성 예산확보전략이 여전히 사용되고 있다.

이런 문제 때문에 예산당국이 부처에 믿고 맡기지 못하여서, 다시 세세한 사항까지 검토를 하게 된다. 그렇게 되면, Top-Down 예산제도의 도입 효과가 감소된다.

외국의 경우, 의회가 예산을 삭감할 수는 있지만, 증액은 못하도록 제도화해놓은 나라와 정부가 많다. 한국의 경우에도 의회의 소모적인 예산심의를 줄이기 위해 예산증액권한을 제한하는 방안을 모색할 필요가 있다.

4. Top-Down 예산제도의 성공을 위한 필요 조건

Top-Down 예산제도가 도입된 지 10년 정도가 흘렀다. 짧은 시간이라면 짧은 시간이고 긴 시간이라면 긴 시간이다. 과거에 등장한 새로운 예산제도들을 보면, 여러 가지 사유들로 인해 실패하는 경우가 성공하는 경우보다 더 많았다. 따라서 한국의 Top-Down 예산제도도 성공적으로 정착하기 위해서는 현장에서 발견되는 여러 장애요인들을 극복해야 할 것이다.

① 리더십

국정전반에 영향을 미치는 새로운 제도가 도입되어 정착하려면 리더십의 강력한 뒷받침과 지속적인 관심이 필요하다. 자잘한 예산사업의 통제도 중요하지만 국가재정을 전체적으로 보고 큰 그림을 그리는 리더십이 무엇보다 필요하다. 위에서부터 이런 마인드로 재정을 바라보고 운용한다면 Top-Down 제도가 그것을 위한 훌륭한 무기가 될 수 있을 것이다.

② 의회의 협조

의회의 협조가 필요하다. Top-Down 예산제도는 예산의 중점을 금액에서 정책으로 옮기는 것이다. 이에 따라 국회와 지방의회의 예산심의도 정책심의 위주로 바뀌어야 하는데, 당분간 기대하기 난망이다. 의회가 예전과 동일하게 개별사업의 심의에 치중한다면, Top-Down 예산제도의 장점은 감소된다.

③ 예외 없는 적용 대상

Top-Down 예산제도는 실효를 거두기 위해서는 이 제도의 적용을 받지 않는 예외가 많아서는 안 된다. 즉, 부처의 모든 재정자원에 이 제도가 적용되어야 한다. 중앙정부와 지방자치단체의 일반회계, 특별회계는 물론 기금과 공기업, 산하단체의 예산까지 모두 포함시켜 프로그램(사업별) 예산제도로 관리하면, 예외 없는 적용이 가능해진다.

④ 정치논리의 배제 또는 최소화

Top-Down 예산제도는 국가의 재원배분 기획을 예산으로 연계시키는데 최대의 장점이 있다. 따라서 이러한 기본 원칙이 정치논리에 의해서 훼손되지 않도록 하여야 한다. 그리고 정부의 기획능력을 향상시키기 위해 연구원 또는 분석센터의 도움을 잘 받아야 한다.

⑤ 예산당국의 적극적인 지지

마지막으로 예산당국 자체가 새로운 예산제도를 열렬히 지원하고 추진하여야 한다. 너무나 당연한 이치이지만, Top-Down 예산제도의 도입 초기부터 현재까지 예산당국 내에 부정적인 견해가 여전히 존재한다. (구)기획예산처의 보고(2004. 11: p. 3)에 의하면, 새로운 예산제도의 도입에 대해, 다음과 같은 견해가 있었다고 한다.

- 각 부처가 개별 사업에 대한 편성권을 남용하지 않을까?
- (3+1) 재정개혁은 선진국에서 운영하는 제도인데, 한국에서 가능할까?
- 각 부처가 막무가내로 재원을 요구하는 이익집단을 이겨낼 수 있을까?
- 이 제도를 도입하면 예산처의 권한이 축소되지나 않을까?

예산당국의 공무원들은 절대우위(absolute advantage)의 관점을 혁신적으로 버리고, 비교우위(comparative advantage)의 관점을 받아들여야 한다. 그리하여 각 부처와 역할을 분담하는 것이 더 효율적임을 체득(體得)해야 한다.

Top-Down 예산제도가 정착하기 위해서 아직 시간이 더 필요하지 않나 싶다. 선진국의 경우에도 Top-Down 예산제도를 도입한 후 정착할 때까지 상당한 기간이 필요했다고 한다.

"Top-Down 제도가 도입된 후 사업부처와 예산당국 모두로부터 저항이 있었다. 예산당국은 사업부처가 편성한 예산을 보고 그 진짜 의도가 무엇인지 매우 의심스러워 했다. 그리고 예산당국은 사업부처가 편성하는 예산의 구체적인 부분까지 영향을 미치고 싶어 하는 경향을 보였다. 이런 간섭 경향은 Top-Down 예산제도의 근본 취지를 저해하는 것이기도 했다. 그런 한편, 사업부처들 역시 안심을 하지 못하였다. 한 사업의 예산을 감축시키면서까지 다른 사업의 예산을 증액시키려고 하는데, 예산당국이 감축안만 받아들이고 다른 사업에 대한 증액을 인정하지 않으면 어떻게 하나 하고 의구심을 가졌다. 이런 의구심은 간혹 더 나쁜 결과를 가져오기도 했다. 사업부처가 역으로 "꼭 필요한 사업의 예산을 삭감"하는 의도적 전략(strategic game)을 시도하기도 했다. 즉, 꼭 필요한 사업은 의회에 가서 부활할 것이기 때문에 그런 사업예산을 삭감하고, 새로운 사업에 대한 예산을 배정하면, 결과적으로 의회에 가서 두 사업에 대한 예산을 모두 인정받을 수 있으리란 생각이었다. 이렇게 되면 전통적인 예산제도하에서 벌어졌던 예산게임이 똑같이 되풀이되게 된다. 따라서 Top-Down 제도에 대하여 예산당국과 사업부처 간의 신뢰가 이 제도의 성공적 정착을 위해 필수적이다."(OECD. Budget Reform in OECD Member Countries: Common Trends. 2002. p. 7)

한국의 경우, 기획재정부와 사업부처 간에 아직 "신뢰"가 쌓여 있지 못한 상태이다. 기획재정부는 더 많이 개입하려 하고, 사업부처들도 전략적 행태를 아직 잊지 못하고 있다. 선진국에서 이 제도를 도입한 초기에 겪었던 경험들을 뒤따라가고 있는 상태이다. 하지만 선진국들이 Top-Down 제도와 관련하여 서로 신뢰를 쌓으려고 노력했던 것이 그럴 만한 가치가 있었다(well worth the effort)고 평가하느니 만큼,[26] 한국에서도 시간적인 여유를 가지고 이 제도가 착실히 뿌리내리도록 노력하여야 한다.

---

26) *ibid.*

제4절 프로그램 예산제도: 기본 개념과 미국의 발달 과정

1. 기본개념

프로그램 예산제도는 과거의 품목별(인건비, 용역비, 업무추진비 등) 예산운영 방식과 달리 예산사업을 중심으로, 특히 프로그램 단위를 중심으로 예산을 운용하는 제도이다. 프로그램이란 동일한 정책목표를 달성하기 위한 단위사업의 묶음으로서 정책적으로 독립성을 지닌 최소의 단위를 말한다(디지털예산회계기획단, 2004). 프로그램 예산제도는 예산구조를 예산사업별로 체계화하여, 사업의 큰 묶음(프로그램)-중간 묶음(단위사업)-개별 사업(세부사업) 방식으로, 예산을 운용하는 제도이다.

이처럼 예산사업을 광역으로 운영하게 되면, 세세한 사업들 간의 칸막이는 없어지고, 유사·중복적인 사업들이 통제되며, 프로그램 관리자(예, 국장)는 상당한 정도의 자율성을 가지고 예산을 운용할 수 있게 된다(empowerment). 물론 자율성에 대한 책임을 져야 하는데, 그것은 재정성과관리제도에 의해 보완된다. 프로그램 예산제도를 도입하면, 세세한 사업들의 수행여부보다는 정책사업 전체의 성과를 고려하여 행정을 하게 된다. 그래서 프로그램을 "사업군(郡)"이라고 부르지 않고 "정책사업"이라고 부르는 경우도 있다.

프로그램은 중앙부처의 조직체계하에서 조직의 임무를 고려하여, 각 조직(중앙부처는 실·국, 지자체는 과)별로 수행하는 예산사업을 조직의 기능과 성과목표를 고려하여 구조화한다. 이때 프로그램을 회계·기금보다 우선적으로 고려하여 단위사업의 회계·기금이 다르더라도 지향하는 정책 목표가 유사한 경우 동일한 프로그램하에 배치한다(디지털예산회계기획단. 2004). 따라서 프로그램 예산제도에서는 회계·기금 간 구별이 과거처럼 중요하지 않게 된다. 같은 프로그램에 속해있는 단위사업이라면 그것이 어느 회계·기금에 있든 별 상관이 없기 때문이다.

그림 14-3 프로그램 예산구조 예시(환경부)

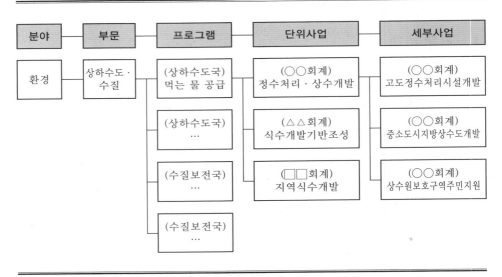

자료: 디지털예산회계기획단(2004)을 재구성.

　이때 유의할 사항은 프로그램 예산제도가 단순히 예산구조를 예산사업 중심으로 바꾼 것으로 생각해서는 안된다는 점이다. 프로그램 예산제도는 프로그램을 중심으로 Top-Down 예산제도를 운용하고, 단년도 예산과 국가재정운용계획이 연계되게끔 하는 제도이다. 또한, 프로그램 예산제도는 프로그램을 중심으로 재정성과관리와 예산을 연계하고, 정부회계에서 원가관리를 하게끔 제도가 설계되었다. 이것이 프로그램 예산제도의 핵심적인 특징 중 하나이다. 이에 대해선 제5절에서 보다 자세히 살펴볼 것이다.

　한편 Diamond는 관리측면을 강조하면서 프로그램을 다음과 같이 정의한다. "단일한 매니저 관리하에서 특정한 정책목표를 추구하기 위해 자원을 사용하고 있는 단위 사업들을 적절하고 의미 있게 묶은 것이 프로그램이다."(A program is viewed as any suitable and meaningfully integrated group of activities and projects, under a single manager, which consume resources to contribute to a specified policy objective.)[27] 미국의 JFMIP도 프로그램을 "기관 고유의 책임을 수행하기 위해 상정

27) Diamond, J. From Program to Performance Budgeting. IMF. WP/03/169. p. 10.

한 동일 목적 내지 목표를 달성하기 위한 활동들의 체계적인 집합"이라고 정의한다.(generally defined as an organized set of activities directed toward a common purpose or goal, undertaken or purposed by an agency in order to carry out its responsibilities.)[28]

프로그램 예산제도는 1960년대에 미국에서 가장 먼저 태동하여 세계 여러 나라에 퍼진 후, 현재까지 계속 진화하고 있다. 따라서 프로그램 예산제도를 이해하기 위해서는 미국에서 이 제도가 어떻게 발달해 왔는지 그 과정을 살펴보는 것도 의의가 있겠다.

2. 미국의 프로그램 예산제도 발달 과정[29]

(1) 프로그램 예산제도의 필요성 인식

품목별 예산제도(line-item budgeting)는 세계 최초의 현대적 예산제도로서, 미국 뉴욕시의 시정연구처(New York Bureau of Municipal Research)에서 1906년에 최초로 고안해내었다. 이 제도가 나중에 미국 연방정부의 예산제도로 채택되는데(1921년), 이에 앞서 태프트 위원회(Presidential Commission on Economy and Efficiency of 1912)에서는 품목별 예산제도의 타당성을 검증한다. 검토 결과는 다음과 같이 두 가지로 요약된다. ① 의회가 아니라 연방정부가 대통령 책임하에 예산을 편성해야 절약과 능률이 달성된다. ② 연방정부의 예산제도는 뉴욕시의 그것과 달리 업무분류별(class of work)로 예산을 편성하는 것이 더 능률적이다.[30]

여기서 업무분류별(class of work) 예산편성이란 바로 오늘날 프로그램 예산제도와 유사한 내용이다. 즉, 유사한 기능을 수행하는 단위사업(activities or project)들을 하나의 사업 체계로 분류하여 예산을 편성하는 것이 더 능률적이라는 점이 이미 1912년에 지적되었다.

그러나 이 당시의 시대적 대세는 뉴욕시 방식의 지출대상별(성질별, 품목별)

---

28) 디지털예산회계기획단. 프로그램 예산체계 도입방안(2004.9)로부터 재인용.
29) 김재훈, 배득종. 프로그램 예산제도와 성과주의 예산제도의 연계방안. 미발표보고서(2004. 12)에서 부분적으로 발췌 요약함.
30) 신무섭. 재무행정학. 서울: 대영문화사. 1980. p. 504.

통제를 위주로 한 예산제도를 선호하는 추세였고, 이것은 1921년 연방정부의 예산회계법으로 완성되었다. 하지만 예산편성을 업무분류별로 하여야 한다는 논리와 주장은 타당한 것이었으며, 이런 타당성은 이후 40년이 지나서 PPBS로 다시 태어나게 된다.

(2) PPBS와 프로그램 예산제도

1921년에 미국 연방정부에 도입된 품목별 예산제도에 대한 비판이 많이 제기 되었는데, 그 중에 가장 의미 있는 것은 1930년대 뉴딜 시대의 케인즈학파의 비판이었다. 이 당시 거시경제학자들은 정부예산이 국가목적을 달성하는데 유용한 방식으로 편성되고 있지 않다고 비판하였다. "행정관리에 관한 대통령 위원회"(1937년)도 예산은 대통령의 리더십하에 여러 부처의 활동을 국가적인 차원에서 조정하는데 사용되어야 한다고 촉구하였다.

품목별 예산제도에 대한 비판은 1960년대에 PPBS에 의해서 상당부분 구현되었다. PPBS는 ① 국가목표의 설정, ② 그 목적을 달성하기 위한 효과적인 대안의 모색, ③ 그리고 그 대안을 추진하기 위한 인적, 물적 자원의 동원계획으로 이루어졌다.

PPBS는 예산체계를 program category–sub-category–program elements로 재분류하였다. PPBS의 프로그램 구조는 국가의 목표를 몇 가지로 설정하고, 그 목표를 달성하기 위한 사업들을 부처별로 5–10개씩 대분류를 한다. 이것을 사업부문(program category)이라고 하였다. 그리고 각 사업부문들 밑에 그 부문을 추진하기 위해 좀더 세분화된 세부부문을 몇 개씩 두었다(sub-category). 세부부문 밑에는 더 이상 세분화될 수 없는 세부사업(program elements)을 배치시켰다.[31]

이러한 PPBS에 대하여 Schick 교수는 다음과 같이 말하였다.

"PPBS에서 정부의 업무와 활동은 중간적인 과정, 즉 자원을 산출로 전환시키는 과정이다. PPBS의 관점에서 보면 가장 중요한 것은 개별적인 행정업무를 능률적으로 수행하는 것이 아니라 공공자금을 이용하여 사회전체적인 목표나 목적을 달성하는 것이다."[32]

---

31) 이상 배득종. 전게서. pp. 450–452 참조.
32) Schick. A. The Road to PPB: The Stages of Budget Reform. Public Administration Review. Dec. 1966. p. 251.

즉, PPBS와 프로그램 예산제도의 목적은 나무(activities: 개별사업)가 아니라 숲(programs: 국가정책)을 가꾸자는 것이었으며, 이를 위해 국가의 재정자원을 체계적으로 활용하자는 것이었다.

(3) PPBS의 좌절과 그 요인

PPBS는 케네디 대통령 당시에 국방예산에 처음 적용되었고(1961년), 이후 존슨 대통령에 의해 연방정부에 전면 적용되었다(1965년). 그러나 존슨 대통령이 재선출마를 포기하자 다음 정부인 닉슨 대통령은 PPBS를 폐지하였다(1971년).

Diamond(2003)는 PPBS가 실패한 이유를 다음과 같이 기술하고 있다.[33] 특히, 실패 요인들 중 행정조직 체계와 프로그램 예산체계가 일치하지 않았다는 점은 후일 미국 프로그램 예산제도의 발전에 큰 교훈으로 작용하였다.

① 행정조직 체계와 프로그램 예산체계가 일치하지 않았다
② 법률에 의한 비재량적 지출이 매우 많았다
③ 행정부서 전체에 일시에 적용되었다
④ 기관장이 새 제도를 중요하게 여기지 않았다
⑤ 개혁을 주도하는 중앙의 리더십이 없었다
⑥ 의회에서 새 제도를 수용하지 않았다
⑦ 새 제도의 적용 대상이 안 되는 것들이 많았다(기금 등)
⑧ 비판자들을 설득시킬 수 없었다
⑨ 기획과 예산 간의 괴리가 컸다
⑩ 예산당국(BoB) 자체가 새 예산제도를 반겨하지 않았다

(4) PPBS 이후의 프로그램 예산제도: 미국 및 전 세계

1971년에 PPBS가 미국 연방정부에서 폐지되었지만, 이 예산제도는 미국뿐 아니라 다른 나라의 예산구조 및 예산운용 방식에 심대한 영향을 미쳤다.

---

33) Diamond, Jack. From Program to Performance Budgeting. IMF Working Paper. WP/03/169. pp. 6-7.

우선 미국 연방정부에서 도입하였던 PPBS가 미국의 여러 주정부 및 지방정부에 적용되었다. 그리고 영국, 캐나다 등 많은 선진국들이 PPBS를 채택하였다. 특히 캐나다는 PPBS를 더욱 발전시켜 Envelope Budget이라는 이름으로 발전시켰다. 이것이 나중에 Top-Down 예산제도로 진화하기도 한다.[34]

선진국뿐 아니라 후진국 및 개발도상국가들 중에서도 PPBS를 채택한 나라들이 많았는데, 한국도 1970년대에 이 제도를 받아들이려고 시도하였으며, 국방예산에는 아직도 이 제도가 부분적으로 적용되고 있다. 선진국과 달리 후진국 및 개발도상국에서의 PPBS 도입은 더욱 크게 실패하였는데, 그 주된 요인은 "기반부족"이었다.

그러나 전통적(품목별) 예산제도를 프로그램 예산제도로 전환한 국가들 중에는 오늘날까지 프로그램 예산제도를 계속 사용하고 있는 나라들도 많다. 예를 들어, 브라질에서는 1970년대에 프로그램 예산제도를 받아들여 아직까지 사용하고 있다. 싱가포르는 1978년에 프로그램 예산제도를 도입하여, 90년대에는 성과주의 예산제도와 접목하였다. 전 세계적으로 50여 개 국가들이 PPBS를 도입한 것으로 알려지고 있다.

PPBS라는 이름은 없어졌지만, 미국 연방정부의 예산제도는 PPBS 이후 계속 프로그램 예산제도를 사용해 오고 있다. 이러한 예산제도는 1980년대 레이건 정부에서 도입한 Top-Down 제도와 결합되었고, 1990년대에는 성과주의 예산제도(new performance budget)와 연계되는 등 그 영향력을 지속하고 있다.

〈표 14-6〉은 프로그램 예산제도와 다른 예산제도들의 특징을 서로 비교하고 있다. 이런 비교를 통해 프로그램 예산의 특징을 더욱 분명히 파악할 수 있다. 프로그램 예산제도는 다른 제도에 비하여, 조직(organizational unit) 측면을 매우 중요시함을 알 수 있다.

---

34) 캐나다의 Envelope Budget에 대한 자세한 내용은 배득종. 캐나다 연방정부의 예산개혁. 캐나다 연구. 1997/1998 참조.

표 14-6 프로그램 예산제도와 다른 예산제도의 비교

〈PPBS의 주요 특징〉

① 정부활동의 주요 부문별 목표와 목적을 명확히 파악함
② 특정 프로그램별로 목적과 관련한 산출을 분석함
③ 프로그램의 총비용을 측정(장기간의 비용을 모두 측정)
④ 프로그램별로 중기지출계획을 편성
⑤ 프로그램의 목적을 달성하기 위해 가장 능률적, 효과적인 대안 분석
⑥ 이상의 내용들이 예산사정의 대상이 됨

〈프로그램 예산제도〉

①, ② PPBS의 ①, ② 단계와 동일
③ 공통의 기능을 수행하고 있는 조직단위(국, 실)를 묶음
④ 그 기능의 비용을 명확히 함
⑤ 이러한 비용정보를 가지고, 해당 조직의 산출수준을 결정함
⑥ PPBS와 달리 프로그램 예산제도는 전략적 기획기능을 확정하지 않고, 예산과정 속에서 상호 협상하는 방식(interactive process)으로 운영함

〈산출 예산제도〉

①, ② PPBS의 ①, ② 단계와 동일
③ 특정한 산출을 만들어 내는데 소요된 모든 비용을 묶음. 이 산출을 만들어 내는데 여러 기관이 관련되었으면, 기관 단위를 넘어 비용을 계산
④ 간접비를 포함한 총원가(full cost)를 강조함
⑤ 산출을 측정가능한 지표로 정의하고, 민간부문과 유사하게 산출물의 품질을 평가함
⑥ 능률성과 효과성을 측정하기 위해 실제 산출물들을 비교 평가함

〈성과주의 예산제도〉

①, ② PPBS의 ①, ② 단계와 동일
③ 산출예산제도의 특징을 모두 포함함
④ 성과측정과 성과평가 시스템을 연계시킴
⑤ 보상과 제재를 통해 책임성(accountability)을 향상시킴

자료: Diamond. 2003. p. 5.

제5절 한국의 프로그램 예산제도

1. 한국 제도의 도입배경 및 특징[35]

　　정부는 디지털예산회계기획단을 구성하여 2004년부터 프로그램 예산제도를 개발하고 시범적용을 거쳐, 2006년에 편성한 2007년 예산안부터 공식적으로 운영하였다. 2004년도에 정부가 프로그램 예산제도를 개발한 배경과 취지는 다음과 같이 요약할 수 있다. ① 예산당국은 국가재정을 전략적으로 배분하고 각 부처는 자율과 책임의 원칙 아래 예산을 운용하는 방식으로 역할을 분담하며 정책과 성과중심의 예산을 위한 새로운 예산제도가 필요하였다. ② 당시 추진중이던 국가재정운용계획, Top-Down 예산제도, 성과관리 제도의 한계를 극복하고, 제반 예산개혁 조치들이 유기적인 연계하에 제대로 작동하게 하는 예산제도가 필요하였다.

(1) 정책과 성과 중심의 예산제도

　　2004년 당시, 사실 지금도 큰 변화는 없지만, 예산당국이나 각 부처 예산담당자에게 예산이란 무엇이냐고 물어보면, 무슨 사업을 물어보는 것이냐고 답한다. 그들은 세세한 사업 하나하나를 예산이라고 생각한다. 또한 그들에게 예산운용은 돈을 얼마 투입하고 얼마가 남았는가를 말하는 것이지, 사업이 당초 목적대로 잘 굴러가고 있는지, 모니터링은 잘 되고 있는지, 성과는 어떠한지에 대해서는 상대적으로 관심이 없어 보인다. 예산을 통제할 때도 예산의 성과를 통제하는 것이 아니라 들어간 돈이 얼마인지를 통제한다. 그것도 사업별로 통제하는 것이 아니라, 인건비, 운영비, 업무추진비 방식의 품목별(경제성질별 분류) 방식으로 통제한다. 이처럼 세세한 사업과 품목별 투입통제 중심의 과거 방식에서 정책과 성과 중심의 예산운용을 위해 도입된 제도가 프로그램 예산제도이다.

　　프로그램 예산제도는 Top-Down 예산제도와의 연계를 통해 예산당국은 국

---

35) 본 사항은 디지털예산회계기획단(2004)을 활용하였다.

가 재정의 거시적인 조망하에 전략적인 재정운용을 도모하고, 각 부처는 미시적인 관점에서 자기 부처의 사업을 자율적으로 운용하고 그 성과에 대해 책임을 지도록 하였다. 앞 장에서 설명하였듯이 예산당국과 각 부처가 상대적으로 자기가 잘할 수 있는 사항을 수행할 때 예산운용의 효과가 더 높아질 수 있도록 제도를 설계한 것이다.

또한 프로그램 예산제도를 도입하면서 예산사업의 효율적인 성과관리를 위해 모든 예산사업이 태어나서 죽을 때까지 life-cycle 전 과정을 관리할 수 있는 기반을 마련하였다. 즉 프로그램, 단위사업, 세부사업 등 모든 예산사업의 도입 이력, 예산편성 및 집행 이력, 성과 이력, 제반 평가 이력 등을 관리하도록 하였다. 해당 정보는 디지털예산회계시스템내 하위 시스템인 사업관리시스템에 담기며 예산사업에 대한 필요한 사항이 조치될 때마다 사업관리시스템 및 연계된 다른 시스템을 통해 관리된다.

(2) 제반 예산개혁 조치의 Enabler로서의 예산제도

한국이 2004년도에 추진한 프로그램 예산제도는 단순히 예산구조를 프로그램-단위사업-세부사업 방식으로 바꾼 것이 아니다. 프로그램 예산제도는 당시 추진 중인 제반 재정개혁 조치들이 제대로 작동하게끔 하는 역할(enabler)을 하도록 설계된 제도이다. 기존의 한국의 예산제도는 국가 정책과 예산을 연계시키는 전략적 재원배분 단위가 없었다(Allen Schick). 또한 국가재정운용계획과 단년도 예산이 과거에는 각각 상이한 구조에서 수립되어 양자 간 연계는 사실상 불가능하였다. 그러나, 프로그램 예산구조를 만들면서 프로그램이 국가 정책과 예산을 연계시키는 단위가 되었으며, 국가재정운용계획과 단년도 예산이 동일한 체계하에서 수립되어 양자 간 연계성이 강화되었다.

```
◆ 〈참고〉 프로그램 예산제도 도입 전후의 국가재정운용계획과 단년도 예산의 ◆
    구조 비교

   [프로그램 예산제도 도입 이전] 상이한 구조
    • 국가재정운용계획: 분야(function)-부문(section)-세부사업(세세항)
    • 단년도 예산: 대기능(장)-중기능(관)-소기능(항)-실·국(세항)-세부
      사업(세세항)


   [프로그램 예산제도 도입 이후] 동일한 구조
    • 분야-부문-프로그램(정책사업)-단위사업-세부사업
```

자료: 디지털예산회계기획단(2004)

정부가 Top-Down 예산제도를 최초 도입할 때 어떠한 예산사업이 Top-Down 제도 운영의 기본 단위가 될지에 대한 고려를 하지 못했다. 군인이 전쟁에 나가는데 총은 신무기로 바뀌었지만 총알은 무엇으로 쓸지 몰랐던 것과 같다. 프로그램 예산제도는 Top-Down 제도 운영시 프로그램 단위로 재원을 관리하도록 하였다. 예산당국은 통상의 방식대로 자잘한 세부사업을 하나하나 검토하는 것이 아니라 단위사업별 예산검토와 전략적인 관점에서 재원배분을 고민하여 프로그램별로 지출한도를 설정해야 할 것이다. 다시 말해 예산당국이 Top-Down 방식으로 예산을 검토할 때 세세한 세부사업은 손을 대지 말고 단위사업을 중심으로 검토하라는 것이다. 이러한 이유로 지금의 단위사업이 단위사업으로, 세부사업이 세부사업으로 명명(命名)되었다. 이렇게 될 경우 사업 부처는 프로그램 지출한도 내에서 단위사업과 세부사업을 운용할 때 상당한 자율성을 가지게 된다.

2004년 당시 성과관리제도를 운영할 때 성과관리 대상으로 적합한 사업단위가 예산구조상 존재하지 않았다. 프로그램 예산제도는 재정성과관리의 기본단위를 프로그램으로 하면서, 재정성과관리제도와 예산을 연계시키기 위해 설계되었다. 즉 프로그램 예산구조를 설계할 때 성과관리체계(임무-비전-전략목표-성과목표-관리과제-성과지표)상 성과목표와 프로그램 예산구조(분야-부문-프로그램-단위사업-세부사업)상 프로그램을 일치(또는 연계)하는 것을 고려하도록 한 것이다.[36]

---

36) 이에 대한 자세한 사항은 제15장(제5절)을 참고하기 바란다.

이 방안은 국가 기관인 디지털예산회계기획단에서 2004년도에 이미 제시되었던 방안이다. 그러나 이후 상당기간 동안 예산 당국은 성과관리체계와 프로그램 예산구조를 별개로 생각하여 왔다. 최근 들어서야 기획재정부는 성과관리체계와 프로그램 예산구조를 연계시키기 위해 노력중이다(제15장 참조).

또한 프로그램 예산제도는 정부회계에서 프로그램별 원가를 산정하여 원가관리를 하게끔 설계되었다. 프로그램이 제대로 설정되고 해당 프로그램의 원가가 산정되면 정부가 수행하는 굵직한 예산사업의 원가정보를 알게 되어 부처 간 프로그램 간 원가를 비교할 수 있을뿐만 아니라, 정부 프로그램과 유사한 민간 프로그램 간, 정부 프로그램과 외국과의 비교도 가능해진다.

이처럼 프로그램 예산제도는 프로그램이 국가재정운용계획, Top-Down 예산제도, 재정성과관리제도, 정부회계의 중심단위 역할을 하도록 설계된 예산제도이다.

그림 14-4 Enabler로서의 프로그램 예산제도

자료: 최상대 · 유승원. 전게발표문을 재구성.

2. 한국의 프로그램 예산제도 도입시 추진된 5가지 사항들

보통 프로그램 예산제도는 예산구조를 프로그램-단위사업-세부사업으로 구성하는 것을 의미하는 경우가 많다. 그러나 프로그램 예산제도는 앞에서 설명한 바와 같이 예산당국과 각 부처 간 역할 분담 등을 통해 국가예산을 정책과 성과 중심으로 운용하고, 제반 예산개혁 조치의 enabler로서의 역할을 다하기 위해 도입된 제도로서 이를 위한 여러 사항들이 마련되었다.

2004년 당시 프로그램 예산제도가 도입되면서 추진되었던 사항은 5가지로, ① enabler로서의 "프로그램-단위사업-세부사업"의 예산구조 설정, ② 통합 정부기능분류체계인 "분야-부문" 구조 설정, ③ 부처의 자율적인 예산운용을 위한 "비목(費目)" 체계 대폭 축소, ④ 예산사업별 이력관리 체계 마련, ⑤ 프로그램 예산서 등을 담은 예산서 편제 개편이다.[37]

(1) Enabler 로서의 "프로그램-단위사업-세부사업"의 예산 구조 설정

각 부처는 디지털예산회계기획단이 마련한 프로그램 예산구조 설정 지침에 따라 enabler로서의 예산 구조를 자발적으로 설정하였다. 당시 대다수의 부처는 정책과 예산의 연계, 자율과 성과의 조화를 위해 많은 고민을 하며 프로그램 예산구조를 마련하였다. 이후 디지털예산회계기획단이 타 부처 예산구조와의 형평성, enabler로서의 역할 등을 종합적으로 고려하며 각 부처 예산담당자와의 토의 하에 프로그램 예산구조를 확정하였다.[38]

많은 부처가 타 부처의 프로그램 예산구조(안)를 참고하여 키높이를 맞추었기에 부처 프로그램 예산구조 간 형평성이 도모되었다. 그러나 일부 부처는 예산 규모가 크고 다양한 정책을 수행하는 부처임에도 불구하고 프로그램을 과소 설

---

37) 5가지 외에 Top-Down 지출한도를 프로그램별로 설정하는 등 예산을 프로그램 중심으로 운영하는 방안을 당시 정부(디지털예산회계기획단)가 마련하였으나 적극적으로 추진되지 못하였다. 이에 대해서는 제6절에서 살펴본다.

38) 이 과정에서 디지털예산회계기획단과 각 부처 예산담당자 상호 간에 신뢰관계를 바탕으로 원활하게 소통하였다(2006년 (구)행정자치부가 개최한 정부혁신대회에서 프로그램 예산제도를 평가한 평가위원의 언급)고 한다.

표 14-7 연도별 프로그램, 단위사업, 세부사업 현황

(단위: 개)

	2007	2008	2009	2010	2011	2012	2013	2014
프로그램	805	894	748	748	741	770	800	792
단위사업	3,575	3,646	3,224	3,104	3,064	3,144	3,161	3,214
세부사업	8,903	9,282	8,865	8,548	8,362	8,418	8,524	8,562

자료: 기획재정부.

정하거나, 예산규모가 작고 수행하는 정책이 많지 않음에도 불구하고 프로그램을 과다 설정한 경우도 없지 않았다. 당시 부처의 협조와 자발적인 참여를 유도하는 과정에서 불가피한 경우도 일부 있었던 것으로 보인다.

2년간의 시범운영을 거쳐 2007년 프로그램 예산구조가 공식적으로 마련되었을 때 전 부처의 프로그램은 805개, 단위사업은 3,575개, 세부사업은 8,903개였다. 1개의 프로그램은 평균 4.4개의 단위사업으로 구성되어 있고, 1개의 단위사업은 평균 2.5개의 세부사업으로 구성되어 있다. 참고로 2007년부터 2014년까지의 프로그램, 단위사업, 세부사업 현황은 〈표 14-7〉과 같다.

(2) 통합 정부기능분류체계인 "분야-부문" 구조 설정

앞에서 설명한대로 프로그램 예산제도가 도입되기 전에는 국가재정운용계획상 정부 기능은 "분야-부문"의 2단계로 분류되어 있는 반면, 단년도 예산 구조에서는 "장(대기능)-관(중기능)-항(소기능)"의 3단계로 분류되어 있어 정부 기능이 통일되어 있지 않았다. 이것을 UN의 정부기능분류체계인 COFOG(Classification of Function of Government) 등을 참고하고 한국의 특수한 실정(남북대치, 성장과 복지의 조화 등)을 고려하여 정부기능분류체계를 16분야 68부문으로 새롭게 설정하였다. 이러한 분류체계는 2014년 현재(16분야 69부문, 〈표 14-8〉)까지 그 모습을 계속 이어오고 있다.

여기서 유의할 것은 여기서 말하는 "분야-부문"이 예산 관점에서의 정부기능분류체계에 한정된 것이 아니라는 점이다. 2004년 당시 정부가 운영하는 정부기능분류체계가 4개 있었다. 디지털예산회계기획단의 "분야-부문" 체계, 국무조

표 14-8 정부기능분류: 16분야 69부문

16분야 69부문			
010. 일반공공행정	**050. 교육**	083 공적연금	115 에너지및자원개발
011 입법및선거관리	051 유아및초중등교육	084 보육·가족및여성	116 산업·중소기업일반
012 국정운영	052 고등교육	085 노인·청소년	**120. 교통및물류**
013 지방행정·재정지원	053 평생·직업교육	086 노동	121 도로
014 재정·금융	054 교육일반	087 보훈	122 철도
015 정부자원관리	**060. 문화 및 관광**	088 주택	123 도시철도
016 일반행정	061 문화예술	089 사회복지일반	124 해운·항만
020. 공공질서및안전	062 관광	**090. 보건**	125 항공·공항
021 법원및헌재	063 체육	091 보건의료	126 물류등기타
022 법무및검찰	064 문화재	092 건강보험	**130. 통신**
023 경찰	065 문화및관광일반	093 식품의약안전	131 방송통신
024 해경	**070. 환경**	**100. 농림수산**	132 우정
025 재난관리	071 상하수도·수질	101 농업·농촌	**140. 국토및지역개발**
030. 통일·외교	072 폐기물	102 임업·산촌	141 수자원
031 통일	073 대기	103 수산·어촌	142 지역및도시
032 외교·통상	074 자연	104 식품업	143 산업단지
040. 국방	075 해양환경	**110. 산업·중소기업및에너지**	**150. 과학기술**
041 병력운영	076 환경일반	111 산업금융지원	151 기술개발
042 전력유지	**080. 사회복지**	112 산업기술지원	152 과학기술연구지원
043 방위력개선	081 기초생활보장	113 무역및투자유치	153 과학기술일반
044 병무행정	082 취약계층지원	114 산업진흥·고도화	**160. 예비비**
			161 예비비

자료: 기획재정부(2013f).

정실의 "성과관리체계상 상위체계", 행정자치부의 "BRM 체계"[39]와 "기록물분류
체계"가 그것이다. 이 4개의 분류체계가 정부혁신지방분권위원회의 주재 아래

---

39) (구)행정자치부는 BRM(Business Reference Model) 체계를 정부기능분류체계로 불렀으나 사
실상 정부기능의 분류라기보다는 조직 관점에서 분류한 체계(정부혁신지방분권위원회)로 용
어 사용시 혼란을 방지하고자 여기서는 그냥 BRM 체계라고 하였다.

프로그램 예산제도에서 운영하는 "분야-부문" 체계로 통일되었다.[40][41] 당시 정부기능을 어떠한 관점에서 보더라도 통일적으로 사용할 수 있는 정부기능분류체계가 프로그램 예산구조의 "분야-부문"을 중심으로 마련된 것이다.

(3) 부처의 자율적인 예산운용을 위한 "비목(費目)" 체계 대폭 축소

비목(費目)은 품목(品目) 또는 목(目)이라고도 하는데 인건비, 운영비, 업무추진비, 여비(旅費)와 같은 예산의 경제성질별 분류를 말한다. 비목은 세입과목(세법에 의한 세목(稅目) 등으로 구성)과 세출과목이 있는데 여기서는 세출과목을 중심으로 설명한다. 우리나라에 예산제도가 처음 만들어질 때부터 예산은 비목체계로 분류되었었다. 미국도 마찬가지다. 즉 각 부처에서 예산을 운용할 때 전통적으로 비목체계에 따라 운용해왔고 그만큼 이 비목체계는 부처에서 행정 곳곳에 뿌리박혀 있는[42] 전통적인 분류체계이자 개편하기도 어려운 분류체계이다.

그런데 이 비목체계가 각 부처의 예산운용 측면에서 사실상 발목을 잡고 있었다. 예산당국은 예산집행지침에서 비목 간 전용을 통제하고 있다. 해외여비나 인건비, 업무추진비를 더 쓰기 위해 운영비를 당겨쓰거나, 건축물을 계획보다 많이 설치하고 자산취득비를 늘려 쓰기 위해 공무원의 법정 인건비를 당겨쓸 수는 없기 때문이다. 그러나, 비목의 개수가 많으면 많을수록 집행부서(부처)가 예산을 운용할 때 예산조정부서(예산당국)와 사사건건 시비가 붙게 마련이고, 이러다보니 집행부서(부처)가 예산을 경직적으로 운용하게 되었다. 예산이 경직적이면 정책과 예산을 연계하고, 성과를 통해 책임을 묻는 선진화된 예산제도는 공염불이 되기 십상이다.

또한 목의 하위단위로 세목(細目)이 있는데 시간이 갈수록 이 세목이 상위레벨인 목의 역할을 하게 되었다. 원래는 목의 내역으로서 역할을 해야 하는데 세

---

40) 이 과정에서 프로그램 예산제도의 "분야-부문" 체계도 일부 수정되었다.
41) 그러나 2008년 정권이 교체된 이후 이러한 조치는 흐지부지 되었다.
42) 저자 중 한명이 국립대학에서 근무하고 있다. 그 대학도 정부 부처의 소속기관이어서 프로그램 예산제도를 사용하고 있는데, 저자가 대학의 2014년 예산을 보자고 담당부서에 얘기했더니 대학의 프로그램, 단위사업, 세부사업을 보여주는 것이 아니라 인건비, 여비 식의 비목별 정보를 보여주었다고 한다. 프로그램 예산제도가 도입된지 약 10년이 되었는데도 행정현장에서는 비목별 분류방식이 아직까지 뿌리깊게 박혀 있다.

목도 목처럼 집행부서(부처)의 예산을 통제하는 수단이 되어버린 것이다.

이러한 문제점을 해결하고자 프로그램 예산제도를 도입하면서 비목의 개수를 대폭 축소하여(49개 목, 101개 세목 → 8개 목) 비목 간 칸막이를 최대한 줄이고, 칸막이는 투입통제가 아닌 재원배분상의 나침반 역할을 하도록 하였다(디지털예산회계기획단, 2004). 또한, 목과 세목의 역할을 명확하게 구분하여, 예산편성시 재원배분의 준거로는 목만 활용(세목은 아님)하고, 세목은 명칭 자체를 없애고 목의 세부내역으로서 참고자료로만 활용하도록 하였다. 물론 공무원 인건비, 제반 수당, 여비 등 방만한 운용이 염려되는 일부 비목에 대해서는 여전히 별도의 법령 및 규정에 의해 사전에 정해진 사항에 대해 정해진 방식으로만 지출하도록 하는 등 엄격히 통제하고 있다.

2004년 프로그램 예산제도 도입 당시 각 부처의 일선 집행부서(과 등)에서는 프로그램 예산제도를 통해 추진되는 5가지 사항 중 이 비목체계의 대폭 축소를 가장 반겼었다. 49개였던 목이 2004년 프로그램 예산제도 최초 도입시 8개로 대폭 축소되었다가 시간이 지나면서 다시 확대되어, 2014년 현재 목은 23개이다(〈표 14-9〉).

(4) 예산사업별 이력관리 체계 마련

프로그램 예산제도를 도입함에 따라 프로그램, 단위사업, 세부사업 등 각 예산사업의 이력을 관리할 필요가 생겼다. 각 예산사업에 대한 정보를 집행 부서(부처)와 예산조정부서(부처)가 비대칭적으로 가지고 있으면 재원배분의 비효율성이 생길 수 있기 때문이다. 또한 각 예산사업의 전 과정을 관리하면 예산규모가 부당하게 증가하여 불필요한 재원이 낭비되는 경우를 사전에 방지할 수 있다. 마찬가지로 재원이 비합리적으로 감소되어 예산사업이 본연의 목적을 달성하지 못하는 경우도 방지할 수 있다. 이러한 이력관리를 위해 디지털예산회계시스템의 하위 시스템인 사업관리시스템(제17장 참조)을 구축하여 해당 시스템에 각 사업의 이력정보를 담고, 예산조정부서(부처)와 예산집행부서(부처)가 동일한 정보를 동시에 공유할 수 있게 하였다.

표 14-9 세출비목 체계

목	내역	목	내역
110. 인건비	01. 보수 02. 기타직 보수 03. 일용임금	410. 토지매입비	
210. 운영비	01. 일반수용비 02. 공공요금 및 제세 03. 피복비 04. 급량비 05. 특근매식비 06. 일·숙직비 07. 임차료 08. 연료비 09. 시설장비유지비 10. 차량선박비 11. 재료비 12. 복리후생비 13. 시험연구비 14. 학교운영비 15. 위탁사업비 16. 기타운영비	420. 건설비	01. 기본조사설계비 02. 실시설계비 03. 시설비 04. 감리비 05. 시설부대비 06. 건설가계정
		430. 유형자산	01. 자산취득비 02. 저장품매입비 03. 차관물자용역대
		440. 무형자산	
220. 여비	01. 국내여비 02. 국외업무여비 03. 국제화여비	450. 융자금	01. 비금융공기업 융자금 02. 통화금융기관 융자금 03. 비통화금융기관 융자금 04. 기타민간융자금 05. 지방자치단체 융자금
230. 특수활동비		460. 출자금	01. 일반 출자금 02. 통화금융기관 출자금
240. 업무추진비	01. 사업추진비 02. 관서업무비	470. 예치금 및 유가증권매입	01. 한국은행 예치금 02. 통화금융기관 예치금 03. 비통화금융기관 예치금 04. 국공채 매입 05. 지방채 매입 06. 기타 유가증권 매입
250. 직무수행경비	01. 직급보조비 02. 직책수행경비 03. 특정업무경비 04. 교수보직경비		
260. 연구개발비		480. 예탁금	01. 일반회계 예탁금 02. 기타특별회계 예탁금 03. 공공기금 예탁금
310. 보전금	01. 보상금 02. 배상금 03. 포상금 등	510. 상환지출	01. 국내차입금 상환 02. 해외차입금 상환 03. 차입금 이자 04. 예수금원금 상환 05. 예수금이자 상환 06. 전대차관원금 상환 07. 전대차관이자 상환
320. 민간이전	01. 민간경상보조 02. 민간위탁금 03. 연금지급금 04. 보험료 05. 이차보전금 06. 구료비 07. 민간자본보조 08. 민간대행사업비		
		610. 전출금 등	01. 일반회계 전출금 02. 기타특별회계 전출금 03. 공공기금 전출금 04. 비금융공기업 경상전출금 05. 비금융공기업 자본전출금 06. 감가상각비 07. 당기순이익
330. 자치단체이전	01. 자치단체 경상보조 02. 자치단체 교부금 03. 자치단체 자본보조 04. 자치단체 대행사업비	710. 예비비 및 기타	01. 예비비 02. 예비금 03. 반환금 등 기타
340. 해외이전	01. 해외경상이전 02. 국제부담금 03. 해외자본이전		
350. 출연금	01. 출연금 02. 금융성기금 출연금 03. 민간기금 출연금		

자료: 기획재정부(2014g).

(5) 프로그램 예산서 등을 담은 예산서 편제 개편[43]

정부(디지털예산회계기획단)가 2004년 프로그램 예산제도를 도입하면서 정부예산서 체계를 획기적으로 개편하는 방안을 추진하였다. ① 세입·세출 중심의 기존 예산서를 정책 중심의 프로그램 예산서로 개편하고, ② 국회, 일반국민, 국제기구 등 다양한 이해관계자의 예산정보 요구를 충족시킬 수 있는 개편방안이 그것이다. 이를 위해 ③ 총 5권으로 구성된 프로그램 예산서 편제방안을 마련하였고, 2005년에는 기존 방식으로 작성된 2006년 정부예산서와 함께 새롭게 작성된 프로그램 예산서를 국회에 참고자료로 제출한 바 있다. 그러나 아쉽게도 예산당국의 리더십과 정권교체를 이유로 프로그램 예산서 편제작업이 흐지부지 되었다.

그림 14-5 프로그램 예산서 편제 개편방향(2004년)

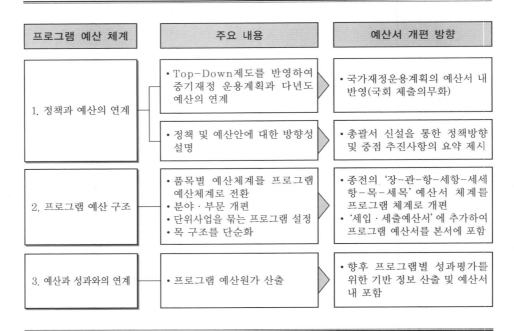

프로그램 예산 체계	주요 내용	예산서 개편 방향
1. 정책과 예산의 연계	• Top-Down제도를 반영하여 중기재정 운용계획과 다년도 예산의 연계	• 국가재정운용계획의 예산서 내 반영(국회 제출의무화)
	• 정책 및 예산안에 대한 방향성 설명	• 총괄서 신설을 통한 정책방향 및 중점 추진사항의 요약 제시
2. 프로그램 예산 구조	• 품목별 예산체계를 프로그램 예산체계로 전환 • 분야·부문 개편 • 단위사업을 묶는 프로그램 설정 • 목 구조를 단순화	• 종전의 '장-관-항-세항-세세항-목-세목' 예산서 체계를 프로그램 체계로 개편 • '세입·세출예산서'에 추가하여 프로그램 예산서를 본서에 포함
3. 예산과 성과와의 연계	• 프로그램 예산원가 산출	• 향후 프로그램별 성과평가를 위한 기반 정보 산출 및 예산서 내 포함

자료: 디지털예산회계기획단(2004).

---

43) 본 사항은 디지털예산회계기획단(2004)을 활용하였다.

① 세입·세출 중심의 기존 예산서를 정책 중심의 프로그램 예산서 편제로 개편

프로그램 예산서 편제는 국가재정운용계획, Top-Down 제도, 성과관리제도의 enabler로서의 역할을 잘 하고 있는지, 정책과 예산의 연계, 예산과 성과와의 연계 등에 대한 정보를 예산서에 담으려 했다. 당시 시도한 많은 사항 중 국가재정운용계획의 국회 제출 의무화는 국가재정법의 제정과 함께 실제 조치되었지만 정책과 예산의 연계를 위한 총괄서 신설 등은 아직까지도 실행되지 않고 있다.

② 다양한 이해관계자의 예산정보 요구를 충족시킬 수 있는 개편

프로그램 예산서 편제는 정부예산서의 전통적인 고객인 국회의 정보요구를 충족시키는 것뿐만 아니라 행정부 내 고위 정책입안자(대통령, 총리) 및 관리자급

그림 14-6 이해관계자별 프로그램 예산서 편제 개편방향(2004년)

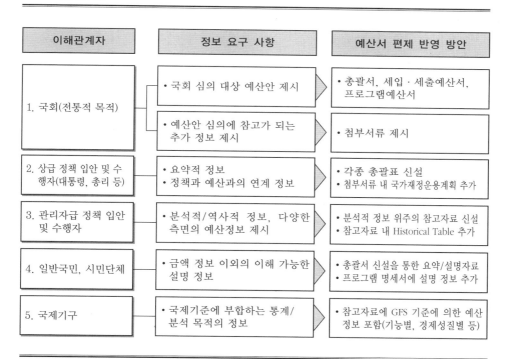

자료: 디지털예산회계기획단(2004).

정책 수행자, 일반국민과 국제기구의 정보요구를 만족시킬 수 있는 개편방안을
마련하였다. 그러나 아직까지 실행되지 않고 있다.

③ 총 5권으로 구성된 프로그램 예산서 편제방안

프로그램 예산서 편제(〈그림 14-7〉)는 기존의 세입·세출 예산서[44](2권)와 첨

그림 14-7 총 5권의 프로그램 예산서 편제(2004년)

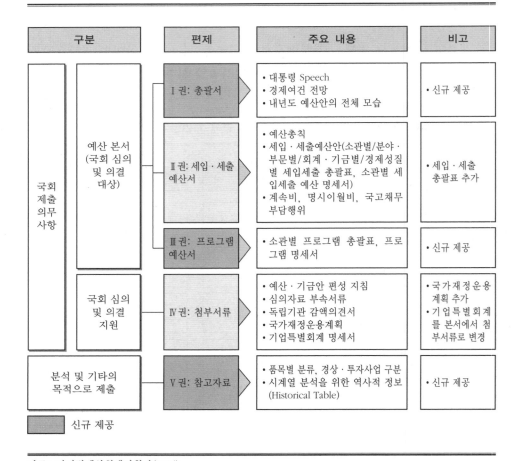

구분	편제	주요 내용	비고
국회 제출 의무 사항	예산 본서 (국회 심의 및 의결 대상)	Ⅰ권: 총괄서	• 대통령 Speech • 경제여건 전망 • 내년도 예산안의 전체 모습	• 신규 제공
		Ⅱ권: 세입·세출 예산서	• 예산총칙 • 세입·세출예산안(소관별/분야·부문별/회계·기금별/경제성질별 세입세출 총괄표, 소관별 세입세출 예산 명세서) • 계속비, 명시이월비, 국고채무부담행위	• 세입·세출 총괄표 추가
		Ⅲ권: 프로그램 예산서	• 소관별 프로그램 총괄표, 프로그램 명세서	• 신규 제공
	국회 심의 및 의결 지원	Ⅳ권: 첨부서류	• 예산·기금안 편성 지침 • 심의자료 부속서류 • 독립기관 감액의견서 • 국가재정운용계획 • 기업특별회계 명세서	• 국가재정운용계획 추가 • 기업특별회계를 본서에서 첨부서류로 변경
분석 및 기타의 목적으로 제출		Ⅴ권: 참고자료	• 품목별 분류, 경상·투자사업 구분 • 시계열 분석을 위한 역사적 정보 (Historical Table)	• 신규 제공

　신규 제공

자료: 디지털예산회계기획단(2004).

---

44) 기금의 수입·지출 계획서를 포함한 것이다.

표 14-10 2005년 국회에 제출되었던 프로그램 예산서에 담긴 정보

1 재정운용방향
 1. 그동안의 재정운용
 2. 향후 재정운용방향
 (1) 정책 및 재정운용 방향
 (2) 부문별·프로그램별 운용 방향

2 사업 총괄표

분야	부문	프로그램	(회계·기금)	단위사업	2005예산	2006예산안	2007계획	2008계획	2009계획
......									
	......								
		A			......	......	......	......	......
			......	a	......	......	......	......	......
			......	b	......	......	......	......	......
			......	c	......	......	......	......	......
		B							

3 프로그램 설명서

A 프로그램

(분야) ○○○ − (부문) ○○○

1. 프로그램 개요
 ○ 사업목적
 ○ 기대효과
 ○ 성과지표
 ○ 단위사업 내역

단위사업	2005예산	2006예산안	2007계획	2008계획	2009계획
a					
b					
c					

2. 단위사업 내용
 【 a 단위사업 】
 ○ 사업개요
 ○ 추진경위 및 지원근거
 ○ 사업내용
 ○ 세부사업 내역

3. 세출비목(目) 내역

자료: 2005년 국회에 제출되었던 프로그램 예산서 중 일부.

부서류(4권)에다가 총괄서[45](1권), 프로그램 예산서(3권)와 참고자료(5권)를 합한 5 권의 프로그램 예산서 편제로 국회에 제출할 계획이었다. 이중 프로그램 예산서 는 앞에서 언급한 바와 같이 2005년 국회에 한차례 제출된 바 있다. 총괄서에 담 기는 사항은 현재 정부가 "나라살림 예산개요"의 제목으로 작성한 책자에 담겨 있고, 해당 책자는 공식 정부예산서와 별개로 국회에 비공식적으로 제출되고 있 다. 또한 참고자료는 기획재정부 보도자료 등의 형태로 작성되고 있다.

〈표 14-10〉은 2005년에 국회에 참고자료로 제출되었던 프로그램 예산서에 담긴 정보를 요약한 것이다. 정부 전체와 각 부처에 대한 재정운용방향과 5년간 의 사업 총괄표, 프로그램과 단위사업에 대한 상세한 정보 등을 담고 있다. 향후 정부 예산서를 개편하려 할 때 유용하게 활용될 수 있을 것으로 생각하여 본 서 에 담았다.

3. 성공적인 프로그램 예산구조 디자인

Diamond는 프로그램 예산구조를 디자인할 때 준수해야 할 일반적인 지침[46] 을 제시하였다. 외국의 지침을 우리나라에 무조건적으로 받아들이는 것은 위험 하다. 나라마다 상황이 모두 다르기 때문이다. Diamond의 지침을 우리나라에 적 용하기 위해서는 우리나라의 특수한 실정에 맞는 구체화 작업이 필요하다. 아래 각 번호에서 위에 설명한 것은 Diamond가 제시한 일반지침이고 아래에 설명한 것은 한국의 상황에 맞는 구체적인 지침이다.

① 하나의 프로그램은 하나의 기능만 수행해야 한다.

→ 하나의 프로그램이 다수의 분야 또는 부문에 걸쳐서는 안되며 하나의 분야·부문에 속해야 함을 의미한다.

② 프로그램은 피라미드식 계층으로 구성되어야 한다.

→ 프로그램의 하위 계층으로 프로그램보다 작은 단위인 단위사업이 설

---

45) 대통령 speech, 경제여건 전망, 예산안의 전체모습 등을 담은 서류로 현재는 대통령의 시정 연설(보통 총리가 대독).
46) Diamond. op.cit. p. 17.

정되고, 단위사업의 하위 계층으로 단위사업보다 하위 단위인 세부사
업이 설정되어야 함을 의미한다.

③ 프로그램은 관련된 모든 액티비티(단위사업)들을 다 고려해야 한다.

> → 프로그램의 정책 목표 달성을 위한 모든 단위사업은 회계·기금과 상
> 관없이 동일한 프로그램하에 속해야 한다.

④ 프로그램에 속한 액티비티(단위사업)들에 대한 책임 소재가 명확해야
한다. 즉, 하나의 프로그램은 하나의 조직이 맡는 것이 바람직하다.

⑤ 각 프로그램을 집행하는 책임은 행정조직 단위와 일치되도록 하여야 한
다. 만약 한 프로그램에 대한 집행책임이 여러 조직에 걸쳐 있을 때에는 주무
조직(lead roles)을 반드시 지정해 주어야 한다.

> → 하나의 프로그램은 하나의 실·국(지자체는 하나의 과)이 관리하는 것
> 이 바람직하다. 두 개 이상의 부서가 하나의 프로그램을 관리하면 배
> 가 산으로 갈 수 있다.

⑥ 프로그램은 관리하기에 적절한 규모 이하여야 한다.

⑦ 프로그램은 정치적 의사결정과 우선순위 결정을 도와주도록 디자인되어
야 한다.

⑧ 프로그램은 목적달성을 추구하는 관리를 지원해야 한다.

> → 프로그램은 국가재정운용계획, Top-Down 예산제도, 성과관리제도
> 등을 운영하는데 적절한 규모여야 한다. 즉, 정책목표 측면, Top-
> Down 지출한도 측면, 성과관리와의 연계 측면, 재원관리의 용이성(전
> 용轉用) 측면 등을 종합적으로 고려하여 프로그램을 설정해야 한다. 구
> 체적으로 살펴보면,

> • 정책목표 측면: 동일한 정책목표를 지향하는 사업은 하나의 프로그램
> 에 모두 포함시켜야 한다. 이때 해당 사업의 개수가 필요 이상으로 많
> 다면 상이한 정책목표가 하나의 프로그램 안에 혼재되어 있거나, 유
> 사·중복 사업이 존재하는 것은 아닌지 의심해 보아야 한다. 이때 부처
> 의 정책목표가 성과관리체계에 잘 구현되어 있는지를 함께 검토해보는

것이 좋다.

- 성과관리와의 연계 측면: 성과관리체계상 성과목표와 프로그램 예산구
  조상 프로그램을 일치시키는 것이 원칙이다. 그것이 어렵다면 1개의 성
  과목표안에 2~3개의 프로그램이 포함되는 방식은 무방하다. 만약 1개
  의 프로그램이 2~3개의 성과목표에 걸치는 방식이라면 프로그램이 필
  요 이상으로 크게 설정되었거나, 성과목표가 필요 이상으로 작게 설정
  되었음을 의미한다. 이 때는 프로그램을 2~3개로 쪼개거나 여러개의
  성과목표를 한 개로 묶는 것이 바람직하다.

- Top-Down 지출한도 측면: 프로그램별로 지출한도가 설정되면 각 부
  처 입장에서는 프로그램을 크게 설정하는 것이 좋다. 해당 프로그램의
  지출한도 내에서 재원을 보다 자유롭게 운용할 수 있기 때문이다. 그러
  나 이럴 경우 하나의 프로그램 안에 다수의 정책목표가 혼재되어 있어
  각 부처가 예산당국과의 협상과정에서 많은 예산을 확보하기 어려워질
  수 있다.

- 재정관리의 용이성(전용: 轉用) 측면: Top-Down 지출한도 측면에서
  설명한 논리와 동일하다. 프로그램이 크게 설정되면 각 부처 입장에서
  재정관리의 용이성 측면에서 우수하지만, 여러 정책목표가 하나의 프
  로그램에 혼재되어 있어 정책목표 달성과 예산 확보 측면에서 불리할
  수 있다.

제6절 3+1 예산제도의 발전방향

2004년의 〈3+1〉 예산개혁 조치는 한국의 예산제도 역사에서 가장 큰 변화였
다. 과거의 고도성장기를 마감하고 중성장 시대에 돌입한 시대적 상황에 걸맞게
한국의 예산제도도 전통적인 구조와 관행을 벗어 버리고 새롭게 변화하고자 한
것이다.

당시 정부가 발표하였던 여러 개혁조치 중 조금 지체되더라도 시행된 사항이

있는 반면 현재까지도 실제 실행에 옮기지 못한 사항도 존재한다. 겉으로 보기에 우리나라는 국가재정운용계획, Top-Down 예산제도, 프로그램 예산제도, 성과관리제도 등 제반 개혁조치를 선진국과 마찬가지로 시행하고 있다. 그러나 실제 운영되는 모습을 보면 아쉬운 점이 적지 않다. 이를테면 경찰이 지능화되는 범죄에 잘 대응하기 위해 값비싼 신형 장비를 보급 받았지만 어떻게 쓰는지 모르거나, 신형 장비를 안 쓰겠다며 구형 장비를 계속 고집하는 모습과 다르지 않다.

3+1 예산제도가 본래의 취지대로 정상적으로 운영되기 위해서는 여러 추가적인 조치들이 필요하다. 여기서는 3+1 예산제도가 서로 유기적으로 연계되며 효율적으로 운영될 수 있는 방안을 앞 절에서의 설명과 중복되지 않는 범위 내에서 살펴보도록 한다.

1. Enabler로서의 프로그램 예산구조 재설정

앞에서 설명한대로 현재 프로그램 예산구조는 국가재정운용계획, 성과관리제도 등이 제대로 작동할 수 있도록 도와주는 enabler 역할을 못하고 있다. 각 부처의 프로그램을 보면 그 부처의 정책이 보여야 하는데 그렇지 못한 경우가 다소 존재한다. 이럴 경우 부처의 정책을 고려한 전략적인 예산운용이 어려워진다. 프로그램 예산구조를 과거의 예산구조처럼 예산관리(이용: 移用, 전용: 轉用)의 기준 정도로만 생각하기 때문이다. 또한 프로그램 예산구조를 설정할 때 성과관리체계를 고려하지 않아 프로그램 예산구조와 성과관리체계가 연계되어 있지 않은 부처가 적지 않다. 즉, 성과 따로 예산 따로가 되어 버렸다.

일각에서는 현재의 프로그램 예산구조가 부처 간 키높이를 맞추지 않았다는 비판을 한다. 어떤 부처는 프로그램 개수가 필요 이상으로 많고 어떤 부처는 필요 이상으로 적다는 말이다.[47] 일리 있는 지적이다. 그러나 부처 간 키높이는 한 부처당 프로그램 개수가 평균 몇 개 방식으로 기계적으로 검토할 사항은 아닐 것

---

47) 다음은 몇 개 부처의 프로그램 현황이다(2014년 기준).

부처	국토교통부	보건복지부	기획재정부	해양경찰청	소방방재청	경찰청	헌법재판소	감사원	대법원
개수	56개	55개	76개	6개	6개	13개	1개	1개	6개

이다. 각 부처가 자신의 임무와 정책을 다시 한 번 살펴보고 국가재정운용계획,
Top-Down 예산제도, 성과관리제도가 잘 작동되게끔 하는 enabler로서의 프로그
램 예산구조가 무엇인지를 고민한다면 부처 간 키높이 문제는 자동적으로 해결
될 수 있을 것이다.

2. 프로그램 중심의 제도 운영: 지출한도 및 기획재정부 예산심의 관련 개편

2004년 당시 프로그램 예산제도를 도입하면서 정부는 예산구조를 사업별로
설정하는 것에 우선순위를 두었다. 그러다보니 새롭게 설정된 예산구조를 가지
고 어떻게 제도를 운영할지의 문제는 후순위로 밀리게 되었다. 사실 예산구조가
먼저 설정되어야 그것을 가지고 예산운영을 할 수 있으니 논리상 그럴 수밖에 없
는 구조다.

프로그램 예산제도 운영방식의 핵심은, 어찌 보면 당연한 말같이 보이지만,
예산을 프로그램을 중심으로 운영하는 것이다. 2004년 당시 정부(디지털예산회계
기획단)는 프로그램 예산제도 운영방안을 마련했었고,[48] 프로그램 예산구조 설정
이 완료되면 이것을 실행에 옮기려 하였다. 그러나 예산당국의 리더십에 변화가
생기고 정권이 교체되면서 추진동력이 상실되고 말았다. 특히 여기서 주목할 사
항은 예산당국 내부에서의 반대를 적절히 통제할 리더십이 부재했다는 점이다.[49]

---

48) 당시 정부(디지털예산회계기획단)가 프로그램 예산제도의 운영방안으로 마련한 사항은 다음
   과 같다(디지털예산회계기획단 2004를 재구성).
   • 국가재정운용계획 작성 및 예산 편성: 비목 및 세세항(지금의 세부사업) → 프로그램-단위
     사업 중심
   • 예산당국의 예산심의: 세세항(지금의 세부사업) → 프로그램으로 전환
   • 예산 모니터링: 예산의 오·남용 방지에 중점 → 성과목표 달성에 역점
49) 당시 프로그램 예산제도를 도입한 디지털예산회계기획단은 행정적으로는 예산당국(기획예산
   처)에 소속된 조직이었지만, 사실은 기획예산처, 재정경제부, 행정자치부, 감사원의 재정전
   문 공무원과 민간전문가로 구성된 일종의 T/F였다. 예산에 대해 공식적으로 책임지는 기획
   예산처 예산실과 별개의 조직이었던 것이다. 통상적인 예산제도 운영을 예산실이 책임지는
   상황에서 예산제도 개혁을 담당한 디지털예산회계기획단의 개편방안이 실제 작동하려면 이
   를 추진하는 디지털예산회계기획단과 예산당국의 리더십이 중요한 문제가 된다. 공무원의
   빈번한 인사교체와 정권교체가 맞물려 프로그램 예산제도 운영방안 개편과 관련해서는 당시
   리더십이 적절히 발휘되지 못하였다.

　과거 정부가 프로그램 중심의 예산제도 운영방안으로 마련했던 사항 중 현재 시점에서 유용하게 활용할 수 있는 사항은 다음의 두 가지이다.

(1) Top-Down 지출한도를 프로그램별로 설정, 공개하고 부처에 자율성 부여

　현재 Top-Down 방식은 분야·부문별, 부처별로만 지출한도를 설정하고 있다. 지출한도가 부처 전체에 대해 정해지고, 사업별로는 정해지지 않고 있다. 부처 전체에 대해 지출한도가 정해지면 해당 지출한도 내에서 부처가 모든 사업을 자율적으로 운용하는 것이 원칙이나, 현실은 그렇지 않다. 실제로는 부처별 지출한도가 정해진 이후 기획재정부 예산실이 각 부처 예산사업(세부사업)을 하나하나 검토하고 이 과정에서 개별 예산사업(세부사업)의 예산규모가 정해지게 된다. 각 부처가 자율적으로 예산을 배분할 수 없다는 점에서는 Top-Down 제도가 도입되기 전이나 현재나 다를 바 없다. 예산을 운용하는 부처에게 자율성이 주어지지 않으면 운용상의 책임을 묻는 것이 무의미하다. 현재 재정성과관리제도가 지지부진한 이유는 근본적으로는 이것 때문이다.

　이처럼 왜곡된 현재의 Top-Down 지출한도 방식이 제자리를 잡기 위해서는 일정한 단위 이하의 사업에 대해서는 부처에게 재원배분상 자율성을 주어야 한다. 현재는 명목상 부처 예산 전체에 대해 지출한도가 주어져 있다. 이럴 경우 논리상 각 부처가 부처의 사업 전체에 대해 자율성을 가져야 한다. 그러나, 실제로는 각 부처가 자율성을 가지고 있지 않다. 제도 따로 실제 따로인 모습이다.

　프로그램별로 지출한도를 설정하면 부처의 정책단위별로 지출한도가 설정되어 정책별 예산운용이 가능해지고, 부처가 성과관리체계상 성과목표 수준과 프로그램 간 일치(연계)시키려는 유인이 강해질 것이다. 또한 부처가 프로그램 이하 단위인 단위사업, 세부사업에 대해 자율적으로 예산을 배분하고 집행하게 되므로 행정부가 국회의 승인없이 예산을 변경할 수 있는 전용(轉用) 개념과 양립할 수 있다. 이와 같이 제도가 개편되면 국가재정운용계획, 성과관리제도, Top-Down 예산제도가 제대로 작동하게 되고, 프로그램 예산제도가 본래의 취지대로 enabler의 역할을 할 수 있다.

　더불어 프로그램별 지출한도가 대외에 공개되어야 할 것이다. 현재는 기획재정부와 각 부처만이 지출한도를 공유하고 있다. 이 때문에 지출한도의 합리적 설정 여부, 지출한도 설정후 각 부처가 준수하는지 여부 등을 일반 국민이 확인할 수 없다. 정부도 언젠가 공개할 수밖에 없다는 것을 알고 있을 것이다. 이왕 해야 한다면 열린 마음으로 빨리 하는 것이 좋지 않겠는가.

(2) 기획재정부 예산심의회 개편 : 프로그램 중심의 정책 심의 (Top-Down 심의)

프로그램별 지출한도 설정과 동시에 추진해야 할 것은 기획재정부 예산심의 방식을 개편하는 것이다. 현재의 그것은 세부사업 하나하나를 기획재정부 심의회에서 내부적으로 심의하고 심의회를 통과한 세부사업에 예산이 들어가는 구조이다. 세부사업 여러개가 모여서 부처의 전체 예산이 만들어져, 각 부처가 세부사업 하나하나에 온 신경을 쓸 수밖에 없는 구조이다.

현재 한국의 예산은 공식적으로 Top-Down 방식으로 편성되고 있지만 사실상 과거의 Bottom-Up 방식이 계속 유지되고 있다. 그 이유가 바로 기획재정부의 예산심의 방식이 이처럼 Bottom-Up 방식을 그대로 유지하고 있기 때문이다.

현재의 Bottom-Up 방식의 예산심의회는 세세한 사업을 현미경처럼 들여다보기 때문에 불필요한 예산을 배제하는데 효과적이다. 따라서 재정건전성 유지에는 이 심의회가 유용하다. 그러나 정책과 예산을 연계하고 사업의 성과를 제고하며 재원을 전략적으로 배분하는데 있어서는 현재의 예산심의회는 그 역할이 대단히 제한적이다.

기획재정부 예산심의회는, 부처의 정책을 재정적으로 지원하기 위해 어떻게 예산을 편성해야 하는지를 심의하는 방식으로 바뀌어야 한다. 이래야 정책과 예산을 연계할 수 있다. 기획재정부 예산심의회가 이처럼 Top-Down 방식으로 운영되면 각 부처도 함께 변할 것이다. 물이 아래로 흐르듯이 돈도 아래로 흐르고, 물줄기가 바뀌면 산과 들이 변하듯이 돈줄기가 바뀌면 정책이 변하는 법이다. 예산심의회가 Top-Down 방식으로 운영되면 국가 전체의 정책을 조망하기 때문에 부처 간 협업 또는 유기적인 정책 연계에 대한 검토가 용이해질 것이다.

여기서 유의할 사항은 Top-Down 방식의 예산심의회가 현재 Bottom-Up 방식의 예산심의회를 대체하는 것이 아니라 보완하는 제도라는 것이다. 현재의

Bottom-Up 예산심의회는 세부사업에 대한 예산낭비 소요를 제거하는 미시적인 예산심의회라면, Top-Down 예산심의회는 프로그램을 중심으로 정책을 검토하고 이에 대한 재정지원을 심의하는 거시적인 예산심의회라고 볼 수 있다. 이러한 보완을 통해 나무와 숲을 함께 보는 균형 잡힌 예산심의회를 지향하는 것이다.

현재의 Bottom-Up 방식의 예산심의회는 기획재정부 각소관 예산담당자(사무관급)가 예산실내 총괄라인 관리자 집단(예산실장, 예산총괄심의관, 예산총괄과장 등)에게 심의를 받는 형식으로 진행되고 있다. Top-Down 방식의 예산심의회는 기획재정부 각소관 과장이 심의를 받는 형식으로 진행하면 될 것이다. 이때 각 부처 기획조정실장 또는 예산총괄업무를 담당하는 국장 또는 과장급이 함께 참석하여 기획재정부와 소관 부처가 함께 심의를 받는 것도 좋은 대안이 될 수 있다.[50]

지금까지 프로그램 중심의 제도운영 방안에 대해 살펴보았다. 프로그램 예산제도는 다른 제도가 제대로 작동하게끔 하는 enabler이다. 바꾸어 말하면, 프로그램 예산제도가 제대로 돌아가지 않으면 다른 제도가 제대로 작동하지 않는다는 말이 된다. 프로그램 예산제도가 살아야 다른 제도가 산다.

3. 국가재정운용계획의 기속성 강화

현재의 국가재정운용계획은 5개년(t, t+1, t+2, t+3, t+4년)에 대한 중기재정계획을 담고 있다. 이때 t년은 작성 당해 연도이기 때문에 경제전망과 재정수입규모, 재정지출규모 등 재정전망이 대체로 실제와 큰 차이가 없다. 또한 t+1년은 다음해 예산안과 대상이 동일하여 기획재정부가 경제여건과 재정전망에 있어 심혈을 기울인다. 그러나 t+2, t+3, t+4년은 정부가 경제전망과 재정전망에 있어, 전망의 정확도가 떨어지는 것은 어쩔 수 없다 하더라도, 객관적인 전망이 아닌 정부의 계획, 즉 희망사항을 담는 경향이 크다. 〈표 14-11〉에서 정부가 2013년 경제성장률과 재정총량에 대해 각 연도마다 상이한 전망을 하는 것을 확인할 수

---

50) 향후 이러한 방식이 정착되면 예산심의회에 민간전문가를 참석시켜 그들의 전문성을 활용하는 방법도 고려해 볼 수 있다. 이때 민간전문가가 예산사업 담당자(공무원 또는 민간사업자 등)에게 포획되지 않고 중립성을 유지할 수 있는 제도가 전제되어야 할 것이다.

표 14-11 국가재정운용계획상 경제여건 및 재정총량 전망의 변화(2013년 대상)

	'09-'13 국가 재정운용계획 (2009년작성)	'10-'14 국가 재정운용계획 (2010년작성)	'11-'15 국가 재정운용계획 (2011년작성)	'12-'16 국가 재정운용계획 (2012년작성)	'13-'17 국가 재정운용계획 (2013년작성)
실질성장률	5% 내외	5% 내외	4% 중반	회복세	2%대
총수입(조원)	361.7	365.1	375.7	373.1	360.8
재정지출(조원)	335.3	353.0	341.9	342.5	360.8
관리재정수지 (GDP대비,%)	△0.5	△0.4	0.0	△0.3	△1.8
국가채무 (GDP대비,%)	35.9	33.8	31.3	33.2	36.2
국민부담률(%)	28.1	26.1	25.3	26.1	26.7

주: 각년도 국가재정운용계획이 2013년 경제여건과 재정총량에 대해 전망한 수치임.
자료: 각년도 국가재정운용계획.

있다(분야별 재정소요에 대한 전망치가 각 연도마다 상이한 점은 표에서 생략하였다). 2013년 관리재정수지의 경우 대부분 GDP대비 △0.5% 이내의 소규모 적자를 전망했지만 2013년 당해 연도에 전망한 수치는 △1.8%에 이른다.

그런데 문제는 국민에게 장밋빛 전망을 제시하는 것은 좋은데 이것도 실현 가능한 수준에서 해야지 그것이 과하면 여러 가지 문제가 발생할 수 있다는 것이다. ① 경제전망을 사실과 달리 낙관적으로 예측할 경우 조세수입이 실제보다 많이 들어올 것으로 추산하게 되고, 이에 따라 재정지출도 방만해질 가능성이 높다. 우선순위가 낮은 예산사업은 사라지는 것이 원칙이지만 재원상 여유가 있을 경우 죽지 않고 계속 살아남을 수 있기 때문이다. ② 경제여건 또는 재정여건을 사실보다 낙관적으로 전망하면 정부가 자체적으로 예산을 아껴 쓰고 효율적으로 쓰려는 노력을 상대적으로 덜 들이게 된다. 이때 X-inefficiency가 발생할 수 있다. ③ 또한, 정부가 국민에게 객관적인 전망치를 일관되게 제시하는 것이 정책 신뢰도 제고 측면에서 보다 바람직하다.

이러한 문제점을 방지하기 위해서는 정부가 스스로 객관적인, 또는 다소 보수적인 전망을 해야 하는데 이것이 쉽지 않다.

이것을 해결할 수 있는 방안으로 국가재정운용계획의 기속성을 강화하는 규정을 국가재정법에 마련하는 것을 생각해 볼 수 있다. 구체적으로, 새롭게 작성한 국가재정운용계획이 이전년도에 작성한 국가재정운용계획과 상이한 경우 구체적인 이유를, 예를 들어 경제여건 변화에 따른 전망치 변화와 정책변화에 따른 전망치 변화 등을 구분하여, 국회에 설명하도록 하는 것이다. 현재 정부는 국가재정운용계획상 전망치 변화에 대해, 여건변화에 따라 새롭게 계획을 세운 것이라는 언급 외에는 전망치에 차이가 발생하는 구체적인 이유를 설명하지 않고 있다.

◆ **〈참고〉 예산담당자의 유형: 짠돌이, 관리자, 전략가** ◆

보통 예산총괄부처(부서) 또는 집행부처(부서)의 예산담당자를 세가지로 구분할 수 있다. 아껴 쓰고 나눠 쓰는 것을 강조하는 담당자는 짠돌이 유형에 속한다. 이 부류에 속한 사람들은, 누가 예산에 대해 요청하면 안된다는 말을 보통 먼저 한다. 두 번째 유형은 관리자 유형이다. 예산사업의 물량과 단가를 주로 따지는 사람이다. 예산의 물량을 늘리지 않으려고, 단가를 낮추려고 애를 쓰는 사람이다. 짠돌이 유형과 비슷하지만 짠돌이 유형은 보통 예산의 비목을 가지고 통제를 하는 사람이고 관리자 유형은 사업을 가지고 얘기하는 사람이다. 마지막 유형은 전략가 유형이다. 부처(부서)의 현재 위치와 미래 정책을 파악하고 그 차이를 메꾸기 위해 예산을 전략적으로 사용하는 사람이다. 어떤 유형이 절대적으로 좋은 유형이라고 말할 수 없다. 부처(부서)가 처한 여건에 따라 상대적으로 그 유형을 선택하면 될 것이다. 문제는 여건 변화에 관계없이 하나의 유형만 계속하여 고집하는 경우이다. 여러분의 부처(부서) 예산담당자는 어떤 유형인가?

제 15 장

재정성과관리 제도

• 제1절 재정성과관리 제도의 개요

• 제2절 성과목표관리 제도

• 제3절 재정사업자율평가 제도

• 제4절 재정사업심층평가 제도

• 제5절 재정성과관리 제도의 발전방향

제15장 재정성과관리 제도

제1절 재정성과관리 제도의 개요

1. 재정성과관리 제도의 도입배경

예산을 얘기할 때는 국민과 재정 공무원 모두 통상적으로 어떤 사업에 돈이 얼마나 들어갔나 하는 재정투입에 포커스를 맞춘다. 예산이 많으면 좋은 것이고, 예산이 많은 부처나 부서가 힘 있는 곳으로, 일 잘하는 곳으로 인식되어 왔다. 지역 주민도 지자체가 중앙에서 예산을 많이 따와야 주민을 위해 일하고 있다고 생각하곤 한다. 국회와 감사원도 크게 다르지 않아 보인다. 예산사업이 그 목적대로 집행되고 성과를 내고 있는지, 국민과 주민이 원하고 국가발전에 도움이 되는 방향으로 운영되고 있는지를 점검하지 않고, 특정사업에 예산이 투입되었는지, 국회에서 정해준대로 규정대로 예산이 집행되고 있는지를 감시하고 통제하는데 주안점을 두었었다.

사실 이러한 측면은 현재도 크게 달라지지 않았다. 기획재정부가 전 부처를 대상으로 재정집행점검회의를 하고, 국회가 결산심사를 할 때 등 정부예산에 대한 관리업무를 할 때 제일 처음, 가장 많이 언급되는 사항은 예산집행률이다. 예산집행률이란 배정된 예산이 정해진 기일에 제대로 지출되고 있는가를 알려주는 지표이다. 이것은 앞의 제12장에서 투입지표(input indicator)의 하나로 예시한 바가 있는데, 돈이 투입되는 것을 통제하면 자연히 성과는 따라온다는 생각을 내포하고 있다.

즉, 각 부처가 꼭 필요한 사업에 예산을 요구하여 배정받았다면, 지출집행 또한 순조롭게 될 것이므로 예산집행률이 높을 것이었다. 그러나 사업이 제대로 집행되지 않는 경우에는 정부의 돈을 함부로 지출할 수는 없는 것이므로 예산집행률이 낮아질 것이다. 따라서 예산집행률이 낮은 사업은 문제가 있는 사업으로 일단 추정하게 된다. 예산집행률이란 개념은 다소 막연한 개념(rule of thumb)이지만 나름대로 예산사업의 추진 정도와 재정성과를 단순한 지표로 파악할 수 있게 해준다. 그러나, 정부가 고객지향적으로 바뀌어야 한다는 시대적 흐름에는 잘 부응하기 어렵다.

이제는 경제·재정 환경이 급변하고, 국민의 요구가 무엇보다 다양하고 중요해졌으며, 예산집행 기관의 자율성을 중시하는 등 예산운영을 둘러싼 모든 것이 바뀌었다. 잠재성장률이 저하되는 현재 시점에서는 한정된 국가예산을 효과적, 효율적으로 사용해야 한다. 국민소득 4만불을 지향하는 시점에서 정부예산의 수요자인 국민의 다양한 요구에 부응하도록 예산을 관리해야 한다. 이러한 배경하에서 기존의 투입·통제 위주의 재정관리 방식에서 벗어나 예산집행기관에게 자율성을 부여하고 사후 성과평가를 통한 재정운용에 대한 책임성(accountability)을 강화하는 재정성과관리 제도가 도입되었다.

2. 재정성과관리 제도의 연혁

예산사업에 대한 성과관리 제도는 업무평가 제도가 정부에 최초 도입된 1961년에 시작되었다. 그러나, 당시 예산사업에 대한 성과관리 제도는 예산집행율을 이용한 예산진도 분석 및 문제점 제시 등에 그쳤다. 제9장에서 언급하였듯이 성과주의 예산제도는 박정희정부에서 시작되었다. 그러나, 당시는 성과관리를 추진할 여건이 되지 못하고 예산당국의 리더십도 적극적이지 않아 몇 년후 폐기되었다. 이후 본격적인 재정성과관리 제도는 1999년 김대중정부 들어 시행되었다. 김대중정부는 외환위기 이후 미국식 성과주의 예산제도를 한국에 도입하려 하였다. 정부는 16개 시범기관(추후 39개 기관까지 확대)에 대해 매년 시행하고 있는 예산사업 전체에 대하여 성과목표와 성과지표를 설정하여, 성과지표를 측정한 결과를 예산편성과정에 반영하겠다는 것이 당시 성과주의 예산제도의 주요 내용이었다.

그러나, 모든 예산사업에 대하여 성과주의를 전면적으로 도입하는 것이 매우 어렵고, 또 비용도 많이 드는 점이 당시 부각되었다. 모래알같이 자잘한 예산사업 전체에 대해 성과관리 하는 것이 어떤 의미가 있는지도 확실치 않았다. 또한 당시는 지금의 프로그램 예산제도가 도입되기 전이어서 동일한 목표를 가진 단위사업의 그룹인 프로그램이 설정되어 있지 않았다. 따라서 부처의 정책과 성과를 고려하여 설정된 프로그램별 예산관리가 불가능했고, 그만큼 성과관리를 부처의 목표 등을 고려하며 전략적으로 수행할 수가 없었다.

　　2003년 참여정부 들어서 성과주의 예산제도가 (재정)[1]성과관리제도로 변화되면서 일부 선행부처의 주요 재정사업 중 30%에 대해서만 (재정)성과관리를 실시하기 시작했다. 2004년 정책과 성과 중심의 프로그램 예산제도가 도입되고, 2004년, 2005년과 2006년 중 성과계획서·보고서와 재정사업자율평가 제도가 도입되고 재정사업심층평가 제도가 실시되는 등 (재정)성과관리 제도의 틀이 형성되었다. 이후 2006년 국가재정법이 제정되면서 재정성과관리 제도의 법적근거가 마련되었다. 이후 국가재정법 등을 근거로 2009년 회계연도에 대한 성과계획서와 성과보고서가 각각 2008년과 2010년에 국회에 공식적으로 제출되었다.

표 15-1   재정성과관리 제도의 연혁

연도	연혁
1999년	• 국민의정부, 성과관리 예산제도 추진 　- 시범기관의 모든 예산사업에 대한 성과목표와 지표 설정
2003년	• 참여정부, (재정)성과관리 예산제도를 성과관리제도로 변경 　- 선행부처의 주요 재정사업 중 30%에 대한 성과관리 시행
2004년	• (재정)성과관리제도의 틀인 프로그램 예산제도 도입 　- 동일한 목표를 가지는 단위사업의 그룹인 프로그램 중심으로 　 성과관리 가능 • 성과계획서·보고서 제도 도입
2005년	• 재정사업자율평가 제도 도입
2006년	• 재정사업심층평가 제도 도입 • 국가재정법 제정으로 재정성과관리 제도의 법적근거 마련
2008년	• 2009년 회계연도에 대한 성과계획서 국회에 공식 제출
2010년	• 2010년 회계연도에 대한 성과보고서 국회에 공식 제출

---

1) 2006년 이전에는 재정성과관리와 비재정성과관리를 구분하지 않고 성과관리제도라는 용어가 혼용되었으나, 2006년 성과관리제도의 법적근거를 담은 국가재정법과 정부업무평가기본법이 제정되면서 재정성과관리가 여타 성과관리와 구분되기 시작했다. 따라서, 2006년 이전의 용어 중 재정성과관리에 대한 사항은 이해를 돕기 위해 괄호 (재정)을 붙여 사용하였다.

3. 재정성과관리 제도의 체계

(1) 3개 제도로 구성

재정성과관리 제도는 성과목표관리 제도, 재정사업자율평가 제도, 재정사업심층평가 제도 등 3개 세부제도로 구성되어 있다. 재정 성과목표관리 제도는 부처의 성과목표와 성과지표를 관리하는 제도이고, 재정사업자율평가 제도는 예산사업별 성과를 점검하는 제도이며, 재정사업심층평가 제도는 재정운용 과정에서 문제가 제기된 사업별 또는 사업군별로 심층평가를 하는 제도이다. 재정성과관리 제도를 건강관리에 비유하자면,[2] 성과목표관리 제도는 일상적 건강관리 제도이고, 재정사업자율평가 제도는 정기 건강검진에 해당하며, 재정사업심층평가 제도는 정밀검진에 해당한다.

각 부처는 성과관리목표 제도에 의해 부처 전 업무를 대상으로 성과계획서와 이를 자체적으로 평가한 성과보고서를 각각 T-1년과 T+1년에 작성한다. 각 부처는 개별 예산사업에 대한 구체적인 평가를 위해 성과계획서상의 재정사업중 매년 1/3의 과제를 선정하여 재정사업자율평가를 사업집행 이후 년도인 T+1년에 실시한다. 또한, 각 부처별로 재정운용 과정에서 문제가 있다고 판단된 과제를 대상으로 재정사업심층평가를 실시하고 해당 사업에 대한 대안을 마련한다. 재정사업자율평가와 재정사업심층평가의 결과는 성과목표관리 제도에 환류되고 T+1년 예산편성에 반영된다.

(2) 법령체계

재정성과관리 제도에 대한 사항은 기획재정부 소관의 국가재정법과 국가회계법에 규정되어 있다.[3] 성과계획서, 재정사업자율평가 제도, 재정사업심층평가 제도 등 재정성과관리 제도에 대한 대부분의 사항은 국가재정법과 동법 시행령

---

2) 기획재정부(2013d)를 활용함.
3) 정부업무평가기본법은 정부 성과관리제도에 대한 제반 사항을 규정하고 있다. 그러나, 동법은 재정성과관리 등 정부의 제반 성과관리제도에 대한 기본적인 사항을 담고 있고, 재정 성과관리보다는 부처의 조직·인사관리를 상대적으로 강조하고 있어, 재정성과관리 제도에 대해 설명하고 있는 본 서에서는 생략한다.

그림 15-1 재정성과관리 제도의 체계: 연계와 업무흐름

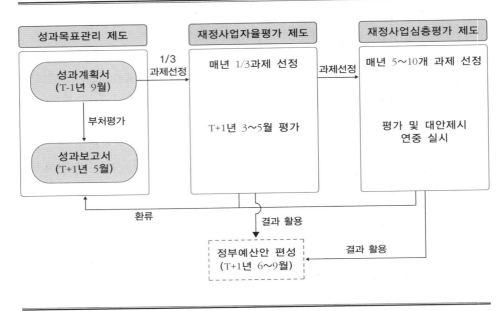

자료: 기획재정부(2013d)를 활용함.

그림 15-2 재정성과관리 제도의 법령체계

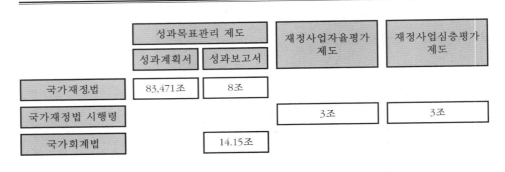

에서 찾을 수 있다. 국가회계법은 성과보고서의 구성서류로 성과보고서를 규정하고 있다.

제2절 성과목표관리 제도

1. 제도의 개요

성과목표관리 제도는 재정사업으로 달성하고자 하는 성과목표와 이를 측정할 수 있는 수단인 성과지표 및 목표치를 사전에 설정(성과계획서)하고, 재정사업의 집행 후 실적치와 목표치를 비교평가(성과보고서)하여 그 결과를 재정운영에 반영하는 제도이다(기획재정부. 2010). 미국의 성과관리 체계인 GPRA, Government Performance and Results Act)를 벤치마킹하여 부처별로 성과목표와 성과지표를 만들고 성과계획서와 성과보고서를 통해 성과를 관리, 평가하고 있다.

성과목표관리 제도는 3년 단위로 이루어진다. '성과계획 수립(T-1년)−예산집행(T년)−성과측정·평가(T+1년)'가 그것이다. 성과계획은 전년도(T-1년)에 당년도(T년) 각 부처의 성과계획을 성과관리체계에 맞추어 성과계획서를 수립한다. 성과계획서상의 제반 목표 달성을 위해 당년도 예산을 집행하며 그 결과를 익년도(T+1년) 성과보고서에 담는다. 성과보고서는 성과계획서상의 제반 목표가 실제 달성되었는지, 미흡한 원인이 무엇인지를 분석하여 보고하게 된다. 한편, 예산사업별 목표달성 여부 등 사업별 성과관리는 별도의 재정사업자율평가 제도를 통해 실시된다.

2. 성과관리체계

성과관리체계는 해당 기관의 임무, 비전, 전략목표, 성과목표, 관리과제로 구성된다.[4] 임무(mission)는 기관 고유의 존재이유와 주요기능을 말하며, 주로 법령에 의해 규정된다. 비전(vision)은 조직의 장기목표를 통해 달성하고자 하는 바람직한 미래상을 의미한다. 전략목표(strategic goals)는 국정목표, 기관의 임무와 비

---

4) 본 단락과 다음 단락은 공동성 외(2013)의 pp. 165-166을 활용함.

전을 고려하여 해당 기관이 중점을 두고 지향하는 주요 정책방향을 말한다. 전략
목표는 기관의 임무와 논리적 연계성을 가져야 한다. 성과목표(performance goals)
는 전략목표의 하위 개념으로서 전략목표 달성을 위한 구체적인 행동목표를 의
미한다. 성과목표는 가급적 업무의 최종적인 효과가 파악되도록 결과 지향적으
로 설정하는 것이 바람직하다. 마지막으로 관리과제(tasks)는 성과목표 달성을 위
한 개별 정책 또는 사업을 말한다. 관리과제는 모든 예산 또는 기금의 단위사업
이 대상이 된다.[5]

　　성과관리체계 중 성과목표와 관리과제는 성과목표 달성 정도를 파악할 수 있

그림 15-3 성과관리체계

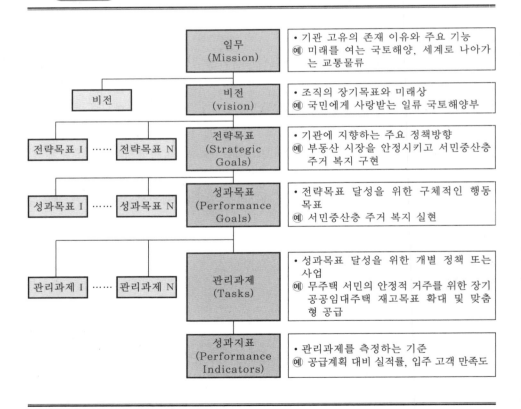

―――――――――――――――――
5) 인건비, 기본경비 등 공통경비를 통해 수행되는 정책과 관련된 사항은 제외한다.

도록 성과지표와 목표치를 설정하고 향후 그 달성도를 점검하도록 하고 있다. 성과지표는 측정이 가능한 것으로 설정하고, 가급적 성과목표의 궁극적인 효과를 측정할 수 있는 결과지표 위주로 설정한다. 결과지표 설정이 어려운 경우 산출지표와 과정지표를 병행 사용하도록 하며, 단순히 산출량이 아닌 산출의 질을 측정할 수 있도록 설정하는 것이 바람직하다. 성과지표의 목표치는 중장기 추진계획, 유사사업 및 국제 수준과의 비교, 과거 추세치 등을 참고하여 설정하되, 사업방식 개선의지 등 적극적 업무수행 관점에서 도전적으로 설정하는 것이 필요하다.

다음은 최근년도의 각 부처 성과계획서상 성과관리체계의 현황을 분석한 것이다. 2013년 10월초에 국회에 제출된 2014년도 성과계획서의 경우 51개 부처의 전략목표는 182개, 성과목표는 452개, 관리과제는 2,176개, 관리과제의 성과지표는 5,299개이다. 한 개 부처당 약 3~4개의 전략목표, 약 9개의 성과목표, 40여개의 관리과제, 100여개의 성과지표로 구성된 성과관리체계를 가지고 있는 것이다. 2014년을 기준으로 식품의약품안전처의 경우 전략목표가 9개로 전 부처 중 가장 많은 전략목표를 가지고 있고, 보건복지부가 37개의 성과목표로 가장 많은 성과목표를 가지고 있다. 관리과제와 성과지표의 경우 미래창조과학부가 각각 165개, 536개로 최다 부처이다. 반면, 대통령비서실의 경우 전략목표, 성과목표, 관리과제, 성과지표가 각각 1개씩으로 최저 부처이다.

관리과제에 대한 성과지표의 경우 투입지표와 과정지표는 합이 10%에 미치지 못하며, 산출지표가 30%대, 결과지표가 50% 이상을 차지하고 있다. 다음은 2013년 성과계획서와 2014년 성과계획서에 대한 성과지표를 분석한 표이다.

표 15-2 각년도 성과관리체계 현황(2011년~2014년)

(단위: 개)

	부처	전략목표	성과목표	관리과제	성과지표
2011년	39	186	487	1,978	4,660
2012년	49	191	479	2,155	3,033
2013년	51	183	467	2,192	5,219
2014년	51	182	452	2,176	5,299

자료: 각년도 정부 성과계획서.

표 15-3 성과지표 유형분류

	관리과제 성과지표	투입 지표	과정 지표	산출 지표	결과 지표
2013년	5,219개 (100%)	106개 (2.0%)	270개 (5.2%)	1,889개 (36.4%)	2,944개 (56.4%)
2014년	5,299개 (100%)	221개 (4.2%)	285개 (5.4%)	1,906개 (36.0%)	2,889개 (54.5%)

자료: 각년도 정부 성과계획서.

3. 성과목표관리 제도의 운영절차

　　성과목표관리 제도의 결과물인 성과계획서와 성과보고서의 운영절차는 정부
예산안과 결산서의 운영절차와 동일하다. 성과계획서는 정부예산안의 첨부서류
이고 성과보고서는 정부결산서의 첨부서류이기 때문이다. 먼저 성과계획서의 경
우, T회계연도에 대한 작성지침을 기획재정부가 마련하여 정부예산안 편성지침
과 마찬가지로 T-1년도 4월말에 각 부처에 전달한다. 각 부처는 성과계획서를 6
월말까지 기획재정부에 제출하고 기획재정부의 검토를 거쳐 완성된 정부 성과계
획서는 정부예산안과 함께 T-1년도 10월 2일까지 국회에 제출된다.

　　성과보고서의 경우, 기획재정부는 각 부처에 T 회계연도에 대한 성과보고서
작성지침을 결산보고서 작성지침과 마찬가지로 통상 T년도 12월중 전달한다. 각
부처는 성과보고서를 작성하여 결산보고서와 함께 T+1년도 2월말까지 기획재정
부에 제출한다. 기획재정부는 성과보고서에 대한 검토후 완성된 성과보고서를
결산보고서와 마찬가지로 4월 10일까지 감사원에 제출한다. 감사원의 검사 결과
를 반영한 T년도 성과보고서는 결산보고서와 함께 기획재정부로 5월 20일까지
다시 송부된다. 정부는 T+1년도 5월말까지 T 회계연도에 대한 성과보고서를 감
사보고서와 함께 국회에 제출한다.

　　이렇게 성과목표관리 제도의 운영절차와 정부예산안 및 결산서의 운영절차
를 일치시킨 것은 성과계획서와 성과보고서를 정부예산안과 결산서에 연계하고
환류시키기 위해서다. 그러나, 아쉽게도 현재 연계와 환류가 원활치 않다. 자세
한 사항은 제5절 재정성과관리 제도의 발전방향에서 알아보도록 하자.

표 15-4 성과목표관리 제도의 운영절차

		성과목표관리 제도		정부 예산·결산	
		성과계획서	성과보고서	정부예산안	정부결산서
T-1 회계 연도	4월말	기획재정부, 각 부처에 T년도 성과계획서 작성지침 전달		기획재정부, 각 부처에 T년도 예산안 편성지침 전달	
	6월말	각 부처, 기획재정부에 성과계획서 제출		각 부처, 기획재정부에 예산안요구서 제출	
	10월 2일	기획재정부, 국회에 T년도 성과계획서 제출		기획재정부, 국회에 T년도 정부예산안 제출	
T 회계 연도	11~ 12월		기획재정부, 각 부처에 T년도 성과보고서 작성지침 전달		기획재정부, 각 부처에 T년도 결산서 작성지침 전달
T+1 회계 연도	2월말		각 부처, 기획재정부에 성과보고서 제출		각 부처, 기획재정부에 결산서 제출
	4월 10일		기획재정부, 감사원에 정부통합 성과보고서 제출		기획재정부, 감사원에 정부통합 결산서 제출
	5월 20일		감사원, 정부통합 성과보고서 검사 후 기획재정부에 송부		감사원, 정부통합 결산서 검사 후 기획재정부에 송부
	5월말		기획재정부, 국회에 T년도 성과보고서 제출		기획재정부, 국회에 T년도 결산서 제출

제3절 재정사업자율평가 제도

1. 제도의 개요

재정사업자율평가 제도는 사업 수행부처가 재정사업을 자율적으로 평가하고 기획재정부가 확인·점검한 평가결과를 재정운용에 활용하는 제도이다.[6] 성과목표관리 제도는 각 부처의 전체 업무를 대상으로 거시적인 성과관리에 포커스를 맞춘 반면, 재정사업자율평가 제도는 각 부처의 예산사업(프로그램 예산구조에서의 단위사업) 중 일부 사업을 대상으로 대상 사업의 미시적인 성과평가에 포커스를 맞춘 제도이다.

재정사업자율평가 제도는 매년 재정사업의 1/3을 대상으로, 3년 주기로 평가한다. 과거에는 성과계획서상 관리과제(프로그램 예산구조에서의 단위사업과 동일[7])의 사업수를 기준으로 매년 1/3씩 평가하였다. 그러다보니 동일한 성과목표하의 관리과제라도 어느 관리과제는 해당연도의 재정사업자율평가 대상이 되지만 어느 관리과제는 대상이 되지 않는 불합리한 점이 있었다. 2010년부터는 이러한 문제점을 개선하여 단위과제의 상위목표인 성과목표를 기준으로 평가대상 과제가 선정된다. 즉, 성과목표수를 기준으로 매년 1/3의 성과목표가 3년 주기로 평가대상으로 선정되며, 해당 성과목표 내의 전체 관리과제가 평가대상이 되는 것이다. 성과관리체계의 틀 속에서 재정사업자율평가 대상 과제가 선정되므로 성과목표관리 제도와 재정사업자율평가의 연계정도가 과거보다 강화되었다.

재정사업자율평가 대상 사업을 선정할 때 평가의 실익이 적은 재정사업은 각 부처가 기획재정부와 협의해서 평가대상에서 제외시킬 수 있다. 10억원 이하의 소액사업, 예비비 성격의 사업, 단순 PC 교체 등 간접비 성격의 사업, 정부내부거래 등 평가의 실익이 없는 사업[8] 등이 그러하다. 한편, 이미 평가된 사업으로서

---

6) 본 제도에 대한 설명은 기획재정부(2014)를 활용하였음.

7) 단위사업과 단위과제, 양자의 실체는 동일하다. 다만, 예산을 논할 때는 단위사업이라고 하고, 성과계획서를 논할 때는 단위과제로 칭한다.

8) 다음은 사업별 평가제외 기준의 예시이다.
   [일반재정사업] 예비비 성격인 사업, 소액사업(10억 원 이하), 광역·지역발전특별회계 사업 중 지역개발계정사업, 경상경비로만 구성된 사업(예: 통계조사비, 고지서 발송), 부처 고유사

평가주기(3년)가 도래하지 않더라도 성과지표 보완 등 성과정보에 변경[9]이 있을 경우에는 수정평가를 할 수 있다.

2. 평가와 평가결과의 활용

(1) 평가지표

〈표 15-5〉에서 보듯이 재정사업자율평가의 평가지표는 계획단계, 관리단계, 성과·환류단계로 세분화된다. 각 단계는 1~2개의 평가항목으로 구성되고, 각 평가항목은 2~5개의 평가지표로 구성되며, 평가대상 사업부문은 일반재정 사업과 정보화 사업으로 구분된다. 참고로, 연구개발(R&D) 사업은 국가과학기술위원회에서 별도로 평가하기 때문에 여기서는 제외된다. 계획단계, 관리단계, 성과·환류단계의 배점은 100점 만점에서 각각 20점, 30점, 50점이다.

평가지표는 모두 13개인데, 11개는 일반재정 사업과 정보화 사업에 공통으로 적용되는 지표이고, 2개는 정보화 사업에만 적용되는 지표이다. 정보화관련 지표 2개는 2012년 신설된 지표이다. 정보화예산의 지속적인 증가에 맞추어 관련 사업의 효율적 관리여부를 평가하고, 공공정보화사업에서 하도급관행을 공정하게 개선하기 위해서 신설되었다. 평가지표별 배점은 최소 2점(1-1. 사업목적의 명확성 및 성과목표 부합성)부터 최대 30점(4-1. 계획된 성과지표의 목표달성 여부)까지이다.

업이 아닌 부대사업(청사시설 확충·개선사업, 청사관리비용, 혁신도시 이전), 조직 내부교육 및 행정관리 업무, 동일한 사업으로 책임운영기관 평가(기관운영평가)를 받는 경우, 정책수립 지원업무(예: 경제정책 조정지원, 문화정책 개발), 국가시험 운영·정부 내 평가관련 사업, 매년 지급되는 기관운영 출연금사업 등.
[정보화사업] 단순 PC교체 및 통신회선료 등 간접비 성격의 사업 등(소속 직원들의 업무용 PC 및 사무관리용 S/W 보급·교체, 통신회선료, 기관 홈페이지 운영, 직원 정보화교육 경비 등), 단 소액사업(10억 원) 기준은 미적용.
9) 성과정보 변경사항 예시: 여타 사업과의 유사·중복성 해소, 재원분담 방식 등 사업방식 개선, 성과목표·지표 등 성과계획 개선, 사업집행과정 모니터링 체계 구축, 사업평가 실시 및 성과분석, 사업의 성과달성도 향상 등의 경우가 이에 해당한다.

표 15-5   재정사업자율평가 제도 평가지표

단계	평가항목	평가지표	배점	
			일반재정	정보화
계획 (20점)	사업 계획의 적정성 (10)	1-1. 사업목적이 명확하고 성과목표 달성에 부합하는가?	2.00	2.00
		1-2. 다른 사업과 불필요하게 유사·중복되지 않는가?	3.00	3.00
		1-3. 사업내용이 적정하고 추진방식이 효율적인가?	5.00	5.00
		소 계	10.00	10.00
	성과 계획의 적정성 (10)	2-1. 성과지표가 사업목적과 명확한 연계성을 가지고 있는가?	5.00	5.00
		2-2. 성과지표의 목표치가 구체적이고 합리적으로 설정되어 있는가 ?	5.00	5.00
		소 계	10.00	10.00
관리 (30점)	사업 관리의 적정성 (30)	3-1. 예산이 계획대로 집행되었는가?	15.00	12.00
		3-2. 사업추진상황을 정기적으로 모니터링하고 있는가?	5.00	4.00
		3-3. 사업추진 중 발생한 문제점을 해결하였는가?	10.00	8.00
		3-정보화①. 정보시스템을 적정하게 운영 및 개선하고 있는가?	–	6.00
		3-정보화②. 공정거래질서 확립을 위해 노력하였는가?	–	감점 (-2)
		소 계	30.00	30.00
성과 /환류 (50점)	성과달성 및 사업평가 결과의 환류 (50)	4-1. 계획된 성과지표의 목표치를 달성하였는가?	30.00	30.00
		4-2. 사업이 효과적으로 수행되는지 점검하기 위한 사업평가를 실시하였는가?	10.00	10.00
		4-3. 평가결과 및 외부지적사항을 사업구조개선에 환류하였는가?	10.00	10.00
		소 계	50.00	50.00
계			100	

자료: 기획재정부(2014).

(2) 평가방법

재정사업자율평가 제도는 기획재정부가 작성해서 각 부처에 전달하는 '재정사업자율평가 지침'에 각 지표별 평가기준이 '예' 판단기준과 '아니오' 판단기준 식으로 구체적으로 설정되어 있다.[10] 해당 '예' 또는 '아니오' 판단기준에 따라 배점을 주는데, 2구분 배점은 '예' 또는 '아니오'로만 구분하여 배점을 주며, 3구분 배점은 '예', '어느정도', '아니오'로 구분하고, 4구분 배점은 '예', '상당한 정도', '어느 정도', '아니오'로 구분하여 각각 배점을 준다. 2구분은 만점 또는 0점이 배점되며, 3구분과 4구분은 각 지표별 가중치를 적용한 점수 산정방식에 따라 배점한다.

각 대상 사업의 점수는 위의 배점방식에 의해 정해진 평가지표별 점수를 종합하여 산정되며, 이를 5단계로 등급화한다.

눈치 빠른 독자들은 이 제도는 부처가 자율평가하는 방식이어서 평가점수가 과대평가되지 않을까 생각할 것이다. 이를 방지하기 위해 대상사업을 상대적으

표 15-6 재정사업자율평가 결과의 5단계 등급화

매우 우수	우수	보통	미흡	매우 미흡
90점 이상	80점 이상 90점 미만	60점 이상 80점 미만	50점 이상 60점 미만	50점 미만

---

10) 예를 들어, 평가지표 1-2의 '다른 사업과 불필요하게 유사·중복되지 않는가?'의 경우 구체적인 판단기준은 아래와 같다.
- '예' 판단기준 (다음 중 하나라도 해당하면 '예' 처리)
  - 사업목적이 다른 사업과 비교할 때 서로 다른 경우
  - 사업목적이 유사하더라도 수혜대상이 다른 경우 (이 경우 사업시행 주체를 별도로 두는 불가피한 사유를 제시해야 함)
  - 사업목적이 유사하더라도 유사 사업 간 협력·조정을 통해 문제를 해결한 실적이 있는 경우(국회·감사원 등 외부기관 및 재정사업심층평가에서 유사·중복 지적이 있는 경우 지적사항을 적시하고 이를 해결한 구체적 실적을 제시해야 함)
- '아니오' 판단기준
  - 사업목적, 수혜대상이 다른 사업과 유사성이 있는 경우
  - 유사사업 간 통합추진이 가능함에도 불가피한 사유없이 상이한 수행주체에 의해 사업이 추진된 경우
  - 외부기관 및 내부평가에서 유사성이 지적된 사업에 대해 유사사업 간 협의 등 조정절차를 마련하지 않은 경우

표 15-7 재정사업자율평가 결과(2009년~2013년)

연도	대상 사업 (개)	재정사업자율평가 결과					
		우수 이상		보통		미흡 이하	
		사업수(개)	비율(%)	사업수(개)	비율(%)	사업수(개)	비율(%)
2009년	440	36	8.2	311	70.7	93	21.2
2010년	552	26	4.7	393	71.2	133	24.1
2011년	482	33	6.9	317	65.8	132	27.4
2012년	474	32	6.8	330	69.6	112	23.6
2013년	579	29	4.9	424	71.0	144	24.1

자료: 기획재정부.

로 평가하고 있다. '매우 우수' 사업과 '우수' 사업이 전체 평가대상 사업 중 20% 이내여야 하며, '미흡' 사업과 '매우 미흡' 사업이 전체 평가대상 사업 중 10% 이상이 되도록 의무화하고 있다. 다만, 평가대상 사업수가 10개 미만인 부처는 상대평가를 실시하지 않는다. 상대평가 미실시 부처에 대해서는 부처의 자체평가 점수와 기획재정부의 점검후 점수 간 차이가 20점 이상이 날 때는 패널티로 3점을 감점한다.

〈표 15-7〉은 2009년(2008년 사업 대상)부터 2013년(2012년 사업 대상)까지 평가한 재정사업자율평가 결과이다. 기획재정부의 각 년도 성과보고서를 분석한 결과, 매년 500개 내외의 사업이 평가대상이며, 우수 이상으로 평가받은 사업은 한자리수이고, 보통으로 평가받은 사업이 약 70% 수준이며, 미흡 이하로 평가받은 사업이 20%대이다. 2013년은 2012년에 비해 우수 이상 사업이 줄어들고, 미흡 이하 사업은 늘어난 것을 확인할 수 있다.

(3) 평가결과의 활용

재정사업자율평가 결과는 예산에 반영되고 필요한 경우 제도개선을 권고한다. 예를 들어 '매우 우수' 사업과 '우수' 사업은 원칙적으로 예산이 증액된다. 반면, '미흡' 또는 '매우 미흡' 사업은 원칙적으로 예산이 10% 이상 삭감된다. 다만, 기초생활보장 급여 등 의무지출 사업, 도로건설 등 연도별 지출소요가 확

표 15-8 미흡이하 사업에 대한 예산삭감 현황

평가년도	미흡이하 사업수	기준년도 예산(A)	차년도 예산(B)	삭감액 (B-A)	삭감비율
2009년	93개	28,984억원	26,897억원	2,087억원	7.9%
2010년	133개	38,746억원	33,866억원	4,880억원	12.6%
2011년	132개	43,092억원	38,745억원	4,307억원	10.0%
2012년	112개	18,695억원	15,257억원	3,428억원	18.4%

자료: 기획재정부.

정된 사업 등은 사업 특성을 고려하여 예외가 인정된다.

평가결과에 관계없이 평가 과정에서 성과지표 개선, 사업 재검토, 통합·조정 등이 필요하다고 판단된 사업은 각 부처에 제도개선을 권고한다. 권고된 사항의 이행실적에 대해서는 기획재정부가 관리하며 차기 평가시 그 실적을 반영한다.

〈표 15-8〉에서 미흡 이하 사업에 대한 예산삭감 현황을 알 수 있다. 미흡이하 사업수는 매년 100개 내외인데 이들 사업에 대한 차년도 예산이 7%에서 18.4%까지 삭감된 것을 확인할 수 있다. 예를 들어 2012년의 경우 미흡이하 평가를 받은 사업의 2011년 예산은 1조 8,695억 원이었는데 2013년 예산은 1조 5,257억 원으로 3,428억 원, 2011년대비 18.4%가 삭감되었다.

3. 재정사업자율평가 제도의 운영절차

재정사업자율평가 제도의 제반 운영은 상반기에 실시되고 있다. 기획재정부는 각 부처에 재정사업자율평가 지침을 1월 중 전달하고, 각 부처는 자체평가를 거친 평가결과를 2월말까지 기획재정부에 제출한다. 기획재정부는 5월중순까지 확인·점검을 한다. 이때 기획재정부는 조세연구원, 정보화진흥원 등 전문연구기관의 지원을 받고 필요시 현장실사를 병행할 수 있다. 이후, 5월말에 평가결과를 확정하고 공개한다.

2012년까지는 평가결과 확정 및 공개가 6월중순에 실시되었다. 그러나, 각 부처가 예산안 요구서 제출시 재정사업자율평가 제도의 평가결과를 반영할 수

표 15-9	재정사업자율평가 제도의 운영절차
일시	운영
1월중	기획재정부, 각 부처에 재정사업자율평가 지침 전달
2월말	각 부처, 자체평가 및 기획재정부에 평가결과 제출
5월말	기획재정부 확인·점검 및 평가결과 확정

자료: 기획재정부(2014).

있도록 하기 위하여 평가결과 확정 및 공개 일시를 2013년부터는 6월중순에서 5월말로 조정하였다.

제4절 재정사업심층평가 제도

1. 제도의 개요

재정사업심층평가 제도는 예산집행 과정이나 재정사업자율평가 등에서 제반 문제가 제기된 사업들에 대한 정밀분석을 실시하여 문제의 원인을 파악하고 문제해결을 위한 방안과 사후 유사사례의 예방책 등을 제시하는 제도이다.

특히, 2010년부터는 사업군 평가방식을 도입하고 있다. 동일한 사업군에 포함된 사업은 부처가 상이하더라도 함께 평가를 받는다. 이렇게 되면 사업 간 유사·중복 여부와 우선순위, 재원배분 방향, 부처 간 역할분담 등을 종합적으로 검토할 수 있다.

평가대상 사업은 재정사업자율평가 결과 추가적 평가가 필요한 사업, 유사·중복사업 등 예산낭비의 소지가 있는 사업, 향후 지속적 재정지출 급증이 예상되는 사업, 기타 사업추진 성과를 점검할 필요가 있는 사업들이다.

2012년의 경우 심층평가 대상 사업은 북한이탈주민 정착지원 사업군, 정보화 사업군(복지·고용) 등 10개 사업군이고, 2013년의 경우 농어업재해대책 사업군 등 5개 사업군이다. 2005년 재정사업심층평가 제도 신설 이후 2013년까지 총 72건에 대한 재정사업심층평가를 실시했다(기획재정부).

2. 재정사업심층평가 제도의 운영절차

　재정사업심층평가는 평가의 객관성과 전문성을 확보하기 위해 기획재정부, 관련부처 및 외부전문연구기관이 함께 참여하는 심의체를 만들어 평가를 수행한다. 기획재정부 성과관리심의관과 각 부처 재정기획관, 민간 연구진으로 구성된 재정사업평가자문회의가 그것이다. 이 자문회의에서 평가대상을 선정하고, KDI(한국개발연구원) 연구진을 중심으로 구성된 평가 T/F에서 평가를 진행한다. 평가결과가 확정되면 해당 사항은 차년도 예산편성에 반영되고 제도개편이 추진된다.

3. 재정사업심층평가 결과의 활용

　재정사업심층평가 결과는 차년도 예산에 반영되고 필요한 사항은 제도개선을 통해 사업을 효율화한다.[11] 심층평가 결과, 사업성과가 낮거나 제도개선이 필

그림 15-4 재정사업심층평가 제도의 운영절차

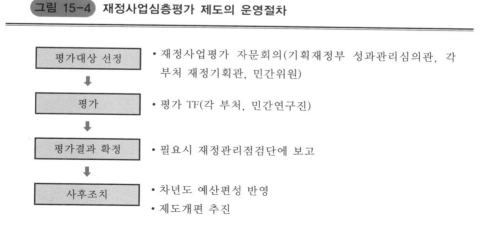

자료: 조세재정연구원 설명 자료를 활용함.

---

11) 본 사항은 기획재정부(2013e)를 활용함.

요한 사업은 예산을 감액한다. 2007년 이후 평가과제 중 35개에 대해 총 2조 9천억원 수준을 감액했다(기획재정부. 2013e. 2013년 2월 기준).[12] 예를 들어, 중소기업청 사업인 창업기업투자보조금의 경우 창업유발 효과가 낮고, 투자 · 고용증대 등 사업성과가 낮게 평가되어 2012년에 해당 사업이 폐지되었다.

재정사업심층평가 제도는 평가후 제도개편을 통해 사업성과가 저하된 원인을 제거하거나 사후 성과저하를 예방하고자 한다. 제도개편 사항은 예산사업의 지원요건이나 재정운용 모니터링을 강화하거나, 사업 간 유사중복 방지, 관계기관 간 역할분담의 조정 등에 초점을 맞추고 있다. 예를 들어, 보건복지부의 장애인활동보조 사업의 경우 과거 장애인 지원등급 판정업무를 지방자치단체에서 수행해 왔으나 판정업무의 전문성과 객관성 제고를 위해 국민연금관리공단에 위탁하도록 했고, 필요이상의 과다 지출을 방지하기 위해 본인부담금 부과방식을 정액방식에서 정률제, 소득별 차등방식으로 전환시켰다.

제5절 재정성과관리 제도의 발전방향

성과목표관리 제도, 재정사업자율평가 제도, 재정사업심층평가 제도 등 재정성과관리 제도는 정부에 성과마인드를 제고시키고 성과가 부진한 사업의 예산은 삭감하는 등 재정운용 성과를 제고시키고 있다. 예산사업 담당자는 과거에는 사전에 정해진 금액을 정해진 시간에 지출하기만 하면 대과(大過)없이 사업을 관리하는 것으로 평가받았었다. 그러나, 재정성과관리 제도를 시행하면서 담당자는 해당 사업을 사업 목적에 부합하도록 수행하고, 성과지표의 목표값을 달성하기 위하여 목표의식을 가지고 수행하도록 사업운영 방식이 바뀌게 되었다. 또한, 성과계획서와 성과보고서를 국회에 제출하면서 재정운영 방식의 투명성이 한층 높아지게 되었다.

그러나, 재정성과관리 제도가 내실화되고 성숙되려면 개선해야 할 사항이 여럿 존재한다. 본 서에서는 재정성과관리 제도의 형식화 문제, 개별 평가제도의 비효율성 문제, 여타 평가제도와의 중복 문제로 구분하여 살펴보고자 한다.

---

12) 그러나, 실직자 직업훈련, 산전후휴가 · 육아휴직 지원, 기초생활보장사업군 등 16개 과제는 법정소요 등을 반영하여 실제 예산은 증액 편성되었다.

1. 재정성과관리 제도의 형식화 문제: 성과관리목표 제도와 프로그램 예산제도의 연계

(1) 문제점

각 부처 성과관리 담당자와 대화를 나눠보면, 재정성과관리 제도의 문제점 중 가장 많이 지적되는 것으로 성과계획서와 성과보고서의 활용도가 떨어지고 형식화되고 있는 점을 들 수 있다. 성과계획서와 성과보고서가 정부예산안과 결산서와 별도 문서로 작성되어 국회에 제출되고 있으며, 성과계획 및 성과평가가 예산안편성 및 결산과 통합 관리되지 않아 정부 내부에서나 국회의 예·결산 심사시 활용도가 저조하다는 것이다.

(2) 발전방향

성과계획서와 성과보고서의 목적 중 하나는 그 결과를 예산에 환류시키는 등 성과와 예산의 연계를 강화하는데 있다(〈그림 15-5〉 참고). 성과계획서와 성과보

그림 15-5 재정성과관리와 예산의 연계

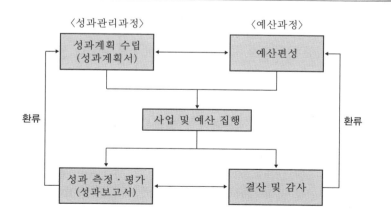

자료: 박노욱 등(2008).

고서를 운영하는 절차(일정)가 정부예산안과 결산서를 운영하는 절차(일정)와 일치하는 것도 이를 위한 것이다.

성과계획서와 정부예산안이 상이하고, 성과보고서와 정부결산서가 상이한 이유는 각각의 구성체계가 상이해서 그렇다. 성과계획서와 성과보고서는 임무-비전-전략목표-성과목표-관리과제 체계로 구성되어 있는 반면, 정부예산안과 결산서는 분야-부문-프로그램-단위사업-세부사업 체계로 구성되어 있기 때문이다. 따라서 재정성과관리 체계와 프로그램 예산체계를 둘 중 어느 하나를 중심으로 일원화하거나 양자를 체계적으로 연계해야 할 것이다. 정부는 2010년부터 2012년까지 재정성과관리 체계와 프로그램 예산체계를 일치시킬 것을 계획했었다(국회예산정책처. 2012). 그러나, 실제로 당시 양 체계의 일치화 작업은 미진했고, 기획재정부의 당초 계획이 종료된 2013년 시점에서도 성과목표관리 체계를 프로그램 예산체계 중심으로 전환시켜야 한다고 정부가 발표(기획재정부. 2013d)하는 실정이다.

성과와 예산이 연계되지 않는 또 다른 이유는 정부예산 사업 중 성과계획서에는 포함되지 않는 사업이 존재하기 때문이다. 성과계획서상의 관리과제(프로그램 예산체계상 단위사업에 해당)가 정부 총지출 중 차지하는 비중이 2012년은 68.9%이고 2013년은 68.0%로(국회예산정책처. 2012), 70%에도 미치지 못하고 있다. 인건비, 기본경비, 예비비 등 성과관리 실익이 적은 사업은 차치하고라도 일반 재정사업, R&D, 정보화 사업 등 중에서 성과계획서의 관리대상에 포함되지 않는 사업이 존재하는 것은 문제이다. 이러한 여건에서는 성과와 예산이 연계될 수 없다. 저자들은 성과와 예산의 연계를 위해 다음의 사항을 제안한다.

① 부처별 특성을 고려한 성과관리체계와 프로그램 예산체계의 일치 또는 연계

성과관리체계와 프로그램 예산체계를 일치시키는 것이 그리 쉬운 작업은 아니다. 부처의 업무 전체와 예산 전체를 상호 조정해야 하는데 이를 위해서는 업무와 예산에 대한 경제적 효율성과 정치적 배분 문제를 모두 고려해야 하기 때문이다. 정부는 2010년부터 2012년까지 3개년 계획으로 전 부처에 대해 양 체계를 일치시키고자 했다. 그러나, 아직도 양 체계는 일치되지 않고 있다. 그만큼 어려운 작업이다.

어쩌면 정부가 의도하는 성과관리체계와 프로그램 예산체계의 일치(연계가 아닌)하는가, 각 부처의 특성을 고려하지 않고 모든 부처에 대해 일치시키고자 하는 것이라면, 달성하기에 너무 높은 목표 또는 달성 불가능한 목표가 아닌가 하는 생각도 든다. 국토해양부, 보건복지부, 산업통상자원부같이 예산규모가 크거나 예산사업을 중심으로 부처의 임무와 정책을 추진하는 부처(일치 부처)는 성과목표관리 체계와 프로그램 예산체계의 일치는 가능할 것이다. 그러나, 금융위원회, 국민권익위원회처럼 예산규모가 작거나 비예산사업을 중심으로 부처의 임무와 정책을 추진하는 부처(연계 부처)는 성과관리체계와 프로그램 예산체계를 일치시키는 것이 원천적으로 불가능할 수 있다. 이러한 부처의 경우 양 체계를 연계시키는 것이 보다 합리적일 것이다.

〈그림 15-6〉에서 보듯이 일치 부처는 성과관리체계상 성과목표(관리과제)와 프로그램 예산체계상 프로그램(단위사업)을 일치시키면 된다. 그러나, 연계 부처는 부처가 추진하는 행동목표로서의 성과목표는 다수인 반면, 이를 지원하는 예산사업으로서의 프로그램은 상대적으로 소수이다. 또한, 행동목표를 위한 개별

그림 15-6 **부처별 특성을 고려한 성과관리체계와 프로그램 예산체계의 일치 또는 연계 방법**

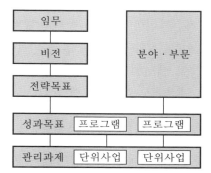

〈일치부처〉예산규모가 크거나 예산사업을 중심으로 부처의 임무와 정책을 추진하는 부처(국토해양부, 보건복지부, 산업통상자원부 등)

〈연계부처〉예산규모가 작거나 비예산사업을 중심으로 부처의 임무와 정책을 추진하는 부처(금융위원회, 국민권익위원회 등)

주: 성과지표와 세부사업은 본 논의와 직접 관련이 없어서 그림에서 생략하였음.

정책인 관리과제는 다수인 반면, 이를 지원하는 예산사업으로서의 단위사업은 상대적으로 소수이다. 따라서, 연계 부처는 1개의 성과목표(관리과제)에 다수 N개의 프로그램(단위사업)이 포함되도록 하면 된다. 이때 주의해야 할 사항은 하나의 프로그램(단위사업)은 단 하나의 성과목표(관리과제)에만 포함되어야지 여러개의 성과목표(관리과제)에 걸쳐서는 안 된다는 점이다. 또한, 통계의 완전성을 위해 정부 총지출을 구성하는 모든 예산사업[13]은 해당 성과목표 및 관리과제와 일치하거나 연계되어야 할 것이다. 이것이 본 서가 제안하는 성과관리체계와 프로그램 예산체계의 일치 또는 연계방법이다.

② 성과계획서(성과보고서)와 정부예산안(정부결산서)을 통합한 가칭「정부 성과예산안」 및 「정부 성과결산서」 작성

성과관리체계와 프로그램 예산체계를 일치시키거나 연계시키면 성과계획서와 정부예산안 및 성과보고서와 정부결산서를 별도로 작성할 필요가 없다. 양 체계가 일치하는 부처는 부처의 업무를 바탕으로 한 성과계획서(성과보고서)와 부처의 예산사업을 바탕으로 한 정부예산안(정부결산서)이 일치하게 된다. 양 체계가 연계되어 있는 부처는 부처의 업무를 바탕으로 한 성과계획서(성과보고서)에 부처의 예산사업을 바탕으로 한 정부예산안(정부결산서)이 포함되어 작성되면 된다. 이렇게 되면 성과계획서(성과보고서)와 정부예산안(정부결산서)이 통합된 가칭 「정부 성과예산안」 또는 「정부 성과결산서」가 만들어지는 것이다.

다만, 이때 주의해야 할 사항은 가칭 「정부 성과예산안」 또는 「정부 성과결산서」를 만들 때 프로그램 예산체계 또는 성과관리목표 체계 중 무엇을 중심으로 해야 하는가이다. 프로그램 예산체계를 기준으로 설명하자면 프로그램(성과관리목표 체계의 성과목표)이 중심이 되어야 한다. 왜냐하면 (ⅰ) 현재 운영되고 있는 프로그램 예산제도의 중심은 프로그램이다. 따라서 국가재정운용계획과 Top-down 예산제도는 프로그램 중심으로 관리되어야 제도 본연의 취지를 살리며 제도의 시너지 효과가 극대화될 수 있다. (ⅱ) 프로그램이 중심이 될 때 가칭 「정부 성과예산안」 또는 「정부 성과결산서」의 정보효과가 극대화된다. 성과예산안프로그램은 동일한 목표를 추구하는 단위사업의 묶음으로서 각 프로그램을 통해 각 부처의 예산 및 업무의 색깔과 특징에 대한 정보가 가장 잘 드러날 수 있다. 또

---

13) 사업지출은 이에 해당하나 회계·기금 간 내부거래와 보전지출은 제외된다.

한, 프로그램 정보와 함께 프로그램을 구성하는 단위사업에 대한 요약된 정보를 포함할 수 있으므로 단위사업에 대한 정보가 손실되지도 않는다.

가칭「정부 성과예산안」또는「정부 성과결산서」를 작성할 때 만약 단위사업을 중심으로 하는 경우, 동일한 목표를 가진 단위사업의 묶음인 프로그램에 대한 정보를 담을 수 없어 정보손실이 크며, 국가재정운용계획과 Top-down 예산제도의 취지가 무색해질 수 있다. 프로그램이 중심이 되는 것이 바람직하다.

프로그램이 중심이 되는 가칭「정부 성과예산안」또는「정부 성과결산서」가 전혀 생소한 것은 아니다. 2005년에 프로그램 중심의 프로그램 예산서를 이미 작성한 경험이 있기 때문이다. 이 프로그램 예산서는 2006년 정부예산안을 프로그램을 중심(단위사업을 포함)으로 각 프로그램에 대한 사업목적, 기대효과, 성과지표, 예산내역뿐만 아니라 각 프로그램, 단위사업과 부처의 재정운용방향에 대한 풍부한 정보까지 담고 있었다. 또한, 당시의 프로그램 예산서는 익년도 예산안과 함께 이후 3개년에 대한 예산계획을 포함한 5개년 예산계획 정보를 포괄하는 등 중기재정계획, 단년도 예산안과 프로그램별 성과관리 정보를 포괄한 예산서였다. 프로그램 예산서는 2005년 당시 디지털예산회계시스템이 자발적으로 국회에 예산심의 참고용으로 제출하였다. 그러나, 당시 국회의 관심 부족 등으로 프로그램 예산서가 국회에 계속 제출되지 않았으며 법정서류로 공식화되지 못했다. 당시 프로그램 예산서에 담긴 정보는 제14장의 〈그림 14-9〉에서 확인할 수 있다.

2. 개별 평가제도의 비효율성 문제: 예산환류의 합리화 등

(1) 문제점

여기서는 재정성과목표관리 제도, 재정사업자율평가 제도에서 예산환류의 비적시성과 비합리성 문제, 재정사업자율평가 제도에서 자율평가의 문제점을 간단히 살펴보자.

재정성과목표관리 제도에서 T년도 성과계획서는 T-1년도에 작성되고 성과결과물인 성과보고서는 T+1년도에 작성된다. 이때 T+1년도에 작성된 성과보고서가 T+2년도 정부예산안에 반영될 수 있다. 즉, 성과계획서 작성이 예산에 반영되기 위해서는 짧게는 2년,[14] 최대 3년[15]이 지나야 한다.

재정사업자율평가의 경우 우수 이상의 사업은 예산을 증액하고, 미흡 이하의 사업은 10% 이상의 예산삭감을 원칙으로 한다. 그러나, 평가가 좋은 사업은 예산을 늘리고, 평가가 나쁜 사업은 예산을 삭감하는 것이 옳은 것인지에 대한 문제제기가 가능하다. 예산지원이 부족해서 평가가 나쁠 수도 있고, 예산지원을 추가로 하지 않아도 평가가 계속 좋은 사업도 있을 수 있기 때문이다.

재정사업자율평가의 경우 부처가 자율적으로 평가하는 시스템이어서 해당 사업이 객관적으로 평가되는지가 불분명하다. 평가점수가 과대평가되는 것을 방지하기 위해 상대평가 방식으로 진행하고, 기획재정부가 확인·점검을 한 점수와 부처의 자율평가 점수 간에 점수차가 크게 나는 경우 패널티를 적용하고는 있지만 객관적인 평가를 담보하기에는 부족한 실정이다. 2009년 국회 예산결산특별위원회 소속 김태원의원이 분석한 바에 의하면, 33개 부처의 자율평가 점수의 평균은 92.2점이었으나 기획재정부가 확인점검한 평균 점수는 65.9점으로 점수차가 26.3점이나 났다(연합뉴스. 2009년 12월 13일자). 각 부처의 자율평가 점수가 약 40%가 과대평가 된 것이다.

(2) 개선방향

① 예산환류의 비적시성 문제: 상시 성과관리 강화와 국민 공개

성과관리 결과를 예산에 반영할 때 2~3년이 소요되는, 예산환류의 비적시성 문제는 현행 제도에서는 불가피한 사항이다. 외국의 경우도 마찬가지이다. 이 문제를 직접 해결할 수 없기 때문에 다른 사항을 통해 보완하는 방법을 찾아야 할 것이다. '상시 성과관리 강화 및 공개'가 좋은 보완책이 될 수 있다. 대상사업별 성과지표의 달성 정도를 정기적(월별, 분기별, 반기별, 연도별)으로 파악하고 디지털예산회계시스템의 국민용 홈페이지를 통해 국민에게 공개하는 것이다.[16] 월별 실적을 지표달성 정도에 따라 3단계(우수-보통-부진) 또는 5단계(매우우수-우수-

---

14) 각 부처가 T+1년도 연초에 성과보고서를 작성함과 동시에 T+2년도 예산안요구에 반영하는 경우.
15) 국회가 T+1년도 연말에 성과보고서를 활용하여 T+2년도 정부예산안을 심의하는 경우.
16) 제17장(디지털예산회계시스템)에서 디지털예산회계시스템의 국민용 홈페이지를 개선해야 한다고 말한바 있다. 본 사항이 여러 대안 중 하나가 될 수 있다.

보통-부진-매우부진)로 구분하여 공개하는 것도 좋은 방법이 될 것이다.

② 예산환류의 비합리성 문제: 성과지표의 통제 가능 지표와 통제 불가능 지표로의 구분과 이를 통한 예산 반영

재정사업자율평가 결과를 예산에 반영하기 위해선 예산에 평가결과를 반영하는 목적이 무엇인지가 먼저 명확해야 한다. 성과관리 제도의 목적은 이 제도를 통해서 성과를 제고하는 것이지 관리 결과를 예산에 반영하는 것이 목적은 아니다. 정부사업의 예산규모는, 원칙적으로 평가 결과와 상관없이, 사업목적의 달성에 필요한 최소한의 규모가 배정되어야 한다. 즉, '평가결과가 나쁜 사업은 예산을 짤라야 해' 방식의 단순논리로 평가결과를 예산에 반영하는 것은 합목적적이지 않다.

평가결과의 예산환류 목적은 각 부처의 사업담당자가 사업 집행시 더 분발하여 사업의 성과를 제고시키기 위함일 것이다. 이를 위해서는 사업담당자가 더 열심히, 합리적인 사업관리와 사업의 성과제고가 연결되는 고리를 찾아야 한다. 그리고 그 고리를 가지고 평가를 해야 할 것이다. 사업담당자가 최선을 다해서 사업을 관리했는데도 성과평가 결과에는 변화가 없거나, 사업담당자의 노력과 달리 사업이 평가된다면 평가의 신뢰도가 저하될 것이고, 평가결과를 예산에 환류하는 목적도 달성하지 못할 것이다. 이를 위해서는 사업 부처가 통제할 수 있는 사항과 그렇지 못한 사항을 구분하여야 할 것이다.

이러한 것은 기존의 성과지표를 놔두고 새로운 성과지표를 만드는 것이 아니다. 기존의 성과지표가 통제 가능한 지표인지 통제 불가능한 지표인지를 분석하고, 예산환류에 활용할 평가지표는 사업 부처가 통제가능한 지표만을 대상으로 하면 될 것이다. 국민에게 제공하는 성과관리 정보는 성과관리에 관련된 제반 정보를 포괄해야 하므로 사업 부처가 통제 가능한 지표와 통제 불가능한 지표를 모두 포함하여야 할 것이다.

③ 재정사업자율평가 점수 부풀리기: 외부평가방식 검토 및 순위화 병행

이 문제는 자율평가 방식이 지금처럼 지속되는 한 사라지지 않을 것이다. 이를 해결할 수 있는 첫 번째 방법으로는 자율평가 방식을 외부전문가가 객관적으로 평가하는 시스템으로 바꾸는 것이다. 미국의 경우 각 부처가 신규사업을 추진하거나 계속사업이 문제가 있는 경우 평가전문가의 평가를 의무적으로 받도록

하는데 이러한 시스템을 참고할 수 있을 것이다. 다만, 객관적이고 전문적인 평가가 가능한 외부전문가 풀을 구성하는 문제, 평가 자체에 큰 비용이 소요되고, 해당 평가 자체가 각 부처에 더 큰 부담으로 작용될 수 있는 역효과 등은 충분히 고려해야 한다.

또 다른 방법은 자율평가시 점수화하는 현행방식과 함께 평가 대상사업의 순위화(順位化)를 병행하는 것이다. 부처내 자율평가 대상 사업을 평가후의 절대점수를 기준으로 순위화하고, 순위에 따라 상위, 중위, 하위의 그룹으로 구분할 수 있다. 이때 해당 그룹별로 다양한 정책(인센티브 부여 등)을 적용할 수 있을 것이다.

3. 여타 평가제도와의 중복 문제: 통합 또는 차별화

(1) 문제점

현재 기획재정부가 관리하는 성과계획서(국가재정법 근거)와 국무총리실에서 관리하는 성과관리시행계획(정부업무평가기본법 근거)이 상당부분 중복되어 각 부처가 작성에 부담을 느끼고 있다.

또한 기획재정부 내부에서 시행하는 평가 간 중복되는 사항도 있다. 재정사업자율평가(기획재정부 재정관리국)와 국고보조사업에 대한 보조사업운용평가(기획재정부 예산실)가 그것이다. 2013년도의 경우 재정사업자율평가 대상 사업(579개)중 268개가 보조사업 대상으로서 각 부처는 기획재정부에게 동일한 보조사업에 대해 두 번의 평가를 받고 있다.

(2) 개선방향

먼저 재정사업자율평가와 보조사업운용평가 간 중복문제는 보조사업운용평가를 기존의 재정사업자율평가에 통합하여, 가칭 「재정사업기본평가 제도」를 운영하면 될 것이다. 이 경우 기존의 재정사업자율평가시 보조사업에 대한 평가작업도 병행하며 보조사업 평가시 별도로 필요한 사항은 추가로 개발하거나 시행하면 된다.

국무총리실에서 관리하는 성과관리시행계획(정부업무평가기본법 근거)과 기획재정부가 관리하는 성과계획서(국가재정법 근거) 간의 중복문제는 성과계획서가 프로그램 예산체계와 일치되거나 충실히 연계되는 경우 중복문제가 상당부분 완화될 수 있을 것이다.

제 16 장 | 정부회계

• 제1절 발생주의 복식부기 회계제도
• 제2절 한국의 발생주의 복식부기 회계제도
• 제3절 정부원가회계
• 제4절 정부회계의 발전방향

제16장 정부회계

일전에 Tommy Lee Jones가 주연을 한 "아파치"(Fire Bird. 1990)라는 영화가 있었다. Jones는 유능한 헬리콥터 조종사이지만, 그가 조종한 것은 사람의 눈과 손으로 움직이는 구식 헬리콥터였다. 그가 새로 배워야 할 기술은 한 눈으로 디지털 데이터를 읽고, 이 데이터에 기초해서 조종을 해야 하는 첨단 아파치 헬기였다. 아파치 헬기는 최신 컴퓨터를 장착한 장비로서, 파일럿은 컴퓨터가 제공하는 각종 데이터에 의존하여 비행하고, 전투하는 기능을 숙달해야 한다. 예전의 헬기가 시각(視覺)비행이었다면, 아파치 헬기는 "계기비행"을 하는 것이었다.

재정의 경우도 마찬가지이다. 재정규모가 작고, 정부의 기능이 상대적으로 단순하다면 충분히 시각비행을 할 수 있다. 그러나 정부기능이 매우 복잡해지고, 재정규모도 커지면 "계기비행"을 해야만 재정을 능률적으로 운용할 수 있게 된다. 정부가 재정을 계기비행 방식으로 운영하기 위해서는, 필요한 정보를 정확하게 적기에 제공해 주어야 하는데, 이것은 저절로 되는 것이 아니라 재정정보 기반구조(infrastructure)가 갖추어져야만 비로소 제공되는 것이다.

한국의 경우, 이미 경제규모가 세계 12위권에 진입하였고, 사회도 민주화되어 각 부문의 이해관계와 요구도 매우 복잡해졌다. 따라서 더 이상 몇몇 사람의 뛰어난 리더십에 의해서 재정 전반을 운용하던 시각비행 차원을 벗어나야 한다.

정확하고 풍부한 재정정보를 제공하기 위해 필요한 인프라 중 하나가 정부회계제도의 개혁이다. 회계의 목적은 회계정보 이용자에게 활동에 도움이 되는 유용한 정보를 제공하는 것이다. 즉, 정부회계는 정부활동의 수요자인 국민과 국회, 시민단체 등 제반 이해관계자에게 유용한 정보를 제공하는 것이 목적이다. 구체적으로 정부 재정활동의 흐름을 잘 꿰뚫어 보면서, 그 흐름을 원활히 하고, 재정활동의 성과를 제고시키는 것이 정부회계의 임무이다.

다음에서는 정부회계 개혁의 핵심인 발생주의 복식부기 회계제도에 대해 알아본다. 제도의 큰 그림을 살펴보고 본 제도가 앞으로 발전되어 나가야 할 정부원가회계도 고민해 본다. 그리고 향후 언젠가 이슈가 될만한 발생주의 예산의 핵심사항을 살펴볼 것이다.

제1절 발생주의 복식부기 회계제도

1. 제도의 개요

발생주의 회계제도는 재정활동의 인식시점(時點)을 거래가 발생한 때로 설정하는 회계정보처리 기준이고, 복식부기는 회계장부를 기재하는 방식을 말한다.

Schick 교수는 많은 나라에서 사용하고 있는 현금주의 회계제도는 재정정보를 왜곡할 요인이 상당히 많은 제도라고 하고 있다. 예를 들어, 건전재정을 유지해야 한다는 압력을 받고 있는 정치인들은 현금주의 회계제도하에서 정부의 지불행위의 시점을 늦추거나 앞당김으로써 자신의 결정이 미치는 영향력을 과장 또는 은폐할 수 있다. 그리고 정치인들은 현금주의 회계제도에서는 재정보고서에 기재되지 않는 정부지급보증(guarantee) 등을 남발할 수도 있다. 그리고 공기업의 여유자금을 가져다 다른 회계에 사용할 수도 있는데, 이것들은 잘 포착이 되지 않는다.[1] 다년도에 걸쳐 막대한 예산이 지출되는 사업도 사업 첫 해에는 작은 규모의 예산만 소요한다. 그러나 일단 이런 사업들은 시작되면 향후 몇 년간 큰 규모의 예산투입을 필요로 한다. 그러나 만일 임기가 다 끝나가는 정치인이라면, 후일의 부담은 자신의 책임이 아니기 때문에 이런 사업들을 손쉽게 승인하려는 동기를 갖게 된다. 그렇다 하더라도 예산서나 결산서상에 자신의 "순수하지 못한" 동기가 드러나지 않기 때문이다.

이에 반해 발생주의 회계제도는 수입요인이나 지출요인이 발생한 시점에서 회계정보를 기재한다. 그래서 의사결정 행위자의 책임성이 명백하게 드러난다. 다시 Schick 교수는 가정법 표현을 사용하여 다음과 같이 진술한다. "발생주의 회계제도가 받아들여진다면, 정부에서 예산서보다는 결산서(대차대조표)가 더 중요해지는 시대가 도래할 것이며, 그것은 코페르니쿠스적인 혁명이 될 것이다."[2] 선진국의 전례를 보건데, 발생주의 복식부기 회계제도를 도입하는 실제 이유는

---

1) Schick, Allen. Does Budgeting Have a Future?. PUMA/SBO(2001)4. p. 6.
2) Schick. op. cit. p. 10.

1) 정부 재정적자의 통제와 2) 정부가 민간금융으로부터 돈을 빌릴 필요가 있을 때, 그리고 3) 성과평가를 보다 공정하게 하기 위한 것이었다.

전 세계적으로 이러한 획기적인 변혁을 추구하는 국가들이 이미 몇 나라 생겼으며, 한국도 외환위기 이후 1998년 발생주의 복식부기 회계제도의 향후 도입을 공식 발표하고 디지털예산회계기획단에서의 체계화 작업과 시범운영을 거쳐 2009년 정식으로 도입하였다.

2. 발생주의 회계제도의 내용과 특징

거래를 할 때, 현금이 움직이는 시점에만 거래내역을 기장하는 것을 현금주의(cash basis)라고 한다. 그런데 현금이동을 수반하는 활동이 있으려면, 그 이전부터 계약 등의 행위가 존재하여야 한다. 따라서 현재시점에서 현금수입이 들어왔다고 해서, 그것을 현재 활동의 결과라고 해석한다면 문제가 있다. 특히 새로운 집행부가 들어섰는데, 과거 집행부의 노력으로 그 과실금이 현재에 들어왔다면, 그것은 새 집행부의 성과가 아니다. 반대의 경우도 성립한다. 현재의 집행부가 어떤 법률을 만들었는데, 그에 따른 예산지출이 몇 년 후부터 시작된다고 하자. 현금주의에 의하면, 이 집행부는 부채발행행위를 하지 않은 것으로 나타나고, 죄 없는 미래의 집행부가 부채상환지출을 하는 것으로 나타난다. 이러한 경제적 거래시점(時點)과 책임(또는 성과) 간의 괴리를 시정하는 것이 발생주의(accrual basis) 회계제도이다.

발생주의는 조직의 "자산이나 부채에 영향을 미치는 경제적 사건에 초점을 맞추어 이들 사건이 발생한 기간에 수익과 비용을 인식하는 기준"이다.[3] 발생주의는 현금주의 이외의 모든 회계처리 방식을 포괄하는 개념이기 때문에 실제로는 완전발생주의뿐만 아니라 다양한 형태의 수정발생주의가 많이 있다. 회계정보 측면에서는 완전발생주의가 우수한 정보를 산출해 내지만, 조직의 특성과 제약조건 등을 고려하여 수정(조정된)발생주의를 택하는 조직들도 많다. 특히 정부의 경우에는 수정(조정된)발생주의가 더 적합하다는 견해가 많다.[4]

---

3) 옥동석. 전게논문. p. 170.
4) 윤영진. 전게서. p. 478.

발생주의 회계가 현금주의 회계에 비하여 우월한 점은 다음과 같다.[5]

① 발생주의는 현금주의하에서 별다른 관심을 끌지 못했던 재정영역을 새롭게 부각시킨다. 즉, 발생주의하에서는 정부가 보유하고 있는 부동산 및 유가증권 자산을 적극적으로 관리해야 하겠다는 의식이 생겨난다.

② 정부활동 중 외주(contracting out) 또는 요금부과 등 민간부문과 연관성이 높은 부분들이 증가하고 있다. 따라서 민간부문의 회계방식을 도입하는 것이 이러한 변화의 추세에 합당하다.

③ IMF의 GFS 기준 등은 정부지출을 발생주의로 보고할 것을 요구한다. 정부의 부채 등이 발생주의로 보고되어야, 국가의 재정위험을 사전에 감지할 수 있기 때문이다.

3. 복식부기 회계제도의 내용과 특징

경제적 거래가 이루어지는 경우, 이를 기장하는 방법이 두 가지 있다. 첫째는 단식부기 방식이다. 이 방식에 의하면, 거래를 통해 현금이 유입되면 현금출납장에 현금수입으로 기재한다. 만약 거래시 현금대신 유가증권을 받았다면, 현금출납장이 아니라 유가증권 증감내역 장부에 기재한다.[6] 이처럼 거래유형별로 일일이 장부를 만들려면 엄청나게 많은 가짓수의 장부가 필요하다. 그러나 조직체에서는 모든 가짓수의 장부를 구비하는 것이 비효율적이기 때문에, 몇 가지로 표준화된 장부만 구비하도록 한다. 그렇게 되면 해당 항목의 장부가 없는 거래들이 생기는데, 이 경우 1) 기장을 관련성이 가장 높은 장부에 기입하던가, 2) 비망록 형태로 관리해야 한다. 이런 과정에선 누가 잘못된 장부에 거래내역을 기입하였다든지, 누락을 하는 경우도 발생하는데, 나중에 이런 오류를 수정하려면 매우 힘들다.

두 번째 기장 방법은 복식부기이다. 어떤 거래를 한다는 것은, 예를 들어 현금을 주고 물건을 산다는 것은, 한 사람의 입장에서 볼 때 현금의 감소와 자산의

---

5) Potter, B. H. and Diamond, J. Guidelines for Public Expenditure Management. IMF. 1999.
6) 옥동석. 정부회계제도의 개혁: 발생주의와 복식부기. 재정논총. 한국재정학회. 1999. 9. p. 175.

증가가 동시에 발생하는 것이다(거래의 이중성). 이 사람은 이것을 상품증가(차변)와 현금지불(대변)에 각각 기재한다. 한편 거래상대방의 입장에서는 동일한 사건이 현금증가(차변)와 자산의 감소(대변)로 나타나게 될 것이다. 이처럼 모든 거래를 그 이중적 성격에 따라 차변과 대변에 동시 기재하면, 1) 거래의 내용을 명확히 파악할 수 있고, 2) 계정과목 간의 상호 연계를 분명히 파악할 수 있으며,[7] 3) 오차 및 누락을 자동적으로 검증할 수 있다.

　　예를 들어, 독자가 돈을 주고 자동차를 구매했을 경우 단식부기는 '지출 1,000만 원(자동차)'식으로 기재하여 제공되는 정보도 단순하다. 그러나 복식부기는 대변(오른쪽)에 '현금 1,000만 원 지출'을 기재하고 차변(왼쪽)에 '자동차구입 1,000만 원'을 기재한다. 하나의 거래를 원인과 결과로 나누어 양쪽으로 기록하므로 단식부기에 비해 고급정보가 제공되는 것이다. 자동차를 타다가 중고업체에 판 경우도 마찬가지이다. 단식부기는 '수입 500만 원(자동차)'으로 단순하게 기재되지만, 복식부기는 차변(왼쪽)에 '현금 500만 원', 대변(오른쪽)에 '자동차 판매 500만 원'으로 원인과 결과가 분리되어 기재된다.

　　복식부기로 기장할 경우, 한 사람(기업 또는 정부)의 차변과 대변의 총합은 반드시 일치하게 된다. 계정과목별로 증감내역을 계산하여 이들을 모두 합하더라도 순액은 0이 된다. 이것을 "대차평균의 원리"라고 한다.[8]

　　윤영진 교수는 복식부기 방식이 단식부기 방식에 비하여 다음과 같은 점들이 우월하다고 본다.[9]

　　① 단식부기는 서로 다른 부서의 담당자들이 제각각 관리하고 있는 세부 개별 데이터 중심으로 운영되는데 반하여, 복식부기는 개별 데이터는 실무부서에 존재하고, 총량 데이터는 회계부서에서 집계하므로 총량 데이터(gross data)를 만들어내는데 유리하다.

　　② 복식부기에서는 계정과목 간에 유기적인 관계가 내재되어 있어서 교차검증(cross checking)이 가능하다. 그 결과 부정이나 오류를 방지하기가 쉬워서 자료의 신뢰성이 높아진다.

---

7) 계정과목 간의 체계적인 연계성에 관해서는 배득종. 복식부기 정부회계제도 도입에 있어서 문제점과 대응책–시스템 이론의 관점. 한국사회와 행정. 12:3. 2001. 11. pp. 285-302. 참조.

8) 옥동석. 전게논문. p. 176.

9) 기획재정부. 발생주의 복식부기 국가회계제도 발전을 위한 국가회계 전문교육Ⅰ. 2013. pp. 12-13 을 활용함.

③ 매일 재정상태를 종합적으로 알 수 있게 해준다(적시성).

④ 결산과 회계검사의 효율성을 높여주고, 투명성이 향상되어서 제3자(국민)가 정부의 재정활동을 감시하기가 좋다.

복식부기가 배워서 쓰기가 어렵다는 비판도 있을 수 있으나 현대에는 기장처리를 모두 컴퓨터 소프트웨어를 이용하여 하므로 이 점은 염려하지 않아도 된다. 또한, 정부에 2007년에 구축된 디지털예산회계시스템(dBrain)을 통해 복식부기와 발생주의 회계가 자동으로 처리되므로 정부회계 실무자가 이를 염려할 필요는 없다.

4. 세계 주요국의 발생주의 회계제도 도입 현황[10]

1990년대 이후 선진국을 중심으로 재정적자가 누적되고 경제성장이 둔화되는 현상을 극복하고 재정을 효율적으로 운영하고자 발생주의 복식부기 회계제도를 도입하였다. 특히, 뉴질랜드와 영국은 외환위기를 극복하는 과정에서 이익창출을 극대화하고 자산관리를 효율적으로 하는 민간기업의 회계방식에 관심을 가지며 제도를 도입하게 되었다.

OECD 국가 중 미국, 호주, 캐나다 등 주요 국가(18개국)는 이미 발생주의 회계제도를 채택하였으며 기타 국가들도 도입을 검토 중이다. 일본의 경우 의회에 발생주의 재무제표를 제출할 법적 의무가 없어 채택국가로 포함되지 않았지만, 2003 회계연도부터 현금주의 결산과 병행하여 발생주의 방식의 재무제표를 동시에 작성하여 공시하고 있다.

---

10) 기획재정부. 발생주의 복식부기 국가회계제도 발전을 위한 국가회계 전문교육 I . 2013. pp. 12-13을 활용함.

표 16-1 세계 주요국의 발생주의 회계제도 도입 현황

국 가	도입연도	국 가	도입연도
스페인	1989	캐나다	2003
뉴질랜드	1992	에스토니아	2004
스웨덴	1993	프랑스	2006
호주	1995	터키	2006
미국	1997	스위스	2007
그리스	1997	슬로바키아	2008
아이슬란드	1998	대한민국	2009
핀란드	1998	폴란드	2011
영국	2002	오스트리아	2013

자료: 기획재정부(2013c)

제2절 한국의 발생주의 복식부기 회계제도

1. 도입경위

정부는 1997년 외환위기를 겪은 이후 재정적자를 해소하고 선진민간 기법을 활용하고자 1998년에 발생주의 복식부기 회계제도를 도입하겠다고 선언하였다. 당시 재정경제부가 2002년까지 정부회계를 발생주의 복식부기 방식으로 개편하겠다고 발표하였으나, 정부회계기준 등 관련 제도가 미비하고 발생주의 복식부기를 운영할 정보시스템 구축에 많은 시간과 비용이 소요되어 도입연도가 몇 번 연기된 바 있다.

그러나, 참여정부가 들어서면서 재정개혁을 강하게 지원하였고 2003년 정부혁신·지방분권위원회가 주도적으로 발생주의 복식부기 회계제도에 대한 드라이브를 강력하게 걸었다. 2004년 기획예산처, 재정경제부, 행정안전부, 감사원 등이 합심하여 범정부기구인 디지털예산회계기획단을 만들어 재정개혁 과제를 추진하면서 발생주의 복식부기 회계제도 개편방안이 가시화되게 된다. 이후, 2007년 국가회계법이 제정되고 발생주의 복식부기 회계제도를 운영할 수 있는 정보시스템인 디지털예산회계시스템이 구축되었다. 또한, 2009년 발생주의 복식부기 회계제도의 운영 룰(rule)이자 틀인 국가회계기준이 마련되면서 2009년부터 발생주의 복식부기 회계제도가 중앙부처에 전면 도입되었다. 2009년과 2010년 2년간 시범운영 기간을 거쳐 2011년 회계연도에 국가통합재무제표를 정식으로 국회에 최초 제출하여 지금에 이르게 되었다.

지방자치단체의 경우 2006년까지 당시 행정자치부의 지원하에 지자체별로 시범운영을 실시한 후, 2007년부터 발생주의 복식부기 회계제도를 전면 시행하였다. 지자체가 재무제표를 생산하면 공인회계사가 이를 검토하고 그의 의견을 첨부하여 지방의회에 제출한다. 발생주의 복식부기 회계제도는 중앙부처보다 지자체에서 먼저 시작되었고 전면도입 시기도 앞섰다.

공기업 등 공공기관(중앙부처)의 경우 한국식 국제회계기준(K-IFRS)을 2011년부터 순차적으로 도입하고 있으며 이를 기준으로 공공기관의 재무제표를 작성하고 있다. 공인회계사가 민간기업을 회계감사하듯이 공공기관의 재무제표를 회계감사한 후 해당 재무제표가 공공기관의 총괄감독부처인 기획재정부에 제출되고 있다.

2. 한국 정부회계의 특징

한국 정부회계의 특징은 정부회계를 재무회계와 예산회계로 구분하여 비교하고 정부회계와 기업회계의 차이점을 알아보면서 파악해 보도록 하자.

(1) 재무회계와 예산회계의 구분

정부회계는 재무회계와 예산회계로 구분할 수 있다. 재무회계는 새로운 발생주의 복식부기 방식으로 정부회계를 처리하고 보고하는 것을 말하고, 예산회계는 기존의 현금주의 단식부기 방식으로 정부회계를 처리하고 보고하는 것을 말한다(제13장에서 설명하였음). 여기서 오해하기 쉬운 것은 정부가 2011년부터 새로운 발생주의 복식부기 회계제도를 도입했다고 기존의 현금주의 단식부기 방식의 회계제도가 없어지는가 하는 점인데, 하지만 그렇지 않다. 기존의 예산회계(현금주의 단식부기)제도에 의한 세입세출회계 정보를 그대로 생산하면서 재무회계(발생주의 복식부기)제도에 의한 재무회계 정보를 추가로 생산하는 것이다. 이처럼 개편된 정부회계제도에 의해 다양한 고급 정보를 가지게 됨으로써 국민, 국회의원 및 여러 이해관계자가 정부재정을 다각도에서 분석할 수 있게 되었다. 나라살림을 한 눈에 조망하고, 과거보다 입체적이고 종합적으로 재정을 감독 관리할 수 있게 된 것이다.

두 제도 모두 프로그램 예산구조를 바탕으로 하는 점에서 동일하고 회계단위, 대상부처, 국회제출 등의 측면에서도 동일하다. 그러나, 회계방식, 대표결산보고서, 자기검증기능 등에서 차이가 존재한다. 자세한 사항은 〈표 16-2〉를 참고하기 바란다.

표 16-2 재무회계와 예산회계의 비교

구 분		재무회계	예산회계
공통점	예산구조	동일한 예산구조(프로그램 예산구조)를 바탕으로 함	
	대상부처	모든 중앙행정기관을 대상으로 함	
	회계단위	일반회계 · 특별회계 · 기금별 및 부처별로 함	
차이점	회계방식	발생주의 복식부기 회계	현금주의 단식부기 회계
	대표결산보고서	재무제표	세입세출결산서
	자기검증기능	대차평균 원리에 의해 자동검증	해당사항 없음

자료: 기획재정부(2013c)를 수정함.

(2) 정부회계와 기업회계의 비교

정부회계와 기업회계는 정부나 기업이 기관 본래의 목적인 공공서비스 제공(정부회계) 또는 이윤극대화(기업회계)[11] 등을 얼마나 잘 수행하고 있는지에 대한 정보를 정보이용자인 국민, 주주 또는 관련 이해관계자에게 제공하는 점에서 그 목적은 유사하다.

---

11) 기업활동의 목적이 주주이익의 극대화뿐만 아니라 다른 것으로 확대될 수도 있다. 채권자, 근로자, 지역주민 등 제반 이해관계자의 이해관계를 제고하거나 사회적 책임을 다하는 것이 그것이다. 여기서는 정부와 기업을 차이점을 대비시키기 위해 통상적인 관점에서 이윤극대화를 기업활동의 목적으로 설명하는 것이다.

표 16-3 정부회계와 기업회계의 비교

구 분		정부회계	기업회계
공통점	목적	대상기관이 본래의 목적을 잘 수행하는지를 회계 정보 이용자에게 제공하는 것	
차이점	회계정보 이용자	국민(불특정 다수)	주주, 채권자 등(특정 한정)
	회계정보의 지향점	양질의 공공서비스 제공을 지원	이윤극대화를 지원
	근거규정	법령과 그에 근거를 둔 행정규칙	일반적으로 인정된 회계원칙(GAAP[12]) *법률이 아님
	재무제표	재정상태표, 재정운영표, 순자산변동표(현금흐름표는 없음)	재무상태표, 손익계산서, 자본변동표, 현금흐름표

그러나, 회계정보 이용자의 한정성, 생산된 회계정보가 지향하는 점, 회계정보를 생산하는 근거규정, 근거규정에 의해 생산된 재무제표 등에서 큰 차이점을 보이고 있다. 구체적인 것은 〈표 16-3〉에 담았다.

3. 정부회계의 법령체계

위에서 정부회계는 기업회계와 달리 국민의 대표인 국회에서 심의, 확정된 법률에 근거를 둔다고 하였다. 당연한 말 같지만 법적 근거가 있으면 그만큼 법을 엄격하게 지켜야 한다는 말이 된다. 정부 공무원도 법령에 근거하여 정부회계를 운영하므로 정부회계를 잘 이해하기 위해서는 관련 법령체계가 어떻게 되어 있는지 확인하는 것이 도움이 될 것이다.

---

12) 전통적인 회계관습 중 일반화된 것과 논리적이고 규범적인 회계기준을 조화시켜 만든 회계원칙을 말함(Generally Accepted Accounting Principles). 각 국은 통상 독립적인 회계기준위원회가 중심이 되어 회계관련 전문가 및 기업 등의 의견을 수렴하여 회계기준을 만든다. 한국은 한국회계기준원이 그 임무를 수행하고 있다.

정부회계의 법령체계를 〈그림 16-1〉에 담았다. 정부회계에 대한 사항은 국가재정법과 국가회계법에 규정되어 있다. 국가재정법[13]에서는 결산보고서의 작성과 제출에 대한 절차와 일정을 다루고 있다. 이 결산보고서는 예산회계(현금주의 단식부기 회계)에 의한 세입세출결산서와 재무회계(발생주의 복식부기 회계)에 의한 재무제표를 포괄하는 것이다. 이 결산보고서의 구성, 작성방법과 작성기준 등 결산보고서의 내용에 대한 사항은 국가회계법(2007년 10월 제정, 2009년 1월부터 시행)에 구체적으로 규정되어 있다.

대통령령인 국가회계법시행령(2009년 3월 제정 · 시행)에서는 국가회계법이 위임한 사항을 다루고 있는데 주로 예산회계(현금주의 단식부기 회계) 결산보고서인 세입세출결산서에 명시할 사항과 부속서류의 구성과 작성방법 등이 규정되어 있다. 재무회계(발생주의 복식부기 회계)에 대한 사항은 시행규칙(기획재정부령. 2009년 3월 제정 · 시행)인 「국가회계기준에 관한 규칙」에 규정되어 있는데 제반 재무제표의 작성방법과 자산 · 부채의 정의와 평가방법 등이 포함되어 있다. 그리고

그림 16-1 정부회계의 법령체계

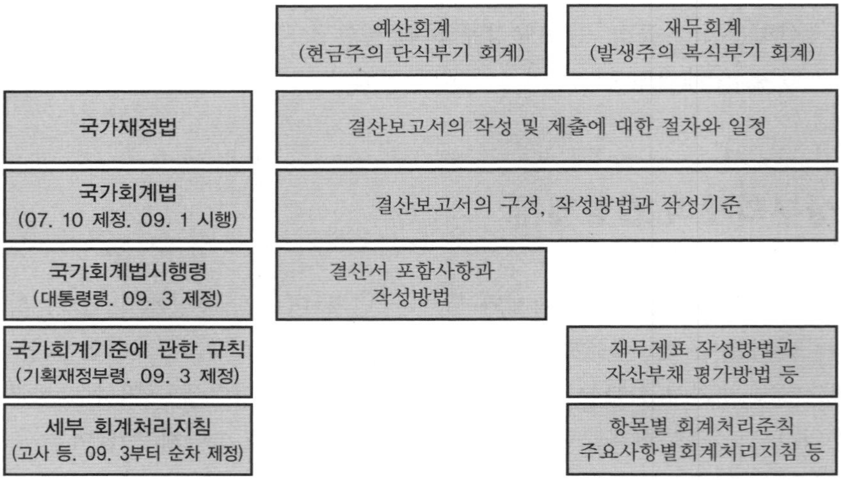

---

13) 국가재정법의 관련 규정은 국가회계법이 시행(2009년 1월)되기 직전인 2008년 12월에 개정되었다.

재무회계 방식으로 재무제표를 작성할 때 필요한 세부 회계처리지침(항목별 회계
처리준칙, 주요사항별 회계처리지침)은 고시 등(2009년 6월 이후 순차적으로 제정·시
행)의 형태로 규정되어 있다.

4. 결산보고서와 국가 재무제표

(1) 결산보고서

결산보고서라고 하여 이 보고서 한 권에 정부회계에 대한 모든 내용이 들어
있는 것이 아니다. 각종의 보고서와 그 보고서의 부속서류를 모두 합하여 결산보
고서라고 한다. 결산보고서는 크게 네 종류의 보고서로 구성되어 있다. 결산개
요, 세입세출결산, 재무제표, 성과보고서가 그것이다. 이 중 세입세출결산과 재
무제표 두 가지 보고서에 대해서는 20종의 부속서류가 첨부된다.

결산보고서 중 첫 번째 결산개요는 정부결산 내용을 한 눈에 조망할 수 있도
록 재정운영 내용과 재무상태를 요약한 보고서로서, 정부결산의 총괄보고서에
해당한다. 두 번째 세입세출결산은 과거 현금주의 단식부기에서도 작성되었던
보고서로서 국회에서 승인된 예산이 계획대로 사용되었는지를 확인하는 보고서
이다. 기금은 수입지출결산 보고서를 제출한다. 세 번째 재무제표는 새로운 발생
주의 복식부기를 바탕으로 한 국가회계기준에 의해 작성된 보고서로 재정상태
표, 재정운영표, 순자산변동표, 주석으로 구성되어 있다. 마지막으로 성과보고서
는 성과계획서상의 성과목표에 대한 실적과 분석을 담고 있다.

국가재정법은 네 가지 보고서 중 세입세출결산과 재무제표에 대해서는 첨부
서류를 추가하여 규정하고 있다. 세입세출결산서에서의 성인지결산서, 통합재정
수지표 등 16종의 첨부서류와 재무제표에서의 국가채무관리보고서 등 4종의 첨
부서류가 그것이다. 결산보고서의 구성이 〈그림 16-2〉에 요약되어 있다.

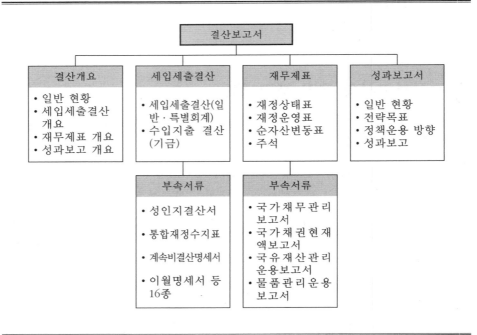

그림 16-2 결산보고서의 구성

자료: 국가회계기준센터(2011)

(2) 국가 재무제표[14]

발생주의 복식부기 회계를 사용하는 재무회계를 채택한 국가는 결산보고서로 민간기업과 유사한 재무제표를 작성한다(권오성 외. 2009). 현행 국가회계기준에 의하면 정부 재무제표는 재정상태표, 재정운영표, 순자산변동표, 주석으로 구성되어 있다.

① 재정상태표

재정상태표는 기업의 재무상태표 또는 대차대조표와 유사하다. 재정상태표는 매 회계연도말의 국가 재정상태를 보여주는 재무제표이다. 즉, 연도말 기준으로 국가가 가지고 있는 자산과 향후 부담해야 할 부채, 그리고 자산에서 부채를 뺀 순자산에 대한 정보를 제공해 준다. 재정상태표를 통해 국가 재정상태가 건전

14) 국가회계기준센터. 2011. 알기쉬운 국가회계기준을 활용함.

한지 그렇지 않은지를 한 눈에 파악해 볼 수 있다.

재정상태표에서 말하는 자산이란 국가가 소유 또는 통제하고 있는 자원으로서, 1) 직접적으로 또는 간접적으로 경제적 효익을 창출하거나(현금화가 가능한 자원), 창출에 기여할 것으로 기대되는(업무에 이용되는 자원) 경우, 2) 미래에 공공서비스를 제공할 수 있을 것으로 기대되는 자원을 말한다. 통상적으로 기업회계에서는 1)에 해당하는 경우만 자산으로 처리하지만 정부는 공공서비스 제공을 목적으로 하는 경제주체이므로 2)도 자산에 해당한다. 이에 따라 도로, 항만, 공항 등 사회기반시설도 자산에 포함된다.

부채는 계약이나 법령에 따라 국가의 지출이 확정된 채무가 포함된다. 또한, 지출시기 또는 지출금액이 불확실하지만 발생할 가능성이 매우 높은 경우 이를 합리적으로 추정하여 산정된 금액도 부채에 포함된다. 따라서, 국채 등과 같이 계약에 따라 금전적 지불의무가 있는 채무뿐만 아니라 충당부채와 같은 국가잠재부채도 국가의 부채로 인식하게 된다. 이는 발생주의 복식부기 방식에 따른 당연한 결과로서, 이러한 정보로 재정건전성 상태를 점검할 수 있다. 참고로, 채무는 계약체결에 따라 지출시기와 지출금액이 확정된 지출의무인 반면, 부채는 미지급비용과 연금충당부채[15] 등 향후 지출가능성이 매우 높은 지출의무까지 포함한 개념이다.

순자산은 재정상태표상 자산에서 부채를 뺀 금액을 말한다. 기업회계의 경우 자본으로 불리며 해당 기업의 소유권을 의미한다. 하지만 국가회계의 순자산은 잔여재산 성격이다. 순자산의 크기 또는 정(+), 부(−)를 확인하면 〈그림 16-3〉과 같이 재정이 건전한지 그렇지 않은지를 알 수 있다. 순자산이 정(+)이면 자산이 부채보다 더 많은 상태이고, 부(−)의 금액이 되면 자산보다 부채가 더 많은 결손 상태이다.

2012년 회계연도 재무결산 결과, 중앙정부 재무제표상 자산은 1,581조 원이고 부채는 902조 원이며 순자산은 679조 원이다. 자산은 전년대비 58조 원 늘었으나 부채가 129조 원 증가하여 순자산은 전년대비 71조 원이 감소하였다. 2012년도 부채의 증가는 적자재정 보전과 외환시장 안정 등을 위한 국고채 발행과 연금충당부채가 증가한 것에 기인한다. 자산대비 부채비율은 57%이고 GDP대비

---

15) 군인연금, 공무원연금 등 국가가 지급할 연금을 합리적으로 추정하여 미리 준비해 놓은 금액을 말한다.

그림 16-3 재정상태표와 재정건전성 파악

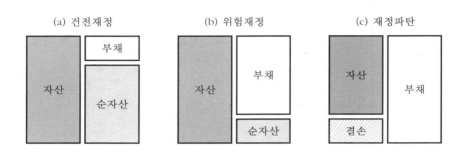

자료: 국가회계기준센터(2011)를 수정.

부채비율도 71%로 정부는 우리나라 부채수준이 다른 나라와 비교해서 비교적 양호한 수준으로 판단하고 있다.[16]

우리나라 고속도로의 재산가치는 얼마나 될까? 2012년 결산기준으로 토지를 제외했을 때 경부고속도로(10조 9천억 원), 서해안고속도로(6조 6천억 원) 순이다. 국유 건물 중 재산가액이 가장 높은 것은? 국가 무형자산 중 재산가액이 가장 높은 것은? 정부결산서에서 확인 가능하다. 답은, 정부세종청사 1단계(장부가치 5,111억 원), 디지털예산회계시스템(취득가액 353억 원)이다.

② 재정운영표

재정운영표는 1년동안 국가가 재정살림을 어떻게 운영했는지 결과를 보여주는 결산보고이다. 재정상태표는 회계연도말 시점에서 국가의 재정상태를 저량(stock) 개념으로 작성한 보고서인데 반해, 재정운영표는 1년동안의 재정운영 결과를 유량(flow) 개념으로 작성한 보고서이다.

재정운영표는 기업회계의 손익계산서와 비슷한데 한 가지 차이점은 손익계산서(기업회계)와 재정운영표(정부회계)의 구조에 있다. 손익계산서는 수입에서 비용을 뺀 결과인 이익을 보여주는 구조인데 반해, 재정운영표는 반대로 비용에서 수익을 빼서 재정운영 결과를 보여주는 구조이다. 〈그림 16-4〉를 참고하자.

이렇게 보고서의 구조가 정반대인 이유는 국가와 기업의 존재 목적이 서로 다르기 때문이다. 기업은 이윤을 극대화하는 것이 주요 존재 목적이므로 이익이

16) 기획재정부 보도자료. 2012 회계연도 국가결산 결과. 2013년 4월 9일.

그림 16-4 재정운영표 vs. 손익계산서

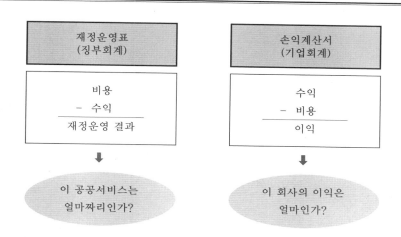

자료: 국가회계기준센터(2011)를 수정.

어떻게 산출되는가의 정보를 잘 제공하도록 손익계산서가 구성되어 있다. "이 회사의 이익은 얼마인가?"가 관심의 대상이다. 그러나 정부는 공공서비스를 제공하는 것이 목적이므로 "내가 받은 공공서비스는, 이 정부예산 사업은 얼마짜리인가?"의 정보가 잘 제공되도록 재정운영표가 구성되어 있는 것이다.

재정운영표는 정부가 운영하는 프로그램별 원가가 얼마인지에 대한 정보를 제공하는 것을 또 하나의 큰 목적으로 하고 있다. 여기서 말하는 프로그램은 정부예산 사업을 통칭하는 표현이 아니라 정부예산구조상의 프로그램을 말한다. 동일한 목적하에 운영되는 단위사업의 그룹인 프로그램을 의미한다. 프로그램별 원가에 대한 사항은 다음 제3절에서 구체적으로 살펴본다.

③ 순자산변동표

순자산변동표는 순자산이 1년동안 변동된 내역에 대한 정보를 제공하는 재무제표로서, 기업회계에서의 자본변동표와 유사하다. 〈표 16-4〉에 순자산변동표의 구조를 담았다. 순자산변동표로부터 전년도에서 이월된 기초순자산과 기말순자산이 얼마나 차이가 났는지, 무엇 때문에 차이가 발생했는지를 파악할 수 있다. 재정운영 결과 순자산이 얼마나 감소했는지, 국고수입 등으로 재원이 얼마나

표 16-4 중앙행정기관의 순자산변동표 구조

	기본 순자산	적립금 및 잉여금	순자산 조정	합계
Ⅰ. 기초순자산	×××	×××	×××	×××
1. 보고금액	×××	×××	×××	×××
2. 전기오류수정손익	×××	×××	×××	×××
3. 회계변경누적효과	×××	×××	×××	×××
Ⅱ. 재정운영결과(재정운영표상 재정운영결과)		×××		×××
Ⅲ. 재원의 조달 및 이전		×××		×××
1. 재원의 조달(국고수입, 비교환수익)		×××		×××
2. 재원의 이전(국고이전지출, 무상이전지출 등)		×××		×××
Ⅳ. 조정항목	×××		×××	×××
1. 납입자본의 증감	×××			×××
2. 투자증권평가손익			×××	×××
3. 파생상품평가손익			×××	×××
4. 기타 순자산의 증감			×××	×××
Ⅴ. 기말순자산(Ⅰ-Ⅱ+Ⅲ+Ⅳ)	×××	×××	×××	×××

자료: 국가회계기준센터(2011).

조달되었는지 등이 잘 정리되어 있기 때문이다.

④ 주석

주석은 정부회계 정보의 이용자에게 충분한 정보를 제공하기 위해 재정상태표, 재정운영표, 순자산변동표 등 재무제표에 대한 설명을 적은 것이다. 국가회계기준에 의해 재무제표의 일부분으로 간주되고 있다.

주석에는 재무제표 작성시 적용한 중요 회계정책이나 재무제표에 큰 영향을 미치는 사항, 중요한 정보이지만 숫자로 표현하기 어려운 비재무적 정보가 포함된다. 부채의 상환계획, 정부재정에 영향을 미칠 수 있는 중요 소송사건 등을 예로 들 수 있다.

참고로 주석과 혼동할 수 있는 것으로 필수보충정보라는 것이 있다. 국가회계기준이 재무제표의 구성요소로 보고있지 않지만 재무제표의 내용을 보완하고 이해를 돕기 위해 제공되는 정보이다. 연금보고서, 국세징수활동표 등이 이에 해당한다.

⑤ 재무제표 간 관계

재정상태표, 재정운영표, 순자산변동표는 모두 연결되어 있다. 회계연도 중 정부가 예산사업을 많이 할수록 재정운영표상 비용이 증가하고, 순자산변동표에 재정운영 결과가 반영되며, 재정상태표상 통상 자산이 증가한다. 정부가 세금을 많이 징수하면 재정운영표상 수입이 증가하고, 순자산변동표상 국고수입이 증가하여 순자산이 증가하며, 재정상태표상 차변의 자산과 대변의 순자산이 함께 증가한다. 국가회계상 어떠한 일(event)이 발생하면 재정상태표, 재정운영표, 순자산변동표에 꼭 영향을 미치게 되고, 재무제표 중 어느 한 쪽이 증가하거나 감소하면 다른 쪽에도 반드시 영향을 미치게 되어 있다. 발생주의 복식부기 회계제도가 자기검증기능을 갖는다는 것을 여기서도 확인할 수 있다.

그림 16-5 재무제표 간 관계

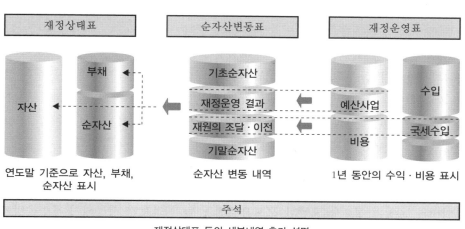

자료: 국가회계기준센터(2011)를 수정.

제3절 정부 원가회계

1. 원가의 개념과 정부 원가회계의 목적

원가(cost)란 재화나 용역의 획득 등 특정 목적을 달성하기 위하여 희생된 경제적 자원을 화폐가치로 측정한 것이다.[17] 기업의 경우 상품을 판매하여 이익을 올리기 위해서는 사전에 자금을 지출해야 한다. 재료비, 인건비, 은행차입에 따른 이자비용 등이 그것이다. 이러한 일련의 지출, 수익이 창출되기 이전에 지출되는 경제적 효익의 희생이 원가이다.

정부회계에서 원가계산을 하는 목적은 다음과 같다.[18]

① 정부 원가회계는 사업관리자나 예산편성 관계자 등 정부회계 이용자에게 프로그램이나 사업 및 활동 등에 대한 원가정보를 제공함으로써 원가와 산출물(output)이나 성과(outcome)를 고려하여 사업관리나 예산편성 등의 의사결정을 하도록 하는 등 자원을 효율적으로 사용하게 한다.

② 정부 원가회계는 더 나은 회계책임성(accountability)을 평가하는 자료를 제공한다. 기존의 현금주의 단식부기 회계제도하에서는 예산의 사업별 집행에 대한 지출액만을 표시하였으나 발생주의 복식부기 회계제도하의 원가회계에서는 사업원가나 관련수익의 정보를 제공하므로 계획대비 사업을 얼마나 효율적으로 수행했는지에 대한 회계책임을 평가하는데 더 나은 정보를 제공한다.

③ 정부 원가회계는 각 사업별 운영비 정보를 제공한다. 기존의 예산회계는 인건비 따로, 사업비 따로의 정보가 제공되었으나 원가회계에서는 프로그램별 사업비와 운영비 정보를 포괄한 프로그램별 순원가 정보가 제공되어 재정운영에 대한 투명성이 제고된다.

---

17) 본 단락은 김석웅 외. 2009. 현대회계의 이해를 활용함.
18) 권오성 외. 2011. 정부회계의 기초와 원리를 활용함.

2. 프로그램 원가

재정운영표는 정부가 운영하는 프로그램별 원가정보를 제공하고 있다. 이 프로그램별 원가와 함께 프로그램별 성과가 동시에 제공되면 얼마의 원가가 투입되어 어느 정도의 성과가 달성되었는지에 대한 정보가 생산될 수 있다.

재정운영표에서는 프로그램 총원가와 순원가를 함께 제공하고 있다. 프로그램 총원가는 프로그램 성과 달성에 소요된 원가의 합계로서 프로그램 수행을 위해 직접적으로 소비된 자원(예산)과 다른 프로그램으로부터 제공된 자원(예산) 및 프로그램 수혜자가 납부한 금액을 합산한 금액이다. 프로그램 순원가는 프로그램 총원가에서 프로그램 수혜자가 납부한 금액을 차감한 것이다. 이렇게 프로그램 순원가를 구분하는 것은 프로그램 수혜자가 납부한 후 원가보상되지 않은 부분이 얼마이며, 이는 일반납세자의 부담분으로 보상된다는 것을 표시하기 위함이다(국가회계기준센터. 2011). 예를 들면 정부부처가 세계박람회를 추진하는데 이때 생긴 임대료나 입장료, 사용료, 기부금 등의 수익을 당해 박람회 사업추진(총)원가에서 차감하여 산출한다(권오성 외. 2011).

예를 들어 정부가 2014년도에 어린이집 신축을 위해 500억 원을 지출할 계획이라고 가정하자. 1년만에 100개의 어린이집을 신축하고 건물은 평균 20년동안 쓸 수 있으며 운영비는 1년에 200억 원이 소요된다고 단순화하자. 저소득층 가족은 어린이집 이용이 무료이고 그렇지 않은 가족은 비용 중 일부를 부담해서 총 50억 원을 어린이집에 지불했다고 했을 때 총원가와 순원가는 어떻게 되는가? 2014년도분 총원가는 건물 1년 사용분(감가상각비)인 25억 원(500억 원÷20년)+1년 운영비 200억 원+1년 수혜자 부담분 50억 원=275억 원이다. 순원가는 총원가에서 수혜자 부담분을 감한 250억 원이다. 어린이집 1개소당 원가는 얼마일까? 1개소당 총원가는 2억 7,500만 원이고, 1개소당 순원가는 2억 5,000만 원이다. 이것이 단위당 원가이다.

발생주의 복식부기 회계제도를 도입함에 따라 과거와 달리 프로그램별 원가정보가 생산되어 재정운영의 투명성과 관리효율성이 제고되었다. 그러나 아쉬운 것은 현재 프로그램별 성과정보가 제공되지 않는다는 것이다. 따라서 프로그램별 원가정보와 성과정보를 매치하거나 프로그램별 원가계획과 원가실적을 비교하는 등의 성과관리를 수행할 수 없다. 자세한 사항은 성과관리 파트(제15장)에서 알아보도록 하자.

제4절 정부회계의 발전방향

발생주의 복식부기 회계제도가 제도 자체에서 더욱 발전시켜야 할 사항도 많다. 그러나 무엇보다 중요한 것은 이 제도가 왜 쓸모가 있는가, 이 제도가 정부재정에 어떤 도움을 주는가에 대해 명쾌한 답을 만드는 것이다. 그러기 위해서는 성공 사례를 개발해야 한다. 발생주의 복식부기 회계제도를 도입한 국가들이 그렇게 많지 않지만, 일단 이 제도를 도입한 국가들은 나름대로 획기적인 성공 사례들(Killer Applications[19])을 가지고 있다. 이런 대표적 성공 사례들이 제시되어야, 우리나라에서도 정부회계제도가 무난히 정착될 수 있다. 또한, 정부회계가 발전하기 위해서는 정치적 측면도 고려해야 한다. 정치인은 발생주의 복식부기 회계에 그리 긍정적이지 않을 수 있다. 예산당국도 이 제도를 환영할지 의문이기 때문이다. 성공 사례가 보다 중요한 이유는 이것이다. 정부회계가 정치적인 측면에서도 명분을 얻고 지속적인 공감과 응원을 받아야 한다.

1. 성공 사례(Killer Application)의 발굴

(1) 영국 지방정부의 경우

영국의 지방정부들은 몇 십 년 전부터 발생주의 복식부기 회계제도를 사용해오고 있었다. 그러나 최근에 이르기까지 이런 회계제도는 "따분한" 업무로 인식되었을 뿐 사람들의 관심을 받지 못해왔다. 그러나 1990년대에 "예산이월제도"와 같은 성과주의 예산제도가 도입되자 갑자기 회계제도의 중요성이 부각되었다. 성과주의 예산제도란 성과가 더 높은 기관(실, 국)에 더 많은 예산을 배정한

---

19) Killer Application이란 시장에 새롭게 등장한 상품이나 서비스가 완전히 새로운 영역을 창출해가면서 시장을 지배해가는 것을 말하며, 흔히들 줄여서 "킬러앱"이라고 한다.

다는 것이다. 그런데 성과가 더 높다는 것을 증명하기 위해서는 원가정보가 필요해졌다. 즉, 정부로부터 많은 재원을 받은 기관이 더 많은 성과를 내는 것은 당연하다. 그러므로 별도의 보상(reward)을 받을 필요는 없다. 반대로 정부로부터 적은 재원을 받은 기관이 낮은 수준의 성과를 내는 것 역시 당연하다. 이런 경우에 별도의 제재(punishment)를 가한다는 것은 불합리하다. 그렇지만 정부로부터 적은 재원을 받아서, "비용효율성"이 높아지도록 혁신을 하여 높은 성과를 내는 경우에는 보상을 해주어야 한다. 반대로 정부로부터 많은 재원을 받아 낮은 성과를 내는 기관은 제재를 당해야 한다. 이때 비용효율성을 입증하기 위한 정보가 바로 복식부기 발생주의 회계제도에 의해 산출되는 사업원가 정보이다. 성과와 보상을 연계시키는 성과주의 예산제도가 도입되자 몇 십 년 동안 관심을 끌지 못해왔던 발생주의 회계정보가 갑자기 중요해졌던 것이다. 영국의 경우 성과주의 예산제도의 도입이 하나의 Killer Application이 된 것이다.[20]

(2) 미국 정부의 경우

미국의 경우 각급 정부는 국, 공채를 발행하여 민간금융시장으로부터 자금을 조달하고 있는데, 이때 발생주의 복식부기 회계제도를 도입하고 있는 정부기관들은 그렇지 않은 기관에 비하여 상대적으로 낮은 금리로 채권(bond)을 발행할 수 있다. 왜냐하면 투자자금을 회수하여야 하는 민간금융기관들은 발생주의 복식부기 회계제도를 사용하지 않는 정부의 회계정보를 "투명하지 않으므로 신뢰하기 어렵다"고 생각한다. 그래서 일정한 회계기준(GAAP)에 따라 회계처리를 하는 정부에 대해서는 민간금융기관들이 신용평가를 1단위 올려서 평가하고, 그 결과 0.25% 가량 낮은 금리를 적용한다고 한다.[21] 미국의 경우 낮은 금리로 국공채를 발행할 수 있다는 점이 발생주의 복식부기 회계제도의 도입을 촉진하는 Killer Application이라고 할 수 있다.

---

20) 저자를 비롯한 연구진이 영국 런던시의 자치구인 Camden Borough의 재무국장을 면담한 결과임. 2004. 9.
21) 강인재 · 신종렬 · 배득종. 복식부기 회계제도 도입과 적용의 비용편익분석. 한국행정학보 37:1. 2003 봄. p. 63.

(3) 뉴질랜드 중앙정부의 경우

뉴질랜드는 결산뿐 아니라 예산도 발생주의로 편성하는 특이한 경우이다. 완전발생주의 예산제도를 도입한 뉴질랜드는 각 부처가 보유하고 있는 건물 등 자산을 유지하는데 소요되는 유지비를 "자본비용"으로 산출하였다. 자본비용은 각 부처의 순자산(총자산-부채)에 일정 비율을 곱하여 산정하는데, 각 부처는 이렇게 산출된 자본비용을 중앙정부에 납부하여야 한다.[22] 중앙정부가 각 부처한테 예산을 지출하여 자산을 취득하게 하였으므로, 각 부처는 중앙정부에 자산사용비(자본비용)를 납부하여야 한다는 논리이다.

이처럼 "자본비용부과제도"(Capital Charges)를 실시하자, 각 부처는 불필요한 자산을 보유하고 있으면 더 많은 금액을 중앙정부에 납부해야 하기 때문에 자산과 부채를 엄격하게 관리하기 시작하였다. 뉴질랜드의 경우에는 이 제도가 발생주의 예산제도를 도입하는 가시적인 혜택, 즉 Killer Application으로 작동하였던 것이다.

(4) 여타의 국가들

복식부기 발생주의 회계제도를 도입한 여타의 국가들의 공통점을 찾는다면, 회계정보를 통해 정부의 재정적자를 통제하자는 것이었다.[23] 즉, 재정적자가 심한 국가들은 이 문제를 해소하기 위해 도움이 되는 제도라면 무엇이든 적극적으로 도입할 사회적 여건이 마련되어 있었다. 이런 상태에서 발견한 적자발생 방지방안 중 하나가 발생주의 회계제도의 도입이었다. 즉, 다년간에 걸친 국가채무부담행위를 하는 시점에서 정부회계장부에 그 부담을 기재하게 함으로써, 채무행위의 책임성을 높이자는 것이었다. 이 국가들에서 발생주의 도입 Killer Application은 적자방지대책이었다.

---

22) 후데야 이사무(갈렙앤컴퍼니 편역). 정부회계혁명. 1999. 서울: 한언. p. 107.
23) OECD. Budget Reform in OECD Member Countries: Common Trends. p. 13.

(5) 한국: Killer Application의 발굴 절실

한국은 2009년 시범적용을 거쳐 2011년 정식으로 발생주의 복식부기 회계제도를 도입했다. 그러나 아직 그럴 듯한 Killer Application을 찾지 못하고 있다. 한국은 IMD의 세계경쟁력보고서에 의하면, 재정건전성이 세계 1위이다. 물론 한국도 재정적자 및 정부부채로부터 자유로운 것은 아니지만, 상대적으로 다른 나라보다 부채관리의 시급성은 떨어진다. 따라서 재정적자 방지대책이 한국의 발생주의 회계제도 도입의 Killer Application이 되기는 어려운 상황이다.

발생주의 제도 도입과 관련하여 두 번째로 가능성이 높은 Killer Application은 성과관리제도에 원가정보를 적극적으로 활용하는 방안이다. 그래서 한국도 이 방면으로 적용 사례를 개발하려고 노력하고 있는데 여의치 않다. 그 이유는 정부의 성과라는 것이 "재정요인"에 의해서만 달성되는 것이 아니기 때문이다. 재정과 관련된 원가정보의 활용은 수많은 성과 달성 수단들 중 일부분에 불과하기 때문에, 이런 작은 부분을 통해 많은 사람들의 공감대를 이끌어내는 것은 쉽지 않다. 이것은 마치 "wag the dog"와 같다.

한국에서 이 제도가 성공적으로 도입되고, 정착되기 위해서는 Killer Application의 개발이 꼭 필요하다. 이를 위해서는 지금까지 회계제도의 도입이 재무회계의 관점에서 이루어져 왔는데, 앞으로는 관리회계(managerial accounting)의 관점이 더 강조되어야 한다.

관리회계의 정의는 다음과 같다. "조직이 추구하는 목적 및 목표달성을 위한 계획을 수립하고, 이를 실천하기 위한 제반 의사결정을 내리는 고위관리자를 지원하기 위하여 조직의 과거 및 미래 추정에 관한 재무자료를 처리하는데 적절한 기법과 개념을 적용하는 것"이다.[24] 관리회계는 재무회계와 매우 다른데, 회계라기보다는 관리를 위한 정보의 도출과정이라고 보는 것이 더 타당할 것 같다. 그래서 관리회계는 의사결정지원시스템이라고 불리기도 한다.[25] 관리회계와 재무회계의 특징을 비교하면 다음 〈표 16-5〉와 같다.

---

24) 미국회계학회(AAA)의 정의. 신홍철. 관리회계. 서울: 경문사. 2002. p. 30.
25) 신홍철. 상게서. p. 31.

표 16-5 재무회계와 관리회계의 차이점

구 분	재무회계	관리회계
정보이용자	외부이용자(주주, 채권자, 시민)	조직 내부구성원(관리자)
보고서의 구체성 및 형식	일반목적 보고서(재무제표) 형식은 규칙에 따라 정형화됨	특수목적보고서(전략보고서) 형식은 임의적이며, 천차만별
시간적 관점	과거지향적	미래지향적
법적 강제성	GAAP에 따라야 함	따라야할 기준 없음
외부준거기준	객관적 자료	주관적 자료도 허용됨
강조사항	재무적 자료 중심	비재무적 자료도 강조함

자료: 신흥철. 전게서. p. 31을 기초로 일부 수정.

관리회계와 재무회계의 차이점을 이해하는 것 보다 더 중요한 것은, 관리회계를 창의적·실용적으로 개발하여 적용하는 것이다. 관리회계는 특별히 정해져 있는 규칙이 없는 만큼 활용하기에 따라서 Killer Application을 만들어 낼 수 있는 가능성도 가지고 있다고 본다. 즉, 한국에서 발생주의 복식부기 발생주의 회계제도를 위해 필요한 Killer Application은 재무회계 쪽에서는 나오기 어렵고, 관리회계 쪽에서 개발되어야 한다는 뜻이다.

흔히들 복식부기 발생주의 회계제도의 도입을 정보인프라를 구축하는 것으로 비유한다. 이 비유가 맞기는 하지만, 만들어 놓은 정보고속도로 위로 얼마나 많은 차량이 다닐 것인가, 그 결과 좋아지는 것이 무엇인가를 꼼꼼히 따져봐야 할 일이다.

2. 정치와 정부회계

정치는 흔히 타이밍(timing)이 중요하다고 한다. 그런데 현금주의 단식부기 회계제도는 정치인들이 자신에게 유리한 타이밍을 선택하는 것을 방지하기 어렵다. 예산지출을 늘려야 한다는 요구와 세금부담을 줄여야 한다는 압박을 동시에 받고 있는 정치인들은, 실제로는 지출을 증가시키면서 국민들의 부담증가는 수반하지 않는 것 같은 방안들을 곧잘 찾아낸다. 정부의 직접적인 지출보다는 지급보증(guarantee)이나 우발채무(contingent liabilities) 방법을 활용한다든지, 현금지출을 다음 회계연도로 지연시킨다든지, 예산외 예산(off-budget budget)을 사용하여 정부지출 규모를 파악하기 어렵게 만든다든지 하는 것들이 대표적인 사례이다. 그러나 단식부기 현금주의 회계제도는 이러한 정치적 의도를 적절하게 표시해주지 못하고 있다.[26]

경제적 거래를 수반하는 행위가 발생하는 시점에 회계처리를 하는 발생주의 하에서는 위와 같은 문제점들을 미연에 방지할 수 있다.[27] 이러한 자동적인 방지장치는 국민들에게는 장점이 될 수도 있지만, 정치인들이나 간혹 중앙예산기구는 현금주의에서의 "편리한 수단들"을 잃는 것을 싫어할 수도 있다. 재정이 투명하게 운용되면 오히려 불편해지는 사람들은 이러저러한 이유로 발생주의 회계제도의 도입을 방해할 우려도 있다.

중앙예산기구도 대차대조표가 예산서보다 중요해지는 것을 반길지는 의문이다. 예산당국(부서)이 현금주의하에서는 재원배분에 있어서 독점적인 지위를 누리다가 발생주의를 채택한 후에는 대차대조표(재정상태보고서)를 관리하는 회계당국(부서)의 간섭을 받아야 한다. 그렇기 때문에 예산당국(부서)이 발생주의 회계제도를 크게 지지하지 않을 수 있다. 예산당국(부서)은 발생주의 회계제도의 도입으로 인한 지대(rent)의 손실이라는 부정적인 측면과 재정적자의 방지라는 긍정적인 혜택을 비교, 평가하여 이 제도를 바라볼 수 있다. 역설적이게도, 재정적자를 방지하는데 기여하는 발생주의 회계제도는 재정적자가 아주 심해져야 지지도가 높아질 가능성도 있다.[28]

---

26) Schick. op. cit. 2001. p. 6.
27) Schick 교수는 발생주의 회계제도가 정치인들의 "재정조작"의 가능성을 방지할 수 있다고 본다. 그러나 이것에 대한 반론도 있다. OECD 보고서에 의하면, 발생주의 회계는 훨씬 더 복잡할 뿐 아니라 그런 만큼 "손쉽게 조작될 수 있다"(easily manipulated)고 본다. 기업의 분식회계 등을 보면, 조작가능성이 얼마나 큰 지를 짐작할 수 있다. OECD. PUMA/SBO(2002. 9.) p. 13.
28) 디지털예산회계기획단에서 일단의 연구진이 OECD를 방문하였다. OECD의 재정 및 예산제도 전문가는 선진국들이 도입한 여러 가지 개혁조치들 중 가장 효과가 큰 것을 Top-Down 예산제도라고 지목하였으며, 반대로 가장 효과가 적은 조치를 발생주의 예산제도의 도입이라고 하였다. 2004. 12.

제 17 장

디지털예산회계
시스템

• 제1절 디지털예산회계시스템의 개요
• 제2절 디지털예산회계시스템의 발전방향

제17장 디지털예산회계시스템

앞에서 "아파치" 영화를 예로 들면서 "계기비행"과 "원격조정"을 얘기한 바 있다. 제15장에서 설명한 제반 재정개혁조치와 제16장에서 설명한 정부회계 기반 하에서 다양한 재정정보를 "계기비행"시키고, "원격조정"을 시키기 위해서는 정보시스템의 도움이 필요하다. 이것이 2007년 구축된 디지털예산회계시스템[1]이다.

디지털예산회계시스템은 국내보다 해외에서 더 인정받고 있다. UN은 공공행정상(賞)을 통해 각국에서 추진하는 행정효율화와 행정혁신을 전 세계가 공유하며 장려하고 있는데, 한국의 디지털예산회계시스템이 2013년 UN 공공행정상의 정보화부문에서 대상을 수상했다. 국제기구인 세계은행(World Bank)은 디지털예산회계시스템을 현재까지 전 세계에서 개발된 재정정보시스템 중 최고의 시스템이라는 극찬을 아끼지 않았다. 2008년 이후 정부는 현재까지 전 세계 100여개 국가와 국제기구의 고위관리자 및 실무자와 교류하며 디지털예산회계시스템을 소개하고 전파하고 있다. 에콰도르 등의 국가와 MOU를 체결 중이며, 국민세금으로 만든 한국의 재정제도와 정보시스템을 외국에 전파하고 한국을 알리고 있다. 한류는 연예, 문화, 예술에서만 가능한 것이 아니다. 한국의 발달된 IT기술과 아이디어를 접목하면 민간, 공공부문 할 것 없이 외국에서도 좋아하고 유용하게 쓰일 상품을 만들 수 있다.

물론 디지털예산회계시스템의 한계 또는 개선해야 할 점도 적지 않다. 당초 2004년 디지털예산회계기획단이 출범할 때 최초 계획대로 시스템이 구축되지 않았고, 이후 약 10년이 지난 현재시점에서 새로운 기능이 요구되기 때문이다. 다음에서 디지털예산회계시스템의 개요와 개선방향에 대해 알아보자.

---

1) 디지털예산회계시스템을 dBrain(digital brain, 재정업무를 돕는 참모)으로 부르는 경우도 있다. 해외에서 한국의 디지털예산회계시스템을 소개할 때는 DBAS(Digital Budget and Accounting System)라고 한다.

제1절 디지털예산회계시스템의 개요

1. 구축경위와 운영 현황

디지털예산회계시스템은 중앙부처의 재정업무 전 과정을 실시간으로 관리하는 통합재정정보시스템이다. 중앙부처의 예산편성 및 집행에서부터 결산 및 성과까지 재정 전 과정의 업무수행을 지원하고 있다. 재정 전 과정은 프로그램 예산제도를 기반으로 하고 있으며, 62개 유관 정보시스템과의 연계를 통해 업무효율성을 제고시키고 있다.[2]

(1) 시스템 구축배경 및 추진경위

디지털예산회계시스템이 구축되기 전에는 관련 재정정보시스템이 (구)기획예산처의 예산시스템(Fimsys)과 (구)재정경제부의 회계결산시스템[3](Nafis)으로 나누어져 있었다. 따라서, 예산정보시스템에 반영된 예산정보가 회계결산시스템에 반영되는데 물리적인 시간이 필요했고, 결산정보의 예산환류가 시스템상 가능하지 않았다. 또한, 두 시스템의 기능은 예산배정, 자금배정, 회계처리기록 관리 등 단순한 재정관리기능의 처리에 한정되어 있어, 예산사업의 시행자에게 자금을 이체하는 기본적인 사항도 당시의 재정정보시스템을 통해 처리할 수 없었다. 이러한 환경에서 재정관리 실무자들은 업무처리를 효율적이고 생산적으로 할 수 있는 통합된 재정정보시스템을 지속적으로 요구해왔다.

보다 중요한 것은 2004년 대규모 재정개혁 조치를 추진하면서 해당 개혁과제를 뒷받침해 줄 탁월한 재정정보시스템이 요구되었다는 점이다. 고도화된 재정정보시스템이 없이 국가재정운용계획, Top-Down 예산제도, 프로그램 예산제도, 성과관리제도가 유기적으로 원활하게 돌아갈 수 없기 때문이다. 모든 예산사

---

2) 본 절은 기획재정부. 2013. 디지털예산회계시스템 개요: 한국의 통합재정정보시스템 자료와 디지털예산회계시스템의 국민용 홈페이지 중 https://www.digitalbrain.go.kr/kor/view/intro/intro02_01_01.jsp?code=DB0401를 활용하였다.

3) 당시 재정경제부는 Nafis를 재정정보시스템이라고 불렀으나 용어의 혼동을 피하기 위해 편의상 보통명사인 회계결산시스템을 사용하였다.

업 하나하나가 태어나서 죽을 때까지의 이력 전체와 재정운영에 대한 모든 사항을 관리하는 사업관리시스템이 새롭게 만들어져야 재정개혁 과제의 유기적 연계가 가능하였다. 또한, 정책결정을 지원하는 재정통계시스템이 요구되었다.

2004년 디지털예산회계기획단이 출범하면서 이러한 사항들이 공식적으로 토의되기 시작했다. 디지털예산회계기획단은 당시 기획예산처, 재정경제부, 행정자치부, 감사원에서 파견된 최고 수준의 재정분야 공무원으로 구성된 범정부기구였다.[4] 또한, 재무행정, 재정학, 정부회계, 지방재정 분야에서 국내 최고 수준의 교수, 전문가로 구성된 디지털예산회계기획단 자문위원회가 함께 구성되었다. 디지털예산회계기획단과 자문위원회가 중심이 되고 각 부처 재정담당자와 민간전문가의 의견을 다각도로 수렴하여 디지털예산회계시스템 구축방안을 마련하였다. 이후 2004년 3월, 당시 노무현 대통령 주재 국정과제회의에서 시스템 구축을 공식화하였고, 약 3년간의 시스템 구축전략 마련, 시스템 구축, 제도 정비, 사용자 교육, 시험운영을 거쳐 2007년 1월 1일 공식적으로 디지털예산회계시스템을 개통하였다.

디지털예산회계기획단은 시스템의 개통일자를 최초 2008년 1월 1일로 잡았었다. 시스템 사용자의 불편이 없도록 시스템 구축에 만전을 기하고 시험운영을 통해 오류를 최소화하기 위해서였다. 그러나, 시스템을 더 빨리 사용하자는 요청에 의해 개통일자를 1년 앞당겨 2007년 1월 1일에 개통하게 되었다. 2007년 당시 새로운 재정제도에 바탕을 둔 디지털예산회계시스템을 발 빠르게 사용할 수 있게 된 것은 긍정적이다. 하지만 새로운 시스템의 안정성과 사용자들에 대한 장기적이고 체계적인 교육 등을 고려했을 때 당시 혼란스러운 점이 없지 않았다.

(2) 운영 현황

디지털예산회계시스템을 통해 매일 1만 5천여 명이 약 35만 건(2013년 6월 기준)의 재정업무를 처리하고 있다. 또한 2013년 1년 기준으로 1,383조 원, 2013년 12월 기준으로 하루평균 5조 6천억 원의 자금이 이체되었다.

---

4) 디지털예산회계기획단은 디지털예산회계시스템뿐만 아니라 시스템의 바탕이 되는 프로그램 예산제도(지자체는 사업예산제도)를 만들었고, 발생주의 복식부기 회계제도의 제도화방안 등을 마련하였다.

디지털예산회계시스템은 현재 전체 중앙행정기관, 일부 지방자치단체 및 공공기관 등 6만 7천여 명(2013년 12월, 유효사용자 기준)의 공직자가 사용하고 있다. 이들을 대상으로 2007년 개통 이후 2013년까지 약 850회에 걸쳐 9만 5천여 명(누적)을 대상으로 사용자 현장과 교육기관, 온라인을 통해 사용자 교육을 실시하였다.

해외정부의 경우, 홍보는 미국, 러시아, 필리핀, 베트남, 이라크 및 UN, IDB, World Bank 등의 국제기구를 대상으로 46회에 걸쳐 106개 국가와 국제기구에 대해 홍보를 실시했다. 또한 에콰도르 등의 국가와 MOU를 체결했거나 현재 협의 중이다.

2. 디지털예산회계시스템 구성과 기능

(1) 구성 전체 모습

디지털예산회계시스템은 크게 재정정보시스템, 통계분석시스템, 연계시스템, 재정업무지원시스템으로 구성되어 있다. 〈그림 17-1〉를 참조하기 바란다. 재정정보시스템은 디지털예산회계시스템의 핵심시스템으로 사업관리, 예산(중기재정계획 수립과 예산편성을 의미함), 회계(예산집행과 결산을 의미함), 성과관리 업무처리를 지원하는 단위업무시스템을 포괄하고 있다. 통계분석시스템은 재정담당 고위 공무원이 활용하는 EIS시스템,[5] 실무자가 활용하는 OLAP시스템,[6] 재정데이터 저장소 등으로 구성되어 있다. 디지털예산회계시스템이 기존의 다른 정보시스템을 적극 활용해야 재정업무 담당자가 one-stop으로 업무를 효율적으로 처리하며 시너지 효과를 만들어 낼 수 있다. 이를 위해 별도의 연계시스템을 구축하였다. 한국은행, 금융결제원 등의 금융시스템과 연계하고 지방재정시스템, 지방교육재정시스템과 연계하며 조달청의 나라장터시스템 등과 연계하였다. 마지막으로 재정업무지원시스템은 국민들에게 제공되는 압축된 재정정보를 담은 홈페이지(www.digitalbrain.go.kr), 재정업무 담당자 개인별 포탈시스템, 행정전자

---

5) 경영자 또는 고위관리자가 정책판단과 결정 등에 필요한 고급통계 등을 담은 정보시스템이다(Executive Information System).
6) 원(原) 재정데이터를 활용하여 다차원 통계분석을 할 수 있는 도구로서 재정업무 실무자가 활용하는 시스템이다(Online Analytical Processing).

그림 17-1 디지털예산회계시스템 구성

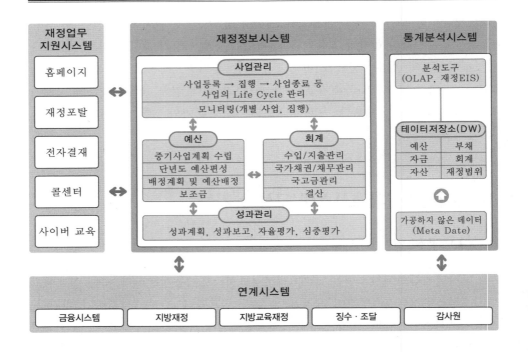

재정업무 지원시스템	재정정보시스템	통계분석시스템
홈페이지	**사업관리** 사업등록 → 집행 → 사업종료 등 사업의 Life Cycle 관리 모니터링(개별 사업, 집행)	분석도구 (OLAP, 재정EIS)
재정포탈		데이터저장소(DW)
전자결재	**예산** 중기사업계획 수립 단년도 예산편성 배정계획 및 예산배정 보조금 ／ **회계** 수입/지출관리 국가채권/채무관리 국고금관리 결산	예산 ｜ 부채 자금 ｜ 회계 자산 ｜ 재정 범위
콜센터		
사이버 교육	**성과관리** 성과계획, 성과보고, 자율평가, 심층평가	가공하지 않은 데이터 (Meta Date)

연계시스템

금융시스템	지방재정	지방교육재정	징수 · 조달	감사원

자료: www.digitalbrain.go.kr 자료를 조정.

결재시스템, 콜센터, 사이버교육시스템을 말한다.

(2) 시스템 예시

다음에서는 메인시스템인 재정정보시스템과 통계시스템의 일부 화면을 사업
관리시스템, 예산시스템, 회계시스템, 성과관리시스템, 통계시스템 순으로 소개
한다.

① 사업관리시스템 예시

모든 재정사업(프로그램, 단위사업, 세부사업)의 시작부터 종료까지 전 과정을
관리하며, 개별사업의 집행 및 관리내역 등을 실시간으로 파악할 수 있다.

그림 17-2 디지털예산회계시스템 중 사업관리시스템 예시

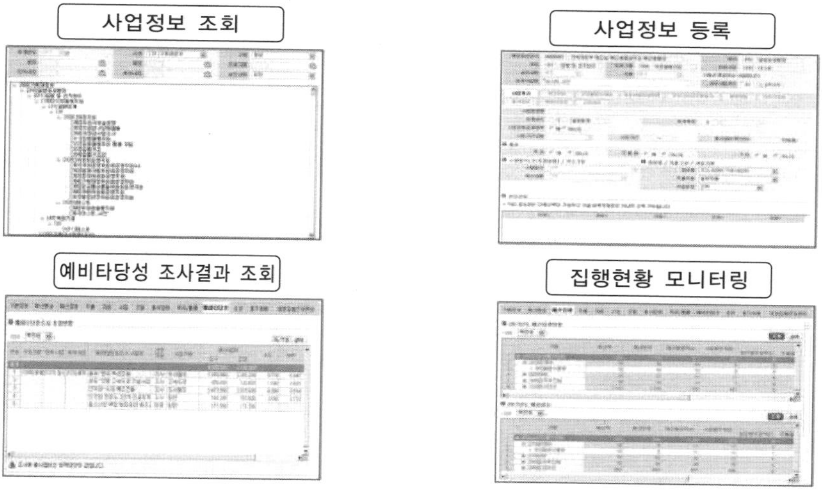

| 사업정보 조회 | 사업정보 등록 |
| 예비타당성 조사결과 조회 | 집행현황 모니터링 |

출처: www.digitalbrain.go.kr

② 예산시스템 예시

예산시스템을 통해 국가재정운용계획을 수립하고 이 계획에 따라 지출한도를 설정한 후, 각 부처별로 예산요구안을 작성한다. 기획재정부는 사업별 집행상황, 성과정보, 예비타당성 정보 등을 검색·확인하여 부처요구안을 검토한 후, 정부예산안을 확정한다(〈그림 17-3〉 참조).

③ 회계시스템 예시

재정자금 집행과 동시에 발생한 거래를 실시간으로 계정별 거래유형을 통하여 자동으로 분류(자동분개) 처리한 후, 해당 프로그램별로 원가가 계산된다. 〈그림 17-4〉는 시스템에 의해 발생주의 복식부기 회계방식으로 자동분개되는 화면이다. 부산신항 건설부지용 토지를 매입하기 위해 대금지급을 요청하면, 한국은행의 정부예금에서 거래처 계좌로 대금이 지급됨과 동시에 국유재산으로 토지가 등록되고 부산신항 건설사업의 원가에 반영된다.

그림 17-3   디지털예산회계시스템 중 예산시스템 예시

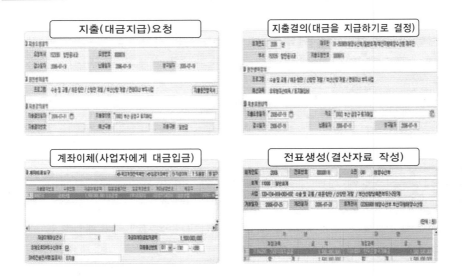

출처: www.digitalbrain.go.kr

그림 17-4   디지털예산회계시스템 중 회계시스템 예시

출처: www.digitalbrain.go.kr

④ 성과관리시스템 예시

부처별·사업별 성과관리시 필요한 성과목표와 성과지표를 입력·관리하고 사업별 평가와 그에 대한 사후조치 등을 본 시스템을 통해 수행한다.

> **그림 17-5** 디지털예산회계시스템 중 성과관리시스템 예시

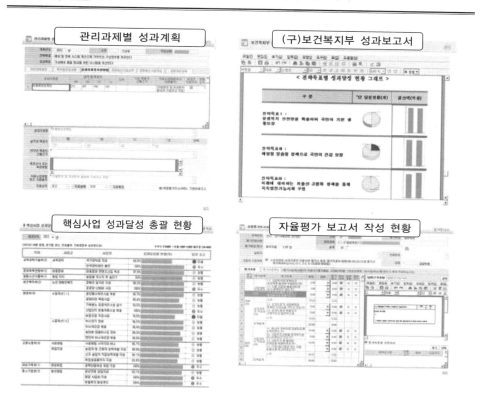

출처: www.digitalbrain.go.kr

⑤ 통계분석시스템 예시

정부재정의 전체 모습, 분야별, 부처별, 사업별 등 다양한 측면에서 분석된 통계보를 실무자(업무범위 내 정보)와 국민(큰 그림 정보위주)에게 제공한다. 〈그림 17-6〉은 EIS 시스템 중 일부의 화면이다.

그림 17-6 디지털예산회계시스템 중 통계분석시스템 예시

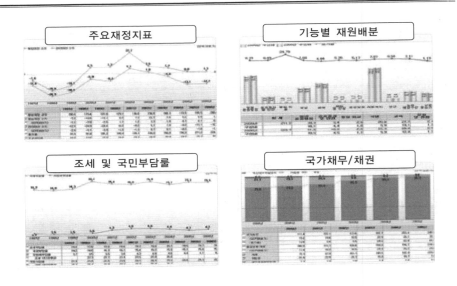

출처: www.digitalbrain.go.kr

제2절 디지털예산회계시스템의 발전방향

디지털예산회계시스템이 UN의 공공행정, 정보화부문에서 대상을 수상하고 World Bank가 세계 최고의 재정정보시스템이라고 칭찬을 해줘도 사용자와 전문가, 정책개발자 입장에서는 아직도 부족한게 많다. 한국의 소비자는 깐깐해서 여간해서는 쉽게 만족하지 않기 때문이다. 한국은 IT, 모바일, 문화산업 등에서 글로벌 테스트 베드(test bed) 국가로 널리 알려져서 글로벌 시장에서 뜨려면 먼저 한국에서 통과하라는 말이 이제는 생소하지가 않다.

디지털예산회계시스템이 앞으로 발전해야 할 방향으로 시스템의 포괄범위 측면, 사용하는 수요자의 측면, 재정정책적 측면 등 세 가지를 중심으로 알아보자.

1. 포괄범위 측면: 지방과 공기업을 포괄하는 공공부문시스템으로 확대

　　현재 디지털예산회계시스템은 중앙행정기관 중심으로 구축되어 있다. 지방재정과 일부 공공기관의 재정정보시스템이 연계는 되어 있지만 느슨한 연계에 불과하다. 앞으로 중앙의 재정과 지방의 재정을 통합하여 조망하고, 중앙과 지방이 산하 공공기관을 함께 포괄하여 공공부문 전체 재정을 조망(제2장 참조)해야 한다는 의견이 제기되기 시작할 것이다. 재정은 정부정책을 숫자로 표현한 것이다. 공공부문 전체에 대한 정책을 숫자로 잘 표현하고, 그것을 체계적으로 볼 수 있고, 잘 관리할 수 있도록 디지털예산회계시스템이 업그레이드되어야 할 것이다.

　　사실 이것은 정보시스템만의 문제는 아니다. 정보시스템은 제도를 기반으로 하기 때문이다. 재정제도가 먼저 중앙과 지방, 산하 공공기관을 포괄할 수 있도록 통일되거나 체계화되어 있어야 한다. 예를 들어 중앙과 지방이 재정을 바라보는 분류체계가 상이하면 상호 연계가 되지 않고, 정보시스템도 각각 따로 놀 수밖에 없다. 중앙부처와 지자체, 산하 공공기관이 현재의 프로그램 예산제도[7]를 중심으로 재정제도의 기준을 잡고 체계화, 연계화하는 작업이 요구된다.

　　여기서 유의할 사항은 시스템의 연계와 통합 문제이다. 현재의 디지털예산회계시스템과 지방재정시스템, 지방교육재정시스템 및 산하 공공기관시스템이 적절히 연계되면 족하고, 관련 시스템을 통합하여 하나의 시스템으로 만들 필요는 없을 것이다. 지방자치과 지방교육자치에도 어긋나고, 각 기관의 자율성을 해칠 우려가 있기 때문이다.

2. 수요자 측면: 국민·전문가에게 제공하는 재정정보 확대

　　본 장을 읽는 독자나 재정분야 전문가들은 정부예산에 관심을 갖거나 연구하면서 디지털예산회계시스템의 덕을 본 적이 있었던가? 라는 의문을 가질 수 있

---

7) 지방자치단체는 프로그램 예산제도를 사업예산제도로 부르고 있다. 각 예산제도의 내용은 거의 유사하다.

다. 사실상 디지털예산회계시스템은 재정을 운영하는 공무원을 위한 시스템에 포커스가 맞추어져 있기 때문이다. 공무원용 시스템은 공무원 사용자의 요구에 맞추어 수시로 업그레이드되는 반면, 국민용 홈페이지(www.digitalbrain.go.kr)는 공무원용 시스템 같지 않고, 거기서 제공되는 재정정보도 사실상 한정되어 있다.

디지털예산회계시스템이 국민용 홈페이지와 원천적으로 분리되어 있어서 국민용 홈페이지 정보가 자동으로 연동되어 업그레이드 될 수는 없다. 디지털예산회계시스템이 엄청난 규모(2013년 12월 기준으로 하루 5.6조 원의 자금이 이체됨)의 국가재정을 운영하므로 보안 사고를 미연에 방지하기 위하여 정부 내부용으로 운영할 수밖에 없기 때문이다. 그러나, 국가재정의 주인인 국민에게 상세하고 투명한 재정정보를 제공하는 차원에서 현재의 홈페이지는 대폭 개선될 필요가 있다. 미국, 영국 등 선진국이 국민에게 제공하는 재정통계가 이보다 더 편리하거나 체계화된 것은 아니다. 그러나, 해당 정보의 유형, 시계(time horizon) 등이 민간기업에 대한 제반 재무정보를 제공하는 국내의 KISLINE(한국신용평가정보), Data Guide Pro(Fnguide), TS2000(한국상장회사협의회) 등의 시스템에 미치지 못하는 것이 사실이다.

그림 17-7 디지털예산회계시스템 국민 홈페이지 예시(재정통계 관련)

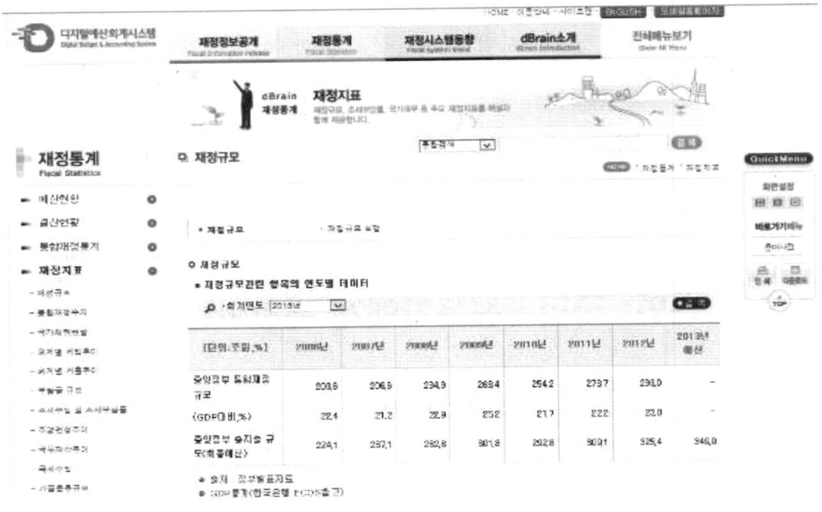

3. 수요자 측면: 국제적인 Global시스템 구축

현재 디지털예산회계시스템은 국내용 시스템, 전 세계를 기준으로 보았을 때
는 Local시스템이다. 세계 각국에서 디지털예산회계시스템에 대해 관심이 많은
만큼 전 세계적인 Global시스템을 지향해야 할 것이다.

그러나, 해외 여러 국가의 재정담당자가 디지털예산회계시스템을 보고 놀라
고 감탄하면서도 각론으로 들어가면 고개를 갸우뚱한다. 하나는 디지털예산회계
시스템의 바탕이 되는 국가재정운용계획(중기재정계획), 프로그램 예산제도, 발생
주의 복식부기 회계제도, 성과관리제도가 해당 국가에는 없거나 달리 운영되기
때문이다. 한국의 제도는 좋은 제도이지만 그 나라에 맞게 취사선택을 해야 하
고, 현지화해야 하는데 이것을 어찌해야 할까를 그들은 고민하는 것이다. 사실
이 문제는 시스템으로 처리할 수 있는 사항이 아니다. 한국의 재정공무원이 해당
재정개혁제도의 취지를 해외 공무원들과 공유하며 그들 나라에 맞게 현지화 하
는 수밖에 없다. 이것은 정책적 문제이고 시간이 그만큼 필요한 문제라서 정보시
스템이 해결할 수 있는 사항이 아니다.

외국의 재정공무원이 고민하는 또 다른 문제는 정보시스템 자체에 대한 것이
다. 한국의 디지털예산회계시스템을 이를테면 필리핀과 베트남에서 그대로 쓸
수 있을까? 그렇지 않을 것이다. 정보시스템은 하드웨어에 따라 운영방식이 상이
하고, 최소한의 네트워크가 갖추어져야 시스템 운영이 가능하는 등 정보시스템
프로그래밍을 위한 전제조건이 많고 그것이 국가마다 상이하기 때문이다. 특히
개발도상국[8]이 디지털예산회계시스템에 관심을 보이고 있는데 그들은 정보통신
환경과 기반이 상대적으로 약하다. 이러한 국가들이 온전한 디지털예산회계시스
템을 구축하기 위해 기존의 네트워크와 하드웨어까지 업그레이드해야 한다면 일
이 커지게 된다. 결국은 돈이 문제다.

우선 디지털예산회계시스템에 관심을 갖는 국가가 개발비용에 큰 부담을 느
끼지 않게 하면서[9] 디지털예산회계시스템이 전파되려면 시스템을 모듈화해야 한

---

8) 선진국은 각국의 재정정보시스템이 한국의 디지털예산회계시스템보다 뒤쳐져 있지만 재정운
영이 체계화되어 있어 새로운 재정정보시스템을 구축할 유인이 상대적으로 크지 않다.
9) 해당 국가에 유무상 원조를 하는 방식으로 디지털예산회계시스템 구축을 지원하는 방법도 있
겠으나 이는 별론으로 하자.

다. 모듈화란 프로그래밍 언어로 시스템의 프로그램을 제작할 때 관리와 운영이
용이하도록 시스템을 모듈(기능)단위로 분할하는 것을 말한다. 이를테면 디지털
예산회계시스템을 예산시스템, 회계시스템, 통계시스템, 연계시스템으로 분할하
고, 예산시스템은 중기재정시스템과 단년도 예산시스템으로 분할하며, 단년도
예산시스템은 예산요구, 예산편성, 예산배정시스템 등 세부시스템으로 분할하는
것이다. 이와 같은 기능별 모듈화가 아니라 사용자에 따른 프로그래밍 세분화도
가능할 것이다. 재정을 담당하는 모든 해외 공무원을 대상으로 하는 것이 아니라
책임자용, 실무자용, 총괄부서용, 일선부서용 식으로 구분하여 그에 맞는 프로그
래밍을 하는 것이다.

4. 재정정책 측면: 재정분석 및 risk 관리 강화

현재의 디지털예산회계시스템은 국가재정법에서 규정하는 예산편성, 집행,
결산처리를 효율적으로 지원하기 위한 시스템으로 볼 수 있다. 하지만, 디지털예
산회계시스템에서 생산된 고급 정보로 재정성과를 제고하거나 재정정책을 개발
하는 단계에까지는 이르지 못하고 있다. 성과관리시스템도 현재는 성과계획서와
성과보고서 등에 기재해야 할 사항을 정보시스템에 입력하는 수준에서 그치고
있다.

이런 문제들은 오랜 기간 재정정보와 데이터가 쌓여야 분석 가능한 것들이기
에 시스템 구축 초기부터 기대하기는 쉽지 않았다. 2004년 시스템 구축시 2003년
이전의 과거 재정정보까지 디지털예산회계시스템에 입력하여 재정분석을 실시하
는 것을 고려하였으나 몇년치 정보를 입력하는 것에 그쳐 구축 초기부터 재정분
석을 본격적으로 실시하지 못했다. 왜냐하면 2004년 디지털예산회계시스템이 구
축될 때 정부 예산제도가 프로그램 예산제도로 획기적으로 바뀌었는데, 과거 예
산구조와 변경된 프로그램 예산구조가 질적으로 상이하여 정보시스템을 이용한
자동연계가 불가능했기 때문이다. 과거 연도의 데이터를 활용하려면 각 부처 예
산담당자가 프로그램 예산제도를 기준으로 과거 예산을 프로그램 예산구조로 수
기로 바꿔야 하는 수밖에 없었다.

2014년 현재 디지털예산회계시스템이 구축된 지 많은 시간이 지났다. 이정도의 시계(time horizon)이면 의미있는 재정분석을 할 수 있다. 재정분야별·사업별 경제적 효과, 각 재정정책별 목표와 실적 간 차이분석, 경제위기시의 재정정책, 예산사업의 risk 관리 등 재정의 경제적 효과 또는 재정건전성 등에 대한 여러 분석이 가능하다. 이것은 디지털예산회계시스템이 자동으로 분석하는 것이 아니고, 국민과 재정전문가가 함께 고민하고 연구해야 가능한 사항이다. 새정부의 정부 3.0 정책에 맞추어 정부정보를 대폭 공개하고 디지털예산회계시스템을 사용하며 상호 협업을 한다면 가능할 것이다.

성인지 예산제도

• 제1절 성인지 예산제도의 개요
• 제2절 성인지 예산제도의 발전방향

제18장 성인지 예산제도

제1절 성인지 예산제도의 개요

1. 제도의 의의와 도입 과정

성인지 예산제도는 예산이 여성과 남성에게 미치는 영향을 미리 분석하여 이를 예산편성에 반영하고 양성(兩性)이 동등하게 예산의 수혜를 받고 예산이 성차별을 개선하는 방향으로 집행되었는지 평가하여 다음연도 예산편성에 반영하고자 하는 제도이다(기획재정부 외. 2013). 즉, 예산을 운용할 때 양성평등 관점을 도입하여 각 사업이 여성과 남성에게 미치는 영향을 분석하는 등 예산이 양성평등에 기여하도록 예산운용과정을 검토하고 재원이 분배되도록 하는 것을 말한다.[1]

성인지 예산제도는 1995년 북경 세계여성대회에서 '성 주류화(gender main-streaming)' 전략의 주요 의제로 채택되면서 각 국에 확산되어 현재 약 90여개의 국가에서 운영되고 있다.[2] 정부차원에서 성인지 예산서를 작성하는 나라는 한국과 양성평등이 상당부분 실현된 프랑스, 오스트리아, 스웨덴, 노르웨이 등 11개국이고, 나머지 80여 국은 민간 또는 지방자치단체에서 작성하며 성평등 관련 사업의 과거 성과를 간략히 서술하는 수준이다.

우리나라에서 성인지예산에 대한 논의는 1998년 여성단체들로부터 시작되었는데, 여성단체들이 정부예산 중 여성관련 예산을 분석하여 정부와 정당에 의견을 제시하기 시작하였다. 이후, 2002년 성인지적 예산정책 마련을 위한 한국여성

---

1) 기획재정부와 여성가족부가 합동으로 작성한 성인지 예산서 작성 매뉴얼에서는 성인지 예산제도를 성인지적 관점에서 예산과정을 분석하는 것 뿐만 아니라 성인지적 분석결과를 다음연도 예산편성에 반영하는 제도라고 규정하였다. 그러한 규정에도 불구하고 해당 매뉴얼(기획재정부 외. 2013)과 국회예산정책처(2013) 등 다수의 성인지예산 분석물은 성인지 예산제도를 성인지적 관점에서의 예산분석과정에 초점을 맞추어 보고 있으며 분석결과의 예산편성에의 반영은 적극적이지 않은 모습이다.
2) 본 성인지 예산제도의 도입과정에 대한 사항은 국회예산정책처(2013)와 조선주(2011)를 활용함.

단체연합의 국회 청원 제출, 2005년 (구)기획예산처가 예산안 편성지침에 성별영
향평가에 대한 사항을 담게 되었다. 이러한 발전을 거쳐 2006년에는 국가재정법
에서 성인지 예산에 대한 조항이 포함되어 성인지 예산의 법적 근거가 마련되었
다. 동법에서는 3년간의 준비기간을 거쳐 2009년 처음으로 2010년 정부 성인지
예산서가 국회에 제출되었고, 2011년에는 2010년 회계연도에 대한 성인지 결산
서가 국회에 제출되었다.

2. 제도의 운영체계와 대상사업

현재 한국의 성인지 예산제도는 성인지 예산 대상사업에 대해 성인지적으로
분석한 정보를 성인지 예산서와 결산서에 담아 국회에 제출하는 작업이 중심이
되고 있다. 해당 문서의 작성은 기획재정부와 여성가족부의 협의하에 운영되고
있다. 먼저, 두 부처가 성인지 예산서와 결산서의 작성기준을 마련하고 대상사업
을 선정하여 각 부처에 전달한다. 각 부처는 해당 작성기준에 따라 사업별 설명
자료를 작성하는데 이때 한국여성정책연구원(성인지예산센터)과 한국양성평등교
육진흥원의 도움을 받는다. 두 기관이 기획재정부와 여성가족부의 지휘 아래 각
부처에 성인지 예산서 및 결산서 작성에 대한 교육과 지원을 실시한다. 각 부처
가 작성을 완료하면 기획재정부에 제출하고, 기획재정부는 정부 성인지 예산서
및 결산서를 총괄하여 국회에 제출한다.[3]

성인지예산의 대상사업은 기획재정부와 여성가족부가 협의하여 결정하고 각
부처에 전달하는데, 프로그램 예산체계상 세부사업을 대상으로 한다. 2014년 성
인지 예산서의 대상사업은 1) 제4차 여성정책기본계획의 시행계획에 포함되어
추진하는 사업, 2) 2013년도 성인지 예산서 작성사업, 3) 기타 성별영향분석이 가
능한 사업이다.[4] 여성가족부가 마련하는 여성정책기본계획[5]상의 과제와 연계하

---

3) 성인지 예산서 및 결산서는 국가재정법에 의해 정부예산안과 정부결산서의 첨부서류로서 국회
   에 제출된다. 성인지 결산서의 경우 정부결산서의 절차와 동일하게 감사원의 검사를 거쳐 국
   회에 제출한다.
4) 2013년도 성인지 예산의 대상사업은 (ⅰ) 제3차 여성정책기본계획의 시행계획에 포함되어 추진하
   는 사업, (ⅱ) 2012년도 성인지 예산서 작성사업, (ⅲ) 기타 성별영향분석이 가능한 사업이었다.
5) 함께 참여하고 성장하는 성평등사회 건설을 위해 여성정책을 비전, 목표, 정책과제(대과제), 중
   과제, 소과제 식으로 분류하여 중기적 관점에서 종합적으로 관리하는 제도.

고, 과거 성인지 예산서 대상사업의 계속성을 유지하며, 국정과제 등 해당 기관의 주요 정책 중 성 불평등 개선여지가 큰 사업을 분석하기 위함이다.

3. 성인지 예산서와 성인지 결산서

성인지 예산서와 결산서는 현행 성인지 예산제도와 정부예산 사업을 성평등적 관점에서 분석한 결과물이다. 성인지 예산서는 대상사업을 성평등적 관점에서 시행하려는 계획을 담은 문서이고, 성인지 결산서는 그 실적을 담은 문서이다. 여타 성인지 예산서와 성인지 결산서가 구분되는 사항은 정부예산안과 정부결산서의 그것과 동일하다.

원칙적으로 성인지 예산서도 정부예산안처럼 성인지 예산안이라고 부르는 것이 옳으나 통상 성인지 예산서라 한다. 정부예산안은 국회가 심의하여 확정하므로 예산안이라고 부르고 있지만, 성인지 예산서는 국회의 성평등적 관점에서의 대상사업 심의가 현재로서는 적극적이지 않은 상황을 반영한 것으로 볼 여지도 있다.[6]

(1) 성인지 예산 현황

여기서는 성인지 예산서를 중심으로 성인지 예산 현황을 살펴본다. 성인지 예산서가 처음 국회에 제출된 2010년 예산서부터 최근의 2014년 예산서까지 분석한 결과 성인지 예산서를 작성하는 부처는 2010년 29개에서 2014년 42개로 13개 부처가 증가하였다. 대상사업은 2010년 195개에서 2014년 339개로 70% 이상 증가하였다. 대상사업의 예산(회계ㆍ기금 총괄)은 2010년 7조 원 수준에서 2014년 22.4조 원으로 3배 이상 증가하였고, 성인지 예산사업의 예산규모가 정부 총지출에서 차지하는 비중도 2010년 2.4%에서 2014년 6.3%로 대폭 늘었다. 이를 종합할 때 성인지 예산의 양적 규모가 크게 증가한 것을 알 수 있다.

---

6) 현재 성인지 예산서의 근거규정인 국가재정법(제26조)에도 성인지 예산 '안'이 아니라 성인지 예산서 '서'로 규정되어 있으며, 동법 제2절(정부예산안의 편성) 중 제34조(예산안의 첨부서류)에 조세지출 예산서 등과 함께 성인지 예산서가 정부예산안의 첨부서류로 규정되어 있다.

	2010년 성인지 예산	2011년 성인지 예산	2012년 성인지 예산	2013년 성인지 예산	2014년 성인지 예산
대상부처(개)	29	34	34	34	42
사업수(개)	195	245	254	275	339
예산(억원)	70,314	101,759	107,042	133,067	224,349
총지출대비(%)	2.4	3.3	3.3	3.9	6.3

표 18-1 성인지 예산 현황

주: 2014년은 정부예산안 기준.
자료: 기획재정부. 각년도 성인지 예산서.

그림 18-1 주요 부처의 성인지 예산 현황(2014 기준)

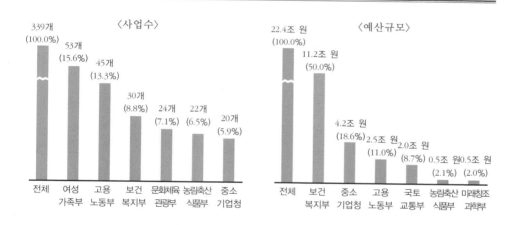

자료: 기획재정부. 2014년. 성인지 예산서.

성인지 예산에 대한 부처별 현황을 살펴보면, 2014년 성인지 예산의 경우 성인지 예산 대상사업은 여성가족부가 53개로 가장 많으며 전체 대상사업 중 15.6%를 차지하고 있다. 여성가족부에 이어 고용노동부(45개), 보건복지부(30개), 문화체육관광부(24개), 농림축산식품부(22개), 중소기업청(20개) 순으로 대상사업을 보유하고 있다. 상위 6개 부처가 대상사업의 약 60%를 점유하고 있다.

예산규모를 기준으로 할 경우 보건복지부의 성인지 예산의 규모는 11조 2,149억 원으로 전체 성인지 예산 중 절반을 차지하고 있다. 보건복지부에 이어 중소기업청(4.2조 원), 고용노동부(2.5조 원), 국토교통부(2.0조 원), 농림축산식품부(0.5조 원), 미래창조과학부(0.5조 원) 순으로 성인지 예산규모가 큰 모습이다. 상위 6개 부처의 성인지 예산규모가 전체의 90%를 상회하고 있다. 현재 성인지 예산제도가 특정 몇 개 부처에 집중되고 있는 모습이다.

(2) 성인지 예산 및 결산 운영절차

성인지 예산서와 결산서는 각각 정부예산안과 정부결산서의 부속서류로서 정부예산안 및 정부결산서의 운영절차와 동일한 절차를 따른다. T-1회계연도 4월에 기획재정부는 여성가족부와 협조하여 T년도 성인지 예산서 작성지침을 작성하여 각 부처에 전달한다. 각 부처는 이 지침을 근거로 성인지 예산서를 작성하여 6월까지 기획재정부에 제출한다. 이때 각 부처는 한국양성평등교육진흥원 및 한국여성정책연구원으로부터 작성 관련 교육과 컨설팅을 받는다. 기획재정부는 심의·검토를 거쳐 정부 성인지 예산서를 T-1년도 10월 2일까지 국회에 제출한다.

성인지 결산서의 경우도 정부결산서와 동일한 절차를 따른다. 기획재정부는 T년도 11~12월 중에 여성가족부와 협조하여 T년도 성인지 결산서 작성지침을 작성하여 각 부처에 전달한다. 각 부처는 T+1년도 2월까지 성인지 결산서를 기획재정부에 제출한다. 기획재정부는 정부 성인지 결산서를 작성하여 감사원에 검사를 요청하고(T+1년 4월 10일), 감사원의 검사를 마치고 기획재정부에 송부(T+1년 5월 20일)된 결산서는 T+1년 5월말까지 국회에 제출된다.

표 18-2 성인지 예산 및 결산 운영절차

		성인지 예산제도		정부예산 · 결산	
		성인지 예산서	성인지 결산서	정부예산안	정부결산서
T-1 회계 연도	4월말	기획재정부, 각 부처에 T년도 성인지 예산서 작성지침 전달(여성가족부 협조)		기획재정부, 각 부처에 T년도 예산안 편성지침 전달	
	6월말	각 부처, 기획재정부에 성인지 예산서 제출(5~6월 중 각 부처는 관련 교육과 컨설팅 받음)		각 부처, 기획재정부에 예산안요구서 제출	
	10월 2일	기획재정부, 국회에 T년도 성인지 예산서 제출		기획재정부, 국회에 T년도 정부예산안 제출	
T 회계 연도	11~ 12월		기획재정부, 각 부처에 T년도 성인지 결산서 작성지침 전달(여성가족부 협조)		기획재정부, 각 부처에 T년도 결산서 작성지침 전달
T+1 회계 연도	2월말		각 부처, 기획재정부에 성인지 결산서 제출		각 부처, 기획재정부에 결산서 제출
	4월 10일		기획재정부, 감사원에 정부 통합 성인지 결산서 제출		기획재정부, 감사원에 정부 통합 결산서 제출
	5월 20일		감사원, 정부 통합 성인지 결산서 검사 후 기획재정부에 송부		감사원, 정부 통합 결산서 검사 후 기획재정부에 송부
	5월말		기획재정부, 국회에 T년도 성인지 결산서 제출		기획재정부, 국회에 T년도 결산서 제출

(3) 성인지 예산서 및 결산서 정보

국가재정법(제26조)에서는 성인지 예산서에 성인지 예산의 개요와 규모, 성평등 기대효과, 성과목표, 성별 수혜분석을 포함하도록 규정하고 있다. 성인지 예산서에 포함되는 구체적인 정보는 〈그림 18-2〉와 같다.

또한 국가재정법(제57조)에서 성인지 결산서에 여성과 남성이 동등하게 예산의 수혜를 받고 예산이 성차별을 개선하는 방향으로 집행되었는지를 평가하도록 집행실적, 성평등 효과분석 및 평가정보 등을 담도록 규정하고 있다. 성인지 예산서에 포함되는 구체적인 정보는 〈그림 18-3〉과 같다.

그림 18-2 성인지 예산서에 포함되는 정보(작성양식)

┌─────────────────────┐
│   ○○ 부   │
└─────────────────────┘

1. 성평등 목표

2. 사업총괄표

□ 사업별 현황

회계	세부사업명	2013 예산	2014 예산안	증감	증감률	비고

3. 사업별 설명자료

┌─────────────────────┐
│   △△ 세부사업   │
└─────────────────────┘

□ 사업명
□ 2014년 예산안(금액)
□ 사업목적
□ 정책대상
□ 사업내용
□ **성평등 목표**
□ **성평등 기대효과**
□ **성별 수혜분석**
□ **2014년 성과목표(지표)**

주: 굵은 활자는 국가재정법 규정의 취지에 따라 성인지 결산서에 포함되어야 할 성평등 관련 사항을 말함.
자료: 기획재정부 외(2013).

그림 18-3 성인지 결산서에 포함되는 정보(작성양식)

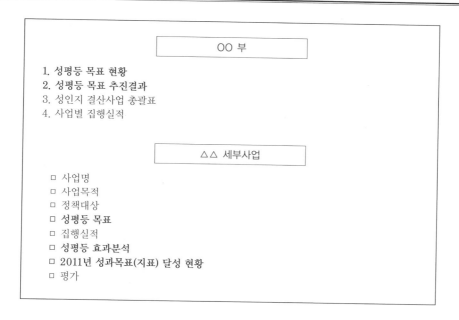

주: 굵은 활자는 국가재정법 규정의 취지에 따라 성인지 결산서에 포함되어야 할 성평등 관련 사항을 말함.
자료: 기획재정부 외(2012).

제2절 성인지 예산제도의 발전방향

〈표 18-1〉에서 보듯이 성인지 예산의 외형은 급속도로 확대되어 왔다. 그러나, 이러한 외형확산에도 불구하고 각 부처 또는 여성계에서 현재의 성인지 예산제도에 대해 긍정적인 평가를 내리고 있는지는 의문이다. 이는 질적인 측면에서 개선되어야 할 점이 적지 않기 때문이다. 여기서는 성인지 예산제도의 운영과정에서의 발전방향, 현행 프로그램 예산제도와의 연계 관점에서의 발전방향, 성인지 예산제도의 진화방향 등 세 가지에 대해 살펴보도록 하자.

1. 성인지 예산제도 운영상의 발전방향

(1) 문제점

성인지 예산제도 운영상의 문제점은 두 가지로 요약할 수 있다. 대상사업 선정시의 비합리성과 사업분석 기법의 미숙함이 그것이다. 먼저 대상사업 선정에 대해 살펴보면, 매뉴얼상 대상사업은 기획재정부와 여성가족부가 협의하여 선정하고 있다. 최근 들어 기획재정부와 여성가족부가 대상부처의 의견을 반영하여 대상사업을 선정하려고 노력하고 있지만 크게 변화되지는 않았다는 것이 중론이다. 이렇게 기획재정부와 여성가족부가 하향식으로 대상사업을 선정하다보니 선정되어야 할 사업이 선정되지 않고, 선정되지 않아야 할 사업이 선정되어 성인지 예산제도의 실효성을 저하시키고 있다. 또한, 사업수혜자가 잘못 선정되거나 사업수행 주체가 사업수혜자로 선정되고, 성과지표가 매우 보수적으로 설정되는 등 사업분석 기업에서 세련되지 못한 점이 다수 발견되고 있다.[7]

(2) 발전방향

대상사업 선정과 사업분석 기법은 성인지 예산제도를 운영하는데 있어 가장

---

7) 이상의 문제점들에 대한 실제 사례는 다음과 같다(국회예산정책처. 2013).
  ① 선정되어야 할 사업이 선정되지 않거나, 선정되지 않아야 할 사업이 선정된 경우: 고용노동부의 모성보호육아지원사업은 육아휴직급여와 육아기 근로시간 단축급여를 통해 여성의 일과 육아 양립을 통해 여성의 고용안정과 경제활동 참가율 제고를 목표로 하는 사업이다. 그러나, 이 사업은 2014년 정부 성인지 예산서에 포함되지 않았다. 한편, 해양수산부의 해양정책 및 문화육성사업(해양체험사업)은 일회성 행사로 대부분 선착순 접수로 선정되므로 양성평등 추구라는 성인지 사업의 목표와 연관성이 미흡하다. 그러나, 이 사업은 2014년 정부 성인지 예산서에 포함되었다.
  ② 사업수혜자가 잘못 선정되거나, 사업수행 주체가 사업수혜자로 잘못 선정된 경우: 보건복지부의 장애아동 가족지원사업의 경우 사업의 수혜자는 장애아동 가족이다. 그러나, 성인지 예산서에는 돌봄서비스 제공인력이 수혜자로 되어 있다. 또한, 국방부의 여성고충상담관 활동비 지급사업의 경우 수혜자가 여성고충상담관으로 되어 있다. 이는 사업수혜자가 아니라 사업수행 주체이다.
  ③ 성과지표가 매우 보수적으로 설정된 경우: 해양수산부의 어업인교육훈련사업의 경우 성과지표로 여성참여율을 사용하고 있다. 그런데 여성참여율이 2011년 6%에서 2012년 17%로 대폭 개선되었음에도 불구하고 2014년 목표치로 몇 년간의 단순 평균치인 11%로 설정되어 있다.

기본적이면서도 중요한 사항이다. 그러나 이러한 기본적인 사항에서 심각한 오류가 발견되고 있다. 중앙부처 공무원들은 훌륭한 능력을 가지고 있다는 점을 고려한다면, 이러한 오류는 능력의 문제라기보다는 의지와 정성의 문제로 보아야할 것이다. 각 부처가 주체적으로 성인지 예산서와 결산서를 고민하여 작성하면이러한 오류는 최소화될 것이다. 상당수 부처는 성인지 예산서와 결산서를 작성할 때 해당 부처에 성인지 예산관련 교육과 컨설팅을 지원하는 한국양성평등교육진흥원과 한국여성정책연구원에 적지 않게 의존하고 있어 이러한 오류가 발생하는 것이 아닌가 우려된다.

다른 관점에서 보자면 성인지 예산제도의 대상사업이 각 부처가 소화할 수있는 범위를 넘어선 것은 아닌지 검토해 볼 필요도 있다. 제도의 양적 규모는 제도의 질적 수준과 운영자 인식의 발전 속도와 보조를 맞추며 가는 것이 바람직하다. 성평등을 위해 꼭 필요한 사업을 대상으로 하며 대상사업을 단계적으로 확대해 나가는 방안, 대신 선정된 사업은 심층분석을 통해 정책에 실질적으로 도움이되도록 운영한다면 성인지 예산제도가 머지않아 정착될 수 있을 것이다(구체적인사항은 다음 2. 참조).

2. 프로그램 예산제도와의 연계 측면에서의 발전방향

(1) 문제점

현행 예산제도인 프로그램 예산제도는 프로그램을 중심으로 예산을 운영하는 제도이다. 프로그램별로 지출한도가 부여되고 중기재정계획을 설정하며, 각부처는 해당 지출한도 내에서 자율적으로 예산을 운용하고, 프로그램 중심의 사후적 성과관리를 통해 책임성을 제고하도록 설계되어 있다.[8] 그러나, 성인지 예산제도는 프로그램 예산구조에서 프로그램보다 두 단계 하위사업인 세부사업을대상으로 하고 있다. 국회에 제출되는 정부예산안에는 현행 예산제도의 중심인프로그램에 대한 정보가 제공되지 않는데 반해, 성인지 예산제도를 통해 프로그

---

8) 그러나, 아쉽게도 현실은 그렇지 않다. 현재는 프로그램보다 두 단계 하위사업인 세부사업 중심으로 예산제도가 운영되고 있어, Top-down 방식의 지출한도 설정은 형식화되고 있으며, 성과관리와 예산이 프로그램이라는 전략적 예산사업을 중심으로 연계되지 못하고 있다.

램보다 훨씬 하위단계인 세부사업에 대한 정보가 제공되고 있는 것이다. 중요한
정보(프로그램)는 생략되면서 상대적으로 사소한 정보(세부사업)가 국회에 제공되
고 있다.

또한, 현재 성인지 예산 대상의 세부사업을 정책목표 또는 특성에 따라 그룹
으로 묶어 예산 관점에서 분석하지 않고 있다. 따라서, 각 부처의 거시적 정책목
표(프로그램)에 대한 고려없이 별도의 세부사업 각각을 분석하므로 성평등적 관
점에서 거시적 시너지 효과를 얻기 힘들다.

세부사업은 프로그램의 목표를 달성하기 위한 단위사업의 내역에 해당한다.
세부사업은 정책목표와 정책환경에 따라 필요한 경우 수시로 바뀔 수 있다. 그러
나, 성인지 예산사업 매뉴얼에 따르면 전년도 성인지 예산의 대상사업은 원칙적
으로 당년도의 대상사업으로 계속 유지되어야 한다. 대상 세부사업을 정책목표
에 부합하게 하고, 정책수혜자의 만족도 제고를 위해 수정하고 싶지만 성인지 예
산의 대상이어서 그러지 못할 수 있다. 즉, 성인지 예산제도의 대상사업으로 선
정되면서 사업이 경직적으로 운영될 우려가 있다.

(2) 발전방향

성인지 예산제도를 현재의 세부사업이 아닌 프로그램을 중심으로 운영하는
것은 쉽지 않아 보인다. 대부분의 프로그램을 구성하는 단위사업과 세부사업은
대부분 성평등과 관련없는 사업이기 때문이다. 그렇다고 지금처럼 다수의 세부
사업을 대상으로 성인지 예산서와 결산서를 작성하는 것은 효율적이지 않다. 장
기간 변화없이 유지될 세부사업 중 성평등 분석의 실익이 있는 사업을 신중하게
선정하여 분석하는 것이 바람직하다. 두 가지 방안을 생각해 보자.

첫째, 윤영진(2011)이 주장하는 바와 같이, 지금처럼 다수 사업 전체를 대상
으로 성인지 예산서를 작성하지 말고, 성별영향평가[9] 결과 예산적 관점에서 분석
할 실익이 있는 일부 사업을 대상으로 성인지 예산서를 작성하는 것이다.[10]

---

9) 정책이 여성의 권익과 사회참여 등에 미치는 영향을 분석하여 정책이 여성과 남성에게 고르
   게 혜택을 가져올 수 있도록 하는 제도로, 성별영향분석평가법(2011. 9 제정)을 근거로 시행
   하고 있다. 여성가족부가 중앙부처, 지방자치단체 및 시도 교육청의 모든 정책을 대상으로
   시행하고 있다.
10) 현재는 중앙부처 대상의 성별영향평가 대상사업 중 상당수(2011년 성인지 예산의 경우 75%)
    가 성인지 예산서의 대상사업으로 선정되고 있다.

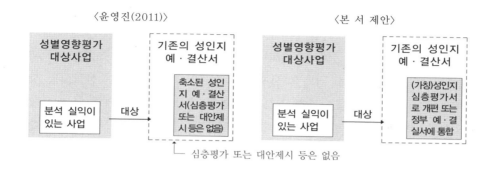

그림 18-4 프로그램 예산제도와의 연계방안

주: 윤명진(2011)과 본 서의 공통점: 세부사업 대상의 선정방식 유지, 그러나 대상사업 축소.

둘째, 본 서가 제안하는 방법으로, 성별영향평가 결과분석의 실익이 있는 사업만을 대상으로 현재의 재정사업심층평가 방식으로 성평등 관점에서 심층분석하여 필요한 제도를 개편하고 대안을 제시토록 하는 것이다.

윤영진(2011)이 제안하는 방식은 현재의 성인지 예산서 및 결산서 체계를 유지[11]하지만 심층분석을 통한 제도개편이나 대안제시는 어려울 수 있다. 반면, 본 서가 제안하는 방법은 심층분석을 통한 제도개편과 대안제시가 가능하다. 그러나, 이를 위해서는 현재의 성인지 예산서 및 결산서 체계는 수정되어야 한다. 본 서에 의하면 현재의 성인지 예·결산서를 (가칭)성인지 심층평가서로 대체하거나, (가칭)성인지 심층평가서를 작성과 동시에 정부예산안에 성인지 예·결산서의 내용을 포함할 수 있다.

어느 방안이든 현재보다는 부처의 성인지 예산서 및 결산서 작성부담을 줄이고, 성인지 예산제도에 대한 마인드를 높이면서, 성인지 예산의 실효성을 제고시킬 수 있을 것이다.

---

11) 그러나, 대상사업은 대폭 축소된다.

3. 성인지 예산제도의 장기적 진화방향: 프랑스형 대 호주형 대 오스트리아형

양성평등이 상대적으로 정착되어 있는 선진국의 사례가 한국의 성인지 예산제도가 장기적으로 가야할 방향을 설정하는데 도움이 될 수 있다. 한국처럼 성인지 예산에 대한 근거법령을 가질 정도로 성인지 예산이 제도화되어 있는 프랑스와 오스트리아(조선주. 2011), 그리고 지금부터 30년 전인 1984년부터 여성예산서(Women's Budget Statement)를 발표한 호주(마경희. 2009) 등 3개국을 살펴보자.

프랑스는 2001 회계연도에 최초로 '여성의 권리 및 양성평등을 위한 분석보고서(Yellow Budget Paper on Women's Rights and Gender Equality)를 의회에 제출하였고, 이후 2010 회계연도부터는 본 보고서가 의회의 심의대상으로 지위가 격상되었다.[12] 호주는 1984년 여성예산서를 최초로 작성하고, 1987년에는 의회에 최초로 제출되었지만 1997년 이후에는 더 이상 의회에 제출되지 않고 행정부 내부에서 발표하는 책자로 그 지위가 떨어졌다. 오스트리아는 전 부처를 대상으로 성인지 예산서가 작성되고 있지만, 한국과 달리 독립된 성인지 예산서가 작성되는 것이 아니라, 정부예산서에 성인지 예산 내용을 담고 있다.

현재 우리나라 성인지 예산제도에 변화가 필요하다고 여겨진다. 그렇다면 성인지 예산서를 국회심의수준까지 격상시킨 프랑스, 별도의 성인지 예산서가 아닌 정부예산서에 성인지 예산 내용을 포함시킨 오스트리아, 성인지 예산서의 국회제출을 중단하고 행정부 내부용으로 활용하는 호주 중 어느 쪽을 택해야 할까? 앞으로 본격적인 논의가 있기를 기대한다.

성인지 예산제도가 어떠한 방식으로 진화하든 성공적으로 정착하면 여성의 지위향상을 위한 본 제도와 마찬가지로 다른 대상자의 지위향상을 위한 예산제도가 추가적으로 도입될 수 있을 것이다. 예를 들면, 장애인, 노인 등 취약계층을 위한 취약계층 예산제도, 가족 예산제도 등이 가능하다. 이러한 측면에서 성인지 예산제도의 성공을 기대하는 사람들이 많다.

---

12) 본 단락은 김춘순(2012) · 마경희(2009) · 이형우 · 김규옥(2012)을 활용함.

제 19 장

지방재정과 지방교육재정

• 제1절 지방재정과 지방교육재정의 의의와 현황
• 제2절 지방예산과 지방결산
• 제3절 지방재정조정제도
• 제4절 지방교육재정조정제도
• 제5절 지방재정 및 지방교육재정제도의 발전방향

제19장 지방재정과 지방교육재정

　　제2장에서 보았듯이 일반정부 재정에 중앙부처 재정뿐만 아니라 지방재정과 지방교육재정이 포함된다. 우리가 재무행정 또는 재정을 논할 때는 통상 중앙부처 재정이 중심에 있었다. 그러나, 국민이 낸 소중한 세금이 쓰이는 곳은 중앙정부뿐만이 아니다. 지방자치단체와 지방교육자치단체, 그리고 공기업에도 매년 수백조 원의 소중한 국민 세금이 투입된다. 본 장에서는 일반정부 재정의 중요한 한 축인 지방재정과 지방교육재정(공교육 재정)에 대해 알아보고, 다음 제20장에서는 공공부문 재정의 중요한 축인 공기업에 대해 알아본다. 본 장을 통해 지방(교육)재정에 대한 핵심사항과 지방재정이 중앙재정과 비교되는 점을 확인할 수 있을 것이다.

제1절 지방재정과 지방교육재정의 의의와 현황

1. 지방과 중앙의 관계 및 지방재정과 중앙재정의 차이점[1]

　　지방재정과 지방교육재정을 공부할 때 통상 가장 먼저 갖는 의문 중 하나는 지방과 중앙은 어떤 관계인가? 또는 지방재정과 중앙재정은 어떻게 다른가? 일 것이다.[2] 지방과 중앙의 관계는 지방자치의 역사, 정치체제, 정치경제의 발전단계 등 여러 요인들에 따라 다르지만, 보통 양자 간의 관계를 연방형, 단일형, 절충형의 형태로 구분하고 있다(오연천. 1993). 연방형은 미국·캐나다·서독처럼 연방제도를 채택하면서 지방자치를 오랫동안 실시해 온 서구산업국가에서 보이는 형태로 중앙정부와 지방정부가 독립된 고유의 권한을 가지고 있다. 국가재정과 지방재정도 상대적으로 상호 수평적이고 협력적인 관계를 갖는다. 단일형은

---

　1) 본 사항은 이목훈(2011)을 활용함.
　2) 본 사항은 지방과 중앙의 관계 및 각각의 상대적 특징에 대한 사항으로 지방교육재정에 대한 사항을 별도로 논하지 않는다.

제3세계 등 저발전국가에서 나타나는 현상으로 중앙집권적 국가가 지방자치제도
를 실시하지 않거나 형식적으로 실시하여 중앙재정과 지방재정이 종속적인 관계
를 갖는다. 절충형은 우리나라를 포함한 다수의 국가에서 보이는 현상으로 중앙
정부가 중앙집권적 전통을 오랫동안 이어오면서도 지방자치단체에 일정한 자치
권을 부여한 경우이다.[3] 이때 중앙재정과 지방재정은 지도적 · 보완적 관계에 있
다고 할 수 있다. 다만, 절충형의 국가도 지방분권화와 중앙집권화의 정도에 따
라 지방자치단체의 실질적인 자치권이 달라질 것이다.

　　중앙재정과 지방재정은 재정이 추구하는 기능, 재원조달 방식, 구성원 요구
에의 반응도 등에서 차이를 보인다. 첫째, 제6장에서 살펴본 머스그레이브(R. A.
Musgrave)가 말한 재정의 3대 기능을 중심으로 보면, 중앙정부는 자원배분, 소득
재분배, 경제안정과 성장을 모두 추구할 수 있다. 그러나 지방정부는 소득재분배
를 추구할 도구가 부족하여 이에 소극적일 수밖에 없고, 경제안정과 성장기능을
추구하는데도 제약이 많을 수밖에 없다. 둘째, 재원조달의 방식에서 중앙재정은
주로 조세에 의존하지만 지방재정은 지방세와 지방세외수입같은 자주재원과 지
방교부세 및 국가보조금같은 의존재원 등 다양한 원천을 가지고 있다. 셋째, 중
앙정부는 몸집이 커서 국민들의 다양한 선호에 즉각적으로 반응하는 것이 쉽지
않다. 그러나 지방정부는, 작은 단위의 정부일수록, 지역의 구성원들이 동질성을
가져 해당 정부가 주민의 선호에 보다 민감하게 반응할 수 있다.

2. 지방재정과 지방교육재정의 현황

(1) 지방재정의 현황

　　17개 광역지방자치단체와 227개 기초지방자치단체를 포괄한 244개 지방자치
단체에 대한 재정규모는 2013년 예산(순계)기준으로 약 157조 원으로 2013년
GDP(잠정)의 11.5% 수준이다. 중앙정부의 2013년 재정규모(통합재정지출 기준)에
비해서는 약 45% 수준이다. 1990년대 후반부에 비해 약 3배 정도 규모가 증가하

---

　3) 우리나라도 헌법에서 "지방자치단체는 법령의 범위 내에서 그 자치에 관한 행정사무와 국가가
　　위임한 행정사무를 처리하기 위하여 재산을 관리한다. 지방자치단체는 법령의 범위 내에서 자
　　치에 관한 규정을 제정할 수 있다"로 규정하면서 법령의 범위 내에서 자치권을 부여하였다.

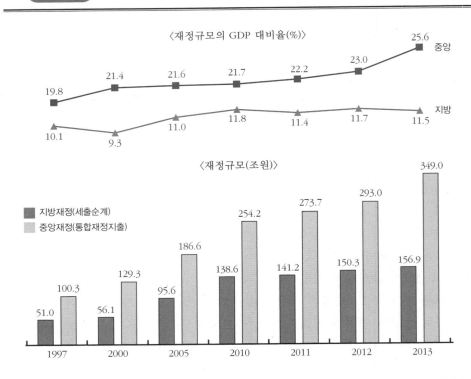

그림 19-1 지방재정규모 현황

주: 각연도 결산기준, 2013년은 예산기준.
자료: 나라지표(www.index.go.kr), 디지털예산회계시스템(www.digitalbrain.go.kr)을 활용함.

였으나, GDP 대비 수준은 11% 수준을 계속 지키고 있다.

지방자치단체가 주민들을 위해 공공서비스를 제공하기 위해서는 많은 재원
이 소요된다. 각 지자체는 해당 재원을 자체적으로 조달하는 것이 원칙이나, 우
리나라 지방자치단체의 재정여건이 열악해서 필요재원의 상당부분을 중앙정부에
의존하고 있다. 이처럼 지방자치단체 재정수입의 자체충당능력을 나타내는 지표
가 '재정자립도'이다. 재정자립도는 지방자치단체 일반회계 세입 중 지자체 자
주재원인 지방세와 세외수입이 차지하는 비중을 말하는데 이 비율이 높을수록
세입징수 기반이 좋고 지자체의 자립능력이 뛰어남을 의미한다.

〈그림 19-2〉에서 보듯이 1990년대 후반 이후 지자체의 평균재정자립도는
63.0%였으나 2013년 들어 51.1%로 10%p 이상 저하되었다. 이는 평균적으로 지

그림 19-2 **지방재정자립도 현황**

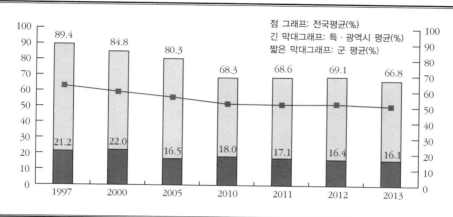

점 그래프: 전국평균(%)
긴 막대그래프: 특·광역시 평균(%)
짧은 막대그래프: 군 평균(%)

주: 매년 당초 예산 기준임.
자료: 나라지표(www.index.go.kr)를 활용함.

자체 세입의 절반만 지자체 스스로의 힘으로 충당하고 나머지 절반은 국고보조
사업 등의 형태로 중앙정부로부터 이전됨을 의미한다. 재정자립도에 대해 관심
을 가질 사항은 지자체별로 재정자립도가 큰 차이를 보이고 있는 점이다. 특별시
와 광역시의 경우 2005년까지 평균 80% 이상이었고, 최근 들어 감소했지만 평균
60% 후반대를 보이는 등 전국평균보다 높은 모습이다. 그러나 군(郡)의 경우 평
균 20%에도 미치는 못하는, 전국평균을 훨씬 하회하는 매우 열악한 모습을 보이
고 있다. 지자체별로 세입기반의 격차가 대단히 큼을 알 수 있다. 이러한 문제를
해결하고자 중앙정부가 지자체에 교부세, 보조금 등의 형태로 재정지원을 한다
(제3절 참조).

　　최근 지자체가 재정운용을 할 때 고민하는 것 중 하나가 복지사업의 재원 마
련 방법이라고 하는데, 언론에서도 지자체의 고민을 확인할 수 있다.[4] 우리나라
가 최근 총선과 대선과정 속에서 정치권에 의한 복지 프로그램이 경쟁적으로 신
설되고 있는데 복지 프로그램의 증가는 지방자치단체의 재정부담 가중으로 연결
되기 때문이다. 대부분의 복지사업은 중앙정부가 국고보조사업으로 추진함에 따
라 지방자치단체가 일정비율로 사업비를 분담하는 이른바, 매칭펀드(matching

---

4) 동아일보. 2013년 8월 28일. 「기초연금 지방부담 2014년 1조 원 … 지자체 파산 남의 일 아니
다」; 경향신문. 2012년 7월 4일. 「부자감세로 지방세입 줄었는데 지자체에 복지부담 떠넘겨」.

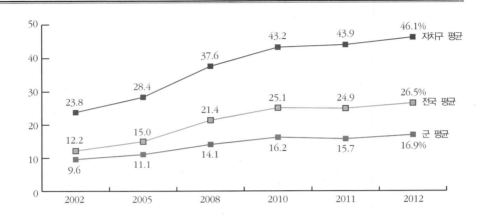

그림 19-3 지방자치단체 복지비 비중 현황

자료: 하능식 외(2012).

fund) 방식으로 추진되고 있어서 그렇다(하능식 외. 2012).

　　〈그림 19-3〉을 보면 지자체 예산 중 복지비가 차지하는 비중은 2002년 평균 12.2%에서 2012년 26.5%로 두 배 이상 대폭 증가하였다. 지자체의 다른 기능을 대폭 축소하거나 새로운 지방세입원을 찾지 않으면 늘어나는 복지비용을 감당하기 어렵다는 얘기가 된다. 특히 문제가 되는 것은 자치단체유형별로 복지비 비중에 큰 차이를 보인다는 것이다. 군(郡)의 경우 복지비 비중은 전국평균보다 낮은 모습이나, 자치구(區)의 경우 2002년 23.8%이던 것이 2012년 46.1%로 높아져서 가용재원의 한계로 인해 다른 행정기능을 제대로 수행하기 어려운 실정에 있다(하능식 외. 2012).

(2) 지방교육재정의 현황

　　지방교육재정은 중앙재정의 지원, 지방교육자치단체의 자체수입, 지방자치단체의 지원 등 크게 세 가지로 구성된다. 즉, 지방교육자치단체는 지방자치단체처럼 중앙정부로부터 재원을 지원받지만, 지방자치단체로부터도 동시에 지원받는 것이다.

　　지방교육재정의 전체 규모는 1980년 1.1조 원에 불과했으나 정부의 공교육

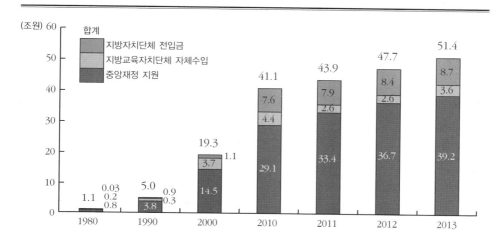

그림 19-4 지방교육재정 규모와 구성

자료: 지방교육재정통계.

강화 원칙에 의해 매년 급속도로 증가하여 2013년에는 51.4조 원에 이르고 있다. 지방교육재정 전체에서 중앙정부가 지원하는 부분은 1980년 0.8조 원 이후 2013년 39.2조 원까지 매년 전체 지방교육재정 규모의 70% 이상을 차지하고 있다. 지방교육자치단체가 학생납입금(등록금), 재산수입 등 자체적으로 마련하는 수입은 1980년 0.2조 원에서 2013년 7.0조 원에 이르는데 그 비중이 2010년까지는 10%대를 차지하였으나 2011년 이후에는 5~7%대에 머무르고 있다. 지방자치단체가 지방교육재정에 지원하는 소요는 1980년 260억 원에 불과했으나 2013년은 16.8조 원까지 증가하였으며 전체 지방교육재정에서 차지하는 비중이 2010년 이후 16~18%대까지 이르고 있다.

제2절 지방예산과 지방결산

여기서는 지방자치단체의 예산과 결산에 대해 알아본다. 지방교육을 책임지는 시·도 교육청의 예산과 결산도 2006년말에 개정된 「지방교육자치에 관한 법률」에 의해 지방자치단체의 예산 및 결산과 마찬가지로 시·도의회의 심의와 의

결을 받기 때문이다.[5]

1. 지방예산 및 결산 과정

　　지방자치단체의 예산편성과 집행 및 결산과정은 중앙정부와 유사하다. 지방
자치단체가 중기재정계획을 기초로 예산안을 편성하면 지방의회가 심의·확정하
고, 집행된 예산에 대한 결산서를 지방자치단체가 작성하여 지방의회가 승인한다.

　　다만, 지방예산 및 결산과정이 중앙정부의 그것과 상이한 점은 세 가지를 들
수 있다. 첫째, 지방자치단체가 예산안을 편성하는 일정이 중앙정부에 비해 약
1~2개월이 늦다는 점이다. 지방자치단체는 보조금 등 중앙정부로부터 지원받는
각종 재원을 고려하여 예산안을 편성하게 되므로 물리적인 시차가 있을 수밖에
없다. 둘째, 지방예산은 확정된 예산을 수정하는 추가경정예산을 중앙정부에 비
해 자주 편성하는 경향이 있다.[6] 지방예산은 중앙정부의 재정지원 소요에 의존할
수밖에 없는 현실이므로, 자체적인 추가경정예산 편성 이외에, 중앙정부 예산이
국회에서 확정된 이후 지방에 대한 중앙정부의 재정지원 소요가 변경될 때마다
지방은 추가경정예산을 편성해야 한다. 셋째, 지방예산은 중앙정부에 비해 주민
참여가 강조된다. 지방재정은 주민과의 밀착정도가 중앙정부보다 강하기 때문에
주민의 선호에 따른 예산운용이 상대적으로 수월할 수 있다. 지방재정법(제39조)
도 지방예산 편성과정에서의 주민참여 절차를 규정하고 있다.

　　지방예산 및 결산에 대한 구체적인 과정은 〈표 19-1〉에서 보듯이 중기재정
계획, 재정투융자 심사, 예산편성 운영기준 전달, 지자체 예산편성, 지방의회 예
산의결, 지방의회 결산승인으로 요약될 수 있다. 지방예산과정의 첫 단추는 중기
재정계획으로서, 중앙정부의 국가재정운용계획에 해당한다. 각 지방자치단체는
T-1년 상반기에 5년간의 중기재정계획을 수립하고 11월에 확정한다.[7] 중기재정

---

5) 동법에 의해 과거 시·도 교육위원은 시·도의회 의원의 지위와 권한을 가지게 되었다. 시·
　도 교육위원이 시·도 교육의원이 된 것이다. 또한, 기존의 교육위원회는 시·도의회 내 상임
　위원회로 전환되었다.
6) 중앙정부가 추가경정예산을 편성하는 경우는 국가재정법에 의해 전쟁, 자연재해, 경기침체 등
　대내외 여건에 중대한 변화가 생긴 경우 등에 한정되어 있다.
7) 확정된 중기재정계획은 지방의회에 보고 후 안전행정부로 제출되고, 안전행정부는 지자체
　및 중앙부처의 의견을 수렴한 종합계획을 수립하여 국무회의에 보고한다.

표 19-1 지방예산 및 결산과정

		지방예산	지방결산
T-1 년도	상반기	지자체, 중기재정계획 수립 (확정은 11월)	
		지자체, 재정 투·융자 심사 (이후, 계속)	
	7월	안전행정부, 각 지자체에 예 산편성 운영기준 전달	
	8~10월	지자체, 예산편성	
	11월 11일	시·도, 편성된 예산을 의회에 제출	
	11월 21일	시·군·구, 편성된 예산을 의회에 제출	
	12월 16일	시·도의회, 예산의결	
	12월 21일	시·군·구의회, 예산의결	
T년도	1~12월	예산집행	
T-1 년도	1~2월		안전행정부, 각 지자체에 결 산서 작성기준 전달
	2월		지자체, 출납폐쇄
	5월 19일		지자체, 결산서 작성
	이후		결산검사위원, 결산서 검사
	6월말		지자체, 지방의회에 결산서 제출
	이후		지방의회, 결산서 승인

자료: 안전행정부(2013a. 2013c)를 재구성.

계획상 다음연도의 사업계획을 다음연도 예산에 반영하며, 원칙적으로 중기재정
계획에 반영되지 않은 사업은 다음연도 예산안에 반영될 수 없다.

　재정 투·융자 심사는 각종 투자사업에 대한 무분별한 중복투자를 방지위한
제도로 총사업비가 일정규모 이상[8]인 주요 투자사업 및 행사성 사업에 대하여 예
산편성 전에 사업의 타당성 등을 심사하는 제도이다. 각 지자체는 민간전문가가

---

8) 광역 시·도의 경우 총사업비가 40억 원 이상 300억 원 미만인 신규투융자사업 또는 총사업
　비 5억 원 이상 30억 원 미만인 공연·축제 등 행사성사업과 홍보관사업은 시·도가 자체심
　사를 하고, 총사업비가 300억 원 이상인 신규투융자사업 또는 총사업비 30억 원 이상인 행사
　성사업과 홍보성사업은 중앙심사를 의뢰한다.

다수를 차지하는 투·융자 심사위원회를 구성하여 B/C분석(본 서 부록 참조) 등 과학적 분석기법을 활용하여 심사한다. 심사결과 적정, 조건부 추진이 아닌 재검토, 부적정으로 결과가 나오면 해당 사업을 다음연도 예산에 반영하기가 어려워진다.

예산편성 운영기준은 중앙정부가 역점으로 추진하는 국정과제, 중앙정부의 예산편성지침 및 중앙부처의 제반 의견을 수렴하여 안전행정부가 전년도 7월말까지 작성하여 각 지자체에 전달한다. 예산편성 운영기준에는 지방재정운용의 여건, 예산편성방향, 개편된 주요 재정제도, 세부 예산편성기준 등이 담기게 된다.

각 지자체는 예산편성 운영기준을 바탕으로 예산을 편성하여 지방의회에 제출한다. 중앙정부의 경우 국회에 10월 2일까지 제출하지만 지방자치단체는 이보다 1~2개월 늦다. 광역지자체인 시·도의 경우 예산서를 전년도 11월 11일까지(회계년도 개시 50일전) 시·도의회에 제출하게 되는데 이는 보조금 등 중앙정부의 지원소요에 대한 정보가 정부예산안의 국회 제출 이후 시점에 전달되기 때문이다. 기초지자체인 시·군·구의 경우 전년도 11월 21일까지(회계년도 개시 40일전) 시·군·구의회에 제출하게 되는데 이는 시·군·구가 중앙정부뿐만 아니라 시·도로부터도 재정지원을 받기 때문이다.

지자체로부터 예산서를 제출받은 지방의회는 예산심의를 거쳐, 시·도의회는 전년도 12월 16일까지(회계년도 개시 15일전), 시·군·구의회는 전년도 12월 21일까지(회계년도 개시 10일전) 확정한다. 지방의회가 예산심의·확정하는 과정은 국회의 과정과 유사한데, 자치단체장의 제안설명, 상임위원회와 예산결산특별위원회의 심사를 거쳐 본 회의에서 의결하는 방식이다. 다만, 자치단체장은 지방의회의 의결이 법령위반, 월권 또는 공익을 현저히 해치는 경우 의회로부터 의결을 이송받은 후 20일 이내에 재의를 요구할 수 있다.

지방의회로부터 확정된 예산을 1년동안 집행한 후, 다음연도 1~2월 중에 안전행정부는 각 지자체에 결산서 작성기준을 전달한다. 각 지자체는 2월말까지 출납폐쇄[9]를 하고, 5월 19일(출납폐쇄후 80일 이내)까지 결산서를 작성한다. 지자체는 본 결산서에 대한 검사[10]를 거친 후 6월말까지 결산서를 지방의회에 제출한

---

9) 계약서 작성을 통한 예산의 지출원인행위 등을 한 이후 관련 자금의 실제 입출의 마감을 말함.
10) 각 지자체의 조례에 의해 지방의원과 공인회계사 등 재무관리에 대한 경험과 지식을 가진 자로 구성된 결산검사위원이 수행한다.

다. 지방의회는 상임위원회와 예산결산특별위원회의 예비심사 및 종합심사를 거쳐 본 회의에서 결산서를 최종 승인함으로써 지방예산 및 결산과정이 종료된다.[11]

2. 지방예산 및 결산제도

지방자치단체의 예산제도와 결산제도는 중앙정부의 그것과 유사하다. 대체로 중앙정부가 먼저 도입한 후 시차를 두고 지방자치단체가 도입하기 때문이다. 지방에 새로운 재정제도를 도입하거나 기존의 재정제도를 수정·변경시키는 작업은 안전행정부 지방정책국이 주도하고 있다.

중앙정부가 운영하는 프로그램 예산제도는 사업예산제도라는 이름으로 지자체에서 운영되고 있다. 양 제도의 취지와 운영방식은 동일하나, 명칭을 달리하고 있다.[12] 중앙정부의 국가재정운용계획은 중기재정계획으로 운영되고 있다. 중앙정부의 Top-Down(총액배분자율편성) 예산제도의 경우 지자체에서는 민간이전경비[13]에 대해 제한적으로 운영되고 있다.[14] 중앙정부의 성인지 예산제도와 발생주의 복식부기 회계제도도 동일하게 시행되고 있다. 다만, 발생주의 복식부기 회계제도는 지방자치단체가 중앙정부보다 먼저 시행하였다.[15]

---

11) 승인된 결산서는 5일 이내에 안정행정부장관(시·도 결산서)과 시·도지사(시·군·구 결산서)에게 보고하고 그 내용이 고시된다.
12) 프로그램 예산체계상 프로그램을 안전행정부와 지방자치단체는 정책사업이라고 한다. 디지털예산회계기획단이 2004년 프로그램 예산제도를 도입할 때 내부검토과정에서 해당 예산제도를 프로그램 예산제도라고 명명하였지만, 프로그램 예산체계상 프로그램은 정책사업으로 명명했었다. 그러나 이후 제도를 확정하는 과정에서 정책사업을 프로그램으로 변경하여 부르게 되었고, 이것을 중앙정부에 전파하였다. 당시 행정자치부(지금의 안전행정부)는 디지털예산회계기획단이 개발한 프로그램 예산제도를 그대로 받아들였지만 용어는 사업예산제도, 정책사업(프로그램을 말함)으로 부르게 되었다.
13) 민간경상보조, 민간행사보조, 사회복지보조사업에 한하고 민간자본보조는 대상이 아님.
14) 해당 사업에 대해 한도액을 정하고 지자체 내 실·과에 공표한 후 예산을 편성한다.
15) 1999년 부천시를 시작으로 2004년까지 9개 자치단체에 대해 시범사업을 실시하였다. 지방재정에 대한 발생주의 복식부기 회계제도에 대한 법적 근거는 2005년 지방재정법을 개정하면서 규정하였다. 중앙정부는 1년 뒤인 2006년에 국가회계법을 제정하면서 법적근거를 만들었다.

제3절 지방재정조정제도

지방재정은 자치의 원리에 따라 각 지방자치단체 스스로의 창의와 노력에 의해서 자율적으로 운영되는 것이 바람직하다.[16] 그러나 이러한 원칙은 자주적 지방재원이 충분히 확보되고 지자체 자체 판단에 따라 신축적으로 운영할 수 있을 때 가능해진다. 따라서 중앙정부는 일정한 기준에 따라 지방자치단체에 재원을 이전하며 중앙재정과 지방재정이 긴밀한 관계를 맺고 있다. 광역지방자치단체가 기초지방자치단체에도 같은 논리로 일정 규모의 재원을 이전하고 있는데, 이것이 지방재정조정제도이다. 중앙재정이 지방재정에 이런 방식으로 재정지원을 하는 것은 현실적으로 불가피하면서도 중앙정부가 지방자치단체를 통제할 수 있는 제도적 근거와 정책적 개입의 실마리가 되면서 지방자치단체의 자율성을 제한하는 이중적 성격을 지니기도 한다. 한편, 중앙정부의 입장에서는 지방자치단체의 재정력 격차 이외에도 다음의 필요성 또는 근거를 통해 지방자치행정에 개입하고 있다. 첫째, 지방재정은 원천적으로 중앙정부가 설정한 제도적 범위 안에서 운용되고 있다. 지방재정에 대한 세입원천은 국회에서 정한 법률에 근거를 두고 있으며 제반 지방재정제도도 앞 절에서 살펴보았듯이 중앙정부의 정책을 지자체가 순응하여 시행하는 것이다. 둘째, 지방자치단체가 긍정적인 외부성을 지니는 공공재를 자체 재원의 범위에서만 공급하면 국가 전체적인 관점에서 볼 때 바람직한 수준보다 과소공급하게 된다. 해당 지방자치단체가 다른 지역의 주민에게까지 미치는 외부효과는 고려하지 않기 때문이다. 셋째, 지방행정의 고도화 및 전국적 표준화와 국민후생의 전국적 상향 평준화를 위해 중앙정부가 개입하게 된다.

다음에서는 중앙정부의 지방재정조정제도인 지방교부세, 국고보조금, 광역·지역발전 특별회계와 광역자치단체의 기초자치단체에의 재정조정제도를 차례대로 살펴본다.

---

16) 본 단락은 이목훈(2011)을 활용함.

1. 지방교부세

지방교부세는 중앙정부가 징수하는 국세(國稅)의 일부를 지방자치단체의 행정운영에 필요한 재원으로 교부(이전)하여 지자체재정을 조정하는 제도이다. 지방교부세는 보조금과 달리 대체로[17] 돈에 꼬리표가 붙지 않아 지자체가 자율적으로 운용할 수 있다. 지방교부세는 2014년 현재 내국세(內國稅)의 19.24%[18]에 해당하는 금액을 재원으로 한다. 중앙정부가 거두는 여러 가지 세금 중 내국세[19]에 해당하는 금액의 19.24%를 지자체에 그대로 전달하는 것이다. 지방교부세 규모는 1991년 3.5조 원에서 2010년 27조 원을 거쳐 2013년 현재 34.4조 원에 이르고 있다.

지방교부세는 보통교부세, 특별교부세, 분권교부세로 구성되어 있는데, 2014년 현재 보통교부세는 분권교부세액을 제외한 교부세 총액의 96%를 재원으로 하여 각 지방자치단체의 기본적인 행정수요 유지를 위한 일반재원으로 활용된다. 특별교부세는 분권교부세액을 제외한 교부세 총액의 4%를 재원으로 하여

표 19-2   지방교부세 현황

(단위: 십억원)

	1991년	2000년	2010년	2011년	2012년	2013년
합계	3,452	8,267	26,991	29,833	33,065	33,441
보통교부세	3,053	7,469	24,679	27,275	30,191	31,448
특별교부세	305	747	993	1,101	1,258	1,310
분권교부세	-	-	1,319	1,458	1,615	1,683
증액교부금	94	51	-	-	-	-

주: 2005년도에 증액교부금제도가 폐지되고 분권교부세 제도가 신설됨.
자료: 안전행정부(2013b).

---

17) 지방교부세 중 약 90%를 차지하는 보통교부세에는 돈의 꼬리표가 붙어 있지 않지만 나머지 특별교부세와 분권교부세는 대부분 각종 재해, 공공복지시설 설치, 국가장려사업 등 특정한 사업에 쓰이기 때문에 돈의 꼬리표가 붙어 있다고 볼 수 있다.
18) 1983년 내국세의 13.27%에서 2000년 15.0%로 상승하였고, 참여정부 들어와서 2005년 19.13%, 2006년 19.24%로 대폭 확대되었다.
19) 소득세, 법인세, 부가가치세, 증권거래세 등 우리가 알고 있는 대부분의 세목을 말한다. 여기서 관세와 주세 등은 제외된다.

연도 중에 발생한 각종 재해, 공공복지시설 설치, 국가적 장려사업 등 예측하지
못한 특별한 재정수요에 활용된다. 분권교부세는 내국세 총액의 0.94%를 재원으
로 하는데 2005년도에 중앙정부의 보조사업 중 일부가 지방자치단체사업으로 이
양됨에 따라 그에 필요한 재원을 보전하기 위해 도입되었다.[20]

2. 국고보조금

국고보조금이란 중앙정부가 지방자치단체에게 특정사업의 실시를 권장하기
위하여 지원하는 재원을 말한다. 지자체가 국고보조금을 교부받으면 지자체의
재원은 증가하겠지만 중앙정부가 지정한 특정사업을 수행함으로써 지자체의 자
율성이 약화되고 지자체 재원의 우선순위 결정시 자체적인 결정이 어려워질 수
있다. 국고보조금은 형태에 따라 정률보조금과 정액보조금으로 구분된다. 정률
보조금은 중앙정부와 지자체가 각자 일정한 비율로 부담하는 보조금으로 우리나
라의 국고보조금은 대부분 이에 해당한다. 반면 정액보조금은 일정규모의 금액
을 중앙정부가 지자체에 지원하는 보조금이다.

국고보조금은 중앙정부가 지방자치단체에 알아서 교부하는 것이 아니다. 지
방자치단체가 해당 사업을 운영하는 중앙부처의 장에게 신청하면 해당 부처가
기획재정부에 자기 부처의 예산을 요구할 때 함께 요구하게 된다. 이후 기획재정
부의 내부검토와 국회심의를 거쳐 국고보조금 교부 여부와 교부금액이 확정된
다. 국고보조금을 지방자치단체가 부정한 방법으로 교부받거나 정해진 용도 이
외의 용도에 사용하는 경우 등은 교부를 취소할 수 있고 이 경우 국고보조금은
반환된다. 또한, 국고보조금이 확정된 금액을 모두 사용하지 못할 경우에도 해당
금액은 반환된다.

지방자치단체 예산 중 중앙정부가 지원하는 국고보조금과 이에 대한 지방비
부담을 합한 국고보조사업이 지방예산 전체에서 차지하는 비중은 계속 증가하는
추세로 2013년 현재 36.1%이다(〈표 19-3〉 참조). 국고보조사업 중 국고보조금이
차지하는 비중은 2013년 현재 60%이며, 국보보조사업이 지방예산 중 차지하는
비중은 2009년 27.9%에서 2013년 36.1%로 계속 증가하는 추세다. 이를 볼 때, 지

20) 2014년까지 한시적으로 운영한 이후 보통교부세에 통합된다고 한다.

표 19-3 국고보조사업, 국고보조금 및 지방비부담 현황

(단위: 십억원, %)

	2009	2010	2011	2012	2013
국고보조사업(A+B) (지방예산 대비)	41,772 (27.9)	46,741 (33.7)	48,618 (34.4)	52,613 (35.0)	56,716 (36.1)
국고보조금(A) (국고보조사업 대비)	26,539 (63.5)	29,219 (62.5)	30,088 (61.9)	32,061 (60.9)	34,035 (60.0)
지방비부담(B) (국고보조사업 대비)	15,233 (36.5)	17,522 (37.5)	18,530 (38.1)	20,552 (39.1)	22,682 (40.0)

주: 각년도 당초예산 기준.
자료: 안전행정부(2013b).

방자치단체가 자체사업을 추진하는 여력이 점점 축소되는 모습이다.[21]

3. 광역·지역발전 특별회계

과거 지방의 균형발전을 강조한 참여정부는 2004년도 국가균형발전 특별회계(균특회계)를 신설하였다. 중앙정부가 지방에 재원을 이전하는 방법 중 하나로 지방에 자금이 산발적이고 중복적으로 소액 살포되는 문제점을 해결하기 위해 지역사업의 수요자인 지자체의 특성과 우선순위를 살려 재원을 배분하고 국가균형발전을 도모하고자 도입되었었다. 이러한 균특회계의 장점을 살리면서 기존의 균특회계의 문제점[22]을 개선하고, 지역발전정책의 기조를 균형발전에서 광역화·특성화로 전환하기 위해 2009년 이명박정부에서 기존의 국가균형발전 특별회계(균특회계)를 광역·지역발전 특별회계(광특회계)로 개편하여 2010년부터 운영하고 있다.

---

21) 국고보조사업 중 지방비부담이 2009년 36.5%에서 2013년 40%로 계속 증가하고 있다. 국고보조사업은 중앙정부, 광역지자체, 기초지자체가 각자 부담하여 운영하는데 2000년대 초반만 해도 중앙정부, 광역지자체, 기초지자체가 각각 75%, 20%, 5% 수준을 부담하였다. 그러나, 2005년도 국고보조사업의 지방이양과 최근 지방비부담이 높은 신규복지사업이 다수 도입됨에 따라 각각 60%, 30%, 10% 수준으로 부담하는 것으로 보인다.

22) 균특회계는 지방자치단체의 예산신청 절차고 복잡하고, 균특회계를 구성하는 여러 사업들이 지역균형발전이라는 균특회계의 목적과 관련이 없는 등 균특회계의 정체성이 불명확하고, 균특회계의 재원이 안정적으로 공급되지 못하여 일반회계에 과다하게 의존하는 문제점이 있다(김재훈, 2007).

광특회계의 특징을 기존의 균특회계와 비교하여 〈표 19-4〉에 정리하였다. 광특회계는 기존의 균특회계와 마찬가지로 세 개의 계정으로 구성되어 있다. 지역개발계정에 속해 있는 사업은 각 지자체가 지출한도 내에서 자기 지역의 개발을 위한 사업예산을 자율적으로 편성할 수 있다. 지역개발계정의 사업은 과거 균특회계와 달리 성격이 유사한 여러개 사업을 통폐합한 22개 포괄보조사업으로 구성되어 있다. 기획재정부가 해당 예산의 적정성을 검토할 때도 여러개 사업을 일일이 검토하는 것이 아니라 22개 포괄보조사업을 대상으로 크게 검토한다. 또한, 광역발전계정의 사업을 통해 여러 지자체에 연계되는 사업이거나 개발제한구역 관리 등 국가적 우선순위가 높은 사업을 추진한다. 이러한 사업은 각 중앙부처가 지자체의 요구를 받아 직접 예산을 편성한다. 마지막으로 제주특별자치

표 19-4 국가균형발전 특별회계와 광역·지역발전 특별회계의 비교

	국가균형발전 특별회계					광역·지역발전 특별회계				
목 적	국가균형발전 지원					지역의 특화발전 및 광역경제권 경쟁력 향상 지원				
재원규모 (조원)	2005	2006	2007	2008	2009	2010	2011	2012	2013	2014
	5.3	5.9	6.9	7.8	8.6	9.9	9.9	9.4	10.0	9.4
회계구조	• 지역개발사업계정(A) • 지역혁신사업계정(B) • 제주특별자치도계정					• 지역개발계정(A) • 광역발전계정(B) • 제주특별자치도계정				
지역개발 계정(A)	200여개 세부사업으로 구성 (200여개 각 사업을 대상으로 적정성 검토)					22개 포괄보조사업으로 통폐합 (22개 포괄보조사업을 대상으로 적정성 검토)				
광역발전 계정(B)	시·도 단위의 사업에 주로 지원					시·도 간 연계사업 중점 지원				
예산편성 절차										

자료: 안전행정부(2013b)를 재구성.

도계정은 제주특별자치도를 위한 계정으로 지역개발계정과 광역발전계정의 성격을 모두 가지고 있다. 광특회계는 예산편성시 과거 균특회계처럼 각 지자체가 여러 기관에 분산하여 신청하지 않고 각 부처로 통일하여 신청하는 등 예산편성과정을 단순화하였다.

4. 광역지자체의 기초지자체 재정조정제도

중앙정부가 지방교부세, 국고보조금, 광특회계를 통해 광역지자체와 기초지자체의 재정을 조정해 주는 것처럼 광역지자체도 기초지자체에 재정조정을 해준다. 시·도 교부금과 시·도비 보조금이 그것이다. 중앙정부의 지방교부세에 해당하는 것이 시·도 교부금이며, 중앙정부의 국고보조금에 해당하는 것이 시·도비 보조금이다. 시·도 교부금은 대체로 용도지정 없이 기초지자체의 일반재원으로 사용되며 통상 조정교부금과 재정보전금으로 구분한다. 시·도비 보조금은 국고보조사업 또는 시·도 보조사업처럼 특정한 용도가 지정되어 사용된다. 2013년 현재 광역지자체가 기초지자체의 재정조정을 위해 16.5조 원을 투입하였고, 특정사업 지원을 위한 시·도비 보조금 규모가 용도지정이 없는 시·도 교부금보다 대체로 큰 모습이다.

표 19-5 광역지자체의 기초지자체 재정조정 현황

(단위: 십억원)

	2007년	2008년	2009년	2010년	2011년	2012년	2013년
합계	13,856	14,687	15,903	15,568	16,440	18,014	16,529
시·도 교부금	6,890	6,715	6,592	6,907	7,227	7,481	6,735
시·도비 보조금	6,866	7,972	9,311	8,661	9,212	10,533	9,794

자료: 안전행정부(2013b).

제4절 지방교육재정조정제도

　　지방교육재정조정제도는 중앙정부가 지방의 교육재정을 지원하는 제도로 지방자치단체에 대한 중앙정부의 지방재정조정제도와 유사하다. 1991년 「지방교육자치에 관한 법률」이 제정되어 각 지방이 자치적으로 공교육을 담당하고 있지만 교육의 긍정적 외부효과가 크고, 공교육에 대한 국민적 관심도가 지대하며, 지역 간 교육재정력 격차가 크기 때문에 수준 높은 공교육서비스를 지역 간 차이없이 제공하기 위해 중앙정부가 재원을 지원하고 있다.

　　지방교육재정조정제도는 크게 두 가지로 나눌 수 있다. 하나는 지방교육재정교부금(교육교부금)이고, 또다른 하나는 교육보조금이다. 교육교부금은 앞의 제3절에서 살펴본 지방교부세와 유사하다.[23] 중앙정부가 대체로 특정한 조건없이 지방교육기관에 이전하는 돈이다. 지방교부세와 마찬가지로 내국세(內國稅)의 일정 비율(2014년 현재 20.27%)[24]에 중앙정부가 교육세로 징수한 돈을 합한 금액이 이전된다. 교육교부금은 보통교부금과 특별교부금으로 구분되는데, 보통교부금은 교육교부금 재원 중 교육세 세입 전체와 내국세분 이전 금액의 96%를 합산한 금액을 재원으로 하여 각 지방교육기관에 배분된다. 특별교부금의 재원은 내국세분 이전 금액의 4%에 해당하는 금액을 재원으로 하며 일반교부금과 달리 교육관련 국가시책사업을 재정지원해야 할 때, 재해로 인해 특별한 재정수요가 있을 때 등에 사용된다.

　　교육보조금은 지방자치단체의 지방보조금과 유사하다. 지방이 특정한 교육사업을 시행하는 것을 지원하기 위해 중앙정부가 돈에 꼬리표를 달듯이 돈의 사용처를 지정하여 지원한다. 교육보조금은 지방교육기관에게 교부될 수도 있고, 보조사업을 시행하는 민간에게도 교부될 수 있다.

　　〈표 19-6〉을 통해 알 수 있듯이, 중앙정부의 교육재정지원액(지방교육재정조정금액)은 1980년에 1조 원에도 못 미쳤으나 대폭 증가하여 2013년 현재 39조 원

---

23) 지방교육세는 '세(稅)'라고 하지만, 지방교육금은 '금(金)'이라고 한다. 각각의 근거법이 용어를 그렇게 규정하였다.

24) 「지방교육재정교부금법」이 제정된 1972년 이래 계속 11.8%를 유지하다가, 2001년 동법 개정을 통해 13.0%로 최초 상승하였다. 2005년 참여정부에서 지방교육양여금제도를 흡수하면서 19.4%로 대폭 상승되었으며 2006년 20.0%를 거쳐 2010년의 20.27%가 현재까지 이어지고 있다.

| 표 19-6 | 중앙정부의 교육재정지원(지방교육재정조정금액) 현황 |

(단위: 십억원, %)

	1980년	1990년	2000년	2010년	2011년	2012년	2013년
중앙교육지원 (A+B)	845	3,797	14,514	29,140	33,379	36,713	39,190
교육교부금(A) (비중)	833 (98.6)	3,793 (99.9)	14,433 (99.4)	29,132 (99.9)	33,344 (99.9)	36,702 (99.9)	39,173 (99.9)
교육보조금(B) (비중)	12 (1.4)	4,355 (0.1)	81 (0.6)	8 (0.03)	35 (0.1)	12 (0.03)	17 (0.04)

자료: 지방교육재정통계.

에 달하고 있다. 중앙정부의 지원액 중 교육교부금이 대부분을 차지하고 있으며 교육보조금은 대단히 미세한 수준이다.

제5절 지방재정 및 지방교육재정제도의 발전방향

지방재정과 지방교육재정을 우리 살림살이에 비교해 보면 다음과 같을 것이다. 작은 집에서 잘 살아 보겠다고 열심히 일하다보니 여기저기 투자할 돈이 필요하고, 자식들도 교육을 잘 시키고 싶어서 돈이 필요한데 원하는 만큼 돈이 없다. 그래서 큰 집에 부탁해서 돈을 당겨썼는데 생각만큼 돈을 벌지 못하고 자식들은 학교 가서 아침부터 밤까지 붙잡혀 있는데 공부는 안 하고 졸고만 있다. 다행히 성적은 그나마 조금 오르지만 사실 아는 것은 별로 없어 보인다. 큰 집은 준 돈을 어디에 어떻게 잘 쓰고 있냐며 매달 물어보는데 어떨 때는 큰 집이 형제인지 채권자인지 모르겠다.

지방재정과 지방교육재정의 가장 큰 문제점 중 하나는 돈은 부족한데 할 일은 많다는 것이다. 이런 방식으로 지방재정과 지방교육재정이 계속 진행되다 보면 해당 사업의 진행방식이 형식화되어 효율성이 떨어지기 쉽다. 그러다 보면 들이는 돈만큼 사업의 수혜자인 주민들이 느끼는 만족도도 올라가지도 않을 것이고 중앙정부의 지원도 간섭으로만 느껴질 것이다.

이 집안이 문제를 해결하기 위해서는 무엇을 해야 할까? 작은 집이 언제까지

큰 집에 손을 벌릴 수도 없다. 아이들이 커가며 큰 집 눈치 보는 것도 싫고, 큰
집이 부도라도 나면(국가경제위기 등) 더 큰 일이기 때문이다. 우선, 작은 집의 수
입을 안정적으로 늘려야 한다. 이래야 작은 집이 큰 집 눈치보지 않고 원하는 사
업에 투자를 할 수 있고, 자식들도 작은 집이 원하는 학교에 보내며 교육시킬 수
가 있다. 그리고 정말 필요한 곳에 돈을 잘 써야 한다. 옆 집이 가게를 한다고 우
리 집도 하자는 식으로 따라하면 그 사업은 망한다. 예쁜 자식에게는 몰래 뒷주
머니로 용돈주면서 다른 자식에게 공자왈 맹자왈 원칙을 얘기하면 훈계가 먹힐
리 없다. 또 작은 집이 사업하는데 큰 집이 돈 줬다고 밤 놔라 배 놔라 하면 사업
이 잘 될까? 사업에 도움은 안 되고 잔소리밖에 안 된다.

　　위의 사례를 통해 지방재정과 지방교육재정의 발전방향을 엿볼 수 있을 것이
다. 지방이 자기 돈으로 사업을 할 수 있는 여건을 조성하고, 재원을 효율적으로
쓰는 것이다. 이하에서는 지방의 자주재원 발굴과 효율적인 재원운용을 위한 가
칭「전략적 자율보조금제도」와 특별교부세의 정치적 교부문제에 대해 간략히 알
아보도록 하자.

1. 적극적인 지방 자주재원 발굴

　　지금까지의 지방재정 정책은 세출사업에 대한 재정제도 개편에 초점이 맞추
어져 있어 지방의 자주재원 발굴을 위한 고민은 상대적으로 미약하였다. 이명박
정부 들어 부가가치세액의 5%를 재원으로 하는 지방소비세가 신설되었지만 감
세정책으로 인하여 자주재원 비율은 오히려 축소되어 중앙집권을 강화하는 현상
도 초래되었다(박영강. 2012). 지방의 자주재원 발굴을 위한 제안 중 현실적인 대
안이 될 수 있는 사항은 지방소득세 개편과 지방소비세 개편이다(박상수 · 임민영.
2011; 박영강. 2012).

　　지방소득세는 국세(國稅)인 소득세와 법인세로 내는 세금에 10%를 부가하는
세금이다. 따라서 소득세율과 법인세율을 인하하는 감세정책이 시행될 경우 지
방소득세의 세수가 따라서 저하될 수밖에 없다. 이러한 문제를 해결하기 위해 박
상수 · 임민영(2011)은 지방소비세의 세율을 지금처럼 소득세율과 법인세율의
10%로 연동시키지 말고, 소득세율 및 법인세율과 관계없이 지방소비세에 별도의

세율을 적용하자고 주장한다. 이 경우 최고 12조 원의 세수가 더 걷히게 된다.[25)]

지방소비세는 지방재정 확충을 위해 국세(國稅)인 부가가치세의 일부를 지방세로 전환한 것으로 2010년 신설되는데, 최초 도입시 세율이 5%였다. 박근혜 대통령은 당선인 시절 소비세율을 20% 정도로 인상하면 10조 원 정도의 국세를 지방세로 전환할 수 있다고 천명한 바 있다(박영강. 2012). 2013년 12월 지방세법 개정으로 지방소비세율이 2014년부터 11%로 인상되었으니, 아직 절반에 미치지 못했다.

2. 포괄보조금제도의 내실화 및 확대

2010년 광특회계가 처음 운영되면서 많은 기대를 했었다. 학계와 지방자치단체 일각에서 요구하였던 포괄보조금제도가 도입되었기 때문이다. 포괄보조금제도의 아이디어는 중앙정부가 국고보조금을 산정·교부할 때 모래알처럼 작은 단위의 국고보조사업을 하나하나 검토하지 말고 같은 목적이나 취지의 사업을 묶은 포괄보조군을 만들어 포괄보조군에 지출한도를 부과하고 해당 사업군 내에서는 지자체가 자율적으로 해당 사업을 운영하자는 것이다. 광특회계는 지역개발계정의 200여 개 유사·중복사업을 묶어 22개 사업군으로 구분하며 포괄보조금체계를 구축하였다. 그러나, 현재의 광특회계가 다른 국고보조금과 별반 다를 바 없다는 비판이 있다(김현아. 2012). 이것은 용어는 학계와 지자체가 요구하는 포괄보조금제도로 되어 있지만 제도가 운영되는 것을 보면 포괄보조금제도의 취지를 살리지 못해서 일 것이다.

포괄보조금제도가 성공하기 위해서는 지자체가 주민의 선호에 따라 정책방향을 정하고 그에 부합하는 국고보조사업을 선택할 수 있어야 한다. 또한, 보조율도 사업에 따라 지자체 사정에 따라 탄력적으로 정할 수 있어야 한다. 그러나, 현재의 광특회계 포괄보조금제도는 중앙부처의 간섭이 심하고(김현아. 2012), 적용되는 보조율도 모든 지자체가 동일하게 따라야 하는 체계이다. 또 하나 고려해야 할 사항은 현재의 프로그램 예산제도(지방은 사업예산제도)의 특징을 잘 활용

---

25) 지방소비세율을 3% 단일세율을 적용할 경우 2009년 기준으로 4.2조 원의 세수가 늘어나며, 5% 단일세율을 적용할 경우 2009년 기준으로 12.6조 원의 세수가 늘어나게 된다.

하여 제도를 운영하면, 중앙정부는 보조금 정책을 큰 틀에서 전략적으로 관리하고, 지자체는 자율성을 가지고 각 지역의 현실에 맞게 제도를 운영할 수 있다는 점이다. 광특회계 일부 사업에만 적용하는 것이 아니라 모든 국고보조사업을 대상으로 적용할 수 있다.

본 서가 제안하는 포괄보조금제도의 아이디어는 다음과 같다. 먼저 현행 모든 보조금사업을 단위보조사업—세부보조사업 방식으로 체계화한다.[26] 중앙정부는 단위보조사업별로 지출한도를 설정하여 지자체에 통보한다. 이때 단위보조사업의 보조율 범위, 지자체 유형별로 부담해야 할 지방비 규모, 사업목표와 성과지표를 지자체에 함께 제시한다.[27] 지자체는 단위보조사업을 구성하는 세부보조사업 중 지역주민의 선호와 여건을 반영하여 추진하고자 하는 세부보조사업[28]과 해당 사업의 보조율을 중앙정부가 제시한 보조율 범위 내에서 선택한다. 지자체는 자신의 유형에 해당하는 지방비 규모만큼 지방비를 부담하기만 하면 되므로 세부보조사업별로 주민수요와 선호에 따라 상이한 보조율(지방비부담률)을 적용할 수 있다.[29] 이에 따라 동일한 세부보조사업이라도 지자체에 따라 상이한 보조율(지방비부담률)이 적용될 수 있다. 한편, 중앙정부가 제시한 보조사업에 대한 성과지표를 디지털예산회계시스템을 통해 일상적으로 관리하고 성과지표 결과를 다음연도 보조금 교부에 환류시킴으로써 보조사업의 성과를 제고시킬 수 있을 것이다.

본 제도는 보조사업에 대한 중앙정부와 지자체의 역할과 책임을 명확히 구분하고자 하는 제도이다. 중앙정부는 보조사업의 전략적인 측면을 고려하여 단위보조사업의 지출한도를 정하는 것에 집중하고, 지자체는 지출한도와 지방비 부담총액 내에서 자율적으로 보조사업과 보조율(지방비부담률)을 결정하고 성과관리를 통해 그 책임을 묻는 것이다. 지자체로부터 선택받지 못하는 국고보조사업은 자연스럽게 퇴출될 수 있을 것이다.

---

26) 단위보조사업은 프로그램 예산체계상 단위보조사업 수준으로서 유사한 세부보조사업의 묶음을 말한다. 세부보조사업은 프로그램 예산체계상 세부사업 수준으로서 각 중앙부처와 지자체가 보조사업으로서 관리하는 기본단위이다.

27) 성과목표와 성과지표는 중앙정부와 지자체가 협의하여 정하는 것이 바람직하다. 5% 단일세율을 적용할 경우 2009년 기준으로 12.6조 원의 세수가 늘어나게 된다.

28) 이때 중앙정부는 중요 국가정책 등의 시행을 위해 지자체가 세부보조사업의 자율선정시 지켜야 할 요건이나 필수적으로 선택해야 하는 사업을 제시할 수 있다.

29) 이때 중앙정부가 제시한 지방비부담 규모는 지켜야 하기 때문에 모든 세부보조사업에 대해 높은(낮은) 보조율(지방비 부담률)을 선택할 수는 없다.

그림 19-5 포괄보조금 제도의 내실화 및 확대방안 예시

- **전제:** A단위보조사업은 6개(a, b, c, d, e, f)의 세부보조사업으로 구성되어 있음.
  甲 지자체는 A단위사업에 대해 100억원의 지출한도와 20~60%의 국고보조
  율 범위를 제시받았으며 세부보조사업중 a는 반드시 선택해야 하는 사업임.
- **甲 지자체가 선택할 수 있는 대안: 1안 또는 2안**
  - **(1안)** 대형 세부보조사업인 a, b만 선택하고 각각의 국고보조율은 50%(자부담
    율 50%)로 결정함.
  - **(2안)** 대형 세부보조사업인 a와 소형 세부보조사업인 d, e, f를 선택하고, d,
    e, f 세부보조사업을 주민에게 권장하기 위해 최상의 국고보조율인
    60%(자부담율 40%)로 결정하고, 대신에 a의 국고보조율은 40%(자부담
    율 60%)로 결정함.

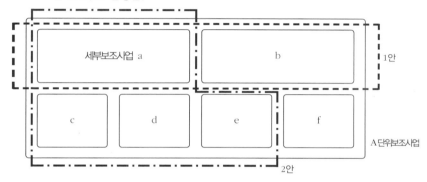

3. 특별교부세의 나눠먹기식 정치적 교부방식 개선

최연태·김상헌(2008)에 의하면 특별교부세는 명목상으로는 보통교부세의
경직성을 보완하여 지방재정의 실질적 형평성을 추구한다고 하지만 실제 운용은
이와는 거리가 멀다는 비판이 많다. 저자에 의하면 특별교부세는 거의 모든 지방
자치단체의 소규모 사업에 웃돈의 형태로 나눠먹기식(pork barrel)으로 지원되며
그로 인해 재원 간의 중복과 배분의 지역편중, 과도한 지대(rent)추구의 문제가
꾸준히 제기되고 있다(김석태. 2001).[30] 공식에 의해 일률적으로 배분되는 보통교
부세와는 달리 특별교부세는 법령에 의해 정해진 규모의 금액을 행정자치부 장
관이 재량으로 지방정부에 배분하기 때문에 국회가 공식적으로 관여할 수도 없

---

30) 본 단락은 최연태·김상헌(2008)을 활용함.

어 늘 정치성과 자의성을 지적받아 왔다(전상경. 2007). 특별교부세는 흔히 '정부의 쌈짓돈', '고위공직자 · 의원들이 나눠 쓰는 눈먼 돈', '권력실세나 정치권의 공동비자금'이라는 표현으로 언론에 등장한다. 그리고 많은 학자들이 특별교부세 배분기준의 모호성, 지역별 형평성의 위배, 집행과정의 불투명성을 언급하고 있으며(이원희. 2007; 전상경. 2007; 김상헌 · 배병돌. 2002), 중앙정부가 지역구 국회의원이나 지방자치단체를 길들이기 위한 수단 내지 행자부를 중심으로 한 관료들의 지대추구수단으로 악용되는 역기능을 지적하고 있다(김석태. 2001; 전국공무원노조. 2007).

최연태 · 김상헌(2008)의 실증분석에 의하면 지역구 국회의원이 많을수록, 해당 국회의원이 특별교부세를 교부하는 행정자치부(현재의 안전행정부)를 관리 · 감독하는 국회 행정자치위원회(현재의 안전행정위원회) 소속 의원일수록, 해당 지역이 행정자치부로부터 특별교부세 지원을 통계적으로 유의하게 많이 받는 것으로 나타났다. 이를 볼 때 특별교부세가 합리적인 기준에 의해 투명하게 교부될 수 있도록 제도 개편이 되어야 할 것이다.

◆ 〈참고〉 지방자치제를 위한 이론적 옹호: 비교우위론 ◆

지방자치제의 확대 및 지방분권과 관련하여 두 가지 문제가 자주 제기된다. 첫째, 지방자치단체(공무원)의 능력에 관한 문제이다. 지자체에 자율적으로 주요 업무를 처리할 권한을 주더라도 지자체가 그것을 잘 처리할 능력이 의문시된다는 것이다. 둘째, 지금도 재정자립도가 낮은 지자체가 많은데 재정분권을 해준 결과 파산하는 지자체가 나오면 어떻게 하느냐는 문제가 제기되곤 한다.

두 번째 문제에 대해서는 중앙과 지방이 적절한 조치를 강구해야 하며, 여기서는 첫 번째 문제에 대한 옹호론만 제시한다. 지자체 공무원의 능력에 대해서는 의구심이 많지만, 설사 그렇다 하더라도 자치제는 리카르도의 "비교우위론"에 따라 옹호 받을 만하다.

약 200년 전에 리카르도는 비교우위론(comparative advantage)라는 위대한 관점을 개발하였다. 이 이론은 인류가 개발한 몇 개 안되는 Positive Sum Game 또는 Win/Win 전략이다. 그러나 이 이론은 상식으로는 잘 이해하기

표 19-7 비교우위론을 설명하기 위한 사례		
	중국	한국
직물	6	10
기계	1	3

자료: 정창영. 1984. p.566을 활용함.

어려운 면이 있으므로 예를 들어 설명한다.

한국과 일본이라는 두 나라(또는 두 사람)만 있는 경우를 생각해 보자. 그리고 이 두 나라가 생산하는 재화로는 기계와 직물 두 가지만 있다고 가정한다. 이때 한 사람의 노동자가 1개월 동안 생산할 수 있는 재화의 양이 다음과 같다고 하자.

〈표 19-7〉에 의하면 한국의 노동자 한 사람은 한 달 동안 열심히 일하면 직물 10단위를 생산하거나 아니면 기계 3단위를 생산한다. 그렇지만 같은 중국 노동자 한 사람은 열심히 일하면 직물 6단위를 생산하거나 아니면 기계 1단위를 생산한다. 이 경우 한국의 노동자는 직물에 있어서나 기계의 생산에 있어서 모두 중국 사람보다 우월하므로 절대우위(absolute advantage) 상태에 있다.

그렇다면 한국 노동자가 모든 면에서 뛰어나므로 한국 노동자가 직물과 기계를 모두 생산하고, 중국으로부터 어떠한 재화도 수입할 필요가 없는가? 그렇지 않다.

양국 간에 무역이 없을 때 중국의 노동자가 생산하는 직물의 상대가격은 기계 1/6단위에 해당한다. 즉, 기계를 1/6단위만큼 포기하는 대신 직물 1단위를 생산하는 것으로 이해해야 한다. 이에 비해 한국의 노동자가 직물을 생산한다면 그 때의 상대가격은 기계의 3/10이다. 즉, 기계생산을 3/10단위만큼 포기를 해야 직물 1단위를 생산할 수 있다. 3/10은 1/6보다 크므로 한국에서 직물의 생산가격(기회비용)은 상대적으로 높다(비교열위, comparative disadvantage). 즉, 한국에서는 직물이 절대생산비에 있어서는 저렴하지만, 상대생산비에 있어서는 비싼 것이다.

따라서 한국은 비교우위가 있는 기계를 생산해서 수출하고, 중국으로부터는 직물을 수입하는 것이 유리하다. 마찬가지로 한국도 비교열위에 있는

표 19-8 중앙과 지방 간의 비교우위

	중앙	지방
국가정책	5	2
지역사업	10	6

자료: 정창영. 1984. p.566을 활용함.

직물의 생산을 중지하고, 비교우위가 있는 기계생산에 주력한 후 무역하는 것이 더 유리하다. 비교우위에 따른 특화와 분업 및 교역을 통해 두 나라 사람 모두 예전보다 더 많은 소비를 할 수 있게 된다(Win/Win).

이상의 논리는 두 명 또는 두 기관의 경우에 대해서도 적용할 수 있다. 예를 들어, 중앙부처 공무원이 전력을 다해 일할 때 국가 정책을 5단위 산출해 낼 수 있거나 혹은 지역사업을 10단위 수행할 수 있다고 가정하자. 이에 비해 지방 공무원이 전력을 다해 일하면, 국가 정책을 2단위 생산하거나 혹은 지역사업을 6단위 수행할 수 있다고 하자(〈표 19-8〉 참조).

이 경우 지방 공무원은 국가 공무원에 비하여 국가정책의 개발이나 지역사업 추진 모두에 있어서 열등한 위치에 있다. 그러나 비교우위의 관점에서 보면, 다른 해석이 가능해진다.

즉, 국가 공무원은 지역사업을 1단위 더 생산하기 위해 국가 정책을 1/2단위나 포기해야 한다. 그렇지만 지방 공무원은 지역사업을 1단위 더 생산하기 위해 국가 정책을 1/3단위만 포기하면 된다. 바꾸어 말하면 지방 공무원은 지역사업을 하는데 있어서 상대적으로 기회비용이 적으므로, 이 부문에 있어서는 비교우위가 있다고 할 수 있다. 비록 절대적인 비용에 있어서는 열위에 있다 하더라도 상대적인 기회비용은 저렴하므로 비교우위가 있는 것이다.

이상의 경우 국가 전체적으로 바람직한 상황은 특화생산(분업)과 교환이다. 즉, 국가 공무원은 국가 정책개발을 특화하여 생산하고, 지방 공무원은 지역사업을 특화하여 생산한 후 이들이 만들어 낸 산출물을 마치 국가 간의 무역처럼 교환할 때 국가 전체적으로 이익이 된다. 공무원들이 만들어 내는 산출물은 공공재이고 외부효과가 크기 때문에 굳이 이 둘이 서로 교역을 하지 않더라도 상대방이 생산한 산출물의 효과를 누릴 수 있다.

　　이런 논리에 입각할 때, 국가 공무원은 비록 그가 능력이 출중하여 지역사업을 잘 할 수 있다 하더라도 지역사업은 지방 공무원에게 일임하고, 자신의 고유한 업무에 충실하는 것이 더 바람직하다. 앞의 간단한 사례에서는 지방자치단체가 하나만 있는 경우를 상정하였으나 지방자치단체의 숫자가 많을 경우, 지방 간의 경쟁으로 인하여 지방 공무원의 지역사업개발 비용도 장기적으로 하락하게 된다. 즉, 그만큼 지방 공무원의 능력이 향상되는 것으로 기대된다.

제 20 장 공기업 제도

- 제1절 공기업의 의의
- 제2절 공운법상 공공기관 지정제도와 공공기관 현황
- 제3절 공기업의 대리인 구조와 공기업 임원의 정치적 독립성
- 제4절 공기업 민영화에 대한 찬반 검토
- 제5절 경영평가 등 공공기관 혁신방안
- 제6절 공기업 제도의 정책방향

제20장 공기업 제도

제2장에서 살펴본 바와 같이 공기업이 공공부문 재정을 구성하는 중요한 요소에 해당하여 본 서는 공기업 제도를 한국의 핵심 재정제도를 설명하는 하나의 축으로 설정하고자 한다. 공기업 이론과 현재 공기업 제도를 이해하는데 핵심적인 사항을 중심으로 설명할 것이다.

제1절 공기업의 의의

공기업은 중앙정부나 지방자치단체가 사실상 지배력을 가진 기관으로서 공공성과 기업성을 함께 추구하는 기관을 말한다. 보통 법령에 해당 기관 설립의 근거를 두거나 정부 또는 지방자치단체에서 출연하는 경우, 또는 중앙정부 또는 지자체가 50% 이상의 지분을 가지고 있거나, 지분이 50% 미만이라도 인사, 예산권한 등을 통해 기관의 정책형성에 대해 사실상 지배력을 가지고 있는 경우가 이에 해당한다.

「공공기관의 운영에 관한 법률」(이하 공운법)에 의해 정부가 2013년 공기업으로 지정한 30개 기관의 2013년 예산은 247.4조 원으로 GDP의 18.6%에 달하며 중앙부처의 총지출인 349.0조 원의 70.9%에 달한다. 1개 공기업별 2013년 평균 예산은 8.3조 원이며 1개 중앙부처별 2013년 평균 총지출은 6.9조 원으로 1개 공기업별 평균예산이 더 크다. 해당 공기업의 2013년 총자산규모는 524.0조 원으로 2013년 GDP의 41.2%에 달한다. 해당 공기업의 2012년 정원은 97,390명으로 경제활동 인구대비 0.4%에 불과하다. 0.4%의 인원이 거대한 규모의 예산과 자산을 운용하고 있는 것이다. 공기업이 국민경제에서 큰 비중을 차지하고 있으며, 국가 경제 발전을 위해 중앙부처의 조직 통폐합이나 예산절약, 인력감축 못지않게 공기업 개혁이 중요함을 보여주는 통계이다.[1]

---

1) 본 단락은 유승원(2013a)을 활용함.

통상 국민들이 생각하는 공기업은 공적인 업무를 수행하는 모든 공적 기업을 포괄하는 개념일 것이다. 그러나, 정부실무나 관계법령에서는 달리 규정하는 경우가 있어 용어의 정의상 약간의 혼돈이 있을 수 있다. 중앙부처의 경우 공운법에 근거하여 통상 국민들이 생각하는 공기업을 공공기관이라고 규정하고 있으며, 이 공공기관을 공기업, 준정부기관, 기타공공기관으로 세분하고 있다. 통상 국민들이 생각하는 공기업을 광의의 공기업으로 본다면, 공운법에 의한 공기업은 협의의 공기업이 되고, 동법에 의한 나머지 준정부기관과 기타공공기관은 각 중앙부처의 산하기관(산하기업) 정도로 생각하면 될 것이다. 이때 주의해야 할 것은 국민들이 생각하는 공기업은 틀림없지만 공운법 규정에 의해 공기업(또는 동법에 의한 공공기관)에서 배제된 기관[2]이 존재한다는 것이다.

지방자치단체의 경우 「지방공기업법」에서 지방직영기업, 지방공단, 지방공사 및 제3섹터형 주식회사 등을 규정하고 있는데 이들이 국민들이 생각하는 (광의의) 공기업을 구성하고 있다. 지방자치단체의 공기업 제도는 중앙정부의 공기업 제도와 크게 다르지 않다. 따라서 본 장(章)은 중앙정부의 공기업 제도를 중심으로 설명하고자 한다.

그림 20-1 통상의 공기업과 공운법에 의한 공기업 구분(중앙정부 기준)

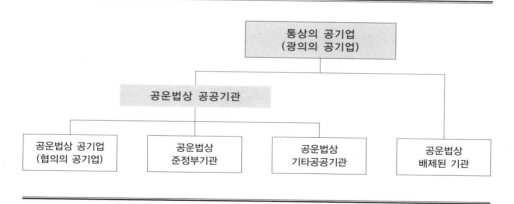

---

2) 한국방송공사(KBS), 한국교육방송공사(EBS)가 이에 해당한다. 중앙은행인 한국은행도 통상의 관념에 따라 공공기관에 해당하나 공공기관의 운영에 관한 법률에서는 한국은행에 대하여 어떠한 것도 규정하고 있지 않다. 참고로 영국은 중앙은행을 공공부문 포괄범위 통계에 포함시키고 있다.

제2절 공운법상 공공기관 지정제도[3]와 공공기관 현황

1. 공운법상 공공기관 지정제도

중앙부처의 경우 공운법에 의해 공공기관은 (협의의) 공기업, 준정부기관, 기타공공기관으로 구분되고 있다.[4] IMF, OECD, EU와 같은 국제기구는 각 기관이 공기업에 해당하는지 아닌지를 구분할 때 제도단위,[5] 통제가능성,[6] 공공성,[7] 시장성[8] 등의 세부기준을 적용하도록 하고 있다. 그러나, 해당 규정이 구체적이지 않아 개별 국가가 사정에 맞게 구체화하고 있는데 우리나라도 공운법에서 공공기관의 유형분류기준을 정하고 있다.

우리나라도 국제기구의 지침을 준용하여 제도단위, 통제가능성, 공공성, 중요성, 시장성의 기준에 따라 공공기관 대상기관을 정한다. 공공부문 포괄범위를 선정하는 1단계 작업과 공공기관을 지정하거나 배제하는 2단계 과정을 거쳐 공기업, 준정부기관, 기타공공기관으로 분류된다. 자세한 사항은 〈그림 20-2〉를 참고하기 바란다.

먼저, 제도단위는 중앙부처와 지방자치단체가 아닌 법인, 단체 또는 기관을 의미한다. 통상의 기업과 협동조합 등 제반기관은 모두 제도단위에 해당한다. 통제가능성은 정부수입이 해당 기관 총수입의 50%를 초과하는지, 정부가 최대지분

---

3) 본 사항 중 제도에 대한 설명은 기획재정부(2008)를 활용함.
4) 앞으로 우리나라의 중앙부처 공기업을 논할 때, 통상의 넓은 의미의 공기업은 동법을 따라 편의상 공공기관으로, 협의의 공기업은 공기업으로 부르고자 한다. 다만, 중앙부처와 지방자치단체를 포괄한 광의의 공기업을 포괄하여 논할 때는 계속해서 공기업으로 부르고자 한다.
5) 제도단위는 자신의 명의로 자산을 소유하고 부채를 부담하는 등 경제활동 및 거래를 수행하는 경제적 실체를 말한다. 즉, 제도단위는 자기 기관에 대한 독립된 회계자료를 가지며 단독의 의사결정을 할 수 있다.
6) 통제가능성은 정부가 해당 기관의 전반적 정책능력 또는 사업을 결정할 능력을 보유하는 경우를 말한다. 즉, 정부가 관리자 또는 이사회의 임면권이나 기관에 중대한 영향력을 행사할 수 있는 자금을 제공하는 경우 통제가능성이 있다고 인정받는다.
7) 공공성은 정부의 경제적 기능을 수행함을 의미한다. 즉, 여기서 공공의 이익을 위하지 않는 상호부조 성격은 배제된다.
8) 시장성은 해당 기관이 시장에서 재화나 서비스를 경제적으로 의미있는 가격으로 공급함을 의미한다. 예를 들어 생산원가의 50% 이상으로 시장에서 공급하면 이에 해당한다.

그림 20-2 공운법상 공공기관 유형 지정제도 흐름도

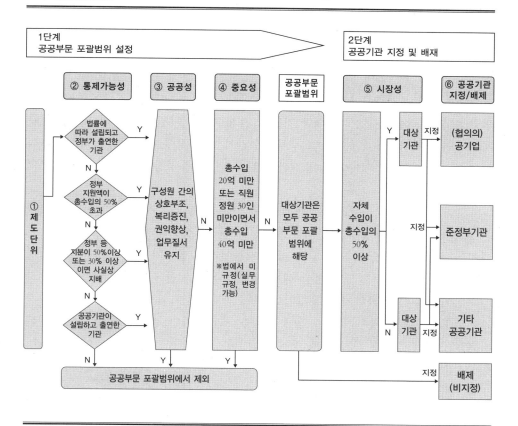

자료: 기획재정부(2008)를 본 서가 재구성.

을 보유하는 등 주주권행사로 기관지배가 가능한지, 해당 기관이 법률에 따라 설립되고 정부가 출연한 기관인지, 정부가 해당 기관의 예산 또는 사업계획을 승인하는지 등을 기준으로 판단한다. 이상 중 하나라도 해당하면 통제가능성을 만족하는 것이다. 사기업은 이 조건을 만족하지 못하므로 공공부문 포괄범위에서 배제된다. 다음으로 공공성은 국민 전체를 위한 기관인지를 판단하는 기준으로, 구성원 간의 상호부조나 복리증진, 권익향상, 업무질서유지 등을 위한 기관은 배제된다. 중요성은 공공기관 포괄범위 검토의 실익이 있는지를 판단하는 기준이다. 총수입이 20억 원 미만이거나 직원 정원이 30인 미만이면서 총수입이 40억 원 미만인 기관은 중요성이 떨어져서 공공기관 포괄범위에서 제외된다. 중요성 기준은 법상 기준이 아닌 기획재정부 실무상 기준이므로 수시로 변경될 수 있다. 이상의 조건이 1단계를 구성하는데, 이상의 제도단위와 통제가능성, 공공성, 중요성은 모두 만족하면 공공부문 포괄범위에 해당하게 되어, 해당 기관은 공공기관, 또는 (광의의) 공기업이 되는 것이다.

다음은 공공기관을 구체화하는 2단계이다. 여기서 시장성 기준에 의해 공기업과 여타 기관을 구분한다. 해당 기관의 자체수입이 기관 총수입의 50% 이상을 차지하면 공기업이고, 그렇지 않고 자체수입이 아닌 정부지원수입이 50%를 초과하면 공기업이 아닌 여타의 공공기관이 된다. 이것이 시장성에 대한 국제기구의 취지이다.

그러나, 우리나라 공운법은 여기에 두 가지 독특한 절차를 추가하였다. 하나는 지정제도이다. 자체수입이 50% 이상인 기관 중 정부가 공기업으로 지정한 기관이 공운법상 공기업이 되며 50% 이상 기관이라도 정부가 준공공기관이나 기타공공기관으로 지정하면 공운법상 해당 유형이 된다.[9] 한국수출입은행의 경우 자체수입이 90%를 초과하지만 공기업이 아닌 기타공공기관으로 지정되었으며, 중소기업진흥공단의 경우 자체수입이 70%를 초과하지만 준정부기관으로 지정된 바 있다. 다른 하나는 공공기관 배제규정이다. 동법 4조 2항 3호에 의해 한국방송공사(KBS)와 한국교육방송공사(EBS)를 명시적으로 공공기관에서 배제하였다.[10] 또한, 한국은행과 우리금융지주 등 공적 자금 투입기관은 지정을 유보하였다.

원칙적으로 중앙부처 공공기관의 경우, 공공기관 지정제도는 논외로 하고, 대형기관이거나 시장성이 강해 자체수입이 총수입 중 차지하는 비율이 큰 기관일수록 공기업으로 분류되고 소형기관이거나 공공성이 강한 기관은 기타공공기관으로 분류된다. 준정부기관은 중간에 해당하며 기금관리기관 등이 이에 해당한다. 공기업 중 자산규모가 2조 원 이상이며 자체수입이 총수입 중 차지하는 비율이 85% 이상인 기관은 시장형 공기업으로 그렇지 않은 공기업은 준시장형 공

---

9) 공운법에 의해 기관의 직원 정원이 50인 이상인 기관을 대상으로 공기업과 준정부기관을 지정하게 되어 있으며, 기획재정부가 공기업이나 준정부기관으로 지정하지 않는 경우 해당 기관은 기타공공기관이 된다. 따라서 직원 정원이 50인 이상이라도 기타공공기관으로 지정될 수 있으나, 50인 미만인 기관은 기타공공기관으로만 지정되고 공기업 또는 준정부기관으로 지정될 수는 없다.

10) 2006년 공운법 제정당시 언론을 통한 영향 및 로비 등을 통해 해당 기관에 대한 명시적 배제규정이 동법에 포함되었다.

표 20-1 공운법상 공공기관 유형

유 형		내 용
공기업		자체수입 비율이 50% 이상이면서 직원 정원 50인 이상 기관
	시장형 공기업	자산 2조 원 이상, 자체수입 비율이 85% 이상 기관
	준시장형 공기업	시장형 공기업이 아닌 공기업
준정부기관		직원 정원 50인 이상이면서 공기업이 아닌 공공기관
	기금관리형 준정부기관	국가재정법에 의한 기금관리기관
	위탁집행형 준정부기관	기금관리형 준정부기관이 아닌 준정부기관
기타공공기관		공기업과 준정부기관이 아닌 공공기관

기업으로 분류되며, 준정부기관의 경우 국가재정법에 의해 기금을 관리하는 기관은 기금관리형 준정부기관으로 그렇지 않은 기관은 위탁집행형 준정부기관으로 분류된다.

우리나라가 법률(공운법)에서 공공기관에 대한 정의와 유형에 대한 조항을 규정한 것은 외국보다 진일보한 것이다. 그러나, 공공기관 총괄당국(기획재정부)이 통제가능성, 시장성 등의 객관적인 기준에 의한 해당 기관의 실체적 진실에도 불구하고 공공기관을 상이한 유형으로 지정할 수 있도록 여지를 둔 것은 논란의 소지가 있다. 환경변화에 따른 탄력적인 공공기관 관리에는 유리하나 당국의 주관성이 개입될 여지가 존재하기 때문이다. 또한, 민간 사기업이나 공적 자금이 일시적으로 투입된 기관을 지정유보 하는 것은 이해가 되나 여타 기관까지 법률에서 명시적 배제규정을 두는 등의 방법을 통해 공공기관에서 배제하는 것은 국제기준에도 부합하지 않고, 공공기관의 범위 설정과 유형 구분 및 평가감독시스템 구축 등과 같은 공운법 제정취지에 반하는 것으로 비춰질 가능성이 크다. 저자들이 공운법에 의한 공기업 유형 분류를 공기업 유형 '지정'제도라고 굳이 명명한 것은 이 때문이다. 추후 개선되어야 할 사항으로서, 한국방송공사(KBS), 한국교육방송공사(EBS)와 중앙은행의 독립성 존중 차원에서 공운법 관리기관에서는 배제되더라도 공공부문 통계생산을 위한 기관으로는 포함되는 것이 바람직할 것이다.

2. 공운법상 공공기관의 현황

(1) 공공기관의 지정 현황

공운법에 근거하여 지정된 공공기관은 2014년 1월 현재 304개이며, 2009년 297개에 비해 7개가 추가되었다. 공공기관 유형별로 구분해 살펴보면, 2014년 기준으로 공기업은 30개, 준정부기관은 87개, 기타공공기관은 187개로 기타공공기관이 전체 공공기관 중 60% 이상을 차지하고 있다.

표 20-2 공공기관의 연도별 지정 현황

(단위: 개)

		2009	2010	2011	2012	2013	2014
공기업		24	21	27	28	30	30
	시장형	6	8	14	14	14	14
	준시장형	18	13	13	14	16	16
준정부기관		80	79	83	83	87	87
	기금관리형	16	16	17	17	17	17
	위탁집행형	64	63	66	70	70	70
기타공공기관		193	184	176	178	178	187
합 계		297	284	286	288	295	304

자료: 기획재정부 공공기관 지정 관련 보도자료(각년도).

(2) 공공기관의 예산 현황

공운법상 공공기관의 예산은 2007년 277.0조 원에서 2013년 574.7조 원으로 두 배 이상 대폭 증가하였다. 경상 GDP에서 차지하는 비중도 2007년 28.4%에서 2013년 43.3%로 대폭 상승하였다. 이를 통해 공공기관의 경제적 비중이 점점 더 커져가는 것을 확인할 수 있다. 본 서의 출판시점에서 공공기관의 예산에 대해 구할 수 있는 가장 최신 자료인 2013년을 기준으로 할 때, 공공기관 전체(295개) 중 (협의의) 공기업(30개)의 예산은 247.4조 원으로 GDP대비 18.6%이며, 준정부기관(87개)과 기타공공기관(178개)의 예산은 각각 221.7조 원(GDP대비 16.7%),

| 표 20-3 | | 공운법상 공공기관의 연도별 평균 예산 현황 | | | | | | |

(단위: 조원)

		2007	2008	2009	2010	2011	2012	2013
공기업		144.8	170.8	198.8	209.4	220.4	237.5	247.4 (18.6)
	시장형	87.4	108.4	111.3	129.7	139.5	158.2	169.2 (12.7)
	준시장형	57.4	62.4	87.5	79.7	80.9	79.3	78.2 (5.9)
준정부기관		113.7	170.8	153.3	161.2	182.7	231.2	221.7 (16.7)
	기금관리형	68.9	119.6	93.3	95.3	107.7	149.5	133.0 (10.0)
	위탁집행형	44.8	51.2	60.0	65.9	75.0	81.7	88.7 (6.7)
기타공공기관		18.5	24.4	41.4	29.4	146.5	134.1	105.6 (8.0)
합 계 (GDP대비, %)		277.0 (28.4)	366.0 (35.7)	393.5 (37.0)	400.0 (34.1)	549.6 (44.5)	602.8 (47.4)	574.7 (43.3)

주: 괄호는 GDP대비 %를 말함.
자료: 기획재정부 알리오시스템(www.alio.go.kr).

105.6조 원(GDP대비 8.0%)의 모습이다.

(3) 공공기관의 인원 현황

공운법상 공공기관의 인원은 정원 기준으로 2008년 약 25만 3천 명에서 2012년 현재 약 25만 4천 명으로 5년간 비슷한 수준을 유지하고 있다. 우리나라의 경제활동인구에서 공공기관의 인원이 차지하는 비중을 보더라도 1.0% 내외의 안정적인 모습이다. 공공기관 각 유형별 정원을 살펴보면, 2012년 기준으로 공기업은 약 9만 7천 명, 준정부기관은 약 7만 4천 명, 기타공공기관은 약 8만 4천 명에 해당한다.

표 20-4 공운법상 공공기관의 연도별 평균 인원(정원) 현황

(단위: 명)

	2008	2009	2010	2011	2012
공기업	104,206	90,977	92,612	93,744	96,768
준정부기관	71,928	68,920	68,449	71,473	73,717
기타공공기관	76,818	74,640	78,614	81,007	83,502
합 계 (경제활동인구대비, %)	252,952 (1.04)	234,537 (0.96)	239,675 (0.97)	246,224 (0.98)	253,982 (1.00)

자료: 기획재정부 알리오시스템(www.alio.go.kr), 통계청 국가통계포탈(www.kosis.kr).

(4) 공공기관의 부채 등 재무 현황

공공기관의 부채는 유사시 정부가 떠안을 위험을 배제하지 못하므로 재정건전성을 유지하기 위해서는 공공기관의 부채를 예의주시하여야 한다. 공공기관(금융공공기관 제외)의 부채는 2008년 290조 원에서 2012년 현재 493.3조 원으로 대폭 증가하였다. 공공기관 부채가 GDP에서 차지하는 비중도 2008년 28.3%에서 2012년 38.8%로 대폭 상승하였다.[11] 기업의 재무건전성을 파악하는 지표 중 대표적인 것이 부채비율(부채/자본)인데, 전체 자본 중 타인자본인 부채가 차지하는 비중을 말한다. 공공기관의 부채비율은 2008년 133.1%에서 2012년 207.5%로 약 70%p가 상승하였다. 국내 증시에 상장된 민간기업(금융기업 제외)의 평균부채비율인 85.8%(2013년 3/4분기 기준)[12]의 두 배를 넘는 수준이다.

공공기관의 자산은 2008년 507.9조 원에서 2012년 731.2조 원으로 약 230조 원이 증가하였다. 그러나, 2008년부터 2012년까지 자산의 증가율(44%)이 부채의 증가율(70%)에 미치지 못하고 있다. 또한, 공기업의 자산규모(2012년 현재 524조 원)가 준정부기관과 기타공공기관보다 훨씬 큰 모습이다.

공공기관의 당기순이익은 2008년 3.3조 원에서 2012년은 적자인 △1.8조 원으로, 5조 원 이상 떨어졌다. 특히 공기업의 당기순이익이 2012년 기준 △3.4조

---

11) 참고로, 일반정부 부채와 공공기관 부채를 합한 수치가 공공부문 부채보다 크다. 일반정부와 공공기관 간의 거래는 내부거래로 공공부문 부채를 산정할 때 제거되기 때문이다.
12) 전국경제인연합회. 2014년 2월 13일. 「우리기업 성장 신호등에 빨간불, 2013년 매출 마이너스 성장」.

표 20-5 공운법상 공공기관의 연도별 평균 부채, 자산, 당기순이익 현황

(단위: 조원)

		2008	2009	2010	2011	2012
부채	공기업	200.8	238.7	292.0	329.1	353.7
	준정부기관	81.0	88.8	96.1	120.2	129.6
	기타공공기관	8.2	9.3	8.9	9.7	10.2
	합계 (GDP대비, %) (부채비율, %)	290.0 (28.3) (133.1)	336.8 (31.6) (134.7)	397.0 (33.8) (162.9)	459.0 (37.2) (193.7)	493.4 (38.8) (207.5)
자산	공기업	359.3	404.4	459.9	500.0	524.0
	준정부기관	128.8	159.4	158.8	171.9	181.9
	기타공공기관	19.7	22.9	21.9	24.1	25.3
	합계	507.9	586.8	640.7	695.9	731.2
당기순이익	공기업	0.0	3.6	2.3	△0.6	△3.4
	준정부기관	2.8	1.4	1.2	△8.3	1.4
	기타공공기관	0.5	0.9	0.6	0.4	0.2
	합계	3.3	5.9	4.2	△8.5	△1.8

자료: 기획재정부 알리오시스템(www.alio.go.kr).

원으로 공공기관이 손실을 보는 핵심원인이 되고 있다.[13] 공공기관의 손실은 공공기관의 방만경영에 기인하는 측면도 존재하고, 공공성을 추구하는 기관성격상 정부 국정과제를 추진하거나 (잠재)시장가격 이하로 제품이나 서비스를 공급하는 데 기인하기도 한다.

(5) 1개 공공기관당 평균 인원 · 예산 · 재무 현황

공공기관 전체에 대한 인원, 예산, 부채, 자산을 공공기관 개수로 나눈 1개 공공기관당 평균 인원, 예산, 부채, 자산규모는 〈그림 20-3〉에서 보는 바와 같다. 2012년을 기준으로 1개 공공기관(공기업)당 평균 인원(정원 기준)은 882명

---

13) 공기업의 손실은 한국전력(손실 △3.1조 원)의 낮은 전기료, 예금보험공사(손실 △3.3조 원)의 부실 저축은행 지원, 철도공사(손실 △2.8조 원)의 용산개발사업 무산 등에 기인한다(기획재정부. 2013. 4. 30. 보도자료. '12년 공공기관 경영공시 재무정보).

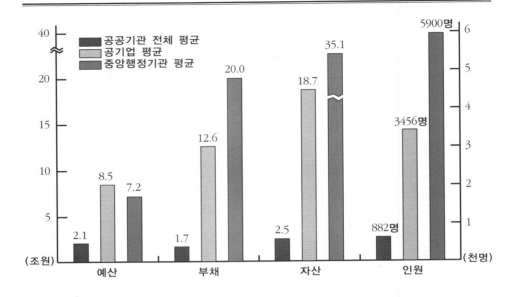

그림 20-3 1개 공공기관당 평균 인원 · 예산 · 재무현황(2012년기준)

주: 공공기관의 인원은 정원 기준. 중앙행정기관의 인원은 교원 · 군인 제외.
자료: 기획재정부의 알리오시스템(www.alio.go.kr), 2012 회계연도 국가결산보고서, 기획재정부 예산설명
    자료.

(3,456명)이고, 평균 예산은 2.1조 원(8.5조 원)이며, 평균 부채와 자산은 각각 1.7
조 원(12.6조 원)과 2.5조 원(18.7조 원)이다. 참고로, 2012년의 중앙행정기관(45개)
1개소당 평균 인원은 882명(교원 · 군인 제외)이고, 평균 예산은 7.2조 원, 평균 부
채와 자산은 각각 20.0조 원, 35.1조 원이다. 공공기관과 중앙행정기관의 인원,
재무 현황을 비교하는 것은 무리가 있지만, 단순 비교하자면 공공기관, 특히 공
기업의 외형은 중앙행정기관에 못지않다는 점에서 공공기관의 중요성을 다시 한
번 확인할 수 있다.

제3절 공기업의 대리인 구조와 공기업 임원의 정치적 독립성

1. 공기업의 대리인 구조[14]

외환위기 이후 일부 사기업, 특히 재벌은 분식회계와 정경유착 등으로 도산하는 경우가 많았지만 일부 공기업은 사기업보다 높은 경쟁력을 보이는 등 성과를 보여주었다. 그러나 공기업의 규모가 점차 커지면서 공기업의 방만하고 비효율적인 경영은 문제가 되었고 이에 대한 정부 등의 외부 통제시스템은 한계에 부딪치게 되었다(이상철. 2007). 특히 과거 공기업 임원 인사와 관련된 공정성 시비 등 임원 선임에 대한 정치적 논란이 계속되어 국민으로부터 불신을 초래하였다(한국개발연구원. 2005). 그 비판은 과거 노무현정부나 이명박정부에서 큰 차이가 없다. "공기업 인사 민주당 잔치 안 된다"(서울신문. 2003년 1월 22일), "盧정부 공기업 개혁이 공기업 비대화 초래"(동아일보. 2007년 10월 13일), "이명박정부 코드인사 답습 … 공기업 개혁 말로만"(세계일보. 2008년 8월 11일). "공기업 선진화 한다며 … 132곳 6,109억 원 돈잔치"(국민일보. 2010년 8월 21일).

공기업 개혁이 어려운 이유는 공기업 조직의 소유와 운영이 사기업과 달리 특수한 주인-대리인 문제를 가지고 있기 때문이다. 사기업은 '주주(주인)-경영자(대리인)'의 단순한 관계인데 반해, 공기업은 '국민(주인)-정부/정치권(대리인)-공기업(또다른 대리인)'의 다중적(복) 대리인 구조(Vickers and Yarrow 1988, 1991; Yarrow 1989)를 가지고 있다.

〈그림 20-4〉와 〈그림 20-5〉에서 통상적인 공기업의 대리인 구조와 사기업의 대리인 구조를 비교해 보자. 두 경우 모두에서 대리인 비용이 발생하고 있는데 이것은 대리인이 주인을 대신하여 경영하도록 선거/임명 또는 계약에 의해 고용될 경우 대리인이 주인의 목표와 상이한 자신의 목표를 추구하기 때문에 발생한다(Fama and Jensen. 1983; Jensen and Meckling. 1976). 또한, 대리인의 목표가 주

---

14) 본 사항은 유승원(2013a)을 활용함.

인의 목표와 상이할수록 목표왜곡이 커지는데(Demski. 1980; Eisenhardt. 1989), 그림의 경우 목표왜곡 각도가 커져, 대리인 비용이 커진게 된다.

공기업의 대리인 구조는 사기업과 달리 주인인 국민과 최종 대리인인 공기업 사이에 중간 대리인인 정치권/정부[15]가 추가되어 있다. 공기업은 사기업의 대리

그림 20-4 공기업의 대리인 구조

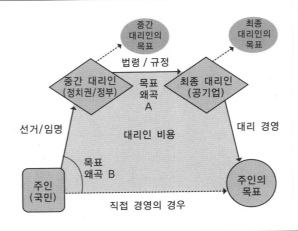

그림 20-5 사기업의 대리인 구조

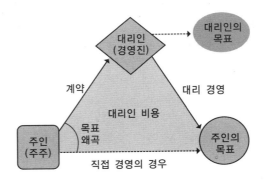

---

15) 정부가 정치권과 함께 중간대리인에 포함되어 있지만, 이후에서는 정치권을 중심으로 서술한다. 공기업 임원 인사에 영향을 미치는 정치적 네트워크는 대통령, 정당 등 정치권을 중심으로 형성되어 있고, 그 속에서의 정부 역할은 미미하거나 파악하기 어렵기 때문이다.

인 구조에서 보듯이 주인의 목표와 상이한 자신의 목표를 위해 경영하고자 한다. 정치권은 공공선택이론에서 강조하듯이 국민의 후생극대화가 아닌 예산의 극대화(Niskanen. 1971; Williamson. 1974)를 추구하거나 정치적 네트워크 집단의 이익추구 등 일종의 지대추구행위(Krueger. 1974)를 한다. 중간 대리인과 최종 대리인이 각각 주인의 목표와 상이한 목표를 가지기 때문에 공기업의 대리인 구조는 사기업의 대리인 구조에 비해 대리인 비용이 더 클 확률이 높다. 이를 〈그림 20-4〉와 〈그림 20-5〉를 사용하여 설명하면, 공기업은 〈그림 20-4〉에서 주인-중간 대리인-최종 대리인 꼭지점으로 형성된 삼각형만큼의 대리인 비용이 사기업의 〈그림 20-5〉보다 추가되게 된다.

공기업의 대리인 문제를 풀기 위해서는 사기업에 존재하지 않는 중간 대리인과 최종 대리인 간의 정치적 연결을 파악하는 것이 핵심이다. 이를 위해 〈그림 20-4〉에서 주목할 사항은 '목표왜곡' A이다.[16] 이것은 정치권이 자신과 정치적 네트워크로 연결되어 있는 공기업 임원에게 주인(국민)의 목표가 아닌 자신의 정치적 목표를 추구하게 할 경우 발생한다.[17] 정치권은 자신의 정치적 네트워크에 속해 있는 인사를 공기업 임원으로 선임할 유인이 크다. 공기업 임원이 정치권의 목표와 상충되게 공기업을 경영할 경우 정치권의 목표를 강제하거나 유인하는 과정에서 발생할 수 있는 제반 거래비용을 최소화(Stiles and Taylor. 2001; Williamson. 1984)하기 위해서이다.

2. 공기업 임원의 정치적 독립성[18]

독립성에 대한 개념은 다양하지만 대체로 '당사자의 판단(Mallin. 2010), 활동(The Institute of Internal Auditors. 2012), 보고(DeAngelo. 1981)에 영향을 미칠 수 있는 관계 또는 환경으로부터의 자유로움'을 의미한다. 즉, 독립성은 당사자가 주변관계 또는 환경으로부터 부당한 영향을 받지 않고 객관적인 판단, 활동, 보고

---

16) '목표왜곡 B'는 정치학 관련 연구에서 많이 다루어지고 있는 주제여서 본 서에서는 생략한다.

17) 이것은 사기업의 대리인 구조에서는 발견되지 않는 사항이다. 사기업의 대리인 구조에서는 주인의 목표는 올바르게 설정되었다고 가정하기 때문이다.

18) 본 사항은 유승원(2013b)을 활용함.

가 가능한 상태를 말한다. 독립성은 보통 외관상 독립성과 정신적 독립성으로 나
눌 수 있는데(Schuetze. 1994; Sutton. 1997; Dopuch et al., 2003), 정신적 독립성은
당사자의 심리상태로서 일정한 연구조건이 충족되지 않으면 검증하기가 매우 어
렵다(Schuetze. 1994). 따라서 보통 독립성을 논할 때는 실제 사실상의 독립성이
유지되더라도 일반 대중의 지각(perception)에 영향을 미칠 만한 외관상 독립성을
말한다(Sutton. 1997; Dopuch et al., 2003).

공기업 임원은 경영활동에서의 판단, 활동, 보고에 영향을 미칠 수 있는 정
치권과의 관계 또는 정치적 환경으로부터 자유로워야 한다. 이때 일반 대중의 지
각에 영향을 미칠 만한 외관상 독립성(Sutton. 1997; Dopuch et al., 2003)이 요구된
다. 이것이 '정치적 독립성'이다. '정치적 독립성'은 '독립성'의 하위 개념으로
공기업에 적용되는 개념으로 볼 수 있다. 상당수 공기업의 경우 대통령과 정치적
네트워크를 함께하거나 지근거리에 있는 인사가 임원으로 선임되고 있다. 이러
한 인사는 정치권과 관련된 임무수행시 독립성이 훼손된다(Frederick. 2011; Kamal.
2010). 정치권은 주인(국민)의 이익보다 자신의 정치적 이익(Krueger. 1974) 또는
예산의 극대화(Niskanen. 1971; Williamson. 1974)를 위해 공기업을 활용할 수 있으
며, 이는 공기업 임원을 능력과 자격을 갖춘 인사를 선택하기보다 정치적 목적으
로 임원진을 임명(허경선·라영재. 2011)하는 것으로 일반 대중에게 보일 수 있기
때문이다.

공기업 임원의 독립성을 논하면 기존의 낙하산 인사에서 발생하는 문제점을
해결할 수 있다. 낙하산 인사[19]에 대한 지금까지의 선행연구는 해당 인사를 내부
승진자와 외부영입자(공무원, 정치인, 군인 등)로 구분(강영걸. 1999; 민희철. 2008)
하거나, 실적 요인(내부승진자, 외부전문가)과 비실적 요인(공무원, 정치인, 군인)으
로 구분(김헌. 2007; 이명석. 2001)하는 등 해당 인사의 직업을 기준으로 출신배경
을 분석하였다. 그러나 이러한 방식으로는 내부승진자 또는 외부전문가 인사 중
정치권에 종속된 인사를 구분할 수 없는 등 공기업 임원이 정치적 영향력에서 자
유로운지를 확인하기가 어렵다. 특히 최근 사기업 CEO가 공기업 등 공직에 적극

19) '낙하산 인사'에 대한 개념 정의가 명확하지는 않다. '낙하산 인사'는 일반적으로 '외부압
력에 의한 하향식 비전문가 외부충원'(이명석. 1997)을 의미하는 것으로 보인다. 그러나, 낙
하신 인사를 정의할 때, ⅰ) 정치적 영향력 개입, ⅱ) 전문성 결여, ⅲ) 외부 인사, ⅳ) 합리
적 절차 결여라는 네 가지 개념 요건을 모두 갖추었을 때 낙하산 인사라고 할 것인지, 아니
면 네 가지 중에 한 두 가지만 충족하더라도 낙하산 인사라고 할 것인지가 모호하다(김병
섭·박상희. 2010).

적으로 진출하고 있는데 무늬만 사기업 경영진이고 실제로는 최고 권력자의 정치적 네트워크(국회예산정책처. 2007)를 통해 공기업에 진출하는 사례가 눈에 띄고 있으며, 이에 대한 언론의 비판[20]도 적지 않다. 공기업 임원의 정치적 독립성 개념은 기존 연구의 이 같은 한계를 극복하고 최근의 새로운 현상을 적절히 분석하기 위한 개념으로서, 해당 인사의 직업이 아닌 정치적 활동 또는 최고 권력자와의 정치적 관계 등을 기준으로 정치적 독립성을 가진 인사와 정치적 독립성이 훼손된 인사로 새롭게 구분하는 것이다.

정치적 독립성이 훼손된 공기업 임원은 정치로부터 자유로운 중립적 전문능력을 발휘할 것이 요구되지만 현실적으로는 정치적으로 자유로울 수 없다(강원택. 2001). 정치적 집권층의 네트워크에 의해 임명된 인사는 인사권자에게 무조건적인 협력을 해야 본인에게 유리하기 때문이다(Nowak. 2006). 따라서 정치적 독립성이 훼손된 공기업 임원은 자신의 객관적 전문성보다 정치적 고려를 우선할 가능성이 높으며, 이로 인해 주인(국민)의 목표로부터 이탈하는 현상이 발생한다. 정권의 정치적 네트워크 인사가 공기업 임원으로 선임되면 해당 인사의 정치적 독립성이 훼손되어 공기업 경영에 정권의 간섭이 증가하고 경영활동의 자율성이 보장되지 못하며 결과적으로 공기업의 한정된 자원이 비효율적으로 활용(Ramanadham. 1986)될 수 있다.

이상의 이론적 내용이 최근의 실증분석 연구에서 확인되고 있다. 노무현정부와 이명박정부 때의 공기업을 대상으로 실증분석한 유승원(2013b; 2014)에 의하면, 두 정부 전체에서 정치적 독립성이 훼손된 CEO 또는 비상임이사가 있는 공기업은 고객만족도 또는 경영평가점수가 통계적으로 유의하게 낮았다. 한편, 이명박정부에서의 공기업 CEO와 비상임이사에 대한 정치적 독립성의 훼손 정도가 노무현정부에서의 그것보다 통계적으로 유의하게 높았다.

---

20) 한국일보. 2011년 11월 2일. 「데스크 칼럼: 코미디로 전락한 공기업 선진화」중 "○○공사를 예로 들어보자. 지난달 취임한 사장은 대통령과 같은 지역 출신에다 같은 대학, 같은 회사를 다녔던 인물이다."; 동아일보. 2008년 8월 29일. 「심층기획/공공기관장, 관료 출신 줄고 민간전문가 늘었다.… '낙하산 인사' 논란의 여지는 끝나지 않고 있다」; 경향신문. 2008년 6월 7일. 「쏟아지는 MB낙하산/국정실패, 끓는 민심에도… 내사람 심기 강행」.

제4절 공기업 민영화에 대한 찬반 검토

　　공기업은 제2절에서 본 바와 같이 사기업과 달리 복잡한 대리인 구조를 가지고 있다. 따라서 도덕적 해이와 방만 경영이 사기업보다 더 크게 발생할 가능성이 높으며, 개혁조치의 효과를 거두거나 공기업의 성과를 유인하기가 어렵다.[21] 이때 공기업 개혁을 위해 가장 먼저 대안으로 논의되는 것은 보통 공기업 민영화이다(이상철. 2007). 그러나, 공기업 민영화는 이를 통한 사회경제적 후생의 증가 여부 또는 증가 정도에 대한 복잡하고 난해한 경제학적 판단뿐만 아니라 민영화가 가져올 여러 정치적 · 사회적 영향 등에 대한 종합적인 판단이 요구되는 매우 논쟁적인 영역이다(박정수 · 박석희. 2011). 결론적으로 이론적인 측면이나 실증분석적인 측면 모두를 살펴보아도 민영화가 좋은 결과를 가져올지 나쁜 결과를 가져올지는 알 수 없다.

　　민영화 찬성론자들은 다음과 같은 논리로 민영화가 해당 기관뿐 아니라 국민경제적 측면에서 자원배분의 효율성을 증가시킨다고 주장한다.[22] 첫째, 공기업이 독점권 또는 우월적 지위를 이용하여 불공정 거래를 하게 되면 소비자의 선택자유를 제한하지만 민영화하면 경쟁의 범위가 넓어지고 기업소유의 분산 효과를 가져오며, 그 결과 경제적 자유가 증진된다. 둘째, 공기업은 사기업에 비해 인센티브의 결여, 관료주의적 경영, 과잉규제 등으로 비효율적으로 운영되고 있는데 민영화를 통해 이러한 비효율성을 제거할 수 있다. 셋째, 정보의 비대칭성 때문에 발생하는 대리인 문제가 공기업은 사기업보다 더 심각하다. 넷째, 민영화는 정부세입을 증가시켜 정부의 재정적자를 감축시킬 수 있고, 주식의 분산으로 자본시장의 저변 확대에 기여할 수 있다.

　　이에 대한 반대이론도 만만치 않다.[23] 첫째, 보통 공기업은 시장지배력이 큰 기업이 대부분인데 이러한 기업이 민영화되면 독점사기업화 되어 정부의 적절한 통제가 어려워지고 결과적으로 민간기업의 비대를 초래할 수 있다. 둘째, 사기업은 영리추구를 목적으로 하므로 생산비 이하로는 상품을 판매하지 않는다. 따라

---

21) 본 단락은 유승원(2013a)을 활용함.
22) 본 단락은 이상철(2007)을 활용함.
23) 본 단락은 이상철(2007)을 활용함.

표 20-6　공기업 민영화 찬·반 논리

찬성 논리	반대 논리
① 기업소유 분산 효과로 경제적 자유 증진 ② 인센티브 결여, 관료주의, 과잉규제 등의 비효율성 제거 ③ 정보비대칭성에 의한 대리인 문제가 사기업보다 심함 ④ 정부재정에 기여 및 자본시장 저변 확대	① 독점 공기업이 민영화되는 경우 정부의 적절한 통제가 어려워짐 ② 요금인상 등에 의한 사회적 불평 등 심화 ③ 고수익 사업만 유지되고, 공익성이 높은 저수익 사업은 포기될 우려 ④ 민영화 과정에서 정치적 비용 추가

자료: 이상철(2007)을 재구성함.

서 민영화가 되면 요금인상이 불가피하며 이 과정에서 저소득층이 혜택을 받지 못해 사회적 불평등이 심화될 수 있다. 셋째, 공기업이 민영화되면 사기업은 공기업의 기존 사업 중 수익성이 높은 사업만 관심을 가지며 수익성이 약한 사업은 포기하는 현상이 발생할 수 있다. 이 과정에서 사기업은 공공성이 큰 사업을 포기할 확률이 높다. 넷째, 민영화 과정이 정치적 이슈가 될 경우 고용의 불안을 느낀 노조의 반대활동, 선거에서의 투표를 의식한 정치권의 견제 등으로 인한 혼란 등 정치적 비용을 추가로 지불해야 한다.

　민영화에 대한 실증분석 결과를 살펴보아도 한 방향으로 결론내리기가 어렵다. 먼저 개별 기업 관점의 실증분석 결과를 살펴보면 김현숙(2007), Boubakri and Cosset(1998), DeWenter and Malatesta(2001), Megginson et al.(1994) 등 많은 학자가 개별 기업의 수익성, 성장성 등에 있어 민영화가 긍정적 결과를 가져온다고 분석하였다. 그러나, 국민경제적 관점에서의 실증분석 결과는 일치된 의견을 보이지 않고 있다. Galal et al.(1992)은 민영화 이후 사회후생이 증가한다고 주장한 반면, 최근의 김현숙 등(2007)에 의하면, 공기업 민영화는 효율성, 형평성, 환경문제, 장기투자, 국가전략, 불공정행위 등 국민경제적 관점에서 종합적으로 보았을 때 일의적으로 결론내릴 수 없다고 주장하였다.

표 20-7 공기업 민영화에 대한 실증분석 결과

〈 개별 기업 관점 〉 긍정적 효과	〈 국민경제적 관점 〉 상반된 의견
• 김현숙(2007) • Boubakri and Cosset(1998) • DeWenter and Malatesta(2001) • Megginson et al.(1994)	• Galal et al.(1992): 민영화로 사회후생 증가 • 김현숙 등(2007): 일의적으로 결론 내릴 수 없음

자료: 유승원(2013a)를 재구성함.

외국의 민영화 사례를 분석해 보더라도 민영화의 효과는 제한적으로 볼 수 있는데 산업과 시장구조가 유사한 기업도 어떤 나라는 민영화가 이루어진 반면 다른 나라는 여전히 공기업을 운영하면서도 수익성과 효율성 측면에서 좋은 평가를 받고 있기 때문이다(박정수 · 박석희. 2011).

제5절 경영평가 등 공공기관 혁신방안

앞 제3절의 공기업 민영화가 하드웨어적인 측면에서의 공기업 혁신방안이라면 본 절은 소프트웨어적인 측면에서의 공기업 혁신방안을 다루고 있다. 중앙부처 공공기관에 대한 공공기관 경영평가, 경영자율권 확대, 경영공시제도 개선, 노사관계 선진화, 보수체계 합리화 등이 이에 해당한다. 다음에서는 이 중 공공기관 경영평가제도와 경영자율권 확대제도를 중심으로 살펴본다.

1. 공공기관 경영평가

공공기관 경영평가제도는 1983년 정부투자기관에 대한 평가를 시작으로 현재까지 30여 년 동안 이어지고 있다.[24] 공공기관 경영평가제도는 공운법상 공기

---

24) 유훈 외(2010)는 1968년 정부투자기관에 대한 경영실적보고서 평가제도를 경영평가제도의 최초로 보고 있다. 그러나, (본격적인) 한국의 공기업 경영평가제도는 1984년 정부투자기관 관리기본법의 제정에 의거하여 책임경영제가 도입됨으로써 비로소 투자기관의 자율성 보장과 함께 실효성 있는 제도화가 이루어지게 되었다(유훈 외. 2010).

업과 준정부기관을 대상으로, 해당 기관의 자율·책임경영체계 확립을 위해 매년도 경영노력과 성과를 공정하고 객관적으로 평가하기 위한 제도이다.[25] 공공기관 경영평가제도는 해당 기관, 기관장, 상임감사(위원)를 평가대상으로 하며, 평가의 객관성과 공정성을 기하기 위해 교수, 회계사 등 100여 명의 평가위원으로 구성된 평가단에서 평가를 실시한다. 매년 3월 20일까지 전년도 경영실적에 대한 보고서를 해당 기관이 작성하여 기획재정부 장관과 주무기관의 장에게 제출하고, 기획재정부는 경영평가단을 구성하여 제출자료 분석, 현장 실사 등을 거쳐 6월 20일까지 평가를 마친다. 평가결과는 민간위원과 정부위원으로 구성된 공공기관운영위원회(위원장은 기획재정부 장관)에서 심의·확정된다.

경영평가제도는 평가지표를 통해 공기업의 경영목표를 명확하게 함으로써 공기업의 자원을 핵심역량에 집중시키며, 공기업의 목표를 사회후생 극대화라는 모호한 개념에서 평가지표에 나타난 측정 가능한 목적함수로 전환하여 공기업의 대리인 문제를 완화시키는(김준기. 2001) 기능을 하는 등, 경영평가점수는 공기업 성과의 대리변수로서 적합하다.[26] 평가지표는 공기업의 재무·예산·인사 등의 경영효율성 분야, 기관별 주요 사업성과 분야, 리더십/전략 분야 등 공기업 전반에 대한 것이다.[27] 평가방법은 계량치와 비계량치를 구분하여 평가하며, 평가결과는 분야별 평가를 합산하여 종합점수와 함께 기관의 종합평가를 S등급(탁월), A등급(우수), B등급(양호), C등급(보통), D등급(미흡), E등급(아주미흡) 등 6개 등급[28]으로 구분한다.

공공기관 경영평가 결과는 대상기관 임·직원들의 성과급을 차등 지급하는 데 활용된다. 우수기관은 기획재정부 장관이 표창을 수여할 수 있고, 부진기관은 경영개선 이행계획을 받아 기획재정부 장관과 주무부처의 장이 점검할 수 있다. 부진기관의 기관장과 상임이사에 대해서는 공공기관운영위원회의 심의·의결을 거쳐 임명권자에게 해임을 요청할 수 있다.[29]

---

25) 본 단락은 기획재정부(2012)를 활용함.
26) 본 단락은 유승원(2013a)을 활용함.
27) 매년 평가대상에 있어 변화는 있지만 대체로 본 틀이 유지되고 있다.
28) 2008년 이후의 분류등급을 기준으로 한 설명이다.
29) 본 단락은 기획재정부(2012)를 활용함.

2. 경영자율권 확대[30]

공기업은 시장성과 공공성을 모두 만족시킬 것을 요구받는다. 따라서 공기업의 이윤추구 활동과 정부의 공적 통제는 적절한 수준에서 균형적으로 추구되어야 한다. 정부통제가 많을수록 공공성을 높인다는 명분하에 기관의 효율성이 떨어질 우려가 있기 때문이다. 중앙부처 공공기관에 대한 경영자율권 확대제도는 대상기관에게 보다 많은 경영상 자율권을 주고 이를 통해 보다 많은 성과를 달성하도록 유도하는 제도이다.

동 제도는 정부가 2010년부터 시행한 제도로 대상 공공기관은 경영평가 우수기관, 민영화 예정기관 중에서 선정되는데 2010년부터 2013년까지 5개 내외 기관이 선정되었다.[31] 선정된 기관은 정부와의 협의를 통해 높은 수준의 도전적인 성과목표를 설정하고 이를 달성해야 한다.[32]

대상기관이 목표를 달성하면 기관장은 인력·조직·예산운영상의 자율권을 가진다. 인력과 조직의 경우 정부와 기 협의된 증원 외에 추가인력을 정원 범위 내에서 자율적으로 운영하거나 조직을 자율적으로 운영할 수 있다. 예산의 경우 초과이익의 일부를 직원 인센티브로 활용할 수 있다.

---

30) 본 사항은 김지영·허경선(2010)과 공공기관 경영자율권 관련 기획재정부 보도자료(2012. 6. 1., 2013. 2. 15)를 활용함.
31) 연도별 대상기관은 다음과 같다.

연도	대상기관
2010년	(4개) 인천국제공항공사, 한국가스공사, 지역난방공사, 기업은행
2011년	(6개) 인천국제공항공사, 한국가스공사, 지역난방공사, 기업은행, 한국공항공사, 산업은행
2012년	(4개) 인천국제공항공사, 한국가스공사, 지역난방공사, 한국공항공사
2013년	(5개) 인천국제공항공사, 한국가스공사, 지역난방공사, 한국공항공사, 부산항만공사

자료: 경영자율권 관련 기획재정부 보도자료(2012. 6. 1., 2013. 2. 15).
32) 2013년의 경우 기관별 목표는 다음과 같다(기획재정부 보도자료 2013. 2. 15).
· 인천공항 매출액순이익률(%): ('12년 실적 추정) 31.6 → ('13년 목표) 38.2: 전년대비 21%↑
· 한국공항 국내여객(만명): ('12년 실적 추정) 4,202 → ('13년 목표) 4,989: 전년대비 19%↑
· 가스공사 자주개발률(%): ('12년 실적 추정) 4.57 → ('13년 목표) 7.23: 전년대비 58%↑
· 지역난방 신재생에너지(TOE): ('12년 실적 추정) 10,115 → ('13년 목표) 15,398: 전년대비 52%↑

제6절 공기업 제도의 정책방향

1. 공기업을 포함한 공공부문 전체 대상의 재정정책 개발

공기업 제도의 개선을 위해 가장 우선적으로 고려해야 할 사항은 정부가 재정정책을 고려할 때 공기업을 별도로 취급해서는 안 된다는 점이다. 지금까지는 공기업 정책 따로, 재정정책 따로였다. 재정정책도 중앙부처 정책과 지방자치단체 정책이 각각 따로 추진되었다. 이럴 경우 정책의 시너지 효과가 부족하고 유사한 정책이 별도의 기관에 의해 수행되는 비효율적인 상황이 연출될 수 있다(제2장 참조).

중앙부처는 자신이 추진하기에 부담스러운 사업은 공기업에 떠넘길 수 있다. 하지만 중앙부처, 지자체, 공기업을 포괄하는 공공부문 전체 입장에서 보면 공공부문이 하는 일은 다르지 않고, 정책의 풍선 효과만 있을 뿐이다. 공공부문 전체 관점에서 재정정책을 보아야 하는 이유가 바로 여기에 있다.

비단 이 문제가 제2장에서 설명한 채무(부채)에만 한정되는 것은 아니다. 중앙부처 예산과 지자체 예산, 공기업 예산을 포괄하여 조망하면 국가경제를 발전시키고 국민의 행복도를 제고시킬 수 있는 훌륭한 공공부문 재정정책 조합을 만들 수 있을 것이다. 유사·중복사업 조정시에도 중앙부처 간 조정을 넘어, 중앙부처와 지자체, 공기업을 포괄한 전체 공공부문 예산사업을 대상으로 조정할 수 있다.[33]

---

33) 이를 위해 중앙부처, 지자체, 공기업이 함께 사용할 수 있는 정부기능분류체계를 표준화하는 것이 첫 걸음이 될 수 있다. 현재 정부기능분류체계는 기획재정부의 프로그램 예산체계에서의 분야-부문체계, 국무총리실의 정부성과관리체계, 정부조직 측면을 강조한 안전행정부의 기능분류체계(BRM), 지방자치단체 사업예산체계에서의 기능별분류체계, 정부기록물분류체계 등 다원화되어 있다.

2. 공기업 임원의 정치적 독립성 제고: 능력위주 선임의 제 도화 등[34]

정치적으로 연결된 인사가 공기업 임원이 되면 해당 인사는 국민고객을 위한 정책이 아닌 자신을 지지해 준 정치적 네트워크를 위해 일할 가능성이 높다. 이러한 현상은 앞에서 여러 언론이 지적한대로 과거 노무현정부와 이명박정부 모두에서 발견되었다. 최근 박근혜정부에 대해서도 이에 대해 우려하고 있다.[35]

따라서, 공기업 임원의 정치적 독립성을 유지하기 위한 다양한 정책을 개발할 필요가 있다. 먼저, 호주, 뉴질랜드, 스웨덴처럼 공기업 임원 선임시 정치성을 배제하고 능력위주로 선임하는 것을 제도화할 수 있다(OECD. 2005a; 2005b; 2005c; 2011). 공기업 임원이 필요로 하는 능력과 현재 임원이 보유한 능력 간의 차이분석을 통해 필요한 능력을 가진 임원이 엄격한 심사절차를 통해 선임되는 것이다. 또는 공기업 임원의 선임권한을 공운법은 정부 또는 대통령으로 규정[36]하였으나, 이를 이사회로 전환하는 것도 전향적으로 검토할 수 있을 것이다. OECD(2005a; 2005b; 2005c; 2011)에 의하면, 13개국[37]이 공기업 CEO 임명 권한을 정부가 아닌 이사회가 보유하고 있다.

3. 최근 제도의 내실있는 운영

최근까지 공기업에 대한 혁신적인 제도가 다수 도입되었다. 일부 제도는 도입된 지 오래되지 않아 이에 대한 평가가 이른 감도 있다. 하지만 제도의 발전을

---

34) 본 사항은 유승원(2013b)을 활용함.

35) CBS 노컷뉴스. 2014년 2월 4일자. 「경영진 전원이 낙하산, 한국낙하산공사를 아시나요?」.

36) 공기업 기관장 임면에 대한 법 규정은 다음과 같다.
제25조(공기업 임원의 임면) ① 공기업의 장은 제29조의 규정에 따른 임원추천위원회(이하 "임원추천위원회"라 한다)가 복수로 추천하여 운영위원회의 심의·의결을 거친 사람 중에서 주무기관의 장의 제청으로 대통령이 임명한다. 다만, 기관규모가 대통령령이 정하는 기준 이하인 공기업의 장은 임원추천위원회가 복수로 추천하여 운영위원회의 심의·의결을 거친 사람 중에서 주무기관의 장이 임명한다.

37) 오스트리아, 덴마크, 핀란드, 스웨덴, 독일, 네덜란드, 뉴질랜드, 노르웨이, 스위스, 폴란드, 칠레, 에스토니아, 슬로베키아가 이에 해당한다. 한편, 호주와 이탈리아는 공기업 CEO 를 이사회가 임명하지만 정부의 검토를 거친다.

위해 공공기관 임직원, 학자 등 많은 이해관계자들의 비판에 귀 기울이는 것도 좋을 것이다.

경영평가제도의 경우 공공기관의 책임경영체계 구축을 위한 핵심적인 제도적 장치로서 공공기관 개혁의 주요 대안이라는 평가(박석희. 2009)부터 공기업 스스로가 수용하기 어려운 제도(강철승. 2006)라는 평가까지 여러 의견이 공존하고 있다. 최근 들어 일부 공공기관 노조는 공공기관 경영평가를 거부하겠다는 공표까지 하는 실정이다.[38] 공공기관 경영평가제도가 기관의 사무, 사업 재검토, 기관의 존폐 및 사업내용 재구축으로 이어지지 않으면서 기관의 존립과 사업의 타당성을 합리화 시켜주는 제도로 악용되고 있으며 평가결과의 상여금 유인 효과도 별반 크지 않기 때문이다(배준호. 2011). 이러한 상황은 경영평가과정 중에 해당 기관 임직원이 피로를 표출하면서 불만이 제기되는 것으로 이해된다. 경영평가를 전문화하고, 평가결과가 나쁘면 기관을 폐지하거나 기능을 재조정하는 등의 과감한 조치가 필요하다(배준호. 2011). 또한, 경영평가과정에서 경영평가단이 해당 공기업의 경영을 자문하고 이것이 경영성과를 제고시키며 공기업을 혁신시키는 성공 사례가 누적된다면 경영평가제도가 더욱 많은 사람들에게 지지를 받을 수 있을 것이다.

경영자율권 확대제도의 경우 대상기관 선정시 해당 공기업의 자율성이 사실상 보장되지 않고 있다. 또한, 목표달성시 주어지는 자율권은 공공기관 선진화제도에 따라 반드시 따라야 하는 5~10% 일괄적 인원감축을 면제하는 것에 불과하는 등 사실상 경영자율권이 보장되지 않는다는 비판[39]이 있다. 본 제도의 성공여부는 말 그대로 자율권 확대에 있다. 경영자율권 확대제도는 시장방식에 의해 공공기관을 관리하는 제도로서 제도의 취지대로 인사·조직·예산상의 인센티브가 확실하게 주어져야 제도가 성공할 것이다. 경영자율권 확대제도를 내실화시키는 다른 방법은 경영평가제도와의 연계를 확대하는 것이다. 우수한 경영평가 결과를 받은 공공기관을 대상으로 경영자율권을 보다 많이 부여하면 경영평가제도와 시장방식에 의한 경영자율권 확대제도가 win-win 할 수 있을 것이다.[40]

---

38) 조선일보. 2014년 1월 18일. 「경영평가 거부하는 공공기관 노조」; 연합뉴스. 2014년 1월 19일. 「공공기관 노조 '정상화' 집단반발 … 경영평가 거부」.

39) 서울경제. 2010년 8월 4일. 「공공기관 경영자율권 확대 시범사업 "무늬만 자율" 목소리 높아」.

40) 유승원. 2014. KIPF 공공기관 뉴스레터 중에서 「정부의 공공기관 관리방식, 어떻게 해야 하는가?」를 활용함.

부　　록

비용−편익분석(Cost−Benefit Analysis)

1. 공공재공급의 정당성입증방법 : 비용−편익분석

집행부처가 대 기획예산처관계에서 있어서 부처의 의도를 관철하기 위해서는 객관적으로 납득이 가도록 세밀하고 과학적인 준비를 해야 한다. 이러한 준비작업은 종류도 많고, 기법도 많으며, 무엇보다 창의력이 요구된다. 그러나 이 모든 것을 다 살펴볼 수 없으므로 가장 대표적인 것으로 비용−편익분석(cost-benefit analysis)을 이용한 사업분석(project evaluation)을 살펴보기로 하자.

(1) 비용−편익분석의 의의

비용−편익분석의 최대장점은 그것이 보통사람들이 생각할 수 있는 상식적인 기대와 일치한다는 점이다. "얼마를 투입하여 무엇을 얻을 것인가?" 이것은 과학적이라기보다 원초적이고 본능적인 질문이다. 다만, 전문적인 분석가들은 이 질문을 좀더 계량화시킬 수 있고, 수많은 분석경험을 통해 분석에 포함되어야 할 사항과 아닌 것들을 분별해 준다. 비용−편익분석은 예산을 편성하는 여러 기법들에 두루 적용되지만, PPBS와 ZBB에 있어서는 그 중요성이 더욱더 강조되고 있다.

그런 반면 문제점은 비용과 편익이란 것이 따지고 들면 들수록 계량화하기가 어렵다는 점이다. 특히 편익의 계측은 여간 까다로운 문제가 아니다. 따라서 완벽한 비용−편익분석은 애초부터 불가능한 것이고, 어떻게 하면 최대한 많은 사람들이 공감할 수 있을 정도까지 계량화를 진행시킬 수 있느냐가 관건이다.

비용−편익분석은 어디까지나 사업분석의 일환으로서 사업의 타당성을 인정받게 하는 도구이다. 그러므로 비용−편익분석이 얼마나 정교하게 이루어졌느냐도 중요하지만, 그것보다는 사업의 타당성을 설득시킬 수 있었느냐 아니냐가 더 중요하다. 그러므로 비용–편익분석은 그 자체보다는 사업분석의 전반적인 구조와 조화를 이루어야 한다. 즉 계량적으로는 엉성한 비용–편익분석이 이루어지더라도 더욱 설득력 있는 질적 검토가 이루어진다면, 그것이 더 좋은 것이다. 아무리 훌륭한 비용–편익분석이 이루어졌다 해도 그것이 상대방을 설득시킬 수 없다면 무용지물이다.

비용–편익분석은 사업의 타당성을 최종적으로 판정해 주는 도구가 아니다. 오히려 비용–편익분석결과를 놓고 그 때부터 본격적으로 사업타당성이 논의되기 시작한다. 그러나 비용–편익분석은 건설적인 논의로 이끄는 가장 보편적이고 활용도가 높은 기법이다. 아무런 객관적인 분석자료가 없다면, 어떤 사업의 타당성을 놓고 집행부서와 예산실이 불명확한 대상에 대하여 열매 없는 주장만 공전시킬 가능성이 높다.

그런데 비용–편익분석에 관한 일반적인 인식은 '대충대충하는 분석'이란 생각이 팽배해 있는 것 같다. 이것은 비용–편익분석을 실시하는 측에서도 그렇고, 분석의 결과를 놓고 토의하는 당사자들도 그런 것 같다. 마지못해 장식적으로 실시하는 분석이라는 생각도 많다.

그러나 비용–편익분석과 같은 최소한의 검토가 도외시되는 상황이라면, 도대체 사업타당성의 판별기준으로 무엇이 남는가? 직관적 판단 또는 감밖에 활용할 것이 없게 된다. 그래서는 나라 전체가 감과 운에 의해 좌지우지된다. 학자들이 가장 경계하는 상태로 가는 것이다.

이처럼 비용–편익분석에 대해서는 장점과 단점, 이상과 현실이 뒤엉켜 있다. 이런 상태에서 정책과 예산의 과학화·객관화 및 능률화를 위해서는 비용–편익분석을 배우는 초기부터 제대로 된 개념을 익혀 둘 필요가 있다.

(2) 비용-편익분석의 기본개념

비용–편익분석은 ① 사업추진을 위해 소요되는 비용의 계산, ② 편익의 계측, 그리고 ③ 비용과 편익을 비교하여 의사결정에 이른다. 그 다음 ④ 이 의사결정이 확고한 것인가 아니면 외부의 변화에 따라 번복되기 쉬운 결정인가를 판별하기 위해 민감도분석을 실시한 후, ⑤ 최종결론에 도달한다.

그러나 이런 절차는 신중하게 진행되지 않으면 마치 '코끼리를 냉장고에 넣는 방법'처럼 공허하게 이루어지기 쉽다.

1) 전   제

비용–편익분석은 실용적인 분석도구이기 때문에 이 분석을 실시할 때 가능한 한 많은 외부상황을 "현재상황과 동일하다"는 전제를 설정한다. 또 변화를 고려한다 해도 예측가능한 범위 내에서만 고려한다.

그래서 해당 사업을 추진함에 있어 그 사업의 결과로 재화 간의 상대가격을 변화시킨다든지, 인플레이션을 유발한다든지 또는 사업계획기간 중에 정권이 바뀌어서 사업 자체가 영향을 받게 된다든지 하는 상황을 가능하면 배제한다.

또 사업의 비용과 편익의 추계를 통해 결국은 비용–편익비율과 같은 한두 가지의 의사결정지표로 정보가 집약되는데, 이런 과정에서 각 개인 간의 이해득실이 분별되지 않는다. 즉 비용–편익분석은 사회적 편익(즉 총편익)은 밝혀 주지만, 개별그룹 간의 재분배효과는 잘 구별해 주지 못한다.

이러한 문제점 때문에 일부 학자들은 비용–편익분석을 신뢰하지 않는 경향이 있으며, 더욱 정교한 분석모형을 개발하려고 한다. 그러나 더 정교한 모형이 더 유용하다는 보장은 없으며, 위에서 지적한 문제들은 오로지 비용–편익분석에만 해당되는 문제가 아니라 거의 모든 분석기법에 두루 적용되는 제약점이기도 하다.

다행인 것은 비용–편익분석도 진화해 가면서 위와 같은 제약적 전제를 부분적으로 완화시키는 방안들을 도입하고 있다는 점이다. 즉 컴퓨터기술의 발달로 민감도분석(sensitivity)을 좀더 쉽고 포괄적으로 실행하고 있으며, 분석대상을 개별그룹별로 세분화(decomposition or segmentation)한다든지 하여 사업시행의 효과를 다각적으로 검토한다.

2) 비용의 계산

비용–편익분석에서 가장 명료한 부분이 비용의 추계이다. 최소한 언뜻 보기에는 그렇다. 그러나 비용에도 직접적인 비용이 있고, 간접적인 비용도 있다. 직·간접적인 비용 중에도 유형적인 것이 있고, 무형적인 것도 있다. 게다가 가장 까다로운 것으로 잠재가격(shadow price)이라는 것도 있으므로 이들을 차례대로 살펴보자.

 ㈎ **직접비용과 간접비용**　이들 간의 구분은 비용이 해당 사업과 밀접하게 연관되어 있느냐, 아니면 부차적인 것이냐로 판별된다. 그러나 이런 구분을 하는 데 있어 정해진 어떤 법칙이 있는 것은 아니고 상식적으로 판단하면 된다. 예를 들어 설악산에 케이블 카를 설치하면, 설치 및 유지비용은 직접적인 것이 되지만, 생태계의 파괴나 자연경관의 훼손과 같은 것은 간접비용이 된다.

 ㈏ **유형적 비용과 무형적 비용**　유형적(tangible) 비용이란 가시적인 모든 비용을 말한다. 도로건설에 있어 자재비·인건비·보상비 등이 여기에 해당한다. 반면 무형적(intangible) 비용이란 공해유발, 지역불균형, 여가의 감소 등 가시적이지 않은 비용이다.

 ㈐ **기회비용**(opportunity cost)　이것은 해당 사업을 실시함으로 인하여 다른 사업을 하지 못하게 될 경우, 다른 사업의 실시로 인한 편익을 누리지 못하는 것을 비용으로 보는 것이다. 대학교육의 경우 대학을 다님으로 해서 고등학교졸업 후 취업하여 벌 수 있는 돈을 못 벌게 된 만큼의 금액이 기회비용이 된다.

 그런데 정부의 사업에서는 기회비용이 의외로 중요한 역할을 많이 한다. 사적인 활동과 달리 정부사업은 이익이 남지 않거나 또 아무도 하지 않기 때문에 하는 사업이 많다. 예를 들어 기초과학에 대한 투자 같은 것은 투자비도 못 건질 것이 분명하다. 그러나 기초과학을 도외시하여 과학기술이 다른 나라에 종속될 경우를 생각하면 기회비용이 엄청날 수 있다. 그래서 정부가 투자를 하게 된다. 정보통신사업도 마찬가지이다. 우리나라 정부가 정보통신사업에 투자를 한다 해서 세계의 정보시장에서 경쟁력이 있지는 않다. 하지만 정보화를 추진하지 않았을 때의 피해는 훨씬 더 막대할 것이기 때문에 정보산업에 많은 투자를 하게 되는 것도 기회비용의 관점에서 그 타당성이 설명된다.

 ㈑ **잠재가격**(shadow price)　어떤 사업을 추진하는 데 있어 철강재가 많이 소요된다고 하자. 그러면 비용—편익분석에서는 시중의 철강재가격을 고려하여 비용을 산출하게 된다. 그러나 만일 한 나라의 철강산업이 독점기업에 의해서 운영된다면, 그 자재의 가격은 완전경쟁일 때에 비하여 높을 것이다. 즉 완전경쟁 상태에서 톤당 100만 원에 살 수 있는 자재를 독점하기 때문에 톤당 150만 원에 샀다면, 비싸게 산 가격은 자재의 '진정한 가격'에다 '독점이윤'이 부가된 것이다. 이 경우 독점이윤은 일종의 기회비용이며, 완전경쟁균형하의 가격(톤당 100

만 원)이 바로 잠재가격이다.

경제학자들은 잠재가격이 재화의 진정한 가치를 대변하므로 시중가격은 잠재가격으로 환산되어야 할 것을 주장한다. 그러나 통상적으로 비용–편익분석은 시중가격에 의하여 계산되고 있다. 저자가 과문한 탓인지 잠재가격으로 비용–편익분석을 적용한 실제사례를 아직까지 한번도 보지 못하였다.

3) 편익의 계측

비용–편익분석에서 가장 까다로운 부분이 편익의 계측이다. 편익도 비용과 마찬가지로 직접적인 것, 간접적인 것이 있지만, 더 어려운 것은 대부분의 편익이 유형적이지 않고 무형적이란 점이다. 따라서 비용–편익분석의 최대관건은 무형적인 편익의 계량적 계측이 될 때가 많다.

특히 정부사업의 경우 공공재(public goods)를 대상으로 하기 때문에 필연적으로 외부효과(externality)가 발생한다. 외부효과란 가격을 지불하지 않고도 누릴 수 있는 혜택이나 반대로 보상도 못 받고 받아야 하는 피해를 말한다. 이런 외부효과는 대체로 측정하기가 어렵기 때문에 때로는 무리한 가정이나 방법을 동원하여 측정하는데, 적용하는 기법에 따라 그 효과가 과장확대되나 축소은폐되기도 한다. 이해당사자에 따라 서로 상이한 기법을 적용하기 때문에 사업의 타당성이 왜곡될 가능성도 있다.

여기서는 일반적으로 사용되는 편익의 측정방법들을 살펴보자.

(가) **자산가치의 증식판별법**(increase in capital value criterion) 정부사업이 시민들의 자산가치를 증식시켜 준다면, 그 증식분을 측정함으로써 편익을 판별한다. 예를 들어 대학교육이 얼마나 가치 있는가를 판별하려면 고등학교만 마치고 취업했을 경우의 평생소득과 대학을 마쳤을 경우의 평생소득을 비교해 보아 그 차이를 찾아 보면 된다. 머스그레이브(Musgrave)는 이 방법에 딱 들어맞는 사례를 다음 〈부록 표–1〉에서와 같이 제시하고 있다.

이 표는 대단히 간단한 비용–편익분석을 소개하고 있으므로 그 내용이 명확하다. 남녀 공히 대학교육을 받는 것이 고등학교만 졸업하고 취직하는 것보다 이득이 된다. 특히 여자의 경우 그 혜택이 더 크다.

흔히 교육은 인적 자본(human capital)을 높여 주는 최선의 방법으로 여겨진다. 독자 여러분들도 더 열심히 공부하면, 눈에 보이지는 않지만 인적 자본이 소

■ 부록 표-1 ■　비용-편익분석의 사례

구분	여자	남자	전체
〈40년간의 편익〉			
1. 고교졸업생의 연평균소득	$ 9,404	$ 15,925	$ 14,255
2. 대학졸업생의 연평균소득	13,079	19,818	18,093
3. 연평균소득의 증가분	3,675	3,893	3,838
4. 소계(40년 합계)	147,000	155,720	153,520
5. 현재가치(할인율 3%)	84,947	89,986	88,714
〈4년간의 비용〉			
6. 대학학비	18,247	18,247	18,247
7. 4년간 취업 못한 기회비용	30,516	41,552	36,628
8. 기타 부대비용	10,000	10,000	10,000
10. 소 계	58,763	69,799	64,875
11. 현재가치(할인율 3%)	54,603	64,857	60,286
〈순 편 익〉			
12. 편익-비용(5항~11항)	30,344	25,129	28,428
13. 편익-비용비율(5항·11항)	1.55	1.39	1.47
	6.8	5.7	6.3

주: 다소 오래된 자료이므로 금액수치가 오늘날과 차이가 있다.
자료: R.A. Musgrave and P.B. Musgrave, Public Finance in Theory and Practice (New York: McGraw-Hill Book Co., 1984), p. 207.

리 없이 쌓여서 언젠가는 그 자본의 혜택을 보게 될 것이다(이 점은 이미 제1장에서 설명한 적이 있다).

　그런데 위의 비용-편익분석표에는 독자들에게 낯선 용어가 몇 가지 사용되고 있다. 이들은 보편적으로 많이 쓰이고 있으므로 상식을 넓힌다는 의미에서 잠시 용어를 해설해 보자.

　① 현재가치(present value): 정부사업의 효과는 보통 오랜 기간에 걸쳐서 나타난다. 그러므로 총편익은 각 시점별로 발생하는 편익을 단순합산하면 되지만, 나중에 발생하는 편익은 당장 눈 앞에서 발생하는 편익보다 아무래도 낮은 가중치를 갖는 게 당연하다.

　오늘의 100억 원과 7년 후의 100억 원을 같은 금액으로 생각하는 사람은 없을 것이다. 오늘의 100억 원을 연리 10%로 예금해 두면 7년 후에는 200억 원이 된다. 이런 경우 오늘의 100억 원은 7년 후의 200억 원과 같은 가치이고, 7년 후의 100억 원은 오늘의 50억 원과 같은 가치를 갖게 된다. 따라서 미래의 가치를 현재의 가치로 환산해 놓아야 비용과 편익을 비교하는 데 일관성을 갖게 된다.

미래의 가치를 현재가치로 환산하는 공식은 다음과 같다. 기본적으로는 독자들이 고등학교 때 배운 수열공식과 같다.

$$PV = \sum_{t=1}^{n} \frac{B_t}{(1+r)^t}$$

여기서 PV는 현재가치, B는 편익, r은 할인율을 의미한다. 사회경제적으로 안정되어 있는 선진국의 경우 할인율이 낮다. 대체로 3% 또는 5% 정도의 할인율을 생각하면 무난하다. 그러나 변화가 빠르고 안정적이지 않은 개발도상국 및 후진국의 경우 할인율은 더욱 높다. 우리나라의 경우 1995년 당시 재정경제원은 정보투자사업의 할인율을 약 9% 정도로 생각하고 있으나, 업계에서는 최소 12%, 보통 15% 내외로 보고 있기도 하다. 2000년 현재 이자율이 1995년에 비하여 현저하게 낮으므로 사회적 할인율도 훨씬 낮게 잡아야 마땅하다.

② 내부수익률(internal rate of return): 내부수익률이란 편익의 현재가치에서 비용을 뺐을 때, 그 값을 0으로 만드는 할인율을 말한다. 이것은 경영학의 재무관리에서 가장 많이 쓰이는 승인기각기준(accept or reject rule)이다. 흔히들 줄여서 IRR법이라고 한다.

즉 비용은 현재시점에서 모두 투입되었다고 가정하고, 편익은 t기간을 두고 발생한다고 하자. 총편익은 t기간에 발생한 모든 값을 합한 것이다. 그러나 편익의 현재가치는 높은 할인율을 적용하면 작은 값이 된다. 반대로 낮은 할인율을 적용하여 현재가치를 도출하면 높은 값이 나온다. 이처럼 할인율을 오르내리다 보면 편익의 현재가치가 투입된 비용과 일치되는 수치가 나오는데, 그것이 바로 IRR이다. 요즈음 많이 쓰이는 Exel 등의 컴퓨터 소프트웨어를 사용하면 손쉽게 IRR을 구할 수 있다.

IRR법에 의할 경우 내부수익률이 투입된 자본의 기회비용(예 : 시중이자율)보다 높으면 이론상 투자할 가치가 있는 것으로 판정된다. 앞의 〈부록 표-1〉에서는 할인율을 3%로 설정하였는 데 반하여, IRR은 여자가 6.8%, 남자가 5.7%로서 더 크므로 대학에 가서 교육받을 가치가 있는 것으로 판정된다.

㈏ **손실절감판별법**(savings criterion)   시간손실 · 생명손실 · 자산손실과 같

은 것들은 가능하면 줄이는 것이 좋다. 만약 정부가 사업을 실시하여 이런 손실들을 줄일 수 있다면, 절감된 손실을 화폐금액으로 환산함으로써 그 사업의 타당성 여부를 판별할 수 있다.

　예를 들면 미국 토목학회에서 댐건설의 타당성을 검토할 때는 댐건설로 인하여 절감된 농작물의 손실, 보험회사의 지급금 등을 편익으로 계산한다. 작업장에서의 안전모착용규제와 같은 사업의 경우 안전모공급비용은 늘어나겠지만, 노동자들의 결근율이 감소되므로 편익이 발생한다. 또 전염병예방주사사업으로 사망률이 감소하게 되면, 감소된 사망자수에다 그들의 평생소득을 곱함으로써 방역사업의 편익을 구할 수 있다.

　㈐ **지불의사측정법**(willingness-to-pay criterion)　　정부의 사업으로 인해 공급되는 공공재는 시장에서 거래되지 않는 재화일 경우가 많다. 안보·통일·문화수준·지역균형 등등과 같다. 이런 비가시적·비사장적 재화들이 비용-편익분석의 주요 항목이 되는 경우에는 어쩔 수 없이 이들의 가치를 화폐금액으로 환산해야 한다. 이 때 가장 많이 사용되는 것이 지불의사측정법이다.

　예를 들어 문화관광부가 청소년을 위한 무료음악회를 개최하고자 한다. 이 사업의 편익(가치)을 평가하려면, 예를 들어 가상적인 입장료를 3,000원으로 할 때 몇 명의 관중이 입장하겠는가를 예측하여 가상되는 총입장요금을 추산한다.

　좀더 실제적으로 저자의 졸고 "시민들의 통일비용지불의사의 측정 : 통일에 대한 가치평가와 공공선택"(배득종. 1993)을 예로 들 수 있겠다. 이 연구는 "여러분들이 통일비용의 일부를 부담하신 결과 남북한통일이 확실히 된다면, 12개월 동안 매월 얼마씩 내실 의향이 있습니까?" 하는 설문을 시민들에게 제시하였다. 그 결과 추정되는 총통일비용지불의사는 대략 9조 원에서 14조 원에 이르렀다. 그런데 KDI에서 1991년에 실시한 추정에 따르면 남북한흡수통일에 소요되는 통일비용이 150조 원에서 300조 원이었다. 결국 통일비용지불의사는 소요금액의 1/10에서 1/20 밖에 안 되므로 통일정책의 획기적인 재정비가 필요함을 주장할 수 있게 된다.

2. B/C 분석의 활용상황

지금까지 과학적 사업분석과 그것의 주요 실행수단이 되는 비용-편익분석의 중요성을 고려하여 많은 지면과 노력을 할애하였다. 도대체 비용-편익이 무엇이냐, 그리고 그것을 배우면 제대로 사용할 수 있느냐 하는 점에 초점을 맞추어 이 기법을 설명하였다. 그런데 역시 생각해 보아야 할 중요한 문제는 그것이 실제로 사용되고 있느냐 하는 점이다. 최소한 정부예산과 관련된 재무행정이나 아니면 행정학의 다른 분야에서도 활발하게 사용되어야 이 기법을 배우는 진정한 의의가 있기 때문이다.

이 점에 관해서는 송희준 교수의 연구가 많은 시사점을 던져 주고 있다. 그는 "정책과정에 있어서 관료들의 과학적 기법의 활용도"란 논문(1994)에서 경제부처의 5급 공무원 121명에 대한 설문조사결과를 발표하고 있다.

설문조사결과 응답자들의 84.7%가 회귀분석이나 시계열분석과 같은 예측기법에 대하여서는 자신이 직접 분석할 수 있거나, 아니면 타인의 분석결과를 이해할 수 있다고 답하고 있다. 또 그들의 79.3%가 비용-편익분석과 선형계획과 같은 최적화기법을 기본적으로 이해하고 있다는 응답이다.

또 응답자들의 80~90%가 이런 기법을 대학 또는 대학원에서 습득하고 있다. 그러나 우리나라 대학교육이란 것이 무엇(what)이냐에 대하여서는 많이 가르치지만, 실제로 그것을 어떻게 하느냐(how to)에 관해서는 제대로 가르치지 않는다. 따라서 5급 공무원들의 대부분이 과학적 분석기법을 이해하고 있다고 해서 그 분석기법을 활용할 능력이 있다고 보기에는 부담스러운 측면이 있다. 좀 엄격한 해석이 될지 모르겠지만, 과학적 기법은 단순히 그것이 무엇인지 안다고 해서 활용하기에 충분한 것이 아니라 직접 사용한 경험이 쌓이고 쌓여서 그 장단점을 잘 인지할 때 비로소 활용할 수 있는 것이다. 따라서 "분석경험이 있고, 현재도 분석가능하다"는 응답을 한 공무원들만이 최소한의 활용능력이 있다고 판단된다. 예측기법활용능력이 있을 것으로 추정되는 응답자는 26.1%이고, 최적화기법의 활용능력이 있을 것으로 추정되는 공무원은 그보다 다소 작은 17.1%이다.

이 연구는 과연 비용-편익분석이 현실세계에서 많이 활용되고 있느냐를 직접 분석한 연구는 아니다. 그러나 응답자들의 과학적 기법에 대한 일반적인 태도로부터 유추하건데, 지금까지 우리가 학습한 비용–편익분석이란 것이 별로 사용되고 있지 않다는 생각을 갖게 한다.

　　그러나 이러한 해석에는 얼마간의 주의가 필요하다. 왜냐하면 대부분의 중요한 사업분석들은 전문가들의 자문을 많이 받는다. 중요한 사업일수록 더욱 그렇다. 즉 관료가 직접 비용–편익분석을 실시하는 경우보다 학계 · 연구소 · 실무전문가 등에게 용역을 의뢰하여 분석하는 경우가 많다. 따라서 행정관료의 경우 비용–편익분석을 실제로 수행하지는 않더라도 그것을 해석할 능력이 더 요청된다 하겠다.

3.　B/C 분석의 활용사례

　　다음은 비용편익분석을 실제로 적용한 연구분석 사례이다. 강인재, 신종렬, 배득종(2003)은 한국의 지방자치단체가 복식부기 발생주의 회계제도를 도입하는 것이 투자 효율성이 있는가에 대하여 비용편익분석을 실시하였다. 이들은 첫째, 단식부기 회계제도를 복식부기 회계제도로 바꾸는 것의 비용편익과, 둘째, 현금주의 회계제도를 발생주의 회계제도로 바꾸는 것의 비용편익을 분석하였다.[1]

(1) 복식부기 도입에 관한 B/C 분석

① 주요 비용요인
– 부천시와 강남구에 적용된 시범사업비용
– 2차시범 사업비용
– 전국확산 비용(교육비용 포함)

② 주요 편익요인
– 단식부기 시스템 구축비용 절감(기회비용)

---

[1] 산출의 구체적인 내용은 강인재, 신종렬, 배득종. 복식부기회계제도 도입과 적용의 비용편익 분석. 한국행정학보. 27권1호. 2003. pp. 59-75 참조, 더 자세한 내용을 보고 싶을 때에는 동명의 연구보고서. 지방행정연구원. 2002 참조.

– 여유자금의 효율적 운용에 따른 세외수입의 증대

– 재정정보수집비의 절감

③ 비용편익분석결과

■ 부록 표-2 ■   복식부기 회계제도 도입의 B/C 분석결과표

(단위: 천원)

평가기간	비 용 (비용의 현재가)	편 익 (편익의 현재가)	순 편 익 (순편익의 현재가)	편익/비용 비율
2010년까지	37,406,182 (31,709,937)	240,379,891 (179,802,463)	202,973,709 (148,092,490)	6.43 (5.67)
2015년까지	56,953,057 (43,165,850)	480,759,782 (320,682,397)	380,640,875 (277,516,547)	8.44 (7.43)

주: 2002년을 기준연도로 하여 사회적 할인율은 5% 적용.

④ 분석결과의 해석

복식부기제도의 도입은 비용에 비해 편익이 상당히 크다 〈부록 표-2〉에 의하면, 2002년을 기준연도로 하여 2010년까지의 효과를 고려한 결과, 비용편익비율은 5.67에 달한다. 그리고 대상기간을 2015년으로 늘렸을 경우, 이 비율은 7.43으로 더 크게 나타난다. 즉, 복식부기 회계제도의 도입은 그 파급효과가 장기간으로 갈수록 더욱 크게 나타남을 알 수 있다.

이 분석표는 계량가능한 비용과 편익을 집계한 것으로서, 비계량적인 질적내용은 포함하고 있지 않다. 따라서 질적 요인까지 감안할 경우 복식부기 회계제도의 도입 당위성은 더욱 높아진다고 할 수 있다.

(2) 발생주의 회계제도의 도입에 관한 B/C 분석

① 주요 비용요인

– 연구용역비

– 시스템 운영비

– 추가연구비

– 교육훈련비용

- 공인회계사 자문비
- 추가업무부담

② 주요 편익요인

- 지방채이자 부담의 감소
- 재정정보수집비의 절감
- 기타 질적인 요인(비계량요인으로 분석에 포함시키지 못함)
- 주민에 대한 책임성의 증대
- 자산과 부채에 대한 관리능력의 제고
- 의사결정능력의 제고

③ 비용편익분석결과

■ 부록 표-3 ■   발생주의 회계제도 도입의 B/C 분석결과표

(단위: 천원)

평가기간	비용 (비용의 현재가)	편익 (편익의 현재가)	순편익 (순편익의 현재가)	편익/비용 비율
2010년까지	136,571,182 (119,384,478)	187,615,636 (143,957,551)	51,044,454 (24,573,073)	1.37 (1.20)
2015년까지	247,956,704 (194,350,822)	687,924,000 (471,175,567)	439,967,296 (276,824,745)	2.78 (2.42)

주: 2002년을 기준연도로 하여 사회적 할인율은 5% 적용.

④ 분석결과의 해석

〈부록 표-3〉에 나와 있듯이, 발생주의 회계제도의 도입에 관한 B/C 분석은 비용편익비율이 1.37에서 2.78로 낮은 편이다. 그러나 이렇게 된 주된 요인은 발생주의 회계제도의 도입에 따른 주요 파급효과들이 대부분 "재무관리능력의 향상"과 같이 비계량적인 요소들이어서, 이들이 분석에 포함되어 있지 않기 때문이다. 만약 이런 비계량, 질적 요소들이 포함된다면 발생주의 회계제도의 도입 필요성 및 B/C 비율은 급격히 상승할 수 있다. 따라서 발생주의 회계제도의 도입은 계량적 판단이 아니라 질적인 판단에 의하여 내려져야 할 것이다.

4. 정부투자결정에서 B/C 분석의 활용 상황: OECD 사례

다음 〈부록 표-4〉는 OECD 국가들의 B/C 분석 활용 실태를 정리, 요약한 것이다. 일본을 제외하고 대부분의 국가들이 B/C 분석을 하고 있는데, 활용 정도는 국가마다 다르다. 스페인, 노르웨이, 터키 등에서는 B/C 분석을 상대적으로 적극적으로 활용하고 있는 반면, 호주, 오스트리아, 핀란드, 그리스 등은 부분적으로만 활용하고 있다.

영국의 경우 부처별로 지출한도(DEL)를 설정하고 있는데, 각 부처는 지출한도 내에서 어떤 사업에 자금을 투입하는 것이 효과적일 것인지 판별하기 위하여 B/C 분석 등을 활용하고 있다. 즉, Best Value for Money의 입증근거를 마련하기 위하여 여러 가지 계량분석을 하는데, 그 중 유력한 방법 중 하나가 바로 B/C 분석이다.

미국의 경우에는 부처별 자산관리에 B/C 분석을 많이 활용한다. 미국의 연방정부는 "capital programming"이라고 하여 부처별 자산관리에 대하여 기획−예산−구매(조달)−관리하는 시스템을 만들어 놓고 있다. 이 시스템의 첫 번째 두 단계, 즉, 부처자산에 관한 기획과 예산편성에 B/C 분석을 활용한다. 물론 분석기법이 B/C 분석에 한정된 것은 아니며, 부처의 사명−목적−목표를 규정한 성과주의 예산제도의 일환으로 capital programming이 작동하고, 이를 수행하는 방법들 중 하나라 B/C 분석이 사용되고 있다.

일본의 경우에는 B/C 분석의 필요성을 잘 인식하고 있지만, B/C 분석의 이론상의 취약점과 실제 적용상의 곤란성 때문에 이것을 잘 활용하고 있지 않은 상태이다. 그러나 각급 정부가 B/C 분석은 아니더라도 다른 분석기법들을 활용하여 공공투자분석을 시도하고 있는 상황이다.

■ 부록 표-4 ■   OECD 국가들의 B/C 분석 활용 실태

국 가	B/C 분석 활용 여부	비 고
호 주	Yes, in some cases	공기업 위주 사용
오스트리아	Yes, but use in variable	부처 자문위원회 운영
핀란드	Yes, for public transportation	대중교통의 사회경제적 효과분석시 B/C 분석 사용, 최종 결정은 의회가 정치적으로 함
그리스	Yes, in some cases	EU와 공동투자사업에 B/C 분석 필수
일 본	No	필요성 인식하지만, 정확성에 의문
노르웨이	Yes	도로투자를 비롯한 사업 분석에 광범위하게 B/C 분석 적용
스페인	Yes	B/C 분석을 적극적으로, 광범위하게 적용하고 있음
터 키	Yes	프로젝트 분석에 B/C 분석 많이 사용
영 국	Yes	Value for Money 입증 위해 B/C 분석 사용
미 국	Yes, as part of a larger process	부처별로 자산획득 및 사용에 관한 capital pro gramming 있음. B/C 분석 등을 활용하여 기획 및 예산편성에 도움을 줌.

자료: Atkinson and van den Noord. 2001. p. 37.

국가재정법

[시행 2014.1.1] [법률 제12161호, 2014.1.1, 일부개정]

기획재정부(예산정책과) 044-215-7134

제1장 총칙

제1조(목적) 이 법은 국가의 예산·기금·결산·성과관리 및 국가채무 등 재정에 관한 사항을 정함으로써 효율적이고 성과 지향적이며 투명한 재정운용과 건전재정의 기틀을 확립하는 것을 목적으로 한다.

제2조(회계연도) 국가의 회계연도는 매년 1월 1일에 시작하여 12월 31일에 종료한다.

제3조(회계연도 독립의 원칙) 각 회계연도의 경비는 그 연도의 세입 또는 수입으로 충당하여야 한다.

제4조(회계구분) ① 국가의 회계는 일반회계와 특별회계로 구분한다.

② 일반회계는 조세수입 등을 주요 세입으로 하여 국가의 일반적인 세출에 충당하기 위하여 설치한다.

③ 특별회계는 국가에서 특정한 사업을 운영하고자 할 때, 특정한 자금을 보유하여 운용하고자 할 때, 특정한 세입으로 특정한 세출에 충당함으로써 일반회계와 구분하여 회계처리할 필요가 있을 때에 법률로써 설치하되, 별표 1에 규정된 법률에 의하지 아니하고는 이를 설치할 수 없다. 〈개정 2014.1.1〉

제5조(기금의 설치) ① 기금은 국가가 특정한 목적을 위하여 특정한 자금을 신축적으로 운용할 필요가 있을 때에 한하여 법률로써 설치하되, 정부의 출연금 또는 법률에 따른 민간부담금을 재원으로 하는 기금은 별표 2에 규정된 법률에 의하지 아니하고는 이를 설치할 수 없다.

② 제1항의 규정에 따른 기금은 세입세출예산에 의하지 아니하고 운용할 수 있다.

제6조(독립기관 및 중앙관서) ① 이 법에서 "독립기관"이라 함은 국회·대법원·헌법재판소 및 중앙선거관리위원회를 말한다.

② 이 법에서 "중앙관서"라 함은 「헌법」 또는 「정부조직법」 그 밖의 법률에 따라 설치된 중앙행정기관을 말한다.

③ 국회의 사무총장, 법원행정처장, 헌법재판소의 사무처장 및 중앙선거관리위원회의 사무총장은 이 법의 적용에 있어 중앙관서의 장으로 본다.

제7조(국가재정운용계획의 수립 등) ① 정부는 재정운용의 효율화와 건전화를 위하여 매년 당해 회계연도부터 5회계연도 이상의 기간에 대한 재정운용계획(이하 "국가재정운용계획"이라 한다)을 수립하여 회계연도 개시 120일 전까지 국회에 제출하여야 한다. 〈개정 2013.5.28〉

② 국가재정운용계획에는 다음 각 호의 사항이 포함되어야 한다. 〈개정 2010.5.17〉

1. 재정운용의 기본방향과 목표
2. 중·장기 재정전망
3. 분야별 재원배분계획 및 투자방향
4. 재정규모증가율 및 그 근거

4의2. 의무지출(재정지출 중 법률에 따라 지출의무가 발생하고 법령에 따라 지출규모가 결정되는 법정지출 및 이자지출을 말하며, 그 구체적인 범위는 대통령령으로 정한다)

의 증가율 및 산출내역

4의3. 재량지출(재정지출에서 의무지출을 제외한 지출을 말한다)의 증가율에 대한 분야별 전망과 근거 및 관리계획

4의4. 세입·세외수입·기금수입 등 재정수입의 증가율 및 그 근거

5. 조세부담률 및 국민부담률 전망
6. 통합재정수지에 대한 전망과 근거 및 관리계획
7. 삭제 〈2010.5.17〉
8. 그 밖에 대통령령이 정하는 사항

③ 제1항에 따라 국회에 제출하는 국가재정운용계획에는 다음 각 호의 서류를 첨부하여야 한다. 〈신설 2010.5.17, 2014.1.1〉

1. 전년도에 수립한 국가재정운용계획 대비 변동사항, 변동요인 및 관리계획 등에 대한 평가·분석보고서
2. 제73조의3에 따른 중장기 기금재정관리계획
3. 제91조에 따른 국가채무관리계획
4. 「국세기본법」 제20조의2에 따른 중장기 조세정책운용계획

④ 기획재정부장관은 국가재정운용계획을 수립함에 있어 필요한 때에는 관계 국가기관 또는 공공단체의 장에게 중·장기 대내·외 거시경제전망 및 재정전망 등에 관하여 자료의 제출을 요청하거나, 관계 국가기관 또는 공공단체의 장과 이에 관하여 협의할 수 있다. 〈개정 2008.2.29, 2010.5.17〉

⑤ 기획재정부장관은 국가재정운용계획을 수립하는 때에는 관계 중앙관서의 장과 협의하여야 한다. 〈개정 2008.2.29, 2010.5.17〉

⑥ 제1항부터 제5항까지에 규정된 사항 외에 국가재정운용계획의 수립에 관하여 필요한 사항은 대통령령으로 정한다. 〈개정 2010.5.17〉

⑦ 기획재정부장관은 제35조에 따른 수정예산안 및 제89조에 따른 추가경정예산안이 제출될 때에는 재정수지, 국가채무 등 국가재정운용계획의 재정총량에 미치는 효과 및 그 관리방안에 대하여 국회에 보고하여야 한다. 〈신설 2010.5.17〉

⑧ 기획재정부장관은 국가재정운용계획을 국회에 제출하기 전에 재정규모, 재정수지, 재원배분 등 수립 방향을 국회 소관 상임위원회에 보고하여야 한다. 〈신설 2010.5.17〉

⑨ 각 중앙관서의 장은 재정지출을 수반하는 중·장기계획을 수립하는 때에는 미리 기획재정부장관과 협의하여야 한다. 〈개정 2008.2.29, 2010.5.17〉

⑩ 지방자치단체의 장은 국가의 재정지원에 따라 수행되는 사업으로서 대통령령이 정하는 규모 이상인 사업의 계획을 수립하는 때에는 미리 관계 중앙관서의 장과 협의하여야 한다. 이 경우 중앙관서의 장은 기획재정부장관과 협의하여야 한다. 〈개정 2008.2.29, 2010.5.17〉

제8조(성과중심의 재정운용) ① 각 중앙관서의 장과 법률에 따라 기금을 관리·운용하는 자(기금의 관리 또는 운용 업

무를 위탁받은 자를 제외하며, 이하 "기금관리주체"라 한다)는 재정활동의 성과관리체계를 구축하여야 한다.

② 각 중앙관서의 장은 제31조제1항에 따라 예산요구서를 제출할 때에 다음 연도 예산의 성과계획서 및 전년도 예산의 성과보고서(「국가회계법」 제14조제4호에 따른 성과보고서를 말한다. 이하 이 조에서 같다)를 기획재정부장관에게 함께 제출하여야 하며, 기금관리주체는 제66조제5항에 따라 기금운용계획안을 제출할 때에 다음 연도 기금의 성과계획서 및 전년도 기금의 성과보고서를 기획재정부장관에게 함께 제출하여야 한다. 〈개정 2008.2.29, 2008.12.31〉

③ 각 중앙관서의 장과 기금관리주체는 「국가회계법」에서 정하는 바에 따라 예산 및 기금의 성과보고서를 작성하여야 한다. 〈개정 2008.12.31〉

④ 삭제 〈2008.12.31〉

⑤ 기획재정부장관은 제2항에 따른 성과계획서 등에 관한 지침을 작성하여 각 중앙관서의 장과 기금관리주체에게 각각 통보하여야 한다. 〈개정 2008.2.29, 2008.12.31〉

⑥ 기획재정부장관은 대통령령이 정하는 바에 따라 주요 재정사업에 대한 평가를 실시하고 그 결과를 재정운용에 반영할 수 있다. 〈개정 2008.2.29〉

⑦ 삭제 〈2014.1.1〉

⑧ 기획재정부장관은 제6항의 규정에 따른 평가를 행함에 있어 필요하다고 인정하는 때에는 관계 행정기관의 장 등에 대하여 평가에 관한 의견 또는 자료의 제출을 요구할 수 있다. 이 경우 관계 행정기관의 장 등은 특별한 사유가 있는 경우를 제외하고는 이에 따라야 한다. 〈개정 2008.2.29〉

⑨ 제33조에 따른 예산안, 제35조에 따른 수정예산안, 제68조제1항에 따른 기금운용계획안, 제70조제2항에 따른 기금운용계획변경안 및 제89조제1항에 따른 추가경정예산안과 그에 따라 작성된 성과계획서는 사업내용 및 사업비 등이 각각 일치하도록 노력하여야 한다. 〈신설 2009.5.27〉

제8조의2(재정사업 평가 등에 대한 전문적인 조사·연구기관의 지정 등) ① 기획재정부장관은 주요 재정사업 평가 등을 적정하게 수행하기 위하여 「정부출연연구기관 등의 설립·운영 및 육성에 관한 법률」에 따라 설립된 한국개발연구원 및 한국조세재정연구원과 전문 인력 및 조사·연구 능력 등 대통령령으로 정하는 지정기준을 갖춘 기관을 전문기관으로 지정하여 다음 각 호의 업무 중 전부 또는 일부를 수행하게 할 수 있다.

1. 제8조제6항에 따른 주요 재정사업에 대한 평가 및 그 평가와 관련된 전문적인 조사·연구
2. 제38조제1항 및 제3항에 따른 사업의 예비타당성조사 및 그 조사와 관련된 전문적인 조사·연구
3. 제50조제2항 및 제3항에 따른 사업의 타당성 재조사 및 그 조사와 관련된 전문적인 조사·연구
4. 제82조제2항에 따른 기금운용평가단의 운영
5. 「부담금관리 기본법」 제8조제4항에 따른 부담금운용평가단의 운영
6. 「보조금 관리에 관한 법률」 제15조제2항에 따른 보조사업평가단의 운영
7. 「복권 및 복권기금법」 제22조제4항에 따라 구성하는 복권기금사업의 성과에 대한 평가단의 운영

② 기획재정부장관은 제1항에 따라 지정된 전문기관이 그 업무를 수행하는 데에 드는 비용을 지원하기 위하여 해당 전문기관에 출연할 수 있다.

③ 기획재정부장관은 제1항에 따라 지정된 전문기관이 다음 각 호의 어느 하나에 해당하는 경우에는 그 지정을 취소할 수 있다. 다만, 제1호에 해당하면 그 지정을 취소하여야 한다.

1. 거짓이나 그 밖의 부정한 방법으로 지정을 받은 경우
2. 제1항에 따른 지정기준에 적합하지 아니하게 된 경우
3. 제1항에 따른 업무를 적정하게 수행하지 아니하는 등 수행하는 업무가 그 지정의 목적을 벗어난 것으로 인정되는 경우

④ 제1항에 따른 전문기관의 지정 및 그 운영 등에 필요한 사항은 대통령령으로 정한다.
[본조신설 2014.1.1]

제9조(재정정보의 공표) ① 정부는 예산, 기금, 결산, 국채, 차입금, 국유재산의 현재액 및 통합재정수지 그 밖에 대통령령이 정하는 국가와 지방자치단체의 재정에 관한 중요한 사항을 매년 1회 이상 정보통신매체·인쇄물 등 적당한 방법으로 알기 쉽고 투명하게 공표하여야 한다.

② 기획재정부장관은 각 중앙관서의 장에게 제1항의 규정에 따른 재정정보의 공표를 위하여 필요한 자료의 제출을 요구할 수 있다. 〈개정 2008.2.29〉

제9조의2(재정 관련 자료의 제출) 기획재정부장관은 매년 회계연도 개시 120일 전까지 다음 각 호의 서류를 국회에 제출하여야 한다. 〈개정 2013.5.28〉

1. 제92조에 따른 국가보증채무관리계획
2. 「공공기관의 운영에 관한 법률」 제39조의2에 따른 중장기 재무관리계획
3. 「사회기반시설에 대한 민간투자법」 제24조의2에 따른 임대형 민자사업 정부지급금추계서
[본조신설 2010.5.17]

제10조(재정운용에 대한 의견수렴) ① 기획재정부장관은 재정운용에 대한 의견수렴을 위하여 각 중앙관서와 지방자치단체의 공무원 및 민간 전문가 등으로 구성된 재정정책자문회의(이하 "자문회의"라 한다)를 운영하여야 한다. 〈개정 2008.2.29, 2008.12.31〉

② 기획재정부장관은 국가재정운용계획을 수립할 때, 매 회계연도의 예산안을 편성할 때와 기금운용계획안을 마련할 때에는 미리 자문회의의 의견수렴을 거쳐야 한다. 〈개정 2008.2.29, 2008.12.31〉

③ 자문회의의 구성·기능 및 운영 등에 관하여 필요한 사항은 대통령령으로 정한다. 〈개정 2008.12.31〉

제11조(업무의 관장) ① 예산, 결산 및 기금에 관한 사무는 기획재정부장관이 관장한다. 〈개정 2008.2.29〉

② 각 중앙관서의 장은 제1항의 규정에 따른 사무에 관한 법령을 제정·개정 또는 폐지하거나 제1항의 규정에 따른 사무와 관련되는 사항을 다른 법령에 규정하고자 하는 때에는 기획재정부장관과 협의하여야 한다. 〈개정 2008.2.29〉

제12조(출연금) 국가는 국가연구개발사업의 수행, 공공목적을 수행하는 기관의 운영 등 특정한 목적을 달성하기 위하여 법률에 근거가 있는 경우에는 해당 기관에 출연할 수 있다.

제13조(회계·기금 간 여유재원의 전입·전출) ① 정부는 국가재정의 효율적 운용을 위하여 필요한 경우에는 다른 법률의 규정에 불구하고 회계 및 기금의 목적 수행에 지장을

초래하지 아니하는 범위 안에서 회계와 기금 간 또는 회계
및 기금 상호 간에 여유재원을 전입 또는 전출하여 통합적
으로 활용할 수 있다. 다만, 다음 각 호의 특별회계 및 기금
을 제외한다. 〈개정 2008.3.28〉

1. 우체국보험특별회계
2. 국민연금기금
3. 공무원연금기금
4. 사립학교교직원연금기금
5. 군인연금기금
6. 고용보험기금
7. 산업재해보상보험및예방기금
8. 임금채권보장기금
9. 방사성폐기물관리기금
10. 그 밖에 차입금이나 「부담금관리기본법」 제2조의 규정
에 따른 부담금 등을 주요 재원으로 하는 특별회계와 기금
중 대통령령이 정하는 특별회계와 기금

② 기획재정부장관은 제1항의 규정에 따라 전입·전출을
하고자 하는 때에는 관계 중앙관서의 장 및 기금관리주체
와 협의한 후 그 내용을 예산안 또는 기금운용계획안에 반
영하여야 한다. 〈개정 2008.2.29〉

제14조(특별회계 및 기금의 신설에 관한 심사) ① 중앙관서의
장은 소관 사무와 관련하여 특별회계 또는 기금을 신설하
고자 하는 때에는 해당 법률안을 입법예고하기 전에 특별
회계 또는 기금의 신설에 관한 계획서(이하 이 조에서 "계
획서"라 한다)를 기획재정부장관에게 제출하여 그 신설의
타당성에 관한 심사를 요청하여야 한다. 〈개정 2008.2.29〉

② 기획재정부장관은 제1항의 규정에 따라 심사를 요청받
은 경우 기금에 대하여는 제1호부터 제4호까지의 기준에
적합한지 여부를 심사하고, 특별회계에 대하여는 제4호 및
제5호의 기준에 적합한지 여부를 심사하여야 한다. 이 경
우 미리 자문회의에 자문하여야 한다. 〈개정 2008.2.29,
2008.12.31, 2014.1.1〉

1. 부담금 등 기금의 재원이 목적사업과 긴밀하게 연계되어
있을 것
2. 사업의 특성으로 인하여 신축적인 사업추진이 필요할
것
3. 중·장기적으로 안정적인 재원조달과 사업추진이 가능
할 것
4. 일반회계나 기존의 특별회계·기금보다 새로운 특별회
계나 기금으로 사업을 수행하는 것이 더 효과적일 것
5. 특정한 사업을 운영하거나 특정한 세입으로 특정한 세
출에 충당함으로써 일반회계와 구분하여 회계처리할 필요
가 있을 것

③ 기획재정부장관은 제2항의 규정에 따른 심사 결과 특별
회계 또는 기금의 신설이 제2항의 규정에 따른 심사기준에
부합하지 아니한다고 인정하는 때에는 계획서를 제출한 중
앙관서의 장에게 계획서의 재검토 또는 수정을 요청할 수
있다. 〈개정 2008.2.29〉

제15조(특별회계 및 기금의 통합·폐지) 특별회계 및 기금이
다음 각 호의 어느 하나에 해당하는 경우에는 이를 폐지하
거나 다른 특별회계 또는 기금과 통합할 수 있다.

1. 설치목적을 달성한 경우
2. 설치목적의 달성이 불가능하다고 판단되는 경우
3. 특별회계와 기금 간 또는 특별회계 및 기금 상호 간에

유사하거나 중복되게 설치된 경우
4. 그 밖에 재정운용의 효율성 및 투명성을 높이기 위하여
일반회계에서 통합 운용하는 것이 바람직하다고 판단되는
경우

제2장 예산
제1절 총칙

제16조(예산의 원칙) 정부는 예산의 편성 및 집행에 있어서 다
음 각 호의 원칙을 준수하여야 한다. 〈개정 2010.5.17,
2013.1.1〉

1. 정부는 재정건전성의 확보를 위하여 최선을 다하여야 한
다.
2. 정부는 국민부담의 최소화를 위하여 최선을 다하여야
한다.
3. 정부는 재정을 운용함에 있어 재정지출 및 「조세특례제
한법」 제142조의2제1항에 따른 조세지출의 성과를 제고하
여야 한다.
4. 정부는 예산과정의 투명성과 예산과정에의 국민참여를
제고하기 위하여 노력하여야 한다.
5. 정부는 예산이 여성과 남성에게 미치는 효과를 평가하
고, 그 결과를 정부의 예산편성에 반영하기 위하여 노력하
여야 한다.

제17조(예산총계주의) ① 한 회계연도의 모든 수입을 세입
으로 하고, 모든 지출을 세출로 한다.

② 제53조에 규정된 사항을 제외하고는 세입과 세출은 모
두 예산에 계상하여야 한다.

제18조(국가의 세출재원) 국가의 세출은 국채·차입금(외국정
부·국제협력기구 및 외국법인으로부터 도입되는 차입자
금을 포함한다. 이하 같다) 외의 세입을 그 재원으로 한다.
다만, 부득이한 경우에는 국회의 의결을 얻은 금액의 범위
안에서 국채 또는 차입금으로써 충당할 수 있다.

제19조(예산의 구성) 예산은 예산총칙·세입세출예산·계속
비·명시이월비 및 국고채무부담행위를 총칭한다.

제20조(예산총칙) ① 예산총칙에는 세입세출예산·계속비·
명시이월비 및 국고채무부담행위에 관한 총괄적 규정을 두
는 외에 다음 각 호의 사항을 규정하여야 한다. 〈개정
2008.12.31〉

1. 제18조 단서의 규정에 따른 국채와 차입금의 한도액(중
앙관서의 장이 관리하는 기금의 기금운용계획안에 계상된
국채발행 및 차입금의 한도액을 포함한다)
2. 「국고금관리법」 제32조의 규정에 따른 재정증권의 발행
과 일시차입금의 최고액
3. 그 밖에 예산집행에 관하여 필요한 사항

② 정부는 기존 국채를 새로운 국채로 대체하기 위하여 필
요한 경우에는 제1항제1호의 한도액을 초과하여 국채를 발
행할 수 있다. 이 경우 미리 국회에 이를 보고하여야 한다.
〈신설 2008.12.31〉

제21조(세입세출예산의 구분) ① 세입세출예산은 필요한 때에
는 계정으로 구분할 수 있다.

② 세입세출예산은 독립기관 및 중앙관서의 소관별로 구분
한 후 소관 내에서 일반회계·특별회계로 구분한다.

③ 세입예산은 제2항의 규정에 따른 구분에 따라 그 내용
을 성질별로 관·항으로 구분하고, 세출예산은 제2항의 규
정에 따른 구분에 따라 그 내용을 기능별·성질별 또는 기

관별로 장·관·항으로 구분한다.

④ 예산의 구체적인 분류기준 및 세항과 각 경비의 성질에 따른 목의 구분은 기획재정부장관이 정한다. 〈개정 2008.2.29〉

제22조(예비비) ① 정부는 예측할 수 없는 예산 외의 지출 또는 예산초과지출에 충당하기 위하여 일반회계 예산총액의 100분의 1 이내의 금액을 예비비로 세입세출예산에 계상할 수 있다. 다만, 예산총칙 등에 따라 미리 사용목적을 지정해 놓은 예비비는 본문의 규정에 불구하고 별도로 세입세출예산에 계상할 수 있다.

② 제1항 단서의 규정에 불구하고 공무원의 보수 인상을 위한 인건비 충당을 위하여는 예비비의 사용목적을 지정할 수 없다.

제23조(계속비) ① 완성에 수년도를 요하는 공사나 제조 및 연구개발사업은 그 경비의 총액과 연부액(年賦額)을 정하여 미리 국회의 의결을 얻은 범위 안에서 수년도에 걸쳐서 지출할 수 있다.

② 제1항의 규정에 따라 국가가 지출할 수 있는 연한은 그 회계연도부터 5년 이내로 한다. 다만, 사업규모 및 국가재원 여건상 필요한 경우에는 예외적으로 10년 이내로 할 수 있다. 〈개정 2012.3.21〉

③ 기획재정부장관은 필요하다고 인정하는 때에는 국회의 의결을 거쳐 제2항의 지출연한을 연장할 수 있다. 〈신설 2012.3.21〉

제24조(명시이월비) ① 세출예산 중 경비의 성질상 연도 내에 지출을 끝내지 못할 것이 예측되는 때에는 그 취지를 세입세출예산에 명시하여 미리 국회의 승인을 얻은 후 다음 연도에 이월하여 사용할 수 있다.

② 각 중앙관서의 장은 제1항의 규정에 따른 명시이월비에 대하여 예산집행상 부득이한 사유가 있는 때에는 사항마다 사유와 금액을 명백히 하여 기획재정부장관의 승인을 얻은 범위 안에서 다음 연도에 걸쳐서 지출하여야 할 지출원인행위를 할 수 있다. 〈개정 2008.2.29〉

③ 기획재정부장관은 제2항의 규정에 따라 다음 연도에 걸쳐서 지출하여야 할 지출원인행위를 승인한 때에는 감사원에 통지하여야 한다. 〈개정 2008.2.29〉

제25조(국고채무부담행위) ① 국가는 법률에 따른 것과 세출예산금액 또는 계속비의 총액의 범위 안의 것 외에 채무를 부담하는 행위를 하는 때에는 미리 예산으로써 국회의 의결을 얻어야 한다.

② 국가는 제1항에 규정된 것 외에 재해복구를 위하여 필요한 때에는 회계연도마다 국회의 의결을 얻은 범위 안에서 채무를 부담하는 행위를 할 수 있다. 이 경우 그 행위는 일반회계 예비비의 사용절차에 준하여 집행한다.

③ 국고채무부담행위는 사항마다 그 필요한 이유를 명백히 하고 그 행위를 할 연도 및 상환연도와 채무부담의 금액을 표시하여야 한다.

제26조(성인지 예산서의 작성) ① 정부는 예산이 여성과 남성에게 미칠 영향을 미리 분석한 보고서[이하 "성인지(性認知)예산서"라 한다]를 작성하여야 한다.

② 성인지 예산서에는 성평등 기대효과, 성과목표, 성별 수혜분석 등을 포함하여야 한다. 〈신설 2010.5.17〉

③ 성인지 예산서의 작성에 관한 구체적인 사항은 대통령령으로 정한다. 〈개정 2010.5.17〉

제27조 삭제 〈2013.1.1〉

제2절 예산안의 편성

제28조(중기사업계획서의 제출) 각 중앙관서의 장은 매년 1월 31일까지 당해 회계연도부터 5회계연도 이상의 기간 동안의 신규사업 및 기획재정부장관이 정하는 주요 계속사업에 대한 중기사업계획서를 기획재정부장관에게 제출하여야 한다. 〈개정 2008.2.29〉

제29조(예산안편성지침의 통보) ① 기획재정부장관은 국무회의의 심의를 거쳐 대통령의 승인을 얻은 다음 연도의 예산안편성지침을 매년 3월 31일까지 각 중앙관서의 장에게 통보하여야 한다. 〈개정 2008.2.29, 2014.1.1〉

② 기획재정부장관은 제7조의 규정에 따른 국가재정운용계획과 예산편성을 연계하기 위하여 제1항의 규정에 따른 예산안편성지침에 중앙관서별 지출한도를 포함하여 통보할 수 있다. 〈개정 2008.2.29〉

제30조(예산안편성지침의 국회보고) 기획재정부장관은 제29조제1항의 규정에 따라 각 중앙관서의 장에게 통보한 예산안편성지침을 국회 예산결산특별위원회에 보고하여야 한다. 〈개정 2008.2.29〉

제31조(예산요구서의 제출) ① 각 중앙관서의 장은 제29조의 규정에 따른 예산안편성지침에 따라 그 소관에 속하는 다음 연도의 세입세출예산·계속비·명시이월비 및 국고채무부담행위 요구서(이하 "예산요구서"라 한다)를 작성하여 매년 5월 31일까지 기획재정부장관에게 제출하여야 한다. 〈개정 2008.2.29, 2014.1.1〉

② 예산요구서에는 대통령령이 정하는 바에 따라 예산의 편성 및 예산관리기법의 적용에 필요한 서류를 첨부하여야 한다.

③ 기획재정부장관은 제1항의 규정에 따라 제출된 예산요구서가 제29조의 규정에 따른 예산안편성지침에 부합하지 아니하는 때에는 기한을 정하여 이를 수정 또는 보완하도록 요구할 수 있다. 〈개정 2008.2.29〉

제32조(예산안의 편성) 기획재정부장관은 제31조제1항의 규정에 따른 예산요구서에 따라 예산안을 편성하여 국무회의의 심의를 거친 후 대통령의 승인을 얻어야 한다. 〈개정 2008.2.29〉

제33조(예산안의 국회제출) 정부는 제32조의 규정에 따라 대통령의 승인을 얻은 예산안을 회계연도 개시 120일 전까지 국회에 제출하여야 한다. 〈개정 2013.5.28〉

제34조(예산안의 첨부서류) 제33조의 규정에 따라 국회에 제출하는 예산안에는 다음 각 호의 서류를 첨부하여야 한다. 〈개정 2011.3.30, 2012.3.21, 2013.1.1, 2014.1.1〉

1. 세입세출예산 총계표 및 순계표
2. 세입세출예산사업별 설명서
3. 계속비에 관한 전년도말까지의 지출액 또는 지출추정액, 당해 연도 이후의 지출예정액과 사업전체의 계획 및 그 진행상황에 관한 명세서
3의2. 제50조에 따른 총사업비 관리대상 사업의 사업별 개요, 전년도 대비 총사업비 증감 내역과 증감 사유, 해당 연도까지의 연부액 및 해당 연도 이후의 지출예정액
4. 국고채무부담행위 설명서
5. 국고채무부담행위로서 다음 연도 이후에 걸치는 것에 있어서는 전년도말까지의 지출액 또는 지출추정액과 당해

연도 이후의 지출예정액에 관한 명세서

5의2. 완성에 2년 이상이 소요되는 사업으로서 대통령령으로 정하는 대규모 사업의 국고채무부담행위 총규모

6. 예산정원표와 예산안편성기준단가

7. 국유재산의 전전년도말에 있어서의 현재액과 전년도말과 당해 연도말에 있어서의 현재액 추정에 관한 명세서

8. 제8조제2항의 규정에 따른 성과계획서

9. 성인지 예산서

10. 「조세특례제한법」 제142조의2에 따른 조세지출예산서

11. 제40조제2항 및 제41조의 규정에 따라 독립기관의 세출예산요구액을 감액하거나 감사원의 세출예산요구액을 감액한 때에는 그 규모 및 이유와 감액에 대한 당해 기관의 장의 의견

12. 삭제 〈2010.5.17〉

13. 회계와 기금 간 또는 회계 상호 간 여유재원의 전입·전출 명세서 그 밖에 재정의 상황과 예산안의 내용을 명백히 할 수 있는 서류

14. 「국유재산특례제한법」 제10조제1항에 따른 국유재산특례지출예산서

제35조(국회제출 중인 예산안의 수정) 정부는 예산안을 국회에 제출한 후 부득이한 사유로 인하여 그 내용의 일부를 수정하고자 하는 때에는 국무회의의 심의를 거쳐 대통령의 승인을 얻은 수정예산안을 국회에 제출할 수 있다.

제36조(예산안 첨부서류의 생략) 정부는 제35조에 따른 수정예산안 또는 제89조에 따른 추가경정예산안을 편성하여 국회에 제출하는 때에는 제34조 각 호에 규정된 첨부서류의 일부를 생략할 수 있다. 다만, 제8조제2항에 따른 성과계획서의 제출을 생략하는 때에는 사후에 이를 제출하여야 한다. 〈개정 2009.5.27〉

제37조(총액계상) ① 기획재정부장관은 대통령령이 정하는 사업으로서 세부내용을 미리 확정하기 곤란한 사업의 경우에는 이를 총액으로 예산에 계상할 수 있다. 〈개정 2008.2.29〉

② 제1항의 규정에 따른 총액계상사업의 총 규모는 매 회계연도 예산의 순계를 기준으로 대통령령이 정하는 비율을 초과할 수 없다.

③ 각 중앙관서의 장은 제1항의 규정에 따른 총액계상사업에 대하여는 예산배정 전에 예산배분에 관한 세부사업시행계획을 수립하여 기획재정부장관과 협의하여야 하며, 그 세부집행실적을 회계연도 종료 후 3개월 이내에 기획재정부장관에게 제출하여야 한다. 〈개정 2008.2.29〉

④ 각 중앙관서의 장은 제3항의 규정에 따른 총액계상사업의 세부사업시행계획과 세부집행실적을 국회 예산결산특별위원회에 제출하여야 한다.

제38조(예비타당성조사) ① 기획재정부장관은 총사업비가 500억원 이상이고 국가의 재정지원 규모가 300억원 이상인 신규 사업으로서 다음 각 호의 어느 하나에 해당하는 대규모사업에 대한 예산을 편성하기 위하여 미리 예비타당성조사를 실시하고, 그 결과를 요약하여 국회 소관 상임위원회와 예산결산특별위원회에 제출하여야 한다. 다만, 제4호의 사업은 제28조에 따라 제출된 중기사업계획서에 의한 재정지출이 500억원 이상 수반되는 신규 사업으로 한다. 〈개정 2008.2.29, 2010.5.17, 2014.1.1〉

1. 건설공사가 포함된 사업

2. 「국가정보화 기본법」 제15조제1항에 따른 정보화 사업

3. 「과학기술기본법」 제11조에 따른 국가연구개발사업

4. 그 밖에 사회복지, 보건, 교육, 노동, 문화 및 관광, 환경보호, 농림해양수산, 산업·중소기업 분야의 사업

② 제1항의 규정에 따라 실시하는 예비타당성조사 대상사업은 기획재정부장관이 중앙관서의 장의 신청에 따라 또는 직권으로 선정할 수 있다. 〈개정 2008.2.29〉

③ 기획재정부장관은 국회가 그 의결로 요구하는 사업에 대하여는 예비타당성조사를 실시하여야 한다. 〈개정 2008.2.29〉

④ 기획재정부장관은 제1항의 규정에 따른 예비타당성조사 대상사업의 선정기준·조사수행기관·조사방법 및 절차 등에 관한 지침을 마련하여 중앙관서의 장에게 통보하여야 한다. 〈개정 2008.2.29〉

제38조의2(예비타당성조사 결과 관련 자료의 공개) 기획재정부장관은 제38조제1항에 따른 예비타당성조사를 제8조의2제1항제2호의 업무를 수행하는 전문기관에 의뢰하여 실시할 수 있으며, 예비타당성조사를 의뢰 받은 전문기관의 장은 수요예측자료 등 예비타당성조사 결과에 관한 자료를 「공공기관의 정보공개에 관한 법률」 제7조에 따라 공개하여야 한다.

[본조신설 2014.1.1]

제39조(대규모 개발사업예산의 편성) ① 각 중앙관서의 장은 대통령령이 정하는 대규모 개발사업에 대하여는 타당성조사 및 기본설계비·실시설계비·보상비(댐수몰지역에 대하여 보상하는 경우와 공사완료 후 존속하는 어업권의 피해에 대하여 보상하는 경우를 제외한다)와 공사비의 순서에 따라 그 중 하나의 단계에 소요되는 경비의 전부 또는 일부를 당해 연도의 예산으로 요구하여야 한다. 다만, 부분 완공 후 사용이 가능한 경우 등 사업의 효율적인 추진을 위하여 기획재정부장관이 불가피하다고 인정하는 사업에 대하여는 2단계 이상의 예산을 동시에 요구할 수 있다. 〈개정 2008.2.29〉

② 기획재정부장관은 제1항에 따른 대규모 개발사업에 대하여는 같은 항에 따른 요구에 따라 단계별로 해당 연도에 필요한 예산안을 편성하여야 한다. 이 경우 다음 각 호의 어느 하나에 해당하는 사업으로서 전체공정에 대한 실시설계가 완료되고 총사업비가 확정된 경우에는 그 사업이 지연되지 아니하도록 계속비로 예산안을 편성하여야 한다. 〈개정 2008.2.29, 2012.3.21〉

1. 국가기간 교통망 구축을 위하여 필수적인 사업

2. 재해복구를 위하여 시급히 추진하여야 하는 사업

3. 공사가 지연될 경우 추가 재정부담이 큰 사업

4. 그 밖에 국민편익, 사업성격 및 효과 등을 고려하여 시급히 추진할 필요가 있는 사업

③ 기획재정부장관은 제2항 후단에도 불구하고 재정여건, 사업성격, 사업기간 및 규모 등을 고려하여 필요하다고 인정하는 대규모 개발사업은 계속비로 예산안을 편성하지 아니할 수 있으며 이에 대한 기준, 절차 등 구체적 사항은 대통령령으로 정한다. 〈신설 2012.3.21〉

[제목개정 2012.3.21]

제40조(독립기관의 예산) ① 정부는 독립기관의 예산을 편성함에 있어 당해 독립기관의 장의 의견을 최대한 존중하여야 하며, 국가재정상황 등에 따라 조정이 필요한 때에는 당

해 독립기관의 장과 미리 협의하여야 한다.

② 정부는 제1항의 규정에 따른 협의에도 불구하고 독립기관의 세출예산요구액을 감액하고자 할 때에는 국무회의에서 당해 독립기관의 장의 의견을 구하여야 하며, 정부가 독립기관의 세출예산요구액을 감액한 때에는 그 규모 및 이유, 감액에 대한 독립기관의 장의 의견을 국회에 제출하여야 한다.

제41조(감사원의 예산) 정부는 감사원의 세출예산요구액을 감액하고자 할 때에는 국무회의에서 감사원장의 의견을 구하여야 한다.

제3절 예산의 집행

제42조(예산배정요구서의 제출) 각 중앙관서의 장은 예산이 확정된 후 사업운영계획 및 이에 따른 세입세출예산·계속비와 국고채무부담행위를 포함한 예산배정요구서를 기획재정부장관에게 제출하여야 한다. 〈개정 2008.2.29〉

제43조(예산의 배정) ① 기획재정부장관은 제42조의 규정에 따른 예산배정요구서에 따라 분기별 예산배정계획을 작성하여 국무회의의 심의를 거친 후 대통령의 승인을 얻어야 한다. 〈개정 2008.2.29〉

② 기획재정부장관은 각 중앙관서의 장에게 예산을 배정한 때에는 감사원에 통지하여야 한다. 〈개정 2008.2.29〉

③ 기획재정부장관은 필요한 때에는 대통령령이 정하는 바에 따라 회계연도 개시 전에 예산을 배정할 수 있다. 〈개정 2008.2.29〉

④ 기획재정부장관은 예산의 효율적인 집행관리를 위하여 필요한 때에는 제1항의 규정에 따른 분기별 예산배정계획에 불구하고 개별사업계획을 검토하여 그 결과에 따라 예산을 배정할 수 있다. 〈개정 2008.2.29〉

⑤ 기획재정부장관은 재정수지의 적정한 관리 및 예산사업의 효율적인 집행관리 등을 위하여 필요한 때에는 제1항의 규정에 따른 분기별 예산배정계획을 조정하거나 예산배정을 유보할 수 있으며, 배정된 예산의 집행을 보류하도록 조치를 취할 수 있다. 〈개정 2008.2.29〉

제44조(예산집행지침의 통보) 기획재정부장관은 예산집행의 효율성을 높이기 위하여 매년 예산집행에 관한 지침을 작성하여 각 중앙관서의 장에게 통보하여야 한다. 〈개정 2008.2.29〉

제45조(예산의 목적 외 사용금지) 각 중앙관서의 장은 세출예산이 정한 목적 외에 경비를 사용할 수 없다.

제46조(예산의 전용) ① 각 중앙관서의 장은 예산의 목적범위 안에서 재원의 효율적 활용을 위하여 대통령령이 정하는 바에 따라 기획재정부장관의 승인을 얻어 각 세항 또는 목의 금액을 전용할 수 있다. 이 경우 사업 간의 유사성이 있는지, 재해대책 재원 등으로 사용할 시급한 필요가 있는지, 기관운영을 위한 경비의 충당을 위한 것인지 여부 등을 종합적으로 고려하여야 한다. 〈개정 2008.2.29〉

② 각 중앙관서의 장은 제1항의 규정에 불구하고 회계연도마다 기획재정부장관이 위임하는 범위 안에서 각 세항 또는 목의 금액을 자체적으로 전용할 수 있다. 〈개정 2008.2.29〉

③ 기획재정부장관은 제1항의 규정에 따라 전용의 승인을 한 때에는 그 전용명세서를 그 중앙관서의 장 및 감사원에 각각 송부하여야 하며, 각 중앙관서의 장은 제2항의 규정에 따라 전용을 한 때에는 전용을 한 과목별 금액 및 이유를 명시한 명세서를 기획재정부장관 및 감사원에 각각 송부하여야 한다. 〈개정 2008.2.29〉

④ 각 중앙관서의 장이 제1항 또는 제2항에 따라 전용을 한 경우에는 분기별로 분기만료일이 속하는 달의 다음 달 말일까지 그 전용 내역을 국회 소관 상임위원회와 예산결산특별위원회에 제출하여야 한다. 〈신설 2009.3.18〉

⑤ 제1항 또는 제2항의 규정에 따라 전용한 경비의 금액은 세입세출결산보고서에 이를 명백히 하고 이유를 기재하여야 한다. 〈개정 2009.3.18〉

제47조(예산의 이용·이체) ① 각 중앙관서의 장은 예산이 정한 각 기관 간 또는 각 장·관·항 간에 상호 이용(移用)할 수 없다. 다만, 예산집행상 필요에 따라 미리 예산으로써 국회의 의결을 얻은 때에는 기획재정부장관의 승인을 얻어 이용하거나 기획재정부장관이 위임하는 범위 안에서 자체적으로 이용할 수 있다. 〈개정 2008.2.29〉

② 기획재정부장관은 정부조직 등에 관한 법령의 제정·개정 또는 폐지로 인하여 중앙관서의 직무와 권한에 변동이 있는 때에는 그 중앙관서의 장의 요구에 따라 그 예산을 상호 이용하거나 이체(移替)할 수 있다. 〈개정 2008.2.29〉

③ 각 중앙관서의 장은 제1항 단서의 규정에 따라 예산을 자체적으로 이용한 때에는 기획재정부장관 및 감사원에 각각 통지하여야 하며, 기획재정부장관은 제1항 단서의 규정에 따라 이용의 승인을 하거나 제2항의 규정에 따라 예산을 이용 또는 이체한 때에는 그 중앙관서의 장 및 감사원에 각각 통지하여야 한다. 〈개정 2008.2.29〉

④ 각 중앙관서의 장이 제1항 또는 제2항에 따라 이용 또는 이체를 한 경우에는 분기별로 분기만료일이 속하는 달의 다음 달 말일까지 그 이용 또는 이체 내역을 국회 소관 상임위원회와 예산결산특별위원회에 제출하여야 한다. 〈신설 2009.3.18〉

제48조(세출예산의 이월) ① 매 회계연도의 세출예산은 다음 연도에 이월하여 사용할 수 없다.

② 제1항의 규정에 불구하고 다음 각 호의 어느 하나에 해당하는 경비의 금액은 다음 회계연도에 이월하여 사용할 수 있다. 이 경우 이월액은 다른 용도로 사용할 수 없으며, 제2호에 해당하는 경비의 금액은 재이월할 수 없다.

1. 명시이월비

2. 연도 내에 지출원인행위를 하고 불가피한 사유로 인하여 연도 내에 지출하지 못한 경비와 지출원인행위를 하지 아니한 그 부대경비

3. 지출원인행위를 위하여 입찰공고를 한 경비 중 입찰공고 후 지출원인행위까지 장기간이 소요되는 경우로서 대통령령이 정하는 경비

4. 공익사업의 시행에 필요한 손실보상비로서 대통령령이 정하는 경비

5. 경상적 성격의 경비로서 대통령령이 정하는 경비

③ 제1항의 규정에 불구하고 계속비의 연도별 연부액 중 당해 연도에 지출하지 못한 금액은 계속비사업의 완성연도까지 계속 이월하여 사용할 수 있다.

④ 각 중앙관서의 장은 제2항 및 제3항의 규정에 따라 예산을 이월하는 때에는 대통령령이 정하는 바에 따라 이월명세서를 작성하여 다음 연도 1월 31일까지 기획재정부장관 및 감사원에 각각 송부하여야 한다. 〈개정 2008.2.29〉

⑤ 각 중앙관서의 장이 제2항 및 제3항의 규정에 따라 예산을 이월한 경우 이월하는 과목별 금액은 다음 연도의 이월예산으로 배정된 것으로 본다.

⑥ 매 회계연도 세입세출의 결산상 잉여금이 발생하는 경우에는 제2항 및 제3항의 규정에 따른 세출예산 이월액에 상당하는 금액을 다음 연도의 세입에 우선적으로 이입하여야 한다.

⑦ 기획재정부장관은 세입징수상황 등을 감안하여 필요하다고 인정하는 때에는 미리 제2항 및 제3항의 규정에 따른 세출예산의 이월사용을 제한하기 위한 조치를 취할 수 있다. 〈개정 2008.2.29〉

제49조(예산성과금의 지급 등) ① 각 중앙관서의 장은 예산의 집행방법 또는 제도의 개선 등으로 인하여 수입이 증대되거나 지출이 절약된 때에는 이에 기여한 자에게 성과금을 지급할 수 있으며, 절약된 예산을 다른 사업에 사용할 수 있다.

② 각 중앙관서의 장은 제1항의 규정에 따라 성과금을 지급하거나 절약된 예산을 다른 사업에 사용하고자 하는 때에는 예산성과금심사위원회의 심사를 거쳐야 한다.

③ 제1항 및 제2항의 규정에 따른 성과금 지급, 절약된 예산의 다른 사업에의 사용 및 예산성과금심사위원회의 구성·운영 등에 관하여 필요한 사항은 대통령령으로 정한다.

제50조(총사업비의 관리) ① 각 중앙관서의 장은 완성에 2년 이상이 소요되는 사업으로서 대통령령이 정하는 대규모사업에 대하여는 그 사업규모·총사업비 및 사업기간을 정하여 미리 기획재정부장관과 협의하여야 한다. 협의를 거친 사업규모·총사업비 또는 사업기간을 변경하고자 하는 때에도 또한 같다. 〈개정 2008.2.29〉

② 기획재정부장관은 제1항의 규정에 따른 사업 중 총사업비가 일정 규모 이상 증가하는 등 대통령령이 정하는 요건에 해당하는 사업 및 감사원의 감사결과에 따라 감사원이 요청하는 사업에 대하여는 사업의 타당성을 재조사(이하 "타당성재조사"라 한다)하고, 그 결과를 국회에 보고하여야 한다. 〈개정 2008.2.29, 2009.3.18, 2014.1.1〉

③ 기획재정부장관은 국회가 그 의결로 요구하는 사업에 대하여는 타당성재조사를 하고, 그 결과를 국회에 보고하여야 한다. 〈개정 2008.2.29, 2009.3.18, 2014.1.1〉

④ 기획재정부장관은 총사업비 관리에 관한 지침을 마련하여 각 중앙관서의 장에게 통보하여야 한다. 〈개정 2008.2.29〉

제50조의2(타당성재조사 결과 관련 자료의 공개) 기획재정부장관은 제50조에 따른 타당성재조사를 제8조의2제1항제3호의 업무를 수행하는 전문기관에 의뢰하여 실시할 수 있으며, 타당성재조사를 의뢰 받은 전문기관의 장은 수요예측자료 등 타당성재조사 결과에 관한 자료를 「공공기관의 정보공개에 관한 법률」 제7조에 따라 공개하여야 한다.

[본조신설 2014.1.1]

제51조(예비비의 관리와 사용) ① 예비비는 기획재정부장관이 관리한다. 〈개정 2008.2.29〉

② 각 중앙관서의 장은 예비비의 사용이 필요한 때에는 그 이유 및 금액과 추산의 기초를 명백히 한 명세서를 작성하여 기획재정부장관에게 제출하여야 한다. 다만, 대규모 자연재해에 따른 피해의 신속한 복구를 위하여 필요한 때에는 「재난 및 안전관리기본법」 제20조의 규정에 따른 피해상황보고를 기초로 긴급재해구호 및 복구에 소요되는 금액을 개산(槪算)하여 예비비를 신청할 수 있다. 〈개정 2008.2.29〉

③ 기획재정부장관은 제2항의 규정에 따른 예비비 신청을 심사한 후 필요하다고 인정하는 때에는 이를 조정하고 예비비사용계획명세서를 작성한 후 국무회의의 심의를 거쳐 대통령의 승인을 얻어야 한다. 〈개정 2008.2.29〉

④ 일반회계로부터 전입받은 특별회계는 필요한 경우에는 일반회계 예비비를 전입받아 그 특별회계의 세출로 사용할 수 있다.

제52조(예비비사용명세서의 작성 및 국회제출) ① 각 중앙관서의 장은 예비비로 사용한 금액의 명세서를 작성하여 다음 연도 2월말까지 기획재정부장관에게 제출하여야 한다. 〈개정 2008.2.29〉

② 기획재정부장관은 제1항의 규정에 따라 제출된 명세서에 따라 예비비로 사용한 금액의 총괄명세서를 작성한 후 국무회의의 심의를 거쳐 대통령의 승인을 얻어야 한다. 〈개정 2008.2.29〉

③ 기획재정부장관은 제2항의 규정에 따라 대통령의 승인을 얻은 총괄명세서를 감사원에 제출하여야 한다. 〈개정 2008.2.29〉

④ 정부는 예비비로 사용한 금액의 총괄명세서를 다음 연도 5월 31일까지 국회에 제출하여 그 승인을 얻어야 한다.

제53조(예산총계주의 원칙의 예외) ① 각 중앙관서의 장은 용역 또는 시설을 제공하여 발생하는 수입과 관련되는 경비로서 대통령령이 정하는 경비(이하 "수입대체경비"라 한다)에 있어 수입이 예산을 초과하거나 초과할 것이 예상되는 때에는 그 초과수입을 대통령령이 정하는 바에 따라 그 초과수입에 직접 관련되는 경비 및 이에 수반되는 경비에 초과지출할 수 있다.

② 국가가 현물로 출자하는 경우와 외국차관을 도입하여 전대(轉貸)하는 경우에는 이를 세입세출예산 외로 처리할 수 있다.

③ 차관물자대(借款物資貸)의 경우 전년도 인출예정분의 부득이한 이월 또는 환율 및 금리의 변동으로 인하여 세입이 그 세입예산을 초과하게 되는 때에는 그 세출예산을 초과하여 지출할 수 있다.

④ 전대차관을 상환하는 경우 환율 및 금리의 변동, 기한 전 상환으로 인하여 원리금 상환액이 그 세출예산을 초과하게 되는 때에는 초과한 범위 안에서 그 세출예산을 초과하여 지출할 수 있다.

⑤ 삭제 〈2014.1.1〉

⑥ 수입대체경비 등 예산총계주의 원칙의 예외에 관하여 필요한 사항은 대통령령으로 정한다.

제54조(보조금의 관리) 각 중앙관서의 장은 지방자치단체 및 민간에 지원한 국고보조금의 교부실적과 해당 보조사업자의 보조금 집행실적을 기획재정부장관, 국회 소관 상임위원회 및 예산결산특별위원회에 각각 제출하여야 한다.

[전문개정 2010.5.17]

제55조(예산불확정 시의 예산집행) ① 정부는 국회에서 부득이한 사유로 회계연도 개시 전까지 예산안이 의결되지 못한 때에는 「헌법」 제54조제3항의 규정에 따라 예산을 집행하여야 한다.

② 제1항의 규정에 따라 집행된 예산은 당해 연도의 예산이 확정된 때에는 그 확정된 예산에 따라 집행된 것으로 본다.

제3장 결산

제56조(결산의 원칙) 정부는 결산이 「국가회계법」에 따라 재정에 관한 유용하고 적정한 정보를 제공할 수 있도록 객관적인 자료와 증거에 따라 공정하게 이루어지게 하여야 한다. 〈개정 2008.12.31〉

제57조(성인지 결산서의 작성) ① 정부는 여성과 남성이 동등하게 예산의 수혜를 받고 예산이 성차별을 개선하는 방향으로 집행되었는지를 평가하는 보고서(이하 "성인지 결산서"라 한다)를 작성하여야 한다.

② 성인지 결산서에는 집행실적, 성평등 효과분석 및 평가 등을 포함하여야 한다. 〈신설 2010.5.17〉

제58조(중앙관서결산보고서의 작성 및 제출) ① 각 중앙관서의 장은 「국가회계법」에서 정하는 바에 따라 회계연도마다 작성한 결산보고서(이하 "중앙관서결산보고서"라 한다)를 다음 연도 2월 말일까지 기획재정부장관에게 제출하여야 한다. 〈개정 2008.12.31〉

② 국회의 사무총장, 법원행정처장, 헌법재판소의 사무처장 및 중앙선거관리위원회의 사무총장은 회계연도마다 예비금사용명세서를 작성하여 다음 연도 2월말까지 기획재정부장관에게 제출하여야 한다. 〈개정 2008.2.29〉

③ 삭제 〈2008.12.31〉

④ 삭제 〈2008.12.31〉·

[제목개정 2008.12.31]

제59조(국가결산보고서의 작성 및 제출) 기획재정부장관은 「국가회계법」에서 정하는 바에 따라 회계연도마다 작성하여 대통령의 승인을 받은 국가결산보고서를 다음 연도 4월 10일까지 감사원에 제출하여야 한다.

[전문개정 2008.12.31]

제60조(결산검사) 감사원은 제59조에 따라 제출된 국가결산보고서를 검사하고 그 보고서를 다음 연도 5월 20일까지 기획재정부장관에게 송부하여야 한다. 〈개정 2008.2.29, 2008.12.31〉

제61조(국가결산보고서의 국회제출) 정부는 제60조에 따라 감사원의 검사를 거친 국가결산보고서를 다음 연도 5월 31일까지 국회에 제출하여야 한다. 〈개정 2008.12.31〉

[제목개정 2008.12.31]

제4장 기금

제62조(기금관리·운용의 원칙) ① 기금관리주체는 그 기금의 설치목적과 공익에 맞게 기금을 관리·운용하여야 한다.

② 삭제 〈2008.12.31〉

제63조(기금자산운용의 원칙) ① 기금관리주체는 안정성·유동성·수익성 및 공공성을 고려하여 기금자산을 투명하고 효율적으로 운용하여야 한다.

② 기금관리주체는 제79조의 규정에 따라 작성된 자산운용지침에 따라 자산을 운용하여야 한다.

③ 기금관리주체는 「자본시장과 금융투자업에 관한 법률」에 따른 사모투자전문회사의 무한책임사원이 될 수 없다. 〈개정 2008.12.31〉

제64조(의결권 행사의 원칙) 기금관리주체는 기금이 보유하고 있는 주식의 의결권을 기금의 이익을 위하여 신의에 따라 성실하게 행사하고, 그 행사내용을 공시하여야 한다.

제65조(다른 법률과의 관계) 기금운용계획안의 작성 및 제출 등에 관하여는 다른 법률에 다른 규정이 있는 경우에도 제66조부터 제68조까지, 제68조의2, 제69조부터 제72조까지의 규정을 적용한다. 다만, 기금신설로 인하여 연도 중 기금운용계획안을 수립할 때에는 제66조제5항, 제68조제1항 전단의 규정 중 제출시기에 관한 사항은 적용하지 아니한다. 〈개정 2008.12.31, 2010.5.17〉

제66조(기금운용계획안의 수립) ① 기금관리주체는 매년 1월 31일까지 당해 회계연도부터 5회계연도 이상의 기간 동안의 신규사업 및 기획재정부장관이 정하는 주요 계속사업에 대한 중기사업계획서를 기획재정부장관에게 제출하여야 한다. 〈개정 2008.2.29〉

② 기획재정부장관은 자문회의의 자문과 국무회의의 심의를 거쳐 대통령의 승인을 얻은 다음 연도의 기금운용계획안 작성지침을 매년 3월 31일까지 기금관리주체에게 통보하여야 한다. 〈개정 2008.2.29, 2008.12.31, 2014.1.1〉

③ 기획재정부장관은 제7조의 규정에 따른 국가재정운용계획과 기금운용계획 수립을 연계하기 위하여 제2항의 규정에 따른 기금운용계획안 작성지침에 기금별 지출한도를 포함하여 통보할 수 있다. 〈개정 2008.2.29〉

④ 기획재정부장관은 제2항의 규정에 따라 기금관리주체에게 통보한 기금운용계획안 작성지침을 국회 예산결산특별위원회에 보고하여야 한다. 〈개정 2008.2.29〉

⑤ 기금관리주체는 제2항의 규정에 따른 기금운용계획안 작성지침에 따라 다음 연도의 기금운용계획안을 작성하여 매년 5월 31일까지 기획재정부장관에게 제출하여야 한다. 〈개정 2008.2.29, 2014.1.1〉

⑥ 기획재정부장관은 제5항의 규정에 따라 제출된 기금운용계획안에 대하여 기금관리주체와 협의·조정하여 기금운용계획안을 마련한 후 국무회의의 심의를 거쳐 대통령의 승인을 얻어야 한다. 〈개정 2008.2.29〉

⑦ 기획재정부장관은 제6항의 규정에 따라 기금운용계획안을 조정함에 있어 과도한 여유재원이 운용되고 있는 기금(구조적인 요인을 지닌 연금성 기금을 제외한다)에 대하여는 예산상의 지원을 중단하거나 당해 기금수입의 원천이 되는 부담금 등의 감소를 위한 조치를 취할 것을 기금관리주체에게 요구할 수 있다. 이 경우 기금관리주체가 중앙관서의 장이 아닌 경우에는 그 소관 중앙관서의 장을 거쳐야 한다. 〈개정 2008.2.29〉

⑧ 제1항·제5항 및 제6항에 규정된 기금관리주체 중 중앙관서의 장이 아닌 기금관리주체는 각각 동항에 규정된 제출·협의 등에 있어 소관 중앙관서의 장을 거쳐야 한다.

제67조(기금운용계획안의 내용) ① 기금운용계획안은 운용총칙과 자금운용계획으로 구성된다.

② 운용총칙에는 기금의 사업목표, 자금의 조달과 운용(주식 및 부동산 취득한도를 포함한다) 및 자산취득에 관한 총괄적 사항을 규정한다.

③ 자금운용계획은 수입계획과 지출계획으로 구분하되, 수입계획은 성질별로 구분하고 지출계획은 성질별 또는 사업별로 주요항목 및 세부항목으로 구분한다. 이 경우 주요항목의 단위는 장·관·항으로, 세부항목의 단위는 세항·목

으로 각각 구분한다.

④ 기금운용계획안의 작성에 관하여 필요한 사항은 대통령령으로 정한다.

제68조(기금운용계획안의 국회제출 등) ① 정부는 제67조제3항의 규정에 따른 주요항목 단위로 마련된 기금운용계획안을 회계연도 개시 120일 전까지 국회에 제출하여야 한다. 이 경우 중앙관서의 장이 관리하는 기금의 기금운용계획안에 계상된 국채발행 및 차입금의 한도액은 제20조의 규정에 따른 예산총칙에 규정하여야 한다. 〈개정 2013.5.28〉

② 기금관리주체는 기금운용계획이 확정된 때에는 기금의 월별 수입 및 지출계획서를 작성하여 회계연도 개시 전까지 기획재정부장관에게 제출하여야 한다. 〈개정 2008.2.29〉

제68조의2(성인지 기금운용계획서의 작성) ① 정부는 기금이 여성과 남성에게 미칠 영향을 미리 분석한 보고서(이하 "성인지 기금운용계획서"라 한다)를 작성하여야 한다.

② 성인지 기금운용계획서에는 성평등 기대효과, 성과목표, 성별 수혜분석 등을 포함하여야 한다.

③ 성인지 기금운용계획서의 작성에 관한 구체적인 사항은 대통령령으로 정한다.

[본조신설 2010.5.17]

제69조(증액 동의) 국회는 정부가 제출한 기금운용계획안의 주요항목 지출금액을 증액하거나 새로운 과목을 설치하고자 하는 때에는 미리 정부의 동의를 얻어야 한다.

제70조(기금운용계획의 변경) ① 기금관리주체는 지출계획의 주요항목 지출금액의 범위 안에서 대통령령이 정하는 바에 따라 세부항목 지출금액을 변경할 수 있다.

② 기금관리주체(기금관리주체가 중앙관서의 장이 아닌 경우에는 소관 중앙관서의 장을 말한다)는 기금운용계획 중 주요항목 지출금액을 변경하고자 하는 때에는 기획재정부장관과 협의·조정하여 마련한 기금운용계획변경안을 국무회의의 심의를 거쳐 대통령의 승인을 얻은 후 국회에 제출하여야 한다. 〈개정 2008.2.29〉

③ 제2항에도 불구하고 주요항목 지출금액이 다음 각 호의 어느 하나에 해당하는 경우에는 기금운용계획변경안을 국회에 제출하지 아니하고 대통령령으로 정하는 바에 따라 변경할 수 있다. 〈개정 2008.12.31〉

1. 별표 3에 규정된 금융성 기금 외의 기금은 주요항목 지출금액의 변경범위가 10분의 2 이하

2. 별표 3에 규정된 금융성 기금은 주요항목 지출금액의 변경범위가 10분의 3 이하. 다만, 기금의 관리 및 운영에 소요되는 경상비에 해당하는 주요항목 지출금액에 대하여는 10분의 2 이하로 한다.

3. 다른 법률의 규정에 따른 의무적 지출금액

4. 다음 각 목의 어느 하나에 해당하는 지출금액

   가. 기금운용계획상 여유자금 운용으로 계상된 지출금액

   나. 수입이 기금운용계획상의 수입계획을 초과하거나 초과할 것이 예상되는 경우 그 초과수입과 직접 관련되는 지출금액

   다. 환율 및 금리의 변동, 기한 전 상환으로 인한 차입금 원리금 상환 지출금액

5. 기존 국채를 새로운 국채로 대체하기 위한 국채 원리금 상환

6. 일반회계 예산의 세입 부족을 보전하기 위한 목적으로 해당 연도에 이미 발행한 국채의 금액 범위에서 해당 연도에 예상되는 초과 조세수입을 이용한 국채 원리금 상환

④ 기금관리주체는 제1항부터 제3항까지의 규정에 따라 세부항목 또는 주요항목의 지출금액을 변경한 때에는 변경명세서를 기획재정부장관과 감사원에 각각 제출하여야 하며, 정부는 제61조에 따라 국회에 제출하는 국가결산보고서에 그 내용과 사유를 명시하여야 한다. 〈개정 2008.2.29, 2008.12.31〉

⑤ 기금관리주체는 제3항제4호다목, 같은 항 제5호 및 제6호에 따라 지출금액을 변경한 때(주요항목 지출금액의 변경범위가 10분의 2를 초과한 경우에 한정한다)에는 변경명세서를 국회 소관 상임위원회 및 예산결산특별위원회에 제출하여야 한다. 이 경우 변경명세서에는 국채 발행 및 상환 실적을 포함하여야 한다. 〈신설 2008.12.31〉

⑥ 각 기금관리주체가 제1항부터 제3항까지의 규정에 따라 세부항목 또는 주요항목의 지출금액을 변경한 경우에는 분기별로 분기만료일이 속하는 달의 다음 달 말일까지 그 변경 내역을 국회 소관 상임위원회와 예산결산특별위원회에 제출하여야 한다. 〈신설 2009.3.18〉

⑦ 제2항부터 제6항까지의 경우 경유기관에 관하여는 제66조제8항의 규정을 준용한다. 〈개정 2008.12.31, 2009.3.18〉

제71조(기금운용계획안 등의 첨부서류) 정부 또는 기금관리주체는 제68조제1항 및 제70조제2항에 따라 기금운용계획안과 기금운용계획변경안(이하 "기금운용계획안등"이라 한다)을 국회에 제출하는 경우에는 다음 각 호의 서류를 첨부하여야 한다. 다만, 기금운용계획변경안을 제출하는 경우로서 첨부서류가 이미 제출된 서류와 중복되는 때에는 이를 생략할 수 있다. 〈개정 2008.12.31〉

1. 기금조성계획

2. 추정재정상태표 및 추정재정운영표

3. 수입지출계획의 총계표·순계표 및 주요항목별 내역서

4. 제8조제2항의 규정에 따른 성과계획서

5. 기금과 회계 간 또는 기금 상호 간 여유재원의 전입·전출 명세서 그 밖에 기금운용계획안등의 내용을 명백히 할 수 있는 서류

6. 성인지 기금운용계획서

[제목개정 2008.12.31]

제72조(지출사업의 이월) ① 기금관리주체는 매 회계연도의 지출금액을 다음 연도에 이월하여 사용할 수 없다. 다만, 연도 내에 지출원인행위를 하고 불가피한 사유로 연도 내에 지출하지 못한 금액은 다음 연도에 이월하여 사용할 수 있다.

② 기금관리주체는 제1항 단서의 규정에 따라 지출금액을 이월하는 때에는 대통령령이 정하는 바에 따라 이월명세서를 작성하여 다음 연도 1월 31일까지 기획재정부장관과 감사원에 각각 송부하여야 한다. 이 경우 경유기관에 관하여는 제66조제8항의 규정을 준용한다. 〈개정 2008.2.29〉

제73조(기금결산) 각 중앙관서의 장은 「국가회계법」에서 정하는 바에 따라 회계연도마다 소관 기금의 결산보고서를 중앙관서결산보고서에 통합하여 작성한 후 제58조제1항에 따라 기획재정부장관에게 제출하여야 한다.

[전문개정 2008.12.31]

제73조의2(성인지 기금결산서의 작성) ① 정부는 여성과 남성이 동등하게 기금의 수혜를 받고 기금이 성차별을 개선

하는 방향으로 집행되었는지를 평가하는 보고서(이하 "성인지 기금결산서"라 한다)를 작성하여야 한다.

② 성인지 기금결산서에는 집행실적, 성평등 효과분석 및 평가 등을 포함하여야 한다.

[본조신설 2010.5.17]

제73조의3(중장기 기금재정관리계획 등) ① 연금급여 및 보험사업 수행을 목적으로 하는 기금 또는 채권을 발행하는 기금 중 대통령으로 정하는 기금의 관리주체는 소관 기금에 관하여 매년 해당 회계연도부터 5회계연도 이상의 기간에 대한 중장기 기금재정관리계획(이하 "중장기 기금재정관리계획"이라 한다)을 수립하고 이를 기획재정부장관에게 제출하여야 한다. 이 경우 기금관리주체가 중앙관서의 장이 아닌 경우에는 소관 중앙관서의 장을 거쳐야 한다.

② 중장기 기금재정관리계획에는 다음 각 호의 사항이 포함되어야 한다.

1. 재정 수지 등의 전망과 근거 및 관리계획
2. 부채의 증감에 대한 전망과 근거 및 관리계획
3. 전년도 중장기 기금재정관리계획 대비 변동사항, 변동요인 및 관리계획 등에 대한 평가·분석
4. 그 밖에 대통령으로 정하는 사항

③ 기획재정부장관은 제1항 및 제2항에 따라 수립된 중장기 기금재정관리계획을 제7조에 따른 국가재정운용계획 수립 시 반영하여야 한다.

④ 중장기 기금재정관리계획의 수립 절차 등에 관한 사항은 대통령으로 정한다.

[본조신설 2010.5.17]

제74조(기금운용심의회) ① 기금관리주체는 기금의 관리·운용에 관한 중요한 사항을 심의하기 위하여 기금별로 기금운용심의회(이하 "심의회"라 한다)를 설치하여야 한다. 다만, 심의회를 설치할 필요가 없다고 인정되는 기금의 경우에는 기획재정부장관과 협의하여 설치하지 아니할 수 있다. 〈개정 2008.2.29〉

② 다음 각 호의 사항은 심의회의 심의를 거쳐야 한다. 〈개정 2008.12.31〉

1. 제66조제5항의 규정에 따른 기금운용계획안의 작성
2. 제70조제2항 및 제3항의 규정에 따른 주요항목 지출금액의 변경
3. 제73조에 따른 기금결산보고서의 작성
4. 제79조의 규정에 따른 자산운용지침의 제정 및 개정
5. 기금의 관리·운용에 관한 중요사항으로서 대통령령이 정하는 사항과 기금관리주체가 필요하다고 인정하여 부의하는 사항

③ 심의회의 위원장은 기금관리주체의 장이 되며, 위원은 위원장이 위촉하되, 학식과 경험이 풍부한 자로서 공무원이 아닌 자를 2분의 1 이상 위촉하여야 한다.

④ 그 밖에 심의회의 구성과 운영에 관하여 필요한 사항은 대통령으로 정한다.

⑤ 기금의 관리·운용에 관한 사항을 심의하기 위하여 다른 법률에 따라 설치된 위원회 등은 이를 심의회로 보며, 그 위원회 등이 다른 법률에 따라 심의하여야 하는 사항은 제2항 각 호의 심의사항에 해당하는 것으로 본다.

제75조 삭제 〈2008.12.31〉

제76조(자산운용위원회) ① 전전 회계연도말에 보유한 여유자금의 규모가 1조원을 초과하는 기금(「외국환거래법」 제13

조의 규정에 따른 외국환평형기금을 제외한다)의 기금관리주체는 자산운용에 관한 중요한 사항을 심의하기 위하여 심의회에 자산운용위원회(이하 "자산운용위원회"라 한다)를 설치하여야 한다. 다만, 다른 법률에 따로 정한 바가 있는 경우에는 그 법률에 따른다.

② 다음 각 호의 사항은 자산운용위원회의 심의를 거쳐야 한다.

1. 제77조의 규정에 따른 자산운용 전담부서의 설치 등에 관한 사항
2. 제79조의 규정에 따른 자산운용지침의 제정 및 개정에 관한 사항
3. 자산운용 전략에 관한 사항
4. 자산운용 평가 및 위험관리에 관한 사항
5. 그 밖에 자산운용과 관련된 중요한 사항

③ 자산운용위원회의 위원장은 기금관리주체의 장이 기금의 여건 등을 고려하여 당해 기금관리주체 및 수탁기관의 임·직원 또는 공무원 중에서 선임한다.

④ 자산운용위원회의 위원은 다음 각 호의 어느 하나에 해당하는 자 중에서 기금관리주체의 장이 선임 또는 위촉한다. 이 경우 제2호에 해당하는 위원의 정수는 전체위원 정수의 과반수가 되어야 한다.

1. 당해 기금관리주체 및 수탁기관의 임·직원 또는 공무원
2. 자산운용에 관한 학식과 경험이 풍부한 자로서 대통령령이 정하는 자격을 갖춘 자

⑤ 그 밖에 자산운용위원회의 구성 및 운영 등에 관하여 필요한 사항은 대통령으로 정한다.

제77조(자산운용 전담부서의 설치 등) ① 기금관리주체는 자산운용위원회의 심의를 거쳐 자산운용을 전담하는 부서를 두어야 한다.

② 기금관리주체는 자산운용위원회의 심의를 거쳐 자산운용평가 및 위험관리를 전담하는 부서를 두거나 그 업무를 외부 전문기관에 위탁하여야 한다.

제78조(국민연금기금의 자산운용에 관한 특례) ① 제77조의 규정에 불구하고 국민연금기금은 자산운용을 전문으로 하는 법인을 설립하여 여유자금을 운용하여야 한다.

② 제1항의 규정에 따른 법인의 조직·운영 및 감독에 관하여 필요한 사항은 「국민연금법」에서 따로 정한다.

제79조(자산운용지침의 제정 등) ① 기금관리주체는 기금의 자산운용이 투명하고 효율적으로 이루어지도록 하기 위하여 자산운용업무를 수행함에 있어서 준수하여야 할 지침(이하 "자산운용지침"이라 한다)을 심의회의 심의를 거쳐 정하고, 이를 14일 이내에 국회 소관 상임위원회에 제출하여야 한다. 이 경우 자산운용위원회가 설치되어 있는 기금은 심의회의 심의 전에 자산운용위원회의 심의를 거쳐야 한다.

② 제1항의 규정에 불구하고 제74조제1항 단서의 규정에 따라 심의회를 설치하지 아니한 기금의 경우에는 기금관리주체가 직접 자산운용지침을 정하여야 한다.

③ 자산운용지침에는 다음 각 호의 사항이 포함되어야 한다.

1. 투자결정 및 위험관리 등에 관련된 기준과 절차에 관한 사항
2. 투자자산별 배분에 관한 사항
3. 자산운용 실적의 평가 및 공시에 관한 사항

4. 보유주식의 의결권 행사에 대한 기준과 절차에 관한 사항

5. 자산운용과 관련된 부정행위 등을 방지하기 위하여 자산운용업무를 수행하는 자가 지켜야 할 사항

6. 그 밖에 자산운용과 관련하여 기금관리주체가 필요하다고 인정하는 사항

제80조(기금운용계획의 집행지침) 기획재정부장관은 기금운용계획 집행의 효율성 및 공공성을 높이기 위하여 기금운용계획의 집행에 관한 지침을 정할 수 있다. 〈개정 2008.2.29, 2008.12.31〉

제81조(여유자금의 통합운용) 기획재정부장관은 기금 여유자금의 효율적인 관리·운용을 위하여 각 기금관리주체가 예탁하는 여유자금을 대통령령이 정하는 기준과 절차에 따라 선정된 금융기관으로 하여금 통합하여 운용하게 할 수 있다. 〈개정 2008.2.29〉

제82조(기금운용의 평가) ① 기획재정부장관은 회계연도마다 전체 기금 중 3분의 1 이상의 기금에 대하여 대통령령이 정하는 바에 따라 그 운용실태를 조사·평가하여야 하며, 3년마다 전체 재정체계를 고려하여 기금의 존치 여부를 평가하여야 한다. 〈개정 2008.2.29〉

② 기획재정부장관은 제1항의 규정에 따른 기금운용실태의 조사·평가와 기금제도에 관한 전문적·기술적인 연구 또는 자문을 위하여 기금운용평가단을 운영할 수 있다. 〈개정 2008.2.29〉

③ 기획재정부장관은 제1항 또는 제2항에 따른 평가결과를 국무회의에 보고한 후 제61조에 따라 국회에 제출하는 국가결산보고서와 함께 국회에 제출하여야 한다. 〈개정 2008.2.29, 2008.12.31〉

④ 제2항의 규정에 따른 기금운용평가단의 구성 및 운영에 관하여 필요한 사항은 대통령령으로 정한다.

제83조(국정감사) 이 법의 적용을 받는 기금을 운용하는 기금관리주체는 「국정감사 및 조사에 관한 법률」 제7조의 규정에 따른 감사의 대상기관으로 한다.

제84조(기금자산운용담당자의 손해배상 책임) ① 기금의 자산운용을 담당하는 자는 고의 또는 중대한 과실로 법령을 위반하여 기금에 손해를 끼친 경우 그 손해를 배상할 책임이 있다.

② 공무원이 기금의 자산운용에 영향을 줄 목적으로 직권을 남용하여 기금관리주체 그 밖에 기금의 자산운용을 담당하는 자에게 부당한 영향력을 행사하여 손해를 끼친 경우 당해 공무원은 제1항의 규정에 따른 책임이 있는 자와 연대하여 손해를 배상하여야 한다.

제85조(준용규정) 제31조제3항·제35조·제38조·제39조·제45조·제49조·제50조 및 제55조의 규정은 기금에 관하여 이를 준용한다.

제5장 재정건전화

제86조(재정건전화를 위한 노력) 정부는 건전재정을 유지하고 국가채권을 효율적으로 관리하며 국가채무를 적정수준으로 유지하도록 노력하여야 한다.

제87조(재정부담을 수반하는 법령의 제정 및 개정) ① 정부는 재정지출 또는 조세감면을 수반하는 법률안을 제출하고자 하는 때에는 법률이 시행되는 연도부터 5회계연도의 재정수입·지출의 증감액에 관한 추계자료와 이에 상응하는

재원조달방안을 그 법률안에 첨부하여야 한다.

② 각 중앙관서의 장은 입안하는 법령이 재정지출을 수반하는 때에는 대통령령이 정하는 바에 따라 제1항의 규정에 따른 추계자료와 재원조달방안을 작성하여 그 법령안에 대한 입법예고 전에 기획재정부장관과 협의하여야 한다. 〈개정 2008.2.29〉

③ 각 중앙관서의 장은 제2항에 따른 협의를 한 후 법령안의 변경으로 대통령령으로 정하는 사항이 변경되는 경우에는 그 법령안에 대하여 추계자료와 재원조달방안을 작성하여 기획재정부장관과 재협의하여야 한다. 〈신설 2010.5.17〉

제88조(국세감면의 제한) ① 기획재정부장관은 대통령령이 정하는 당해 연도 국세 수입총액과 국세감면액 총액을 합한 금액에서 국세감면액 총액이 차지하는 비율(이하 "국세감면율"이라 한다)이 대통령령이 정하는 비율 이하가 되도록 노력하여야 한다. 〈개정 2008.2.29〉

② 각 중앙관서의 장은 새로운 국세감면을 요청하는 때에는 대통령령이 정하는 바에 따라 감면액을 보충하기 위한 기존 국세감면의 축소 또는 폐지방안이나 재정지출의 축소방안과 그 밖의 필요한 사항을 작성하여 기획재정부장관에게 제출하여야 한다. 〈개정 2008.2.29, 2010.5.17〉

제89조(추가경정예산안의 편성) ① 정부는 다음 각 호의 어느 하나에 해당하게 되어 이미 확정된 예산에 변경을 가할 필요가 있는 경우에는 추가경정예산안을 편성할 수 있다. 〈개정 2009.2.6〉

1. 전쟁이나 대규모 자연재해가 발생한 경우

2. 경기침체, 대량실업, 남북관계의 변화, 경제협력과 같은 대내·외 여건에 중대한 변화가 발생하였거나 발생할 우려가 있는 경우

3. 법령에 따라 국가가 지급하여야 하는 지출이 발생하거나 증가하는 경우

② 정부는 국회에서 추가경정예산안이 확정되기 전에 이를 미리 배정하거나 집행할 수 없다.

[제목개정 2009.2.6]

제90조(세계잉여금 등의 처리) ① 일반회계 예산의 세입 부족을 보전(補塡)하기 위한 목적으로 해당 연도에 이미 발행한 국채의 금액 범위에서는 해당 연도에 예상되는 초과 조세수입을 이용하여 국채를 우선 상환할 수 있다. 이 경우 세입·세출 외로 처리할 수 있다. 〈신설 2008.12.31〉

② 매 회계연도 세입세출의 결산상 잉여금 중 다른 법률에 따른 것과 제48조의 규정에 따른 이월액을 공제한 금액(이하 "세계잉여금"이라 한다)은 「지방교부세법」 제5조제2항의 규정에 따른 교부세의 정산 및 「지방교육재정교부금법」 제9조제3항의 규정에 따른 교부금의 정산에 사용할 수 있다. 〈개정 2008.12.31〉

③ 제2항의 규정에 따라 사용한 금액을 제외한 세계잉여금은 100분의 30 이상을 「공적자금상환기금법」에 따른 공적자금상환기금에 우선적으로 출연하여야 한다. 〈개정 2008.12.31〉

④ 제2항 및 제3항의 규정에 따라 사용하거나 출연한 금액을 제외한 세계잉여금은 100분의 30 이상을 다음 각 호의 채무를 상환하는데 사용하여야 한다. 〈개정 2006.12.30, 2008.12.31〉

1. 국채 또는 차입금의 원리금

2. 「국가배상법」에 따라 확정된 국가배상금
3. 「공공자금관리기금법」에 따른 공공자금관리기금의 융자계정의 차입금(예수금을 포함한다)의 원리금. 다만, 2006년 12월 31일 이전의 차입금(예수금을 포함한다)에 한한다.
4. 그 밖에 다른 법률에 따라 정부가 부담하는 채무
⑤ 제2항부터 제4항까지의 규정에 따라 사용하거나 출연한 금액을 제외한 세계잉여금은 추가경정예산안의 편성에 사용할 수 있다. 〈개정 2008.12.31〉
⑥ 제2항부터 제4항까지의 규정에 따른 세계잉여금의 사용 또는 출연은 그 세계잉여금이 발생한 다음 연도까지 그 회계의 세출예산에 관계없이 이를 하되, 국무회의의 심의를 거쳐 대통령의 승인을 얻어야 한다. 〈개정 2008.12.31〉
⑦ 제2항부터 제5항까지의 규정에 따른 세계잉여금의 사용 또는 출연은 다른 법률의 규정에 불구하고 「국가회계법」 제13조제3항에 따라 국가결산보고서에 대한 대통령의 승인을 얻은 때부터 이를 할 수 있다. 〈개정 2008.12.31〉
⑧ 세계잉여금 중 제2항부터 제5항까지의 규정에 따라 사용하거나 출연한 금액을 공제한 잔액은 다음 연도의 세입에 이입하여야 한다. 〈개정 2008.12.31〉
[제목개정 2008.12.31]
제91조(국가채무의 관리) ① 기획재정부장관은 국가의 회계 또는 기금이 부담하는 금전채무에 대하여 매년 다음 각 호의 사항이 포함된 국가채무관리계획을 수립하여야 한다. 〈개정 2008.2.29, 2010.5.17〉
1. 전전년도 및 전년도 국채 또는 차입금의 차입 및 상환실적
2. 당해 회계연도의 국채 발행 또는 차입금 등에 대한 추정액
3. 해당 회계연도부터 5회계연도 이상의 기간에 대한 국채 발행 계획 또는 차입 계획과 그에 따른 국채 또는 차입금의 상환 계획
4. 해당 회계연도부터 5회계연도 이상의 기간에 대한 채무의 증감 전망과 근거 및 관리계획
5. 그 밖에 대통령령이 정하는 사항
② 제1항의 규정에 따른 금전채무는 다음 각 호의 어느 하나에 해당하는 채무를 말한다.
1. 국가의 회계 또는 기금(재원의 조성 및 운용방식 등에 따라 실질적으로 국가의 회계 또는 기금으로 보기 어려운 회계 또는 기금으로서 대통령령이 정하는 회계 또는 기금을 제외한다. 이하 이 항에서 같다)이 발행한 채권
2. 국가의 회계 또는 기금의 차입금
3. 국가의 회계 또는 기금의 국고채무부담행위
4. 그 밖에 제1호 및 제2호에 준하는 채무로서 대통령령이 정하는 채무
③ 제2항의 규정에 불구하고 다음 각 호의 어느 하나에 해당하는 채무는 국가채무에 포함하지 아니한다.
1. 「국고금관리법」 제32조제1항의 규정에 따른 재정증권 또는 한국은행으로부터의 일시차입금
2. 제2항제1호에 해당하는 채권 중 국가의 회계 또는 기금이 인수 또는 매입하여 보유하고 있는 채권
3. 제2항제2호에 해당하는 차입금 중 국가의 다른 회계 또는 기금으로부터의 차입금
④ 기획재정부장관은 제1항의 규정에 따른 국가채무관리계획을 수립하기 위하여 필요한 때에는 관계 중앙관서의

장에게 자료제출을 요청할 수 있다. 〈개정 2008.2.29〉
제92조(국가보증채무의 부담 및 관리) ① 국가가 보증채무를 부담하고자 하는 때에는 미리 국회의 동의를 얻어야 한다.
② 기획재정부장관은 매년 제1항에 따른 국가보증채무의 부담 및 관리에 관한 국가보증채무관리계획을 작성하여야 한다. 〈신설 2010.5.17〉
③ 제1항에 따른 보증채무의 관리 및 제2항에 따른 국가보증채무관리계획의 작성 등에 관한 사항은 대통령령으로 정한다. 〈개정 2010.5.17〉

제6장 보칙

제93조(유가증권의 보관) ① 중앙관서의 장은 법령의 규정에 따르지 아니하고는 유가증권을 보관할 수 없다.
② 중앙관서의 장은 법령의 규정에 따라 유가증권을 보관하게 되는 때에는 한국은행 또는 대통령령이 정하는 금융기관에 보관업무를 위탁하여야 한다.
③ 제2항의 규정에 따라 한국은행 또는 대통령령이 정하는 금융기관이 유가증권을 위탁 관리하는 때에는 「국유재산법」 제15조제2항부터 제5항까지의 규정을 준용한다. 〈개정 2009.1.30〉
제94조(장부의 기록과 비치) 기획재정부장관, 중앙관서의 장, 제93조제2항의 규정에 따라 유가증권 보관업무를 위탁받은 한국은행 및 금융기관은 대통령령이 정하는 바에 따라 장부를 비치하고 필요한 사항을 기록하여야 한다. 〈개정 2008.2.29〉
제95조(자금의 보유) 국가는 법률로 정하는 경우에 한하여 특별한 자금을 보유할 수 있다.
제96조(금전채권·채무의 소멸시효) ① 금전의 급부를 목적으로 하는 국가의 권리로서 시효에 관하여 다른 법률에 규정이 없는 것은 5년 동안 행사하지 아니하면 시효로 인하여 소멸한다.
② 국가에 대한 권리로서 금전의 급부를 목적으로 하는 것도 또한 제1항과 같다.
③ 금전의 급부를 목적으로 하는 국가의 권리에 있어서는 소멸시효의 중단·정지 그 밖의 사항에 관하여 다른 법률의 규정이 없는 때에는 「민법」의 규정을 적용한다. 국가에 대한 권리로서 금전의 급부를 목적으로 하는 것도 또한 같다.
④ 법령의 규정에 따라 국가가 행하는 납입의 고지는 시효중단의 효력이 있다.
제97조(재정집행의 관리) ① 각 중앙관서의 장과 기금관리주체는 대통령령이 정하는 바에 따라 사업집행보고서와 예산 및 기금운용계획에 관한 집행보고서를 기획재정부장관에게 제출하여야 한다. 〈개정 2008.2.29〉
② 기획재정부장관은 예산 및 기금의 효율적인 운용을 위하여 제1항의 규정에 따른 보고서의 내용을 분석하고 예산 및 기금의 집행상황과 낭비 실태를 확인·점검한 후 필요한 때에는 집행 애로요인의 해소와 낭비 방지를 위하여 필요한 조치를 각 중앙관서의 장과 기금관리주체에게 요구할 수 있다. 〈개정 2008.2.29〉
제97조의2(재정업무의 정보화) ① 기획재정부장관은 재정에 관한 업무를 원활하게 수행하기 위하여 정보통신매체 및 프로그램 등을 개발하여 중앙관서의 장이 사용하게 할 수 있다. 이 경우 국가회계업무에 관한 정보통신매체 및 프로

그램 등의 개발에 대하여는 감사원과 미리 협의를 하여야한다.

② 중앙관서의 장은 제1항에도 불구하고 재정에 관한 업무를 처리하는 정보통신매체 및 프로그램 등을 직접 개발하여 사용할 수 있다. 이 경우 기획재정부장관 및 감사원(국가회계업무에 관한 정보통신매체 및 프로그램 등의 개발인 경우에 한정한다)과 미리 협의를 하여야 한다.
[본조신설 2008.12.31]

제98조(내부통제) 각 중앙관서의 장은 재정관리 · 재원사용의 적정 여부와 집행과정에서 보고된 자료의 신빙성을 분석 · 평가하기 위하여 소속 공무원으로 하여금 필요한 사항에 관하여 내부통제를 하게 하여야 한다.

제99조(예산 및 기금운용계획의 집행 및 결산의 감독) 기획재정부장관은 예산 및 기금운용계획의 집행 또는 결산의 적정을 기하기 위하여 소속 공무원으로 하여금 확인 · 점검하게 하여야 하며, 필요한 때에는 각 중앙관서의 장에게 관련 제도의 개선을 요구하거나 국무회의 심의를 거친 후 대통령의 승인을 얻어 예산 및 기금운용계획의 집행과 결산에 관한 지시를 할 수 있다. 〈개정 2008.2.29〉

제100조(예산 · 기금의 불법지출에 대한 국민감시) ① 국가의 예산 또는 기금을 집행하는 자, 재정지원을 받는 자, 각 중앙관서의 장(그 소속기관의 장을 포함한다) 또는 기금관리주체와 계약 그 밖의 거래를 하는 자가 법령을 위반함으로써 국가에 손해를 가하였음이 명백한 때에는 누구든지 집행에 책임 있는 중앙관서의 장 또는 기금관리주체에게 불법지출에 대한 증거를 제출하고 시정을 요구할 수 있다.

② 제1항의 규정에 따라 시정요구를 받은 중앙관서의 장 또는 기금관리주체는 대통령령이 정하는 바에 따라 그 처리결과를 시정요구를 한 자에게 통지하여야 한다.

③ 중앙관서의 장 또는 기금관리주체는 제2항의 규정에 따른 처리결과에 따라 수입이 증대되거나 지출이 절약된 때에는 시정요구를 한 자에게 제49조의 규정에 따른 예산성과금을 지급할 수 있다.

제101조(재정 관련 공무원의 교육) 기획재정부장관은 재정업무를 담당하는 공무원의 업무전문성 향상을 위하여 대통령령이 정하는 바에 따라 교육을 실시할 수 있다. 〈개정 2008.2.29〉

제7장 벌칙

제102조(벌칙) 공무원이 기금의 자산운용에 영향을 줄 목적으로 직권을 남용하여 기금관리주체 그 밖에 기금의 자산운용을 담당하는 자에게 부당한 영향력을 행사하는 때에는 5년 이하의 징역, 10년 이하의 자격정지 또는 1천만원 이하의 벌금에 처한다.

부칙 〈제12161호, 2014.1.1〉

제1조(시행일) 이 법은 공포한 날부터 시행한다. 다만, 제34조제15호, 제38조제2항 및 제71조제7호의 개정규정은 공포 후 3개월이 경과한 날부터 시행한다.

제2조(예산안 편성지침의 통보, 예산요구서의 제출 및 기금운용계획안의 수립에 관한 특례) ① 제29조제1항, 제66조제2항의 개정규정에도 불구하고 2014년에 편성되는 예산안 및 기금운용계획안에 관하여는 "3월 31일"을 "4월 20일"로 보고, 2015년에 편성되는 예산안 및 기금운용계획안

에 관하여는 "3월 31일"을 "4월 10일"로 본다.

② 제31조제1항, 제66조제5항의 개정규정에도 불구하고 2014년에 편성되는 예산안 및 기금운용계획안에 관하여는 "5월 31일"을 "6월 20일"로 보고, 2015년에 편성되는 예산안 및 기금운용계획안에 관하여는 "5월 31일"을 "6월 10일"로 본다.

제3조(다른 법률의 개정) ① 국가균형발전 특별법 일부를 다음과 같이 개정한다.
제38조제2항 중 "5월 31일"을 "4월 30일"로 하며, 제3항 · 제4항 중 "6월 30일"을 "5월 31일"로 한다.
② 보조금 관리에 관한 법률 일부를 다음과 같이 개정한다.
제4조제4항 중 "5월 31일"을 "4월 30일"로 하며, 제7조제2항 중 "6월 20일"을 "5월 20일"로 한다.

제4조(「국가균형발전 특별법」상 예산편성절차상의 특례에 관한 특례) ① 「국가균형발전 특별법」 제38조제2항의 개정규정에도 불구하고 2014년에 제출되는 예산신청서에 대하여는 "4월 30일"을 "5월 20일"로, 2015년에 제출되는 예산신청서에 대하여는 "4월 30일"을 "5월 10일"로 본다.
② 「국가균형발전 특별법」 제38조제3항 · 제4항의 개정규정에도 불구하고 2014년에 제출 · 통보되는 예산요구서 및 예산편성에 관한 의견에 대하여는 "5월 31일"을 "6월 20일"로, 2015년에 제출 · 통보되는 예산요구서 및 예산편성에 관한 의견에 대하여는 "5월 31일"을 "6월 10일"로 본다.

제5조(「보조금 관리에 관한 법률」상 예산계상 신청서 및 지방비 부담경비 협의 의견서 제출에 관한 특례) ① 「보조금 관리에 관한 법률」 제4조제4항의 개정규정에도 불구하고 2014년에 제출되는 예산계상 신청서에 대하여는 "4월 30일"을 "5월 20일"로, 2015년에 제출되는 예산계상 신청서에 대하여는 "4월 30일"을 "5월 10일"로 본다.
② 「보조금 관리에 관한 법률」 제7조제2항의 개정규정에도 불구하고 2014년에 제출되는 지방비 부담경비 협의 의견서에 대하여는 "5월 20일"을 "6월 10일"로, 2015년에 제출되는 지방비 부담경비 협의 의견서에 대하여는 "5월 20일"을 "5월 31일"로 본다.

제6조(국가연구개발사업의 개발 성과물 사용에 따른 대가에 관한 경과조치) 이 법 시행 전에 종전의 제53조제5항에 따라 국가연구개발사업의 개발 성과물 사용에 따른 대가에 대하여 세입세출예산 외로 사용할 수 있도록 기획재정부장관과의 협의를 거친 경우에는 제53조제5항의 개정규정에도 불구하고 2014년 12월 31일까지는 종전의 규정에 따른다.

참고문헌

강경식. 1985. 경제발전과 함께 한 나날들. 부산: 부산발전시스템연구소.

강신택. 2000. 재무행정론: 예산과정을 중심으로. 서울: 박영사.

강영걸. 1999. 정부투자기관 기관장의 교체가 기관 경영성적에 미치는 영향에 관한 연구, 한국경상논총, 17(1).

강원택. 2001. 행정개혁과 관료저항. 한국사회와 행정연구, 12(3).

강인재 · 민진 · 윤영진(편역). 1985. 예산이론. 서울: 대왕사.

강인재 · 신종렬 · 배득종. 2003 봄. 복식부기 회계제도 도입과 적용의 비용편익분석. 한국행정학보 37:1.

강철승. 2006. 공기업 경영평가 제대로 되고 있나?. 2006년도 한국행정학회 하계학술대회 발표논문.

강태혁. 2013. 예산제도와 재정관리. 서울: 율곡출판사.

경실련. 2002. 9개 정부기관 자체감사기구 실태조사 발표.

고영선. 1999. 중기재정계획(1998~2002년)의 주요정책과제. 한국개발연구원.

공동성 외. 2013. 성과관리: 한국제도편. 서울: 대영문화사.

국가과학기술위원회. 2012. 2011년도 연구개발활동조사.

국가회계기준센터. 2011. 알기쉬운 국가회계기준.

국무조정실(정책평가위원회). 2002. 정부업무평가 백서.

국회예산정책처. 2007. 공공기관임원인사평가.

_____. 2009. 저출산 · 고령화의 영향과 정책과제.

_____. 2012. 2013년도 정부 성과계획서 평가.

_____. 2013. 2014년도 성인지 예산서 분석.

_____. 2013. 알기쉬운 재정.

_____. 2013. 2013년도 대한민국 재정.

권오성, 강인재, 김경호, 김혁, 배득종, 이경섭, 전중열, 서성아. 2011. 정부회계의 기초와 원리. 서울: 법문사.

기획예산처. 2004. 2004-2008년 국가재정운용계획개요.

_____. 2004. 성과관리제도.

_____. 2004. 2004 성과관리제도 시행지침.

_____. 2004. 통합재정규모.pdf

_____. 2004. 산하기관 경영혁신과제 보고.

기획재정부. 각년도. 성인지 예산서.

_____. 각년도. 정부예산안.

_____. 2008. 민관합동 재정통계 개편 T/F 1차회의(2008.11.19.) 자료 및 2차회
의(2008.12.29.) 자료.

_____. 2010. 2010 한국의 재정. 서울: 매일경제신문사.

_____. 2012. 2013년도 공공기관 경영평가 편람.

_____. 2013. 2013-2017 국가재정운용계획.

_____. 2013. 디지털예산회계시스템 개요: 한국의 통합재정정보시스템.

_____. 2013. 발생주의·복식부기 국가회계제도 발전을 위한 국가회계 전문교육.

_____(이태성). 2013. 재정성과관리제도 현황 및 개편방안. 한국정책학회 2013
년 동계학술대회 발표자료중.

_____. 2013. 심층평가 운영성과 및 향후 운영방향(2013.2.19.)

_____. 2013. 2014년도 예산안 편성지침 및 기금운용계획안 작성지침.

_____. 2013. 2014년도 예산안작성 세부지침.

_____. 2014. 2013년도 재정사업자율평가 지침.

기획재정부, 여성가족부, 한국여성정책연구원. 2012. 2011년도 성인지 결산서 작성
매뉴얼.

_____. 2013. 2014년도 성인지 예산서 작성
매뉴얼.

김동건. 1989. 현대재정학: 공공경제의 이론과 정책. 서울: 박영사.

김명수·박준. 1995. 공공감사론. 서울: 대영문화사.

김명숙. 1988. "교육재정과 소득분배" 곽태원. 이계식(편). 국가예산과 정책목
표:1998.

김병섭, 박상희. 2010. 공공기관 임원의 정치적 임명에 관한 연구: 법제도 및 대통령
의 영향을 중심으로. 한국행정학보 44(2).

김상헌, 배병돌. 2002. 특별교부세 배분에 관한 실증적 연구. 한국행정학보, 36(1).

김석웅 외. 2009. 현대회계의 이해. 서울: 산문출판.

김석준. 1992. "한국관료의 형평의식" 황일청(편). 한국사회의 불평등과 형평. 서울:

나남.

김석태. 2001. 특별교부세의 정체성. 한국행정논집, 13(2).

김원기. 1990. 재무관리: 이론과 예해. 서울: 경음사.

김재훈. 2007. 국가균형발전 특별회계 평가와 향후과제. 한국경제연구원.

김재훈·배득종. 2004. "프로그램 예산제도와 성과관리 예산제도의 연계 방안" 미발
  표보고서.

김준기. 2004. 공기업 지배구조에 대한 평가와 개선방안: 정부투자기관 이사회 구성
  과 평가를 중심으로. 정책&지식, 제76회.

김지영·허경선. 2010. 공공기관 경영자율권 확대사업의 현황 및 정책방향. 조세연구
  원.

김춘순. 2012. 국가재정 이론과 실제. 서울: 박영사.

김헌. 2007. 정부투자기관 관리제도 변화에 따른 사장 임용유형별 성과 차이 분석,
  2007년도 한국행정학회 동계학술대회 발표논문집(하).

김현구. 1990.12. 효율적인 국가감사체계의 확립방안. 한국행정학보 제24권3호.

김현아. 2012. 국고보조사업으로서의 광역·지역발전 특별회계 개선방안. 지역발전
  위원회 간행물 기고문 중에서.

김현숙. 2007. 우리나라 공기업 민영화가 기업성과에 미친 영향에 관한 실증분석. 재
  정논집, 22(1).

김현숙·민희철·박기백. 2007. 공기업 민영화 성과분석: 국민경제적 관점의 효과.
  한국조세연구원.

노화준. 1995. 정책학원론. 서울: 박영사.

대외경제정책연구원. 산업연구원. 2011. 한국 경제공동체 추진 구상.

대한민국정부. 2004. 역동과 기회의 한국.

_____. 2004. 2004-2008년 국가재정운용계획.

_____. 2012. 2011회계연도 국가채무관리보고서.

_____. 2013. 대한민국 중장기 정책과제.

디지털예산회계기획단. 2004.9. 종합혁신전략 중간보고서.

_____. 2004.9. 프로그램 예산체계의 도입 방안.

_____. 2004.11. 디지털예산회계기획단. 업무전략계획보고서 제1권.

럭키금성연구소. 1994.11. 정부기구개편에 관한 설문조사.

마경희. 2009. 주요 선진국의 성인지 예산서. 젠더리뷰 제12호.

문형표. 2006. 인구구조 고령화의 경제·사회적 파급효과와 대응과제. 한국개발연구원.

민희철. 2008. 정치적 연결이 공기업 보조금에 미친 효과에 대한 분석. 한국조세연구

원 재정포럼. 제139호.

박노욱·원종학·김진·박명호. 2008. 재정성과관리제도의 현황과 정책과제.

박봉흠. 2003. 참여정부의 재정운영방향.(mpb20030630.pdf)

박상수·임민영. 2011. 지방소득세 확대개편방안. 한국지방세연구원.

박석희. 2009. 공공기관 경영평가제도의 최근 쟁점과 과제. 한국행정학회 2009년 동
　　계학술대회 발표논문.

박영강. 2012. 지방정부의 자주재원 확충을 위한 대안. 한국지방정부학회 동계학술대
　　회 발표논문.

박영희. 재무행정론(제3판). 1995. 서울: 다산출판사.

박정수·박석희. 2011. 공기업 민영화 성과평가 및 향후과제. 한국조세연구원.

박진·허경선. 2013. 공공기관 부채의 원인과 대책. 공공기관 부채 문제의 현황과 해
　　결방안 중에서. 한국조세재정연구원.

배득종(역). 1992. 공공선택론. 서울: 나남출판사.

배득종. 1998. 캐나다 연방정부의 예산개혁. 캐나다 연구. 1997/1998.

_____. 2001a. 「신재무행정」. 서울: 박영사.

_____. 2001b. 정부재창조론에 입각한 결과지향예산제도의 실용화 가능성에 관한
　　연구. 「한국행정논집」. 13(2): 261−283.

_____. 2001.11. 배득종. 복식부기 정부회계제도 도입에 있어서 문제점과 대응책−시
　　스템 이론의 관점. 한국사회와 행정. 12:3.

_____. 2004.12. Top−Down 예산제도의 도입과 효율적 정착방안. 2004년도 한국정
　　책학회 연례학술대회 발표논문.

배득종·김성수·유평준. 민자유치론. 서울: 박영사. 1994.

배득종 외. 2000. 정보화시대의 민주주의. 서울: 나노미디어.

배준호. 2011. 2010년대 공기업 혁신의 기본방향 모색. 한국공공관리학보, 25(1).

삼성경제연구소. 2001. 국가경쟁력의 현실과 정책방안.

_____. 2004. 국민소득 2만 불로 가는 길.

_____. 2009. 한국의 사회적 갈등과 경제적 비용.

서정일 외. 2001.9. 지방재정운영의 효율화방안: 예산낭비사례를 중심으로.

선우석호. 1989. 우리나라 보조금의 운용효율분석. 서울: 산업연구원. 1989.

소영진. 1999. 한국의 산업안전보건규제 개선방안 연구: 자율규제 개념을 중심으로.
　　한국정책학회 제출논문.

시사저널. 2004.6.10. 노무현 정부 "개혁센터" 감사원의 무한 질주.

신광영. 1992. "스웨덴의 사회복지제도의 형성과 특징" 한림대학교 사회복지연구소

편. 비교사회복지 제1집. 서울: 을유문화사.

신무섭. 1993. 재무행정학. 서울: 대영문화사.

_____. 1993 여름. 예산편성 및 집행체제의 개선. 한국행정연구. 2권 2호.

_____. 2009. 재무행정학. 서울: 대영문화사.

신홍철. 2002. 관리회계. 서울: 경문사.

안전행정부. 2013. 2012년도 지방자치단체 결산서 작성기준.

_____. 2013. 2013년도 지방자치단체 통합재정 개요.

_____. 2013. 2014년도 지방자치단체 예산편성 운영기준 및 기금운용계획 수립 기준.

안종범. 2010. 저출산 · 고령화 시대의 재정정책 과제. 국제무역경영연구원.

오연천. 1993. 한국지방재정론. 서울: 박영사.

옥동석. 1999. 정부회계제도의 개혁: 발생주의와 복식부기. 재정논총. 한국재정학회.

_____. 2010. 국가채무 논쟁: 의의, 과제, 그리고 교훈. 자유경제원 칼럼. no. 206.

유동운. 1999. 「신제도주의 경제학」, 서울: 선학사.

유승원. 2013. 공기업의 지배구조가 성과에 미치는 영향: CEO의 정치적 독립성과 전문성을 중심으로. 연세대학교 박사학위논문.

_____. 2013. 공기업 CEO의 정치적 독립성, 이사회 의장 분리, 임원의 전문성과 성과. 한국개발연구. 35(2).

_____. 2014. 공공기관 경영평가 영향요인 연구: 공기업 임원의 정치적연결과 정치적갈등을 중심으로. 한국행정학보. 48(1).

유일호,1995. "미국 정부의 재창조," 이계식 · 문형표 편, 정부혁신 : 선진국의 전략과 교훈. 서울: 한국개발연구원.

유훈. 1993. 재무행정론. 제4정판. 서울: 법문사.

유훈 · 배용수 · 이원희. 2010. 공기업론(신판). 서울: 법문사.

윤성식. 1993. 경제대리인이론과 조직의 효율성. 한국행정학보. 27:3.

윤영진. 2000.3. "예산감시 시민단체의 역할과 과제". 정치사회와 정책과제.

_____. 2003. 새재무행정학. 서울: 대영문화사.

_____. 2011. 도입단계 성인지 예산서의 평가와 발전과제. 한국행정논집. 23(2).

_____. 2012. 복지국가 재정전략. 서울: 대영문화사.

이명석. 1997. 정부투자기관 임원의 충원에 관한 연구. 한국행정학보. 31(3).

_____. 2001. 정부투자기관 임원의 정치적 임용과 경영실적. 한국행정학보. 35(4).

이목훈. 2011. 지방재정론. 서울: 대왕사.

이상철. 2007. 한국 공기업의 이해. 서울: 대영문화사.

이승우. 1992. "한국의 예산결정에 대한 국민의 신뢰성 연구" 한국외국어대학교 석사
       학위논문.

이영조. 1992. 재무행정론. 서울: 대명출판사.

_____. 예산형성과정에서의 갈등발생원인과 관리전략. http://blog.naver.com/uuuau/
       40008304525.

이원희. 2007. 지방교부세 제도 개편의 평가와 향후과제. 지방교부세 개선 토론회 발
       표자료.

이정우. 1991. 소득분배론. 서울: 비봉출판사.

이창호. 2004.12. 디지털예산회계시스템 구축방안. 한국지방재정학회. 한국정부회계
       학회 통합 학술세미나.

이형우 · 김규옥. 2011. 성인지 예산제도에 대한 고찰: 주요국 사례를 우리나라 운영
       현황을 중심으로. 사회과학연구, 18(1).

임성일. 2004.12. 프로그램 예산제도의 도입방안: 지방자치단체 예산을 중심으로. 한
       국지방재정학회. 한국정부회계학회 통합 세미나.

재경회 · 예우회. 2011. 한국의 재정 60년, 건전재정의 길. 서울: 매일경제신문사.

전국공무원노동조합. 2007. 지방교부세 백서.

전상경. 2007. 현대지방재정론(2판). 서울: 박영사.

정부 · 민간 합동작업단. 2006. 함께가는 희망한국 Vision 2030.

정부혁신지방분권위원회. 2004.10. 재정세제 워크숍 자료.

정세욱, 최창호. 1980. 행정학. 서울 법문사.

정창수, 김태영. 2011. 국회 예산심의과정의 결정변동요인에 관한 연구. 한국행정학
       회 동계학술발표논문집.

정창영. 1982. 경제학원론. 서울: 세경사.

정해방. 2011. 현행 헌법상 준예산제도의 해석 및 입법론. 일감법학, 20.

조선주. 2011. 중앙정부 성인지 예산제도의 도입과정과 성과. 지방재정과 지방세, 46호.

최상대 · 유승원. 2004.12. 프로그램 예산제도 도입방안: 중앙정부를 중심으로. 한국
       지방재정학회. 한국정부회계학회 합동 특별세미나.

최연태 · 김상헌. 2008. 특별교부세 배분의 정치성에 관한 실증연구. 한국행정학보.
       42(2).

최준욱, 류덕현, 박형수. 2005. 재정지출의 분야별 재원배분에 관한 연구. 한국조세
       연구원.

통계청. 2011. 장래인구추계.

하능식, 이상용, 구찬동. 2012. 중앙-지방간 사회복지 재정부담 조정방안. 한국지방

행정연구원.

하태권 외. 1998. 현대한국정부론. 서울: 법문사.

한국개발연구원. 1991. 한국재정 40년사(제3권) 재정관련법령 및 주요정책자료.

_____. 2005. 자율책임경영을 뒷받침하기 위한 공공기관 지배구조 혁신방안. 공공기관 지배구조 혁신방안 공청회 발제자료.

_____. 2010. 한국경제 60년사 Ⅰ: 경제일반.

한국경제연구원. 2011. 창의혁신 시대의 적정 R&D 예산 규모는?.

한국재정학회. 2011. 성균관대학교 산학협력단. ㈜코리아데이타네트워크. 통일재원 마련방안 연구.

한국조세연구원. 2012. 한국조세연구원 개원 20주년 기념세미나 발표자료집.

한진희 외. 2002. 한국경제의 잠재성장률 전망: 2003~2012.

행정자치부. 2004. 지방자치단체 예산편성 매뉴얼.

_____. 2006. 지방재정연감.

허경선·라영재. 2011. 공공기관 성과 향상을 위한 공공기관 지배구조의 연구. 한국조세연구원.

황호부. 1991. 능률성, 효과성 감사에 관한 연구. 연세대학교 행정대학원.

후데야 이사무(갈렙앤컴퍼니 편역). 1999. 정부회계혁명. 서울: 한언.

Axelrod. D. Budgeting for Modern Government. 1988.

Boubakri, N., and Cosset, J. 1998. The Financial and Operating Performance of Newly Privatized Firms: Evidence from Developing Countries. Journal of Finance, 53(2).

Brin, David. 1995. The Internet as a Commons. Information Technology and Libraries. 14(4): 240-242.

Buchanan, J. and Yoon, Y.J. (2001). Majoritarian Management of the Commons. Economic Inquiries. 39(3): 396-405.

Campbell, J. C. Contemporary Japanese Budget Policies. 1977.

Coe. C.K. 1989. Public Financial Management. Englewood Cliffs: Prentice-Hall.

Collier, Michael. 2002. Explaining Corruption: An Institutional Choice Approach. Crime, Law and Social Change. 38(1): 1-32.

Curro. M.J. 1995. "Federal Financial Management and Budgeting: NPR Recommendation and GAO View". Public Budgeting and Finance.

DeAngelo, L. E. 1981. Auditor Size and Audit Quality. *Journal of Accounting and Economics,* 3.

Demski, J. 1980. A Simple Case of Indeterminate Financial Reporting. *Information Economics and Accounting Research.*

DeWenter, K. L. and P. H. Malatesta. 2001. State-Owned and Privately Owned Firms: An Empirical Analysis of Profitability, Leverage, and Labor Intensity. *American Economic Review,* 91(1).

Diamond, Jack. 2003. From Program to Performance Budgeting: The Challenge for Emerging Market Economies. *IMF Working Paper.* WP/03/169.

Dopuch, N., R. R. King, and R. Schwartz. 2003. Independence in Appearance and in Fact: An Experimental Investigation. *Contemporary Accounting Research,* 20.

Eisenhardt, K. M. (1989). Making fast strategic decisions in high-velocity environments. *Academy of Management Journal,* 32(3).

Fama, E. F., and M. C. Jensen. 1983. Separation of Ownership and Control. *Journal of Law and Economics,* 26.

Frederick, W. 2011. Enhancing the Role of the Boards of Directors of State-Owned Enterprises. *OECD Corporate Governance Working Papers 2.*

Galal, A., L. Jones, P. Tandon, and O. Vogelsang. 1992. *Welfare Consequences of Selling Public Enterprises: An Empirical Analysis.* World Bank Publications.

GAO. 2002. Managing for Results(GAO-02-236).

Hardin, Garret. 1968. The Tragedy of the Commons. Science. Washington DC.

Havens, H.S. Jan/Feb 1976. "MBO and Program Evaluation, or Whatever Happened to PPBS?" *Public Administration Review.*

Herndon, T., Ash, M., and Pollin, R. 2013. Does high public debt consistently stifle economic growth? A critique of Reinhart and Rogoff. *Cambridge Journal of Economics,* bet075.

International Monetary Fund. 2013. Public Sector Debt Statistics(PSDS): Guide for Compilers and Users. Revised second printing.

Jensen, M. C. and Meckling, W. H. 1976. Theory of the firm: Managerial behavior, agency costs and ownership structure. *Journal of Financial Economics,* 3(4).

Kamal, M. 2010. Corporate Governance and State-Owned Enterprises: A Study of Indonesia Code of Corporate Governance. *Journal of International Commercial Law and Technology,* 5.

Karpoff, Jonathan. 1987. Suboptimal Controls in Common Resource Management: The Case of the Fishery. *The Journal of Political Economy*. 95(1): 179-194.

Key, V. O. Jr. "The Lack of a Budgetary Theory" *American Political Science Review*. 1940.

Krueger, A. O. 1974. The political economy of the rent-seeking society. *The American Economic Review*, 64(3).

Kusek, J.Z. and Rist, R.C. *Ten Steps to a Results-Based Monitoring and Evaluation System*. World Bank. Washington D.C. 2004.

LeLoup, L.T. 1978. "Agencies Strategies and Executive Review: The Hidden Politics of Budgeting" *Public Administration Review* (May/June, 1978).

Lundgren, Lawrence. 1999. The Tragedy of the Commons Revisited. *Environment*. 41(2): 4-5.

Mallin, Christine A. 2010. *Corporate Governance*. Oxford University Press.

Mankiew, N. Gregory. 1999. 「맨큐의 경제학」, 김경환, 김종석(역). 서울: 교보문고, Principles of Economics. Mass: Worth Publishers. 1997.

Megginson, W. L., R. Nash, and M. Van Randenborgh. 1994. The Financial and Operating Performance of Newly Privatized Firms: An International Empirical Analysis. *Journal of Finance*, 49.

Musgrave and Musgrave. 1984. *Public Finance in Theory and Practice*. New York: McGraw-Hill.

Niskanen, W. A. Jr. 1971. *Bureaucracy and Representative Government*. Chicago: Aldine Altherton.

OECD. 1997. The Changing Role of the Central Budget Office. 1997.

_____.1998. Budgeting in Sweden. PUMA/SBO(98)r/REV1.

_____. 2000. Reallocation: Aligning Political Priorities and Budgetary Funding. PUMA/SBO(2000)5.

_____. 2001. Managing Public Expenditure: Some Emerging Policy Issues and a Framework for Analysis. ECO/WKP(2001)11.

_____. 2002. Budget Reform in OECD Member Countries: Common Trends. PUMA/SBO(2002)9.

_____. 2003. Reallocation: The Role of Budget Institutions. GOV/PUMA/SBO(2003)15.

_____. 2003. Budgeting in the United States. GOV/PUMA/SBO(2003)16.

_____. 2005. *Corporate Governance of State-Owned Enterprises: A Survey of OECD*

Countries. OECD Publishing.

_____. 2005. *Comparative Report on Corporate Governance of State-Owned Enterprise*. OECD Working Group on Privatisation and Corporate Governance of State-Owned Assets.

_____. 2005. *Annexes to the Comparative Report on Corporate Governance of State-Owned Enterprises*. 9th Meeting of the Steering Group in Corporate Governance.

_____. 2011. *State-Owned Enterprise Governance Reform: An Inventory of Recent Change*. OECD Publishing.

Osborne and Gaebler. 1992. Reinventing Government. Reading, Mass: Addison-Wesley.

Ostrom, Elinor. 1990. *Governing the Commons: The Evolution of Institutions for Collective Action*. New York: Cambrige University Press.

Ostrom, Elinor, Burger, Joanna, Field, C.B. *et al*. 1999. Revisiting the Commons: Local Lessons, Global Challenges. *Science*. 284(5412): 278-282.

O'toole and Marshall. 1987. "Budgeting Practices in Local Government: The State of Art" *Government Finance Review*(Oct. 1987).

Pescatori, A., Sandri, D., and Simon, J. 2014.2.13. Debt and Growth: Is There a Magic Threshold?. *IMF Working Paer*. WP/14/34.

Potter, B.H. and Diamond, J. 1999. Guidelines for Public Expenditure Management. IMF.

Pyhrr, P.A. 1977. "The Zero0Base Approach to Government Budgeting" *Public Administration Review*. Jan./Feb. 1977.

Rae, David. 2002. *Next Steps for Public Spending in New Zealand*. OECD. ECO/WKP(2002)23.

Ramanadham, V. V. 1986. *Public Enterprise: Studies in Organizational Structure*. London: Frank Cass.

Reinhart, C. M. and Rogoff, K. S. 2010. Growth in a Time of Debt. *American Economic Review*: Papers & Proceedings 100 (May 2010).

Rose, R. 1977. "Implementaion and Evaporation: The Record of MBO" *Public Admnistration Review* (Jan/Feb, 1977).

Schick. A. 1966. The Road to PPB: The Stages of Budget Reform. *Public Administration Review*. Dec. 1966.

_____. 1998. *A Contemporary Approach to Public Expenditure Management*.

_____. World Bank Institute.

_____. 2001. Does Budgeting Have a Future? (PUMA/SBO(2001)4.

Schlager, Edella and Ostrom, Elinor. 1992. Property-Rights Regimes and Natural Resources: A Conceptual Analysis. *Land Economics*. 6893: 249-262.

Schneiner, F. and Buehn, A. 2012. Shadow Economics in Highly Developed OECD Countries: What Are the Driving Forces?. IZA DP No. 6891.

Schuetze, W. 1994. Commentary: A Mountain or a Molehill. *Accounting Horizon*, 1.

Stiles, P., & Taylor, B. 2001. *Boards at Work: How Directors View their Roles and Responsibilities*: How Directors View their Roles and Responsibilities. Oxford University Press.

Sutton, J. 1997. Gibrat's Legacy. *Journal of Economic Literature*, 35.

The Institute of Internal Auditors. 2012. *International Professional Practices Framework (IPPF)*. 2011 Edition-Updated for 2012.

Vice President Al Gore. 1993. NPR Orientation.

Vickers, J. and Yarrow, G. 1988. Privatization: An Economic Analysis. *Cambridge, MA: MIT Press*.

Vickers, J. and Yarrow, G. 1991. Economic Perspectives on Privatization. *Journal of Economic Perspectives*, 52(2).

Wildavsky, A. 1973. *The Politics of the Budgetary Process*. Boston: Little Brown.

Williamson, D. 1974. *The Economics of Discretionary Behavior*. Englewood Cliffs: Prentice Hall.

Williamson, O. 1984. Corporate Governance. *Yale Law Journal*, 93.

Yarrow, G. 1989. Privatization and Economic Performance in Britain. *Carnegie-Rochester Conference Series on Public Policy*, 31(1).

찾아보기

ㄱ

가(假)예산　　241
가격　　78
가격순응자(price taker)　　77
가처분 소득　　126
가치재(Merit Wants)　　134
간접비　　384
갈등지수　　60
감사원　　23, 112, 113, 286, 293
감사청구제도　　297
감세정책　　480
감시비용　　82
감액배정　　249
감찰위원회　　294
거래비용(transaction cost)　　59, 503
거래의 이중성　　408
거시경제적 조절(stabilization)　　319
거시예산(macro-budget)　　221, 329
건강보험　　29
건전재정　　50
검사위원　　288
결과(outcomes)　　260
결과지표　　275, 381

결과지향적 예산제도(budget-for-results)
　　270
결산　　14, 286, 288
결산개요　　415
결산서　　470
경실련 예산감시위원회　　304
경영개선 이행계획　　509
경영자율권 확대제도　　510
경영평가점수　　505
경제개발 5개년 계획　　50
경제개발기　　50
경제기획원　　102
경제성장률　　44, 56
경제안정과 성장　　463
경제정의실천시민연합　　238
경제정책국　　105
계속비　　289
계약곡선(contract curve)　　75
계정과목　　408
계획예산제도(Planning-Programing-
　　Budgeting System: PPBS)　　90,
　　186, 193
고객만족도　　505
고령(화)사회　　57

고용보험   29

고정식 MTEF   317

고정자산   127

공공감사에 관한 법률   292

공공계약제도   254

공공기관   5, 19, 491

공공기관 경영평가제도   508

공공기관 배제규정   494

공공기관 부채   498

공공기관 선진화제도   513

공공기관운영위원회   509

공공기관의 운영에 관한 법률   19, 23, 490

공공기관 재정   20

공공기관 지정제도   494

공공부문 부채(D3)   37

공공사회복지지출 규모(SOCX)   62

공공서비스   412, 464

공공선택이론   503

공공성   490, 492, 493

공공재   472

공공정책국   105

공공행정상(賞)   432

공교육서비스   478

공기업   20, 462, 490, 491

공기업 민영화   506

공무원연금   58

공무원협정(Public Service Agreement)   332

공안   88

공유재(the public commons)   330

공익을 위한 납세자 모임   238

공정과세를 위한 미국인 모임   239

과다지출(overspending)   326

과정지표   275, 381

관련사업집합체   194

관리과제(tasks)   380, 394

관리예산처(Office of Management and Budget)   106

관리재정수지   28

관리회계(managerial accounting)   427

관세청   112

광역발전계정   476

광역지방자치단체   19, 463

광역·지역발전 특별회계(광특회계)   475, 481

교부금   115

교육보조금   478

교육세   55

교차검증(cross checking)   408

교통세   55

교환효율성(Exchange Efficiency)   72

국가균형발전 특별회계   475

국가를당사자로하는계약에관한법률   254

국가보조금   463

국가성과평가서(National Performance Review)   198, 270

국가잠재부채   417

국가재정법   16, 17, 55, 98, 208, 376, 377, 414, 450

국가재정운용계획(중기재정계획)   55, 65, 212, 214, 227, 289, 312, 316, 369, 397, 443, 471

국가재정전략회의   212, 214

국가채무(D1)   14, 25, 32, 34, 37

국가채무부담행위　426

국가통합재무재표　411

국가회계기준　411

국가회계기준에 관한 규칙　414

국가회계법　377, 410, 414

국가회계법시행령　414

국고국　105

국고보조금　115, 474

국고보조사업　465, 474

국고수입　419

국고채무부담행위 설명서　226

국고채 발행　417

국공채　425

국내보조금　258

국내총생산(GDP)　29

국무조정실　158

국무조정실의 특정평가　286

국무회의　111

국민기초생활보장제도　50

국민부담률　14, 29, 34

국민소득결정 모형　126

국민소득계정(National Account)　127

국민연금관리공단　392

국민용 통합재정정보 공개 시스템　38

국민잉여(citizens' surplus)　6

국민총저축률　128

국세(國稅)　473

국세징수활동표　420

국세청　111

국유재산특례지출예산서　227

국정감사　286, 301

국정과제회의　434

국제수지　50, 132

국회법　300

국회 예산결산특별위원회　398

국회예산정책처　34, 56

국회의 심사의결　212

군인연금　58

균형국민소득　122, 123, 125

균형예산　125

균형예산의 승수효과(balanced budget multiplier effect)　125

균형재정　16

근로기준법　142

금궤검사　295

금융 공기업　41

금융실명제　150

기간확정방식 MTEF(periodic MTEF)　317

기금　4, 17

기금관리기관　494

기금관리기본법　17, 55, 98

기금관리형 준정부기관　495

기금수입　30

기금운용계획안　213, 215

기록물분류체계　354

기말순자산　419

기술적 효율성(technical efficiency)　86, 190, 327, 328

기업성　490

기업회계　412

기준지출금액(Baseline Expenditures)　321

기초생활보장 급여　388

기초순자산　419

기초지방자치단체　19, 463

558 찾아보기

기타공공기관　40, 491
기획예산처　103, 212, 449
기획재정부　17, 101, 103
기획조정실장　98
긴급배정　248

ㄴ

나눠먹기식(pork barrel)　483
나라살림 예산개요　362
나라장터　257
낙하산 인사　504
남북경　9
남북통일　60
내국세(內國稅)　473
내부감사　286, 291
내부거래　26
노인장기요양보험　29
농어촌특별세　55
누진세율　141

ㄷ

다속성 효용 모형(Multi-attributive Utility
　　Model: MAU Model)　261
다수공급자계약제도(MAS: Multiple
　　Award Schedule)　255
다중적(복) 대리인 구조(Vickers and
　　Yarrow)　501
단기부기 방식　407
단년도 예산　208, 397
단식부기　302
단위당 원가　423
단위보조사업　482
단위사업(activities)　194, 251

당겨배정　249
당기순이익　498
당정협의　213, 225
대리변수　509
대리분임재무관　100
대리분임지출관　100
대리인　81
대리인 구조　501
대리인 문제　506
대리인 비용　503
대리재무관　100
대리지출관　100
대변(貸邊)　408
대안적 조세제도를 위한 시민모임
　　238
대외경제정책연구원　60
대장성(大藏省)　107
대차대조표　302, 405
대차평균의 원리　408
도덕적 해이　506
독립성　503
독일의 납세자 연맹　238
독점사기업화　506
돌봄서비스　456
동료일체의 원칙(collegiality)　336
동행명령제　301
등효용곡선(무차별곡선)　74
디지털예산회계기획단　23, 348, 352,
　　410, 432, 434
디지털예산회계기획단 자문위원회　434
디지털예산회계시스템(dBrain)　55,
　　65, 302, 313, 397, 398, 409, 411,
　　432, 433, 434

ㄹ

라스웰(Harold Lasswell)　72

로렌츠곡선　144, 146

ㅁ

매칭펀드(matching fund) 방식　465

명목가치(nominal)　325

명시이월　250

명시이월비　289

모듈화　443, 444

모성보호육아지원사업　456

목(目)　251

목표관리예산(MBO)　90

목표관리 예산제도(Management By
　　　Object)　201

목표왜곡　502

무역적자국　129

무차별 곡선　166

물가안정　50

미국의 전국 납세자 연합　238

미지급비용　417

민간이전경비　471

민감도분석(sensitivity analysis)　264

민관합동 재정 통계 개편 T/F　37

민주주의 성숙도　60

ㅂ

반복적 예산(Repetitive Budgeting)　87

발생주의　406

발생주의 복식부기 정부회계　65, 312,
　　　313, 443

발생주의(accrual basis) 회계제도
　　　312, 405, 406

배분적 효율성(allocative efficiency)
　　　85, 190, 327, 328

배정유보　249

법인세　480

보이지 않는 손　76

보전지출　26

보조금(subsidy / grant)　258

보조사업운용평가　400

보통교부금　478

보통교부세　473

복대리인(複代理人)　81

복복대리인(複複代理人)　81

복식부기　312, 405, 407

복지(재정) 트릴레마　63, 64

본(本)예산　239

부가가치세　480, 481

부동산실명제　150

부동산 투기　50

부문　251

부문별 예산제도(Envelope Budget)
　　　90

부속서류　415

부채　39, 42, 417

부채관리관　38

부채비율　417, 498

부처별 예산총액한도(ceiling)　331

분권교부세　474

분식회계　501

분야　251

분야-부문 체계　353

분업의 원리　330

분임재무관   100
분임지출관   100
불공정 거래   506
불만의 공평분배   172
비교열위(comparative disadvantage)   485
비교우위(comparative advantage)   331, 484
비금융 공기업   41
비목(費目)   355
비배제성   330
비영리 공공기관   40
비예산사업   395
비용(費用)   18
비용편익 분석   9
비용-효과(cost-effective)   323
비재무적 정보   420
비전(vision)   379
비현실적 예산(Unrealistic Budgeting)   86

ㅅ

사고이월   250, 289
사업관리시스템   436
사업군(群; program)   312, 341
사업군 평가방식   390
사업부처   212
사업수혜자   456
사업예산제도   481
사업원가   425
사업의 타당성   469
사업집행 부서   99
사용권(proprietor)   330

사용허가(authorization of use)   330
사전심사제(PQ제: prequalification)   255
사전환류(feedforward)   286
사학연금   58
사회간접자본 투자   131
사회기반시설   417
사회보장성기금   27
사회복지지출   141, 142
사회적 효용의 극대화 방안   171, 172
사회적 효용함수(social welfare function)   172
산업연관표(input-output table)   151
산업연구원   60
산업정책   135
산재보상보험   29
산출물(output)   422
산출 예산제도   347
산출지표   275, 381
산하기관   491
삼성경제연구소   60
상대적 빈곤율   6
상대평가   388
상임위원회   227, 229, 286, 300, 470
상장(上場)   498
상향식(Bottom-Up) 방식   197
새로운 성과주의 예산제도("New" Performance Budgeting)   198
생산가능곡선(production possiblity frontier)   73
생산가능인구   58
생산보조금   258
생산효율성(Production Efficiency)   72

선심성 예산편성(Escapist Budgeting)
337

선심성 현실회피적 예산(Escapist Bud-
geting) 87

성과(outcome) 422

성과계획서 208, 213, 226, 282, 376,
382, 393, 400, 401

성과관리시스템 439

성과관리시행계획 400, 401

성과관리 예산제도 312

성과관리제도 433, 443

성과관리체계 354, 379

성과모니터링(monitoring) 283

성과목표(Performance Goals) 199,
379, 380, 384

성과보고서 208, 288, 376, 382, 393,
415

성과주의 예산제도(new performance
budget) 54, 186, 194, 200, 208,
276, 278, 282, 346, 347, 424

성과지표(performance index) 268,
381

성과평가(evaluation) 283, 406

성별 수혜분석 454

성별영향분석 449, 458

성인지 결산서 415, 450

성인지 예산 448, 449

성인지 예산서 227, 450

성인지 예산센터 449

성장과 안정의 균형(growth and stabili-
zation) 119

성장잠재력 50

성 주류화(gender mainstreaming)
448

성평등 기대효과 454

성평등 효과분석 454

세계경쟁력보고서 427

세계은행(World Bank) 432

세계화 50

세목(細目) 355

세부보조사업 482

세부사업 251, 457

세외(稅外)수입 30

세입(歲入) 10, 18

세입세출결산 415

세입세출결산서 288, 414

세입세출예산 사업별 설명서 226

세입세출예산 총계표 및 순계표 226

세입예산 16

세제실 105

세출(歲出) 10, 18

세출예산 16

소득분포도 144

소득불평등 60, 142

소득세 141, 480

소득재분배 154, 463

소비자잉여(consumers' surplus) 6

소비자효용 모형 163

소유권 417

손익계산서 418

수시배정 249

수의계약 254

수익(收益) 18

수정(修正)예산 240

수정발생주의 406

수지균형의 원칙 125

수직적 형평성(vertical equity)   119,
    138, 140
수출보조금   258
수평적 형평성(horizontal equity)   119,
    138, 139
순계   5
순부채(net debt)   41
순원가   422
순자산   417
순자산변동표   419
순환보직제   257
숨겨진 예산(Hidden Budgeting)   86
승수효과(multiplier effect)   120
시·도 교부금   477
시·도 보조금   477
시장분할(market segmentation) 이론
    138
시장성   492, 493
시장지배력   506
시장형 공기업   494
시정연설   229
신공공관리운동(New Public Manage-
    ment Movement)   108
신용평가   425
신음어(呻吟語)   81
신의성실의 원칙   254
신축식 MTEF   317
실물경제   126
실업률   56
실적주의 예산제도("Old" Performance
    Budgeting)   90, 186, 191
실지감사   295
실질가치   325

심계원   294
심사청구제도   297
심의(review)   219

ㅇ

안전행정부   23
안전행정부 지방정책국   471
안전행정위원회   484
안정화시기   50
양성평등   448, 456, 460
양입제출(量入制出)   88
양출제입(量出制入)   88
어업인교육훈련사업   456
업무평가 제도   375
여성고용촉진법   142
여성예산서(Women's Budget Statement)
    460
여성정책기본계획   449
연간관리대상지출(Annually Managed
    Expenditure: AME)   326
연계 부처   396
연계시스템   435
연금보고서   420
연금제도   58
연금충당부채   417
연동방식 MTEF   315, 317
연동예산(rolling budget)   195
연방제도   462
연방주의(New Federalism)   197
영국 회계검사원법(Exchequer and Audit
    Departments Act)   88
영기준 예산제도(ZBB)   90, 186
영점기준 예산제도   54

예비비   384

예비심사   229

예산감시   300

예산결산특별위원회   227, 231, 288, 470

예산기능론   84

예산낭비를 감시하기 위한 시민모임   238

예산배정   433

예산비밀주의(budget secrecy)   336

예산사정   212

예산선   74, 167

예산순계   25, 26

예산순기(豫算循期)   91

예산시스템(Fimsys)   433, 437

예산실   102, 103

예산실장   100

예산심의   18, 470

예산심의회   55, 162, 222

예산안 심의·확정   14

예산안조정소위원회   232

예산안 편성기준 단가   226

예산안편성지침   212, 213, 215

예산압박(fiscal stress)   132

예산 외로 운영되는 예산(off-budget budget)   98

예산외 예산(off-budget budget)   429

예산요구서   212, 213, 217

예산의 3대 기능   327

예산의 극대화   503

예산의 배정   247

예산의책임성(accountability)   290

예산이론의 빈곤(Lack of Budgetary Theory)   72

예산이월제도   424

예산자원   72, 141

예산정원표   226

예산제도   186

예산집행   14

예산집행감시   286

예산집행률   281, 374

예산집행법(Budget Enforcement Act: BEA)   200

예산청   103

예산총계   25, 26

예산편성 운영기준   468, 470

예산편성절차   212

예산협의회   221

예산환류   399, 433

예산회계   411, 414

예산회계법   17, 55, 212

오쿤(Okun)의 법칙   56

완전발생주의   406, 426

외관상 독립성   504

외부효과   472

외주(contracting out)   407

외채(外債)   130

요구권(claimnant)   330

요금부과   407

우리금융지주   494

우발채무(contingent liabilities)   429

원가(cost)   422

원가중심점(cost center)   312

원가회계   422

원조경제기   50

위탁집행형 준정부기관   495

유량(flow)   149, 418

유사소유권제도(QPR: quasi-property right)   330

육아기 근로시간 단축급여   456

육아휴직급여   456

의무지출 사업   388

의약분업정책   9

의존재원   463

이용(移用)   251

이월   250

이월금   250

이윤극대화   412

이전   465

이체(移替)   250

인구고령화   58

인센티브   506, 513

인적 자본(human capital)   9, 10

인플레이션   50

일괄(turn-key)입찰제도   255

일반재정예측(projection)   315

일반적으로 인정된 회계원칙(GAAP)   413, 425

일반정부(general government)   21

일반정부 부채(D2)   37

일반지출   26

일반회계   4, 17

임무(mission)   379

ㅈ

자금배정   433

자발적시민결사체(self-help)   303

자본   417

자본변동표   419

자본비용   426

자본비용부과제도(Capital Charges)   426

자본투자   131

자산   417, 498

자원배분   463

자원배분의 효율성   506

자체감사기구   292

자체수입   466

자체평가   286, 291

자체평가위원회   291

자치권   463

자치단체장   115, 470

잠재성장률   56, 375

잠정(暫定)예산   241

장애아동 가족지원사업   456

장애인활동보조 사업   392

재고   127

재무관   99

재무관리론   10

재무부   103

재무성(Ministry of Treasury)   107

재무제표   288, 411, 414, 415

재무행정   7

재무행정론   10

재무행정행위   97

재무회계   411, 414

재배정   247

재분배효과   153

재산가액   418

재정   16

재정건전성   130, 302, 417, 445

재정경제부   103

재정경제원   103

재정관리국   103

재정관리제도(FMI: Financial Management Initiative)   90

재정규모   14, 25

재정규율(aggregate fiscal discipline) 85, 327, 328

재정사업심층평가 제도   208, 376, 390, 459

재정사업자율평가   208, 281, 376, 384, 387, 398, 399, 400

재정사업평가자문회의   391

재정상태보고서   429

재정상태표   416

재정성과관리 제도   55, 65, 208, 281, 283, 312, 375, 376

재정성과관리 체계   394

재정성과목표관리 제도   397

재정수입   27, 30

재정수지   14, 25, 27

재정업무지원시스템   435

재정요인   427

재정운영표   418, 423

재정의 3개 기능   463

재정의 과정   14

재정자립도   464

재정적자   16, 406, 409, 426

재정정보 기반구조(infrastructure)   404

재정정보시스템   432, 435

재정정책   511

재정정책자문회   213

재정제도   54, 441

재정지출(public expenditure)   10, 27

재정집행점검회의   374

재정총량   11, 14

재정총량 지표   25

재정투융자 심사   468, 469

재정학   10

저금통 예산(Cashbox Budgeting)   87

저량(stock)   149, 418

저축률   128

저출산과 고령화   50

적격심사제   255

전략기획(strategic planning)   85

전략목표(strategic goals)   379, 380

전략적 자원배분 기능   319

전용(轉用)   251

전자조달시스템(나라장터)   257

전체적 효율성(Overall Efficiency)   72

전통적인 미시적 예산제도(microbudgeting)   319

절대우위(absolute advantage)   330, 485

정경유착   501

정기배정   247

정량평가   291

정률보조금   474

정률제   392

정보의 비대칭성   506

정보화 사업   385

정보화진흥원   389

정부감시에 관한 프로젝트   238

정부결산서   394

정부내부거래   384

정부산하기관 관리 기본법   19

정부 시정연설   227

정부업무평가 기본법   291
정부업무평가시행계획   291
정부업무평가위원회   291
정부예산안   14, 213, 226, 227, 394
정부예산의 선택 이론   168
정부의 지출   132
정부재원   18
정부재정규모도   44
정부지급보증(guarantee)   405
정부지출(GI: government expenditure)
   122
정부투자기관 관리 기본법   19
정부혁신·지방분권위원회   410
정부회계   404, 411
정부효과성   60
정성평가   291
정신적 독립성   504
정액방식   392
정액보조금   474
정책사업   341
정책조정국   105
정책틀(Policy Framework)   199
정치적 독립성   504
제3섹터   5
제도단위   492
제도적 해결 방안   171, 172
제약된 합리성(bounded rationality)
   261
제주특별자치도계정   476
제한경쟁입찰   254
제한적 최저가낙찰제   255
제한적 평균가낙찰제   254
조기배정   248

조달청   112
조세(租稅)   10, 30, 463
조세부담률   14, 29, 34
조세개혁을 위한 미국인 모임   238
조세귀착(tax incidence)   151
조세정의를 위한 시민모임   238
조세정의를 위한 한국납세자연합회
   238
조세지출예산서   227
좋은 예산   70
주석   420
주인대리인모형(principal-agent model)
   303
주주(주인)─경영자(대리인)   501
준(準)예산   241
준시장형 공기업   494
준정부기관   40, 491
중기사업계획서   212
중기예산추정치(Forward Estimates)
   332
중기재정계획(MTEF: Mid-Term Expen-
   diture Framework)   208, 311,
   397, 457, 468, 471
중기재정운용계획   315
중기재정지출구상(Mid-Term Expen-
   diture Framework: MTEF)   315
중립적 전문능력   505
중범위예산제도(Mezzo-Budgeting)
   221
중산층(middle class)   149
중소기업진흥공단   494
중앙관서의 장(中央官署의 長)   97
중앙예산기구(central budget office)

100, 101, 429
중앙재정   19, 463
중앙정부   4
중앙조달 이용 기준   253
중앙집권적 국가   463
중앙행정기관   19, 55, 97
지급보증(guarantee)   429
지니계수   144, 147
지대(rent)   429, 483
지대추구행위   503
지명경쟁입찰   254
지방공기업법   491
지방공단   491
지방공사 및 제 3섹터형 주식회사   491
지방교부세   463, 473
지방교육자치단체   462
지방교육자치에 관한 법률   467, 478
지방교육재정   23
지방교육재정교부금(교육교부금)   478
지방교육재정조정제도   478
지방세   30, 463
지방세외수입   463
지방소득세   480, 481
지방예산법   16
지방의회 결산승인   468
지방의회 예산의결   468
지방자치단체   4, 462
지방재정   19, 463
지방재정법   468
지방재정조정제도   472
지방직영기업   491
지방채무   33
지불기관   99

지역개발계정   476
지역균형특별회계   115
지자체 예산편성   468
지정제도   494
지출(支出)   18
지출관   99, 100
지출관리예산제도(PEMS: Public Expenditure Management System)   311
지출귀착(expenditure incidence)   151
지출사무기관   99
지출상한선(expenditure limit)   289, 327
지출원인행위(支出原因行爲)   99
지출한도   213, 215, 326, 336
지하경제   67
직무감찰   286, 291
집행부처   96

ㅊ

차변(借邊)   408
참여민주사회 시민연대   238
참여정부   55, 410
채권(bond)   425
책임성(accountability)   375
책임을 나중으로 떠넘기는 예산(Deferred Budgeting)   87
철도민영화   9
초고령사회   57
총계   4
총량 데이터(gross data)   408
총부채(gross debt)   41
총액배분자율편성(Top-down) 예산제

도　　55, 65, 289

총원가(full cost)　　312

총재정규율(aggregate fiscal discipline)　　190

총지출　　25, 26

최소운영수입보장제도　　296

최저가낙찰제　　254

최종소비지출　　129

추가경정(追加更正)예산　　50, 239, 468

출납폐쇄　　288, 470

충당부채　　417

치수(治水)사업　　272

ㅋ

캐나다 납세자 연맹　　238

케인즈(John M. Keynes)　　119

큰 정부, 작은 정부 논쟁　　20

ㅌ

테스트 베드(test bed)　　440

태프트 위원회(Presidential Commission on Economy and Efficiency of 1912)　　343

통계분석시스템　　435, 439

통일비용　　60

통제가능성　　492

통합재정규모　　4

통합재정수지　　28

통합재정수지표　　415

통합재정통계　　28

투·융자 심사위원회　　470

투입지표(input indicator)　　275, 282, 381

투자　　122, 127, 132, 134

특별교부금　　478

특별교부세　　473, 483

특별지방행정기관　　118

특별회계　　4, 17

특정비　　153

ㅍ

파레토(Vilfredo Pareto)　　72

파레토 효율성　　78, 83

파리 코뮌(Paris Commune)　　80

포괄보조금제도　　481

품목별 예산제도(line-item budget system)　　89, 186, 188, 343

풍선 효과　　511

프로그램　　65, 251, 341, 376, 396, 397

프로그램별 원가　　419

프로그램 설명서(program memorenda)　　194

프로그램 순원가　　423

프로그램 예산서　　358

프로그램 예산제도　　55, 65, 209, 312, 313, 341, 374, 375, 376, 433, 443, 481

프로그램 예산체계　　65, 394

프로그램 재정계획서(program and financial plan)　　195

프로그램 총원가　　423

프로그램 평가제도(Program Assessment Rating Tool of 2001: PART)　　279

필수보충정보　　420

ㅎ

하천개수율   272

한계대체율(MRS: Marginal rate of substitution)   75

한계변환율(MRT: marginal rate of transformation)   74

한계소비성향(marginal propensity to consume)   121, 126

한계효용체감의 법칙   163

한국경제연구원   56

한국교육방송공사(EBS)   494

한국방송공사(KBS)   494

한국수출입은행   494

한국식 국제회계기준(K-IFRS)   411

한국양성평등교육진흥원   449

한국여성단체연합   448

한국여성정책연구원   449

한국은행   112, 128, 494

한국재정학회   60

한국조세(재정)연구원   62, 389

함께하는 시민행동   238, 304

행정산출물(outputs)   260

행정서비스   96

행정성과(performance)   268

행정의 대응성(responsiveness)   286

행태변화(behavioral change)   286

현금주의(cash basis)   302, 406

형평성(equity)   138

형평성 있는 분배(equitable redistribution)   119

환경보호청(Environment Protection Agency)   279

환류(feedback)   286, 287

회계   16

회계검사   291

회계결산시스템(Nafis)   433

회계시스템   438

회계연도   18

회계원리   10

회계책임성(accountability)   422

회계처리기록 관리   433

회색지대(grey area)   5

효율성   72

효율적인 자원배분(efficient allocation)   118

효율적 자원배분가능 곡선   75

후버위원회   199

후생경제학   78

후생극대화   503

A

Allen Schick   84

Ash   35

B

B/C분석   470

Bottom-Up 방식   310, 368

Bottom-Up 방식의 예산심의회   368

Bottom-Up 예산제도   212

BRM 체계   354

C

COFOG   353

CompStat   284

C-산출물　268

D

Data Guide Pro　442
Deferred Budgeting　337
Dube　36
D-산출물　268

E

Edgeworth Box　74
Enabler　349
Envelope Budget　346
Envelope(부문별 자원배분) 예산제도
　195
EU　67, 492

F

Feed Forward　312
Fnguide　442
Full Cost　312

G

GAO(General Accounting Office)　293
GDP　5
GFS　28, 407
GNP　128
Government Performance and Results
　Act(GPRA법)　200, 278, 379

H

Herbert A. Simon　261

Herndon　35

I

IDB　435
IMD　427
IMF　21, 67, 407, 492

K

Killer Applications　424
KISLINE　442

M

Micro-budget　310
MOU　435
Musgrave　118

N

NAO(National Audit Office)　293
Next Steps　311
NGO　238

O

OECD　21, 56, 492
Outcome　270
Output　270

P

PER(주가수익비율)　302
Pescatori　36
PIGS 국가　63
PLAN-DO-SEE　14
Pollin　35

PPBS   324, 344, 347
PSDS   41

R

Reaganomics   197
Reinhart   35
Rogoff   35
ROI(투자자본수익률)   302

S

Schick   84, 85, 175, 327
Schneider and Buehn   67

T

Top-Down 감축관리제도   196
Top-Down 방식   368
Top-Down 예산제도   65, 110, 197,
    209, 212, 312, 396, 397, 433
Top-Down 예산편성제도   99, 311
TS2000   442
Two-Stage Budget Process   325

U

UN   432, 435

V

value-for-money   270

W

win-win   513
World Bank   435

X

X-inefficiency   370

기타

1·2차 석유파동   50
2단계 예산과정   325
3+1 재정(예산)개혁   50, 55, 310, 312,
    364
4대연금   29
5분위   144, 145
10분위   144, 145

저자약력

배득종
연세대학교 글로벌행정학과 교수
한국정부회계학회 회장(2008)
dbae@yonsei.ac.kr

저서/논문
통계학 헤드스타트(박영사. 2013. 개정판) 외.
발생기준 복식부기 정부회계 정보의 유용성에 관한 실증 분석(한국행정논집. 2010.3) 외.

유승원
경찰대학교 행정학과 조교수
기획재정부, 대통령실, 기획예산처, 국세청 근무
행정고시(재경직), 미국공인회계사(AICPA)

논문
공공기관 경영평가 영향요인 연구: 공기업 임원의 정치적연결과 정치적독립을 중심으로
(한국행정학보. 2014.3) 외.

제3개정판
신재무행정

초판발행	1996년 9월 30일
개정판발행	2001년 3월 25일
제2개정판발행	2005년 3월 10일
제3개정판발행	2014년 5월 22일
중판발행	2018년 9월 10일

지은이	배득종·유승원
펴낸이	안종만

편 집	김효선·배근하
기획/마케팅	최봉준
표지디자인	최은정
제 작	우인도·고철민

펴낸곳	(주) **박영사**
	서울특별시 종로구 새문안로3길 36, 1601
	등록 1959. 3. 11. 제300-1959-1호(倫)
전 화	02)733-6771
f a x	02)736-4818
e-mail	pys@pybook.co.kr
homepage	www.pybook.co.kr
ISBN	979-11-303-0088-7 93350

copyright©배득종·유승원, 2014 Printed in Korea

정 가   30,000원